2013

CHINA CITY STATISTICAL YEARBOOK

中国城市统计年鉴

国家统计局城市社会经济调查司 编

中国统计出版社
China Statistics Press

图书在版编目（CIP）数据

中国城市统计年鉴. 2013 / 国家统计局城市社会经济调查司编. -- 北京 : 中国统计出版社, 2013.12
ISBN 978-7-5037-7019-7

Ⅰ. ①中… Ⅱ. ①国… Ⅲ. ①城市－统计资料－中国－2013－年鉴 Ⅳ. ①C832-54

中国版本图书馆 CIP 数据核字(2013)第 269767 号

中国城市统计年鉴-2013

作　　者/国家统计局城市社会经济调查司
责任编辑/张丽萍　申明九
封面设计/李雪燕
出版发行/中国统计出版社
通信地址/北京市丰台区西三环南路甲 6 号　邮政编码/100073
电　　话/邮购（010）63376909　书店（010）68783171
网　　址/http://csp.stats.gov.cn
印　　刷/河北天普润印刷厂
经　　销/新华书店
开　　本/880mm×1230mm　1/16
字　　数/982 千字
印　　张/31.5
版　　别/2014 年 1 月第 1 版
版　　次/2014 年 1 月第 1 次印刷
定　　价/358.00 元

中国统计版图书，如有印装错误，本社发行部负责调换。

《中国城市统计年鉴—2013》

编委会与编辑部

China City Statistical Yearbook—2013

EDITORIAL BOARD AND EDITORIAL STAFF

编辑说明

《中国城市统计年鉴》是全面反映中国城市社会经济发展情况的资料性年刊，《中国城市统计年鉴——2013》收录了全国 657 个建制城市（含地级及以上城市和县级城市）2012 年社会经济发展方面的主要统计数据。

本年鉴内容共分四个部分：第一部分是全国城市行政区划，列有不同区域、不同级别的城市分布情况；第二、三部分分别是地级及以上城市统计资料和县级城市统计资料，具体包括人口、劳动力及土地资源、综合经济、工业、交通运输、邮电通信、能源电力、贸易、外经、旅游、固定资产投资、教育、科技、文化、卫生、人民生活、社会保障、市政公用事业和环境保护等方面的数据；第四部分是附录，为主要统计指标解释。需要说明的是，从 1997 年开始，地级及以上城市和县级城市分别采用不同的统计制度，有些指标在两类城市之间不具有可比性，故本年鉴将地级及以上城市和县级城市统计资料分为独立的两部分。

本年鉴所涉及的全国或全部城市统计资料，均未包括香港特别行政区、澳门特别行政区和台湾省。年鉴表中所列"全市"为城市的全部行政区域，包括城区、辖县、辖市；"市辖区"包括所有城区，不包括辖县和辖市。武汉市辖区不包含黄陂区、新州区、江夏区和蔡甸区数据。年鉴中一些数据为时点数据，时点为 2012 年年底。

本年鉴适用于各级政府管理部门、城市规划设计部门、城市社会经济研究机构、市政建设及房地产机构、各种中介服务及信息咨询机构等单位的工作者，也是大专院校师生、工商界人士、境外投资者以及关心中国城市发展的各界人士的重要参考资料。

本年鉴的编辑出版得到了国家统计局农村社会经济调查司、各省（区、市）统计局、国家统计局各调查总队、各市统计局和调查队以及中国统计出版社的鼎力支持，在此表示衷心的感谢。

本年鉴编印工作量大，出版时间紧，难免有不当之处，诚恳欢迎广大读者批评指正。

国家统计局城市社会经济调查司

2013 年 11 月

EDITOR'S NOTES

China City Statistical Yearbook is an annual statistical publication. *China City Statistical Yearbook 2013* reflects comprehensively the economic and social development of Cities in China. It covers the main socio-economic statistical data of 657 cities (including cities at prefecture level and above, and county-level cities) for 2012.

The Yearbook contains four parts : Part Ⅰ is the administrative division of all cities, listing city distribution by region and level; Part Ⅱ and Part Ⅲ are the statistical data of cities at prefecture level and above, and county-level respectively on population, labour forces, land resources, general economy, industry, transport, postal and telecommunication services, energy and power, commerce, foreign trade and economic cooperation, tourism, investment in fixed assets, education, science and technology, culture, public health, people's living conditions, social security, municipal public utilities, and environmental protection; Part Ⅳ is appendix of explanatory notes on main statistical indicators. It is necessary to point out that cities at prefecture level and above and county-level have used different indicator systems of statistics since 1997, and some indicators in two categories of cities are not comparable. So the data of cities at prefecture level and above and the data of cities at county-level are divided into two independent parts in the yearbook.

The national data in this yearbook do not include those of Hong Kong Special Administrative Region, Macao Special Administrative Region and Taiwan Province. "Total City" listed in the data refers to all administrative regions of the city, including the city districts, counties and the city at lower level; "Districts under City" includes all the city districts, not including counties and the city at lower level. The data of districts under Wuhan City do not include those of Huangpi district, Xinzhou district, Jiangxia district and Caidian district. Some indicators of this yearbook are time-point data, the time of them is at the end of 2012.

The Yearbook is compiled for the users working in government departments, city planning departments, institutes of urban socio-economic research, municipal construction and real estate agencies, intermediary services, information consulting agencies and other so on, and it is an important reference book for college teachers and students, businessmen, overseas investors as well as users paying close attention to the development of Chinese cities.

The editing and publishing of the yearbook have been fully supported by the Department of Rural Surveys of NBS, Bureaus of Statistics and Survey Offices of NBS at provincial prefecture and county level, and China Statistics Press. Here we would like to express our heartfelt thanks to them.

Department of Urban Surveys
National Bureau of Statistics of China
November,2013

目　　录

CONTENTS

一、全国城市行政区划

Divisions of Administrative Areas of Cities in China

二、地级及以上城市统计资料

Statistical data of Cities at Prefecture Level and above

（一）人口、劳动力及土地资源

Population, Labour forces and Land Resources

（七）教育、科技、文化、卫生
Education, Science and Technology, Culture and Public Health

（八）人民生活、社会保障
People's Living Conditions and Social Security

（九）市政公用事业
Municipal Public Utilities

（十）环境保护
Environmental Protection

三、县级城市统计资料
Statistical data of County-level Cities

四、附 录
Appendix

一、全国城市行政区划

Divisions of Administrative Areas of Cities in China

1-1 城市行政区划和区域分布
Administrative Division and Regional Distribution of Cities

地区	Region	城市合计 Total	按行政级别分组 Grouped by Administrative Levels (year-end)			
			直辖市 Municipality Directly under the Central Government	副省级市 Vice-provincial City	地级市 Prefecture-level City	县级市 County-level City
全国总计	**National Total**	**657**	**4**	**15**	**270**	**368**
北京	Beijing	1	1			
天津	Tianjin	1	1			
河北	Hebei	33			11	22
山西	Shanxi	22			11	11
内蒙	Inner Mongolia	20			9	11
辽宁	Liaoning	31		2	12	17
吉林	Jilin	28		1	7	20
黑龙江	Heilongjiang	30		1	11	18
上海	Shanghai	1	1			
江苏	Jiangsu	36		1	12	23
浙江	Zhejiang	33		2	9	22
安徽	Anhui	22			16	6
福建	Fujian	23		1	8	14
江西	Jiangxi	22			11	11
山东	Shandong	47		2	15	30
河南	Henan	38			17	21
湖北	Hubei	36		1	11	24
湖南	Hunan	29			13	16
广东	Guangdong	44		2	19	23
广西	Guangxi	21			14	7
海南	Hainan	9			3	6
重庆	Chongqing	1	1			
四川	Sichuan	32		1	17	14
贵州	Guizhou	13			6	7
云南	Yunnan	19			8	11
西藏	Tibet	2			1	1
陕西	Shaanxi	13		1	9	3
甘肃	Gansu	16			12	4
青海	Qinghai	3			1	2
宁夏	Ningxia	7			5	2
新疆	Xinjiang	24			2	22

1-2 分地区城市情况一览表

List of City's Basic Conditions by Region

省级单位 Province	地级及以上城市 City at Prefecture Level and above	下辖的县级城市 County-level City	省级单位 Province	地级及以上城市 City at Prefecture Level and above	下辖的县级城市 County-level City
北　京 Beijing			**内蒙古**	呼和浩特 Hohhot	
天　津 Tianjin			**Inner Mongolia**	包　头 Baotou	
河　北 Hebei	石家庄 Shijiazhuang	辛　集 Xinji		乌　海 Wuhai	
		藁　城 Gaocheng		赤　峰 Chifeng	
		晋　州 Jinzhou		通　辽 Tongliao	霍林郭勒 Huolinguole
		新　乐 Xinle		呼伦贝尔 Hulunbuir	满洲里 Manzhouli
		鹿　泉 Luquan			扎兰屯 Zhalantun
	唐　山 Tangshan	遵　化 Zunhua			牙克石 Yakeshi
		迁　安 Qian'an			根　河 Genhe
	秦皇岛 Qinhuangdao				额尔古纳 Eerguna
	邯　郸 Handan	武　安 Wuan		鄂尔多斯 Erdos	
	邢　台 Xingtai	南　宫 Nangong		乌兰察布 Ulanqab	丰　镇 Fengzhen
		沙　河 Shahe		巴彦淖尔 Bayannur	
	保　定 Baoding	定　州 Dingzhou			(二连浩特) Erlianhaote
		涿　州 Zhuozhou			(乌兰浩特) Wulanhaote
		安　国 Anguo			(锡林浩特) Xilinhaote
		高碑店 Gaobeidian			(阿尔山) Aershan
	张家口 Zhangjiakou		**辽　宁**	沈　阳 Shenyang	新　民 Xinmin
	承　德 Chengde		**Liaoning**	大　连 Dalian	瓦房店 Wafangdian
	沧　州 Cangzhou	任　丘 Renqiu			普兰店 Pulandian
		泊　头 Botou			庄　河 Zhuanghe
		黄　骅 Huanghua		鞍　山 Anshan	海　城 Haicheng
		河　间 Hejian		抚　顺 Fushun	
	廊　坊 Langfang	霸　州 Bazhou		本　溪 Benxi	
		三　河 Sanhe		丹　东 Dandong	东　港 Donggang
	衡　水 Hengshui	冀　州 Jizhou			凤　城 Fengcheng
		深　州 Shenzhou		锦　州 Jinzhou	凌　海 Linghai
山　西 Shanxi	太　原 Taiyuan	古　交 Gujiao			北　镇 Beizhen
	大　同 Datong			营　口 Yingkou	大石桥 Dashiqiao
	阳　泉 Yangquan				盖　州 Gaizhou
	长　治 Changzhi	潞　城 Lucheng		阜　新 Fuxin	
	晋　城 Jincheng	高　平 Gaoping		辽　阳 Liaoyang	灯　塔 Dengta
	朔　州 Mingzhou			盘　锦 Panjin	
	晋　中 Jinzhong	介　休 Jiexiu		铁　岭 Tieling	调兵山 Diaobingshan
	忻　州 Xinzhou	原　平 Yuanping			开　原 Kaiyuan
	临　汾 Linfen	侯　马 Houma		朝　阳 Chaoyang	北　票 Beipiao
		霍　州 Huozhou			凌　源 Lingyuan
	运　城 Yuncheng	永　济 Yongji		葫芦岛 Huludao	兴　城 Xingcheng
		河　津 Hejin	**吉　林**	长　春 Changchun	九　台 Jiutai
	吕　梁 Lvliang	孝　义 Xiaoyi	**Jilin**		榆　树 Yushu
		汾　阳 Fenyang			德　惠 Dehui

1-2 续表 1 continued 1

省级单位 Province	地级及以上城市 City at Prefecture Level and above	下辖的县级城市 County-level City
	吉林 Jilin	桦甸 Huadian
		蛟河 Jiaohe
		舒兰 Shulan
		磐石 Panshi
	四平 Siping	公主岭 Gongzhuling
		双辽 Shuangliao
	辽源 Liaoyuan	
	通化 Tonghua	梅河口 Meihekou
		集安 Ji'an
	白山 Baishan	临江 Linjiang
	白城 Baicheng	洮南 Taonan
		大安 Daan
	松原 Songyuan	
		(延吉) Yanji
		(图们) Tumen
		(敦化) Dunhua
		(珲春) Hunchun
		(龙井) Longjing
		(和龙) Helong
黑龙江 Heilongjiang	哈尔滨 Harbin	尚志 Shangzhi
		双城 Shuangcheng
		五常 Wuchang
	齐齐哈尔 Qiqihar	讷河 Nehe
	鸡西 Jixi	密山 Mishan
		虎林 Hulin
	鹤岗 Hegang	
	双鸭山 Shuangyashan	
	大庆 Daqing	
	伊春 Yichun	铁力 Tieli
	佳木斯 Jiamusi	同江 Tongjiang
		富锦 Fujin
	七台河 Qitaihe	
	牡丹江 Mudanjiang	绥芬河 Suifenhe
		海林 Hailin
		宁安 Ning'an
		穆棱 Muling
	黑河 Heihe	北安 Beian
		五大连池 Wudalianchi
	绥化 Suihua	安达 Anda
		肇东 Zhaodong
		海伦 Hailun

省级单位 Province	地级及以上城市 City at Prefecture Level and above	下辖的县级城市 County-level City
上海 Shanghai		
江苏 Jiangsu	南京 Nanjing	
	无锡 Wuxi	江阴 Jiangyin
		宜兴 Yixing
	徐州 Xuzhou	新沂 Xinyi
		邳州 Pizhou
	常州 Changzhou	溧阳 Liyang
		金坛 Jintan
	苏州 Suzhou	常熟 Changshu
		张家港 Zhangjiagang
		昆山 Kunshan
		太仓 Taicang
		启东 Qidong
	南通 Nantong	如皋 Rugao
		海门 Haimen
	连云港 Lianyungang	
	淮安 Huaian	
	盐城 Yancheng	东台 Dongtai
		大丰 Dafeng
	扬州 Yangzhou	仪征 Yizheng
		高邮 Gaoyou
	镇江 Zhenjiang	丹阳 Danyang
		扬中 Yangzhong
		句容 Jurong
	泰州 Taizhou	兴化 Xinghua
		泰兴 Taixing
		靖江 Jingjiang
	宿迁 Suqian	
	杭州 Hangzhou	建德 Jiande
		临安 Lin'an
浙江 Zhejiang		富阳 Fuyang
	宁波 Ningbo	余姚 Yuyao
		慈溪 Cixi
		奉化 Fenghua
	温州 Wenzhou	瑞安 Ruian
		乐清 Yueqing
	嘉兴 Jiaxing	海宁 Haining
		平湖 Pinghu
		桐乡 Tongxing

1-2 续表 2 continued 2

省级单位 Province	地级及以上城市 City at Prefecture Level and above	下辖的县级城市 County-level City
	湖 州 Huzhou	
	绍 兴 Shaoxing	诸 暨 Zhuji
		上 虞 Shangyu
		嵊 州 Shengzhou
	金 华 Jinhua	兰 溪 Lanxi
		义 乌 Yiwu
		东 阳 Dongyang
		永 康 Yongkang
	衢 州 Quzhou	江 山 Jiangshan
	舟 山 Zhoushan	
	台 州 Taizhou	临 海 Linhai
		温 岭 Wenling
	丽 水 Lishui	龙 泉 Longquan
安 徽 Anhui	合 肥 Hefei	巢 湖 Chaohu
	芜 湖 Wuhu	
	蚌 埠 Bengbu	
	淮 南 Huainan	
	马鞍山 Maanshan	
	淮 北 Huaibei	
	铜 陵 Tongling	
	安 庆 Anqing	桐 城 Tongcheng
	黄 山 Huangshan	
	阜 阳 Fuyang	界 首 Jieshou
	亳 州 Bozhou	
	宿 州 Suzhou	
	滁 州 Chuzhou	天 长 Tianchang
		明 光 Mingguang
	六 安 Lu'an	
	池 州 Chizhou	
	宣 城 Xuancheng	宁 国 Ningguo
福 建 Fujian	福 州 Fuzhou	福 清 Fuqing
		长 乐 Changle
	厦 门 Xiamen	
	莆 田 Putian	
	三 明 Sanming	永 安 Yong'an
	泉 州 Quanzhou	石 狮 Shishi
		晋 江 Jinjiang
		南 安 Nan'an
	漳 州 Zhangzhou	龙 海 Longhai
	南 平 Nanping	邵 武 Shaowu
		武夷山 Wuyishan
		建 瓯 Jian'ou
		建 阳 Jianyang

省级单位 Province	地级及以上城市 City at Prefecture Level and above	下辖的县级城市 County-level City
	龙 岩 Longyan	漳 平 Zhangping
	宁 德 Ningde	福 安 Fu'an
		福 鼎 Fuding
江 西 Jiangxi	南 昌 Nanchang	
	景德镇 Jingdezhen	乐 平 Leping
	萍 乡 Pingxiang	
	九 江 Jiujiang	瑞 昌 Ruichang
	新 余 Xinyu	
	鹰 潭 Yingtan	贵 溪 Guixi
	赣 州 Ganzhou	瑞 金 Ruijin
		南 康 Nankang
	上 饶 Shangrao	德 兴 Dexing
	抚 州 Fuzhou	
	吉 安 Ji'an	井冈山 Jinggangshan
	宜 春 Yichun	樟 树 Zhangshu
		丰 城 Fengcheng
		高 安 Gaoan
		(共青城) Gongqingcheng
山 东 Shandong	济 南 Jinan	章 丘 Zhangqiu
	青 岛 Qingdao	胶 州 Jiaozhou
		即 墨 Jimo
		平 度 Pingdu
		莱 西 Laixi
	淄 博 Zibo	
	枣 庄 Zaozhuang	滕 州 Tengzhou
	东 营 Dongying	
	烟 台 Yantai	龙 口 Longkou
		莱 阳 Laiyang
		莱 州 Laizhou
		蓬 莱 Penglai
		招 远 Zhaoyuan
		栖 霞 Qixia
		海 阳 Haiyang
	潍 坊 Weifang	青 州 Qingzhou
		诸 城 Zhucheng
		寿 光 Shouguang
		高 密 Gaomi
		昌 邑 Changyi
		安 丘 Anqiu
	济 宁 Jining	曲 阜 Qufu
		兖 州 Yanzhou
		邹 城 Zoucheng
	泰 安 Tai'an	新 泰 Xintai

1-2 续表 3 continued 3

省级单位 Province	地级及以上城市 City at Prefecture Level and above	下辖的县级城市 County-level City	省级单位 Province	地级及以上城市 City at Prefecture Level and above	下辖的县级城市 County-level City
		肥　城 Feicheng		十　堰 Shiyan	丹江口 Danjiangkou
	德　州 Dezhou	乐　陵 Laoling		荆　州 Jingzhou	石　首 Shishou
		禹　城 Yucheng			洪　湖 Honghu
	威　海 Weihai	文　登 Wendeng			松　滋 Songzi
		荣　成 Rongcheng		宜　昌 Yichang	宜　都 Yidu
		乳　山 Rushan			当　阳 Dangyang
	聊　城 Liaocheng	临　清 Linqing			枝　江 Zhijiang
	临　沂 Linyi			襄　阳 Xiangyang	老河口 Laohekou
	莱　芜 Laiwu				枣　阳 Zaoyang
	日　照 Rizhao				宜　城 Yicheng
	菏　泽 Heze			鄂　州 Ezhou	
	滨　州 Binzhou			荆　门 Jingmen	钟　祥 Zhongxiang
河　南	郑　州 Zhengzhou	巩　义 Gongyi		孝　感 Xiaogan	应　城 Yingcheng
Henan		新　密 Xinmi			安　陆 Anlu
		荥　阳 Xingyang			汉　川 Hanchuan
		新　郑 Xinzheng		黄　冈 Huanggang	麻　城 Macheng
		登　封 Dengfeng			武　穴 Wuxue
	开　封 Kaifeng			咸　宁 Xianning	赤　壁 Chibi
	洛　阳 Luoyang	偃　师 Yanshi		随　州 Suizhou	广　水 Guangshui
	平顶山 Pingdingshan	汝　州 Ruzhou			(利　川) Lichuan
		舞　钢 Wugang			(恩　施) Enshi
	安　阳 Anyang	林　州 Linzhou			(仙　桃) Xiantao
	鹤　壁 Hebi				(天　门) Tianmen
	新　乡 Xinxiang	辉　县 Huixian			(潜　江) Qianjiang
		卫　辉 Weihui	**湖　南**	长　沙 Changsha	浏　阳 Liuyang
	焦　作 Jiaozuo	沁　阳 Qinyang	**Hunan**	株　洲 Zhuzhou	醴　陵 Liling
		孟　州 Mengzhou		湘　潭 Xiangtan	湘　乡 Xiangxiang
	濮　阳 Puyang				韶　山 Shaoshan
	许　昌 Xuchang	禹　州 Yuzhou		衡　阳 Hengyang	耒　阳 Leiyang
		长　葛 Changge			常　宁 Changning
	漯　河 Luohe			邵　阳 Shaoyang	武　冈 Wugang
	三门峡 Sanmenxia	义　马 Yima		岳　阳 Yueyang	汨　罗 Miluo
		灵　宝 Lingbao			临　湘 Linxiang
	商　丘 Shangqiu	永　城 Yongcheng		益　阳 Yiyang	沅　江 Yuanjiang
	南　阳 Nanyang	邓　州 Dengzhou		常　德 Changde	津　市 Jinshi
	信　阳 Xinyang			郴　州 Chenzhou	资　兴 Zixing
	周　口 Zhoukou	项　城 Xiangcheng		永　州 Yongzhou	
	驻马店 Zhumadian			怀　化 Huaihua	洪　江 Hongjiang
		(济　源) Jiyuan		张家界 Zhangjiajie	
湖　北	武　汉 Wuhan			娄　底 Loudi	冷水江 Lengshuijiang
Hubei	黄　石 Huangshi	大　冶 Daye			涟　源 Lianyuan

1-2 续表 4 continued 4

省级单位 Province	地级及以上城市 City at Prefecture Level and above	下辖的县级城市 County-level City	省级单位 Province	地级及以上城市 City at Prefecture Level and above	下辖的县级城市 County-level City
		(吉　首) Jishou		玉　林 Yulin	北　流 Beiliu
广　东	广　州 Guangzhou	增　城 Zengcheng		贵　港 Guigang	桂　平 Guiping
Guangdong		从　化 Conghua		百　色 Baise	
	韶　关 Shaoxing	乐　昌 Lechang		来　宾 Laibin	合　山 Heshan
		南　雄 Nanxiong		崇　左 Chongzuo	凭　祥 Pingxiang
	深　圳 Shenzhen			贺　州 Hezhou	
	珠　海 Zhuhai			河　池 Hechi	宜　州 Yizhou
	汕　头 Shantou		海　南	海　口 Haikou	
	佛　山 Foshan		Hainan	三　亚 Sanya	
	江　门 Jiangmen	台　山 Taishan		三　沙 Sansha	
		鹤　山 Heshan			(五指山) Wuzhishan
		开　平 Kaiping			(琼　海) Qionghai
		恩　平 Enping			(儋　州) Danzhou
	湛　江 Zhanjiang	廉　江 Lianjiang			(文　昌) Wenchang
		雷　州 Leizhou			(万　宁) Wanning
		吴　川 Wuchuan			(东　方) Dongfang
	惠　州 Huizhou		重　庆		
	茂　名 Maoming	高　州 Gaozhou	Chongqing	成　都 Chengdu	都江堰 Dujiangyan
		化　州 Huazhou	四　川		彭　州 Pengzhou
		信　宜 Xinyi	Sichuan		邛　崃 Qionglai
	肇　庆 Zhaoqing	高　要 Gaoyao			崇　州 Chongzhou
		四　会 Sihui		自　贡 Zigong	
	潮　州 Chaozhou			攀枝花 Panzhihua	
	梅　州 Meizhou	兴　宁 Xingning		泸　州 Luzhou	
	中　山 Zhongshan			德　阳 Deyang	广　汉 Guanghan
	东　莞 Dongguan				什　邡 Shifang
	汕　尾 Shanwei	陆　丰 Lufeng			绵　竹 Mianzhu
	河　源 Heyuan			绵　阳 Mianyang	江　油 Jiangyou
	阳　江 Yangjiang	阳　春 Yangchun		广　元 Guangyuan	
	清　远 Qingyuan	连　州 Lianzhou		遂　宁 Suining	
		英　德 Yingde		内　江 Neijiang	
	揭　阳 Yeyang	普　宁 Puning		资　阳 Ziyang	简　阳 Jianyang
	云　浮 Yunfu	罗　定 Luoding		乐　山 Leshan	峨嵋山 Emeishan
广　西	南　宁 Nanning			宜　宾 Yibin	
Guangxi	柳　州 Liuzhou			南　充 Nanchong	阆　中 Langzhong
	桂　林 Guilin			达　州 Dazhou	万　源 Wanyuan
	梧　州 Wuzhou	岑　溪 Cenxi		广　安 Guang'an	华　蓥 Huaying
	北　海 Beihai			雅　安 Yaan	
	防城港 Fangchenggang	东　兴 Dongxing		眉　山 Meishan	
	钦　州 Qinzhou			巴　中 Bazhong	

1-2 续表 5 continued 5

省级单位 Province	地级及以上城市 City at Prefecture Level and above	下辖的县级城市 County-level City	省级单位 Province	地级及以上城市 City at Prefecture Level and above	下辖的县级城市 County-level City
		(西昌) Xichang		白银 Baiyin	
贵州 Guizhou	贵阳 Guiyang	清镇 Qingzhen		天水 Tianshui	
	六盘水 Liupanshui			武威 Wuwei	
	遵义 Zunyi	赤水 Chishui		张掖 Zhangye	
		仁怀 Renhuai		平凉 Pingliang	
	安顺 Anshun			酒泉 Jiuquan	玉门 Yumen
	铜仁 Tongren				敦煌 Dunhuang
	毕节 Bijie			庆阳 Qingyang	
		(凯里) Kaili			(临夏) Linxia
		(兴义) Xingyi			(合作) Hezuo
		(福泉) Fuquan		定西 Dingxi	
		(都匀) Duyun		陇南 Longnan	
云南 Yunnan	昆明 Kunming	安宁 Anning	**青海 Qinghai**	西宁 Xining	
	玉溪 Yuxi				(格尔木) Golmud
	曲靖 Qujing	宣威 Xuanwei			(德令哈) Delingha
	昭通 Shaotong		**宁夏 Ningxia**	银川 Yinchuan	(灵武) Lingwu
	丽江 Lijiang			石嘴山 Shuizuishan	
	保山 Baoshan			吴忠 Wuzhong	(青铜峡) Qingtongxia
	普洱 Puer			固原 Guyuan	
	临沧 Lincang			中卫 Zhongwei	
		(大理) Dali	**新疆 Xinjiang**	乌鲁木齐 Urumqi	
		(楚雄) Chuxiong		克拉玛依 Karamay	
		(芒市) Mangshi			(石河子) Shihezi
		(瑞丽) Ruili			(吐鲁番) Turpan
		(开远) Kaiyuan			(哈密) Hami
		(个旧) Gejiu			(昌吉) Changji
		(景洪) Jinghong			(奎屯) Kuitun
		(文山) Wenshan			(伊宁) Yining
		(蒙自) Mengzi			(塔城) Tacheng
西藏 Tibet	拉萨 Lhasa				(阿勒泰) Aletai
		(日喀则) Xigaze			(博乐) Bole
陕西 Shaanxi	西安 Xi'an				(库尔勒) Korla
	铜川 Tongchuan				(阿克苏) Akesu
	宝鸡 Baoji				(阿图什) Atus
	咸阳 Xianyang	兴平 Xingping			(喀什) Kashi
	延安 Yan'an				(和田) Hetian
	汉中 Hanzhong				(阜康) Fukang
	渭南 Weinan	韩城 Hancheng			(乌苏) Wusu
		华阴 Huayin			(阿拉尔) Alar
	榆林 Yulin				(图木舒克) Tumushuke
	商洛 Shangluo				(五家渠) Wujiaqu
	安康 Ankang				(北屯) beitun
甘肃 Gansu	兰州 Lanzhou				(阿拉山口) Alashankou
	嘉峪关 Jiayuguan				(铁门关) Tiemenguan
	金昌 Jinchang				

注：加括号的城市为省或地区直辖县级市

二、地级及以上城市统计资料

Statistical data of Cities at Prefecture Level and above

2-1 人口状况
Population

城 市	City	年末总人口(万人) Total Population at Year-end (10 000 persons)		年平均人口(万人) Annual Average Population (10 000 persons)		自然增长率(‰) Natural Growth Rate (‰)	
		全 市 Total City	市辖区 Districts under City	全 市 Total City	市辖区 Districts under City	全 市 Total City	市辖区 Districts under City
城市合计	**Prefecture Cities**	**127250.3**	**40317.6**	**125821.6**	**39928.9**	**4.7**	**4.1**
北京市	**Beijing**	**1297.5**	**1226.5**	**1287.7**	**1216.8**	**6.8**	**7.0**
天津市	**Tianjin**	**993.2**	**812.5**	**994.8**	**814.4**	**-6.7**	**-8.4**
河北省	**Hebei**	**7416.6**	**1335.8**	**7355.6**	**1342.5**	**10.7**	**6.3**
石家庄市	Shijiazhuang	1005.3	247.1	1001.3	246.9	9.8	8.5
唐山市	Tangshan	741.8	325.0	739.4	322.8	6.7	5.2
秦皇岛市	Qinhuangdao	291.2	87.4	290.5	90.9	5.8	5.7
邯郸市	Handan	993.1	148.1	986.5	148.5	15.3	
邢台市	Xingtai	747.7	85.3	717.2	91.2	15.4	10.6
保定市	Baoding	1172.1	108.3	1166.4	108.2	10.1	8.3
张家口市	Zhangjiakou	468.4	90.0	467.9	90.0	4.3	4.4
承德市	Chengde	376.9	58.8	375.6	58.7	8.2	6.8
沧州市	Cangzhou	744.4	53.6	739.6	53.9	13.8	5.6
廊坊市	Langfang	433.2	81.7	429.1	81.3	14.1	9.8
衡水市	Hengshui	442.4	50.5	442.0	50.1	5.0	9.9
山西省	**Shanxi**	**3518.5**	**982.8**	**3503.5**	**986.1**	**4.7**	**6.1**
太原市	Taiyuan	365.8	284.1	365.4	283.9	5.7	6.3
大同市	Datong	319.4	156.8	319.1	156.7	4.1	3.8
阳泉市	Yangquan	132.1	70.2	131.8	70.0	3.8	2.8
长治市	Changzhi	336.1	70.7	335.2	70.6	4.8	5.7
晋城市	Jincheng	218.2	36.2	217.9	35.8	2.3	8.3
朔州市	Shuozhou	173.5	71.7	173.0	71.5	9.2	13.9
晋中市	Jinzhong	325.0	60.2	324.1	60.0	5.2	5.0
运城市	Yuncheng	519.5	68.7	518.1	68.6	3.5	4.4
忻州市	Xinzhou	310.0	55.2	310.1	54.3	4.5	5.4
临汾市	Linfen	425.2	80.6	432.7	82.3	5.4	8.7
吕梁市	Lvliang	393.7	28.5	376.2	32.4	4.8	7.0
内蒙古自治区	**Inner Mongolia**	**2181.7**	**672.3**	**2145.9**	**680.9**	**1.7**	**2.4**
呼和浩特市	Hohhot	230.3	122.0	229.1	120.2	-2.2	-4.1
包头市	Baotou	223.5	145.2	222.6	144.6	5.4	4.8
乌海市	Wuhai	54.8	54.8	54.5	54.5	3.6	3.6
赤峰市	Chifeng	461.2	123.3	431.6	136.7	3.7	5.7
通辽市	Tongliao	319.8	84.8	319.9	84.6	3.8	3.5
鄂尔多斯市	Erdos	152.1	26.3	155.1	26.3	2.0	7.6
呼伦贝尔市	Hulunbuir	266.4	27.6	268.4	27.5	-3.4	
巴彦淖尔市	Bayannur	186.7	56.2	176.8	55.5	2.1	7.1
乌兰察布市	Ulanqab	287.0	32.2	287.9	31.2		-15.5
辽宁省	**Liaoning**	**4244.8**	**1908.5**	**4249.9**	**1900.9**	**-1.3**	**-0.9**
沈阳市	Shenyang	724.8	522.1	723.7	520.6		1.0
大连市	Dalian	590.3	299.2	589.4	298.2	1.2	3.0
鞍山市	Anshan	350.4	151.9	351.0	152.0	-1.4	-1.3
抚顺市	Fushun	219.3	144.1	219.7	144.3	-1.8	-3.5
本溪市	Benxi	153.2	94.2	153.8	94.6	-5.9	-6.4
丹东市	Dandong	240.5	78.6	240.8	78.7	-0.8	-2.5
锦州市	Jinzhou	307.9	93.8	308.1	93.7	-0.6	
营口市	Yingkou	235.1	91.5	235.3	91.3	-0.4	

2-1 续表 1 continued 1

城　市	City	年末总人口（万人）Total Population at Year-end (10 000 persons)		年平均人口（万人）Annual Average Population (10 000 persons)		自然增长率（‰）Natural Growth Rate (‰)	
		全　市 Total City	市辖区 Districts under City	全　市 Total City	市辖区 Districts under City	全　市 Total City	市辖区 Districts under City
阜新市	Fuxin	191.6	77.9	191.8	78.0	-1.0	-2.6
辽阳市	Liaoyang	180.3	88.0	181.4	81.3	-8.9	-9.1
盘锦市	Panjin	128.8	63.9	130.0	64.5	-1.6	
铁岭市	Tieling	302.2	44.1	303.6	44.3	-5.6	-2.3
朝阳市	Chaoyang	340.6	60.8	340.8	60.7	2.3	-1.6
葫芦岛市	Huludao	280.0	98.5	280.7	98.8	-2.5	-5.1
吉林省	**Jilin**	**2488.3**	**866.0**	**2498.1**	**868.5**	**-1.8**	**-1.7**
长春市	Changchun	756.9	363.0	759.3	363.9	-2.2	
吉林市	Jilin	430.8	182.3	432.0	183.0	-3.5	-3.3
四平市	Siping	336.3	60.3	338.7	60.4	0.3	
辽源市	Liaoyuan	122.0	47.3	122.3	47.3	-3.3	-2.1
通化市	Tonghua	224.6	44.2	225.3	44.4	-2.7	-6.8
白山市	Baishan	127.9	59.2	128.2	59.3	-4.7	-5.1
松原市	Songyuan	289.8	59.2	291.0	59.5	3.8	
白城市	Baicheng	200.0	50.5	201.3	50.8	-5.5	-5.9
黑龙江省	**Heilongjiang**	**3725.2**	**1362.7**	**3751.1**	**1363.7**	**-1.4**	**-1.0**
哈尔滨市	Harbin	993.5	471.4	993.4	471.4	-0.5	-0.6
齐齐哈尔市	Qiqihar	559.1	139.1	563.2	139.9	-5.4	-4.3
鸡西市	Jixi	185.9	85.5	185.9	85.5	-4.3	-4.7
鹤岗市	Hegang	108.5	67.3	108.7	67.3	-2.8	-1.5
双鸭山市	Shuangyashan	150.4	49.8	150.8	50.0	-3.3	-2.0
大庆市	Daqing	281.6	134.9	279.7	134.1	1.8	1.5
伊春市	Yichun	125.2	80.6	125.4	80.6	-2.4	-5.0
佳木斯市	Jiamusi	239.3	80.8	240.5	81.3	-2.9	-2.5
七台河市	Qitaihe	92.4	57.1	92.5	57.1		3.5
牡丹江市	Mudanjiang	259.6	88.7	260.1	88.7		1.1
黑河市	Heihe	172.8	18.9	171.5	18.9	-0.6	
绥化市	Suihua	557.0	88.6	579.5	88.9	0.7	1.1
上海市	**Shanghai**	**1426.9**	**1358.4**	**1423.2**	**1354.5**	**0.3**	**0.4**
江苏省	**Jiangsu**	**7553.5**	**3014.0**	**7533.9**	**3004.0**	**5.6**	**5.6**
南京市	Nanjing	638.5	553.3	637.4	552.5	3.4	3.8
无锡市	Wuxi	470.1	241.1	469.0	240.3	2.1	2.5
徐州市	Xuzhou	990.5	320.9	983.6	318.3	14.9	15.3
常州市	Changzhou	364.8	230.5	363.8	229.7	1.4	2.2
苏州市	Suzhou	647.8	329.0	645.1	327.2	3.6	5.5
南通市	Nantong	765.2	211.9	765.0	211.8	-1.4	-0.9
连云港市	Lianyungang	511.0	96.7	508.1	96.1	11.7	8.3
淮安市	Huai'an	546.8	282.8	545.0	282.1	9.3	9.5
盐城市	Yancheng	822.4	166.8	821.6	165.9	3.2	5.4
扬州市	Yangzhou	458.4	230.1	459.2	230.0	-1.5	
镇江市	Zhenjiang	271.4	103.3	271.6	103.5	-2.2	-1.9
泰州市	Taizhou	506.4	83.3	506.7	83.1	-2.6	1.2
宿迁市	Suqian	560.3	164.4	557.7	163.6	20.3	19.5
浙江省	**Zhejiang**	**4799.4**	**1524.8**	**4790.3**	**1514.1**	**3.1**	**4.3**
杭州市	Hangzhou	700.5	445.4	698.1	442.9	3.9	5.6
宁波市	Ningbo	577.7	226.1	577.1	225.4	2.1	3.1

2-1 续表 2 continued 2

城 市	City	年末总人口 (万人) Total Population at Year-end (10 000 persons) 全 市 Total City	市辖区 Districts under City	年平均人口 (万人) Annual Average Population (10 000 persons) 全 市 Total City	市辖区 Districts under City	自然增长率 (‰) Natural Growth Rate (‰) 全 市 Total City	市辖区 Districts under City
温州市	Wenzhou	800.2	149.7	799.3	148.7	4.9	9.4
嘉兴市	Jiaxing	344.5	84.8	343.8	84.6	1.5	2.4
湖州市	Huzhou	261.4	109.6	261.2	109.4	-0.4	5.5
绍兴市	Shaoxing	440.8	65.7	440.4	65.4	0.7	1.5
金华市	Jinhua	470.6	93.9	469.9	93.8	1.7	3.2
衢州市	Quzhou	252.8	83.1	252.7	83.2	1.2	-1.2
舟山市	Zhoushan	97.2	70.4	97.1	70.2		1.4
台州市	Taizhou	591.0	156.9	588.9	156.4	6.6	5.1
丽水市	Lishui	262.6	39.3	262.0	34.2	5.0	7.6
安徽省	**Anhui**	**6902.0**	**1935.2**	**6889.2**	**1931.8**	**5.5**	**5.5**
合肥市	Hefei	710.5	222.2	708.3	220.3	4.6	8.6
芜湖市	Wuhu	383.4	123.4	384.4	123.7	-1.6	-1.6
蚌埠市	Bengbu	367.8	93.1	366.6	92.9	9.5	8.6
淮南市	Huainan	243.8	179.7	244.7	180.9	4.1	3.3
马鞍山市	Maanshan	228.4	82.1	228.5	82.1		1.2
淮北市	Huaibei	218.3	110.9	220.1	110.6	10.1	9.9
铜陵市	Tongling	74.2	44.8	74.2	44.8	2.7	2.2
安庆市	Anqing	620.4	73.3	619.5	73.4	4.5	
黄山市	Huangshan	147.3	43.8	147.7	43.9	1.4	2.3
滁州市	Chuzhou	452.1	54.1	452.5	54.0	4.9	7.4
阜阳市	Fuyang	1039.8	213.5	1032.8	211.8	11.3	16.4
宿州市	Suzhou	651.7	188.1	650.5	188.0	6.3	4.3
六安市	Lu'an	710.3	187.1	709.9	187.2	4.6	-2.1
亳州市	Bozhou	612.6	165.7	608.4	164.8	5.2	6.0
池州市	Chizhou	161.9	67.1	161.7	66.9	2.5	4.5
宣城市	Xuancheng	279.6	86.6	279.5	86.6	1.1	5.8
福建省	**Fujian**	**3579.3**	**935.9**	**3565.5**	**929.9**	**7.9**	**8.3**
福州市	Fuzhou	655.3	192.1	652.3	191.0	8.2	7.3
厦门市	Xiamen	190.9	190.9	188.1	188.1	11.0	11.0
莆田市	Putian	329.3	219.4	327.9	218.4	8.5	9.1
三明市	Sanming	274.2	28.2	273.8	28.2	5.8	3.5
泉州市	Quanzhou	693.2	103.8	691.3	103.6	7.4	6.7
漳州市	Zhangzhou	482.5	56.7	480.9	56.4	8.1	7.1
南平市	Nanping	313.9	49.7	313.6	49.7	4.8	2.0
龙岩市	Longyan	297.7	49.1	296.4	48.9	9.7	8.1
宁德市	Ningde	342.3	46.0	341.2	45.6	8.5	13.0
江西省	**Jiangxi**	**4803.5**	**922.4**	**4670.1**	**963.1**	**9.6**	**8.0**
南昌市	Nanchang	507.9	225.2	511.0	274.6	7.3	7.1
景德镇市	Jingdezhen	166.7	46.3	165.6	46.6	6.6	4.3
萍乡市	Pingxiang	192.4	86.9	191.4	86.6	6.8	6.9
九江市	Jiujiang	508.6	65.0	505.5	64.6	13.2	7.7
新余市	Xinyu	120.5	87.3	119.9	86.8	10.0	10.3
鹰潭市	Yingtan	124.0	23.2	123.0	23.1	15.3	12.9
赣州市	Ganzhou	926.7	65.3	922.5	65.1	9.2	7.7
吉安市	Ji'an	505.5	55.5	503.5	55.3	6.9	7.2
宜春市	Yichun	573.1	108.1	570.0	108.4	9.8	13.0
抚州市	Fuzhou	417.8	118.8	394.3	109.9	7.9	5.1
上饶市	Shangrao	760.3	40.9	663.3	42.1	12.5	9.8

2-1 续表 3 continued 3

城 市	City	年末总人口（万人）Total Population at Year-end (10 000 persons) 全市 Total City	市辖区 Districts under City	年平均人口（万人）Annual Average Population (10 000 persons) 全市 Total City	市辖区 Districts under City	自然增长率（‰）Natural Growth Rate (‰) 全市 Total City	市辖区 Districts under City
山东省	**Shandong**	**9579.7**	**2911.4**	**9585.4**	**2902.1**	**3.0**	**3.2**
济南市	Jinan	609.2	352.2	607.9	350.8	3.6	4.8
青岛市	Qingdao	769.6	363.9	768.0	362.6	1.6	3.3
淄博市	Zibo	423.7	281.0	423.8	280.9	0.7	
枣庄市	Zaozhuang	394.8	225.8	394.5	225.5	3.5	3.1
东营市	Dongying	185.5	83.6	185.7	83.7	1.6	2.4
烟台市	Yantai	650.3	180.3	651.0	180.0	-1.7	2.8
潍坊市	Weifang	878.9	183.0	878.2	183.0	3.6	4.4
济宁市	Jining	847.1	122.6	847.0	118.0	6.1	4.9
泰安市	Tai'an	558.9	158.9	559.2	159.0	3.0	
威海市	Weihai	253.6	65.6	253.7	65.4	-1.6	6.1
日照市	Rizhao	288.1	128.9	288.6	126.4	2.1	1.6
莱芜市	Laiwu	126.3	126.3	126.6	126.6	0.8	0.8
临沂市	Linyi	1083.8	248.6	1082.4	247.7	3.0	4.4
德州市	Dezhou	577.5	60.8	576.8	60.7	4.0	4.9
聊城市	Liaocheng	594.5	115.1	599.3	116.1	5.7	7.0
滨州市	Binzhou	380.9	64.6	380.8	64.5	0.5	3.1
菏泽市	Heze	957.3	150.5	962.0	151.3	5.1	4.0
河南省	**Henan**	**11153.2**	**2291.5**	**10728.3**	**1999.4**	**4.7**	**4.5**
郑州市	Zhengzhou	1072.5	587.2	762.8	313.0	1.5	3.4
开封市	Kaifeng	544.4	86.7	543.9	86.3	11.9	5.8
洛阳市	Luoyang	709.7	196.5	710.4	182.5	1.0	4.1
平顶山市	Pingdingshan	545.6	104.0	547.2	104.4	8.8	2.9
安阳市	Anyang	593.0	110.8	591.9	111.0	1.2	4.5
鹤壁市	Hebi	163.1	61.5	163.6	62.1	8.6	
新乡市	Xinxiang	617.0	103.1	614.8	102.9	5.2	3.9
焦作市	Jiaozuo	367.3	96.3	368.6	90.5	1.4	4.2
濮阳市	Puyang	421.3	69.7	419.0	69.3	7.8	8.6
许昌市	Xuchang	494.2	41.6	494.1	41.5	4.0	4.8
漯河市	Luohe	275.0	139.8	275.0	139.8	0.4	1.4
三门峡市	Sanmenxia	226.1	29.9	225.9	29.9	4.4	3.3
南阳市	Nanyang	1206.3	194.2	1203.6	192.6	8.6	12.9
商丘市	Shangqiu	934.1	181.1	930.5	180.2	5.1	5.0
信阳市	Xinyang	855.2	149.0	747.5	152.0	-4.0	-0.7
周口市	Zhoukou	1229.2	58.6	1234.0	60.1	6.3	5.1
驻马店市	Zhumadian	899.2	81.5	895.6	81.4	7.2	9.8
湖北省	**Hubei**	**5327.0**	**1520.9**	**5262.4**	**1515.3**	**3.6**	**3.8**
武汉市	Wuhan	821.7	513.0	824.5	514.1	5.1	3.5
黄石市	Huangshi	261.5	71.6	260.8	71.6	9.2	7.0
十堰市	Shiyan	346.0	53.9	347.2	53.8	0.3	5.6
宜昌市	Yichang	399.0	125.3	398.9	125.0	0.8	2.4
襄阳市	Xiangyang	594.0	225.8	593.8	225.5	0.8	0.9

2-1 续表 4 continued 4

城　市	City	年末总人口（万人）Total Population at Year-end (10 000 persons)		年平均人口（万人）Annual Average Population (10 000 persons)		自然增长率（‰）Natural Growth Rate (‰)	
		全　市 Total City	市辖区 Districts under City	全　市 Total City	市辖区 Districts under City	全　市 Total City	市辖区 Districts under City
鄂州市	Ezhou	109.4	109.4	105.3	105.3	5.5	5.5
荆门市	Jingmen	302.3	70.7	302.1	68.9	3.3	4.2
孝感市	Xiaogan	526.9	95.7	527.9	95.7	3.2	6.3
荆州市	Jingzhou	663.3	113.0	663.0	112.8	0.5	1.8
黄冈市	Huanggang	748.2	35.6	685.7	36.3	6.0	2.8
咸宁市	Xianning	297.9	61.7	296.6	61.2	9.7	11.3
随州市	Suizhou	256.9	45.3	256.7	45.4	1.9	2.2
湖南省	**Hunan**	**6888.0**	**1362.7**	**6820.9**	**1376.4**	**6.6**	**5.1**
长沙市	Changsha	660.6	297.9	658.6	297.3	6.1	7.0
株洲市	Zhuzhou	395.8	95.6	393.6	94.4	6.6	6.3
湘潭市	Xiangtan	291.8	88.8	291.6	88.5	5.8	3.4
衡阳市	Hengyang	800.2	99.8	798.4	99.5	7.6	6.0
邵阳市	Shaoyang	801.3	69.1	799.4	69.3	6.4	4.3
岳阳市	Yueyang	573.0	111.3	571.1	117.3	6.6	2.7
常德市	Changde	629.0	140.1	627.4	141.4	4.0	
张家界市	Zhangjiajie	170.1	52.0	169.3	50.9	5.9	7.7
益阳市	Yiyang	481.9	134.9	480.3	134.5	6.4	9.6
郴州市	Chenzhou	509.8	73.3	461.9	83.4	5.5	1.4
永州市	Yongzhou	620.3	115.9	617.6	116.2	8.7	5.2
怀化市	Huaihua	516.5	36.8	515.0	36.6	7.6	5.4
娄底市	Loudi	437.8	47.3	436.8	47.2	7.1	8.5
广东省	**Guangdong**	**8625.3**	**3419.1**	**8415.2**	**3403.7**	**6.0**	**6.9**
广州市	Guangzhou	822.3	678.0	818.4	674.6	6.2	6.3
韶关市	Shaoguan	326.5	92.1	328.1	92.8	-3.4	-1.1
深圳市	Shenzhen	287.6	287.6	277.8	277.8	19.8	19.8
珠海市	Zhuhai	106.6	106.6	106.3	106.3	10.3	10.3
汕头市	Shantou	532.9	525.4	531.2	523.7	5.8	6.1
佛山市	Foshan	377.7	377.7	376.2	376.2	5.8	5.8
江门市	Jiangmen	391.8	139.0	392.8	139.0	0.3	0.7
湛江市	Zhanjiang	785.2	163.3	708.9	163.3	9.9	10.4
茂名市	Maoming	748.9	134.3	755.1	135.0	0.8	5.2
肇庆市	Zhaoqing	427.6	54.9	427.3	54.6	8.0	7.3
惠州市	Huizhou	341.9	138.1	342.5	137.8	7.6	8.0
梅州市	Meizhou	521.4	32.1	519.5	32.0	7.7	3.1
汕尾市	Shanwei	347.2	52.2	347.2	52.7	7.8	1.9
河源市	Heyuan	355.1	29.0	360.9	29.9	-2.5	3.4
阳江市	Yangjiang	282.5	67.7	283.6	68.3	1.4	-7.4
清远市	Qingyuan	405.7	65.5	411.1	65.8	5.7	9.2
东莞市	Dongguan	187.0	187.0	185.9	185.9	8.0	8.0
中山市	Zhongshan	152.0	152.0	151.4	151.4	5.3	5.3
潮州市	Chaozhou	264.8	35.2	263.8	35.2	7.9	5.7
揭阳市	Yeyang	673.9	71.1	540.9	70.8	9.6	5.6
云浮市	Yunfu	287.0	30.6	286.6	30.6	5.6	3.3

2-1 续表 5 continued 5

城市	City	年末总人口（万人）Total Population at Year-end (10 000 persons) 全市 Total City	市辖区 Districts under City	年平均人口（万人）Annual Average Population (10 000 persons) 全市 Total City	市辖区 Districts under City	自然增长率（‰）Natural Growth Rate (‰) 全市 Total City	市辖区 Districts under City
广西壮族自治区	**Guangxi**	**5362.8**	**1397.7**	**5352.1**	**1393.5**	**6.1**	**5.1**
南宁市	Nanning	713.5	274.6	712.5	273.7	6.4	7.3
柳州市	Liuzhou	372.3	114.8	373.5	114.5	-3.5	2.6
桂林市	Guilin	522.1	75.8	521.9	75.9	5.6	5.3
梧州市	Wuzhou	329.5	51.6	328.6	51.5	9.4	1.9
北海市	Beihai	168.1	62.6	168.0	62.5		1.6
防城港市	Fangchenggang	91.6	54.4	91.5	54.3	16.4	12.9
钦州市	Qinzhou	391.7	141.6	391.4	141.8	6.9	5.6
贵港市	Guigang	529.9	191.4	528.8	191.2	8.7	4.2
玉林市	Yulin	691.9	104.4	688.4	103.9	14.7	10.5
百色市	Baise	408.6	34.8	408.3	35.0	1.5	-2.9
贺州市	Hezhou	226.4	111.1	225.5	110.7	8.8	8.1
河池市	Hechi	411.6	34.8	406.7	32.9	1.7	-5.7
来宾市	Laibin	260.3	109.8	261.0	109.4	0.4	2.7
崇左市	Chongzuo	245.4	36.1	246.0	36.3	4.5	
海南省	**Hainan**	**218.9**	**218.9**	**219.7**	**219.7**	**10.5**	**10.5**
海口市	Haikou	161.6	161.6	162.0	162.0	11.1	11.1
三亚市	Sanya	57.3	57.3	57.7	57.7	8.7	8.7
三沙市	sansha	0.1	0.1				
重庆市	**Chongqing**	**3343.4**	**1779.1**	**3336.6**	**1774.9**	**3.9**	**3.0**
四川省	**Sichuan**	**8398.3**	**2504.2**	**8384.6**	**2494.0**	**2.5**	**3.0**
成都市	Chengdu	1173.3	554.2	1168.3	549.5	0.1	3.2
自贡市	Zigong	328.5	150.5	327.8	150.2	6.1	5.3
攀枝花市	Panzhihua	111.9	68.9	111.8	69.0	3.6	1.5
泸州市	Luzhou	505.2	148.7	504.1	147.9	4.9	4.7
德阳市	Deyang	391.5	68.3	391.0	68.0	1.5	2.9
绵阳市	Mianyang	545.4	124.1	544.4	123.5	3.3	3.2
广元市	Guangyuan	311.7	93.6	311.5	93.2	2.2	5.3
遂宁市	Suining	376.1	150.0	379.4	150.9	-7.2	-5.3
内江市	Neijiang	426.6	142.2	426.3	142.0	3.5	2.8
乐山市	Leshan	355.1	115.8	354.8	114.1	1.7	
南充市	Nanchong	759.6	195.6	757.9	195.0	3.8	4.6
眉山市	Meishan	350.4	86.5	350.6	86.3	-0.9	1.2
宜宾市	Yibin	546.6	125.2	544.7	124.7	3.8	3.2
广安市	Guang'an	468.5	125.8	468.5	125.7	3.6	3.2
达州市	Dazhou	695.6	43.8	693.2	43.5	6.2	6.8
雅安市	Yaan	156.5	62.5	156.1	62.4	5.8	6.4
巴中市	Bazhong	390.0	138.6	389.3	138.5	1.5	3.6
资阳市	Ziyang	505.9	109.9	504.9	109.7	3.0	3.6
贵州省	**Guizhou**	**3037.3**	**647.4**	**2739.7**	**595.8**	**6.9**	**6.5**
贵阳市	Guiyang	374.5	224.6	375.3	224.2	3.7	3.6
六盘水市	Liupanshui	322.5	49.9	285.5	49.8	5.0	4.0
遵义市	Zunyi	771.4	86.9	771.7	87.2	3.0	2.3
安顺市	Anshun	284.4	87.7	228.2	76.0	10.9	6.8
毕节市	Bijie	858.0	152.9	652.2	113.1	12.8	14.4
铜仁市	Tongren	426.5	45.5	426.8	45.5	3.8	4.4

2-1 续表 6 continued 6

城 市	City	年末总人口（万人）Total Population at Year-end (10 000 persons) 全 市 Total City	市辖区 Districts under City	年平均人口（万人）Annual Average Population (10 000 persons) 全 市 Total City	市辖区 Districts under City	自然增长率（‰）Natural Growth Rate (‰) 全 市 Total City	市辖区 Districts under City
云南省	**Yunnan**	**2840.9**	**634.3**	**2832.6**	**632.5**	**4.7**	**3.5**
昆明市	Kunming	543.5	272.7	543.8	273.1	1.7	2.2
曲靖市	Qujing	637.4	73.1	613.6	71.8	6.4	1.4
玉溪市	Yuxi	214.1	43.0	231.8	42.8	6.1	7.0
保山市	Baoshan	255.6	91.1	254.9	90.8	5.1	6.6
昭通市	Zhaotong	583.3	85.3	581.3	84.9	4.8	2.3
丽江市	Lijiang	119.0	15.1	120.1	15.2	-0.8	
思茅市	Simao	251.7	22.3	251.1	22.2	6.0	9.0
临沧市	Lincang	236.4	31.8	236.1	31.7	6.3	6.3
西藏自治区	**Tibet**	**50.4**		**57.9**		**7.9**	
拉萨市	Lasa	50.4		57.9		7.9	
陕西省	**Shaanxi**	**3907.2**	**1296.2**	**3865.9**	**1279.5**	**5.4**	**6.6**
西安市	Xi'an	796.0	572.8	793.9	570.8	7.4	8.0
铜川市	Tongchuan	85.3	75.9	85.4	76.0	1.2	1.3
宝鸡市	Baoji	383.9	143.4	383.6	143.3	5.2	2.1
咸阳市	Xianyang	527.9	91.0	526.8	90.8	5.9	7.7
渭南市	Weinan	565.1	98.5	532.3	85.3	1.4	9.1
延安市	Yan'an	235.4	46.5	234.2	46.4	4.2	4.3
汉中市	Hanzhong	384.3	56.3	383.3	55.9	3.1	5.3
榆林市	Yulin	374.6	54.6	372.6	54.0	12.8	14.7
安康市	Ankang	306.0	101.9	305.6	101.6	3.3	1.0
商洛市	Shangluo	248.8	55.4	248.3	55.4	4.4	5.4
甘肃省	**Gansu**	**2436.6**	**820.9**	**2418.7**	**822.6**	**4.8**	**3.9**
兰州市	Lanzhou	321.5	206.4	322.4	207.7	4.4	2.4
嘉峪关市	Jiayuguan	19.8	19.8	23.4	23.4	5.1	5.1
金昌市	Jinchang	46.7	23.1	46.7	23.0	6.4	4.3
白银市	Baiyin	175.7	49.2	177.6	49.7		-2.0
天水市	Tianshui	375.7	132.4	374.5	132.0	6.9	6.0
武威市	Wuwei	190.0	101.8	191.0	102.3	1.1	2.0
张掖市	Zhangye	130.8	51.5	130.9	51.6	3.1	1.9
平凉市	Pingliang	234.0	53.9	233.5	53.7	5.6	5.6
酒泉市	Jiuquan	98.8	40.7	99.0	40.7	2.0	4.9
庆阳市	Qingyang	262.3	37.3	262.1	37.9	7.2	8.0
定西市	Dingxi	296.3	46.6	273.7	42.3	5.4	4.3
陇南市	Longnan	284.9	58.5	284.1	58.4	6.3	6.8
青海省	**Qinghai**	**198.5**	**91.8**	**197.9**	**91.4**	**5.5**	**4.4**
西宁市	Xining	198.5	91.8	197.9	91.4	5.5	4.4
宁夏回族自治区	**Ningxia**	**657.2**	**274.4**	**653.6**	**271.9**	**10.7**	**9.1**
银川市	Yinchuan	167.2	100.2	164.7	98.7	9.0	9.0
石嘴山市	Shizuishan	74.2	48.3	73.8	48.1	4.0	2.1
吴忠市	Wuzhong	141.6	39.4	140.7	39.0	12.0	7.6
固原市	Guyuan	154.2	46.1	154.8	46.0	15.6	17.4
中卫市	Zhongwei	120.0	40.3	119.6	40.0	9.2	7.4
新疆维吾尔自治区	**Xinjiang**	**295.4**	**289.4**	**291.3**	**285.4**	**5.8**	**5.5**
乌鲁木齐市	Urumqi	257.8	251.8	253.6	247.7	5.8	5.6
克拉玛依市	Karamay	37.6	37.6	37.7	37.7	2.7	2.7

2-2 劳动力就业状况

Labour Force and Employment

城市	City	年末单位从业人员数（万人）Persons Employed in Various Units at Year-end (10 000 persons)		城镇私营和个体从业人员（人）Persons Employed in Private Enterprises and Self-Employed Individuals in Urban Areas (person)		年末城镇登记失业人员数（人）Registered Unemployed Persons in Urban Areas at Year-end (person)	
		全市 Total City	市辖区 Districts under City	全市 Total City	市辖区 Districts under City	全市 Total City	市辖区 Districts under City
城市合计	**Prefecture Cities**	**15159.4**	**8929.8**	**141168325**	**80702275**	**7084708**	**3981479**
北京市	**Beijing**	**717.4**	**700.5**	**4777795**	**4597065**	**71982**	**68112**
天津市	**Tianjin**	**289.1**	**269.6**	**2482400**	**2482400**	**204000**	**204000**
河北省	**Hebei**	**620.4**	**296.1**	**4095999**	**1011413**	**370989**	**175687**
石家庄市	Shijiazhuang	90.7	55.8	456855	172316	53394	24052
唐山市	Tangshan	95.6	62.4	441626	190163	59545	19069
秦皇岛市	Qinhuangdao	33.5	24.1	139586	83800	22389	17220
邯郸市	Handan	64.5	29.1	671128	133700	54743	49718
邢台市	Xingtai	44.9	16.9	403956	64448	22465	11233
保定市	Baoding	101.0	33.0	376720	134849	47228	5434
张家口市	Zhangjiakou	40.3	18.0	338500	20864	30393	11770
承德市	Chengde	26.4	11.1	156607	41528	19408	8332
沧州市	Cangzhou	52.4	17.0	377600	28140	23720	10351
廊坊市	Langfang	42.1	18.9	395671	76724	11923	4499
衡水市	Hengshui	29.1	10.0	337750	64881	25781	14009
山西省	**Shanxi**	**447.8**	**237.5**	**2076876**	**1272875**	**176911**	**108674**
太原市	Taiyuan	103.5	95.4	510776	505576	45262	44311
大同市	Datong	44.6	37.0	288360	187149	48991	29395
阳泉市	Yangquan	27.6	22.5	99493	58009	7900	4928
长治市	Changzhi	39.5	14.6	281557	94053	12358	8968
晋城市	Jincheng	28.9	14.3	126249	58132	5287	2234
朔州市	Shuozhou	20.4	11.3	161179	48543	5848	3856
晋中市	Jinzhong	34.6	10.5	201834	29503	9547	2142
运城市	Yuncheng	41.0	7.8	24500	192503	11390	1920
忻州市	Xinzhou	25.4	7.2	89521	23966	7825	886
临汾市	Linfen	39.7	11.4	191107	65991	14500	8813
吕梁市	Lvliang	42.6	5.5	102300	9450	8003	1221
内蒙古自治区	**Inner Mongolia**	**231.2**	**116.8**	**2764952**	**1629791**	**185222**	**96858**
呼和浩特市	Hohhot	34.3	23.3	599015	339379	9764	7629
包头市	Baotou	39.4	34.8	900513	836371	46547	46547
乌海市	Wuhai	10.3	10.3	102400	102400	9010	9010
赤峰市	Chifeng	32.1	13.6	261211	111617	25128	8135
通辽市	Tongliao	24.9	9.9	159079	74541	16831	4499
鄂尔多斯市	Erdos	22.3	6.7	153645	42864	12642	4312
呼伦贝尔市	Hulunbuir	36.8	4.8	304513	55415	28280	4239
巴彦淖尔市	Bayannur	15.9	7.3	190799	43861	19000	4900
乌兰察布市	Ulanqab	15.3	6.2	93777	23343	18020	7587
辽宁省	**Liaoning**	**592.5**	**448.8**	**6043217**	**2250071**	**380826**	**266969**
沈阳市	Shenyang	122.0	114.9	1080491	941763	76958	69869
大连市	Dalian	111.5	93.8	1955346		84780	65462
鞍山市	Anshan	55.2	41.4	206445	179438	20467	13021
抚顺市	Fushun	30.9	26.0	310734		36113	29359
本溪市	Benxi	28.0	23.7	153695	119974	27159	21462
丹东市	Dandong	26.9	16.9	172733	98786	22848	9459
锦州市	Jinzhou	29.2	20.0	304615		11035	5830
营口市	Yingkou	28.0	21.1	514529	322032	12419	5491

2-2 续表 1 continued 1

城市	City	年末单位从业人员数(万人) Persons Employed in Various Units at Year-end (10 000 persons)		城镇私营和个体从业人员(人) Persons Employed in Private Enterprises and Self-Employed Individuals in Urban Areas (person)		年末城镇登记失业人员数(人) Registered Unemployed Persons in Urban Areas at Year-end (person)	
		全市 Total City	市辖区 Districts under City	全市 Total City	市辖区 Districts under City	全市 Total City	市辖区 Districts under City
阜新市	Fuxin	21.7	17.3	294687	274059	20254	19240
辽阳市	Liaoyang	18.0	14.2	303216	152621	8715	5254
盘锦市	Panjin	46.9	25.5	134970	102404	16914	8177
铁岭市	Tieling	23.0	7.1	228378		13844	3576
朝阳市	Chaoyang	30.9	14.3	198553		13236	5369
葫芦岛市	Huludao	20.4	12.7	184825	58994	16084	5400
吉林省	**Jilin**	**251.4**	**165.4**	**2846713**	**1407396**	**200797**	**100622**
长春市	Changchun	100.0	84.7	809116	570361	88219	53578
吉林市	Jilin	39.1	25.1	364407	220327	26714	14633
四平市	Siping	20.5	9.2	539306	94554	23323	6239
辽源市	Liaoyuan	9.1	6.1	180642	109902	11598	7301
通化市	Tonghua	21.5	8.5	235107	106507	8513	2494
白山市	Baishan	18.9	11.4	210947	101751	11601	4975
松原市	Songyuan	21.6	10.4	361266	150895	15233	5963
白城市	Baicheng	20.8	10.0	145922	53099	15596	5439
黑龙江省	**Heilongjiang**	**430.6**	**261.8**	**3893724**	**2473756**	**298932**	**201590**
哈尔滨市	Harbin	138.3	110.7	1524400	1239032	95700	67593
齐齐哈尔市	Qiqihar	32.2	19.7	309742	207428	7690	6507
鸡西市	Jixi	27.4	13.2	115680	72818	21253	14056
鹤岗市	Hegang	25.9	11.6	118485	95049	16611	12728
双鸭山市	Shuangyashan	14.4	8.9	185442	34044	19256	10220
大庆市	Daqing	54.1	47.1	446142	326759	40505	36981
伊春市	Yichun	19.9	15.2	102190	93680	22254	19289
佳木斯市	Jiamusi	22.8	8.7	202290	90650	18692	10340
七台河市	Qitaihe	13.6	11.7	77675	68922	7702	5861
牡丹江市	Mudanjiang	23.0	9.1	449387	172000	20622	14633
黑河市	Heihe	31.4	3.3	120567	47564	7336	1622
绥化市	Suihua	27.6	2.7	241724	25810	21311	1760
上海市	**Shanghai**	**555.7**	**548.1**	**3938703**	**3761444**	**270500**	**263000**
江苏省	**Jiangsu**	**830.9**	**508.0**	**14449736**	**8636191**	**404712**	**265945**
南京市	Nanjing	147.4	134.4	1837828	1678192	66332	62349
无锡市	Wuxi	88.1	57.9	1864499	1163248	47044	36548
徐州市	Xuzhou	63.5	37.6	936212	515886	35369	20077
常州市	Changzhou	48.9	36.2	1538104	1204239	34013	27314
苏州市	Suzhou	133.7	74.3	2750860	1404997	44273	34514
南通市	Nantong	68.5	33.3	717687	387985	36454	16110
连云港市	Lianyungang	35.5	20.6	418197	193790	15003	8167
淮安市	Huai'an	42.7	28.1	640723	390033	21234	12034
盐城市	Yancheng	53.8	16.4	950425	413616	23878	8853
扬州市	Yangzhou	42.9	24.6	723781	464816	29695	19310
镇江市	Zhenjiang	40.7	20.3	693194	347480	17512	9080
泰州市	Taizhou	40.9	15.1	755572	240135	20621	5674
宿迁市	Suqian	24.4	9.2	622654	231774	13284	5915
浙江省	**Zhejiang**	**1067.0**	**566.4**	**9670830**	**4675816**	**309348**	**160678**
杭州市	Hangzhou	281.9	245.9	1641332	1415945	39700	27118
宁波市	Ningbo	174.7	99.3	1641100	1116400	82078	64320

2-2 续表 2 continued 2

城 市	City	年末单位从业人员数（万人） Persons Employed in Various Units at Year-end (10 000 persons)		城镇私营和个体从业人员（人） Persons Employed in Private Enterprises and Self-Employed Individuals in Urban Areas (person)		年末城镇登记失业人员数（人） Registered Unemployed Persons in Urban Areas at Year-end (person)	
		全 市 Total City	市辖区 Districts under City	全 市 Total City	市辖区 Districts under City	全 市 Total City	市辖区 Districts under City
温州市	Wenzhou	111.5	42.8	2171653	956827	25436	8771
嘉兴市	Jiaxing	79.2	25.3	399300	81500	26649	10060
湖州市	Huzhou	47.1	23.9	580700	187800	13100	5100
绍兴市	Shaoxing	130.7	33.2	666464	142945	39300	14100
金华市	Jinhua	88.4	19.5	1269655	193186	26185	6554
衢州市	Quzhou	20.3	11.1	287245	141453	12274	5531
舟山市	Zhoushan	17.7	14.4	119085	101731	5843	3780
台州市	Taizhou	96.8	45.2	667814	272753	29420	10694
丽水市	Lishui	18.9	5.8	226482	65276	9363	4650
安徽省	**Anhui**	**528.9**	**291.0**	**4505904**	**2455719**	**238317**	**123860**
合肥市	Hefei	115.6	90.6	1030055	851228	21800	5379
芜湖市	Wuhu	36.5	27.0	374567	273101	16569	10116
蚌埠市	Bengbu	23.4	16.8	317096	125845	17934	14849
淮南市	Huainan	35.5	31.2	116022	79001	20872	19156
马鞍山市	Maanshan	19.1	14.0	126003	110098	9274	953
淮北市	Huaibei	22.3	19.5	240256	193314	19666	16077
铜陵市	Tongling	12.6	11.0	82395	40201	10190	7789
安庆市	Anqing	27.3	11.4	300903	45934	26862	16438
黄山市	Huangshan	10.3	6.4	140439	78109	6111	3258
滁州市	Chuzhou	19.2	5.7	426563	146054	11449	3801
阜阳市	Fuyang	29.6	14.4	353563	128534	9591	3373
宿州市	Suzhou	24.9	3.7	157518	96700	9335	4991
六安市	Lu'an	72.7	21.5	245000	75929	13981	6551
亳州市	Bozhou	17.4	6.1	352157	82958	12096	2470
池州市	Chizhou	7.8	3.9	141512	85280	9587	5514
宣城市	Xuancheng	54.7	7.9	101855	43433	23000	3145
福建省	**Fujian**	**634.2**	**331.1**	**4632388**	**2888923**	**145466**	**82529**
福州市	Fuzhou	143.7	86.2	857669	659226	33022	23345
厦门市	Xiamen	118.1	118.1	1303577	1303577	32400	32400
莆田市	Putian	37.2	32.1	305067	237314	6691	4516
三明市	Sanming	25.3	7.9	292815	82378	8265	2352
泉州市	Quanzhou	174.9	39.6	805417	259360	17407	6642
漳州市	Zhangzhou	48.6	16.7	272284	102834	9817	1103
南平市	Nanping	25.8	7.5	252868	66401	16015	4190
龙岩市	Longyan	34.5	15.0	228556	109619	13842	6392
宁德市	Ningde	26.2	8.0	314135	68214	8006	1589
江西省	**Jiangxi**	**373.1**	**166.0**	**4173475**	**1707440**	**241246**	**119678**
南昌市	Nanchang	96.2	72.1	702698	458934	55160	55160
景德镇市	Jingdezhen	19.3	13.2	196900	102300	11300	5800
萍乡市	Pingxiang	14.1	10.8	476444	244585	12252	10112
九江市	Jiujiang	41.9	14.9	635247	247746	7666	1508
新余市	Xinyu	11.4	8.6	109581	96080	11452	9835
鹰潭市	Yingtan	10.2	2.6	146795	49536	9719	3952
赣州市	Ganzhou	48.8	11.4	599400	123100	29720	4414
吉安市	Ji'an	22.9	4.5	284607	61500	25159	6247
宜春市	Yichun	35.6	8.2	170017	76413	27531	11204
抚州市	Fuzhou	29.8	12.1	511586	134036	21487	8799
上饶市	Shangrao	42.9	7.7	340200	113210	29800	2647

2-2 续表 3 continued 3

城　市	City	年末单位从业人员数(万人) Persons Employed in Various Units at Year-end (10 000 persons)		城镇私营和个体从业人员(人) Persons Employed in Private Enterprises and Self-Employed Individuals in Urban Areas (person)		年末城镇登记失业人员数(人) Registered Unemployed Persons in Urban Areas at Year-end (person)	
		全　市 Total City	市辖区 Districts under City	全　市 Total City	市辖区 Districts under City	全　市 Total City	市辖区 Districts under City
山东省	**Shandong**	**1103.8**	**591.8**	**8562752**	**4879916**	**435327**	**212832**
济南市	Jinan	141.5	114.3	1177766	942213	47769	
青岛市	Qingdao	129.0	84.7	1425096	921123	64252	51778
淄博市	Zibo	77.4	58.0	344068	307829	27104	22049
枣庄市	Zaozhuang	41.3	27.4	625615	315993	18234	10592
东营市	Dongying	47.0	33.0	286431	182253	9370	7965
烟台市	Yantai	104.7	56.2	731907	426742	49815	38493
潍坊市	Weifang	83.7	32.1	633104	228389	40300	11000
济宁市	Jining	76.8	26.1	358852	131029	31393	12907
泰安市	Tai'an	68.2	22.3	276340	149672	24821	9362
威海市	Weihai	56.8	25.4	296400	137900	7916	4004
日照市	Rizhao	21.8	14.1	258590	183607	13035	9444
莱芜市	Laiwu	17.4	17.4	188513	188513	5346	5346
临沂市	Linyi	72.2	32.1	513775	301846	19307	5499
德州市	Dezhou	41.7	11.5	671033	143875	18393	2633
聊城市	Liaocheng	39.5	12.0	257028	79614	25586	12232
滨州市	Binzhou	43.0	11.3	225205	97914	13420	5926
菏泽市	Heze	41.9	13.9	293029	141404	19266	3602
河南省	**Henan**	**859.6**	**427.5**	**6048338**	**2691132**	**398648**	**207698**
郑州市	Zhengzhou	162.0	119.1	1161562	967133	50256	22210
开封市	Kaifeng	40.9	17.9	204682	132004	23706	19141
洛阳市	Luoyang	61.1	36.4	575739	308097	39827	33737
平顶山市	Pingdingshan	51.8	31.7	180965	95943	20580	9070
安阳市	Anyang	51.1	20.7	386498	135067	26437	21019
鹤壁市	Hebi	19.2	14.4	166303	84579	5448	3172
新乡市	Xinxiang	46.0	18.5	240641	105033	24249	13571
焦作市	Jiaozuo	39.8	21.0	469898	142124	17557	10910
濮阳市	Puyang	33.6	21.8	201521	98947	13741	9205
许昌市	Xuchang	33.1	10.7	204840	79550	38357	18206
漯河市	Luohe	25.3	16.9	89026	62899	7937	5927
三门峡市	Sanmenxia	26.2	7.8	142358	16071	7688	2512
南阳市	Nanyang	83.5	32.8	526250	133511	38044	14876
商丘市	Shangqiu	45.8	15.7	249667	71756	24226	9243
信阳市	Xinyang	46.2	13.4	414714	156724	8682	3700
周口市	Zhoukou	47.5	11.5	470831	53654	35872	6710
驻马店市	Zhumadian	46.5	17.3	362843	48040	16041	4489
湖北省	**Hubei**	**655.3**	**347.3**	**6609243**	**3974412**	**379211**	**221460**
武汉市	Wuhan	191.9	152.6	2008200	2008200	101108	87905
黄石市	Huangshi	32.1	19.2	361000	287330	27483	16847
十堰市	Shiyan	55.1	33.7	487570	197059	27405	14513
宜昌市	Yichang	70.0	28.0	659796	350120	23184	7370
襄阳市	Xiangyang	70.6	28.5	588243	427996	38705	20929

2-2 续表 4 continued 4

城市	City	年末单位从业人员数（万人）Persons Employed in Various Units at Year-end (10 000 persons)		城镇私营和个体从业人员（人）Persons Employed in Private Enterprises and Self-Employed Individuals in Urban Areas (person)		年末城镇登记失业人员数（人）Registered Unemployed Persons in Urban Areas at Year-end (person)	
		全市 Total City	市辖区 Districts under City	全市 Total City	市辖区 Districts under City	全市 Total City	市辖区 Districts under City
鄂州市	Ezhou	20.0	20.0	105896	105896	13035	13035
荆门市	Jingmen	36.5	14.6	326720	48625	17969	13031
孝感市	Xiaogan	70.9	14.8	595505	110100	33963	8311
荆州市	Jingzhou	36.7	15.8	602200	155100	56483	33789
黄冈市	Huanggang	36.3	6.6	121901	23150	16000	1589
咸宁市	Xianning	22.2	7.0	220800	70100	17546	2911
随州市	Suizhou	13.2	6.4	531412	190736	6330	1230
湖南省	**Hunan**	**539.2**	**265.8**	**6471286**	**3327922**	**389657**	**190643**
长沙市	Changsha	124.0	85.3	807600	684900	58748	43664
株洲市	Zhuzhou	42.2	25.7	730606	523420	20381	11104
湘潭市	Xiangtan	32.3	21.4	238707	191502	21471	18392
衡阳市	Hengyang	56.6	24.9	737734	423700	58642	39341
邵阳市	Shaoyang	34.9	10.2	724400	152700	31800	6400
岳阳市	Yueyang	48.9	23.7	615980	480990	27578	12713
常德市	Changde	39.6	14.5	873728	327258	36976	11872
张家界市	Zhangjiajie	9.0	4.6	77900	52715	6380	3162
益阳市	Yiyang	28.1	14.6	191849	95967	18296	4974
郴州市	Chenzhou	34.1	13.3	381000	109900	29590	9942
永州市	Yongzhou	31.3	9.8	234582	71070	24172	8645
怀化市	Huaihua	29.1	7.5	639100	142200	32910	13742
娄底市	Loudi	29.0	10.4	218100	71600	22713	6692
广东省	**Guangdong**	**1304.0**	**1044.9**	**17777104**	**12861764**	**634148**	**185607**
广州市	Guangzhou	326.9	302.9	4244509	3442044	282963	
韶关市	Shaoguan	34.8	18.1	270632	112877	59573	7657
深圳市	Shenzhen	280.0	280.0	4307122	4307122	38165	38165
珠海市	Zhuhai	65.4	65.4	353783	353783	11339	11339
汕头市	Shantou	53.0	52.5			15391	14419
佛山市	Foshan	65.0	65.0	1141066	1141066	23085	23085
江门市	Jiangmen	53.3	31.9	1108253		24119	12017
湛江市	Zhanjiang	44.4	19.3	305142	161506	23374	6059
茂名市	Maoming	38.3	13.2	220966	79822	29796	12800
肇庆市	Zhaoqing	31.8	16.3	265283	123719	4972	7699
惠州市	Huizhou	89.0	66.5	1136977	526847	16869	10574
梅州市	Meizhou	24.0	6.2	135000	77800	13750	4322
汕尾市	Shanwei	17.5	7.5	227654	82888	12156	2774
河源市	Heyuan	23.8	10.8	168996	90764	10940	3281
阳江市	Yangjiang	18.4	7.0	198418	90092	12952	4688
清远市	Qingyuan	26.9	9.8	435811	139814	14785	4950
东莞市	Dongguan	25.3	25.3	822080	822080	6061	6061
中山市	Zhongshan	33.0	33.0	998274	998274	9785	9785
潮州市	Chaozhou	13.1	5.0	211395	91330	8682	1963
揭阳市	Yeyang	23.0	5.2	953207	136873	9708	3187
云浮市	Yunfu	17.2	4.3	272536	83063	5683	782

2-2 续表 5 continued 5

城 市	City	年末单位从业人员数(万人) Persons Employed in Various Units at Year-end (10 000 persons)		城镇私营和个体从业人员(人) Persons Employed in Private Enterprises and Self-Employed Individuals in Urban Areas (person)		年末城镇登记失业人员数(人) Registered Unemployed Persons in Urban Areas at Year-end (person)	
		全 市 Total City	市辖区 Districts under City	全 市 Total City	市辖区 Districts under City	全 市 Total City	市辖区 Districts under City
广西壮族自治区	**Guangxi**	**345.1**	**194.1**	**3076499**	**1338590**	**185203**	**91598**
南宁市	Nanning	80.4	62.3	390557	172238	31167	24600
柳州市	Liuzhou	48.6	37.0	490938	327822	28215	20291
桂林市	Guilin	36.0	18.0	240551	95600	24552	13750
梧州市	Wuzhou	15.6	6.9	181769	108199	13901	7932
北海市	Beihai	14.8	9.9	141901	103572	9254	4987
防城港市	Fangchenggang	10.4	7.4	95848	56500	3327	1957
钦州市	Qinzhou	16.6	9.8	176441	110345	8000	3770
贵港市	Guigang	16.0	7.1	137975	67944	9562	2482
玉林市	Yulin	30.9	10.6	257596	37414	15568	3236
百色市	Baise	19.7	6.0	322544	39454	10305	1250
贺州市	Hezhou	9.5	5.0	76291	48422	7900	1500
河池市	Hechi	19.3	4.6	250987	31141	12064	1947
来宾市	Laibin	13.0	6.0	206168	116872	6479	2777
崇左市	Chongzuo	14.2	3.5	106933	23067	4909	1119
海南省	**Hainan**	**54.7**	**54.7**	**636190**	**636190**	**15748**	**15748**
海口市	Haikou	45.0	45.0	549704	549704	11345	11345
三亚市	Sanya	9.7	9.7	86486	86486	4403	4403
三沙市	sansha						
重庆市	**Chongqing**	**856.2**		**4824800**		**124305**	**84426**
四川省	**Sichuan**	**589.5**	**343.8**	**6752566**	**3870048**	**394152**	**190079**
成都市	Chengdu	212.3	158.5	2336834	1869467	64500	24486
自贡市	Zigong	17.4	12.5	404490	241175	23836	11197
攀枝花市	Panzhihua	18.6	16.8	173188	108343	15350	8544
泸州市	Luzhou	27.8	16.0	194407	134700	14744	8971
德阳市	Deyang	25.7	12.3	213420	105942	16334	8612
绵阳市	Mianyang	39.5	24.7	378929	135582	31433	18896
广元市	Guangyuan	14.6	8.4	226130	131427	19908	8158
遂宁市	Suining	17.5	6.7	155112	84025	33836	28816
内江市	Neijiang	21.8	7.9	197658	64192	14483	6135
乐山市	Leshan	27.8	14.3	198067	68101	23539	12012
南充市	Nanchong	30.2	13.1	469492	220661	36018	21873
眉山市	Meishan	15.7	5.4	238778	103581	13089	4239
宜宾市	Yibin	36.5	16.9	436098	187710	23269	10999
广安市	Guang'an	11.9	4.2	152215	55974	12050	2739
达州市	Dazhou	26.8	7.0	419113	87651	18614	2171
雅安市	Yaan	10.1	4.9	263400	127400	5913	2889
巴中市	Bazhong	17.8	7.9	183634	83578	13125	5738
资阳市	Ziyang	17.4	6.3	111601	60539	14111	3604
贵州省	**Guizhou**	**204.7**	**113.8**	**1216824**	**548227**	**94822**	**38011**
贵阳市	Guiyang	82.7	71.7	404745	284312	29060	15021
六盘水市	Liupanshui	24.3	10.1	252780	67093	13626	6365
遵义市	Zunyi	37.8	13.4	70422	45213	22236	6729
安顺市	Anshun	15.2	7.2	116299	61468	7190	4109
毕节市	Bijie	27.4	6.7	148400	29417	11984	2675
铜仁市	Tongren	17.1	4.6	224178	60724	10726	3112

2-2 续表 6 continued 6

城市	City	年末单位从业人员数（万人）Persons Employed in Various Units at Year-end (10 000 persons)		城镇私营和个体从业人员（人）Persons Employed in Private Enterprises and Self-Employed Individuals in Urban Areas (person)		年末城镇登记失业人员数（人）Registered Unemployed Persons in Urban Areas at Year-end (person)	
		全市 Total City	市辖区 Districts under City	全市 Total City	市辖区 Districts under City	全市 Total City	市辖区 Districts under City
云南省	**Yunnan**	**273.3**	**129.7**	**2865228**	**1574024**	**142501**	**48685**
昆明市	Kunming	119.8	74.4	1118860	1036512	38129	23928
曲靖市	Qujing	46.5	15.0	548566	94474	42000	3526
玉溪市	Yuxi	25.4	12.1	449951	128483	7430	2690
保山市	Baoshan	18.1	9.2	109991	71537	8240	2857
昭通市	Zhaotong	23.4	6.0	237009	139654	23253	9701
丽江市	Lijiang	10.3	3.9	43195	9914	5158	1095
普洱市	Simao	16.8	5.7	259235	71588	11186	3381
临沧市	Lincang	13.1	3.4	98421	21862	7105	1507
西藏自治区	**Tibet**	**39.1**		**162530**		**249**	
拉萨市	Lasa	39.1		162530		249	
陕西省	**Shaanxi**	**395.8**	**242.1**	**2717734**	**1615525**	**191795**	**117315**
西安市	Xi'an	165.6	151.2	1220612	1110757	96121	88431
铜川市	Tongchuan	10.0	9.4	61003	56718	1810	1533
宝鸡市	Baoji	31.8	18.3	282181	79543	15223	6776
咸阳市	Xianyang	40.2	16.4	192777	62720	14966	3314
渭南市	Weinan	39.8	12.1	119836	31290	15366	3089
延安市	Yan'an	24.6	9.1	190801	54859	9824	2277
汉中市	Hanzhong	26.4	8.6	214600	63382	10154	2776
榆林市	Yulin	27.8	6.1	200163	94127	13322	3135
安康市	Ankang	14.8	6.1	150011	46246	9344	4121
商洛市	Shangluo	14.8	4.8	85750	15883	5665	1863
甘肃省	**Gansu**	**189.1**	**115.9**	**1559667**	**937647**	**92572**	**46923**
兰州市	Lanzhou	54.1	47.8	526100	425773	14400	13107
嘉峪关市	Jiayuguan	6.6	6.6	32396	32396	2809	2809
金昌市	Jinchang	10.2	8.1	60124	43033	4703	1918
白银市	Baiyin	15.3	10.4	67865	34691	6391	3677
天水市	Tianshui	21.1	14.2	164944	79695	10914	7030
武威市	Wuwei	10.6	7.2	166005	110889	5221	3359
张掖市	Zhangye	11.4	5.6	82163	41693	4255	2536
平凉市	Pingliang	15.3	4.0	110584	29223	12458	3356
酒泉市	Jiuquan	11.0	4.0	68795	51200	5524	2330
庆阳市	Qingyang	10.5	3.2	78950	41779	13162	4327
定西市	Dingxi	11.6	2.8	143641	33175	7035	1451
陇南市	Longnan	11.6	2.1	58100	14100	5700	1023
青海省	**Qinghai**	**33.7**	**25.3**	**276000**	**208931**	**23500**	**19740**
西宁市	Xining	33.7	25.3	276000	208931	23500	19740
宁夏回族自治区	**Ningxia**	**64.3**	**44.5**	**769618**	**501637**	**49702**	**38659**
银川市	Yinchuan	33.5	27.6	369471	307840	25180	25180
石嘴山市	Shizuishan	9.9	8.0	138443	83446	8543	7508
吴忠市	Wuzhong	8.3	3.1	76000	29000	10305	3742
固原市	Guyuan	6.0	2.2	114603	56232	3649	1297
中卫市	Zhongwei	6.6	3.6	71101	25119	2025	932
新疆维吾尔自治区	**Xinjiang**	**82.0**	**81.7**	**489234**	**486010**	**33920**	**33853**
乌鲁木齐市	Urumqi	63.0	62.7	431030	427806	32770	32703
克拉玛依市	Karamay	19.0	19.0	58204	58204	1150	1150

2-3 按产业划分的年末单位从业人员

Employed Persons by Three Strata of Industry at Year-end

单位：万人 (10 000 persons)

城市	City	第一产业(农、林、牧、渔业) Primary Industry 全市 Total City	市辖区 Districts under City	第二产业 Secondary Industry 全市 Total City	市辖区 Districts under City	第三产业 Tertiary Industry 全市 Total City	市辖区 Districts under City
城市合计	**Prefecture Cities**	**293.45**	**58.44**	**7306.64**	**4402.75**	**7559.30**	**4468.55**
北京市	**Beijing**	**2.54**	**2.33**	**166.53**	**160.41**	**548.30**	**537.77**
天津市	**Tianjin**	**0.55**	**0.43**	**162.64**	**151.98**	**125.88**	**117.23**
河北省	**Hebei**	**6.01**	**1.04**	**276.87**	**149.57**	**337.54**	**145.52**
石家庄市	Shijiazhuang	0.26	0.10	33.96	21.03	56.46	34.64
唐山市	Tangshan	2.66	0.24	51.49	39.17	41.48	22.97
秦皇岛市	Qinhuangdao	0.09	0.04	13.68	10.98	19.68	13.11
邯郸市	Handan	0.21		26.78	16.68	37.53	12.38
邢台市	Xingtai	0.12	0.01	20.60	9.06	24.21	7.81
保定市	Baoding	0.16	0.01	55.72	20.05	45.13	12.98
张家口市	Zhangjiakou	0.98		14.82	7.86	24.46	10.13
承德市	Chengde	0.41	0.01	8.44	3.93	17.55	7.13
沧州市	Cangzhou	0.85	0.60	20.67	7.05	30.86	9.30
廊坊市	Langfang	0.15	0.03	19.67	10.20	22.28	8.65
衡水市	Hengshui	0.12		11.04	3.56	17.90	6.42
山西省	**Shanxi**	**3.53**	**0.54**	**227.56**	**125.25**	**216.67**	**111.68**
太原市	Taiyuan	0.25	0.14	57.98	53.82	45.22	41.45
大同市	Datong	0.16	0.05	22.86	21.45	21.57	15.54
阳泉市	Yangquan	0.04	0.01	18.53	16.39	9.00	6.14
长治市	Changzhi	0.16	0.08	19.99	5.82	19.37	8.73
晋城市	Jincheng	0.13	0.01	16.75	9.51	12.02	4.75
朔州市	Shuozhou	0.96	0.09	9.38	5.29	10.10	5.87
晋中市	Jinzhong	0.15	0.03	16.28	3.54	18.19	6.92
运城市	Yuncheng	0.51	0.02	19.36	2.11	21.11	5.66
忻州市	Xinzhou	0.41	0.06	7.98	1.73	17.02	5.41
临汾市	Linfen	0.62	0.05	15.03	4.65	24.07	6.67
吕梁市	Lvliang	0.14		23.42	0.94	19.00	4.54
内蒙古自治区	**Inner Mongolia**	**22.04**	**2.67**	**85.51**	**49.48**	**123.60**	**64.66**
呼和浩特市	Hohhot	0.63	0.32	10.48	4.87	23.16	18.13
包头市	Baotou	0.31	0.21	23.40	21.42	15.67	13.13
乌海市	Wuhai	0.04	0.04	6.58	6.58	3.66	3.66
赤峰市	Chifeng	1.79	0.09	11.32	6.43	18.95	7.05
通辽市	Tongliao	5.47	1.03	6.42	3.69	13.04	5.19
鄂尔多斯市	Erdos	0.44	0.14	10.60	2.16	11.22	4.38
呼伦贝尔市	Hulunbuir	10.69	0.11	9.28	0.94	16.80	3.78
巴彦淖尔市	Bayannur	2.30	0.70	4.50	1.98	9.10	4.62
乌兰察布市	Ulanqab	0.37	0.03	2.93	1.41	12.00	4.72
辽宁省	**Liaoning**	**25.19**	**2.03**	**277.67**	**231.43**	**289.59**	**215.34**
沈阳市	Shenyang	0.73	0.56	47.40	46.42	73.82	67.96
大连市	Dalian	0.69	0.36	57.64	47.71	53.16	45.76
鞍山市	Anshan	0.43	0.08	31.31	25.52	23.43	15.80
抚顺市	Fushun	0.46	0.15	18.16	16.03	12.32	9.78
本溪市	Benxi	0.19	0.05	15.36	13.75	12.42	9.87
丹东市	Dandong	0.29	0.02	10.14	6.82	16.43	10.04
锦州市	Jinzhou	1.41	0.28	11.99	9.66	15.81	10.06
营口市	Yingkou	0.07	0.04	14.03	10.91	13.89	10.16

2-3 续表 1 continued 1

单位：万人 (10 000 persons)

城 市	City	第一产业(农、林、牧、渔业) Primary Industry		第二产业 Secondary Industry		第三产业 Tertiary Industry	
		全 市 Total City	市辖区 Districts under City	全 市 Total City	市辖区 Districts under City	全 市 Total City	市辖区 Districts under City
阜新市	Fuxin	0.41	0.06	11.37	10.92	9.88	6.30
辽阳市	Liaoyang	0.37	0.23	9.10	7.71	8.49	6.30
盘锦市	Panjin	17.79	0.10	18.17	17.41	10.93	7.96
铁岭市	Tieling	1.78	0.02	9.47	3.26	11.76	3.78
朝阳市	Chaoyang	0.26	0.02	14.66	7.94	16.01	6.30
葫芦岛市	Huludao	0.31	0.06	8.87	7.37	11.24	5.27
吉林省	**Jilin**	**12.33**	**3.30**	**98.58**	**76.98**	**140.48**	**85.10**
长春市	Changchun	1.09	0.19	39.62	36.53	59.27	47.95
吉林市	Jilin	1.55	0.08	18.99	13.92	18.54	11.09
四平市	Siping	0.99	0.21	6.76	4.17	12.74	4.79
辽源市	Liaoyuan	0.34	0.03	3.82	3.48	4.93	2.62
通化市	Tonghua	0.60	0.01	9.22	4.32	11.70	4.17
白山市	Baishan	2.37	0.90	8.41	6.54	8.07	3.95
松原市	Songyuan	2.09	0.06	7.30	5.52	12.20	4.86
白城市	Baicheng	3.30	1.82	4.46	2.50	13.03	5.67
黑龙江省	**Heilongjiang**	**65.55**	**12.01**	**155.74**	**121.12**	**209.32**	**128.65**
哈尔滨市	Harbin	7.61	1.98	49.87	43.54	80.78	65.14
齐齐哈尔市	Qiqihar	0.57	0.06	13.27	10.57	18.36	9.03
鸡西市	Jixi	6.23	0.06	11.35	8.59	9.81	4.57
鹤岗市	Hegang	8.55	0.18	10.32	8.23	7.07	3.21
双鸭山市	Shuangyashan	0.90	0.25	6.27	5.32	7.23	3.31
大庆市	Daqing	0.30	0.06	28.75	26.64	25.09	20.41
伊春市	Yichun	10.36	7.90	4.21	3.40	5.33	3.92
佳木斯市	Jiamusi	8.32	0.78	3.42	1.94	11.10	5.99
七台河市	Qitaihe	0.47	0.32	9.26	8.45	3.88	2.90
牡丹江市	Mudanjiang	4.65	0.01	6.51	3.00	11.79	6.05
黑河市	Heihe	16.25	0.34	3.95	0.69	11.17	2.24
绥化市	Suihua	1.34	0.07	8.56	0.75	17.71	1.88
上海市	**Shanghai**	**1.23**	**1.03**	**273.47**	**268.76**	**281.03**	**278.28**
江苏省	**Jiangsu**	**9.65**	**3.61**	**455.00**	**274.86**	**366.29**	**229.54**
南京市	Nanjing	0.50	0.33	71.13	62.66	75.77	71.45
无锡市	Wuxi	0.20	0.04	56.60	37.29	31.29	20.52
徐州市	Xuzhou	1.57	0.71	26.11	18.08	35.84	18.82
常州市	Changzhou	0.12	0.01	26.71	19.35	22.03	16.86
苏州市	Suzhou	0.09	0.05	93.68	51.76	39.88	22.51
南通市	Nantong	1.14	0.42	39.55	18.62	27.79	14.21
连云港市	Lianyungang	1.61	1.17	14.17	9.38	19.72	10.06
淮安市	Huai'an	1.03	0.34	22.27	14.81	19.43	12.94
盐城市	Yancheng	2.40	0.36	25.48	6.73	25.94	9.32
扬州市	Yangzhou	0.15	0.04	24.14	12.68	18.64	11.88
镇江市	Zhenjiang	0.28	0.10	23.59	10.21	16.80	9.99
泰州市	Taizhou	0.43	0.01	20.60	8.63	19.91	6.43
宿迁市	Suqian	0.13	0.03	10.97	4.66	13.25	4.55
浙江省	**Zhejiang**	**0.83**	**0.26**	**680.28**	**323.15**	**385.94**	**242.95**
杭州市	Hangzhou	0.13	0.06	155.01	133.48	126.76	112.37
宁波市	Ningbo	0.06	0.02	117.02	58.31	57.62	40.92

2-3 续表 2 continued 2

单位：万人 (10 000 persons)

城 市	City	第一产业(农、林、牧、渔业) Primary Industry		第二产业 Secondary Industry		第三产业 Tertiary Industry	
		全 市 Total City	市辖区 Districts under City	全 市 Total City	市辖区 Districts under City	全 市 Total City	市辖区 Districts under City
温州市	Wenzhou	0.05		70.08	22.54	41.39	20.30
嘉兴市	Jiaxing	0.08	0.03	53.09	14.54	26.02	10.77
湖州市	Huzhou	0.02	0.01	31.37	15.28	15.74	8.61
绍兴市	Shaoxing	0.05		106.48	24.92	24.13	8.24
金华市	Jinhua	0.07	0.04	59.82	10.91	28.49	8.59
衢州市	Quzhou	0.03		9.10	5.39	11.12	5.73
舟山市	Zhoushan	0.03	0.03	6.55	5.28	11.07	9.06
台州市	Taizhou	0.14	0.05	66.00	31.24	30.66	13.90
丽水市	Lishui	0.16	0.02	5.75	1.27	12.94	4.46
安徽省	**Anhui**	**7.93**	**2.21**	**225.22**	**157.30**	**295.73**	**131.52**
合肥市	Hefei	0.14	0.01	64.46	51.57	50.97	39.03
芜湖市	Wuhu	0.06	0.01	19.90	16.14	16.50	10.80
蚌埠市	Bengbu	0.05	0.01	11.15	9.49	12.23	7.29
淮南市	Huainan	0.30	0.14	22.44	20.43	12.72	10.62
马鞍山市	Maanshan	0.08		10.32	8.82	8.69	5.21
淮北市	Huaibei	0.01	0.01	15.64	15.00	6.69	4.48
铜陵市	Tongling	0.28	0.27	8.18	7.40	4.16	3.35
安庆市	Anqing	1.72	0.92	7.85	5.35	17.73	5.13
黄山市	Huangshan	0.10	0.04	2.96	2.11	7.26	4.22
滁州市	Chuzhou	0.88	0.09	5.63	1.56	12.67	4.05
阜阳市	Fuyang	0.26	0.08	8.83	5.37	20.49	8.90
宿州市	Suzhou	1.00	0.16	9.70	0.93	14.22	2.60
六安市	Lu'an	1.60	0.10	19.60	7.90	51.50	13.54
亳州市	Bozhou	0.05		5.01	1.87	12.31	4.27
池州市	Chizhou	0.10	0.02	2.25	1.03	5.49	2.80
宣城市	Xuancheng	1.30	0.35	11.30	2.33	42.10	5.23
福建省	**Fujian**	**4.83**	**0.72**	**428.89**	**214.73**	**200.51**	**115.68**
福州市	Fuzhou	0.22	0.01	91.85	50.20	51.64	36.01
厦门市	Xiamen	0.23	0.23	82.70	82.70	35.12	35.12
莆田市	Putian	0.04	0.03	25.73	22.98	11.44	9.07
三明市	Sanming	0.56	0.07	11.21	3.97	13.51	3.90
泉州市	Quanzhou	0.36	0.10	145.35	27.88	29.18	11.65
漳州市	Zhangzhou	1.85	0.01	29.22	10.59	17.57	6.13
南平市	Nanping	0.89	0.11	11.19	3.78	13.72	3.60
龙岩市	Longyan	0.44	0.13	18.77	8.51	15.24	6.33
宁德市	Ningde	0.24	0.03	12.87	4.12	13.09	3.87
江西省	**Jiangxi**	**11.64**	**1.01**	**180.27**	**83.72**	**181.14**	**81.26**
南昌市	Nanchang	0.78	0.69	54.50	37.15	40.96	34.24
景德镇市	Jingdezhen	0.74	0.16	10.48	7.10	8.04	5.92
萍乡市	Pingxiang	0.10	0.02	6.54	5.98	7.48	4.80
九江市	Jiujiang	0.74	0.02	21.75	7.87	19.43	6.96
新余市	Xinyu	0.06	0.02	6.77	5.05	4.53	3.51
鹰潭市	Yingtan	1.21		4.43	0.65	4.59	1.96
赣州市	Ganzhou	0.73	0.02	20.62	5.53	27.41	5.83
吉安市	Ji'an	1.24	0.05	5.83	0.82	15.79	3.60
宜春市	Yichun	0.57	0.02	17.51	2.49	17.53	5.72
抚州市	Fuzhou	0.84	0.01	14.87	8.09	14.07	3.97
上饶市	Shangrao	4.63		16.97	2.99	21.31	4.75

2-3 续表 3 continued 3

单位：万人 (10 000 persons)

城市	City	第一产业(农、林、牧、渔业) Primary Industry 全市 Total City	第一产业 市辖区 Districts under City	第二产业 Secondary Industry 全市 Total City	第二产业 市辖区 Districts under City	第三产业 Tertiary Industry 全市 Total City	第三产业 市辖区 Districts under City
山东省	**Shandong**	**3.08**	**0.81**	**630.69**	**328.45**	**470.07**	**262.52**
济南市	Jinan	0.10	0.06	68.98	51.17	72.37	63.06
青岛市	Qingdao	0.18	0.07	77.27	45.94	51.57	38.70
淄博市	Zibo	0.15	0.06	51.44	37.47	25.80	20.45
枣庄市	Zaozhuang	0.12	0.06	24.99	16.37	16.22	11.00
东营市	Dongying	0.43	0.10	29.25	19.92	17.32	12.95
烟台市	Yantai	0.22	0.07	67.14	37.62	37.31	18.49
潍坊市	Weifang	0.12	0.05	48.13	20.16	35.45	11.93
济宁市	Jining	0.19	0.10	42.80	14.20	33.82	11.84
泰安市	Tai'an	0.16	0.05	44.22	10.07	23.85	12.14
威海市	Weihai	0.08	0.02	40.52	17.56	16.17	7.83
日照市	Rizhao	0.09	0.07	9.73	6.21	12.01	7.79
莱芜市	Laiwu			11.73	11.73	5.70	5.70
临沂市	Linyi	0.38	0.03	38.94	19.65	32.90	12.39
德州市	Dezhou	0.25		18.24	5.81	23.21	5.70
聊城市	Liaocheng	0.06	0.01	16.65	2.98	22.76	9.03
滨州市	Binzhou	0.06	0.03	28.21	6.50	14.68	4.72
菏泽市	Heze	0.49	0.03	12.45	5.09	28.93	8.80
河南省	**Henan**	**6.55**	**0.74**	**420.40**	**237.05**	**432.69**	**189.68**
郑州市	Zhengzhou	0.22	0.09	93.11	69.20	68.71	49.76
开封市	Kaifeng	0.79	0.03	14.58	7.07	25.54	10.84
洛阳市	Luoyang	0.17	0.03	28.90	19.08	31.98	17.28
平顶山市	Pingdingshan	0.09	0.01	30.11	22.07	21.64	9.57
安阳市	Anyang	0.11	0.01	30.24	11.36	20.72	9.32
鹤壁市	Hebi	0.11		12.61	10.50	6.51	3.86
新乡市	Xinxiang	0.56		21.91	10.41	23.57	8.07
焦作市	Jiaozuo	0.49	0.01	22.45	13.59	16.82	7.43
濮阳市	Puyang	0.03	0.01	19.21	15.33	14.36	6.43
许昌市	Xuchang	0.16		16.41	5.64	16.56	5.01
漯河市	Luohe	0.07		14.69	10.23	10.50	6.69
三门峡市	Sanmenxia	0.11	0.01	13.86	3.41	12.23	4.33
南阳市	Nanyang	1.10	0.26	39.35	16.97	43.00	15.60
商丘市	Shangqiu	0.40	0.03	15.98	5.89	29.43	9.75
信阳市	Xinyang	0.97	0.14	14.54	4.65	30.72	8.65
周口市	Zhoukou	0.47		14.39	3.17	32.66	8.34
驻马店市	Zhumadian	0.70	0.11	18.06	8.48	27.74	8.75
湖北省	**Hubei**	**8.27**	**2.40**	**334.98**	**173.97**	**312.07**	**170.88**
武汉市	Wuhan	0.39	0.31	100.91	71.91	90.55	80.36
黄石市	Huangshi	0.36	0.02	21.49	12.97	10.24	6.25
十堰市	Shiyan	0.54	0.14	28.74	18.24	25.80	15.35
宜昌市	Yichang	0.73	0.30	27.44	7.40	41.85	20.30
襄阳市	Xiangyang	0.70	0.17	38.09	16.07	31.76	12.25

2-3 续表 4 continued 4

单位：万人 (10 000 persons)

城市	City	第一产业(农、林、牧、渔业) Primary Industry		第二产业 Secondary Industry		第三产业 Tertiary Industry	
		全市 Total City	市辖区 Districts under City	全市 Total City	市辖区 Districts under City	全市 Total City	市辖区 Districts under City
鄂州市	Ezhou	0.01	0.01	13.44	13.44	6.57	6.57
荆门市	Jingmen	1.03	0.16	19.85	6.96	15.62	7.49
孝感市	Xiaogan	1.71	1.08	40.62	8.48	28.61	5.26
荆州市	Jingzhou	1.72	0.10	15.08	8.88	19.87	6.82
黄冈市	Huanggang	0.94	0.07	13.64	2.64	21.71	3.87
咸宁市	Xianning	0.07	0.04	9.54	3.66	12.54	3.33
随州市	Suizhou	0.07		6.14	3.32	6.95	3.03
湖南省	**Hunan**	**2.74**	**0.54**	**244.60**	**118.07**	**291.81**	**147.19**
长沙市	Changsha	0.12	0.10	58.36	31.40	65.56	53.75
株洲市	Zhuzhou	0.10		24.72	15.61	17.42	10.09
湘潭市	Xiangtan	0.02	0.02	20.11	13.86	12.17	7.56
衡阳市	Hengyang	0.06	0.02	27.49	12.53	29.06	12.32
邵阳市	Shaoyang	0.50	0.03	12.59	4.70	21.85	5.42
岳阳市	Yueyang	0.48	0.14	22.64	11.22	25.81	12.30
常德市	Changde	0.25	0.14	17.85	5.13	21.49	9.21
张家界市	Zhangjiajie	0.07	0.02	2.22	0.80	6.69	3.82
益阳市	Yiyang	0.10		10.79	6.61	17.20	8.02
郴州市	Chenzhou	0.17	0.02	14.63	5.65	19.25	7.59
永州市	Yongzhou	0.36	0.05	10.80	3.17	20.11	6.58
怀化市	Huaihua	0.31		7.97	1.86	20.80	5.66
娄底市	Loudi	0.20		14.43	5.53	14.40	4.87
广东省	**Guangdong**	**7.31**	**1.78**	**672.08**	**557.24**	**624.64**	**485.87**
广州市	Guangzhou	0.25	0.21	148.45	133.90	178.15	168.74
韶关市	Shaoguan	0.44	0.03	19.71	11.00	14.69	7.10
深圳市	Shenzhen	0.08	0.08	145.82	145.82	134.11	134.11
珠海市	Zhuhai	0.73	0.73	44.83	44.83	19.88	19.88
汕头市	Shantou	0.05	0.05	32.48	32.42	20.47	20.01
佛山市	Foshan	0.03	0.03	37.67	37.67	27.25	27.25
江门市	Jiangmen	0.04		33.54	21.15	19.69	10.71
湛江市	Zhanjiang	2.26	0.30	16.14	6.99	25.99	11.96
茂名市	Maoming	0.93		15.13	5.50	22.26	7.65
肇庆市	Zhaoqing	0.11	0.02	15.37	10.39	16.32	5.85
惠州市	Huizhou	0.10	0.02	65.22	51.30	23.66	15.22
梅州市	Meizhou	0.10		6.83	2.07	17.07	4.16
汕尾市	Shanwei	0.77		8.27	4.95	8.48	2.50
河源市	Heyuan	0.09	0.02	12.22	7.17	11.46	3.63
阳江市	Yangjiang	0.47	0.16	7.32	2.50	10.65	4.33
清远市	Qingyuan	0.18	0.02	13.34	5.12	13.38	4.61
东莞市	Dongguan	0.09	0.09	8.60	8.60	16.60	16.60
中山市	Zhongshan			19.91	19.91	13.07	13.07
潮州市	Chaozhou	0.02		5.41	1.94	7.71	3.01
揭阳市	Yeyang	0.49	0.01	7.70	1.89	14.79	3.34
云浮市	Yunfu	0.08	0.01	8.12	2.12	8.96	2.14

2-3 续表 5 continued 5

单位：万人 (10 000 persons)

城市	City	第一产业(农、林、牧、渔业) Primary Industry		第二产业 Secondary Industry		第三产业 Tertiary Industry	
		全市 Total City	市辖区 Districts under City	全市 Total City	市辖区 Districts under City	全市 Total City	市辖区 Districts under City
广西壮族自治区	**Guangxi**	**11.19**	**3.91**	**118.36**	**71.07**	**215.51**	**119.11**
南宁市	Nanning	1.55	0.78	29.11	21.12	49.78	40.36
柳州市	Liuzhou	0.71	0.38	20.31	15.74	27.62	20.85
桂林市	Guilin	0.60	0.05	12.11	6.94	23.30	11.00
梧州市	Wuzhou	0.42	0.03	4.96	2.76	10.26	4.15
北海市	Beihai	1.00	0.64	6.09	4.28	7.67	5.02
防城港市	Fangchenggang	1.16	0.59	3.29	2.49	5.94	4.34
钦州市	Qinzhou	0.53	0.23	5.91	4.07	10.16	5.46
贵港市	Guigang	0.17	0.05	3.95	2.06	11.84	5.01
玉林市	Yulin	1.10	0.02	10.73	3.68	19.11	6.90
百色市	Baise	0.53	0.15	5.96	2.03	13.22	3.77
贺州市	Hezhou	0.35	0.07	1.97	1.19	7.19	3.77
河池市	Hechi	0.53	0.01	5.71	1.65	13.03	2.94
来宾市	Laibin	0.91	0.63	3.86	2.01	8.22	3.37
崇左市	Chongzuo	1.63	0.28	4.40	1.05	8.17	2.17
海南省	**Hainan**	**8.25**	**8.25**	**10.78**	**10.78**	**35.62**	**35.62**
海口市	Haikou	7.64	7.64	9.87	9.87	27.47	27.47
三亚市	Sanya	0.61	0.61	0.91	0.91	8.15	8.15
三沙市	sansha						
重庆市	**Chongqing**	**38.36**		**367.99**		**449.82**	
四川省	**Sichuan**	**2.78**	**0.71**	**287.85**	**179.38**	**298.84**	**163.66**
成都市	Chengdu	0.20	0.12	115.03	86.98	97.06	71.39
自贡市	Zigong	0.06	0.04	7.81	5.99	9.50	6.49
攀枝花市	Panzhihua	0.08	0.03	12.31	11.87	6.22	4.92
泸州市	Luzhou	0.17	0.03	14.16	8.79	13.44	7.13
德阳市	Deyang	0.05		13.58	7.54	12.09	4.71
绵阳市	Mianyang	0.13	0.02	18.31	13.28	21.03	11.39
广元市	Guangyuan	0.09	0.02	3.72	3.02	10.81	5.35
遂宁市	Suining	0.02		8.61	2.39	8.86	4.35
内江市	Neijiang	0.11	0.05	10.85	2.87	10.84	5.02
乐山市	Leshan	0.16	0.01	14.80	7.92	12.86	6.41
南充市	Nanchong	0.14	0.04	9.72	4.53	20.37	8.51
眉山市	Meishan	0.07	0.01	6.35	1.70	9.28	3.64
宜宾市	Yibin	0.24	0.16	20.87	10.27	15.42	6.46
广安市	Guang'an	0.07	0.01	2.90	0.95	8.97	3.26
达州市	Dazhou	0.36	0.04	10.13	3.31	16.33	3.61
雅安市	Yaan	0.09	0.01	3.35	1.39	6.68	3.50
巴中市	Bazhong	0.47	0.08	8.14	3.71	9.19	4.12
资阳市	Ziyang	0.27	0.04	7.21	2.87	9.89	3.40
贵州省	**Guizhou**	**0.83**	**0.25**	**89.05**	**54.26**	**114.77**	**59.27**
贵阳市	Guiyang	0.17	0.11	44.76	38.47	37.80	33.11
六盘水市	Liupanshui	0.12	0.01	14.83	6.24	9.35	3.85
遵义市	Zunyi	0.12		13.46	5.04	24.26	8.37
安顺市	Anshun	0.20	0.08	5.49	2.35	9.55	4.78
毕节市	Bijie	0.07	0.03	7.14	1.30	20.19	5.41
铜仁市	Tongren	0.15	0.02	3.37	0.86	13.62	3.75

2-3 续表 6 continued 6

单位：万人 (10 000 persons)

城市	City	第一产业(农、林、牧、渔业) Primary Industry 全市 Total City	市辖区 Districts under City	第二产业 Secondary Industry 全市 Total City	市辖区 Districts under City	第三产业 Tertiary Industry 全市 Total City	市辖区 Districts under City
云南省	**Yunnan**	**4.69**	**0.56**	**123.67**	**58.94**	**144.91**	**70.19**
昆明市	Kunming	0.33	0.12	54.27	31.94	65.15	42.30
曲靖市	Qujing	0.39	0.03	26.71	9.14	19.39	5.87
玉溪市	Yuxi	0.22	0.03	12.97	6.64	12.24	5.45
保山市	Baoshan	0.49	0.19	8.52	4.91	9.09	4.05
昭通市	Zhaotong	0.39	0.01	7.59	1.68	15.38	4.31
丽江市	Lijiang	0.35	0.02	3.22	0.85	6.70	3.04
普洱市	Simao	1.41	0.12	6.20	2.70	9.14	2.88
临沧市	Lincang	1.11	0.04	4.19	1.08	7.82	2.29
西藏自治区	**Tibet**	**11.43**		**4.60**		**23.10**	
拉萨市	Lasa	11.43		4.60		23.10	
陕西省	**Shaanxi**	**4.54**	**1.46**	**156.81**	**103.12**	**234.44**	**137.53**
西安市	Xi'an	0.35	0.11	72.60	67.11	92.64	83.98
铜川市	Tongchuan	0.07	0.05	4.74	4.62	5.22	4.76
宝鸡市	Baoji	0.28	0.03	14.89	9.22	16.59	9.03
咸阳市	Xianyang	0.28	0.06	17.14	8.14	22.74	8.24
渭南市	Weinan	1.54	0.58	14.24	3.53	24.03	8.03
延安市	Yan'an	0.45	0.10	9.09	3.93	15.08	5.03
汉中市	Hanzhong	0.35	0.09	9.42	3.15	16.60	5.38
榆林市	Yulin	0.78	0.24	7.91	1.25	19.13	4.58
安康市	Ankang	0.09	0.01	3.07	1.31	11.63	4.78
商洛市	Shangluo	0.35	0.19	3.71	0.86	10.78	3.72
甘肃省	**Gansu**	**5.29**	**1.43**	**71.58**	**52.18**	**112.27**	**62.25**
兰州市	Lanzhou	0.20	0.17	25.47	22.63	28.40	25.00
嘉峪关市	Jiayuguan	0.02	0.02	5.05	5.05	1.49	1.49
金昌市	Jinchang	0.31	0.01	7.73	6.91	2.12	1.14
白银市	Baiyin	0.40		6.92	6.36	8.00	4.06
天水市	Tianshui	0.48	0.20	6.47	5.56	14.13	8.39
武威市	Wuwei	0.98	0.77	2.31	1.47	7.29	4.94
张掖市	Zhangye	1.10	0.11	3.05	1.62	7.26	3.91
平凉市	Pingliang	0.29	0.02	6.04	0.76	8.99	3.23
酒泉市	Jiuquan	0.75	0.11	3.53	1.07	6.70	2.85
庆阳市	Qingyang	0.07	0.01	0.85	0.33	9.59	2.82
定西市	Dingxi	0.28		1.93	0.21	9.37	2.57
陇南市	Longnan	0.41	0.01	2.23	0.21	8.93	1.85
青海省	**Qinghai**	**0.15**	**0.10**	**15.69**	**11.56**	**17.87**	**13.68**
西宁市	Xining	0.15	0.10	15.69	11.56	17.87	13.68
宁夏回族自治区	**Ningxia**	**3.05**	**1.23**	**25.08**	**19.75**	**36.17**	**23.52**
银川市	Yinchuan	1.12	0.47	13.93	11.95	18.46	15.21
石嘴山市	Shizuishan	0.10	0.07	5.09	4.67	4.73	3.25
吴忠市	Wuzhong	0.60	0.26	3.57	1.45	4.11	1.40
固原市	Guyuan	0.40	0.17	0.73	0.10	4.84	1.92
中卫市	Zhongwei	0.83	0.26	1.76	1.58	4.03	1.74
新疆维吾尔自治区	**Xinjiang**	**1.09**	**1.08**	**38.20**	**38.19**	**42.68**	**42.40**
乌鲁木齐市	Urumqi	1.09	1.08	23.62	23.61	38.31	38.03
克拉玛依市	Karamay			14.58	14.58	4.37	4.37

2-4 按产业划分的年末单位从业人员构成

Composition of Employed Persons by Three Strata of Industry at Year-end

单位: % (%)

城　市	City	第一产业从业人员比重 Primary Industry		第二产业从业人员比重 Secondary Industry		第三产业从业人员比重 Tertiary Industry	
		全　市 Total City	市辖区 Districts under City	全　市 Total City	市辖区 Districts under City	全　市 Total City	市辖区 Districts under City
城市合计	**Prefecture Cities**	**1.76**	**0.59**	**47.90**	**49.08**	**50.34**	**50.33**
北京市	**Beijing**	**0.31**	**0.33**	**22.68**	**22.90**	**77.01**	**76.77**
天津市	**Tianjin**	**0.19**	**0.16**	**56.26**	**56.36**	**43.55**	**43.48**
河北省	**Hebei**	**0.87**	**0.35**	**44.31**	**49.88**	**54.82**	**49.77**
石家庄市	Shijiazhuang	0.29	0.18	37.45	37.71	62.26	62.11
唐山市	Tangshan	2.78	0.38	53.84	62.79	43.38	36.83
秦皇岛市	Qinhuangdao	0.27	0.17	40.90	45.50	58.83	54.33
邯郸市	Handan	0.11		38.44	50.96	61.45	49.04
邢台市	Xingtai	0.27	0.06	45.85	53.67	53.88	46.27
保定市	Baoding	0.16	0.03	55.16	60.68	44.68	39.29
张家口市	Zhangjiakou	1.22		36.81	43.69	61.97	56.31
承德市	Chengde	1.55	0.09	31.97	35.50	66.48	64.41
沧州市	Cangzhou	1.62	3.54	39.46	41.59	58.92	54.87
廊坊市	Langfang	0.36	0.16	46.72	54.03	52.92	45.81
衡水市	Hengshui	0.38		37.99	35.67	61.63	64.33
山西省	**Shanxi**	**0.56**	**0.14**	**47.22**	**52.31**	**52.22**	**47.55**
太原市	Taiyuan	0.10	0.01	56.04	56.40	43.86	43.59
大同市	Datong	0.34	0.13	51.27	57.91	48.39	41.96
阳泉市	Yangquan	0.11	0.04	67.21	72.72	32.68	27.24
长治市	Changzhi	0.33	0.55	50.58	39.78	49.09	59.67
晋城市	Jincheng	0.28	0.07	57.96	66.64	41.76	33.29
朔州市	Shuozhou	4.70	0.80	45.89	47.02	49.41	52.18
晋中市	Jinzhong	0.20		47.02	33.75	52.78	66.25
运城市	Yuncheng	0.63		28.04	13.86	71.33	86.14
忻州市	Xinzhou	1.18	0.69	31.40	24.03	67.42	75.28
临汾市	Linfen	0.93	0.35	37.84	40.90	61.23	58.75
吕梁市	Lvliang	0.16		35.67	17.15	64.17	82.85
内蒙古自治区	**Inner Mongolia**	**8.45**	**1.77**	**36.73**	**42.08**	**54.82**	**56.15**
呼和浩特市	Hohhot	1.08	0.73	30.58	20.88	68.34	78.39
包头市	Baotou	0.41	0.37	59.34	61.54	40.25	38.09
乌海市	Wuhai	0.19	0.19	64.01	64.01	35.80	35.80
赤峰市	Chifeng	4.62	0.37	33.56	45.25	61.82	54.38
通辽市	Tongliao	20.02	9.28	25.71	37.24	54.27	53.48
鄂尔多斯市	Erdos	0.54	1.05	47.62	32.34	51.84	66.61
呼伦贝尔市	Hulunbuir	27.82	2.07	25.18	19.25	47.00	78.68
巴彦淖尔市	Bayannur	13.21	8.22	28.30	27.12	58.49	64.66
乌兰察布市	Ulanqab	0.46	0.16	19.15	22.89	80.39	76.95
辽宁省	**Liaoning**	**4.10**	**0.42**	**45.58**	**49.87**	**50.32**	**49.71**
沈阳市	Shenyang	0.54	0.45	37.53	38.97	61.93	60.58
大连市	Dalian	0.57	0.35	51.68	50.85	47.75	48.80
鞍山市	Anshan	0.62	0.19	56.70	61.64	42.68	38.17
抚顺市	Fushun	1.29	0.46	58.69	61.75	40.02	37.79
本溪市	Benxi	0.54	0.21	54.77	57.92	44.69	41.87
丹东市	Dandong	1.01	0.06	37.64	40.34	61.35	59.60
锦州市	Jinzhou	4.66	1.40	40.67	47.75	54.67	50.85
营口市	Yingkou	0.11	0.05	50.05	51.59	49.84	48.36

2-4 续表 1 continued 1

单位：% (%)

城 市	City	第一产业从业人员比重 Primary Industry 全 市 Total City	市辖区 Districts under City	第二产业从业人员比重 Secondary Industry 全 市 Total City	市辖区 Districts under City	第三产业从业人员比重 Tertiary Industry 全 市 Total City	市辖区 Districts under City
阜新市	Fuxin	1.57	0.29	52.49	63.19	45.94	36.52
辽阳市	Liaoyang	1.45	1.62	50.67	54.14	47.88	44.24
盘锦市	Panjin	37.85	0.39	26.49	45.78	35.66	53.83
铁岭市	Tieling	7.34	0.14	41.16	45.47	51.50	54.39
朝阳市	Chaoyang	0.39	0.14	47.37	55.68	52.24	44.18
葫芦岛市	Huludao	1.42	0.47	43.44	58.03	55.14	41.50
吉林省	**Jilin**	**4.90**	**2.00**	**39.21**	**46.55**	**55.89**	**51.45**
长春市	Changchun	1.09	0.22	39.63	43.14	59.28	56.64
吉林市	Jilin	3.97	0.32	48.59	55.48	47.44	44.20
四平市	Siping	4.83	2.29	32.99	45.47	62.18	52.24
辽源市	Liaoyuan	3.74	0.49	42.02	56.77	54.24	42.74
通化市	Tonghua	2.79	0.12	42.84	50.82	54.37	49.06
白山市	Baishan	12.57	7.90	44.62	57.42	42.81	34.68
松原市	Songyuan	9.68	0.57	33.81	52.87	56.51	46.56
白城市	Baicheng	15.87	18.22	21.45	25.03	62.68	56.75
黑龙江省	**Heilongjiang**	**14.76**	**4.37**	**35.79**	**45.95**	**49.45**	**49.68**
哈尔滨市	Harbin	5.21	1.70	35.64	39.07	59.15	59.23
齐齐哈尔市	Qiqihar	1.74	0.31	41.21	53.76	57.05	45.93
鸡西市	Jixi	22.38	0.45	41.44	64.98	36.18	34.57
鹤岗市	Hegang	31.65	1.03	38.24	68.93	30.11	30.04
双鸭山市	Shuangyashan	6.25	2.82	43.54	59.91	50.21	37.27
大庆市	Daqing	0.52	0.13	52.48	56.06	47.00	43.81
伊春市	Yichun	52.06	51.91	21.16	22.34	26.78	25.75
佳木斯市	Jiamusi	33.27	5.51	14.97	22.27	51.76	72.22
七台河市	Qitaihe	3.38	2.74	67.52	71.81	29.10	25.45
牡丹江市	Mudanjiang	19.96	0.11	28.37	33.11	51.67	66.78
黑河市	Heihe	51.23	8.26	12.59	21.10	36.18	70.64
绥化市	Suihua	4.35	1.11	30.24	27.78	65.41	71.11
上海市	**Shanghai**	**0.22**	**0.19**	**49.21**	**49.04**	**50.57**	**50.77**
江苏省	**Jiangsu**	**1.04**	**0.67**	**54.75**	**54.09**	**44.21**	**45.24**
南京市	Nanjing	0.26	0.20	48.25	46.60	51.49	53.20
无锡市	Wuxi	0.22	0.07	64.24	64.44	35.54	35.49
徐州市	Xuzhou	2.41	1.83	41.11	48.07	56.48	50.10
常州市	Changzhou	0.12	0.03	54.67	53.42	45.21	46.55
苏州市	Suzhou	0.05	0.04	70.09	69.64	29.86	30.32
南通市	Nantong	1.53	1.26	57.68	55.85	40.79	42.89
连云港市	Lianyungang	4.54	5.68	39.92	45.51	55.54	48.81
淮安市	Huai'an	2.22	1.14	52.12	52.72	45.66	46.14
盐城市	Yancheng	4.14	2.01	47.32	41.01	48.54	56.98
扬州市	Yangzhou	0.14	0.16	56.23	51.54	43.63	48.30
镇江市	Zhenjiang	0.34	0.15	57.95	50.20	41.71	49.65
泰州市	Taizhou	0.56	0.07	50.32	57.27	49.12	42.66
宿迁市	Suqian	0.45	0.32	45.05	50.43	54.50	49.25
浙江省	**Zhejiang**	**0.08**	**0.05**	**63.75**	**57.05**	**36.17**	**42.90**
杭州市	Hangzhou	0.05	0.02	54.99	54.28	44.96	45.70
宁波市	Ningbo	0.03	0.02	66.98	58.75	32.99	41.23

2-4 续表 2 continued 2

单位：% (%)

城市	City	第一产业从业人员比重 Primary Industry 全市 Total City	市辖区 Districts under City	第二产业从业人员比重 Secondary Industry 全市 Total City	市辖区 Districts under City	第三产业从业人员比重 Tertiary Industry 全市 Total City	市辖区 Districts under City
温州市	Wenzhou	0.04		62.84	52.61	37.12	47.39
嘉兴市	Jiaxing	0.09	0.12	67.02	57.36	32.89	42.52
湖州市	Huzhou	0.04	0.04	66.56	63.93	33.40	36.03
绍兴市	Shaoxing	0.04		81.49	75.15	18.47	24.85
金华市	Jinhua	0.08	0.20	67.68	55.81	32.24	43.99
衢州市	Quzhou	0.15		44.94	48.47	54.91	51.53
舟山市	Zhoushan	0.17	0.21	37.11	36.74	62.72	63.05
台州市	Taizhou	0.14	0.11	68.18	69.13	31.68	30.76
丽水市	Lishui	0.85	0.35	30.50	22.09	68.65	77.56
安徽省	**Anhui**	**1.35**	**0.70**	**42.57**	**54.03**	**56.08**	**45.27**
合肥市	Hefei	0.10	0.01	55.78	56.91	44.12	43.08
芜湖市	Wuhu	0.14	0.04	54.53	59.89	45.33	40.07
蚌埠市	Bengbu	0.17		47.59	56.52	52.24	43.48
淮南市	Huainan	0.73	0.42	63.06	65.28	36.21	34.30
马鞍山市	Maanshan	0.26		54.06	62.87	45.68	37.13
淮北市	Huaibei	0.04	0.05	70.01	76.96	29.95	22.99
铜陵市	Tongling	2.22	2.45	64.82	67.15	32.96	30.40
安庆市	Anqing	6.30	8.07	28.75	46.93	64.95	45.00
黄山市	Huangshan	0.68	0.47	28.68	33.12	70.64	66.41
滁州市	Chuzhou	4.12	1.58	29.35	27.37	66.53	71.05
阜阳市	Fuyang	0.71	0.35	29.85	37.42	69.44	62.23
宿州市	Suzhou	2.01	1.63	38.92	25.20	59.07	73.17
六安市	Lu'an	2.20	0.46	26.96	36.68	70.84	62.86
亳州市	Bozhou	0.29		28.84	30.46	70.87	69.54
池州市	Chizhou	1.28	0.52	28.70	26.75	70.02	72.73
宣城市	Xuancheng	2.38	4.42	20.66	29.46	76.96	66.12
福建省	**Fujian**	**0.50**	**0.13**	**67.54**	**64.69**	**31.96**	**35.18**
福州市	Fuzhou	0.13	0.01	63.90	58.22	35.97	41.77
厦门市	Xiamen	0.14	0.14	69.64	69.64	30.22	30.22
莆田市	Putian	0.08	0.09	69.15	71.63	30.77	28.28
三明市	Sanming	1.62	0.76	44.30	49.87	54.08	49.37
泉州市	Quanzhou	0.19	0.20	83.11	70.35	16.70	29.45
漳州市	Zhangzhou	2.61	0.06	60.05	63.24	37.34	36.70
南平市	Nanping	1.82	0.53	43.37	50.47	54.81	49.00
龙岩市	Longyan	0.49	0.20	54.48	56.85	45.03	42.95
宁德市	Ningde	0.42	0.25	49.12	51.37	50.46	48.38
江西省	**Jiangxi**	**2.95**	**0.60**	**48.32**	**50.44**	**48.73**	**48.96**
南昌市	Nanchang	0.81	0.96	56.63	51.54	42.56	47.50
景德镇市	Jingdezhen	3.58	1.14	54.41	53.87	42.01	44.99
萍乡市	Pingxiang	0.71	0.19	46.32	55.37	52.97	44.44
九江市	Jiujiang	1.62	0.13	51.88	53.00	46.50	46.87
新余市	Xinyu	0.53	0.23	59.60	58.86	39.87	40.91
鹰潭市	Yingtan	11.83		43.30	24.90	44.87	75.10
赣州市	Ganzhou	1.00	0.09	42.29	48.59	56.71	51.32
吉安市	Ji'an	5.42	1.12	25.50	18.34	69.08	80.54
宜春市	Yichun	1.40	0.24	49.17	30.26	49.43	69.50
抚州市	Fuzhou	2.82	0.08	49.93	67.03	47.25	32.89
上饶市	Shangrao	10.25		39.55	38.63	50.20	61.37

2-4 续表 3 continued 3

单位：% (%)

城 市	City	第一产业从业人员比重 Primary Industry		第二产业从业人员比重 Secondary Industry		第三产业从业人员比重 Tertiary Industry	
		全 市 Total City	市辖区 Districts under City	全 市 Total City	市辖区 Districts under City	全 市 Total City	市辖区 Districts under City
山东省	**Shandong**	**0.19**	**0.12**	**57.12**	**55.48**	**42.69**	**44.40**
济南市	Jinan	0.07	0.05	48.77	44.77	51.16	55.18
青岛市	Qingdao	0.12	0.08	59.85	54.23	40.03	45.69
淄博市	Zibo	0.19	0.10	66.47	64.63	33.34	35.27
枣庄市	Zaozhuang	0.17	0.15	60.44	59.64	39.39	40.21
东营市	Dongying	0.81	0.21	62.00	60.08	37.19	39.71
烟台市	Yantai	0.07	0.05	64.14	66.96	35.79	32.99
潍坊市	Weifang	0.14	0.16	57.50	62.73	42.36	37.11
济宁市	Jining	0.14	0.38	55.72	54.32	44.14	45.30
泰安市	Tai'an	0.12	0.22	64.81	45.24	35.07	54.54
威海市	Weihai	0.14	0.08	71.38	69.11	28.48	30.81
日照市	Rizhao	0.41	0.50	44.57	44.14	55.02	55.36
莱芜市	Laiwu			67.30	67.30	32.70	32.70
临沂市	Linyi	0.08		53.92	61.27	46.00	38.73
德州市	Dezhou	0.31		43.74	50.48	55.95	49.52
聊城市	Liaocheng	0.15	0.08	42.13	24.63	57.72	75.29
滨州市	Binzhou	0.14	0.27	65.68	57.78	34.18	41.95
菏泽市	Heze	0.93	0.22	29.73	36.57	69.34	63.21
河南省	**Henan**	**0.59**	**0.12**	**48.80**	**55.42**	**50.61**	**44.46**
郑州市	Zhengzhou	0.14	0.08	57.46	58.13	42.40	41.79
开封市	Kaifeng	1.93	0.17	35.64	39.41	62.43	60.42
洛阳市	Luoyang	0.28	0.08	47.34	52.43	52.38	47.49
平顶山市	Pingdingshan	0.14	0.03	58.06	69.70	41.80	30.27
安阳市	Anyang	0.14	0.05	59.21	54.91	40.65	45.04
鹤壁市	Hebi	0.57		65.57	73.12	33.86	26.88
新乡市	Xinxiang	1.22		47.59	56.33	51.19	43.67
焦作市	Jiaozuo	0.30	0.05	56.46	64.62	43.24	35.33
濮阳市	Puyang	0.09	0.05	57.17	70.42	42.74	29.53
许昌市	Xuchang	0.27		49.53	52.96	50.20	47.04
漯河市	Luohe	0.28		58.16	60.46	41.56	39.54
三门峡市	Sanmenxia	0.42	0.13	52.90	44.00	46.68	55.87
南阳市	Nanyang	0.75	0.30	46.16	51.26	53.09	48.44
商丘市	Shangqiu	0.79	0.13	34.88	37.59	64.33	62.28
信阳市	Xinyang	1.54	0.74	31.39	34.52	67.07	64.74
周口市	Zhoukou	0.95		30.28	27.54	68.77	72.46
驻马店市	Zhumadian	1.05	0.46	38.84	48.90	60.11	50.64
湖北省	**Hubei**	**1.11**	**0.63**	**50.98**	**49.90**	**47.91**	**49.47**
武汉市	Wuhan	0.18	0.20	52.26	46.71	47.56	53.09
黄石市	Huangshi	0.87	0.10	66.97	67.41	32.16	32.49
十堰市	Shiyan	0.69	0.30	52.18	54.08	47.13	45.62
宜昌市	Yichang	0.83	0.86	38.85	26.21	60.32	72.93
襄阳市	Xiangyang	0.99	0.60	53.99	56.41	45.02	42.99

2-4 续表 4 continued 4

单位：% (%)

城市	City	第一产业从业人员比重 Primary Industry 全市 Total City	第一产业从业人员比重 Primary Industry 市辖区 Districts under City	第二产业从业人员比重 Secondary Industry 全市 Total City	第二产业从业人员比重 Secondary Industry 市辖区 Districts under City	第三产业从业人员比重 Tertiary Industry 全市 Total City	第三产业从业人员比重 Tertiary Industry 市辖区 Districts under City
鄂州市	Ezhou	0.05	0.05	67.13	67.13	32.82	32.82
荆门市	Jingmen	2.47	0.68	54.38	47.64	43.15	51.68
孝感市	Xiaogan	2.41	7.29	57.26	57.22	40.33	35.49
荆州市	Jingzhou	3.68	0.51	41.12	56.20	55.20	43.29
黄冈市	Huanggang	2.59	1.06	37.59	40.12	59.82	58.82
咸宁市	Xianning	0.05	0.14	43.02	52.06	56.93	47.80
随州市	Suizhou	0.53		46.66	52.28	52.81	47.72
湖南省	**Hunan**	**0.42**	**0.12**	**45.15**	**44.18**	**54.43**	**55.70**
长沙市	Changsha	0.06	0.08	46.94	36.68	53.00	63.24
株洲市	Zhuzhou	0.19		58.50	60.70	41.31	39.30
湘潭市	Xiangtan	0.03	0.05	62.17	64.55	37.80	35.40
衡阳市	Hengyang	0.11	0.08	48.54	50.38	51.35	49.54
邵阳市	Shaoyang	1.40	0.20	35.92	46.11	62.68	53.69
岳阳市	Yueyang	0.72	0.13	45.25	46.15	54.03	53.72
常德市	Changde	0.30	0.62	44.03	34.25	55.67	65.13
张家界市	Zhangjiajie	0.78	0.43	24.72	17.24	74.50	82.33
益阳市	Yiyang	0.28		38.41	45.18	61.31	54.82
郴州市	Chenzhou	0.50	0.15	42.97	42.61	56.53	57.24
永州市	Yongzhou	1.12	0.41	34.51	32.35	64.37	67.24
怀化市	Huaihua	1.07		27.41	24.73	71.52	75.27
娄底市	Loudi	0.34		49.71	53.17	49.95	46.83
广东省	**Guangdong**	**0.52**	**0.15**	**51.41**	**53.17**	**48.07**	**46.68**
广州市	Guangzhou	0.05	0.04	45.06	43.83	54.89	56.13
韶关市	Shaoguan	1.18	0.17	56.57	60.67	42.25	39.16
深圳市	Shenzhen	0.02	0.02	52.00	52.00	47.98	47.98
珠海市	Zhuhai	1.10	1.10	68.28	68.28	30.62	30.62
汕头市	Shantou	0.09	0.10	61.28	61.78	38.63	38.12
佛山市	Foshan	0.03	0.03	57.84	57.84	42.13	42.13
江门市	Jiangmen	0.06		62.92	66.38	37.02	33.62
湛江市	Zhanjiang	5.02	1.51	36.34	36.31	58.64	62.18
茂名市	Maoming	2.43		39.48	41.83	58.09	58.17
肇庆市	Zhaoqing	0.28	0.06	48.30	63.84	51.42	36.10
惠州市	Huizhou	0.07	0.02	73.27	77.07	26.66	22.91
梅州市	Meizhou	0.29		28.46	33.23	71.25	66.77
汕尾市	Shanwei	4.39		47.20	66.44	48.41	33.56
河源市	Heyuan	0.34	0.18	51.41	66.27	48.25	33.55
阳江市	Yangjiang	2.55	2.29	39.70	35.77	57.75	61.94
清远市	Qingyuan	0.45	0.21	49.55	52.51	50.00	47.28
东莞市	Dongguan	0.24	0.24	34.01	34.01	65.75	65.75
中山市	Zhongshan			60.37	60.37	39.63	39.63
潮州市	Chaozhou	0.15		41.17	39.19	58.68	60.81
揭阳市	Yeyang	1.83	0.19	33.51	36.07	64.66	63.74
云浮市	Yunfu	0.35	0.23	47.32	49.65	52.33	50.12

2-4 续表 5 continued 5

单位：% (%)

城　市	City	第一产业从业人员比重 Primary Industry		第二产业从业人员比重 Secondary Industry		第三产业从业人员比重 Tertiary Industry	
		全　市 Total City	市辖区 Districts under City	全　市 Total City	市辖区 Districts under City	全　市 Total City	市辖区 Districts under City
广西壮族自治区	**Guangxi**	**2.70**	**1.63**	**34.25**	**36.53**	**63.05**	**61.84**
南宁市	Nanning	1.58	1.00	36.19	33.92	62.23	65.08
柳州市	Liuzhou	1.19	0.70	41.65	42.44	57.16	56.86
桂林市	Guilin	1.25	0.28	33.30	37.97	65.45	61.75
梧州市	Wuzhou	1.53	0.29	31.71	39.77	66.76	59.94
北海市	Beihai	3.32	3.12	41.26	43.06	55.42	53.82
防城港市	Fangchenggang	11.07	7.95	31.67	33.56	57.26	58.49
钦州市	Qinzhou	2.83	1.95	35.60	41.70	61.57	56.35
贵港市	Guigang	0.63	0.42	24.75	28.93	74.62	70.65
玉林市	Yulin	2.97	0.19	34.68	34.72	62.35	65.09
百色市	Baise	2.33	2.35	30.24	34.12	67.43	63.53
贺州市	Hezhou	3.47	1.39	20.72	23.66	75.81	74.95
河池市	Hechi	2.28	0.22	29.63	35.87	68.09	63.91
来宾市	Laibin	6.70	10.15	29.72	33.44	63.58	56.41
崇左市	Chongzuo	10.99	7.14	30.99	30.00	58.02	62.86
海南省	**Hainan**	**14.99**	**14.99**	**19.73**	**19.73**	**65.28**	**65.28**
海口市	Haikou	16.96	16.96	21.94	21.94	61.10	61.10
三亚市	Sanya	5.79	5.79	9.41	9.41	84.80	84.80
三沙市	sansha					100.00	100.00
重庆市	**Chongqing**	**4.48**		**42.98**		**52.54**	**100.00**
四川省	**Sichuan**	**0.22**	**0.13**	**48.36**	**51.94**	**51.42**	**47.93**
成都市	Chengdu	0.04	0.03	54.07	54.77	45.89	45.20
自贡市	Zigong	0.29	0.32	42.66	47.84	57.05	51.84
攀枝花市	Panzhihua	0.21	0.12	66.15	70.57	33.64	29.31
泸州市	Luzhou	0.40	0.06	50.99	55.11	48.61	44.83
德阳市	Deyang			52.26	60.41	47.74	39.59
绵阳市	Mianyang	0.20	0.04	46.39	53.79	53.41	46.17
广元市	Guangyuan	0.21	0.12	25.44	36.00	74.35	63.88
遂宁市	Suining			49.23	35.46	50.77	64.54
内江市	Neijiang	0.46	0.63	49.59	35.89	49.95	63.48
乐山市	Leshan	0.58	0.07	53.20	55.23	46.22	44.70
南充市	Nanchong	0.23	0.15	32.15	34.63	67.62	65.22
眉山市	Meishan	0.32	0.19	40.45	31.78	59.23	68.03
宜宾市	Yibin	0.60	0.95	56.83	60.81	42.57	38.24
广安市	Guang'an	0.50	0.24	24.29	22.51	75.21	77.25
达州市	Dazhou	0.52	0.14	30.98	40.80	68.50	59.06
雅安市	Yaan	0.30		33.10	28.37	66.60	71.63
巴中市	Bazhong	0.51	0.63	45.73	46.90	53.76	52.47
资阳市	Ziyang			41.34	45.32	58.66	54.68
贵州省	**Guizhou**	**0.33**	**0.22**	**43.50**	**47.68**	**56.17**	**52.10**
贵阳市	Guiyang	0.21	0.15	54.10	53.66	45.69	46.19
六盘水市	Liupanshui	0.12	0.10	60.95	61.68	38.93	38.22
遵义市	Zunyi	0.24		35.57	37.58	64.19	62.42
安顺市	Anshun	1.12	1.11	36.02	32.59	62.86	66.30
毕节市	Bijie	0.22	0.45	26.06	19.29	73.72	80.26
铜仁市	Tongren	0.88	0.43	19.66	18.57	79.46	81.00

2-4 续表 6 continued 6

单位：% (%)

城　市	City	第一产业从业人员比重 Primary Industry 全市 Total City	第一产业从业人员比重 Primary Industry 市辖区 Districts under City	第二产业从业人员比重 Secondary Industry 全市 Total City	第二产业从业人员比重 Secondary Industry 市辖区 Districts under City	第三产业从业人员比重 Tertiary Industry 全市 Total City	第三产业从业人员比重 Tertiary Industry 市辖区 Districts under City
云南省	**Yunnan**	**1.44**	**0.37**	**45.24**	**45.43**	**53.32**	**54.20**
昆明市	Kunming	0.16	0.13	45.29	42.93	54.55	56.94
曲靖市	Qujing	0.84	0.20	57.45	60.77	41.71	39.03
玉溪市	Yuxi	0.87	0.25	51.00	54.79	48.13	44.96
保山市	Baoshan	1.27	1.53	47.07	53.66	51.66	44.81
昭通市	Zhaotong	0.94	0.17	32.49	28.00	66.57	71.83
丽江市	Lijiang	3.41	0.51	31.35	21.74	65.24	77.75
普洱市	Simao	7.28	1.93	37.01	47.37	55.71	50.70
临沧市	Lincang	8.46	1.17	31.94	31.67	59.60	67.16
西藏自治区	**Tibet**	**23.03**		**11.76**		**65.21**	**100.00**
拉萨市	Lasa	23.03		11.76		65.21	100.00
陕西省	**Shaanxi**	0.67	0.36	39.60	42.59	59.73	57.05
西安市	Xi'an	0.11	0.03	43.81	44.38	56.08	55.59
铜川市	Tongchuan	0.50	0.42	47.26	48.99	52.24	50.59
宝鸡市	Baoji	0.66	0.11	46.88	50.44	52.46	49.45
咸阳市	Xianyang	0.10		42.68	49.51	57.22	50.49
渭南市	Weinan	2.49	2.39	35.77	29.08	61.74	68.53
延安市	Yan'an	1.02	1.10	36.88	43.38	62.10	55.52
汉中市	Hanzhong	0.57	0.46	35.68	36.54	63.75	63.00
榆林市	Yulin	1.83	3.46	28.40	20.43	69.77	76.11
安康市	Ankang	0.34	0.16	20.76	21.48	78.90	78.36
商洛市	Shangluo	1.42	2.10	25.00	18.03	73.58	79.87
甘肃省	**Gansu**	**2.02**	**0.98**	**37.72**	**44.86**	**60.26**	**54.16**
兰州市	Lanzhou	0.30	0.29	47.11	47.34	52.59	52.37
嘉峪关市	Jiayuguan	0.15	0.15	73.93	73.93	25.92	25.92
金昌市	Jinchang	3.05	0.12	76.08	85.73	20.87	14.15
白银市	Baiyin	1.31		45.17	61.04	53.52	38.96
天水市	Tianshui	0.52	0.49	30.69	39.29	68.79	60.22
武威市	Wuwei	8.88	10.17	21.83	20.47	69.29	69.36
张掖市	Zhangye	8.59	1.42	26.73	28.72	64.68	69.86
平凉市	Pingliang	1.11	0.50	39.43	18.95	59.46	80.55
酒泉市	Jiuquan	5.65	1.74	32.15	26.55	62.20	71.71
庆阳市	Qingyang	0.57	0.32	7.99	10.44	91.44	89.24
定西市	Dingxi	1.55		16.67	7.55	81.78	92.45
陇南市	Longnan	0.69		19.01	10.14	80.30	89.86
青海省	**Qinghai**	**0.27**	**0.20**	**46.28**	**45.38**	**53.45**	**54.42**
西宁市	Xining	0.27	0.20	46.28	45.38	53.45	54.42
宁夏回族自治区	**Ningxia**	**3.75**	**2.27**	**37.09**	**42.52**	**59.16**	**55.21**
银川市	Yinchuan	3.34	1.70	41.57	43.25	55.09	55.05
石嘴山市	Shizuishan	1.01	0.88	51.31	58.45	47.68	40.67
吴忠市	Wuzhong	6.28	7.40	29.71	20.58	64.01	72.02
固原市	Guyuan	4.02	5.02	10.22	3.65	85.76	91.33
中卫市	Zhongwei	6.50	3.63	26.59	44.13	66.91	52.24
新疆维吾尔自治区	**Xinjiang**	**1.27**	**1.26**	**43.31**	**43.46**	**55.42**	**55.28**
乌鲁木齐市	Urumqi	1.65	1.64	37.42	37.58	60.93	60.78
克拉玛依市	Karamay			62.90	62.90	37.10	37.10

2-5 按行业分组的单位从业人员(一)

Persons Employed in Various Units by Sector in Detail (Ⅰ)

单位：万人 (10 000 persons)

城 市	City	第一产业(农、林、牧、渔业) Primary Industry		第二产业(1)采矿业 Secondary Industry: Mining		(2)制造业 Manufacturing	
		全 市 Total City	市辖区 Districts under City	全 市 Total City	市辖区 Districts under City	全 市 Total City	市辖区 Districts under City
城市合计	**Prefecture Cities**	**293.45**	**58.44**	**593.15**	**316.81**	**4324.10**	**2721.19**
北京市	**Beijing**	**2.54**	**2.33**	**3.85**	**6.42**	**107.15**	**103.79**
天津市	**Tianjin**	**0.55**	**0.43**	**6.92**	**6.86**	**120.25**	**112.82**
河北省	**Hebei**	**6.01**	**1.04**	**28.80**	**20.98**	**143.41**	**80.21**
石家庄市	Shijiazhuang	0.26	0.10	0.84	0.83	21.23	11.50
唐山市	Tangshan	2.66	0.24	10.89	10.59	31.30	21.92
秦皇岛市	Qinhuangdao	0.09	0.04	0.14		9.09	7.32
邯郸市	Handan	0.21		6.35	5.29	8.18	3.32
邢台市	Xingtai	0.12	0.01	3.46	3.21	10.12	3.00
保定市	Baoding	0.16	0.01	0.10		23.44	12.97
张家口市	Zhangjiakou	0.98		3.20	0.62	7.10	5.04
承德市	Chengde	0.41	0.01	1.28	0.44	4.27	2.52
沧州市	Cangzhou	0.85	0.60	2.54		8.60	2.79
廊坊市	Langfang	0.15	0.03			14.22	8.09
衡水市	Hengshui	0.12				5.86	1.74
山西省	**Shanxi**	**3.53**	**0.54**	**90.27**	**42.44**	**71.54**	**42.33**
太原市	Taiyuan	0.25	0.14	9.08	6.90	24.75	23.66
大同市	Datong	0.16	0.05	14.39	13.64	5.30	4.88
阳泉市	Yangquan	0.04	0.01	13.37	11.61	2.37	2.32
长治市	Changzhi	0.16	0.08	10.07	0.34	7.73	3.95
晋城市	Jincheng	0.13	0.01	12.44	6.70	2.36	1.30
朔州市	Shuozhou	0.96	0.09	5.00	2.49	1.29	0.56
晋中市	Jinzhong	0.15	0.03	8.78	0.27	5.09	2.18
运城市	Yuncheng	0.51	0.02	0.05		9.67	0.42
忻州市	Xinzhou	0.41	0.06	3.74	0.03	1.77	0.81
临汾市	Linfen	0.62	0.05	5.29	0.46	5.13	1.47
吕梁市	Lvliang	0.14		8.06		6.08	0.78
内蒙古自治区	**Inner Mongolia**	**22.04**	**2.67**	**18.65**	**5.76**	**39.52**	**25.28**
呼和浩特市	Hohhot	0.63	0.32	0.08		6.15	1.36
包头市	Baotou	0.31	0.21	1.07	0.15	16.32	15.99
乌海市	Wuhai	0.04	0.04	2.55	2.55	1.59	1.59
赤峰市	Chifeng	1.79	0.09	3.30	2.17	3.75	1.98
通辽市	Tongliao	5.47	1.03	1.59	0.11	2.46	1.93
鄂尔多斯市	Erdos	0.44	0.14	5.57	0.72	3.60	0.74
呼伦贝尔市	Hulunbuir	10.69	0.11	3.75	0.04	2.35	0.42
巴彦淖尔市	Bayannur	2.30	0.70	0.50		2.30	0.80
乌兰察布市	Ulanqab	0.37	0.03	0.24	0.02	1.00	0.47
辽宁省	**Liaoning**	**25.19**	**2.03**	**26.75**	**17.66**	**166.45**	**141.06**
沈阳市	Shenyang	0.73	0.56	1.96	1.96	32.55	32.15
大连市	Dalian	0.69	0.36	0.21		46.05	37.30
鞍山市	Anshan	0.43	0.08	0.54	0.35	21.00	16.75
抚顺市	Fushun	0.46	0.15	3.77	3.00	8.93	8.37
本溪市	Benxi	0.19	0.05	1.85	1.57	8.94	8.07
丹东市	Dandong	0.29	0.02	0.34	0.02	6.15	4.70
锦州市	Jinzhou	1.41	0.28	0.79	0.08	6.11	4.95
营口市	Yingkou	0.07	0.04	0.29	0.10	10.44	7.95

2-5 续表 1 continued 1

单位：万人 (10 000 persons)

城 市	City	第一产业(农、林、牧、渔业) Primary Industry		第二产业(1)采矿业 Secondary Industry: Mining		(2)制造业 Manufacturing	
		全 市 Total City	市辖区 Districts under City	全 市 Total City	市辖区 Districts under City	全 市 Total City	市辖区 Districts under City
阜新市	Fuxin	0.41	0.06	6.00	6.00	2.53	2.27
辽阳市	Liaoyang	0.37	0.23	0.22	0.05	6.02	5.26
盘锦市	Panjin	17.79	0.10	4.45	4.45	3.98	3.79
铁岭市	Tieling	1.78	0.02	4.43		1.99	1.10
朝阳市	Chaoyang	0.26	0.02	1.55	0.01	5.09	2.61
葫芦岛市	Huludao	0.31	0.06	0.35	0.07	6.67	5.79
吉林省	**Jilin**	**12.33**	**3.30**	**15.22**	**11.02**	**59.74**	**47.95**
长春市	Changchun	1.09	0.19	1.22	0.78	28.29	26.54
吉林市	Jilin	1.55	0.08	1.33		12.95	10.37
四平市	Siping	0.99	0.21	0.45	0.08	5.12	3.51
辽源市	Liaoyuan	0.34	0.03	2.47	2.42	0.76	0.59
通化市	Tonghua	0.60	0.01	1.57	0.08	5.22	2.69
白山市	Baishan	2.37	0.90	3.88	3.60	3.07	1.95
松原市	Songyuan	2.09	0.06	4.23	4.05	1.56	0.74
白城市	Baicheng	3.30	1.82	0.07	0.01	2.77	1.56
黑龙江省	**Heilongjiang**	**65.55**	**12.01**	**40.68**	**37.41**	**63.96**	**47.35**
哈尔滨市	Harbin	7.61	1.98	0.53	0.07	27.49	24.99
齐齐哈尔市	Qiqihar	0.57	0.06	0.04	0.01	9.34	7.62
鸡西市	Jixi	6.23	0.06	7.27	6.38	1.87	0.97
鹤岗市	Hegang	8.55	0.18	7.50	7.39	1.34	0.14
双鸭山市	Shuangyashan	0.90	0.25	4.80	4.58	0.56	0.22
大庆市	Daqing	0.30	0.06	11.43	11.42	7.97	6.87
伊春市	Yichun	10.36	7.90	0.26	0.12	2.46	2.20
佳木斯市	Jiamusi	8.32	0.78	0.06		1.49	1.00
七台河市	Qitaihe	0.47	0.32	7.41	7.25	1.03	0.58
牡丹江市	Mudanjiang	4.65	0.01	0.63		4.14	1.97
黑河市	Heihe	16.25	0.34	0.49	0.19	1.67	0.09
绥化市	Suihua	1.34	0.07	0.26		4.60	0.70
上海市	**Shanghai**	**1.23**	**1.03**	**0.05**	**0.05**	**218.73**	**215.10**
江苏省	**Jiangsu**	**9.65**	**3.61**	**12.83**	**12.07**	**359.62**	**219.24**
南京市	Nanjing	0.50	0.33	0.58	0.57	53.55	48.37
无锡市	Wuxi	0.20	0.04			47.38	33.25
徐州市	Xuzhou	1.57	0.71	7.87	7.49	14.31	8.19
常州市	Changzhou	0.12	0.01	0.03		22.42	16.21
苏州市	Suzhou	0.09	0.05			88.28	49.55
南通市	Nantong	1.14	0.42			31.19	13.94
连云港市	Lianyungang	1.61	1.17	0.73	0.70	8.90	6.04
淮安市	Huai'an	1.03	0.34	0.45	0.35	17.67	11.94
盐城市	Yancheng	2.40	0.36	0.50	0.37	16.95	4.76
扬州市	Yangzhou	0.15	0.04	2.22	2.16	15.48	8.67
镇江市	Zhenjiang	0.28	0.10	0.21	0.19	19.78	7.78
泰州市	Taizhou	0.43	0.01			16.26	6.60
宿迁市	Suqian	0.13	0.03	0.24	0.24	7.45	3.94
浙江省	**Zhejiang**	**0.83**	**0.26**	**1.40**	**0.33**	**372.13**	**184.66**
杭州市	Hangzhou	0.13	0.06	0.14	0.05	80.47	66.07
宁波市	Ningbo	0.06	0.02	0.01	0.01	81.99	50.74

2-5 续表 2 continued 2

单位：万人 (10 000 persons)

城市	City	第一产业(农、林、牧、渔业) Primary Industry		第二产业(1)采矿业 Secondary Industry: Mining		(2)制造业 Manufacturing	
		全市 Total City	市辖区 Districts under City	全市 Total City	市辖区 Districts under City	全市 Total City	市辖区 Districts under City
温州市	Wenzhou	0.05		0.17		42.32	12.18
嘉兴市	Jiaxing	0.08	0.03			48.95	12.71
湖州市	Huzhou	0.02	0.01	0.67	0.08	18.24	6.98
绍兴市	Shaoxing	0.05		0.21	0.19	36.54	7.42
金华市	Jinhua	0.07	0.04	0.02		15.95	4.27
衢州市	Quzhou	0.03		0.04		6.58	4.15
舟山市	Zhoushan	0.03	0.03	0.10		4.07	3.41
台州市	Taizhou	0.14	0.05	0.02		33.38	15.71
丽水市	Lishui	0.16	0.02	0.01		3.64	1.01
安徽省	**Anhui**	**7.93**	**2.21**	**34.97**	**28.05**	**108.59**	**72.20**
合肥市	Hefei	0.14	0.01	0.16		28.03	22.45
芜湖市	Wuhu	0.06	0.01	0.07		14.16	12.18
蚌埠市	Bengbu	0.05	0.01			5.30	4.30
淮南市	Huainan	0.30	0.14	15.42	14.18	3.38	3.08
马鞍山市	Maanshan	0.08		0.99	0.93	6.75	6.41
淮北市	Huaibei	0.01	0.01	12.09	12.09	2.85	2.41
铜陵市	Tongling	0.28	0.27	0.09	0.04	5.83	5.65
安庆市	Anqing	1.72	0.92	0.07	0.01	3.44	2.72
黄山市	Huangshan	0.10	0.04	0.02		1.31	0.91
滁州市	Chuzhou	0.88	0.09	0.30	0.11	3.85	0.89
阜阳市	Fuyang	0.26	0.08	1.27	0.49	3.93	2.48
宿州市	Suzhou	1.00	0.16	3.09		2.71	0.34
六安市	Lu'an	1.60	0.10			14.50	4.35
亳州市	Bozhou	0.05		0.92		2.75	1.60
池州市	Chizhou	0.10	0.02	0.08	0.03	1.10	0.60
宣城市	Xuancheng	1.30	0.35	0.40	0.17	8.70	1.83
福建省	**Fujian**	**4.83**	**0.72**	**5.32**	**2.31**	**291.87**	**130.44**
福州市	Fuzhou	0.22	0.01	0.26	0.24	46.26	19.07
厦门市	Xiamen	0.23	0.23	0.02	0.02	57.95	57.95
莆田市	Putian	0.04	0.03	0.16	0.16	19.28	17.46
三明市	Sanming	0.56	0.07	1.14	0.02	5.46	2.18
泉州市	Quanzhou	0.36	0.10	0.87	0.17	114.86	20.27
漳州市	Zhangzhou	1.85	0.01	0.11		23.62	7.13
南平市	Nanping	0.89	0.11	0.17	0.03	7.85	2.30
龙岩市	Longyan	0.44	0.13	2.53	1.67	8.28	2.72
宁德市	Ningde	0.24	0.03	0.06		8.31	1.36
江西省	**Jiangxi**	**11.64**	**1.01**	**10.12**	**2.98**	**100.76**	**44.38**
南昌市	Nanchang	0.78	0.69	0.02	0.02	28.16	19.98
景德镇市	Jingdezhen	0.74	0.16	0.89	0.02	6.86	5.63
萍乡市	Pingxiang	0.10	0.02	2.75	2.64	2.51	2.17
九江市	Jiujiang	0.74	0.02	0.42		13.04	4.17
新余市	Xinyu	0.06	0.02	0.52	0.16	5.25	4.36
鹰潭市	Yingtan	1.21		0.02		3.16	0.41
赣州市	Ganzhou	0.73	0.02	1.24	0.04	15.18	3.76
吉安市	Ji'an	1.24	0.05	0.47		2.35	0.16
宜春市	Yichun	0.57	0.02	2.94	0.10	11.08	1.62
抚州市	Fuzhou	0.84	0.01	0.19		5.75	0.51
上饶市	Shangrao	4.63		0.66		7.42	1.61

2-5 续表 3 continued 3

单位：万人 (10 000 persons)

城市	City	第一产业(农、林、牧、渔业) Primary Industry 全市 Total City	市辖区 Districts under City	第二产业(1)采矿业 Secondary Industry: Mining 全市 Total City	市辖区 Districts under City	(2)制造业 Manufacturing 全市 Total City	市辖区 Districts under City
山东省	**Shandong**	**3.08**	**0.81**	**78.70**	**37.43**	**394.66**	**206.92**
济南市	Jinan	0.10	0.06	1.00	0.09	34.45	23.34
青岛市	Qingdao	0.18	0.07	0.10	0.01	68.12	40.13
淄博市	Zibo	0.15	0.06	5.00	4.70	30.85	24.02
枣庄市	Zaozhuang	0.12	0.06	10.87	9.65	6.26	3.44
东营市	Dongying	0.43	0.10	13.90	13.84	11.43	4.15
烟台市	Yantai	0.22	0.07	6.31	0.15	51.87	32.76
潍坊市	Weifang	0.12	0.05	1.33	0.50	36.42	15.65
济宁市	Jining	0.19	0.10	19.90	3.00	13.20	7.20
泰安市	Tai'an	0.16	0.05	12.61	0.16	16.31	6.26
威海市	Weihai	0.08	0.02	0.17	0.01	34.17	14.90
日照市	Rizhao	0.09	0.07	0.11	0.05	7.86	5.05
莱芜市	Laiwu			2.89	2.89	7.54	7.54
临沂市	Linyi	0.38	0.03	2.81	2.38	18.33	8.93
德州市	Dezhou	0.25		0.38		13.88	4.28
聊城市	Liaocheng	0.06	0.01			13.34	1.67
滨州市	Binzhou	0.06	0.03	0.37		24.18	5.34
菏泽市	Heze	0.49	0.03	0.95		6.45	2.26
河南省	**Henan**	**6.55**	**0.74**	**63.95**	**40.42**	**209.49**	**118.00**
郑州市	Zhengzhou	0.22	0.09	8.48	4.57	55.31	43.09
开封市	Kaifeng	0.79	0.03			10.13	4.52
洛阳市	Luoyang	0.17	0.03	1.70	0.37	16.30	11.90
平顶山市	Pingdingshan	0.09	0.01	14.77	12.62	10.76	6.35
安阳市	Anyang	0.11	0.01	1.11	1.02	9.60	5.97
鹤壁市	Hebi	0.11		5.21	5.21	4.74	3.08
新乡市	Xinxiang	0.56		0.68	0.01	13.78	8.07
焦作市	Jiaozuo	0.49	0.01	5.14	5.14	12.19	4.87
濮阳市	Puyang	0.03	0.01	7.83	7.83	3.92	1.63
许昌市	Xuchang	0.16		3.14		9.34	4.01
漯河市	Luohe	0.07				11.79	8.02
三门峡市	Sanmenxia	0.11	0.01	6.98	0.14	3.49	1.18
南阳市	Nanyang	1.10	0.26	3.77	3.27	20.67	6.45
商丘市	Shangqiu	0.40	0.03	4.32		4.79	2.71
信阳市	Xinyang	0.97	0.14	0.54	0.10	6.12	1.70
周口市	Zhoukou	0.47				7.80	0.90
驻马店市	Zhumadian	0.70	0.11	0.28	0.14	8.76	3.55
湖北省	**Hubei**	**8.27**	**2.40**	**10.62**	**2.99**	**202.32**	**108.07**
武汉市	Wuhan	0.39	0.31	0.01	0.01	51.72	39.75
黄石市	Huangshi	0.36	0.02	2.69	0.70	12.31	9.59
十堰市	Shiyan	0.54	0.14	0.74	0.07	21.89	15.92
宜昌市	Yichang	0.73	0.30	3.13	0.76	16.84	4.82
襄阳市	Xiangyang	0.70	0.17	0.73	0.02	25.05	11.09

2-5 续表 4 continued 4

单位：万人 (10 000 persons)

城市	City	第一产业(农、林、牧、渔业) Primary Industry		第二产业(1)采矿业 Secondary Industry: Mining		(2)制造业 Manufacturing	
		全市 Total City	市辖区 Districts under City	全市 Total City	市辖区 Districts under City	全市 Total City	市辖区 Districts under City
鄂州市	Ezhou	0.01	0.01	1.03	1.03	9.11	9.11
荆门市	Jingmen	1.03	0.16	1.01	0.20	14.35	4.26
孝感市	Xiaogan	1.71	1.08	0.47		24.27	2.03
荆州市	Jingzhou	1.72	0.10	0.10		9.82	6.26
黄冈市	Huanggang	0.94	0.07	0.27	0.20	6.99	1.16
咸宁市	Xianning	0.07	0.04	0.24		6.07	2.07
随州市	Suizhou	0.07		0.20		3.90	2.01
湖南省	**Hunan**	**2.74**	**0.54**	**15.09**	**1.25**	**125.53**	**59.58**
长沙市	Changsha	0.12	0.10	1.23	0.02	36.74	13.87
株洲市	Zhuzhou	0.10		1.11	0.06	14.88	10.43
湘潭市	Xiangtan	0.02	0.02	0.68	0.04	9.07	7.50
衡阳市	Hengyang	0.06	0.02	2.02	0.11	13.22	6.76
邵阳市	Shaoyang	0.50	0.03	1.33	0.16	3.86	1.67
岳阳市	Yueyang	0.48	0.14	0.21	0.01	12.65	6.14
常德市	Changde	0.25	0.14	0.57		8.01	1.51
张家界市	Zhangjiajie	0.07	0.02	0.19	0.03	0.48	0.19
益阳市	Yiyang	0.10		0.18	0.01	6.30	4.00
郴州市	Chenzhou	0.17	0.02	3.60	0.58	5.61	2.48
永州市	Yongzhou	0.36	0.05	0.22		5.32	1.50
怀化市	Huaihua	0.31		0.57		3.09	0.45
娄底市	Loudi	0.20		3.18	0.23	6.30	3.08
广东省	**Guangdong**	**7.31**	**1.78**	**3.44**	**1.87**	**539.29**	**461.80**
广州市	Guangzhou	0.25	0.21	0.05	0.01	117.11	104.57
韶关市	Shaoguan	0.44	0.03	0.88	0.24	11.51	6.28
深圳市	Shenzhen	0.08	0.08	0.17	0.17	126.38	126.38
珠海市	Zhuhai	0.73	0.73	0.01	0.01	41.71	41.71
汕头市	Shantou	0.05	0.05	0.02	0.02	19.98	19.98
佛山市	Foshan	0.03	0.03	0.02	0.02	31.66	31.66
江门市	Jiangmen	0.04		0.04	0.04	27.83	19.79
湛江市	Zhanjiang	2.26	0.30	0.97	0.86	8.01	4.20
茂名市	Maoming	0.93		0.21	0.07	5.21	2.04
肇庆市	Zhaoqing	0.11	0.02	0.18		12.80	9.41
惠州市	Huizhou	0.10	0.02	0.02	0.01	61.02	48.09
梅州市	Meizhou	0.10		0.11		3.69	1.28
汕尾市	Shanwei	0.77		0.03	0.03	7.07	4.60
河源市	Heyuan	0.09	0.02	0.28	0.01	10.41	6.79
阳江市	Yangjiang	0.47	0.16	0.03		2.74	0.47
清远市	Qingyuan	0.18	0.02	0.05	0.02	11.62	4.62
东莞市	Dongguan	0.09	0.09	0.01	0.01	7.72	7.72
中山市	Zhongshan					18.70	18.70
潮州市	Chaozhou	0.02				3.57	1.29
揭阳市	Yeyang	0.49	0.01			4.33	0.88
云浮市	Yunfu	0.08	0.01	0.36	0.35	6.22	1.34

2-5 续表 5 continued 5

单位：万人 (10 000 persons)

城市	City	第一产业(农、林、牧、渔业) Primary Industry 全市 Total City	第一产业 市辖区 Districts under City	第二产业(1)采矿业 Secondary Industry: Mining 全市 Total City	采矿业 市辖区 Districts under City	(2)制造业 Manufacturing 全市 Total City	制造业 市辖区 Districts under City
广西壮族自治区	**Guangxi**	**11.19**	**3.91**	**5.27**	**1.46**	**71.11**	**44.10**
南宁市	Nanning	1.55	0.78	0.22	0.02	17.29	11.04
柳州市	Liuzhou	0.71	0.38	0.37	0.23	15.66	12.04
桂林市	Guilin	0.60	0.05	0.53		6.94	4.34
梧州市	Wuzhou	0.42	0.03	0.26		3.13	2.13
北海市	Beihai	1.00	0.64	0.24	0.10	4.43	3.31
防城港市	Fangchenggang	1.16	0.59	0.14	0.11	1.71	1.20
钦州市	Qinzhou	0.53	0.23	0.17	0.13	2.22	1.41
贵港市	Guigang	0.17	0.05	0.04	0.02	2.71	1.45
玉林市	Yulin	1.10	0.02	0.09	0.01	5.15	2.39
百色市	Baise	0.53	0.15	1.00	0.41	3.24	0.86
贺州市	Hezhou	0.35	0.07	0.10	0.03	0.96	0.69
河池市	Hechi	0.53	0.01	1.18	0.01	2.35	1.18
来宾市	Laibin	0.91	0.63	0.45		2.38	1.52
崇左市	Chongzuo	1.63	0.28	0.48	0.39	2.94	0.54
海南省	**Hainan**	**8.25**	**8.25**	**0.04**	**0.04**	**5.35**	**5.35**
海口市	Haikou	7.64	7.64			5.10	5.10
三亚市	Sanya	0.61	0.61	0.04	0.04	0.25	0.25
三沙市	sansha						
重庆市	**Chongqing**	**38.36**		**24.14**		**177.86**	
四川省	**Sichuan**	**2.78**	**0.71**	**13.78**	**5.29**	**140.20**	**97.97**
成都市	Chengdu	0.20	0.12	0.07		58.91	45.91
自贡市	Zigong	0.06	0.04	0.53	0.59	3.65	3.63
攀枝花市	Panzhihua	0.08	0.03	1.79	1.78	8.22	8.05
泸州市	Luzhou	0.17	0.03	0.32		4.85	3.03
德阳市	Deyang	0.05		0.39	0.04	9.17	4.80
绵阳市	Mianyang	0.13	0.02	0.04		13.49	10.43
广元市	Guangyuan	0.09	0.02	1.02	0.82	1.24	1.08
遂宁市	Suining	0.02				2.45	0.30
内江市	Neijiang	0.11	0.05	1.13	0.01	4.08	0.54
乐山市	Leshan	0.16	0.01	2.25	0.73	7.18	3.22
南充市	Nanchong	0.14	0.04			3.22	1.85
眉山市	Meishan	0.07	0.01	0.70		3.01	1.32
宜宾市	Yibin	0.24	0.16	2.29	0.05	11.94	8.83
广安市	Guang'an	0.07	0.01	1.12	0.29	0.11	0.03
达州市	Dazhou	0.36	0.04	1.35	0.98	1.47	0.83
雅安市	Yaan	0.09	0.01	0.20		1.60	0.98
巴中市	Bazhong	0.47	0.08	0.58		1.47	0.71
资阳市	Ziyang	0.27	0.04			4.14	2.43
贵州省	**Guizhou**	**0.83**	**0.25**	**16.05**	**4.34**	**36.35**	**20.47**
贵阳市	Guiyang	0.17	0.11	1.08	0.74	17.96	13.05
六盘水市	Liupanshui	0.12	0.01	9.10	2.85	3.82	2.37
遵义市	Zunyi	0.12		1.11	0.03	7.91	2.86
安顺市	Anshun	0.20	0.08	0.94	0.66	3.40	1.02
毕节市	Bijie	0.07	0.03	3.51	0.02	1.70	0.80
铜仁市	Tongren	0.15	0.02	0.31	0.04	1.56	0.37

2-5 续表 6 continued 6

单位：万人 (10 000 persons)

城市	City	第一产业(农、林、牧、渔业) Primary Industry		第二产业(1)采矿业 Secondary Industry: Mining		(2)制造业 Manufacturing	
		全市 Total City	市辖区 Districts under City	全市 Total City	市辖区 Districts under City	全市 Total City	市辖区 Districts under City
云南省	**Yunnan**	**4.69**	**0.56**	**17.73**	**2.97**	**48.72**	**20.31**
昆明市	Kunming	0.33	0.12	2.73	1.04	21.45	9.27
曲靖市	Qujing	0.39	0.03	8.37	1.57	9.07	3.33
玉溪市	Yuxi	0.22	0.03	1.04	0.06	8.04	4.20
保山市	Baoshan	0.49	0.19	0.45	0.07	3.10	1.08
昭通市	Zhaotong	0.39	0.01	3.40	0.18	1.50	0.53
丽江市	Lijiang	0.35	0.02	1.24		0.60	0.20
普洱市	Simao	1.41	0.12	0.29	0.05	2.92	1.34
临沧市	Lincang	1.11	0.04	0.21		2.04	0.36
西藏自治区	**Tibet**	**11.43**		**0.37**		**1.16**	
拉萨市	Lasa	11.43		0.37		1.16	
陕西省	**Shaanxi**	**4.54**	**1.46**	**23.96**	**6.63**	**84.88**	**60.52**
西安市	Xi'an	0.35	0.11	0.06		46.54	42.66
铜川市	Tongchuan	0.07	0.05	2.85	2.78	1.06	1.03
宝鸡市	Baoji	0.28	0.03	0.76	0.10	11.07	7.02
咸阳市	Xianyang	0.28	0.06	2.29		8.79	4.64
渭南市	Weinan	1.54	0.58	4.43		6.54	2.09
延安市	Yan'an	0.45	0.10	7.20	3.26	0.92	0.19
汉中市	Hanzhong	0.35	0.09	0.79	0.03	6.03	1.58
榆林市	Yulin	0.78	0.24	4.43	0.42	1.55	0.42
安康市	Ankang	0.09	0.01	0.32	0.02	1.17	0.44
商洛市	Shangluo	0.35	0.19	0.83	0.02	1.21	0.45
甘肃省	**Gansu**	**5.29**	**1.43**	**9.76**	**3.85**	**33.16**	**27.13**
兰州市	Lanzhou	0.20	0.17	1.33	1.32	12.36	10.19
嘉峪关市	Jiayuguan	0.02	0.02			4.19	4.19
金昌市	Jinchang	0.31	0.01	0.10	0.10	4.65	4.09
白银市	Baiyin	0.40		2.35	2.17	3.11	2.84
天水市	Tianshui	0.48	0.20	0.03	0.03	3.61	3.30
武威市	Wuwei	0.98	0.77	0.34	0.17	1.12	0.83
张掖市	Zhangye	1.10	0.11	0.35	0.04	1.48	0.75
平凉市	Pingliang	0.29	0.02	3.18		0.34	0.23
酒泉市	Jiuquan	0.75	0.11	1.23		0.97	0.55
庆阳市	Qingyang	0.07	0.01			0.12	0.07
定西市	Dingxi	0.28		0.02		0.82	0.06
陇南市	Longnan	0.41	0.01	0.83	0.02	0.39	0.03
青海省	**Qinghai**	**0.15**	**0.10**	**0.42**	**0.28**	**7.66**	**4.58**
西宁市	Xining	0.15	0.10	0.42	0.28	7.66	4.58
宁夏回族自治区	**Ningxia**	**3.05**	**1.23**	**4.59**	**4.24**	**10.77**	**7.71**
银川市	Yinchuan	1.12	0.47	3.56	3.56	4.43	3.15
石嘴山市	Shizuishan	0.10	0.07	0.68	0.68	3.26	2.93
吴忠市	Wuzhong	0.60	0.26	0.06		1.70	0.43
固原市	Guyuan	0.40	0.17	0.29		0.14	0.02
中卫市	Zhongwei	0.83	0.26			1.24	1.18
新疆维吾尔自治区	**Xinjiang**	**1.09**	**1.08**	**9.41**	**9.41**	**11.87**	**11.87**
乌鲁木齐市	Urumqi	1.09	1.08	1.92	1.92	8.89	8.89
克拉玛依市	Karamay			7.49	7.49	2.98	2.98

2-6 按行业分组的单位从业人员(二)

Persons Employed in Various Units by Sector in Detail (Ⅱ)

单位: 万人 (10 000 persons)

城市	City	(3)电力、燃气及水的生产和供应业 Production and Distribution of Electricity, Gas and Water		(4)建筑业 Construction		第三产业(1)交通运输、仓储和邮政业 Tertiary Industry: Traffic, Transport, Storage and Post	
		全市 Total City	市辖区 Districts under City	全市 Total City	市辖区 Districts under City	全市 Total City	市辖区 Districts under City
城市合计	**Prefecture Cities**	**310.79**	**167.04**	**2033.87**	**1177.26**	**600.91**	**460.11**
北京市	**Beijing**	**8.94**	**8.72**	**42.74**	**41.48**	**57.84**	**57.51**
天津市	**Tianjin**	**4.37**	**3.92**	**31.10**	**28.38**	**14.08**	**13.84**
河北省	**Hebei**	**21.27**	**10.30**	**81.41**	**36.21**	**24.30**	**18.70**
石家庄市	Shijiazhuang	2.96	2.33	8.93	6.37	5.84	4.92
唐山市	Tangshan	2.77	1.92	6.53	4.74	3.93	3.47
秦皇岛市	Qinhuangdao	1.27	0.97	3.18	2.69	3.46	3.20
邯郸市	Handan	2.74	0.93	7.53	5.27	2.46	1.60
邢台市	Xingtai	1.93	0.44	5.09	2.41	0.86	0.58
保定市	Baoding	2.88	1.00	29.30	6.08	1.76	1.21
张家口市	Zhangjiakou	1.64	1.05	2.88	1.15	1.25	0.71
承德市	Chengde	0.93	0.43	1.96	0.54	1.10	0.73
沧州市	Cangzhou	1.90	0.46	7.63	3.80	1.69	1.02
廊坊市	Langfang	1.11	0.37	4.34	1.74	0.88	0.50
衡水市	Hengshui	1.14	0.40	4.04	1.42	1.07	0.76
山西省	**Shanxi**	**11.12**	**6.92**	**38.51**	**32.52**	**18.79**	**14.34**
太原市	Taiyuan	2.23	1.67	21.91	21.58	7.30	7.20
大同市	Datong	1.45	1.30	1.72	1.63	2.21	2.12
阳泉市	Yangquan	0.93	0.63	1.86	1.83	0.80	0.76
长治市	Changzhi	1.14	0.76	1.05	0.77	1.07	0.95
晋城市	Jincheng	0.75	0.37	1.20	1.14	0.72	0.59
朔州市	Shuozhou	0.85	0.65	2.24	1.59	0.35	0.22
晋中市	Jinzhong	0.93	0.56	1.48	0.53	1.03	0.85
运城市	Yuncheng	0.74	0.38	1.03	0.28	0.89	0.33
忻州市	Xinzhou	0.70	0.12	1.77	0.77	0.79	0.51
临汾市	Linfen	0.98	0.45	3.63	2.27	3.02	0.54
吕梁市	Lvliang	0.42	0.03	0.62	0.13	0.61	0.27
内蒙古自治区	**Inner Mongolia**	**10.61**	**5.85**	**16.11**	**12.26**	**7.95**	**4.41**
呼和浩特市	Hohhot	1.78	1.27	2.47	2.24	1.43	1.35
包头市	Baotou	1.60	1.31	4.38	3.94	1.16	1.08
乌海市	Wuhai	0.61	0.61	1.83	1.83	0.24	0.24
赤峰市	Chifeng	1.49	0.84	2.22	1.15	0.87	0.20
通辽市	Tongliao	1.05	0.60	1.31	1.05	0.68	0.29
鄂尔多斯市	Erdos	1.03	0.39	0.40	0.31	0.31	0.11
呼伦贝尔市	Hulunbuir	1.36	0.22	1.80	0.25	2.06	0.30
巴彦淖尔市	Bayannur	0.80	0.40	0.90	0.78	0.50	0.30
乌兰察布市	Ulanqab	0.89	0.21	0.80	0.71	0.70	0.54
辽宁省	**Liaoning**	**16.45**	**13.84**	**60.38**	**51.26**	**27.34**	**23.54**
沈阳市	Shenyang	3.10	2.71	8.16	7.97	10.02	9.66
大连市	Dalian	1.75	1.48	9.61	8.93	6.43	6.03
鞍山市	Anshan	1.33	1.04	8.41	7.38	1.27	0.95
抚顺市	Fushun	1.33	1.27	4.13	3.39	0.78	0.51
本溪市	Benxi	1.01	0.76	3.52	3.31	0.90	0.82
丹东市	Dandong	0.69	0.42	2.93	1.67	1.29	1.02
锦州市	Jinzhou	1.46	1.31	3.52	3.21	1.32	0.64
营口市	Yingkou	0.81	0.79	2.47	2.05	2.28	2.17

2-6 续表 1 continued 1

单位：万人 (10 000 persons)

城市	City	(3)电力、燃气及水的生产和供应业 Production and Distribution of Electricity, Gas and Water		(4)建筑业 Construction		第三产业(1)交通运输、仓储和邮政业 Tertiary Industry: Traffic, Transport, Storage and Post	
		全 市 Total City	市辖区 Districts under City	全 市 Total City	市辖区 Districts under City	全 市 Total City	市辖区 Districts under City
阜新市	Fuxin	0.90	0.80	1.94	1.85	0.34	0.20
辽阳市	Liaoyang	0.38	0.34	2.48	2.06	0.40	0.37
盘锦市	Panjin	0.55	0.46	3.44	2.96	0.41	0.25
铁岭市	Tieling	0.97	0.70	2.08	1.41	0.73	0.31
朝阳市	Chaoyang	0.87	0.75	7.14	4.57	0.60	0.30
葫芦岛市	Huludao	1.30	1.01	0.55	0.50	0.57	0.31
吉林省	**Jilin**	**8.02**	**4.92**	**15.60**	**13.09**	**8.56**	**6.19**
长春市	Changchun	2.68	2.20	7.43	7.01	4.80	4.33
吉林市	Jilin	1.55	0.87	3.16	2.68	0.94	0.58
四平市	Siping	0.78	0.39	0.41	0.19	0.55	0.20
辽源市	Liaoyuan	0.44	0.36	0.15	0.11	0.28	0.19
通化市	Tonghua	0.91	0.46	1.52	1.09	0.71	0.31
白山市	Baishan	0.60	0.31	0.86	0.68	0.31	0.18
松原市	Songyuan	0.50	0.11	1.01	0.62	0.46	0.18
白城市	Baicheng	0.56	0.22	1.06	0.71	0.51	0.22
黑龙江省	**Heilongjiang**	**15.07**	**10.42**	**34.41**	**25.12**	**19.15**	**13.02**
哈尔滨市	Harbin	4.28	3.21	16.97	14.97	9.82	8.63
齐齐哈尔市	Qiqihar	1.56	1.10	2.33	1.84	1.09	0.55
鸡西市	Jixi	1.10	0.57	1.11	0.67	1.01	0.28
鹤岗市	Hegang	0.48	0.30	0.60	0.18	0.66	0.21
双鸭山市	Shuangyashan	0.66	0.38	0.25	0.14	0.66	0.23
大庆市	Daqing	2.71	2.51	6.30	5.61	1.60	1.38
伊春市	Yichun	0.66	0.58	0.83	0.50	0.34	0.23
佳木斯市	Jiamusi	0.71	0.46	1.16	0.48	0.72	0.30
七台河市	Qitaihe	0.22	0.19	0.53	0.36	0.13	0.10
牡丹江市	Mudanjiang	1.09	0.82	0.65	0.21	0.95	0.54
黑河市	Heihe	0.85	0.29	0.94	0.12	1.23	0.51
绥化市	Suihua	0.75	0.01	2.74	0.04	0.94	0.06
上海市	**Shanghai**	**5.83**	**5.60**	**48.86**	**48.01**	**37.96**	**37.66**
江苏省	**Jiangsu**	**12.95**	**8.84**	**69.50**	**34.62**	**30.60**	**24.37**
南京市	Nanjing	2.15	1.99	14.84	11.72	8.90	8.84
无锡市	Wuxi	1.20	0.66	8.01	3.37	2.04	1.49
徐州市	Xuzhou	1.78	1.28	2.15	1.12	4.61	3.79
常州市	Changzhou	0.67	0.52	3.59	2.62	1.91	1.50
苏州市	Suzhou	1.18	0.50	4.22	1.71	2.73	1.49
南通市	Nantong	1.01	0.57	7.30	4.06	2.18	1.82
连云港市	Lianyungang	0.95	0.71	3.59	1.93	1.83	1.56
淮安市	Huai'an	0.91	0.69	3.24	1.83	1.01	0.72
盐城市	Yancheng	0.93	0.68	7.09	0.92	1.33	0.67
扬州市	Yangzhou	0.42	0.27	6.02	1.58	1.02	0.67
镇江市	Zhenjiang	0.75	0.55	2.83	1.67	1.51	1.19
泰州市	Taizhou	0.62	0.33	3.72	1.70	1.12	0.48
宿迁市	Suqian	0.38	0.09	2.90	0.39	0.41	0.15
浙江省	**Zhejiang**	**12.68**	**5.39**	**294.06**	**132.77**	**29.34**	**22.06**
杭州市	Hangzhou	2.15	1.37	72.25	65.99	9.75	8.94
宁波市	Ningbo	1.91	0.87	33.11	6.69	6.04	5.10

2-6 续表 2 continued 2

单位：万人 (10 000 persons)

城市	City	(3)电力、燃气及水的生产和供应业 Production and Distribution of Electricity, Gas and Water		(4)建筑业 Construction		第三产业(1)交通运输、仓储和邮政业 Tertiary Industry: Traffic, Transport, Storage and Post	
		全市 Total City	市辖区 Districts under City	全市 Total City	市辖区 Districts under City	全市 Total City	市辖区 Districts under City
温州市	Wenzhou	1.70	0.75	25.89	9.61	3.07	2.02
嘉兴市	Jiaxing	1.19	0.31	2.93	1.51	1.65	0.88
湖州市	Huzhou	0.71	0.34	11.75	7.88	0.98	0.68
绍兴市	Shaoxing	1.22	0.36	68.50	16.95	1.47	0.83
金华市	Jinhua	0.79	0.11	43.06	6.53	2.01	0.83
衢州市	Quzhou	0.51	0.21	1.97	1.03	0.51	0.32
舟山市	Zhoushan	0.51	0.36	1.87	1.51	1.53	1.33
台州市	Taizhou	1.20	0.54	31.40	14.99	1.85	0.97
丽水市	Lishui	0.78	0.17	1.32	0.09	0.48	0.16
安徽省	**Anhui**	**10.95**	**5.63**	**70.61**	**51.35**	**19.24**	**13.77**
合肥市	Hefei	1.42	0.92	34.85	28.20	5.23	4.72
芜湖市	Wuhu	0.65	0.48	5.00	3.48	2.32	2.22
蚌埠市	Bengbu	0.58	0.32	5.27	4.87	1.18	1.05
淮南市	Huainan	1.10	1.01	2.46	2.09	1.21	1.11
马鞍山市	Maanshan	0.46	0.33	2.12	1.15	0.41	0.32
淮北市	Huaibei	0.45	0.37	0.25	0.13	0.46	0.39
铜陵市	Tongling	0.29	0.25	1.97	1.46	0.24	0.22
安庆市	Anqing	1.40	0.91	2.94	1.71	0.75	0.44
黄山市	Huangshan	0.21	0.11	1.42	1.09	0.36	0.25
滁州市	Chuzhou	0.39	0.16	1.09	0.40	0.70	0.47
阜阳市	Fuyang	0.93	0.36	2.70	2.04	1.43	1.24
宿州市	Suzhou	0.51	0.02	3.39	0.57	0.59	0.10
六安市	Lu'an	0.90	0.05	4.20	3.50	2.40	0.70
亳州市	Bozhou	0.25	0.08	1.09	0.19	0.31	0.13
池州市	Chizhou	0.21	0.14	0.86	0.26	0.15	0.06
宣城市	Xuancheng	1.20	0.12	1.00	0.21	1.50	0.35
福建省	**Fujian**	**9.48**	**3.68**	**121.69**	**77.79**	**15.00**	**11.53**
福州市	Fuzhou	1.67	0.72	43.64	30.17	3.78	3.13
厦门市	Xiamen	0.71	0.71	23.53	23.53	5.28	5.28
莆田市	Putian	0.59	0.46	5.70	4.90	0.50	0.48
三明市	Sanming	1.05	0.15	3.55	1.61	0.84	0.34
泉州市	Quanzhou	1.44	0.43	28.18	7.01	1.60	0.98
漳州市	Zhangzhou	1.06	0.23	4.42	3.22	0.71	0.40
南平市	Nanping	0.89	0.25	2.28	1.20	0.68	0.19
龙岩市	Longyan	0.82	0.25	7.14	3.87	0.85	0.48
宁德市	Ningde	1.25	0.48	3.25	2.28	0.76	0.25
江西省	**Jiangxi**	**10.49**	**3.11**	**58.90**	**33.25**	**12.89**	**10.43**
南昌市	Nanchang	1.72	0.94	24.60	16.21	6.91	6.90
景德镇市	Jingdezhen	0.49	0.27	2.24	1.18	0.29	0.21
萍乡市	Pingxiang	0.35	0.26	0.93	0.91	0.31	0.29
九江市	Jiujiang	1.28	0.53	7.01	3.17	1.01	0.79
新余市	Xinyu	0.32	0.16	0.68	0.37	0.14	0.11
鹰潭市	Yingtan	0.40	0.12	0.85	0.12	0.15	0.12
赣州市	Ganzhou	1.29	0.24	2.91	1.49	0.99	0.48
吉安市	Ji'an	0.98	0.23	2.03	0.43	1.06	0.43
宜春市	Yichun	0.87	0.17	2.62	0.60	0.96	0.78
抚州市	Fuzhou	0.55	0.11	8.38	7.47	0.51	0.15
上饶市	Shangrao	2.24	0.08	6.65	1.30	0.56	0.17

2-6 续表 3 continued 3

单位：万人 (10 000 persons)

城 市	City	(3)电力、燃气及水的生产和供应业 Production and Distribution of Electricity, Gas and Water		(4)建筑业 Construction		第三产业(1)交通运输、仓储和邮政业 Tertiary Industry: Traffic, Transport, Storage and Post	
		全 市 Total City	市辖区 Districts under City	全 市 Total City	市辖区 Districts under City	全 市 Total City	市辖区 Districts under City
山东省	**Shandong**	**21.05**	**10.13**	**136.09**	**73.83**	**34.40**	**28.79**
济南市	Jinan	1.75	1.21	31.78	26.53	9.24	9.04
青岛市	Qingdao	1.94	1.32	7.06	4.48	6.54	6.24
淄博市	Zibo	1.50	1.24	14.09	7.51	1.07	1.01
枣庄市	Zaozhuang	0.78	0.60	7.07	2.67	0.75	0.51
东营市	Dongying	0.39	0.21	3.42	1.61	1.36	1.29
烟台市	Yantai	2.08	0.77	6.88	3.94	3.53	2.32
潍坊市	Weifang	1.84	0.57	8.54	3.44	1.33	0.50
济宁市	Jining	1.90	0.80	7.80	3.20	1.90	0.90
泰安市	Tai'an	1.07	0.32	14.23	3.33	0.97	0.61
威海市	Weihai	1.19	0.60	4.99	2.05	1.01	0.82
日照市	Rizhao	0.47	0.26	1.29	0.85	1.51	1.47
莱芜市	Laiwu	0.36	0.36	0.94	0.94	0.63	0.63
临沂市	Linyi	1.38	0.31	16.42	8.03	1.03	0.80
德州市	Dezhou	1.25	0.42	2.73	1.11	0.56	0.30
聊城市	Liaocheng	1.23	0.57	2.06	0.72	1.42	1.15
滨州市	Binzhou	0.69	0.14	2.97	1.02	0.41	0.21
菏泽市	Heze	1.23	0.43	3.82	2.40	1.14	0.99
河南省	**Henan**	**21.80**	**8.53**	**124.29**	**69.94**	**19.46**	**12.31**
郑州市	Zhengzhou	3.69	1.59	25.63	19.95	4.23	3.59
开封市	Kaifeng	0.70	0.35	3.75	2.20	0.97	0.51
洛阳市	Luoyang	3.80	0.78	7.10	6.03	1.60	1.15
平顶山市	Pingdingshan	1.05	0.67	3.52	2.42	1.32	0.71
安阳市	Anyang	0.84	0.49	18.69	3.88	0.88	0.58
鹤壁市	Hebi	0.35	0.22	2.31	1.99	0.22	0.14
新乡市	Xinxiang	1.15	0.37	6.30	1.96	1.00	0.72
焦作市	Jiaozuo	1.22	0.73	3.90	2.85	0.65	0.35
濮阳市	Puyang	0.74	0.37	6.72	5.50	0.45	0.28
许昌市	Xuchang	0.63	0.15	3.30	1.48	0.54	0.36
漯河市	Luohe	0.33	0.24	2.57	1.97	0.30	0.27
三门峡市	Sanmenxia	0.80	0.39	2.59	1.70	0.55	0.30
南阳市	Nanyang	1.76	0.58	12.32	6.53	2.03	1.21
商丘市	Shangqiu	0.88	0.34	5.99	2.84	1.09	0.66
信阳市	Xinyang	1.41	0.43	6.44	2.41	1.65	0.66
周口市	Zhoukou	1.01	0.15	5.58	2.12	0.79	0.32
驻马店市	Zhumadian	1.44	0.68	7.58	4.11	1.19	0.50
湖北省	**Hubei**	**11.12**	**5.82**	**110.03**	**56.39**	**25.36**	**16.85**
武汉市	Wuhan	2.02	1.69	46.52	29.82	14.06	13.17
黄石市	Huangshi	0.46	0.34	6.03	2.34	0.47	0.32
十堰市	Shiyan	1.65	0.46	4.46	1.79	1.07	0.61
宜昌市	Yichang	1.24	0.58	5.99	1.18	2.76	0.32
襄阳市	Xiangyang	1.05	0.44	11.26	4.52	1.57	0.44

2-6 续表 4 continued 4

单位：万人 (10 000 persons)

城市	City	(3)电力、燃气及水的生产和供应业 Production and Distribution of Electricity, Gas and Water		(4)建筑业 Construction		第三产业(1)交通运输、仓储和邮政业 Tertiary Industry: Traffic, Transport, Storage and Post	
		全 市 Total City	市辖区 Districts under City	全 市 Total City	市辖区 Districts under City	全 市 Total City	市辖区 Districts under City
鄂州市	Ezhou	0.24	0.24	3.06	3.06	0.19	0.19
荆门市	Jingmen	1.16	1.19	3.33	1.31	1.26	0.51
孝感市	Xiaogan	0.94	0.24	14.94	6.21	1.48	0.25
荆州市	Jingzhou	0.65	0.29	4.51	2.33	1.11	0.61
黄冈市	Huanggang	1.02	0.08	5.36	1.20	0.64	0.20
咸宁市	Xianning	0.54	0.17	2.68	1.42	0.52	0.10
随州市	Suizhou	0.15	0.10	1.89	1.21	0.23	0.13
湖南省	**Hunan**	**9.45**	**3.23**	**93.38**	**53.36**	**15.75**	**10.67**
长沙市	Changsha	0.79	0.68	19.47	16.70	4.70	3.79
株洲市	Zhuzhou	0.67	0.34	8.05	4.77	0.87	0.66
湘潭市	Xiangtan	0.41	0.33	9.92	5.97	0.73	0.69
衡阳市	Hengyang	0.86	0.19	11.38	5.47	1.13	0.61
邵阳市	Shaoyang	0.98	0.14	6.38	2.71	1.52	0.73
岳阳市	Yueyang	0.59	0.30	8.69	4.47	1.19	0.94
常德市	Changde	0.56	0.11	8.29	3.34	0.81	0.46
张家界市	Zhangjiajie	0.26	0.05	1.29	0.53	0.32	0.25
益阳市	Yiyang	0.45	0.17	3.86	2.43	0.62	0.33
郴州市	Chenzhou	1.33	0.50	4.09	2.09	0.77	0.54
永州市	Yongzhou	0.80	0.19	4.45	1.48	0.92	0.52
怀化市	Huaihua	1.32	0.17	2.99	1.24	1.50	0.80
娄底市	Loudi	0.43	0.06	4.52	2.16	0.67	0.35
广东省	**Guangdong**	**20.08**	**11.92**	**107.58**	**80.00**	**61.98**	**57.04**
广州市	Guangzhou	3.20	2.86	26.93	25.30	24.05	23.89
韶关市	Shaoguan	1.30	0.51	6.02	3.97	1.22	0.84
深圳市	Shenzhen	1.51	1.51	17.55	17.55	19.94	19.94
珠海市	Zhuhai	0.60	0.60	2.36	2.36	1.82	1.82
汕头市	Shantou	0.97	0.92	11.51	11.50	0.88	0.86
佛山市	Foshan	1.14	1.14	4.75	4.75	1.52	1.52
江门市	Jiangmen	0.91	0.40	4.74	0.92	0.88	0.46
湛江市	Zhanjiang	0.99	0.42	6.16	1.51	2.33	1.86
茂名市	Maoming	0.76	0.24	8.95	3.15	1.14	0.63
肇庆市	Zhaoqing	0.61	0.15	1.77	0.82	1.00	0.62
惠州市	Huizhou	1.01	0.54	3.15	2.64	1.23	0.93
梅州市	Meizhou	1.21	0.23	1.82	0.56	0.55	0.17
汕尾市	Shanwei	0.52	0.16	0.65	0.16	0.32	0.14
河源市	Heyuan	0.60	0.10	0.93	0.27	0.61	0.20
阳江市	Yangjiang	0.40	0.10	4.15	1.93	0.72	0.42
清远市	Qingyuan	0.83	0.11	0.83	0.37	0.54	0.25
东莞市	Dongguan	0.57	0.57	0.30	0.30	0.88	0.88
中山市	Zhongshan	0.74	0.74	0.47	0.47	1.27	1.27
潮州市	Chaozhou	0.84	0.19	1.00	0.46	0.36	0.17
揭阳市	Yeyang	0.89	0.24	2.48	0.77	0.47	0.14
云浮市	Yunfu	0.48	0.19	1.06	0.24	0.25	0.03

2-6 续表 5 continued 5

单位：万人 (10 000 persons)

城　市	City	(3)电力、燃气及水的生产和供应业 Production and Distribution of Electricity, Gas and Water		(4)建筑业 Construction		第三产业(1)交通运输、仓储和邮政业 Tertiary Industry: Traffic, Transport, Storage and Post	
		全　市 Total City	市辖区 Districts under City	全　市 Total City	市辖区 Districts under City	全　市 Total City	市辖区 Districts under City
广西壮族自治区	**Guangxi**	**9.85**	**3.94**	**31.96**	**21.41**	**16.28**	**13.05**
南宁市	Nanning	1.12	0.61	10.48	9.45	6.15	5.92
柳州市	Liuzhou	0.79	0.41	3.44	3.01	2.04	1.87
桂林市	Guilin	1.39	0.42	3.13	2.07	1.16	0.72
梧州市	Wuzhou	0.79	0.16	0.78	0.47	0.53	0.35
北海市	Beihai	0.35	0.29	1.07	0.58	0.50	0.43
防城港市	Fangchenggang	0.31	0.20	1.13	0.98	1.16	1.13
钦州市	Qinzhou	0.38	0.20	3.14	2.33	0.64	0.53
贵港市	Guigang	0.43	0.21	0.77	0.38	0.77	0.31
玉林市	Yulin	0.78	0.32	4.71	0.96	1.02	0.60
百色市	Baise	0.95	0.25	0.77	0.51	0.71	0.53
贺州市	Hezhou	0.52	0.29	0.39	0.18	0.27	0.12
河池市	Hechi	0.87	0.18	1.31	0.28	0.67	0.27
来宾市	Laibin	0.61	0.31	0.42	0.18	0.26	0.11
崇左市	Chongzuo	0.56	0.09	0.42	0.03	0.40	0.16
海南省	**Hainan**	**0.64**	**0.64**	**4.75**	**4.75**	**3.50**	**3.50**
海口市	Haikou	0.43	0.43	4.34	4.34	2.92	2.92
三亚市	Sanya	0.21	0.21	0.41	0.41	0.58	0.58
三沙市	sansha						
重庆市	**Chongqing**	**9.41**		**156.58**		**34.51**	
四川省	**Sichuan**	15.90	7.33	115.18	67.97	15.15	9.49
成都市	Chengdu	2.37	1.12	53.43	39.77	6.05	4.12
自贡市	Zigong	0.38	0.27	2.85	1.50	0.34	0.12
攀枝花市	Panzhihua	0.78	0.57	1.52	1.47	0.23	0.22
泸州市	Luzhou	0.63	0.28	8.36	5.48	1.11	0.82
德阳市	Deyang	0.32	0.16	3.56	2.40	0.28	0.15
绵阳市	Mianyang	1.20	0.67	3.58	2.18	1.04	0.79
广元市	Guangyuan	0.34	0.14	1.12	0.98	0.45	0.22
遂宁市	Suining	0.57	0.24	5.59	1.85	0.20	0.08
内江市	Neijiang	0.40	0.25	5.20	2.05	0.29	0.19
乐山市	Leshan	2.39	1.77	2.98	2.20	0.86	0.46
南充市	Nanchong	1.14	0.26	5.36	2.42	0.87	0.48
眉山市	Meishan	0.57	0.12	2.07	0.26	0.42	0.29
宜宾市	Yibin	1.33	0.37	5.20	1.02	0.80	0.51
广安市	Guang'an	0.49	0.23	1.18	0.40	0.33	0.10
达州市	Dazhou	1.46	0.40	4.03	0.63	0.79	0.35
雅安市	Yaan	0.61	0.16	0.94	0.25	0.20	0.15
巴中市	Bazhong	0.59	0.21	5.50	2.79	0.49	0.31
资阳市	Ziyang	0.33	0.11	2.71	0.32	0.40	0.13
贵州省	**Guizhou**	**6.46**	**2.84**	**30.17**	**26.60**	**4.65**	**3.70**
贵阳市	Guiyang	2.36	1.88	23.36	22.80	2.10	2.04
六盘水市	Liupanshui	0.72	0.22	1.17	0.79	0.15	0.13
遵义市	Zunyi	1.15	0.26	3.29	1.89	1.05	0.78
安顺市	Anshun	0.42	0.08	0.73	0.59	0.39	0.34
毕节市	Bijie	1.18	0.23	0.75	0.25	0.68	0.30
铜仁市	Tongren	0.63	0.17	0.87	0.28	0.28	0.11

2-6 续表 6 continued 6

单位：万人 (10 000 persons)

城市	City	(3)电力、燃气及水的生产和供应业 Production and Distribution of Electricity, Gas and Water 全市 Total City	市辖区 Districts under City	(4)建筑业 Construction 全市 Total City	市辖区 Districts under City	第三产业(1)交通运输、仓储和邮政业 Tertiary Industry: Traffic, Transport, Storage and Post 全市 Total City	市辖区 Districts under City
云南省	**Yunnan**	5.72	2.38	51.46	33.26	10.91	5.70
昆明市	Kunming	1.52	0.91	28.53	20.70	8.43	4.13
曲靖市	Qujing	1.37	0.42	7.90	3.82	0.46	0.21
玉溪市	Yuxi	0.58	0.16	3.31	2.22	0.37	0.24
保山市	Baoshan	0.37	0.34	4.60	3.42	0.32	0.24
昭通市	Zhaotong	0.73	0.16	1.96	0.81	0.42	0.30
丽江市	Lijiang	0.29	0.14	1.09	0.51	0.24	0.17
普洱市	Simao	0.49	0.13	2.50	1.18	0.37	0.21
临沧市	Lincang	0.37	0.12	1.57	0.60	0.30	0.20
西藏自治区	**Tibet**	**0.85**		**2.22**		**1.87**	
拉萨市	Lasa	0.85		2.22		1.87	
陕西省	**Shaanxi**	**6.22**	**3.11**	**41.66**	**32.85**	**17.33**	**12.84**
西安市	Xi'an	1.55	1.26	24.39	23.19	10.41	8.97
铜川市	Tongchuan	0.21	0.21	0.62	0.60	0.31	0.31
宝鸡市	Baoji	0.82	0.70	2.24	1.40	1.65	1.44
咸阳市	Xianyang	0.89	0.53	5.17	2.97	0.78	0.55
渭南市	Weinan	1.02	0.08	2.25	1.36	0.58	0.16
延安市	Yan'an	0.24	0.12	0.72	0.36	0.41	0.23
汉中市	Hanzhong	0.31	0.06	2.28	1.48	0.79	0.48
榆林市	Yulin	0.81	0.08	1.11	0.32	1.35	0.21
安康市	Ankang	0.25	0.04	1.33	0.81	0.35	0.16
商洛市	Shangluo	0.12	0.03	1.55	0.36	0.70	0.33
甘肃省	**Gansu**	**6.37**	**3.75**	**22.05**	**17.25**	**5.03**	**4.01**
兰州市	Lanzhou	1.42	1.15	10.36	9.97	1.76	1.65
嘉峪关市	Jiayuguan	0.18	0.18	0.48	0.48	0.06	0.06
金昌市	Jinchang	0.31	0.11	2.67	2.61	0.09	0.08
白银市	Baiyin	0.64	0.53	0.82	0.82	0.25	0.15
天水市	Tianshui	0.59	0.32	2.24	1.91	0.63	0.48
武威市	Wuwei	0.37	0.22	0.48	0.25	0.49	0.43
张掖市	Zhangye	0.63	0.42	0.59	0.41	0.29	0.24
平凉市	Pingliang	0.56	0.33	1.96	0.20	0.22	0.15
酒泉市	Jiuquan	0.38	0.11	0.95	0.41	0.30	0.17
庆阳市	Qingyang	0.36	0.13	0.36	0.13	0.19	0.12
定西市	Dingxi	0.37	0.11	0.72	0.04	0.32	0.21
陇南市	Longnan	0.56	0.14	0.42	0.02	0.43	0.27
青海省	**Qinghai**	**1.45**	**0.90**	**6.07**	**5.74**	**2.34**	**1.95**
西宁市	Xining	1.45	0.90	6.07	5.74	2.34	1.95
宁夏回族自治区	**Ningxia**	**4.14**	**3.34**	**4.35**	**3.63**	**1.97**	**1.46**
银川市	Yinchuan	2.84	2.55	3.10	2.69	1.27	0.94
石嘴山市	Shizuishan	0.52	0.48	0.63	0.58	0.20	0.19
吴忠市	Wuzhong	0.45	0.10	0.25	0.11	0.15	0.10
固原市	Guyuan	0.07	0.02	0.11	0.04	0.13	0.09
中卫市	Zhongwei	0.26	0.19	0.26	0.21	0.22	0.14
新疆维吾尔自治区	**Xinjiang**	**2.05**	**2.04**	**12.17**	**12.17**	**7.38**	**7.38**
乌鲁木齐市	Urumqi	2.04	2.03	10.73	10.73	7.12	7.12
克拉玛依市	Karamay	0.01	0.01	1.44	1.44	0.26	0.26

2-7 按行业分组的单位从业人员(三)

Persons Employed in Various Units by Sector in Detail (Ⅲ)

单位：万人 (10 000 persons)

城　市	City	(2)信息传输、计算机服务和软件业 Information Transmission, Computer Services and Software		(3)批发和零售业 Wholesale and Retail Trades		(4)住宿、餐饮业 Hotels and Catering Services	
		全　市 Total City	市辖区 Districts under City	全　市 Total City	市辖区 Districts under City	全　市 Total City	市辖区 Districts under City
城市合计	**Prefecture Cities**	**233.90**	**192.15**	**821.80**	**536.27**	**336.59**	**215.29**
北京市	**Beijing**	**52.63**	**52.62**	**68.64**	**67.80**	**31.96**	**31.47**
天津市	**Tianjin**	**3.27**	**1.96**	**17.47**	**17.08**	**6.91**	**6.59**
河北省	**Hebei**	**6.49**	**5.07**	**26.34**	**16.97**	**6.78**	**4.62**
石家庄市	Shijiazhuang	1.12	0.94	5.71	4.62	1.62	1.28
唐山市	Tangshan	0.82	0.69	4.86	1.97	0.72	0.46
秦皇岛市	Qinhuangdao	0.39	0.34	0.91	0.80	0.58	0.51
邯郸市	Handan	0.62	0.46	2.90	1.52	0.60	0.36
邢台市	Xingtai	0.41	0.32	1.44	0.93	0.49	0.30
保定市	Baoding	0.81	0.72	3.70	2.46	0.83	0.54
张家口市	Zhangjiakou	0.66	0.44	2.01	1.41	0.56	0.29
承德市	Chengde	0.40	0.21	0.60	0.37	0.19	0.13
沧州市	Cangzhou	0.49	0.45	1.92	1.40	0.44	0.23
廊坊市	Langfang	0.42	0.29	1.13	0.84	0.58	0.43
衡水市	Hengshui	0.35	0.21	1.16	0.65	0.17	0.09
山西省	**Shanxi**	**4.86**	**4.51**	**19.22**	**10.68**	**5.29**	**4.64**
太原市	Taiyuan	1.58	1.57	4.07	3.76	2.90	2.71
大同市	Datong	0.47	0.45	2.11	1.66	0.29	0.26
阳泉市	Yangquan	0.20	0.14	0.99	0.69	0.15	0.11
长治市	Changzhi	0.38	0.36	1.63	0.69	0.26	0.08
晋城市	Jincheng	0.23	0.21	1.70	0.72	0.19	0.10
朔州市	Shuozhou	0.25	0.24	1.37	0.83	0.13	0.11
晋中市	Jinzhong	0.36	0.26	1.39	0.51	0.25	0.13
运城市	Yuncheng	0.35	0.36	1.07	0.35	0.22	0.09
忻州市	Xinzhou	0.41	0.38	1.71	0.62	0.47	0.30
临汾市	Linfen	0.41	0.36	1.43	0.60	0.24	0.15
吕梁市	Lvliang	0.22	0.18	1.75	0.25	0.19	0.60
内蒙古自治区	**Inner Mongolia**	**3.67**	**2.62**	**6.85**	**4.64**	**2.51**	**2.11**
呼和浩特市	Hohhot	0.93	0.44	1.16	0.56	0.74	0.62
包头市	Baotou	0.55	0.34	2.01	1.93	0.87	0.86
乌海市	Wuhai	0.16	0.16	0.11	0.11	0.03	0.03
赤峰市	Chifeng	0.37	0.35	0.74	0.11	0.24	0.21
通辽市	Tongliao	0.34	0.21	0.63	0.45	0.11	0.06
鄂尔多斯市	Erdos	0.30	0.21	0.29	0.18	0.06	0.06
呼伦贝尔市	Hulunbuir	0.48	0.43	0.77	0.39	0.28	0.12
巴彦淖尔市	Bayannur	0.20	0.19	0.50	0.40	0.08	0.06
乌兰察布市	Ulanqab	0.34	0.29	0.64	0.51	0.10	0.09
辽宁省	**Liaoning**	**9.02**	**8.62**	**20.98**	**18.77**	**7.23**	**6.80**
沈阳市	Shenyang	1.92	1.90	5.17	4.98	2.21	2.19
大连市	Dalian	3.31	3.31	5.75	5.54	2.81	2.80
鞍山市	Anshan	0.38	0.37	1.76	1.32	0.54	0.47
抚顺市	Fushun	0.27	0.27	1.09	1.01	0.12	0.09
本溪市	Benxi	0.27	0.27	0.67	0.59	0.14	0.12
丹东市	Dandong	0.50	0.43	0.80	0.68	0.23	0.21
锦州市	Jinzhou	0.39	0.33	1.17	0.94	0.17	0.15
营口市	Yingkou	0.34	0.31	0.92	0.64	0.33	0.31

2-7 续表 1 continued 1

单位：万人 (10 000 persons)

城　市	City	(2)信息传输、计算机服务和软件业 Information Transmission, Computer Services and Software		(3)批发和零售业 Wholesale and Retail Trades		(4)住宿、餐饮业 Hotels and Catering Services	
		全　市 Total City	市辖区 Districts under City	全　市 Total City	市辖区 Districts under City	全　市 Total City	市辖区 Districts under City
阜新市	Fuxin	0.35	0.26	0.46	0.37	0.08	0.06
辽阳市	Liaoyang	0.17	0.17	0.29	0.27	0.11	0.10
盘锦市	Panjin	0.24	0.23	1.08	1.02	0.24	0.23
铁岭市	Tieling	0.27	0.20	0.35	0.22	0.03	
朝阳市	Chaoyang	0.33	0.29	1.05	0.90	0.09	0.05
葫芦岛市	Huludao	0.28	0.28	0.42	0.29	0.13	0.02
吉林省	**Jilin**	**4.30**	**3.38**	**8.47**	**6.77**	**2.65**	**2.35**
长春市	Changchun	2.19	1.96	4.90	4.71	1.76	1.74
吉林市	Jilin	0.38	0.35	0.97	0.68	0.24	0.21
四平市	Siping	0.32	0.17	0.35	0.09	0.06	0.04
辽源市	Liaoyuan	0.14	0.11	0.15	0.08	0.02	0.02
通化市	Tonghua	0.49	0.21	0.39	0.15	0.13	0.10
白山市	Baishan	0.26	0.21	0.23	0.19	0.04	0.03
松原市	Songyuan	0.26	0.23	0.77	0.42	0.23	0.11
白城市	Baicheng	0.26	0.14	0.71	0.45	0.17	0.10
黑龙江省	**Heilongjiang**	**6.05**	**4.89**	**16.94**	**11.28**	**5.41**	**3.84**
哈尔滨市	Harbin	2.63	2.44	7.77	7.28	3.10	3.06
齐齐哈尔市	Qiqihar	0.44	0.34	0.95	0.59	0.09	0.07
鸡西市	Jixi	0.30	0.24	0.88	0.24	0.26	0.01
鹤岗市	Hegang	0.14	0.10	0.84	0.08	0.38	0.01
双鸭山市	Shuangyashan	0.22	0.20	0.46	0.24	0.03	0.02
大庆市	Daqing	0.73	0.72	2.08	1.56	0.32	0.21
伊春市	Yichun	0.28	0.22	0.19	0.17	0.07	0.05
佳木斯市	Jiamusi	0.25	0.22	0.97	0.51	0.11	0.15
七台河市	Qitaihe	0.27	0.18	0.01	0.01	0.13	0.10
牡丹江市	Mudanjiang	0.43	0.21	0.45	0.24	0.16	0.08
黑河市	Heihe	0.17	0.01	1.11	0.06	0.63	0.03
绥化市	Suihua	0.19	0.01	1.23	0.30	0.13	0.05
上海市	**Shanghai**	**8.55**	**8.54**	**59.84**	**59.65**	**20.13**	**20.09**
江苏省	**Jiangsu**	**10.78**	**8.60**	**33.47**	**25.23**	**11.95**	**9.37**
南京市	Nanjing	3.63	3.60	10.51	10.22	4.27	4.20
无锡市	Wuxi	0.81	0.62	3.68	2.55	2.41	1.83
徐州市	Xuzhou	0.64	0.43	2.40	1.21	0.26	0.14
常州市	Changzhou	0.45	0.37	2.12	1.80	0.81	0.59
苏州市	Suzhou	1.41	1.08	3.77	2.58	1.73	1.12
南通市	Nantong	0.62	0.40	1.64	0.98	0.37	0.21
连云港市	Lianyungang	0.44	0.32	1.44	1.16	0.20	0.13
淮安市	Huai'an	0.42	0.33	1.26	0.99	0.28	0.22
盐城市	Yancheng	0.56	0.30	1.84	0.84	0.45	0.19
扬州市	Yangzhou	0.64	0.48	1.10	0.78	0.39	0.36
镇江市	Zhenjiang	0.27	0.18	1.35	1.06	0.42	0.27
泰州市	Taizhou	0.58	0.29	1.86	0.89	0.33	0.11
宿迁市	Suqian	0.31	0.20	0.50	0.17	0.03	
浙江省	**Zhejiang**	**14.05**	**12.56**	**39.24**	**30.27**	**16.32**	**12.51**
杭州市	Hangzhou	8.40	8.18	17.40	16.25	8.45	7.96
宁波市	Ningbo	1.20	0.99	6.07	4.97	1.93	1.55

2-7 续表 2 continued 2

单位：万人 (10 000 persons)

城 市	City	(2)信息传输、计算机服务和软件业 Information Transmission, Computer Services and Software		(3)批发和零售业 Wholesale and Retail Trades		(4)住宿、餐饮业 Hotels and Catering Services	
		全 市 Total City	市辖区 Districts under City	全 市 Total City	市辖区 Districts under City	全 市 Total City	市辖区 Districts under City
温州市	Wenzhou	0.78	0.57	2.69	1.64	1.41	0.88
嘉兴市	Jiaxing	0.52	0.42	2.58	1.37	0.89	0.33
湖州市	Huzhou	0.42	0.37	1.69	1.10	0.43	0.20
绍兴市	Shaoxing	0.55	0.36	2.19	0.90	0.91	0.44
金华市	Jinhua	0.70	0.45	2.00	1.06	0.75	0.20
衢州市	Quzhou	0.27	0.21	0.66	0.47	0.24	0.13
舟山市	Zhoushan	0.23	0.23	0.68	0.61	0.35	0.34
台州市	Taizhou	0.68	0.55	2.41	1.43	0.70	0.34
丽水市	Lishui	0.31	0.23	0.87	0.47	0.26	0.14
安徽省	**Anhui**	**4.92**	**3.46**	**46.59**	**16.57**	**20.92**	**5.68**
合肥市	Hefei	1.20	1.12	6.18	5.54	2.11	1.67
芜湖市	Wuhu	0.24	0.20	1.27	1.08	0.39	0.36
蚌埠市	Bengbu	0.16	0.10	0.73	0.61	0.09	0.08
淮南市	Huainan	0.13	0.13	1.02	0.85	0.27	0.25
马鞍山市	Maanshan	0.15	0.11	0.57	0.43	0.03	0.02
淮北市	Huaibei	0.14	0.13	0.17	0.11	0.05	0.04
铜陵市	Tongling	0.09	0.09	0.29	0.29	0.08	0.06
安庆市	Anqing	0.42	0.22	0.86	0.40	0.18	0.15
黄山市	Huangshan	0.19	0.16	0.24	0.20	0.58	0.52
滁州市	Chuzhou	0.48	0.36	0.65	0.30	0.08	0.06
阜阳市	Fuyang	0.29	0.23	1.51	0.92	0.10	0.08
宿州市	Suzhou	0.26		0.68	0.02	0.04	0.02
六安市	Lu'an	0.20	0.28	14.10	4.67	6.60	1.68
亳州市	Bozhou	0.24	0.14	0.71	0.28	0.04	0.02
池州市	Chizhou	0.13	0.10	0.19	0.14	0.18	0.04
宣城市	Xuancheng	0.60	0.09	17.42	0.73	10.10	0.63
福建省	**Fujian**	**5.33**	**4.52**	**24.24**	**18.10**	**9.42**	**6.71**
福州市	Fuzhou	1.46	1.45	7.39	6.21	2.27	1.62
厦门市	Xiamen	0.91	0.91	5.91	5.91	3.36	3.36
莆田市	Putian	0.29	0.29	1.15	0.99	0.48	0.47
三明市	Sanming	0.33	0.30	0.88	0.46	0.23	0.07
泉州市	Quanzhou	0.92	0.54	3.87	1.92	1.66	0.73
漳州市	Zhangzhou	0.43	0.31	1.84	0.96	0.51	0.19
南平市	Nanping	0.37	0.29	0.99	0.47	0.39	0.03
龙岩市	Longyan	0.32	0.24	1.07	0.61	0.25	0.12
宁德市	Ningde	0.30	0.19	1.14	0.57	0.27	0.12
江西省	**Jiangxi**	**4.89**	**2.63**	**13.36**	**7.43**	**4.47**	**3.34**
南昌市	Nanchang	1.10	1.08	5.27	3.76	1.97	1.84
景德镇市	Jingdezhen	0.72	0.10	0.62	0.32	0.23	0.18
萍乡市	Pingxiang	0.16	0.14	0.27	0.26	0.08	0.08
九江市	Jiujiang	0.19	0.01	1.36	0.71	0.47	0.30
新余市	Xinyu	0.12	0.11	0.16	0.11	0.05	0.03
鹰潭市	Yingtan	0.07	0.03	0.18	0.13	0.12	0.06
赣州市	Ganzhou	0.85	0.31	0.43	0.24	0.55	0.36
吉安市	Ji'an	0.41	0.20	0.83	0.38	0.17	0.05
宜春市	Yichun	0.39	0.21	1.48	0.50	0.23	0.17
抚州市	Fuzhou	0.33	0.15	0.96	0.31	0.14	0.11
上饶市	Shangrao	0.55	0.29	1.80	0.71	0.46	0.16

2-7 续表 3 continued 3

单位：万人 (10 000 persons)

城 市	City	(2)信息传输、计算机服务和软件业 Information Transmission, Computer Services and Software		(3)批发和零售业 Wholesale and Retail Trades		(4)住宿、餐饮业 Hotels and Catering Services	
		全 市 Total City	市辖区 Districts under City	全 市 Total City	市辖区 Districts under City	全 市 Total City	市辖区 Districts under City
山东省	**Shandong**	**9.36**	**8.04**	**48.58**	**33.16**	**15.12**	**12.15**
济南市	Jinan	2.59	2.58	11.52	10.31	4.04	3.87
青岛市	Qingdao	0.56	0.47	5.68	4.91	2.67	2.41
淄博市	Zibo	0.38	0.31	3.00	2.59	0.83	0.74
枣庄市	Zaozhuang	0.23	0.23	1.09	0.62	0.15	0.11
东营市	Dongying	0.56	0.53	1.36	0.98	1.31	1.19
烟台市	Yantai	0.60	0.42	3.65	1.90	1.24	0.76
潍坊市	Weifang	0.36	0.19	4.24	2.26	0.83	0.45
济宁市	Jining	0.30	0.20	3.70	2.10	0.40	0.20
泰安市	Tai'an	0.38	0.35	2.96	1.47	0.85	0.70
威海市	Weihai	0.19	0.10	2.06	1.33	1.05	0.61
日照市	Rizhao	0.14	0.14	1.00	0.63	0.24	0.22
莱芜市	Laiwu	0.43	0.43	0.16	0.16	0.07	0.07
临沂市	Linyi	1.36	1.23	1.65	0.80	0.47	0.31
德州市	Dezhou	0.48	0.30	2.26	0.80	0.34	0.16
聊城市	Liaocheng	0.27	0.13	1.34	0.87	0.24	0.13
滨州市	Binzhou	0.22	0.12	1.08	0.40	0.18	0.08
菏泽市	Heze	0.31	0.31	1.83	1.03	0.21	0.14
河南省	**Henan**	**6.29**	**5.11**	**42.44**	**21.56**	**10.09**	**7.10**
郑州市	Zhengzhou	1.22	1.12	7.15	6.00	3.38	2.95
开封市	Kaifeng	0.40	0.35	3.10	1.59	0.85	0.60
洛阳市	Luoyang	0.42	0.40	2.76	1.95	0.75	0.59
平顶山市	Pingdingshan	0.24	0.18	1.91	1.03	0.42	0.31
安阳市	Anyang	0.34	0.29	2.65	1.66	0.58	0.26
鹤壁市	Hebi	0.07	0.06	0.51	0.35	0.14	0.12
新乡市	Xinxiang	0.25	0.18	1.42	0.45	0.38	0.22
焦作市	Jiaozuo	0.24	0.18	1.36	0.71	0.36	0.21
濮阳市	Puyang	0.16	0.11	0.74	0.44	0.20	0.17
许昌市	Xuchang	0.11	0.11	1.13	0.86	0.34	0.20
漯河市	Luohe	0.09	0.08	0.54	0.21	0.09	0.05
三门峡市	Sanmenxia	0.16	0.15	2.28	0.79	0.29	0.19
南阳市	Nanyang	0.70	0.59	5.54	1.81	0.80	0.42
商丘市	Shangqiu	0.43	0.26	2.04	0.99	0.22	0.18
信阳市	Xinyang	0.41	0.12	3.26	1.00	0.58	0.28
周口市	Zhoukou	0.78	0.76	3.03	0.59	0.18	0.10
驻马店市	Zhumadian	0.27	0.17	3.02	1.13	0.53	0.25
湖北省	**Hubei**	**7.10**	**4.89**	**48.20**	**27.81**	**14.41**	**8.00**
武汉市	Wuhan	2.32	2.31	14.12	13.24	5.45	5.15
黄石市	Huangshi	0.18	0.15	1.04	0.72	0.33	0.28
十堰市	Shiyan	1.21	1.06	7.56	6.47	1.01	0.64
宜昌市	Yichang	0.43	0.18	7.78	2.46	1.58	0.28
襄阳市	Xiangyang	0.51	0.21	5.21	1.03	1.41	0.60

2-7 续表 4 continued 4

单位：万人 (10 000 persons)

城　市	City	(2)信息传输、计算机服务和软件业 Information Transmission, Computer Services and Software		(3)批发和零售业 Wholesale and Retail Trades		(4)住宿、餐饮业 Hotels and Catering Services	
		全　市 Total City	市辖区 Districts under City	全　市 Total City	市辖区 Districts under City	全　市 Total City	市辖区 Districts under City
鄂州市	Ezhou	0.14	0.14	1.12	1.12	0.41	0.41
荆门市	Jingmen	0.51	0.08	3.48	0.82	0.64	0.22
孝感市	Xiaogan	0.59	0.25	4.48	0.28	2.67	0.10
荆州市	Jingzhou	0.58	0.26	0.95	0.67	0.18	0.11
黄冈市	Huanggang	0.37	0.15	1.40	0.35	0.39	0.06
咸宁市	Xianning	0.17	0.04	0.58	0.28	0.19	0.08
随州市	Suizhou	0.09	0.06	0.48	0.37	0.15	0.07
湖南省	**Hunan**	**6.77**	**5.80**	**18.25**	**14.14**	**9.27**	**7.29**
长沙市	Changsha	1.95	1.91	7.62	6.94	4.51	4.02
株洲市	Zhuzhou	0.39	0.34	0.92	0.72	0.58	0.46
湘潭市	Xiangtan	0.20	0.19	0.82	0.64	0.34	0.22
衡阳市	Hengyang	0.39	0.29	1.35	0.86	0.86	0.66
邵阳市	Shaoyang	0.56	0.27	0.74	0.34	0.11	0.06
岳阳市	Yueyang	0.54	0.65	1.43	0.81	0.49	0.33
常德市	Changde	0.55	0.44	1.40	1.10	0.45	0.17
张家界市	Zhangjiajie	0.23	0.20	0.21	0.17	0.43	0.38
益阳市	Yiyang	0.33	0.30	0.67	0.46	0.27	0.22
郴州市	Chenzhou	0.37	0.34	1.22	0.86	0.43	0.30
永州市	Yongzhou	0.51	0.31	0.72	0.51	0.23	0.11
怀化市	Huaihua	0.47	0.38	0.61	0.39	0.31	0.17
娄底市	Loudi	0.28	0.18	0.54	0.34	0.26	0.19
广东省	**Guangdong**	**19.05**	**16.75**	**64.47**	**58.21**	**32.16**	**28.98**
广州市	Guangzhou	5.13	5.06	26.96	26.19	13.89	13.00
韶关市	Shaoguan	0.29	0.15	0.57	0.33	0.40	0.16
深圳市	Shenzhen	5.23	5.23	16.59	16.59	9.05	9.05
珠海市	Zhuhai	1.20	1.20	2.55	2.55	1.49	1.49
汕头市	Shantou	0.53	0.52	2.51	2.47	0.80	0.76
佛山市	Foshan	1.03	1.03	1.22	1.22	0.84	0.84
江门市	Jiangmen	0.34	0.24	1.57	1.16	1.25	0.88
湛江市	Zhanjiang	0.47	0.19	1.78	0.76	0.49	0.44
茂名市	Maoming	0.40	0.19	1.90	1.15	0.38	0.20
肇庆市	Zhaoqing	0.81	0.36	0.48	0.36	0.35	0.20
惠州市	Huizhou	0.48	0.39	2.25	1.91	1.05	0.65
梅州市	Meizhou	0.38	0.23	0.78	0.32	0.07	0.02
汕尾市	Shanwei	0.29	0.14	0.46	0.15	0.08	0.02
河源市	Heyuan	0.27	0.24	0.43	0.25	0.31	0.14
阳江市	Yangjiang	0.28	0.20	0.85	0.53	0.25	0.14
清远市	Qingyuan	0.32	0.18	0.33	0.14	0.31	0.15
东莞市	Dongguan	0.25	0.25	0.80	0.80	0.07	0.07
中山市	Zhongshan	0.40	0.40	0.99	0.99	0.62	0.62
潮州市	Chaozhou	0.36	0.25	0.22	0.10	0.09	0.03
揭阳市	Yeyang	0.40	0.18	0.80	0.16	0.22	0.04
云浮市	Yunfu	0.19	0.12	0.43	0.08	0.15	0.08

2-7 续表 5 continued 5

单位：万人 (10 000 persons)

城市	City	(2)信息传输、计算机服务和软件业 Information Transmission, Computer Services and Software		(3)批发和零售业 Wholesale and Retail Trades		(4)住宿、餐饮业 Hotels and Catering Services	
		全市 Total City	市辖区 Districts under City	全市 Total City	市辖区 Districts under City	全市 Total City	市辖区 Districts under City
广西壮族自治区	**Guangxi**	**4.88**	**4.27**	**11.91**	**9.00**	**4.33**	**3.50**
南宁市	Nanning	0.91	0.89	4.57	4.39	1.22	1.06
柳州市	Liuzhou	1.43	1.31	1.15	1.10	0.88	0.87
桂林市	Guilin	0.38	0.37	1.23	0.86	0.94	0.79
梧州市	Wuzhou	0.18	0.09	0.36	0.16	0.09	0.05
北海市	Beihai	0.17	0.15	0.29	0.24	0.24	0.20
防城港市	Fangchenggang	0.08	0.08	0.16	0.11	0.10	0.08
钦州市	Qinzhou	0.16	0.16	0.43	0.32	0.11	0.11
贵港市	Guigang	0.10	0.04	0.51	0.28	0.01	
玉林市	Yulin	0.44	0.36	1.12	0.56	0.26	0.18
百色市	Baise	0.29	0.26	0.63	0.28	0.13	0.05
贺州市	Hezhou	0.14	0.09	0.25	0.19	0.07	0.04
河池市	Hechi	0.26	0.23	0.63	0.28	0.15	0.05
来宾市	Laibin	0.20	0.12	0.27	0.12	0.04	
崇左市	Chongzuo	0.14	0.12	0.31	0.11	0.09	0.02
海南省	**Hainan**	**0.97**	**0.97**	**4.00**	**4.00**	**5.11**	**5.11**
海口市	Haikou	0.86	0.86	3.56	3.56	2.03	2.03
三亚市	Sanya	0.11	0.11	0.44	0.44	3.08	3.08
三沙市	sansha						
重庆市	**Chongqing**	**12.06**		**101.88**		**62.58**	
四川省	**Sichuan**	7.40	5.86	16.52	13.72	7.35	5.85
成都市	Chengdu	1.79	1.73	10.06	9.42	5.08	4.24
自贡市	Zigong	0.82	0.78	0.10	0.08	0.17	0.17
攀枝花市	Panzhihua	0.49	0.49	0.09	0.08	0.10	0.06
泸州市	Luzhou	0.25	0.17	0.97	0.68	0.10	0.08
德阳市	Deyang	0.63	0.19	0.06	0.04	0.25	0.23
绵阳市	Mianyang	0.40	0.31	0.87	0.59	0.34	0.24
广元市	Guangyuan	0.37	0.35	0.34	0.26	0.08	0.05
遂宁市	Suining	0.14	0.12	0.36	0.28	0.07	0.05
内江市	Neijiang	0.49	0.29	0.12	0.06	0.15	0.12
乐山市	Leshan	0.23	0.22	0.67	0.55	0.23	0.16
南充市	Nanchong	0.35	0.19	0.67	0.47	0.13	0.12
眉山市	Meishan	0.15	0.13	0.22	0.11	0.04	
宜宾市	Yibin	0.23	0.16	0.51	0.32	0.24	0.08
广安市	Guang'an	0.22	0.19	0.21	0.12	0.01	0.01
达州市	Dazhou	0.27	0.09	0.51	0.24	0.03	0.02
雅安市	Yaan	0.22	0.18	0.17	0.13	0.10	0.09
巴中市	Bazhong	0.18	0.14	0.37	0.19	0.12	0.06
资阳市	Ziyang	0.17	0.13	0.22	0.10	0.11	0.07
贵州省	**Guizhou**	**1.85**	**1.78**	**11.16**	**9.16**	**3.34**	**2.71**
贵阳市	Guiyang	0.78	0.78	6.09	5.89	2.38	2.19
六盘水市	Liupanshui	0.16	0.16	0.73	0.50	0.15	0.13
遵义市	Zunyi	0.30	0.28	2.09	1.61	0.27	0.15
安顺市	Anshun	0.16	0.15	0.53	0.41	0.12	0.08
毕节市	Bijie	0.23	0.21	1.20	0.42	0.24	0.10
铜仁市	Tongren	0.22	0.20	0.52	0.33	0.18	0.06

2-7 续表 6 continued 6

单位：万人 (10 000 persons)

城市	City	(2)信息传输、计算机服务和软件业 Information Transmission, Computer Services and Software		(3)批发和零售业 Wholesale and Retail Trades		(4)住宿、餐饮业 Hotels and Catering Services	
		全市 Total City	市辖区 Districts under City	全市 Total City	市辖区 Districts under City	全市 Total City	市辖区 Districts under City
云南省	**Yunnan**	**2.95**	**1.24**	**18.26**	**12.89**	**6.36**	**4.56**
昆明市	Kunming	1.69	0.18	9.18	7.15	3.85	3.14
曲靖市	Qujing	0.26	0.21	3.00	1.59	0.70	0.36
玉溪市	Yuxi	0.20	0.16	2.50	1.77	0.37	0.14
保山市	Baoshan	0.08	0.07	0.97	0.72	0.28	0.07
昭通市	Zhaotong	0.20	0.17	0.88	0.60	0.25	0.11
丽江市	Lijiang	0.17	0.14	0.53	0.40	0.69	0.62
普洱市	Simao	0.18	0.16	0.68	0.41	0.14	0.08
临沧市	Lincang	0.17	0.15	0.52	0.25	0.08	0.04
西藏自治区	**Tibet**	**0.67**		**8.00**		**2.73**	
拉萨市	Lasa	0.67		8.00		2.73	
陕西省	**Shaanxi**	**11.36**	**9.60**	**12.59**	**9.44**	**7.43**	**6.21**
西安市	Xi'an	8.80	7.56	5.23	5.17	5.24	4.98
铜川市	Tongchuan	0.15	0.15	0.12	0.10	0.06	0.06
宝鸡市	Baoji	0.34	0.27	1.52	0.91	0.32	0.20
咸阳市	Xianyang	0.40	0.37	1.15	0.79	0.29	0.24
渭南市	Weinan	0.30	0.26	1.44	0.83	0.30	0.07
延安市	Yan'an	0.31	0.30	0.60	0.44	0.28	0.17
汉中市	Hanzhong	0.41	0.19	0.78	0.40	0.40	0.26
榆林市	Yulin	0.23	0.18	0.67	0.12	0.06	0.02
安康市	Ankang	0.22	0.16	0.64	0.42	0.30	0.15
商洛市	Shangluo	0.20	0.16	0.44	0.26	0.18	0.06
甘肃省	**Gansu**	**1.80**	**1.54**	**5.75**	**4.66**	**1.67**	**1.18**
兰州市	Lanzhou	0.67	0.66	1.77	1.65	0.61	0.59
嘉峪关市	Jiayuguan	0.04	0.04	0.10	0.10	0.04	0.04
金昌市	Jinchang	0.04	0.04	0.10	0.07	0.02	0.02
白银市	Baiyin	0.10	0.10	0.23	0.18	0.01	
天水市	Tianshui	0.29	0.25	1.23	1.06	0.32	0.27
武威市	Wuwei	0.07	0.05	0.29	0.18	0.04	0.02
张掖市	Zhangye	0.12	0.08	0.35	0.26	0.06	0.05
平凉市	Pingliang	0.09	0.06	0.65	0.57	0.11	0.04
酒泉市	Jiuquan	0.13	0.07	0.39	0.30	0.23	0.07
庆阳市	Qingyang	0.14	0.10	0.17	0.14	0.15	0.05
定西市	Dingxi	0.09	0.09	0.20	0.10	0.05	0.02
陇南市	Longnan	0.02		0.27	0.05	0.03	0.01
青海省	**Qinghai**	**0.72**	**0.58**	**1.73**	**1.56**	**0.48**	**0.39**
西宁市	Xining	0.72	0.58	1.73	1.56	0.48	0.39
宁夏回族自治区	**Ningxia**	**0.83**	**0.71**	**2.72**	**2.03**	**0.59**	**0.52**
银川市	Yinchuan	0.35	0.35	1.89	1.50	0.37	0.33
石嘴山市	Shizuishan	0.11	0.11	0.31	0.21	0.11	0.11
吴忠市	Wuzhong	0.08	0.06	0.18	0.09	0.05	0.02
固原市	Guyuan	0.26	0.16	0.15	0.09	0.02	0.02
中卫市	Zhongwei	0.03	0.03	0.19	0.14	0.04	0.04
新疆维吾尔自治区	**Xinjiang**	**1.03**	**1.03**	**3.69**	**3.69**	**1.62**	**1.62**
乌鲁木齐市	Urumqi	0.90	0.90	3.51	3.51	1.53	1.53
克拉玛依市	Karamay	0.13	0.13	0.18	0.18	0.09	0.09

2-8 按行业分组的单位从业人员(四)

Persons Employed in Various Units by Sector in Detail (Ⅳ)

单位：万人 (10 000 persons)

城　市	City	(5)金融业 Financial Intermediation		(6)房地产业 Real Estate		(7)租赁和商业服务业 Leasing and Business Services	
		全　市 Total City	市辖区 Districts under City	全　市 Total City	市辖区 Districts under City	全　市 Total City	市辖区 Districts under City
城市合计	**Prefecture Cities**	**510.74**	**383.66**	**282.01**	**212.99**	**298.88**	**230.54**
北京市	**Beijing**	**37.56**	**37.50**	**37.06**	**36.78**	**61.40**	**60.50**
天津市	**Tianjin**	**7.82**	**7.58**	**5.53**	**5.34**	**5.44**	**5.30**
河北省	**Hebei**	**24.64**	**15.67**	**6.86**	**4.18**	**5.15**	**3.08**
石家庄市	Shijiazhuang	4.66	3.39	0.90	0.71	1.02	0.71
唐山市	Tangshan	3.58	2.53	0.98	0.46	0.78	0.54
秦皇岛市	Qinhuangdao	1.68	1.43	0.38	0.33	0.29	0.22
邯郸市	Handan	2.04	1.27	0.44	0.27	0.40	0.17
邢台市	Xingtai	1.73	0.74	0.51	0.36	0.20	0.12
保定市	Baoding	2.48	1.11	0.89	0.41	0.66	0.48
张家口市	Zhangjiakou	1.55	0.87	0.88	0.55	0.56	0.44
承德市	Chengde	1.66	1.12	0.13	0.04	0.46	0.13
沧州市	Cangzhou	2.39	1.73	0.51	0.28	0.24	0.09
廊坊市	Langfang	1.40	0.65	0.78	0.46	0.41	0.12
衡水市	Hengshui	1.47	0.83	0.46	0.31	0.13	0.06
山西省	**Shanxi**	**15.71**	**11.07**	**2.65**	**1.81**	**5.34**	**3.86**
太原市	Taiyuan	3.14	3.10	0.66	0.61	1.61	1.43
大同市	Datong	1.37	1.35	0.57	0.52	0.80	0.67
阳泉市	Yangquan	0.72	0.49	0.28	0.25	0.46	0.44
长治市	Changzhi	1.73	1.32	0.14	0.06	0.59	0.38
晋城市	Jincheng	1.09	0.58	0.08	0.06	0.30	0.10
朔州市	Shuozhou	0.71	0.68	0.14	0.12	0.31	0.28
晋中市	Jinzhong	2.01	1.40	0.13	0.06	0.38	0.20
运城市	Yuncheng	1.44	0.58	0.09	0.01	0.17	0.10
忻州市	Xinzhou	0.96	0.57	0.12	0.05	0.23	0.12
临汾市	Linfen	1.60	0.64	0.10	0.04	0.35	0.13
吕梁市	Lvliang	0.94	0.36	0.34	0.03	0.14	0.01
内蒙古自治区	**Inner Mongolia**	**9.46**	**6.26**	**1.49**	**1.11**	**2.39**	**1.64**
呼和浩特市	Hohhot	2.06	1.81	0.22	0.20	0.72	0.70
包头市	Baotou	1.60	1.37	0.50	0.47	0.27	0.21
乌海市	Wuhai	0.38	0.38	0.11	0.11	0.07	0.07
赤峰市	Chifeng	1.26	0.62	0.10	0.03	0.38	0.34
通辽市	Tongliao	0.73	0.38	0.19	0.14	0.13	0.09
鄂尔多斯市	Erdos	0.88	0.44	0.04	0.02	0.06	0.02
呼伦贝尔市	Hulunbuir	1.07	0.37	0.16	0.03	0.55	0.06
巴彦淖尔市	Bayannur	0.70	0.50	0.07	0.06	0.10	0.08
乌兰察布市	Ulanqab	0.78	0.39	0.10	0.05	0.11	0.07
辽宁省	**Liaoning**	**22.52**	**19.60**	**12.37**	**10.74**	**10.14**	**8.89**
沈阳市	Shenyang	4.69	4.69	2.87	2.79	4.05	3.83
大连市	Dalian	5.47	4.76	3.90	3.58	1.32	1.26
鞍山市	Anshan	1.74	1.50	1.03	0.78	0.87	0.73
抚顺市	Fushun	1.01	0.89	0.38	0.31	0.28	0.26
本溪市	Benxi	1.02	0.97	0.77	0.65	0.19	0.08
丹东市	Dandong	0.76	0.56	1.12	0.91	0.24	0.19
锦州市	Jinzhou	1.38	1.31	0.42	0.33	0.38	0.22
营口市	Yingkou	0.97	0.97	0.32	0.30	0.42	0.37

2-8 续表 1 continued 1

单位: 万人 (10 000 persons)

城 市	City	(5)金融业 Financial Intermediation		(6)房地产业 Real Estate		(7)租赁和商业服务业 Leasing and Business Services	
		全 市 Total City	市辖区 Districts under City	全 市 Total City	市辖区 Districts under City	全 市 Total City	市辖区 Districts under City
阜新市	Fuxin	0.87	0.72	0.27	0.25	0.24	0.20
辽阳市	Liaoyang	0.63	0.53	0.19	0.16	0.21	0.18
盘锦市	Panjin	0.86	0.82	0.45	0.43	1.13	1.05
铁岭市	Tieling	0.91	0.38	0.20	0.05	0.31	0.19
朝阳市	Chaoyang	1.29	0.78	0.37	0.16	0.27	0.19
葫芦岛市	Huludao	0.92	0.72	0.08	0.04	0.23	0.14
吉林省	**Jilin**	**9.60**	**6.83**	**4.84**	**3.67**	**4.57**	**3.88**
长春市	Changchun	4.08	3.44	2.59	2.49	3.13	3.03
吉林市	Jilin	1.16	0.88	0.54	0.35	0.20	0.13
四平市	Siping	0.98	0.49	0.23	0.05	0.05	0.03
辽源市	Liaoyuan	0.45	0.32	0.06	0.04	0.02	0.02
通化市	Tonghua	0.96	0.55	0.64	0.13	0.17	0.07
白山市	Baishan	0.55	0.34	0.13	0.10	0.47	0.26
松原市	Songyuan	0.86	0.56	0.46	0.40	0.32	0.23
白城市	Baicheng	0.56	0.25	0.19	0.11	0.21	0.11
黑龙江省	**Heilongjiang**	**15.55**	**10.80**	**6.22**	**5.00**	**2.88**	**2.16**
哈尔滨市	Harbin	5.76	4.87	3.62	3.47	1.59	1.52
齐齐哈尔市	Qiqihar	1.68	1.00	0.52	0.41	0.23	0.18
鸡西市	Jixi	0.86	0.67	0.11	0.03	0.04	0.04
鹤岗市	Hegang	0.51	0.34	0.05	0.05	0.01	
双鸭山市	Shuangyashan	0.55	0.31	0.15	0.07	0.09	0.04
大庆市	Daqing	1.35	1.20	0.79	0.71	0.04	0.02
伊春市	Yichun	0.43	0.30	0.06	0.05	0.05	0.04
佳木斯市	Jiamusi	0.73	0.54	0.09	0.04	0.14	0.08
七台河市	Qitaihe	0.41	0.36	0.06	0.05	0.10	0.10
牡丹江市	Mudanjiang	1.54	0.98	0.15	0.05	0.20	0.12
黑河市	Heihe	0.56	0.21	0.11	0.03	0.23	0.01
绥化市	Suihua	1.17	0.02	0.51	0.04	0.16	0.01
上海市	**Shanghai**	**29.46**	**29.45**	**15.20**	**15.10**	**17.22**	**17.14**
江苏省	**Jiangsu**	**29.37**	**20.03**	**8.22**	**5.99**	**12.32**	**7.85**
南京市	Nanjing	3.80	3.55	2.29	2.16	4.67	3.59
无锡市	Wuxi	2.43	1.75	0.70	0.60	0.88	0.70
徐州市	Xuzhou	2.26	1.44	0.44	0.28	0.38	0.16
常州市	Changzhou	2.00	1.76	0.46	0.36	0.81	0.39
苏州市	Suzhou	4.31	2.72	0.98	0.62	0.82	0.57
南通市	Nantong	3.32	2.17	0.54	0.32	0.87	0.57
连云港市	Lianyungang	1.64	1.06	0.46	0.31	0.48	0.41
淮安市	Huai'an	1.44	1.18	0.37	0.31	0.40	0.33
盐城市	Yancheng	2.56	1.40	0.34	0.11	1.18	0.21
扬州市	Yangzhou	1.43	0.89	0.41	0.28	0.51	0.38
镇江市	Zhenjiang	1.70	0.97	0.56	0.36	0.42	0.32
泰州市	Taizhou	1.69	0.63	0.55	0.26	0.88	0.22
宿迁市	Suqian	0.79	0.51	0.12	0.02	0.02	
浙江省	**Zhejiang**	**36.40**	**28.90**	**17.43**	**13.24**	**27.18**	**18.91**
杭州市	Hangzhou	8.95	8.24	7.77	7.10	9.70	8.93
宁波市	Ningbo	6.78	5.95	2.49	2.14	5.53	4.63

2-8 续表 2 continued 2

单位：万人 (10 000 persons)

城 市	City	(5)金融业 Financial Intermediation 全 市 Total City	市辖区 Districts under City	(6)房地产业 Real Estate 全 市 Total City	市辖区 Districts under City	(7)租赁和商业服务业 Leasing and Business Services 全 市 Total City	市辖区 Districts under City
温州市	Wenzhou	4.52	3.56	1.60	0.95	2.61	1.69
嘉兴市	Jiaxing	1.78	1.46	1.52	0.93	2.58	0.68
湖州市	Huzhou	1.51	1.25	0.66	0.43	0.70	0.45
绍兴市	Shaoxing	2.39	1.86	0.69	0.19	1.15	0.40
金华市	Jinhua	2.83	1.14	0.61	0.20	1.55	0.28
衢州市	Quzhou	1.36	0.94	0.16	0.09	0.25	0.16
舟山市	Zhoushan	0.73	0.67	0.73	0.65	0.88	0.81
台州市	Taizhou	4.36	3.16	1.10	0.54	1.68	0.65
丽水市	Lishui	1.18	0.67	0.10	0.03	0.56	0.23
安徽省	**Anhui**	**17.18**	**11.04**	**7.16**	**5.50**	**6.32**	**2.88**
合肥市	Hefei	3.41	2.90	2.49	2.07	1.46	1.40
芜湖市	Wuhu	1.21	0.96	0.45	0.29	0.13	0.06
蚌埠市	Bengbu	1.04	0.82	0.29	0.22	0.36	0.16
淮南市	Huainan	0.99	0.89	1.20	1.15	0.53	0.12
马鞍山市	Maanshan	0.95	0.75	0.11	0.06	0.06	0.04
淮北市	Huaibei	0.55	0.50	0.03	0.03	0.06	0.06
铜陵市	Tongling	0.37	0.34	0.11	0.11	0.08	0.08
安庆市	Anqing	1.10	0.36	0.39	0.25	0.18	0.08
黄山市	Huangshan	0.68	0.44	0.16	0.12	0.08	0.07
滁州市	Chuzhou	0.85	0.41	0.14	0.06	0.11	0.10
阜阳市	Fuyang	1.62	0.87	0.22	0.13	0.27	0.14
宿州市	Suzhou	0.98	0.08	0.24	0.02	0.04	
六安市	Lu'an	1.10	0.45	0.50	0.23	1.80	0.30
亳州市	Bozhou	1.00	0.55	0.28	0.10	0.08	0.02
池州市	Chizhou	0.57	0.39	0.12	0.09	0.08	0.07
宣城市	Xuancheng	0.76	0.33	0.43	0.57	1.00	0.18
福建省	**Fujian**	**14.75**	**9.97**	**10.19**	**7.62**	**6.02**	**4.11**
福州市	Fuzhou	3.29	2.71	2.90	2.23	1.70	1.36
厦门市	Xiamen	1.86	1.86	3.50	3.50	1.53	1.53
莆田市	Putian	1.00	0.92	0.37	0.32	0.12	0.12
三明市	Sanming	1.21	0.67	0.22	0.10	0.27	0.10
泉州市	Quanzhou	2.19	1.01	1.19	0.68	0.51	0.21
漳州市	Zhangzhou	1.34	0.77	0.86	0.40	0.20	0.06
南平市	Nanping	1.22	0.53	0.41	0.07	0.36	0.13
龙岩市	Longyan	1.52	0.98	0.38	0.18	1.17	0.57
宁德市	Ningde	1.12	0.52	0.36	0.14	0.16	0.03
江西省	**Jiangxi**	**11.07**	**6.76**	**4.00**	**2.09**	**2.96**	**1.87**
南昌市	Nanchang	2.44	2.44	1.19	0.86	1.23	1.13
景德镇市	Jingdezhen	0.47	0.45	0.18	0.18	0.10	0.05
萍乡市	Pingxiang	0.61	0.52	0.09	0.09	0.02	0.02
九江市	Jiujiang	1.07	0.44	0.68	0.16	0.56	0.33
新余市	Xinyu	0.37	0.32	0.03	0.01	0.02	0.02
鹰潭市	Yingtan	0.31	0.14	0.07	0.04	0.06	0.06
赣州市	Ganzhou	1.72	0.67	0.47	0.11	0.27	0.07
吉安市	Ji'an	0.84	0.19	0.20	0.08	0.27	0.03
宜春市	Yichun	1.25	0.77	0.33	0.12	0.11	0.03
抚州市	Fuzhou	0.74	0.24	0.38	0.26	0.05	
上饶市	Shangrao	1.25	0.58	0.38	0.18	0.27	0.13

2-8 续表 3 continued 3

单位：万人 (10 000 persons)

城市	City	(5)金融业 Financial Intermediation 全市 Total City	市辖区 Districts under City	(6)房地产业 Real Estate 全市 Total City	市辖区 Districts under City	(7)租赁和商业服务业 Leasing and Business Services 全市 Total City	市辖区 Districts under City
山东省	**Shandong**	**32.67**	**21.86**	**15.89**	**11.40**	**11.24**	**9.36**
济南市	Jinan	6.05	6.05	2.87	2.52	3.20	3.10
青岛市	Qingdao	3.38	2.55	2.65	2.09	1.37	1.21
淄博市	Zibo	1.91	1.59	1.04	0.86	0.52	0.48
枣庄市	Zaozhuang	0.69	0.59	0.48	0.30	0.22	0.13
东营市	Dongying	0.82	0.49	0.32	0.19	0.25	0.25
烟台市	Yantai	2.66	1.36	2.19	1.75	0.82	0.58
潍坊市	Weifang	1.67	0.63	1.04	0.48	0.14	0.07
济宁市	Jining	2.90	1.60	0.60	0.40	0.90	0.70
泰安市	Tai'an	1.28	0.65	0.83	0.49	1.12	1.07
威海市	Weihai	1.14	0.73	0.96	0.51	0.28	0.14
日照市	Rizhao	0.95	0.79	0.48	0.42	0.44	0.43
莱芜市	Laiwu	0.33	0.33	0.41	0.41	0.03	0.03
临沂市	Linyi	2.54	1.39	0.38	0.14	0.53	0.41
德州市	Dezhou	1.39	0.32	0.71	0.42	0.13	0.03
聊城市	Liaocheng	2.41	1.55	0.41	0.17	0.33	0.13
滨州市	Binzhou	1.04	0.56	0.22	0.09	0.63	0.31
菏泽市	Heze	1.51	0.68	0.30	0.16	0.33	0.29
河南省	**Henan**	**23.30**	**16.32**	**13.30**	**9.58**	**11.09**	**8.55**
郑州市	Zhengzhou	4.51	3.92	3.57	3.31	2.36	2.02
开封市	Kaifeng	0.69	0.57	1.69	0.90	0.50	0.36
洛阳市	Luoyang	2.19	1.62	0.57	0.46	1.01	0.74
平顶山市	Pingdingshan	1.52	1.03	0.44	0.40	0.63	0.54
安阳市	Anyang	1.09	0.68	0.43	0.27	0.58	0.39
鹤壁市	Hebi	0.33	0.20	0.22	0.21	0.12	0.08
新乡市	Xinxiang	1.08	0.57	0.49	0.27	0.37	0.22
焦作市	Jiaozuo	1.71	1.30	0.14	0.07	0.27	0.20
濮阳市	Puyang	0.61	0.34	0.24	0.22	1.89	1.85
许昌市	Xuchang	0.68	0.44	0.57	0.35	0.15	0.04
漯河市	Luohe	0.58	0.49	0.23	0.17	0.48	0.45
三门峡市	Sanmenxia	1.03	0.67	0.14	0.04	0.29	0.12
南阳市	Nanyang	1.92	1.37	0.71	0.37	1.38	1.05
商丘市	Shangqiu	1.09	0.53	0.26	0.15	0.08	0.07
信阳市	Xinyang	1.22	0.53	0.80	0.16	0.54	0.20
周口市	Zhoukou	1.91	1.44	1.23	1.20	0.07	0.01
驻马店市	Zhumadian	1.14	0.62	1.57	1.03	0.37	0.21
湖北省	**Hubei**	**15.68**	**11.43**	**13.21**	**6.58**	**7.89**	**4.48**
武汉市	Wuhan	5.72	5.71	2.97	2.46	2.26	2.09
黄石市	Huangshi	0.71	0.53	0.24	0.21	0.11	0.08
十堰市	Shiyan	1.21	0.80	0.96	0.42	0.51	0.36
宜昌市	Yichang	1.10	0.70	3.26	1.72	3.30	1.44
襄阳市	Xiangyang	1.33	0.81	1.50	0.38	0.23	0.06

2-8 续表 4 continued 4

单位：万人 (10 000 persons)

城市	City	(5)金融业 Financial Intermediation 全市 Total City	市辖区 Districts under City	(6)房地产业 Real Estate 全市 Total City	市辖区 Districts under City	(7)租赁和商业服务业 Leasing and Business Services 全市 Total City	市辖区 Districts under City
鄂州市	Ezhou	0.30	0.30	0.59	0.59	0.19	0.19
荆门市	Jingmen	0.83	0.51	0.36	0.10	0.27	0.11
孝感市	Xiaogan	1.08	0.58	2.14	0.21	0.66	0.07
荆州市	Jingzhou	1.21	0.57	0.37	0.22	0.09	0.02
黄冈市	Huanggang	1.23	0.40	0.48	0.05	0.09	0.01
咸宁市	Xianning	0.61	0.27	0.25	0.16	0.17	0.04
随州市	Suizhou	0.35	0.25	0.09	0.06	0.01	0.01
湖南省	**Hunan**	**20.01**	**16.17**	**9.84**	**7.12**	**8.55**	**6.36**
长沙市	Changsha	5.23	4.89	4.39	3.71	2.93	2.62
株洲市	Zhuzhou	1.36	1.18	1.00	0.85	0.98	0.64
湘潭市	Xiangtan	1.23	1.08	0.39	0.29	0.21	0.19
衡阳市	Hengyang	2.14	1.81	0.73	0.45	0.52	0.41
邵阳市	Shaoyang	1.60	0.58	0.52	0.22	0.22	0.06
岳阳市	Yueyang	1.49	1.67	0.50	0.32	0.37	0.12
常德市	Changde	1.05	0.82	0.50	0.29	1.12	0.98
张家界市	Zhangjiajie	0.32	0.23	0.08	0.05	0.14	0.13
益阳市	Yiyang	1.54	1.34	0.31	0.21	0.91	0.84
郴州市	Chenzhou	0.99	0.77	0.58	0.32	0.42	0.08
永州市	Yongzhou	1.29	0.66	0.25	0.14	0.21	0.08
怀化市	Huaihua	0.99	0.69	0.37	0.15	0.30	0.07
娄底市	Loudi	0.78	0.45	0.22	0.12	0.22	0.14
广东省	**Guangdong**	**47.61**	**42.15**	**34.84**	**32.13**	**37.01**	**34.48**
广州市	Guangzhou	9.96	9.73	12.95	12.32	13.08	12.72
韶关市	Shaoguan	0.95	0.58	0.39	0.24	0.37	0.27
深圳市	Shenzhen	12.73	12.73	13.56	13.56	16.90	16.90
珠海市	Zhuhai	1.53	1.53	1.75	1.75	1.05	1.05
汕头市	Shantou	1.59	1.57	0.56	0.54	0.30	0.29
佛山市	Foshan	2.94	2.94	0.72	0.72	0.60	0.60
江门市	Jiangmen	2.21	1.73	0.43	0.22	0.20	0.09
湛江市	Zhanjiang	1.45	0.95	0.40	0.24	0.83	0.49
茂名市	Maoming	1.17	0.52	0.53	0.32	0.33	0.10
肇庆市	Zhaoqing	0.97	0.46	0.36	0.19	0.40	0.22
惠州市	Huizhou	2.53	2.13	1.11	0.84	0.75	0.54
梅州市	Meizhou	1.24	0.73	0.29	0.07	0.22	0.07
汕尾市	Shanwei	0.33	0.13	0.06	0.01	0.19	0.09
河源市	Heyuan	0.52	0.31	0.27	0.15	0.24	0.11
阳江市	Yangjiang	0.53	0.29	0.26	0.14	0.22	0.03
清远市	Qingyuan	1.05	0.73	0.18	0.08	0.08	0.03
东莞市	Dongguan	2.83	2.83	0.05	0.05	0.26	0.26
中山市	Zhongshan	1.44	1.44	0.50	0.50	0.54	0.54
潮州市	Chaozhou	0.51	0.33	0.13	0.07	0.10	0.04
揭阳市	Yeyang	0.67	0.32	0.23	0.06	0.27	0.03
云浮市	Yunfu	0.46	0.17	0.11	0.06	0.08	0.01

2-8 续表 5 continued 5

单位：万人 (10 000 persons)

城市	City	(5)金融业 Financial Intermediation 全市 Total City	市辖区 Districts under City	(6)房地产业 Real Estate 全市 Total City	市辖区 Districts under City	(7)租赁和商业服务业 Leasing and Business Services 全市 Total City	市辖区 Districts under City
广西壮族自治区	**Guangxi**	**11.65**	**8.50**	**5.40**	**4.06**	**8.79**	**6.94**
南宁市	Nanning	3.45	3.05	1.77	1.56	3.19	3.09
柳州市	Liuzhou	1.54	1.40	1.25	1.09	2.27	2.08
桂林市	Guilin	1.30	0.91	0.63	0.32	1.05	0.76
梧州市	Wuzhou	0.58	0.32	0.22	0.18	0.15	0.07
北海市	Beihai	0.58	0.48	0.34	0.24	0.12	0.08
防城港市	Fangchenggang	0.18	0.18	0.26	0.16	0.10	0.08
钦州市	Qinzhou	0.35	0.15	0.10	0.05	0.21	0.09
贵港市	Guigang	0.58	0.38	0.04	0.02	0.09	0.01
玉林市	Yulin	0.93	0.48	0.31	0.23	0.45	0.22
百色市	Baise	0.47	0.25	0.11	0.05	0.15	0.02
贺州市	Hezhou	0.40	0.24	0.08	0.06	0.16	0.05
河池市	Hechi	0.57	0.19	0.09	0.03	0.33	0.13
来宾市	Laibin	0.34	0.18	0.08	0.05	0.30	0.16
崇左市	Chongzuo	0.38	0.29	0.12	0.02	0.22	0.10
海南省	**Hainan**	**1.62**	**1.62**	**3.01**	**3.01**	**1.46**	**1.46**
海口市	Haikou	1.43	1.43	2.46	2.46	1.38	1.38
三亚市	Sanya	0.19	0.19	0.55	0.55	0.08	0.08
三沙市	sansha						
重庆市	**Chongqing**	**14.09**		**19.63**		**19.97**	
四川省	**Sichuan**	**21.72**	**14.96**	**6.39**	**3.84**	**4.20**	**3.09**
成都市	Chengdu	6.85	5.33	3.06	2.06	1.79	1.72
自贡市	Zigong	1.04	0.87	0.34	0.30	0.04	0.03
攀枝花市	Panzhihua	0.63	0.59	0.06	0.06	0.08	0.08
泸州市	Luzhou	0.84	0.59	0.28	0.24	0.14	0.05
德阳市	Deyang	1.17	0.73	0.07	0.04	0.10	0.08
绵阳市	Mianyang	1.71	1.04	0.50	0.33	0.20	0.03
广元市	Guangyuan	0.69	0.45	0.06	0.04	0.16	0.09
遂宁市	Suining	0.56	0.35	0.21	0.18	0.19	0.15
内江市	Neijiang	0.74	0.42	0.10	0.02	0.03	0.03
乐山市	Leshan	0.76	0.48	0.21	0.16	0.38	0.13
南充市	Nanchong	1.58	1.07	0.38	0.06	0.36	0.23
眉山市	Meishan	0.34	0.16	0.14	0.03	0.02	
宜宾市	Yibin	1.21	0.86	0.29	0.08	0.16	0.07
广安市	Guang'an	0.65	0.32	0.06	0.02	0.08	0.07
达州市	Dazhou	1.14	0.40	0.19	0.04	0.26	0.19
雅安市	Yaan	0.46	0.32	0.03	0.03	0.07	0.07
巴中市	Bazhong	0.47	0.33	0.24	0.13	0.11	0.05
资阳市	Ziyang	0.88	0.65	0.17	0.02	0.03	0.02
贵州省	**Guizhou**	**5.61**	**4.49**	**4.55**	**3.61**	**2.50**	**2.04**
贵阳市	Guiyang	2.12	2.01	3.26	3.13	1.65	1.64
六盘水市	Liupanshui	0.52	0.40	0.19	0.10	0.13	0.09
遵义市	Zunyi	1.05	0.72	0.44	0.17	0.32	0.19
安顺市	Anshun	0.56	0.44	0.26	0.16	0.15	0.09
毕节市	Bijie	0.72	0.45	0.27	0.01	0.22	0.01
铜仁市	Tongren	0.64	0.47	0.13	0.04	0.03	0.02

2-8 续表 6 continued 6

单位：万人 (10 000 persons)

城市	City	(5)金融业 Financial Intermediation 全市 Total City	市辖区 Districts under City	(6)房地产业 Real Estate 全市 Total City	市辖区 Districts under City	(7)租赁和商业服务业 Leasing and Business Services 全市 Total City	市辖区 Districts under City
云南省	**Yunnan**	**6.51**	**2.09**	**5.33**	**3.40**	**4.63**	**2.70**
昆明市	Kunming	3.22	0.52	3.18	2.45	3.88	2.25
曲靖市	Qujing	0.83	0.34	0.51	0.27	0.12	0.02
玉溪市	Yuxi	0.75	0.42	0.42	0.20	0.20	0.19
保山市	Baoshan	0.38	0.23	0.47	0.26	0.18	0.07
昭通市	Zhaotong	0.44	0.18	0.20	0.10	0.02	0.01
丽江市	Lijiang	0.25	0.13	0.11	0.03	0.14	0.12
普洱市	Simao	0.37	0.15	0.08	0.04	0.07	0.04
临沧市	Lincang	0.27	0.12	0.36	0.05	0.02	
西藏自治区	**Tibet**	**0.82**		**0.06**		**1.23**	
拉萨市	Lasa	0.82		0.06		1.23	
陕西省	**Shaanxi**	**14.58**	**11.63**	**6.57**	**5.72**	**4.46**	**3.42**
西安市	Xi'an	5.03	4.90	4.63	4.54	2.61	2.53
铜川市	Tongchuan	0.41	0.40	0.13	0.12	0.02	0.02
宝鸡市	Baoji	0.98	0.61	0.12	0.10	0.13	0.08
咸阳市	Xianyang	1.50	1.22	0.29	0.19	0.39	0.26
渭南市	Weinan	2.15	1.96	0.35	0.15	0.44	0.09
延安市	Yan'an	0.85	0.53	0.10	0.07	0.11	0.06
汉中市	Hanzhong	1.28	0.62	0.36	0.18	0.26	0.07
榆林市	Yulin	0.83	0.49	0.11	0.07	0.37	0.25
安康市	Ankang	0.73	0.48	0.23	0.13	0.07	0.03
商洛市	Shangluo	0.82	0.42	0.25	0.17	0.06	0.03
甘肃省	**Gansu**	**6.87**	**4.96**	**1.49**	**1.31**	**1.91**	**1.33**
兰州市	Lanzhou	2.22	2.02	0.70	0.67	1.09	1.07
嘉峪关市	Jiayuguan	0.12	0.12	0.01	0.01	0.04	0.04
金昌市	Jinchang	0.17	0.16	0.01	0.01	0.04	0.01
白银市	Baiyin	0.60	0.54	0.03	0.02	0.06	0.05
天水市	Tianshui	0.44	0.26	0.19	0.17	0.05	0.03
武威市	Wuwei	0.55	0.28	0.23	0.23	0.28	0.01
张掖市	Zhangye	0.56	0.45	0.06	0.05	0.07	0.03
平凉市	Pingliang	0.43	0.20	0.10	0.08	0.02	0.01
酒泉市	Jiuquan	0.58	0.37	0.07	0.03	0.19	0.06
庆阳市	Qingyang	0.50	0.18	0.06	0.03	0.02	0.01
定西市	Dingxi	0.35	0.22	0.02	0.01	0.02	0.01
陇南市	Longnan	0.35	0.16	0.01		0.03	
青海省	**Qinghai**	**1.43**	**1.16**	**0.65**	**0.52**	**0.29**	**0.24**
西宁市	Xining	1.43	1.16	0.65	0.52	0.29	0.24
宁夏回族自治区	**Ningxia**	**2.77**	**2.17**	**0.95**	**0.86**	**1.75**	**1.45**
银川市	Yinchuan	1.93	1.67	0.78	0.71	1.19	1.17
石嘴山市	Shizuishan	0.28	0.19	0.10	0.09	0.35	0.12
吴忠市	Wuzhong	0.23	0.12	0.02	0.01	0.11	0.08
固原市	Guyuan	0.12	0.08	0.01	0.01	0.03	0.01
中卫市	Zhongwei	0.21	0.11	0.04	0.04	0.07	0.07
新疆维吾尔自治区	**Xinjiang**	**2.71**	**2.69**	**1.68**	**1.68**	**2.58**	**2.57**
乌鲁木齐市	Urumqi	2.41	2.39	1.27	1.27	1.97	1.96
克拉玛依市	Karamay	0.30	0.30	0.41	0.41	0.61	0.61

2-9 按行业分组的单位从业人员(五)

Persons Employed in Various Units by Sector in Detail (V)

单位：万人 (10 000 persons)

城市	City	(8)科学研究、技术服务和地质勘查业 Scientific Research, Technical Service and Geologic Prospecting		(9)水利、环境和公共设施管理业 Management of Water Conservancy, Environment		(10)居民服务、修理和其他服务业 Services to Households and Other Services	
		全市 Total City	市辖区 Districts under City	全市 Total City	市辖区 Districts under City	全市 Total City	市辖区 Districts under City
城市合计	**Prefecture Cities**	**320.78**	**261.67**	**230.96**	**136.27**	**158.90**	**52.99**
北京市	**Beijing**	**54.05**	**53.78**	**9.39**	**8.77**	**8.64**	**8.52**
天津市	**Tianjin**	**8.27**	**8.09**	**3.68**	**3.33**	**10.88**	**10.83**
河北省	**Hebei**	**12.54**	**7.42**	**11.23**	**5.54**	**2.15**	**0.73**
石家庄市	Shijiazhuang	2.97	2.72	1.76	1.00	0.29	0.19
唐山市	Tangshan	0.55	0.44	2.02	1.08	0.14	0.10
秦皇岛市	Qinhuangdao	0.51	0.38	0.60	0.47	0.04	0.01
邯郸市	Handan	1.02	0.75	1.58	0.72	0.12	0.08
邢台市	Xingtai	0.47	0.40	0.64	0.26	0.05	0.04
保定市	Baoding	3.50	0.29	0.84	0.25	0.07	0.04
张家口市	Zhangjiakou	0.55	0.39	1.06	0.41	0.11	0.09
承德市	Chengde	0.37	0.23	0.76	0.39	0.12	0.10
沧州市	Cangzhou	0.59	0.36	0.92	0.30	1.12	0.03
廊坊市	Langfang	1.77	1.29	0.66	0.43	0.06	0.04
衡水市	Hengshui	0.24	0.17	0.39	0.23	0.03	0.01
山西省	**Shanxi**	**5.88**	**4.76**	**7.58**	**4.28**	**0.66**	**0.52**
太原市	Taiyuan	3.03	2.97	1.75	1.46	0.32	0.28
大同市	Datong	0.62	0.48	0.78	0.61	0.08	0.08
阳泉市	Yangquan	0.18	0.11	0.30	0.24	0.02	0.02
长治市	Changzhi	0.34	0.24	0.80	0.45	0.03	0.02
晋城市	Jincheng	0.18	0.13	0.53	0.35	0.03	0.02
朔州市	Shuozhou	0.11	0.08	0.34	0.15	0.06	0.06
晋中市	Jinzhong	0.41	0.27	0.73	0.32	0.01	0.01
运城市	Yuncheng	0.30	0.14	0.57	0.18	0.01	
忻州市	Xinzhou	0.24	0.16	0.49	0.20	0.05	0.01
临汾市	Linfen	0.34	0.15	0.86	0.26	0.03	0.02
吕梁市	Lvliang	0.13	0.03	0.43	0.06	0.02	
内蒙古自治区	**Inner Mongolia**	**4.21**	**3.16**	**7.06**	**4.43**	**0.65**	**0.24**
呼和浩特市	Hohhot	1.48	1.34	1.61	1.25	0.25	0.07
包头市	Baotou	0.48	0.44	0.90	0.76	0.10	0.03
乌海市	Wuhai	0.11	0.11	0.35	0.35	0.01	0.01
赤峰市	Chifeng	0.48	0.39	0.58	0.31	0.07	0.04
通辽市	Tongliao	0.37	0.21	0.72	0.27	0.03	0.02
鄂尔多斯市	Erdos	0.19	0.13	1.20	0.84	0.02	0.02
呼伦贝尔市	Hulunbuir	0.44	0.17	0.52	0.06	0.13	0.03
巴彦淖尔市	Bayannur	0.30	0.11	0.50	0.27	0.01	0.01
乌兰察布市	Ulanqab	0.36	0.26	0.68	0.32	0.03	0.01
辽宁省	**Liaoning**	**15.81**	**12.79**	**15.56**	**11.61**	**2.68**	**2.26**
沈阳市	Shenyang	5.95	5.83	4.06	3.67	0.98	0.92
大连市	Dalian	2.19	2.02	1.55	1.41	0.38	0.35
鞍山市	Anshan	2.00	1.33	1.66	1.21	0.33	0.29
抚顺市	Fushun	0.56	0.50	0.90	0.78	0.11	0.10
本溪市	Benxi	0.34	0.26	0.77	0.56	0.05	0.04
丹东市	Dandong	1.17	0.54	1.17	0.77	0.10	0.07
锦州市	Jinzhou	0.84	0.61	0.56	0.27	0.15	0.07
营口市	Yingkou	0.29	0.22	0.75	0.48	0.03	0.01

2-9 续表 1 continued 1

单位：万人 (10 000 persons)

城市	City	(8)科学研究、技术服务和地质勘查业 Scientific Research, Technical Service and Geologic Prospecting		(9)水利、环境和公共设施管理业 Management of Water Conservancy, Environment		(10)居民服务、修理和其他服务业 Services to Households and Other Services	
		全市 Total City	市辖区 Districts under City	全市 Total City	市辖区 Districts under City	全市 Total City	市辖区 Districts under City
阜新市	Fuxin	0.29	0.25	0.55	0.34	0.03	0.01
辽阳市	Liaoyang	0.34	0.27	0.82	0.63	0.03	0.02
盘锦市	Panjin	0.49	0.37	0.93	0.71	0.06	0.05
铁岭市	Tieling	0.51	0.17	0.68	0.31	0.06	0.02
朝阳市	Chaoyang	0.42	0.21	0.56	0.23	0.34	0.30
葫芦岛市	Huludao	0.42	0.21	0.60	0.24	0.03	0.01
吉林省	**Jilin**	**7.13**	**5.61**	**7.41**	**4.36**	**0.82**	**0.65**
长春市	Changchun	4.73	4.35	2.93	2.20	0.44	0.43
吉林市	Jilin	0.53	0.37	1.04	0.61	0.04	0.03
四平市	Siping	0.54	0.24	0.77	0.38	0.03	
辽源市	Liaoyuan	0.15	0.11	0.24	0.13	0.01	
通化市	Tonghua	0.35	0.15	0.43	0.17	0.06	0.02
白山市	Baishan	0.19	0.12	0.21	0.15	0.01	0.01
松原市	Songyuan	0.37	0.10	0.43	0.09	0.03	
白城市	Baicheng	0.27	0.17	1.36	0.63	0.20	0.16
黑龙江省	**Heilongjiang**	**11.73**	**10.29**	**9.35**	**5.35**	**5.05**	**3.61**
哈尔滨市	Harbin	4.53	4.26	3.38	2.61	0.50	0.46
齐齐哈尔市	Qiqihar	0.62	0.39	1.18	0.70	0.08	0.05
鸡西市	Jixi	0.12	0.09	0.64	0.34	0.24	0.02
鹤岗市	Hegang	0.07	0.03	0.55	0.39	0.32	0.01
双鸭山市	Shuangyashan	0.13	0.08	0.41	0.17	0.03	0.01
大庆市	Daqing	4.82	4.75	0.44	0.34	2.80	2.78
伊春市	Yichun	0.16	0.15	0.21	0.15	0.01	0.01
佳木斯市	Jiamusi	0.30	0.17	0.56	0.24	0.40	0.20
七台河市	Qitaihe	0.13	0.11	0.20	0.13	0.02	0.01
牡丹江市	Mudanjiang	0.29	0.17	0.40	0.18	0.07	0.01
黑河市	Heihe	0.20	0.08	0.61	0.05	0.50	0.04
绥化市	Suihua	0.36	0.01	0.77	0.05	0.08	0.01
上海市	**Shanghai**	**12.23**	**12.18**	**6.17**	**6.01**	**3.30**	**3.29**
江苏省	**Jiangsu**	**12.78**	**10.28**	**13.27**	**7.84**	**1.27**	**0.83**
南京市	Nanjing	5.29	5.24	2.04	1.94	0.41	0.40
无锡市	Wuxi	1.18	0.94	0.78	0.46	0.16	0.12
徐州市	Xuzhou	1.01	0.80	1.50	0.69	0.07	0.02
常州市	Changzhou	0.68	0.61	0.88	0.59	0.10	0.03
苏州市	Suzhou	0.85	0.44	1.25	0.72	0.09	0.03
南通市	Nantong	0.50	0.29	0.81	0.38	0.07	0.02
连云港市	Lianyungang	0.57	0.36	0.90	0.51	0.07	0.03
淮安市	Huai'an	0.25	0.13	1.30	1.14	0.02	
盐城市	Yancheng	0.47	0.16	0.93	0.24	0.08	0.05
扬州市	Yangzhou	0.56	0.45	0.74	0.47	0.09	0.07
镇江市	Zhenjiang	0.82	0.63	0.77	0.33	0.06	0.04
泰州市	Taizhou	0.51	0.21	0.69	0.10	0.04	0.02
宿迁市	Suqian	0.09	0.02	0.68	0.27	0.01	
浙江省	**Zhejiang**	**17.47**	**14.31**	**12.90**	**6.66**	**2.00**	**1.57**
杭州市	Hangzhou	10.30	9.78	4.90	3.95	0.91	0.87
宁波市	Ningbo	1.88	1.47	1.63	0.93	0.49	0.43

2-9 续表 2 continued 2

单位：万人 (10 000 persons)

城市	City	(8)科学研究、技术服务和地质勘查业 Scientific Research, Technical Service and Geologic Prospecting		(9)水利、环境和公共设施管理业 Management of Water Conservancy, Environment		(10)居民服务、修理和其他服务业 Services to Households and Other Services	
		全市 Total City	市辖区 Districts under City	全市 Total City	市辖区 Districts under City	全市 Total City	市辖区 Districts under City
温州市	Wenzhou	1.03	0.74	0.54	0.11	0.14	0.07
嘉兴市	Jiaxing	0.95	0.56	0.92	0.14	0.10	0.04
湖州市	Huzhou	0.40	0.29	0.58	0.29	0.05	0.01
绍兴市	Shaoxing	0.63	0.31	0.97	0.17	0.05	0.01
金华市	Jinhua	0.43	0.15	1.42	0.19	0.05	0.01
衢州市	Quzhou	0.26	0.15	0.20	0.09	0.02	0.01
舟山市	Zhoushan	0.34	0.30	0.49	0.37	0.05	0.05
台州市	Taizhou	0.96	0.40	0.89	0.34	0.11	0.05
丽水市	Lishui	0.30	0.16	0.36	0.07	0.03	0.01
安徽省	**Anhui**	**8.57**	**6.43**	**8.57**	**4.47**	**11.34**	**1.16**
合肥市	Hefei	3.59	3.45	1.46	1.14	0.22	0.18
芜湖市	Wuhu	0.68	0.61	0.53	0.32	0.02	0.01
蚌埠市	Bengbu	0.50	0.45	0.62	0.46	0.03	0.02
淮南市	Huainan	0.38	0.36	0.73	0.63	0.05	0.05
马鞍山市	Maanshan	0.46	0.40	0.34	0.16	0.01	
淮北市	Huaibei	0.12	0.08	0.12	0.08	0.02	0.02
铜陵市	Tongling	0.15	0.13	0.21	0.19		
安庆市	Anqing	0.43	0.20	0.52	0.16	0.03	0.02
黄山市	Huangshan	0.17	0.14	0.31	0.25	0.01	0.01
滁州市	Chuzhou	0.31	0.11	0.67	0.20	0.02	
阜阳市	Fuyang	0.24	0.13	0.50	0.27	0.02	
宿州市	Suzhou	0.39	0.02	0.44	0.02	0.03	
六安市	Lu'an	0.70	0.06	1.30	0.26	8.50	0.68
亳州市	Bozhou	0.20	0.10	0.49	0.17	0.04	0.02
池州市	Chizhou	0.13	0.08	0.20	0.08		
宣城市	Xuancheng	0.12	0.11	0.13	0.08	2.34	0.15
福建省	**Fujian**	**6.54**	**5.34**	**4.99**	**2.75**	**1.37**	**1.12**
福州市	Fuzhou	3.62	3.52	1.46	1.16	0.18	0.15
厦门市	Xiamen	0.84	0.84	0.96	0.96	0.78	0.78
莆田市	Putian	0.16	0.13	0.17	0.15	0.02	0.01
三明市	Sanming	0.25	0.10	0.43	0.09	0.03	
泉州市	Quanzhou	0.28	0.20	0.29	0.10	0.16	0.10
漳州市	Zhangzhou	0.43	0.16	0.47	0.08	0.07	0.04
南平市	Nanping	0.40	0.04	0.60	0.07	0.04	0.01
龙岩市	Longyan	0.35	0.27	0.28	0.05	0.04	0.02
宁德市	Ningde	0.21	0.08	0.33	0.09	0.05	0.01
江西省	**Jiangxi**	**4.61**	**3.49**	**6.06**	**3.01**	**0.43**	**0.12**
南昌市	Nanchang	1.52	1.37	1.47	1.25	0.02	0.02
景德镇市	Jingdezhen	0.33	0.33	0.22	0.22	0.01	0.01
萍乡市	Pingxiang	0.18	0.16	0.35	0.31	0.01	0.01
九江市	Jiujiang	0.76	0.58	0.59	0.25	0.11	0.01
新余市	Xinyu	0.10	0.02	0.24	0.18		
鹰潭市	Yingtan	0.34	0.29	0.33	0.06	0.02	0.02
赣州市	Ganzhou	0.51	0.40	0.91	0.34	0.03	0.01
吉安市	Ji'an	0.35	0.15	0.62	0.08	0.01	
宜春市	Yichun	0.17	0.10	0.55	0.17	0.02	0.01
抚州市	Fuzhou	0.25	0.07	0.39	0.07	0.05	0.01
上饶市	Shangrao	0.10	0.02	0.39	0.08	0.15	0.02

2-9 续表 3 continued 3

单位：万人 (10 000 persons)

城　市	City	(8)科学研究、技术服务和地质勘查业 Scientific Research, Technical Service and Geologic Prospecting		(9)水利、环境和公共设施管理业 Management of Water Conservancy, Environment		(10)居民服务、修理和其他服务业 Services to Households and Other Services	
		全　市 Total City	市辖区 Districts under City	全　市 Total City	市辖区 Districts under City	全　市 Total City	市辖区 Districts under City
山东省	**Shandong**	**12.16**	**9.18**	**12.53**	**6.67**	**3.92**	**3.36**
济南市	Jinan	2.83	2.72	1.22	0.97	1.00	0.97
青岛市	Qingdao	1.80	1.65	1.21	1.01	0.32	0.25
淄博市	Zibo	0.35	0.29	1.09	0.88	0.06	0.05
枣庄市	Zaozhuang	0.29	0.22	0.64	0.47	0.03	0.03
东营市	Dongying	1.65	1.61	0.35	0.27	1.57	1.56
烟台市	Yantai	1.06	0.67	1.19	0.71	0.15	0.09
潍坊市	Weifang	0.67	0.20	0.99	0.15	0.08	0.05
济宁市	Jining	0.40	0.20	1.10	0.20	0.10	0.04
泰安市	Tai'an	0.64	0.54	0.44	0.16	0.20	0.11
威海市	Weihai	0.64	0.10	0.63	0.24	0.12	0.07
日照市	Rizhao	0.15	0.09	0.15	0.08	0.03	
莱芜市	Laiwu	0.04	0.04	0.10	0.10	0.01	0.01
临沂市	Linyi	0.49	0.17	0.79	0.14	0.02	
德州市	Dezhou	0.23	0.07	0.74	0.49	0.06	0.03
聊城市	Liaocheng	0.21	0.15	0.57	0.29	0.06	0.03
滨州市	Binzhou	0.41	0.33	0.23	0.07	0.06	0.04
菏泽市	Heze	0.30	0.13	1.09	0.44	0.05	0.03
河南省	**Henan**	**12.92**	**9.09**	**13.17**	**6.51**	**1.74**	**1.07**
郑州市	Zhengzhou	4.00	3.75	2.20	1.30	0.44	0.40
开封市	Kaifeng	0.44	0.14	0.99	0.65	0.30	0.15
洛阳市	Luoyang	2.35	2.12	0.76	0.23	0.02	0.01
平顶山市	Pingdingshan	0.37	0.25	0.83	0.47	0.05	0.04
安阳市	Anyang	0.27	0.20	0.66	0.49	0.12	0.06
鹤壁市	Hebi	0.11	0.05	0.38	0.31	0.01	0.01
新乡市	Xinxiang	0.75	0.45	0.52	0.13	0.08	0.04
焦作市	Jiaozuo	0.22	0.16	0.61	0.26	0.06	0.03
濮阳市	Puyang	0.12	0.10	0.29	0.11	0.04	0.03
许昌市	Xuchang	0.34	0.18	0.61	0.14	0.03	0.01
漯河市	Luohe	0.09	0.07	0.37	0.34	0.01	0.01
三门峡市	Sanmenxia	0.19	0.13	0.25	0.13	0.03	0.02
南阳市	Nanyang	1.42	0.69	1.50	0.72	0.22	0.12
商丘市	Shangqiu	0.33	0.12	1.01	0.51	0.07	0.01
信阳市	Xinyang	1.09	0.42	0.84	0.22	0.06	0.01
周口市	Zhoukou	0.23	0.10	0.62	0.20	0.03	0.03
驻马店市	Zhumadian	0.60	0.16	0.73	0.30	0.17	0.09
湖北省	**Hubei**	**13.34**	**9.91**	**9.15**	**4.98**	**3.68**	**1.74**
武汉市	Wuhan	5.93	5.81	2.30	1.92	0.42	0.34
黄石市	Huangshi	0.38	0.29	0.19	0.12	0.10	0.10
十堰市	Shiyan	0.37	0.18	0.45	0.25	0.57	0.50
宜昌市	Yichang	3.06	1.75	1.69	1.03	0.73	0.22
襄阳市	Xiangyang	1.47	0.98	1.14	0.47	0.86	0.02

2-9 续表 4 continued 4

单位：万人 (10 000 persons)

城 市	City	(8)科学研究、技术服务和地质勘查业 Scientific Research, Technical Service and Geologic Prospecting		(9)水利、环境和公共设施管理业 Management of Water Conservancy, Environment		(10)居民服务、修理和其他服务业 Services to Households and Other Services	
		全 市 Total City	市辖区 Districts under City	全 市 Total City	市辖区 Districts under City	全 市 Total City	市辖区 Districts under City
鄂州市	Ezhou	0.14	0.14	0.24	0.24	0.18	0.18
荆门市	Jingmen	0.37	0.30	0.41	0.12	0.05	0.05
孝感市	Xiaogan	0.64	0.16	0.65	0.20	0.56	0.01
荆州市	Jingzhou	0.36	0.10	0.74	0.24	0.07	0.01
黄冈市	Huanggang	0.33	0.10	0.66	0.08	0.12	0.30
咸宁市	Xianning	0.16	0.05	0.22	0.04	0.01	0.01
随州市	Suizhou	0.13	0.05	0.46	0.27	0.01	
湖南省	**Hunan**	**8.99**	**6.93**	**9.23**	**4.45**	**1.54**	**1.21**
长沙市	Changsha	4.59	4.32	1.59	1.26	0.73	0.55
株洲市	Zhuzhou	0.39	0.27	0.57	0.26	0.05	0.04
湘潭市	Xiangtan	0.28	0.25	0.22	0.14	0.04	0.03
衡阳市	Hengyang	0.68	0.26	0.80	0.31	0.08	0.07
邵阳市	Shaoyang	0.37	0.18	0.51	0.07	0.01	0.01
岳阳市	Yueyang	0.49	0.31	0.84	0.38	0.22	0.28
常德市	Changde	0.49	0.25	0.87	0.41	0.10	0.02
张家界市	Zhangjiajie	0.12	0.07	0.39	0.34	0.01	0.01
益阳市	Yiyang	0.25	0.20	0.60	0.24	0.07	0.06
郴州市	Chenzhou	0.37	0.28	0.72	0.26	0.04	0.01
永州市	Yongzhou	0.32	0.15	0.76	0.34	0.05	
怀化市	Huaihua	0.42	0.25	0.74	0.23	0.11	0.10
娄底市	Loudi	0.22	0.14	0.62	0.21	0.03	0.03
广东省	**Guangdong**	**21.24**	**19.64**	**14.31**	**9.93**	**5.85**	**5.50**
广州市	Guangzhou	9.35	9.15	3.71	3.54	2.33	2.29
韶关市	Shaoguan	0.37	0.30	0.59	0.33	0.07	0.04
深圳市	Shenzhen	6.08	6.08	1.41	1.41	2.45	2.45
珠海市	Zhuhai	0.62	0.62	0.66	0.66	0.13	0.13
汕头市	Shantou	0.34	0.33	0.64	0.61	0.07	0.06
佛山市	Foshan	0.83	0.83	0.96	0.96	0.10	0.10
江门市	Jiangmen	0.26	0.14	0.57	0.16	0.14	0.07
湛江市	Zhanjiang	0.46	0.33	0.89	0.37	0.06	0.03
茂名市	Maoming	0.33	0.21	0.66	0.25	0.02	0.02
肇庆市	Zhaoqing	0.26	0.14	0.54	0.27	0.06	0.04
惠州市	Huizhou	0.52	0.35	0.77	0.47	0.08	0.06
梅州市	Meizhou	0.42	0.19	0.62	0.07	0.03	0.01
汕尾市	Shanwei	0.06	0.03	0.19	0.07	0.01	
河源市	Heyuan	0.17	0.12	0.19	0.02	0.04	0.02
阳江市	Yangjiang	0.14	0.03	0.41	0.20	0.02	
清远市	Qingyuan	0.20	0.14	0.33	0.06	0.11	0.09
东莞市	Dongguan	0.20	0.20	0.07	0.07	0.02	0.02
中山市	Zhongshan	0.22	0.22	0.16	0.16	0.03	0.03
潮州市	Chaozhou	0.17	0.11	0.30	0.19	0.03	0.02
揭阳市	Yeyang	0.16	0.10	0.46	0.04	0.03	0.01
云浮市	Yunfu	0.08	0.02	0.18	0.02	0.02	0.01

2-9 续表 5 continued 5

单位：万人 (10 000 persons)

城 市	City	(8)科学研究、技术服务和地质勘查业 Scientific Research, Technical Service and Geologic Prospecting		(9)水利、环境和公共设施管理业 Management of Water Conservancy, Environment		(10)居民服务、修理和其他服务业 Services to Households and Other Services	
		全 市 Total City	市辖区 Districts under City	全 市 Total City	市辖区 Districts under City	全 市 Total City	市辖区 Districts under City
广西壮族自治区	**Guangxi**	**9.23**	**6.61**	**8.84**	**5.47**	**0.74**	**0.60**
南宁市	Nanning	2.99	2.76	1.64	1.30	0.13	0.11
柳州市	Liuzhou	2.05	1.77	1.73	1.46	0.29	0.29
桂林市	Guilin	0.78	0.50	1.32	0.71	0.10	0.08
梧州市	Wuzhou	0.20	0.14	0.39	0.26		
北海市	Beihai	0.28	0.19	0.38	0.26	0.08	0.03
防城港市	Fangchenggang	0.13	0.10	0.28	0.17		
钦州市	Qinzhou	0.27	0.14	0.30	0.22	0.03	0.03
贵港市	Guigang	0.24	0.17	0.39	0.17	0.02	0.01
玉林市	Yulin	0.53	0.22	0.66	0.24	0.04	0.03
百色市	Baise	0.36	0.22	0.47	0.17	0.02	0.01
贺州市	Hezhou	0.20	0.12	0.20	0.12		
河池市	Hechi	0.45	0.11	0.38	0.08	0.02	0.01
来宾市	Laibin	0.32	0.13	0.41	0.24		
崇左市	Chongzuo	0.43	0.04	0.29	0.07	0.01	
海南省	**Hainan**	**1.14**	**1.14**	**1.47**	**1.47**	**0.21**	**0.21**
海口市	Haikou	1.03	1.03	0.91	0.91	0.20	0.20
三亚市	Sanya	0.11	0.11	0.56	0.56	0.01	0.01
三沙市	sansha						
重庆市	**Chongqing**	**8.76**		**5.89**		**83.78**	
四川省	**Sichuan**	**15.35**	**12.61**	**9.94**	**5.81**	**1.10**	**0.83**
成都市	Chengdu	8.61	7.96	2.62	1.63	0.56	0.51
自贡市	Zigong	0.25	0.17	0.24	0.18	0.03	0.02
攀枝花市	Panzhihua	0.27	0.25	0.23	0.22	0.01	0.01
泸州市	Luzhou	0.34	0.26	0.31	0.17	0.09	0.08
德阳市	Deyang	0.32	0.24	0.77	0.49	0.02	
绵阳市	Mianyang	2.44	2.32	0.83	0.52	0.04	0.01
广元市	Guangyuan	0.14	0.05	0.67	0.53	0.02	0.02
遂宁市	Suining	0.12	0.05	0.21	0.10	0.02	
内江市	Neijiang	0.16	0.11	0.20	0.08	0.02	0.01
乐山市	Leshan	0.74	0.39	0.65	0.46	0.05	0.04
南充市	Nanchong	0.51	0.17	0.62	0.32	0.09	0.07
眉山市	Meishan	0.13	0.07	0.44	0.20	0.01	
宜宾市	Yibin	0.28	0.17	0.43	0.22	0.03	0.01
广安市	Guang'an	0.12	0.02	0.27	0.03	0.01	0.01
达州市	Dazhou	0.49	0.15	0.63	0.22	0.05	0.01
雅安市	Yaan	0.09	0.07	0.20	0.13	0.02	0.01
巴中市	Bazhong	0.20	0.09	0.28	0.20	0.01	0.01
资阳市	Ziyang	0.14	0.07	0.34	0.11	0.02	0.01
贵州省	**Guizhou**	**4.63**	**2.76**	**3.02**	**1.92**	**0.89**	**0.63**
贵阳市	Guiyang	1.91	1.79	1.23	1.14	0.64	0.54
六盘水市	Liupanshui	0.21	0.09	0.21	0.14	0.02	0.01
遵义市	Zunyi	0.67	0.20	0.64	0.25	0.14	0.04
安顺市	Anshun	0.26	0.18	0.45	0.18	0.03	0.02
毕节市	Bijie	1.28	0.38	0.36	0.20	0.05	0.02
铜仁市	Tongren	0.30	0.12	0.13	0.01	0.01	

2-9 续表 6 continued 6

单位：万人 (10 000 persons)

城市	City	(8)科学研究、技术服务和地质勘查业 Scientific Research, Technical Service and Geologic Prospecting		(9)水利、环境和公共设施管理业 Management of Water Conservancy, Environment		(10)居民服务、修理和其他服务业 Services to Households and Other Services	
		全市 Total City	市辖区 Districts under City	全市 Total City	市辖区 Districts under City	全市 Total City	市辖区 Districts under City
云南省	**Yunnan**	**5.67**	**4.28**	**3.50**	**1.55**	**0.70**	**0.49**
昆明市	Kunming	3.88	3.52	1.15	0.73	0.51	0.47
曲靖市	Qujing	0.30	0.18	0.52	0.23	0.01	
玉溪市	Yuxi	0.24	0.10	0.33	0.05	0.02	
保山市	Baoshan	0.17	0.09	0.34	0.10	0.02	0.01
昭通市	Zhaotong	0.40	0.12	0.30	0.11	0.11	
丽江市	Lijiang	0.13	0.05	0.36	0.16	0.01	
普洱市	Simao	0.40	0.15	0.35	0.11	0.01	0.01
临沧市	Lincang	0.15	0.07	0.15	0.06	0.01	
西藏自治区	**Tibet**	**0.67**		**0.11**		**1.35**	
拉萨市	Lasa	0.67		0.11		1.35	
陕西省	**Shaanxi**	**14.37**	**12.15**	**8.88**	**4.43**	**1.49**	**1.38**
西安市	Xi'an	10.35	10.14	2.37	2.07	1.18	1.17
铜川市	Tongchuan	0.12	0.11	0.28	0.27	0.01	0.01
宝鸡市	Baoji	0.54	0.34	0.52	0.23	0.05	0.05
咸阳市	Xianyang	0.75	0.46	1.26	0.46	0.03	0.02
渭南市	Weinan	0.78	0.33	1.50	0.44	0.08	0.06
延安市	Yan'an	0.31	0.13	0.59	0.30	0.04	0.03
汉中市	Hanzhong	0.51	0.22	0.73	0.20	0.04	0.01
榆林市	Yulin	0.44	0.20	1.25	0.27	0.02	0.01
安康市	Ankang	0.29	0.14	0.09	0.03	0.01	
商洛市	Shangluo	0.28	0.08	0.29	0.16	0.03	0.02
甘肃省	**Gansu**	**5.34**	**4.68**	**4.63**	**2.44**	**0.37**	**0.23**
兰州市	Lanzhou	2.70	2.65	1.34	1.01	0.12	0.12
嘉峪关市	Jiayuguan	0.03	0.03	0.18	0.18	0.01	0.01
金昌市	Jinchang	0.03	0.01	0.19	0.06	0.01	0.01
白银市	Baiyin	0.19	0.10	0.33	0.08	0.01	0.01
天水市	Tianshui	0.71	0.68	0.24	0.10	0.04	0.04
武威市	Wuwei	0.23	0.18	0.45	0.33	0.01	0.01
张掖市	Zhangye	0.44	0.42	0.38	0.18	0.02	0.01
平凉市	Pingliang	0.34	0.22	0.32	0.14	0.01	0.01
酒泉市	Jiuquan	0.26	0.20	0.50	0.11	0.12	
庆阳市	Qingyang	0.17	0.09	0.24	0.15		
定西市	Dingxi	0.13	0.06	0.33	0.06	0.01	0.01
陇南市	Longnan	0.11	0.04	0.13	0.04	0.01	
青海省	**Qinghai**	**1.60**	**1.42**	**0.47**	**0.38**	**0.07**	**0.06**
西宁市	Xining	1.60	1.42	0.47	0.38	0.07	0.06
宁夏回族自治区	**Ningxia**	**1.16**	**0.96**	**1.88**	**1.13**	**0.05**	**0.05**
银川市	Yinchuan	0.91	0.84	0.75	0.62	0.04	0.04
石嘴山市	Shizuishan	0.07	0.04	0.33	0.26		
吴忠市	Wuzhong	0.06	0.03	0.21	0.08	0.01	0.01
固原市	Guyuan	0.09	0.04	0.25	0.06		
中卫市	Zhongwei	0.03	0.01	0.34	0.11		
新疆维吾尔自治区	**Xinjiang**	**2.39**	**2.38**	**0.72**	**0.72**	**0.18**	**0.18**
乌鲁木齐市	Urumqi	2.30	2.29	0.61	0.61	0.17	0.17
克拉玛依市	Karamay	0.09	0.09	0.11	0.11	0.01	0.01

2-10 按行业分组的单位从业人员(六)

Persons Employed in Various Units by Sector in Detail (Ⅵ)

单位：万人 (10 000 persons)

城市	City	(11)教育 Education		(12)卫生、社会保障和社会福利业 Health, Social Security and Social Welfare		(13)文化、体育、娱乐用房屋 Culture, Sports and Entertainment		(14)公共管理和社会组织 Public Management and Social Organization	
		全市 Total City	市辖区 Districts under City	全市 Total City	市辖区 Districts under City	全市 Total City	市辖区 Districts under City	全市 Total City	市辖区 Districts under City
城市合计	**Prefecture Cities**	**1544.06**	**672.95**	**680.30**	**363.99**	**135.86**	**97.73**	**1403.61**	**652.35**
北京市	**Beijing**	**44.38**	**43.08**	**22.96**	**22.29**	**17.06**	**16.88**	**44.73**	**40.27**
天津市	**Tianjin**	**16.30**	**14.04**	**8.83**	**7.92**	**1.90**	**1.83**	**15.50**	**13.50**
河北省	**Hebei**	**89.85**	**23.40**	**32.21**	**12.51**	**5.23**	**3.22**	**83.78**	**24.41**
石家庄市	Shijiazhuang	12.99	5.16	4.69	2.48	1.55	1.27	11.34	5.25
唐山市	Tangshan	9.18	4.13	3.93	2.11	0.53	0.35	9.46	4.64
秦皇岛市	Qinhuangdao	4.00	1.73	1.99	1.16	0.49	0.25	4.36	2.28
邯郸市	Handan	11.66	2.00	3.66	0.99	0.47	0.22	9.56	1.97
邢台市	Xingtai	7.22	1.47	2.40	0.66	0.26	0.15	7.53	1.48
保定市	Baoding	13.56	2.19	4.45	1.35	0.43	0.17	11.15	1.76
张家口市	Zhangjiakou	5.82	1.80	2.23	0.97	0.36	0.18	6.86	1.58
承德市	Chengde	4.49	1.08	1.90	0.70	0.37	0.27	5.00	1.63
沧州市	Cangzhou	9.14	1.17	3.28	0.89	0.36	0.15	7.77	1.20
廊坊市	Langfang	5.92	1.43	1.82	0.55	0.19	0.09	6.27	1.53
衡水市	Hengshui	5.87	1.24	1.86	0.65	0.22	0.12	4.48	1.09
山西省	**Shanxi**	**49.49**	**18.56**	**17.03**	**8.28**	**4.63**	**3.02**	**59.54**	**21.35**
太原市	Taiyuan	7.75	6.54	3.33	3.06	1.32	1.29	6.46	5.47
大同市	Datong	4.65	2.64	1.49	1.00	0.56	0.47	5.57	3.23
阳泉市	Yangquan	1.79	0.99	0.69	0.43	0.12	0.09	2.30	1.38
长治市	Changzhi	4.92	1.58	1.70	0.82	0.43	0.21	5.35	1.57
晋城市	Jincheng	2.68	0.64	1.05	0.31	0.20	0.12	3.04	0.82
朔州市	Shuozhou	1.97	1.10	0.60	0.32	0.11	0.06	3.65	1.62
晋中市	Jinzhong	4.57	1.00	1.62	0.45	0.34	0.12	4.96	1.34
运城市	Yuncheng	6.15	0.95	2.02	0.58	0.63	0.38	7.20	1.61
忻州市	Xinzhou	4.39	0.95	1.48	0.42	0.18	0.08	5.50	1.04
临汾市	Linfen	5.61	1.41	1.80	0.63	0.43	0.11	7.85	1.63
吕梁市	Lvliang	5.01	0.76	1.25	0.26	0.31	0.09	7.66	1.64
内蒙古自治区	**Inner Mongolia**	**30.58**	**12.85**	**11.11**	**5.66**	**2.89**	**1.88**	**32.78**	**13.65**
呼和浩特市	Hohhot	4.88	3.68	1.81	1.57	0.96	0.93	4.91	3.61
包头市	Baotou	3.06	2.44	1.06	0.85	0.28	0.23	2.83	2.12
乌海市	Wuhai	0.70	0.70	0.34	0.34	0.08	0.08	0.97	0.97
赤峰市	Chifeng	6.53	2.00	2.03	0.71	0.26	0.13	5.04	1.61
通辽市	Tongliao	4.29	1.32	1.30	0.57	0.28	0.14	3.24	1.04
鄂尔多斯市	Erdos	2.69	0.62	0.89	0.37	0.25	0.12	4.04	1.24
呼伦贝尔市	Hulunbuir	3.68	0.58	1.92	0.41	0.42	0.11	4.32	0.72
巴彦淖尔市	Bayannur	2.00	0.80	0.90	0.50	0.14	0.04	3.10	1.30
乌兰察布市	Ulanqab	2.75	0.71	0.86	0.34	0.22	0.10	4.33	1.04
辽宁省	**Liaoning**	**57.79**	**34.49**	**30.36**	**21.41**	**5.05**	**4.13**	**52.74**	**31.69**
沈阳市	Shenyang	13.49	11.59	7.33	6.61	1.64	1.55	9.44	7.75
大连市	Dalian	8.35	6.02	4.30	3.19	1.00	0.91	6.40	4.58
鞍山市	Anshan	4.74	2.65	2.69	1.83	0.32	0.21	4.10	2.16
抚顺市	Fushun	2.52	1.73	1.43	1.14	0.20	0.18	2.67	2.01
本溪市	Benxi	2.44	1.66	2.46	2.07	0.17	0.12	2.23	1.66
丹东市	Dandong	3.77	1.76	2.29	1.27	0.23	0.16	2.76	1.47
锦州市	Jinzhou	3.59	1.80	1.82	1.19	0.30	0.22	3.32	1.98
营口市	Yingkou	2.57	1.42	1.28	0.79	0.19	0.14	3.20	2.03

2-10 续表 1 continued 1

单位：万人 (10 000 persons)

城市	City	(11)教育 Education 全市 Total City	(11)教育 Education 市辖区 Districts under City	(12)卫生、社会保障和社会福利业 Health, Social Security and Social Welfare 全市 Total City	(12) 市辖区 Districts under City	(13)文化、体育、娱乐用房屋 Culture, Sports and Entertainment 全市 Total City	(13) 市辖区 Districts under City	(14)公共管理和社会组织 Public Management and Social Organization 全市 Total City	(14) 市辖区 Districts under City
阜新市	Fuxin	2.58	1.48	1.12	0.75	0.24	0.18	2.46	1.23
辽阳市	Liaoyang	1.84	1.14	1.05	0.77	0.17	0.14	2.24	1.55
盘锦市	Panjin	1.63	0.82	0.71	0.44	0.17	0.12	2.53	1.42
铁岭市	Tieling	2.98	0.54	1.20	0.46	0.15	0.09	3.38	0.84
朝阳市	Chaoyang	4.41	0.87	1.55	0.49	0.15	0.07	4.58	1.46
葫芦岛市	Huludao	2.88	1.01	1.13	0.41	0.12	0.04	3.43	1.55
吉林省	**Jilin**	**34.25**	**16.35**	**14.92**	**8.16**	**3.22**	**2.34**	**29.74**	**14.56**
长春市	Changchun	12.79	8.20	5.22	3.92	1.78	1.61	7.93	5.54
吉林市	Jilin	5.48	2.89	2.28	1.30	0.35	0.29	4.39	2.42
四平市	Siping	3.86	1.22	1.89	0.72	0.27	0.05	2.84	1.11
辽源市	Liaoyuan	1.29	0.47	0.71	0.34	0.09	0.07	1.32	0.72
通化市	Tonghua	2.53	0.70	1.39	0.47	0.24	0.09	3.21	1.05
白山市	Baishan	1.77	0.76	0.78	0.36	0.14	0.07	2.98	1.17
松原市	Songyuan	3.34	0.82	1.37	0.46	0.17	0.08	3.13	1.18
白城市	Baicheng	3.19	1.29	1.28	0.59	0.18	0.08	3.94	1.37
黑龙江省	**Heilongjiang**	**44.81**	**23.56**	**20.00**	**11.78**	**4.51**	**3.56**	**41.67**	**19.91**
哈尔滨市	Harbin	17.04	11.98	7.08	5.38	2.29	2.10	11.67	7.48
齐齐哈尔市	Qiqihar	4.67	1.72	2.41	1.34	0.34	0.19	4.06	1.50
鸡西市	Jixi	1.85	0.86	0.88	0.28	0.20	0.15	2.42	1.32
鹤岗市	Hegang	1.25	0.70	0.68	0.38	0.13	0.08	1.48	0.83
双鸭山市	Shuangyashan	1.41	0.54	0.52	0.19	0.15	0.08	2.42	1.13
大庆市	Daqing	4.09	2.52	1.94	1.51	0.47	0.40	3.62	2.31
伊春市	Yichun	1.28	0.90	0.70	0.50	0.10	0.10	1.45	1.05
佳木斯市	Jiamusi	2.49	1.43	1.20	0.70	0.18	0.13	2.96	1.28
七台河市	Qitaihe	0.79	0.56	0.32	0.21	0.08	0.06	1.23	0.92
牡丹江市	Mudanjiang	2.65	1.22	1.51	0.95	0.19	0.17	2.80	1.13
黑河市	Heihe	1.87	0.33	0.94	0.14	0.15	0.08	2.86	0.66
绥化市	Suihua	5.42	0.80	1.82	0.20	0.23	0.02	4.70	0.30
上海市	**Shanghai**	**27.99**	**27.27**	**17.38**	**16.86**	**5.11**	**5.05**	**20.49**	**19.99**
江苏省	**Jiangsu**	**88.91**	**44.95**	**41.06**	**23.19**	**6.14**	**4.53**	**66.15**	**36.48**
南京市	Nanjing	13.04	12.07	6.00	5.51	2.01	1.99	8.91	8.14
无锡市	Wuxi	6.30	3.29	3.52	2.05	0.52	0.30	5.88	3.82
徐州市	Xuzhou	10.40	4.10	4.54	2.32	0.42	0.29	6.91	3.15
常州市	Changzhou	4.79	3.45	2.85	2.17	0.44	0.41	3.73	2.83
苏州市	Suzhou	7.80	4.05	5.29	2.45	0.68	0.39	8.17	4.25
南通市	Nantong	7.67	2.98	3.66	1.74	0.47	0.21	5.07	2.12
连云港市	Lianyungang	5.18	1.54	2.07	0.90	0.19	0.12	4.25	1.65
淮安市	Huai'an	6.35	3.53	2.16	1.55	0.20	0.14	3.97	2.37
盐城市	Yancheng	7.41	2.37	3.05	1.01	0.35	0.14	5.39	1.63
扬州市	Yangzhou	5.39	3.06	2.25	1.37	0.21	0.16	3.90	2.46
镇江市	Zhenjiang	3.59	1.81	1.98	1.09	0.25	0.17	3.10	1.57
泰州市	Taizhou	5.10	1.16	2.53	0.67	0.21	0.07	3.82	1.32
宿迁市	Suqian	5.89	1.54	1.16	0.36	0.19	0.14	3.05	1.17
浙江省	**Zhejiang**	**66.25**	**30.35**	**37.37**	**19.19**	**6.75**	**4.18**	**63.23**	**28.25**
杭州市	Hangzhou	16.14	12.91	8.93	7.29	2.37	2.10	12.79	9.87
宁波市	Ningbo	8.45	4.43	5.47	3.14	0.94	0.65	8.72	4.54

2-10 续表 2 continued 2

单位：万人 (10 000 persons)

城市	City	(11)教育 Education 全市 Total City	市辖区 Districts under City	(12)卫生、社会保障和社会福利业 Health, Social Security and Social Welfare 全市 Total City	市辖区 Districts under City	(13)文化、体育、娱乐用房屋 Culture, Sports and Entertainment 全市 Total City	市辖区 Districts under City	(14)公共管理和社会组织 Public Management and Social Organization 全市 Total City	市辖区 Districts under City
温州市	Wenzhou	9.14	2.76	4.71	2.18	0.85	0.35	8.30	2.78
嘉兴市	Jiaxing	5.16	1.52	2.76	1.04	0.43	0.16	4.20	1.24
湖州市	Huzhou	3.09	1.36	1.87	0.89	0.24	0.10	3.12	1.19
绍兴市	Shaoxing	5.57	1.14	2.99	0.69	0.38	0.12	4.20	0.81
金华市	Jinhua	5.74	1.57	3.29	0.89	0.46	0.15	6.65	1.48
衢州市	Quzhou	2.39	1.00	1.26	0.56	0.20	0.12	3.34	1.48
舟山市	Zhoushan	1.43	1.13	1.02	0.68	0.20	0.16	2.41	1.73
台州市	Taizhou	6.15	1.80	3.46	1.20	0.43	0.19	5.88	2.28
丽水市	Lishui	2.99	0.72	1.62	0.63	0.26	0.09	3.62	0.85
安徽省	**Anhui**	**63.01**	**23.24**	**26.38**	**12.01**	**5.32**	**2.79**	**50.21**	**22.52**
合肥市	Hefei	10.02	5.54	4.49	3.14	1.35	1.26	7.76	4.90
芜湖市	Wuhu	4.24	1.86	1.76	1.04	0.18	0.13	3.08	1.66
蚌埠市	Bengbu	3.31	1.25	1.45	0.83	0.14	0.09	2.33	1.15
淮南市	Huainan	2.81	2.26	1.48	1.22	0.14	0.10	1.78	1.50
马鞍山市	Maanshan	2.21	1.01	0.99	0.59	0.11	0.06	2.29	1.26
淮北市	Huaibei	2.09	1.24	1.13	0.65	0.06	0.05	1.69	1.10
铜陵市	Tongling	0.85	0.58	0.39	0.30	0.08	0.07	1.22	0.89
安庆市	Anqing	6.09	0.97	2.11	0.65	0.31	0.10	4.36	1.13
黄山市	Huangshan	1.43	0.57	0.77	0.40	0.13	0.06	2.15	1.03
滁州市	Chuzhou	3.91	0.74	1.45	0.41	0.06	0.02	3.24	0.81
阜阳市	Fuyang	6.95	2.06	2.40	0.89	0.18	0.10	4.76	1.84
宿州市	Suzhou	5.56	1.39	1.65	0.36	0.15	0.01	3.17	0.56
六安市	Lu'an	5.10	1.13	3.00	0.70	1.00	0.30	5.20	2.10
亳州市	Bozhou	4.85	1.36	1.49	0.46	0.14	0.07	2.44	0.85
池州市	Chizhou	1.29	0.49	0.62	0.30	0.29	0.27	1.54	0.69
宣城市	Xuancheng	2.30	0.79	1.20	0.07	1.00	0.10	3.20	1.05
福建省	**Fujian**	**46.68**	**16.95**	**18.10**	**9.22**	**3.56**	**2.52**	**34.32**	**15.22**
福州市	Fuzhou	10.21	3.83	4.66	3.17	1.22	1.07	7.50	4.40
厦门市	Xiamen	4.34	4.34	2.08	2.08	0.71	0.71	3.06	3.06
莆田市	Putian	3.89	2.63	1.16	0.88	0.17	0.16	1.96	1.52
三明市	Sanming	3.55	0.55	1.40	0.34	0.17	0.07	3.70	0.71
泉州市	Quanzhou	8.76	2.35	2.30	0.86	0.38	0.18	5.07	1.79
漳州市	Zhangzhou	5.10	1.15	1.74	0.53	0.25	0.12	3.62	0.96
南平市	Nanping	3.39	0.56	1.61	0.36	0.27	0.05	2.99	0.80
龙岩市	Longyan	3.79	0.94	1.70	0.65	0.20	0.10	3.32	1.12
宁德市	Ningde	3.65	0.60	1.45	0.35	0.19	0.06	3.10	0.86
江西省	**Jiangxi**	**45.90**	**12.84**	**20.28**	**8.43**	**2.76**	**1.50**	**47.46**	**17.32**
南昌市	Nanchang	5.79	3.95	4.09	3.47	0.73	0.65	7.23	5.52
景德镇市	Jingdezhen	1.74	1.06	0.74	0.55	0.17	0.15	2.22	2.11
萍乡市	Pingxiang	1.98	1.00	0.77	0.51	0.08	0.07	2.57	1.34
九江市	Jiujiang	4.83	0.94	2.40	0.86	0.30	0.16	5.10	1.42
新余市	Xinyu	1.31	1.06	0.46	0.35	0.09	0.08	1.44	1.11
鹰潭市	Yingtan	1.20	0.18	0.42	0.16	0.04	0.03	1.28	0.64
赣州市	Ganzhou	9.36	1.02	3.35	0.77	0.31	0.11	7.66	0.94
吉安市	Ji'an	4.55	0.71	1.88	0.36	0.23	0.06	4.37	0.88
宜春市	Yichun	4.92	1.21	2.06	0.49	0.15	0.06	4.91	1.10
抚州市	Fuzhou	4.20	1.18	1.36	0.42	0.27	0.06	4.44	0.94
上饶市	Shangrao	6.02	0.53	2.75	0.49	0.39	0.07	6.24	1.32

2-10 续表 3 continued 3

单位：万人 (10 000 persons)

城 市	City	(11)教育 Education 全 市 Total City	市辖区 Districts under City	(12)卫生、社会保障和社会福利业 Health, Social Security and Social Welfare 全 市 Total City	市辖区 Districts under City	(13)文化、体育、娱乐用房屋 Culture, Sports and Entertainment 全 市 Total City	市辖区 Districts under City	(14)公共管理和社会组织 Public Management and Social Organization 全 市 Total City	市辖区 Districts under City
山东省	**Shandong**	**109.78**	**43.96**	**49.58**	**22.71**	**6.91**	**4.64**	**107.93**	**47.24**
济南市	Jinan	10.56	7.75	5.34	4.25	1.66	1.61	10.25	7.32
青岛市	Qingdao	10.88	6.44	4.74	3.15	0.93	0.73	8.84	5.59
淄博市	Zibo	6.68	4.57	3.15	2.48	0.65	0.63	5.07	3.97
枣庄市	Zaozhuang	4.49	2.59	1.80	1.05	0.19	0.16	5.17	3.99
东营市	Dongying	2.64	1.37	1.75	1.30	0.12	0.06	3.26	1.86
烟台市	Yantai	8.77	3.56	3.87	1.41	0.59	0.25	6.99	2.71
潍坊市	Weifang	10.58	2.43	4.93	1.27	0.26	0.07	8.33	3.18
济宁市	Jining	7.70	1.50	3.50	1.10	0.65	0.10	9.67	2.60
泰安市	Tai'an	6.09	2.13	2.26	0.88	0.26	0.21	5.57	2.77
威海市	Weihai	3.13	1.21	1.85	0.63	0.22	0.13	2.89	1.21
日照市	Rizhao	2.83	1.37	1.50	0.61	0.15	0.08	2.44	1.46
莱芜市	Laiwu	1.53	1.53	0.61	0.61	0.04	0.04	1.31	1.31
临沂市	Linyi	9.90	2.60	4.13	1.24	0.27	0.13	9.34	3.03
德州市	Dezhou	5.93	0.93	2.37	0.56	0.16	0.08	7.85	1.21
聊城市	Liaocheng	5.79	1.54	2.66	1.02	0.23	0.15	6.82	1.72
滨州市	Binzhou	3.50	0.76	1.53	0.38	0.22	0.08	4.95	1.29
菏泽市	Heze	8.78	1.68	3.59	0.77	0.31	0.13	9.18	2.02
河南省	**Henan**	**117.96**	**33.34**	**45.77**	**17.62**	**7.12**	**4.17**	**108.04**	**37.35**
郑州市	Zhengzhou	14.45	7.73	6.95	4.90	2.27	2.00	11.98	6.77
开封市	Kaifeng	6.09	1.82	2.63	0.87	0.46	0.30	6.43	2.03
洛阳市	Luoyang	7.29	2.56	3.38	1.61	0.42	0.21	8.46	3.63
平顶山市	Pingdingshan	5.35	1.61	2.17	0.67	0.34	0.14	6.05	2.19
安阳市	Anyang	5.29	1.38	2.42	1.03	0.31	0.14	5.10	1.89
鹤壁市	Hebi	1.73	0.87	0.68	0.31	0.10	0.07	1.89	1.08
新乡市	Xinxiang	7.04	1.88	3.05	0.97	0.31	0.14	6.83	1.83
焦作市	Jiaozuo	4.20	1.31	1.95	0.65	0.24	0.12	4.81	1.88
濮阳市	Puyang	4.26	1.14	1.10	0.38	0.15	0.03	4.11	1.23
许昌市	Xuchang	4.83	0.66	1.98	0.52	0.23	0.11	5.02	1.03
漯河市	Luohe	3.17	1.82	1.30	0.81	0.18	0.10	3.07	1.82
三门峡市	Sanmenxia	2.75	0.61	1.04	0.27	0.19	0.06	3.04	0.85
南阳市	Nanyang	12.96	3.34	4.42	1.54	0.59	0.31	8.81	2.06
商丘市	Shangqiu	9.90	2.15	3.79	0.99	0.22	0.06	8.90	3.07
信阳市	Xinyang	9.92	2.20	2.69	0.77	0.42	0.12	7.24	1.96
周口市	Zhoukou	10.63	1.00	3.13	0.54	0.28	0.10	9.75	1.95
驻马店市	Zhumadian	8.10	1.26	3.09	0.79	0.41	0.16	6.55	2.08
湖北省	**Hubei**	**62.63**	**28.85**	**30.21**	**14.28**	**6.46**	**4.45**	**54.75**	**26.63**
武汉市	Wuhan	16.40	12.88	6.98	5.75	1.98	1.85	9.64	7.68
黄石市	Huangshi	2.55	1.19	1.14	0.76	0.23	0.16	2.57	1.34
十堰市	Shiyan	3.98	1.31	2.21	0.88	0.78	0.65	3.91	1.22
宜昌市	Yichang	5.01	3.01	2.32	1.41	1.19	0.67	7.64	5.11
襄阳市	Xiangyang	6.79	2.72	3.35	1.31	0.44	0.18	5.95	3.04

2-10 续表 4 continued 4

单位：万人 (10 000 persons)

城市	City	(11)教育 Education 全市 Total City	市辖区 Districts under City	(12)卫生、社会保障和社会福利业 Health, Social Security and Social Welfare 全市 Total City	市辖区 Districts under City	(13)文化、体育、娱乐用房屋 Culture, Sports and Entertainment 全市 Total City	市辖区 Districts under City	(14)公共管理和社会组织 Public Management and Social Organization 全市 Total City	市辖区 Districts under City
鄂州市	Ezhou	1.37	1.37	0.60	0.60	0.10	0.10	1.00	1.00
荆门市	Jingmen	2.87	1.51	1.37	0.72	0.34	0.34	2.86	2.10
孝感市	Xiaogan	5.70	1.26	2.68	0.61	0.48	0.10	4.80	1.18
荆州市	Jingzhou	4.91	1.47	3.09	1.01	0.36	0.18	5.85	1.35
黄冈市	Huanggang	7.35	0.76	3.15	0.45	0.35	0.11	5.15	0.85
咸宁市	Xianning	3.54	0.66	2.23	0.44	0.11	0.06	3.78	1.10
随州市	Suizhou	2.16	0.71	1.09	0.34	0.10	0.05	1.60	0.66
湖南省	**Hunan**	**68.65**	**23.42**	**33.72**	**14.09**	**4.79**	**3.47**	**76.45**	**26.07**
长沙市	Changsha	11.24	7.62	6.21	4.63	2.27	2.21	7.60	5.28
株洲市	Zhuzhou	3.65	1.54	2.12	1.02	0.18	0.09	4.36	2.02
湘潭市	Xiangtan	3.11	1.67	1.46	0.78	0.17	0.11	2.97	1.28
衡阳市	Hengyang	7.85	2.25	3.61	1.49	0.49	0.23	8.43	2.62
邵阳市	Shaoyang	6.13	0.75	2.91	0.71	0.18	0.10	6.47	1.34
岳阳市	Yueyang	6.19	2.02	2.74	1.33	0.18	0.11	9.14	3.03
常德市	Changde	5.27	1.29	2.74	0.69	0.28	0.13	5.86	2.16
张家界市	Zhangjiajie	1.77	0.73	0.77	0.31	0.07	0.04	1.83	0.91
益阳市	Yiyang	3.87	1.46	2.09	0.69	0.15	0.11	5.52	1.56
郴州市	Chenzhou	4.59	1.15	2.46	0.87	0.21	0.09	6.08	1.72
永州市	Yongzhou	5.75	1.34	2.33	0.64	0.23	0.07	6.54	1.71
怀化市	Huaihua	5.45	0.80	2.68	0.44	0.23	0.10	6.62	1.09
娄底市	Loudi	3.78	0.80	1.60	0.49	0.15	0.08	5.03	1.35
广东省	**Guangdong**	**117.57**	**65.50**	**56.13**	**39.81**	**9.46**	**7.99**	**102.96**	**67.76**
广州市	Guangzhou	21.67	18.99	13.10	12.09	3.49	3.37	18.48	16.40
韶关市	Shaoguan	3.66	1.34	1.68	0.81	0.18	0.11	3.95	1.60
深圳市	Shenzhen	8.86	8.86	5.55	5.55	1.96	1.96	13.80	13.80
珠海市	Zhuhai	2.39	2.39	1.13	1.13	0.35	0.35	3.21	3.21
汕头市	Shantou	6.18	6.09	2.15	2.12	0.21	0.21	3.71	3.58
佛山市	Foshan	7.03	7.03	4.45	4.45	0.23	0.23	4.78	4.78
江门市	Jiangmen	4.49	1.95	2.59	1.37	0.19	0.09	4.57	2.15
湛江市	Zhanjiang	8.79	2.78	2.97	1.31	0.43	0.31	4.64	1.90
茂名市	Maoming	8.42	1.90	2.48	0.69	0.23	0.12	4.27	1.35
肇庆市	Zhaoqing	4.82	1.04	2.15	0.75	0.23	0.15	3.89	1.05
惠州市	Huizhou	4.59	2.19	2.24	1.31	0.39	0.23	5.67	3.22
梅州市	Meizhou	5.83	0.72	2.18	0.56	0.18	0.07	4.28	0.93
汕尾市	Shanwei	3.06	0.62	0.82	0.26	0.12	0.02	2.49	0.82
河源市	Heyuan	3.59	0.72	1.31	0.35	0.17	0.01	3.34	0.99
阳江市	Yangjiang	2.81	0.73	1.13	0.44	0.08	0.04	2.95	1.14
清远市	Qingyuan	3.82	0.57	1.65	0.51	0.16	0.10	4.30	1.58
东莞市	Dongguan	2.74	2.74	3.47	3.47	0.19	0.19	4.77	4.77
中山市	Zhongshan	2.73	2.73	1.70	1.70	0.24	0.24	2.23	2.23
潮州市	Chaozhou	2.83	0.69	0.93	0.36	0.11	0.09	1.57	0.56
揭阳市	Yeyang	6.17	0.93	1.41	0.35	0.22	0.08	3.28	0.90
云浮市	Yunfu	3.09	0.49	1.04	0.23	0.10	0.02	2.78	0.80

2-10 续表 5 continued 5

单位：万人 (10 000 persons)

城市	City	(11)教育 Education		(12)卫生、社会保障和社会福利业 Health, Social Security and Social Welfare		(13)文化、体育、娱乐用房屋 Culture, Sports and Entertainment		(14)公共管理和社会组织 Public Management and Social Organization	
		全市 Total City	市辖区 Districts under City	全市 Total City	市辖区 Districts under City	全市 Total City	市辖区 Districts under City	全市 Total City	市辖区 Districts under City
广西壮族自治区	**Guangxi**	**60.77**	**23.26**	**26.42**	**12.52**	**3.27**	**2.26**	**43.00**	**19.07**
南宁市	Nanning	10.46	6.73	4.82	3.32	1.14	1.07	7.34	5.11
柳州市	Liuzhou	5.25	2.86	3.06	2.00	0.37	0.31	4.31	2.44
桂林市	Guilin	6.24	2.12	2.79	1.11	0.56	0.29	4.82	1.46
梧州市	Wuzhou	3.50	0.69	1.46	0.73	0.13	0.08	2.47	1.03
北海市	Beihai	2.15	1.08	0.92	0.52	0.12	0.09	1.50	1.03
防城港市	Fangchenggang	1.38	0.87	0.62	0.43	0.05	0.03	1.44	0.92
钦州市	Qinzhou	3.84	1.60	1.65	0.82	0.08	0.05	1.99	1.19
贵港市	Guigang	5.04	1.76	1.51	0.70	0.04	0.02	2.50	1.14
玉林市	Yulin	7.58	1.68	2.46	0.94	0.20	0.09	3.11	1.07
百色市	Baise	3.92	0.72	1.82	0.51	0.15	0.06	3.99	0.64
贺州市	Hezhou	2.41	1.20	0.95	0.49	0.09	0.06	1.97	0.99
河池市	Hechi	4.14	0.45	1.72	0.30	0.19	0.06	3.43	0.75
来宾市	Laibin	2.44	1.03	1.64	0.45	0.08	0.03	1.84	0.75
崇左市	Chongzuo	2.42	0.47	1.00	0.20	0.07	0.02	2.29	0.55
海南省	**Hainan**	**4.85**	**4.85**	**2.55**	**2.55**	**0.86**	**0.86**	**4.87**	**4.87**
海口市	Haikou	4.03	4.03	2.02	2.02	0.65	0.65	3.99	3.99
三亚市	Sanya	0.82	0.82	0.53	0.53	0.21	0.21	0.88	0.88
三沙市	sansha								
重庆市	**Chongqing**	**38.89**		**17.32**		**4.66**		**25.80**	
四川省	**Sichuan**	**81.90**	**34.41**	**36.38**	**18.10**	**4.16**	**3.02**	**71.28**	**32.07**
成都市	Chengdu	21.20	14.02	11.30	7.69	1.78	1.62	16.31	9.34
自贡市	Zigong	2.39	1.34	1.41	0.96	0.14	0.12	2.19	1.35
攀枝花市	Panzhihua	1.37	0.94	0.74	0.54	0.12	0.10	1.80	1.28
泸州市	Luzhou	4.18	1.50	1.65	0.90	0.11	0.09	3.07	1.50
德阳市	Deyang	3.40	0.93	1.71	0.51	0.10	0.03	3.21	1.05
绵阳市	Mianyang	5.53	2.21	2.21	0.88	0.17	0.14	4.75	1.98
广元市	Guangyuan	3.20	1.07	1.24	0.60	0.06	0.05	3.33	1.57
遂宁市	Suining	2.81	1.15	1.18	0.61	0.09	0.04	2.70	1.19
内江市	Neijiang	3.67	1.29	1.54	0.79	0.13	0.08	3.20	1.53
乐山市	Leshan	3.06	1.15	1.36	0.61	0.11	0.08	3.55	1.52
南充市	Nanchong	6.96	2.36	2.35	0.83	0.36	0.16	5.14	1.98
眉山市	Meishan	2.67	0.80	1.17	0.30	0.09	0.02	3.44	1.53
宜宾市	Yibin	4.82	1.51	1.96	0.86	0.23	0.08	4.23	1.53
广安市	Guang'an	3.12	0.89	1.11	0.37	0.08	0.07	2.70	1.04
达州市	Dazhou	5.33	0.54	2.12	0.41	0.19	0.09	4.33	0.86
雅安市	Yaan	1.84	0.93	0.72	0.34	0.09	0.07	2.47	0.98
巴中市	Bazhong	3.06	1.03	1.04	0.45	0.13	0.09	2.49	1.04
资阳市	Ziyang	3.29	0.75	1.57	0.45	0.18	0.09	2.37	0.80
贵州省	**Guizhou**	**31.78**	**9.48**	**10.37**	**4.65**	**1.25**	**0.85**	**29.17**	**11.49**
贵阳市	Guiyang	5.60	4.17	2.90	2.38	0.61	0.54	6.53	4.87
六盘水市	Liupanshui	2.94	0.69	0.74	0.24	0.09	0.04	3.11	1.13
遵义市	Zunyi	7.45	1.14	2.80	0.96	0.23	0.11	6.81	1.77
安顺市	Anshun	2.91	1.13	1.00	0.41	0.07	0.04	2.66	1.15
毕节市	Bijie	7.82	1.58	1.67	0.38	0.15	0.07	5.30	1.28
铜仁市	Tongren	5.06	0.77	1.26	0.28	0.10	0.05	4.76	1.29

2-10 续表 6 continued 6

单位：万人 (10 000 persons)

城 市	City	(11)教育 Education 全 市 Total City	市辖区 Districts under City	(12)卫生、社会保障和社会福利业 Health, Social Security and Social Welfare 全 市 Total City	市辖区 Districts under City	(13)文化、体育、娱乐用房屋 Culture, Sports and Entertainment 全 市 Total City	市辖区 Districts under City	(14)公共管理和社会组织 Public Management and Social Organization 全 市 Total City	市辖区 Districts under City
云南省	**Yunnan**	**35.96**	**12.63**	**11.82**	**6.28**	**2.40**	**1.28**	**29.91**	**11.10**
昆明市	Kunming	10.70	7.33	5.02	3.97	1.50	0.94	8.96	5.52
曲靖市	Qujing	6.91	1.13	1.20	0.33	0.15	0.06	4.42	0.94
玉溪市	Yuxi	2.78	0.76	1.17	0.49	0.15	0.08	2.74	0.85
保山市	Baoshan	2.69	0.91	0.95	0.40	0.06	0.02	2.18	0.86
昭通市	Zhaotong	6.19	1.14	1.45	0.47	0.17	0.06	4.35	0.94
丽江市	Lijiang	1.65	0.42	0.45	0.12	0.16	0.04	1.81	0.64
普洱市	Simao	2.55	0.47	0.91	0.28	0.14	0.06	2.89	0.71
临沧市	Lincang	2.49	0.47	0.67	0.22	0.07	0.02	2.56	0.64
西藏自治区	**Tibet**	**1.27**		**0.54**		**0.62**		**3.16**	
拉萨市	Lasa	1.27		0.54		0.62		3.16	
陕西省	**Shaanxi**	**55.77**	**25.60**	**21.83**	**12.14**	**4.98**	**3.52**	**52.80**	**19.45**
西安市	Xi'an	17.02	14.55	6.76	6.41	2.76	2.61	10.25	8.38
铜川市	Tongchuan	1.19	1.05	0.54	0.51	0.05	0.05	1.83	1.60
宝鸡市	Baoji	4.22	1.73	2.30	1.13	0.26	0.15	3.64	1.79
咸阳市	Xianyang	7.24	1.53	2.31	0.72	0.35	0.11	6.00	1.32
渭南市	Weinan	7.06	1.76	2.34	0.65	0.45	0.16	6.26	1.11
延安市	Yan'an	3.54	0.86	1.49	0.65	0.29	0.14	6.16	1.12
汉中市	Hanzhong	4.21	1.02	1.97	0.64	0.19	0.08	4.67	1.01
榆林市	Yulin	4.50	1.07	1.69	0.49	0.31	0.10	7.30	1.10
安康市	Ankang	3.33	1.12	1.37	0.56	0.13	0.07	3.87	1.33
商洛市	Shangluo	3.46	0.91	1.06	0.38	0.19	0.05	2.82	0.69
甘肃省	**Gansu**	**32.99**	**13.64**	**10.09**	**5.13**	**2.34**	**1.57**	**31.99**	**15.57**
兰州市	Lanzhou	6.31	5.16	2.31	1.95	0.95	0.93	5.85	4.87
嘉峪关市	Jiayuguan	0.25	0.25	0.12	0.12	0.03	0.03	0.46	0.46
金昌市	Jinchang	0.43	0.12	0.20	0.08	0.03	0.03	0.76	0.44
白银市	Baiyin	2.83	0.79	0.61	0.24	0.08	0.04	2.67	1.76
天水市	Tianshui	4.31	1.94	1.13	0.56	0.25	0.18	4.30	2.37
武威市	Wuwei	2.02	1.28	0.79	0.65	0.20	0.06	1.64	1.23
张掖市	Zhangye	2.18	1.03	0.71	0.31	0.12	0.07	1.90	0.73
平凉市	Pingliang	3.19	0.63	0.92	0.30	0.13	0.06	2.46	0.76
酒泉市	Jiuquan	1.38	0.54	0.60	0.21	0.20	0.06	1.75	0.66
庆阳市	Qingyang	3.30	0.73	0.83	0.29	0.12	0.05	3.70	0.88
定西市	Dingxi	3.73	0.65	1.04	0.26	0.11	0.05	2.97	0.82
陇南市	Longnan	3.06	0.52	0.83	0.16	0.12	0.01	3.53	0.59
青海省	**Qinghai**	**2.82**	**2.44**	**2.11**	**1.04**	**0.47**	**0.38**	**2.69**	**1.56**
西宁市	Xining	2.82	2.44	2.11	1.04	0.47	0.38	2.69	1.56
宁夏回族自治区	**Ningxia**	**8.52**	**3.96**	**3.81**	**2.52**	**0.72**	**0.58**	**8.45**	**5.12**
银川市	Yinchuan	2.89	2.03	1.70	1.46	0.48	0.45	3.91	3.10
石嘴山市	Shizuishan	0.87	0.56	0.61	0.45	0.05	0.04	1.34	0.88
吴忠市	Wuzhong	1.54	0.30	0.47	0.14	0.05	0.02	0.95	0.34
固原市	Guyuan	1.88	0.62	0.54	0.24	0.08	0.05	1.28	0.45
中卫市	Zhongwei	1.34	0.45	0.49	0.23	0.06	0.02	0.97	0.35
新疆维吾尔自治区	**Xinjiang**	**5.76**	**5.68**	**3.66**	**3.64**	**1.26**	**1.26**	**8.02**	**7.88**
乌鲁木齐市	Urumqi	5.12	5.04	3.35	3.33	1.21	1.21	6.84	6.70
克拉玛依市	Karamay	0.64	0.64	0.31	0.31	0.05	0.05	1.18	1.18

2-11 行政区域土地面积及人口密度
Total Land Area and Population Density of Administrative region

城 市	City	行政区域土地面积（平方公里）Total Land Area of Administrative region (sq.km) 全 市 Total City	市辖区 Districts under City	建成区面积（平方公里）Area of Built Districts (sq.km) 市辖区 Districts under City	人口密度（人/平方公里）Population Density (persons/sq.km) 全 市 Total City	市辖区 Districts under City
城市合计	**Prefecture Cities**	**4976991**	**2648100**	**35633**	**255.68**	**152.25**
北京市	**Beijing**	**16411**	**12187**	**1261**	**790.60**	**1006.40**
天津市	**Tianjin**	**11760**	**7399**	**722**	**844.56**	**1098.12**
河北省	**Hebei**	**189545**	**4640**	**1258**	**391.28**	**2878.81**
石家庄市	Shijiazhuang	15848	306	216	634.36	8074.84
唐山市	Tangshan	13472	1232	247	550.60	2637.99
秦皇岛市	Qinhuangdao	7802	363	95	373.26	2408.54
邯郸市	Handan	12065	417	117	823.09	3552.52
邢台市	Xingtai	12433	115	72	601.42	7415.65
保定市	Baoding	22185	312	141	528.33	3472.12
张家口市	Zhangjiakou	36873	376	86	127.03	2393.88
承德市	Chengde	39548	771	113	95.31	762.39
沧州市	Cangzhou	14053	183	61	529.68	2926.23
廊坊市	Langfang	6429	292	64	673.85	2797.60
衡水市	Hengshui	8837	273	46	500.67	1848.72
山西省	**Shanxi**	**156873**	**15961**	**824**	**224.29**	**615.75**
太原市	Taiyuan	6977	1475	310	524.35	1926.31
大同市	Datong	14127	2080	108	226.06	753.70
阳泉市	Yangquan	4570	652	53	289.06	1076.84
长治市	Changzhi	13896	334	59	241.85	2116.77
晋城市	Jincheng	9425	143	42	231.55	2530.07
朔州市	Shuozhou	10674	4107	42	162.54	174.58
晋中市	Jinzhong	16392	1318	50	198.27	456.37
运城市	Yuncheng	14181	1215	52	366.31	565.68
忻州市	Xinzhou	25117	1982	32	123.43	278.46
临汾市	Linfen	20275	1316	54	209.72	612.16
吕梁市	Lvliang	21239	1339	22	185.38	212.70
内蒙古自治区	**Inner Mongolia**	**660500**	**23511**	**877**	**33.03**	**285.95**
呼和浩特市	Hohhot	17453	2065	210	131.97	590.85
包头市	Baotou	27768	2965	186	80.47	489.58
乌海市	Wuhai	1754	1754	63	312.66	312.66
赤峰市	Chifeng	90021	7077	89	51.23	174.18
通辽市	Tongliao	59535	3212	87	53.71	264.04
鄂尔多斯市	Erdos	86752	2530	134	17.53	103.99
呼伦贝尔市	Hulunbuir	253356	1440	28	10.51	191.46
巴彦淖尔市	Bayannur	64413	2354	38	28.98	238.62
乌兰察布市	Ulanqab	59448	114	42	48.27	2820.18
辽宁省	**Liaoning**	**147202**	**17762**	**1933**	**288.36**	**1074.47**
沈阳市	Shenyang	12980	3471	455	558.39	1504.24
大连市	Dalian	12574	2567	395	469.47	1165.45
鞍山市	Anshan	9255	792	167	378.56	1917.68
抚顺市	Fushun	11272	1416	131	194.52	1017.73
本溪市	Benxi	8411	1518	108	182.13	620.49
丹东市	Dandong	15290	941	77	157.28	835.49
锦州市	Jinzhou	9891	436	72	311.24	2150.92
营口市	Yingkou	5242	702	110	448.45	1302.71

2-11 续表 1 continued 1

城 市	City	行政区域土地面积(平方公里) Total Land Area of Administrative region (sq.km)		建成区面积(平方公里) Area of Built Districts (sq.km)	人口密度(人/平方公里) Population Density (persons/sq.km)	
		全 市 Total City	市辖区 Districts under City	市辖区 Districts under City	全 市 Total City	市辖区 Districts under City
阜新市	Fuxin	10355	490	77	185.01	1588.98
辽阳市	Liaoyang	4736	1080	103	380.74	815.09
盘锦市	Panjin	4065	251	67	316.78	2545.02
铁岭市	Tieling	12985	659	38	232.72	669.35
朝阳市	Chaoyang	19731	1138	58	172.61	534.01
葫芦岛市	Huludao	10415	2301	75	268.84	428.07
吉林省	**Jilin**	**146878**	**17210**	**874**	**169.41**	**503.20**
长春市	Changchun	20604	4789	434	367.36	757.95
吉林市	Jilin	27126	3636	166	158.81	501.38
四平市	Siping	14080	1075	54	238.86	560.56
辽源市	Liaoyuan	5140	442	46	237.35	1070.59
通化市	Tonghua	15608	745	49	143.89	592.75
白山市	Baishan	17485	2673	36	73.14	221.59
松原市	Songyuan	21090	1325	47	137.40	446.87
白城市	Baicheng	25745	2525	42	77.69	200.16
黑龙江省	**Heilongjiang**	**390739**	**69817**	**1391**	**95.34**	**195.18**
哈尔滨市	Harbin	53068	7086	383	187.22	665.20
齐齐哈尔市	Qiqihar	42469	4365	140	131.64	318.76
鸡西市	Jixi	22531	2300	79	82.51	371.74
鹤岗市	Hegang	14657	4551	51	74.03	147.86
双鸭山市	Shuangyashan	23209	1760	51	64.80	282.90
大庆市	Daqing	21522	5107	233	130.82	264.07
伊春市	Yichun	32759	19567	165	38.22	41.19
佳木斯市	Jiamusi	32704	1875	98	73.16	430.93
七台河市	Qitaihe	6221	3646	68	148.46	156.56
牡丹江市	Mudanjiang	38405	2360	76	67.58	375.89
黑河市	Heihe	68240	14444	19	25.33	13.11
绥化市	Suihua	34954	2756	28	159.36	321.48
上海市	**Shanghai**	**6340**	**5155**	**886**	**2250.68**	**2635.09**
江苏省	**Jiangsu**	**102773**	**29617**	**2778**	**734.97**	**1017.65**
南京市	Nanjing	6587	4733	653	969.30	1169.11
无锡市	Wuxi	4627	1643	316	1015.93	1467.32
徐州市	Xuzhou	11259	3038	274	879.77	1056.16
常州市	Changzhou	4372	1862	183	834.33	1237.76
苏州市	Suzhou	8488	4467	437	763.21	736.49
南通市	Nantong	8001	1521	156	956.38	1393.03
连云港市	Lianyungang	7615	1200	140	671.03	805.42
淮安市	Huai'an	10072	3110	136	542.90	909.42
盐城市	Yancheng	16972	1862	95	484.56	895.81
扬州市	Yangzhou	6591	2351	128	695.52	978.86
镇江市	Zhenjiang	3847	1082	120	705.48	954.71
泰州市	Taizhou	5787	640	70	874.98	1300.94
宿迁市	Suqian	8555	2108	70	654.89	779.84
浙江省	**Zhejiang**	**104203**	**18087**	**1583**	**460.58**	**843.05**
杭州市	Hangzhou	16571	3068	453	422.74	1451.86
宁波市	Ningbo	9816	2462	290	588.54	918.40

2-11 续表 2 continued 2

城市	City	行政区域土地面积(平方公里) Total Land Area of Administrative region (sq.km) 全市 Total City	市辖区 Districts under City	建成区面积(平方公里) Area of Built Districts (sq.km) 市辖区 Districts under City	人口密度(人/平方公里) Population Density (persons/sq.km) 全市 Total City	市辖区 Districts under City
温州市	Wenzhou	11874	1187	204	673.92	1260.83
嘉兴市	Jiaxing	3915	968	90	880.00	876.45
湖州市	Huzhou	5820	1565	88	449.11	700.13
绍兴市	Shaoxing	8256	362	115	533.95	1813.81
金华市	Jinhua	10942	2049	74	430.11	458.37
衢州市	Quzhou	8845	2354	64	285.85	353.06
舟山市	Zhoushan	1455	1034	56	667.90	680.37
台州市	Taizhou	9411	1536	116	627.94	1021.48
丽水市	Lishui	17298	1502	33	151.80	261.52
安徽省	**Anhui**	**139245**	**26228**	**1524**	**495.67**	**737.83**
合肥市	Hefei	11445	925	378	620.82	2401.84
芜湖市	Wuhu	5988	1065	146	640.33	1158.22
蚌埠市	Bengbu	5952	613	115	617.96	1518.11
淮南市	Huainan	2584	1690	102	943.42	1063.20
马鞍山市	Maanshan	4049	704	86	564.02	1165.48
淮北市	Huaibei	2741	760	80	796.35	1459.61
铜陵市	Tongling	1200	290	52	618.42	1543.45
安庆市	Anqing	15318	821	81	405.03	892.33
黄山市	Huangshan	9807	2342	54	150.17	187.02
滁州市	Chuzhou	13523	1404	77	334.29	385.54
阜阳市	Fuyang	9776	1884	90	1063.65	1133.07
宿州市	Suzhou	9787	2868	67	665.84	655.82
六安市	Lu'an	17976	3583	68	395.14	522.13
亳州市	Bozhou	8374	2226	43	731.49	744.38
池州市	Chizhou	8272	2432	37	195.73	275.95
宣城市	Xuancheng	12453	2621	48	224.50	330.22
福建省	**Fujian**	**125001**	**14968**	**934**	**286.34**	**625.27**
福州市	Fuzhou	13066	1786	240	501.51	1075.36
厦门市	Xiamen	1573	1573	264	1213.73	1213.73
莆田市	Putian	4131	2290	55	797.19	958.21
三明市	Sanming	23094	1178	33	118.75	239.05
泉州市	Quanzhou	11015	870	193	629.29	1193.33
漳州市	Zhangzhou	13334	401	56	361.83	1413.72
南平市	Nanping	26308	2660	28	119.31	186.92
龙岩市	Longyan	19028	2673	42	156.46	183.84
宁德市	Ningde	13452	1537	23	254.46	299.09
江西省	**Jiangxi**	**167086**	**11780**	**820**	**287.49**	**783.05**
南昌市	Nanchang	7402	617	208	686.13	3649.27
景德镇市	Jingdezhen	5261	580	75	316.84	797.93
萍乡市	Pingxiang	3831	1070	44	502.19	812.06
九江市	Jiujiang	18823	598	100	270.21	1086.29
新余市	Xinyu	3178	1789	70	379.17	487.81
鹰潭市	Yingtan	3560	136	26	348.34	1708.09
赣州市	Ganzhou	39379	584	89	235.33	1118.49
吉安市	Ji'an	25372	1382	46	199.24	401.52
宜春市	Yichun	18669	2532	60	306.98	427.05
抚州市	Fuzhou	18820	2122	55	222.01	559.94
上饶市	Shangrao	22791	370	47	333.61	1104.86

2-11 续表 3 continued 3

城 市	City	行政区域土地面积（平方公里）Total Land Area of Administrative region (sq.km)		建成区面积（平方公里）Area of Built Districts (sq.km)	人口密度（人/平方公里）Population Density (persons/sq.km)	
		全 市 Total City	市辖区 Districts under City	市辖区 Districts under City	全 市 Total City	市辖区 Districts under City
山东省	**Shandong**	**158491**	**36002**	**2769**	**604.43**	**808.68**
济南市	Jinan	8177	3257	363	745.03	1081.27
青岛市	Qingdao	11282	3293	375	682.11	1105.07
淄博市	Zibo	5965	2989	238	710.26	939.95
枣庄市	Zaozhuang	4563	3069	146	865.29	735.61
东营市	Dongying	7950	3294	111	233.27	253.64
烟台市	Yantai	13746	2722	273	473.08	662.27
潍坊市	Weifang	16143	2580	157	544.43	709.46
济宁市	Jining	11423	1043	125	741.56	1175.17
泰安市	Tai'an	7762	2087	114	720.01	761.48
威海市	Weihai	5797	777	138	437.42	843.89
日照市	Rizhao	5348	1915	96	538.71	672.95
莱芜市	Laiwu	2246	2246	81	562.33	562.33
临沂市	Linyi	17191	2293	186	630.43	1084.13
德州市	Dezhou	10356	539	124	557.67	1128.76
聊城市	Liaocheng	8703	1442	70	683.04	797.92
滨州市	Binzhou	9600	1041	88	396.77	620.56
菏泽市	Heze	12239	1415	84	782.15	1063.32
河南省	**Henan**	**164363**	**15078**	**1802**	**678.57**	**1519.74**
郑州市	Zhengzhou	7446	1010	373	1440.37	5813.86
开封市	Kaifeng	6444	362	94	844.86	2393.92
洛阳市	Luoyang	15236	544	187	465.79	3612.13
平顶山市	Pingdingshan	7904	443	72	690.23	2348.53
安阳市	Anyang	7352	534	108	806.58	2075.47
鹤壁市	Hebi	2182	679	61	747.34	905.74
新乡市	Xinxiang	8249	352	110	747.97	2929.26
焦作市	Jiaozuo	4071	424	102	902.28	2270.99
濮阳市	Puyang	4266	289	118	987.53	2410.38
许昌市	Xuchang	4996	97	80	989.21	4285.57
漯河市	Luohe	2617	1020	60	1050.94	1370.20
三门峡市	Sanmenxia	10496	185	30	215.43	1616.76
南阳市	Nanyang	26509	2135	147	455.05	909.65
商丘市	Shangqiu	10704	1697	62	872.68	1067.35
信阳市	Xinyang	18847	3604	73	453.76	413.43
周口市	Zhoukou	11961	338	60	1027.66	1734.62
驻马店市	Zhumadian	15083	1365	65	596.17	596.78
湖北省	**Hubei**	**151689**	**21843**	**1296**	**351.18**	**696.31**
武汉市	Wuhan	8494	2718	520	967.40	1887.38
黄石市	Huangshi	4586	237	72	570.21	3021.94
十堰市	Shiyan	23680	1193	66	146.09	452.14
宜昌市	Yichang	21084	4248	124	189.23	295.01
襄阳市	Xiangyang	19728	3672	144	301.09	614.92

2-11 续表 4 continued 4

城 市	City	行政区域土地面积（平方公里）Total Land Area of Administrative region (sq.km) 全 市 Total City	市辖区 Districts under City	建成区面积（平方公里）Area of Built Districts (sq.km) 市辖区 Districts under City	人口密度（人/平方公里）Population Density (persons/sq.km) 全 市 Total City	市辖区 Districts under City
鄂州市	Ezhou	1594	1594	60	686.07	686.07
荆门市	Jingmen	12404	2391	53	243.72	295.78
孝感市	Xiaogan	8910	1020	38	591.40	938.24
荆州市	Jingzhou	14067	1576	69	471.50	716.69
黄冈市	Huanggang	17457	362	41	428.58	983.98
咸宁市	Xianning	10049	1510	64	296.44	408.34
随州市	Suizhou	9636	1322	45	266.61	342.36
湖南省	**Hunan**	**198017**	**19424**	**1229**	**347.85**	**701.55**
长沙市	Changsha	11816	1910	316	559.09	1559.69
株洲市	Zhuzhou	11247	864	125	351.91	1106.02
湘潭市	Xiangtan	5006	658	77	582.98	1348.94
衡阳市	Hengyang	15303	691	158	522.90	1443.70
邵阳市	Shaoyang	20830	436	54	384.70	1585.09
岳阳市	Yueyang	15087	1246	84	379.78	893.34
常德市	Changde	18910	2510	82	332.63	558.21
张家界市	Zhangjiajie	9516	2735	32	178.78	189.95
益阳市	Yiyang	12320	1851	65	391.11	728.69
郴州市	Chenzhou	19342	2248	72	263.55	326.25
永州市	Yongzhou	22897	3181	58	270.89	364.35
怀化市	Huaihua	27624	666	60	186.98	552.25
娄底市	Loudi	8119	428	46	539.20	1106.07
广东省	**Guangdong**	**180173**	**32606**	**3715**	**478.73**	**1048.62**
广州市	Guangzhou	7434	3843	1010	1106.13	1764.17
韶关市	Shaoguan	18463	2870	88	176.83	320.77
深圳市	Shenzhen	1997	1997	863	1440.26	1440.26
珠海市	Zhuhai	1724	1724	124	618.04	618.04
汕头市	Shantou	2064	1956	214	2581.78	2686.25
佛山市	Foshan	3798	3798	155	994.34	994.34
江门市	Jiangmen	9505	1818	157	412.20	764.47
湛江市	Zhanjiang	13325	1720	106	589.25	949.36
茂名市	Maoming	11425	886	103	655.49	1515.91
肇庆市	Zhaoqing	14891	803	94	287.15	683.69
惠州市	Huizhou	11343	2694	229	301.43	512.51
梅州市	Meizhou	15864	298	48	328.64	1076.51
汕尾市	Shanwei	5271	392	39	658.62	1331.38
河源市	Heyuan	15642	362	31	226.99	800.83
阳江市	Yangjiang	7956	810	48	355.08	835.80
清远市	Qingyuan	19036	1296	71	213.11	505.09
东莞市	Dongguan	2460	2460	107	760.24	760.24
中山市	Zhongshan	1784	1784	48	852.07	852.07
潮州市	Chaozhou	3146	152	42	841.70	2313.82
揭阳市	Yeyang	5266	181	68	1279.79	3927.62
云浮市	Yunfu	7779	762	71	368.90	401.57

2-11 续表 5 continued 5

城 市	City	行政区域土地面积（平方公里）Total Land Area of Administrative region (sq.km) 全 市 Total City	市辖区 Districts under City	建成区面积（平方公里）Area of Built Districts (sq.km) 市辖区 Districts under City	人口密度（人/平方公里）Population Density (persons/sq.km) 全 市 Total City	市辖区 Districts under City
广西壮族自治区	**Guangxi**	**236836**	**41666**	**983**	**226.44**	**335.44**
南宁市	Nanning	22244	6569	242	320.76	417.95
柳州市	Liuzhou	18597	1017	172	200.19	1129.11
桂林市	Guilin	27809	565	66	187.74	1341.95
梧州市	Wuzhou	12588	1097	39	261.73	469.92
北海市	Beihai	3337	957	67	503.75	653.61
防城港市	Fangchenggang	6222	2818	34	147.16	193.15
钦州市	Qinzhou	10843	4764	86	361.25	297.15
贵港市	Guigang	10602	3548	67	499.83	539.49
玉林市	Yulin	12835	1251	67	539.05	834.77
百色市	Baise	36202	3718	35	112.87	93.46
贺州市	Hezhou	11855	5708	32	190.99	194.62
河池市	Hechi	32907	2340	19	125.08	148.68
来宾市	Laibin	13409	4363	35	194.13	251.75
崇左市	Chongzuo	17386	2951	22	141.13	122.20
海南省	**Hainan**	**204237**	**2004237**	**171**	**10.72**	**1.09**
海口市	Haikou	2305	2305	124	701.04	701.04
三亚市	Sanya	1919	1919	47	298.33	298.33
三沙市	sansha	200013	2000013			
重庆市	**Chongqing**	**82374**	**29590**	**1052**	**405.89**	**601.26**
四川省	**Sichuan**	**193149**	**34046**	**1561**	**434.81**	**735.52**
成都市	Chengdu	12121	2172	516	967.99	2551.57
自贡市	Zigong	4381	1434	100	749.74	1049.65
攀枝花市	Panzhihua	7401	2017	66	151.14	341.60
泸州市	Luzhou	12236	2133	101	412.89	696.95
德阳市	Deyang	5910	648	64	662.49	1054.63
绵阳市	Mianyang	20248	1570	108	269.36	790.32
广元市	Guangyuan	16311	4580	45	191.12	204.45
遂宁市	Suining	5323	1874	69	706.54	800.32
内江市	Neijiang	5385	1569	45	792.16	906.56
乐山市	Leshan	12723	2506	64	279.12	462.09
南充市	Nanchong	12477	2526	101	608.83	774.19
眉山市	Meishan	7140	1330	45	490.73	650.23
宜宾市	Yibin	13271	1835	80	411.85	682.34
广安市	Guang'an	6341	1533	34	738.83	820.35
达州市	Dazhou	16582	445	36	419.50	983.60
雅安市	Yaan	15046	1681	28	104.02	372.04
巴中市	Bazhong	12293	2560	18	317.23	541.41
资阳市	Ziyang	7960	1633	41	635.49	672.87
贵州省	**Guizhou**	**102833**	**11164**	**460**	**295.36**	**579.94**
贵阳市	Guiyang	8034	2403	230	466.18	934.50
六盘水市	Liupanshui	9914	476	39	325.33	1049.16
遵义市	Zunyi	30762	1316	65	250.77	660.49
安顺市	Anshun	9267	1704	39	306.85	514.38
毕节市	Bijie	26853	3412	42	319.51	448.12
铜仁市	Tongren	18003	1853	45	236.88	245.39

2-11 续表 6 continued 6

城市	City	行政区域土地面积(平方公里) Total Land Area of Administrative region (sq.km) 全市 Total City	市辖区 Districts under City	建成区面积(平方公里) Area of Built Districts (sq.km) 市辖区 Districts under City	人口密度(人/平方公里) Population Density (persons/sq.km) 全市 Total City	市辖区 Districts under City
云南省	**Yunnan**	**198532**	**22423**	**535**	**143.09**	**282.86**
昆明市	Kunming	21012	4615	298	258.65	590.79
曲靖市	Qujing	28904	1553	66	220.52	470.64
玉溪市	Yuxi	15285	1004	44	140.07	428.19
保山市	Baoshan	19637	5011	25	130.14	181.80
昭通市	Zhaotong	22621	2240	36	257.84	380.67
丽江市	Lijiang	21219	1255	25	56.06	120.24
普洱市	Simao	45385	4093	24	55.47	54.41
临沧市	Lincang	24469	2652	17	96.61	119.91
西藏自治区	**Tibet**	**29518**	**519**	**66**	**17.06**	
拉萨市	Lasa	29518	519	66	17.06	
陕西省	**Shaanxi**	**206119**	**28845**	**845**	**189.56**	**449.35**
西安市	Xi'an	10108	3582	375	787.48	1598.99
铜川市	Tongchuan	3882	2406	44	219.73	315.50
宝鸡市	Baoji	18117	3625	98	211.90	395.48
咸阳市	Xianyang	10189	528	83	518.13	1723.48
渭南市	Weinan	13134	1221	63	430.23	806.31
延安市	Yan'an	37037	3556	36	63.56	130.71
汉中市	Hanzhong	27246	556	34	141.03	1012.41
榆林市	Yulin	43578	7053	52	85.95	77.37
安康市	Ankang	23536	3646	38	130.03	279.57
商洛市	Shangluo	19292	2672	22	128.97	207.37
甘肃省	**Gansu**	**415336**	**41469**	**612**	**58.66**	**197.96**
兰州市	Lanzhou	13086	1632	199	245.70	1264.58
嘉峪关市	Jiayuguan	2935	2935	63	67.33	67.33
金昌市	Jinchang	8896	3019	39	52.54	76.38
白银市	Baiyin	21158	3478	58	83.05	141.32
天水市	Tianshui	14313	5858	46	262.51	225.96
武威市	Wuwei	33238	5081	31	57.16	200.39
张掖市	Zhangye	41924	4240	37	31.21	121.46
平凉市	Pingliang	11170	1936	36	209.46	278.41
酒泉市	Jiuquan	193974	3386	41	5.10	120.23
庆阳市	Qingyang	27119	996	25	96.70	374.00
定西市	Dingxi	19609	4225	23	151.08	110.20
陇南市	Longnan	27914	4683	14	102.08	124.88
青海省	**Qinghai**	**7665**	**510**	**75**	**258.92**	**1799.22**
西宁市	Xining	7665	510	75	258.92	1799.22
宁夏回族自治区	**Ningxia**	**61580**	**17045**	**356**	**106.72**	**160.99**
银川市	Yinchuan	9025	2311	135	185.29	433.71
石嘴山市	Shizuishan	5310	2262	103	139.66	213.62
吴忠市	Wuzhong	16757	1107	45	84.51	356.19
固原市	Guyuan	13047	4489	37	118.21	102.70
中卫市	Zhongwei	17441	6876	36	68.78	58.65
新疆维吾尔自治区	**Xinjiang**	**21523**	**17311**	**441**	**137.24**	**167.17**
乌鲁木齐市	Urumqi	13788	9576	384	186.97	262.96
克拉玛依市	Karamay	7735	7735	57	48.58	48.58

2-12 城市建设用地状况(市辖区)

Land Used for Urban Construction(Districts under City)

城 市	City	城市建设用地面积(平方公里) Area of Land Used for Urban Construction (sq.km)	居住用地面积(平方公里) Area of Land Used for living (sq.km)	城市建设用地占市区面积比重(%) Land Used for Urban Construction as Percentage to urban area (%)
城市合计	**Prefecture Cities**	**34867**	**10764**	**1.32**
北京市	**Beijing**	**1445**	**411**	**11.86**
天津市	**Tianjin**	**722**	**195**	**9.76**
河北省	**Hebei**	**1142**	**383**	**24.61**
石家庄市	Shijiazhuang	213	78	69.61
唐山市	Tangshan	192	71	15.58
秦皇岛市	Qinhuangdao	94	23	25.90
邯郸市	Handan	117	38	28.06
邢台市	Xingtai	72	30	62.61
保定市	Baoding	135	42	43.27
张家口市	Zhangjiakou	90	26	23.94
承德市	Chengde	62	21	8.04
沧州市	Cangzhou	61	23	33.33
廊坊市	Langfang	64	21	21.92
衡水市	Hengshui	42	10	15.38
山西省	**Shanxi**	**750**	**224**	**4.70**
太原市	Taiyuan	274	62	18.58
大同市	Datong	108	35	5.19
阳泉市	Yangquan	42	15	6.44
长治市	Changzhi	56	15	16.77
晋城市	Jincheng	42	11	29.37
朔州市	Shuozhou	40	12	0.97
晋中市	Jinzhong	50	16	3.79
运城市	Yuncheng	37	18	3.05
忻州市	Xinzhou	31	12	1.56
临汾市	Linfen	50	22	3.80
吕梁市	Lvliang	20	6	1.49
内蒙古自治区	**Inner Mongolia**	**869**	**332**	**3.70**
呼和浩特市	Hohhot	205	77	9.93
包头市	Baotou	212	71	7.15
乌海市	Wuhai	57	20	3.25
赤峰市	Chifeng	79	38	1.12
通辽市	Tongliao	76	22	2.37
鄂尔多斯市	Erdos	125	47	4.94
呼伦贝尔市	Hulunbuir	28	15	1.94
巴彦淖尔市	Bayannur	35	18	1.49
乌兰察布市	Ulanqab	52	24	45.61
辽宁省	**Liaoning**	**1970**	**666**	**11.09**
沈阳市	Shenyang	455	152	13.11
大连市	Dalian	382	128	14.88
鞍山市	Anshan	151	43	19.07
抚顺市	Fushun	131	33	9.25
本溪市	Benxi	92	28	6.06
丹东市	Dandong	77	29	8.18
锦州市	Jinzhou	72	34	16.51
营口市	Yingkou	110	33	15.67

2-12 续表 1 continued 1

城 市	City	城市建设用地面积(平方公里) Area of Land Used for Urban Construction (sq.km)	居住用地面积(平方公里) Area of Land Used for living (sq.km)	城市建设用地占市区面积比重(%) Land Used for Urban Construction as Percentage to urban area (%)
阜新市	Fuxin	165	64	33.67
辽阳市	Liaoyang	103	37	9.54
盘锦市	Panjin	67	24	26.69
铁岭市	Tieling	38	16	5.77
朝阳市	Chaoyang	52	26	4.57
葫芦岛市	Huludao	75	19	3.26
吉林省	**Jilin**	**831**	**274**	**4.83**
长春市	Changchun	412	116	8.60
吉林市	Jilin	151	48	4.15
四平市	Siping	54	23	5.02
辽源市	Liaoyuan	46	28	10.41
通化市	Tonghua	49	19	6.58
白山市	Baishan	33	13	1.23
松原市	Songyuan	46	15	3.47
白城市	Baicheng	40	12	1.58
黑龙江省	**Heilongjiang**	**1596**	**535**	**2.29**
哈尔滨市	Harbin	374	118	5.28
齐齐哈尔市	Qiqihar	258	77	5.91
鸡西市	Jixi	97	48	4.22
鹤岗市	Hegang	51	19	1.12
双鸭山市	Shuangyashan	50	30	2.84
大庆市	Daqing	305	78	5.97
伊春市	Yichun	157	62	0.80
佳木斯市	Jiamusi	98	27	5.23
七台河市	Qitaihe	68	26	1.87
牡丹江市	Mudanjiang	83	32	3.52
黑河市	Heihe	28	7	0.19
绥化市	Suihua	27	11	0.98
上海市	**Shanghai**			
江苏省	**Jiangsu**	**2856**	**866**	**9.64**
南京市	Nanjing	647	175	13.67
无锡市	Wuxi	278	91	16.92
徐州市	Xuzhou	214	51	7.04
常州市	Changzhou	175	51	9.40
苏州市	Suzhou	433	122	9.69
南通市	Nantong	202	66	13.28
连云港市	Lianyungang	175	78	14.58
淮安市	Huai'an	212	76	6.82
盐城市	Yancheng	94	32	5.05
扬州市	Yangzhou	127	41	5.40
镇江市	Zhenjiang	120	32	11.09
泰州市	Taizhou	106	32	16.56
宿迁市	Suqian	73	19	3.46
浙江省	**Zhejiang**	**1542**	**407**	**8.53**
杭州市	Hangzhou	394	104	12.84
宁波市	Ningbo	337	73	13.69

2-12 续表 2 continued 2

城 市	City	城市建设用地面积 (平方公里) Area of Land Used for Urban Construction (sq.km)	居住用地面积 (平方公里) Area of Land Used for living (sq.km)	城市建设用地占市区面积比重 (%) Land Used for Urban Construction as Percentage to urban area (%)
温州市	Wenzhou	150	36	12.64
嘉兴市	Jiaxing	90	26	9.30
湖州市	Huzhou	93	24	5.94
绍兴市	Shaoxing	104	39	28.73
金华市	Jinhua	74	20	3.61
衢州市	Quzhou	62	14	2.63
舟山市	Zhoushan	52	18	5.03
台州市	Taizhou	151	43	9.83
丽水市	Lishui	35	11	2.33
安徽省	**Anhui**	**1506**	**489**	**5.74**
合肥市	Hefei	350	104	37.84
芜湖市	Wuhu	146	34	13.71
蚌埠市	Bengbu	114	38	18.60
淮南市	Huainan	100	41	5.92
马鞍山市	Maanshan	96	24	13.64
淮北市	Huaibei	85	32	11.18
铜陵市	Tongling	50	14	17.24
安庆市	Anqing	85	30	10.35
黄山市	Huangshan	38	16	1.62
滁州市	Chuzhou	87	25	6.20
阜阳市	Fuyang	90	45	4.78
宿州市	Suzhou	66	21	2.30
六安市	Lu'an	68	23	1.90
亳州市	Bozhou	53	18	2.38
池州市	Chizhou	37	14	1.52
宣城市	Xuancheng	41	10	1.56
福建省	**Fujian**	**938**	**281**	**6.27**
福州市	Fuzhou	220	95	12.32
厦门市	Xiamen	264	60	16.78
莆田市	Putian	50	16	2.18
三明市	Sanming	33	10	2.80
泉州市	Quanzhou	214	55	24.60
漳州市	Zhangzhou	56	17	13.97
南平市	Nanping	28	7	1.05
龙岩市	Longyan	40	9	1.50
宁德市	Ningde	33	12	2.15
江西省	**Jiangxi**	**805**	**244**	**6.83**
南昌市	Nanchang	202	51	32.74
景德镇市	Jingdezhen	70	20	12.07
萍乡市	Pingxiang	44	14	4.11
九江市	Jiujiang	97	32	16.22
新余市	Xinyu	65	24	3.63
鹰潭市	Yingtan	32	10	23.53
赣州市	Ganzhou	89	25	15.24
吉安市	Ji'an	46	10	3.33
宜春市	Yichun	60	14	2.37
抚州市	Fuzhou	55	18	2.59
上饶市	Shangrao	45	26	12.16

2-12 续表 3 continued 3

城 市	City	城市建设用地面积 (平方公里) Area of Land Used for Urban Construction (sq.km)	居住用地面积 (平方公里) Area of Land Used for living (sq.km)	城市建设用地占市区面积比重 (%) Land Used for Urban Construction as Percentage to urban area (%)
山东省	**Shandong**	**2869**	**826**	**7.97**
济南市	Jinan	363	92	11.15
青岛市	Qingdao	364	105	11.05
淄博市	Zibo	234	79	7.83
枣庄市	Zaozhuang	143	45	4.66
东营市	Dongying	110	37	3.34
烟台市	Yantai	271	76	9.96
潍坊市	Weifang	223	69	8.64
济宁市	Jining	123	38	11.79
泰安市	Tai'an	113	44	5.41
威海市	Weihai	138	39	17.76
日照市	Rizhao	96	27	5.01
莱芜市	Laiwu	81	21	3.61
临沂市	Linyi	181	52	7.89
德州市	Dezhou	105	28	19.48
聊城市	Liaocheng	64	17	4.44
滨州市	Binzhou	176	28	16.91
菏泽市	Heze	84	29	5.94
河南省	**Henan**	**1668**	**492**	**11.06**
郑州市	Zhengzhou	335	87	33.17
开封市	Kaifeng	94	32	25.97
洛阳市	Luoyang	185	62	34.01
平顶山市	Pingdingshan	72	28	16.25
安阳市	Anyang	78	24	14.61
鹤壁市	Hebi	61	13	8.98
新乡市	Xinxiang	110	34	31.25
焦作市	Jiaozuo	102	36	24.06
濮阳市	Puyang	118	35	40.83
许昌市	Xuchang	73	19	75.26
漯河市	Luohe	59	16	5.78
三门峡市	Sanmenxia	30	9	16.22
南阳市	Nanyang	114	33	5.34
商丘市	Shangqiu	61	16	3.59
信阳市	Xinyang	67	19	1.86
周口市	Zhoukou	46	13	13.61
驻马店市	Zhumadian	63	16	4.62
湖北省	**Hubei**	**1564**	**452**	**7.16**
武汉市	Wuhan	807	238	29.69
黄石市	Huangshi	72	18	30.38
十堰市	Shiyan	66	21	5.53
宜昌市	Yichang	131	35	3.08
襄阳市	Xiangyang	144	39	3.92

2-12 续表 4 continued 4

城　市	City	城市建设用地面积（平方公里）Area of Land Used for Urban Construction (sq.km)	居住用地面积（平方公里）Area of Land Used for living (sq.km)	城市建设用地占市区面积比重（%）Land Used for Urban Construction as Percentage to urban area (%)
鄂州市	Ezhou	60	16	3.76
荆门市	Jingmen	53	15	2.22
孝感市	Xiaogan	41	5	4.02
荆州市	Jingzhou	69	19	4.38
黄冈市	Huanggang	32	10	8.83
咸宁市	Xianning	50	22	3.31
随州市	Suizhou	39	14	2.95
湖南省	**Hunan**	**1385**	**430**	**7.13**
长沙市	Changsha	316	112	16.54
株洲市	Zhuzhou	115	46	13.31
湘潭市	Xiangtan	117	37	17.78
衡阳市	Hengyang	109	29	15.77
邵阳市	Shaoyang	51	18	11.70
岳阳市	Yueyang	161	54	12.92
常德市	Changde	79	23	3.15
张家界市	Zhangjiajie	33	10	1.21
益阳市	Yiyang	88	26	4.75
郴州市	Chenzhou	145	23	6.45
永州市	Yongzhou	58	15	1.82
怀化市	Huaihua	58	16	8.71
娄底市	Loudi	55	21	12.85
广东省	**Guangdong**	**3606**	**1051**	**11.06**
广州市	Guangzhou	657	195	17.10
韶关市	Shaoguan	88	29	3.07
深圳市	Shenzhen	851	215	42.61
珠海市	Zhuhai	366	118	21.23
汕头市	Shantou	228	89	11.66
佛山市	Foshan	148	35	3.90
江门市	Jiangmen	159	48	8.75
湛江市	Zhanjiang	96	33	5.58
茂名市	Maoming	89	33	10.05
肇庆市	Zhaoqing	93	22	11.58
惠州市	Huizhou	216	63	8.02
梅州市	Meizhou	48	11	16.11
汕尾市	Shanwei	80	23	20.41
河源市	Heyuan	31	9	8.56
阳江市	Yangjiang	41	11	5.06
清远市	Qingyuan	62	21	4.78
东莞市	Dongguan	107	32	4.35
中山市	Zhongshan	108	38	6.05
潮州市	Chaozhou	42	14	27.63
揭阳市	Yeyang	77		42.54
云浮市	Yunfu	19	12	2.49

2-12 续表 5 continued 5

城市	City	城市建设用地面积（平方公里）Area of Land Used for Urban Construction (sq.km)	居住用地面积（平方公里）Area of Land Used for living (sq.km)	城市建设用地占市区面积比重（%）Land Used for Urban Construction as Percentage to urban area (%)
广西壮族自治区	**Guangxi**	**933**	**291**	**2.24**
南宁市	Nanning	237	79	3.61
柳州市	Liuzhou	172	46	16.91
桂林市	Guilin	66	18	11.68
梧州市	Wuzhou	36	12	3.28
北海市	Beihai	65	26	6.79
防城港市	Fangchenggang	21	5	0.75
钦州市	Qinzhou	86	21	1.81
贵港市	Guigang	59	19	1.66
玉林市	Yulin	64	25	5.12
百色市	Baise	34	13	0.91
贺州市	Hezhou	27	8	0.47
河池市	Hechi	17	5	0.73
来宾市	Laibin	35	10	0.80
崇左市	Chongzuo	14	4	0.47
海南省	**Hainan**	**193**	**66**	**0.01**
海口市	Haikou	118	46	5.12
三亚市	Sanya	75	20	3.91
三沙市	sansha			
重庆市	**Chongqing**	**859**	**278**	**2.90**
四川省	**Sichuan**	**1521**	**487**	**4.47**
成都市	Chengdu	506	174	23.30
自贡市	Zigong	100	33	6.97
攀枝花市	Panzhihua	65	18	3.22
泸州市	Luzhou	96	27	4.50
德阳市	Deyang	64	14	9.88
绵阳市	Mianyang	106	29	6.75
广元市	Guangyuan	42	10	0.92
遂宁市	Suining	65	22	3.47
内江市	Neijiang	45	17	2.87
乐山市	Leshan	56	16	2.23
南充市	Nanchong	101	40	4.00
眉山市	Meishan	43	16	3.23
宜宾市	Yibin	79	23	4.31
广安市	Guang'an	34	11	2.22
达州市	Dazhou	36	12	8.09
雅安市	Yaan	21	7	1.25
巴中市	Bazhong	23	8	0.90
资阳市	Ziyang	39	10	2.39
贵州省	**Guizhou**	**390**	**104**	**3.49**
贵阳市	Guiyang	199	50	8.28
六盘水市	Liupanshui	37	11	7.77
遵义市	Zunyi			
安顺市	Anshun	34	11	2.00
毕节市	Bijie	39	10	1.14
铜仁市	Tongren	81	22	4.37

2-12 续表 6 continued 6

城市	City	城市建设用地面积（平方公里）Area of Land Used for Urban Construction (sq.km)	居住用地面积（平方公里）Area of Land Used for living (sq.km)	城市建设用地占市区面积比重（%）Land Used for Urban Construction as Percentage to urban area (%)
云南省	**Yunnan**	**601**	**268**	**2.68**
昆明市	Kunming	407	210	8.82
曲靖市	Qujing	62	25	3.99
玉溪市	Yuxi	25	7	2.49
保山市	Baoshan	19	7	0.38
昭通市	Zhaotong	26	8	1.16
丽江市	Lijiang	22	6	1.75
普洱市	Simao	23	5	0.56
临沧市	Lincang	17		0.64
西藏自治区	**Tibet**	**64**	**18**	**12.33**
拉萨市	Lasa	64	18	12.33
陕西省	**Shaanxi**	**801**	**243**	**2.78**
西安市	Xi'an	318	76	8.88
铜川市	Tongchuan	49	19	2.04
宝鸡市	Baoji	97	26	2.68
咸阳市	Xianyang	86	21	16.29
渭南市	Weinan	52	23	4.26
延安市	Yan'an	26	14	0.73
汉中市	Hanzhong	27	6	4.86
榆林市	Yulin	96	32	1.36
安康市	Ankang	37	22	1.01
商洛市	Shangluo	13	4	0.49
甘肃省	**Gansu**	**634**	**154**	**1.53**
兰州市	Lanzhou	198	48	12.13
嘉峪关市	Jiayuguan	62	12	2.11
金昌市	Jinchang	39	7	1.29
白银市	Baiyin	57	17	1.64
天水市	Tianshui	46	9	0.79
武威市	Wuwei	31	12	0.61
张掖市	Zhangye	33	10	0.78
平凉市	Pingliang	33	8	1.70
酒泉市	Jiuquan	42	10	1.24
庆阳市	Qingyang	61	8	6.12
定西市	Dingxi	18	4	0.43
陇南市	Longnan	14	9	0.30
青海省	**Qinghai**	**75**	**40**	**14.71**
西宁市	Xining	75	40	14.71
宁夏回族自治区	**Ningxia**	**292**	**109**	**1.71**
银川市	Yinchuan	135	43	5.84
石嘴山市	Shizuishan	51	30	2.25
吴忠市	Wuzhong	38	13	3.43
固原市	Guyuan	33	12	0.74
中卫市	Zhongwei	35	11	0.51
新疆维吾尔自治区	**Xinjiang**	**440**	**147**	**2.54**
乌鲁木齐市	Urumqi	384	127	4.01
克拉玛依市	Karamay	56	20	0.72

2-13 地区生产总值
Gross Regional Product

城　市	City	地区生产总值(当年价格)(万元) Gross Regional Product (Current Prices) (100 million yuan)		人均地区生产总值(元) Per Capita GRP (yuan)		地区生产总值增长率(%) GRP Growth Rate (%)	
		全　市 Total City	市辖区 Districts under City	全　市 Total City	市辖区 Districts under City	全　市 Total City	市辖区 Districts under City
城市合计	**Prefecture Cities**	**5740494598**	**3273819205**				
北京市	**Beijing**	**178794000**	**176169998**	**87475**	**89659**	**7.73**	**7.69**
天津市	**Tianjin**	**128938800**	**119067753**	**93173**	**93173**	**13.80**	**13.35**
河北省	**Hebei**	**268117117**	**87902310**				
石家庄市	Shijiazhuang	45002098	15735386	43552	53381	10.38	10.60
唐山市	Tangshan	58616363	29545708	76643	95679	10.40	9.10
秦皇岛市	Qinhuangdao	11393664	6184159	37804	57856	9.10	9.50
邯郸市	Handan	30242864	6603457	32650	45427	10.50	9.75
邢台市	Xingtai	15320620	2760602	21361	30258	9.50	4.40
保定市	Baoding	27209000	7639216	24053	65103	10.50	7.20
张家口市	Zhangjiakou	12335529	4330616	28139	40591	10.00	11.00
承德市	Chengde	11819213	2632023	33791	40843	10.50	7.06
沧州市	Cangzhou	28124212	5829221	38949	96574	10.60	11.50
廊坊市	Langfang	17943291	4493096	40598	53369	9.70	9.90
衡水市	Hengshui	10110263	2148826	23101	39119	10.40	10.80
山西省	**Shanxi**	**123209646**	**51654013**				
太原市	Taiyuan	23114326	21125331	54440	60982	10.50	11.20
大同市	Datong	9313878	7520161	27815	42796	10.00	10.10
阳泉市	Yangquan	6019519	3956441	43702	55596	9.60	9.30
长治市	Changzhi	13286098	3214809	39523	41332	10.60	12.90
晋城市	Jincheng	10128134	2033530	44257	42239	11.10	11.00
朔州市	Shuozhou	10071198	5775323	58205	193989	11.10	11.84
晋中市	Jinzhong	9865596	1985993	30093	30838	10.20	10.20
运城市	Yuncheng	10686498	1621611	20628	23646	7.80	12.00
忻州市	Xinzhou	6209439	1042477	20081	18946	11.50	10.98
临汾市	Linfen	12210801	2478276	28031	26024	10.10	10.40
吕梁市	Lvliang	12304159	900061	32709	27783	10.80	6.10
内蒙古自治区	**Inner Mongolia**	**162960050**	**78879840**				
呼和浩特市	Hohhot	24755700	17342106	84534	85102	11.00	10.70
包头市	Baotou	34095400	27845019	125709	132494	12.60	13.40
乌海市	Wuhai	5625710	5625710	103242	103242	14.00	14.00
赤峰市	Chifeng	15693540	6787910	36360	49674	13.60	14.30
通辽市	Tongliao	16918500	6559325	53976	63812	13.10	7.90
鄂尔多斯市	Erdos	36568000	8503350	182680	141310	13.00	9.10
呼伦贝尔市	Hulunbuir	13358200	2352108	52649	85700	13.51	15.70
巴彦淖尔市	Bayannur	8133300	2389471	48812	43639	10.30	11.30
乌兰察布市	Ulanqab	7811700	1474841	36721	45871	10.30	11.90
辽宁省	**Liaoning**	**274434217**	**168167285**				
沈阳市	Shenyang	66025865	52668758	80480	82878	9.96	9.70
大连市	Dalian	70028306	44975387	102922		10.30	9.00
鞍山市	Anshan	24293160	11601729	69211	76331	9.00	2.90
抚顺市	Fushun	12363686	9296256	58512	63082	10.70	9.40
本溪市	Benxi	11123567	7898708	64459	67647	10.00	8.70
丹东市	Dandong	10153733	3137192	42171	42430	10.51	11.00
锦州市	Jinzhou	12427098	5881933	40002	61449	10.36	10.20
营口市	Yingkou	13811809	7831263	56583	75103	10.85	11.18

2-13 续表 1 continued 1

城　市	City	地区生产总值(当年价格)(万元) Gross Regional Product (Current Prices) (100 million yuan) 全市 Total City	市辖区 Districts under City	人均地区生产总值(元) Per Capita GRP (yuan) 全市 Total City	市辖区 Districts under City	地区生产总值增长率(%) GRP Growth Rate (%) 全市 Total City	市辖区 Districts under City
阜新市	Fuxin	5599635	2876466	31049	34102	10.92	12.29
辽阳市	Liaoyang	10004881	5438135	53877	61777	10.34	10.20
盘锦市	Panjin	12449563	7896368	87153	106420	10.80	8.10
铁岭市	Tieling	9753258	2823324	32130	63678	8.96	9.60
朝阳市	Chaoyang	9206331	2334119	30765	36017	10.83	10.70
葫芦岛市	Huludao	7193325	3507647	27709	37006	8.96	4.00
吉林省	**Jilin**	**123597061**	**63604715**				
长春市	Changchun	44566446	31292738	58691	90987	12.00	12.40
吉林市	Jilin	24300668	13723478	56244	75280	11.50	11.70
四平市	Siping	11228017	2749795	33150	45625	12.40	12.20
辽源市	Liaoyuan	6051273	3486518	49479	73660	12.07	6.98
通化市	Tonghua	8811232	2424176	39111	54640	12.10	5.50
白山市	Baishan	6430212	3117139	50158	52240	12.40	13.00
松原市	Songyuan	16054206	5274441	55177	88691	12.10	9.90
白城市	Baicheng	6155007	1536430	30576	29937	12.20	13.10
黑龙江省	**Heilongjiang**	**148657195**	**89185091**				
哈尔滨市	Harbin	45502155	30053253	45810	63747	10.00	8.10
齐齐哈尔市	Qiqihar	11760768	5920652	22139	44296	8.90	9.81
鸡西市	Jixi	5823381	2024560	31076	23435	13.60	10.50
鹤岗市	Hegang	3582393	2218857	32968	32985	13.50	13.50
双鸭山市	Shuangyashan	5654312	1853375	37490	37067	13.50	4.00
大庆市	Daqing	40010695	35536534	142067	262922	10.00	8.50
伊春市	Yichun	2600327	1659008	20686	20785	12.70	11.90
佳木斯市	Jiamusi	6682943	3304387	27774	40693	13.80	10.70
七台河市	Qitaihe	2989081	2317977	32308	40603	8.30	6.50
牡丹江市	Mudanjiang	9810518	3044685	37001	31298	14.10	9.50
黑河市	Heihe	3660823	256105	18892	20627	13.00	5.10
绥化市	Suihua	10579799	995698	18474	18245	12.30	17.00
上海市	**Shanghai**	**201817200**	**199453700**	**85373**	**86995**	**7.50**	**7.50**
江苏省	**Jiangsu**	**557581400**	**306300800**				
南京市	Nanjing	72015700	64669200	88525	88525	11.70	11.50
无锡市	Wuxi	75681500	39467900	117357	110164	10.10	9.80
徐州市	Xuzhou	40165800	24029300	46877	76923	13.20	12.90
常州市	Changzhou	39698700	30216400	85039	90107	11.50	11.60
苏州市	Suzhou	120116500	60479900	114029	111628	10.10	10.30
南通市	Nantong	45586700	17581300	62506	76060	11.80	11.70
连云港市	Lianyungang	16034200	5640000	36470	51556	12.70	11.60
淮安市	Huai'an	19209100	11729100	39992	44252	13.10	13.10
盐城市	Yancheng	31200000	8551000	43172	53039	12.70	13.40
扬州市	Yangzhou	29332000	19491900	65692	80824	11.70	12.00
镇江市	Zhenjiang	26304200	11519700	83650	293346	12.80	12.80
泰州市	Taizhou	27016700	7426300	58378	84094	12.50	13.40
宿迁市	Suqian	15220300	5498800	31722	37491	13.00	14.10
浙江省	**Zhejiang**	**346038624**	**164796765**				
杭州市	Hangzhou	78020058	62132487	88962	98697	9.00	8.90
宁波市	Ningbo	65822064	39509830	86228	112653	7.80	7.50

2-13 续表 2 continued

城市	City	地区生产总值(当年价格)(万元) Gross Regional Product (Current Prices) (100 million yuan) 全市 Total City	市辖区 Districts under City	人均地区生产总值(元) Per Capita GRP (yuan) 全市 Total City	市辖区 Districts under City	地区生产总值增长率(%) GRP Growth Rate (%) 全市 Total City	市辖区 Districts under City
温州市	Wenzhou	36691842	14441335	40103		6.69	5.30
嘉兴市	Jiaxing	28905730	7128150	63704	59079	8.70	7.45
湖州市	Huzhou	16643045	7456350	57350	57489	9.67	8.74
绍兴市	Shaoxing	36540321	5919786	82966	90513	9.75	8.42
金华市	Jinhua	27107675	5134109	50269	47481	10.25	10.03
衢州市	Quzhou	9722460	4031727	38476	48488	8.50	7.60
舟山市	Zhoushan	8531767	6227516	87883	88719	10.20	11.10
台州市	Taizhou	29112616	10493944	48505		7.10	7.60
丽水市	Lishui	8941046	2321531	42244	50766	10.50	9.20
安徽省	**Anhui**	**176253953**	**90787720**				
合肥市	Hefei	41643400	27475778	55186	75795	13.60	12.80
芜湖市	Wuhu	18736339	11125849	48742	89927	13.80	12.60
蚌埠市	Bengbu	8902164	4524987	27999	48716	13.05	11.51
淮南市	Huainan	7817510	5664483	33489	31314	12.70	12.70
马鞍山市	Maanshan	12320000	8107000	56217	96294	12.00	8.19
淮北市	Huaibei	6205393	4516178	29278	43217	13.22	12.16
铜陵市	Tongling	6213008	5188060	84819	107435	11.00	10.55
安庆市	Anqing	13597027	3534823	25592	45042	11.50	4.00
黄山市	Huangshan	4249452	1961498	28773	44723	11.60	11.50
滁州市	Chuzhou	9707413	2451039	24651	43114	13.08	15.00
阜阳市	Fuyang	9624981	3370877	12616	15916	11.69	12.28
宿州市	Suzhou	9149528	3773106	17308	18506	12.50	13.00
六安市	Lu'an	9182000	2473000	16248	13311	11.00	11.30
亳州市	Bozhou	7156572	2483012	14642	17303	11.90	11.50
池州市	Chizhou	4174466	2188523	29471	32699	12.30	12.40
宣城市	Xuancheng	7574700	1949507	29636	22520	12.60	10.00
福建省	**Fujian**	**197708590**	**87040595**				
福州市	Fuzhou	42182887	20835905	58304	70060	12.10	11.80
厦门市	Xiamen	28170697	28170697	77392	77392	12.10	12.10
莆田市	Putian	12027880	9988730	42957	50781	12.80	11.63
三明市	Sanming	13392862	2934284	53422	77812	12.20	9.10
泉州市	Quanzhou	47264953	10725677	57291	73290	12.26	11.62
漳州市	Zhangzhou	20177971	4878045	41433	66368	12.63	11.91
南平市	Nanping	9967580	2257493	37756	48144	11.00	8.50
龙岩市	Longyan	13746498	5411319	53590	79919	12.10	10.20
宁德市	Ningde	10777262	1838445	38015	42108	12.60	12.80
江西省	**Jiangxi**	**129472140**	**53662735**				
南昌市	Nanchang	30005236	20652851	58715	73711	12.50	12.70
景德镇市	Jingdezhen	6282524	3466690	39151	72328	11.60	11.60
萍乡市	Pingxiang	7330597	4599621	39186	75302	11.80	11.30
九江市	Jiujiang	14201046	6068451	29785	84897	12.00	13.20
新余市	Xinyu	8303232	6813214	72266	79920	10.30	10.20
鹰潭市	Yingtan	4821747	1366467	42449	63197	12.40	15.60
赣州市	Ganzhou	15084851	3368538	17873	45833	11.90	18.30
吉安市	Ji'an	10062610	1515146	18660	25027	11.30	12.18
宜春市	Yichun	12476000	1645565	22855	15597	11.60	12.70
抚州市	Fuzhou	8250400	2595372	20922	23607	10.80	13.30
上饶市	Shangrao	12653897	1570820	19077	37347	11.50	11.10

2-13 续表 3 continued 3

城 市	City	地区生产总值(当年价格)(万元) Gross Regional Product (Current Prices) (100 million yuan)		人均地区生产总值(元) Per Capita GRP (yuan)		地区生产总值增长率(%) GRP Growth Rate (%)	
		全 市 Total City	市辖区 Districts under City	全 市 Total City	市辖区 Districts under City	全 市 Total City	市辖区 Districts under City
山东省	**Shandong**	**508838086**	**240785073**				
济南市	Jinan	48036762	36328285	69444	82369	9.50	8.90
青岛市	Qingdao	73021100	47319000	82680	130514	10.60	12.10
淄博市	Zibo	35572100	27892540	77876	99301	10.50	10.40
枣庄市	Zaozhuang	17029205	8720605	45262	40700	10.70	10.00
东营市	Dongying	30006600	18908748	145395	182361	12.10	10.60
烟台市	Yantai	52813800	23768036	75672	132081	10.31	12.33
潍坊市	Weifang	40124300	10701151	43681	51750	10.60	12.10
济宁市	Jining	31893700	8546000	39165	63369	11.00	12.17
泰安市	Tai'an	25470100	7262616	41850	40375	10.69	11.12
威海市	Weihai	23378600	5938800	92148	90840	9.40	9.20
日照市	Rizhao	13525700	10326400	47851	83355	11.80	12.30
莱芜市	Laiwu	6314100	6314100	48212	48212	11.10	11.10
临沂市	Linyi	30128100	12271722	29808	46419	11.80	12.12
德州市	Dezhou	22305600	4733700	39710	77998	12.10	12.50
聊城市	Liaocheng	21467500	3762022	36573	32414	12.70	12.30
滨州市	Binzhou	19877262	4185830	52591	60863	10.76	8.48
菏泽市	Heze	17873557	3805518	21461	28091	13.02	13.20
河南省	**Henan**	**292314747**	**88945432**				
郑州市	Zhengzhou	55497869	28117837	62054	63850	12.20	13.20
开封市	Kaifeng	12070542	2732307	25922	30481	11.12	8.70
洛阳市	Luoyang	29811236	10592546	45316	50895	10.00	6.60
平顶山市	Pingdingshan	14957963	4502083	30380	43204	6.80	2.00
安阳市	Anyang	15668969	3958883	30624	33355	7.40	-0.80
鹤壁市	Hebi	5457806	2783690	34456	43041	10.90	8.60
新乡市	Xinxiang	16197714	5079206	28598	48083	11.40	8.20
焦作市	Jiaozuo	15513469	3410650	44029	37229	11.20	9.20
濮阳市	Puyang	9896987	3346203	27654	50330	12.10	4.40
许昌市	Xuchang	17161891	2708186	39947	53943	12.20	13.80
漯河市	Luohe	7971238	4720201	31211	36301	12.10	11.70
三门峡市	Sanmenxia	11273204	1439181	50408	44584	12.00	9.30
南阳市	Nanyang	23407260	5461903	23086	30053	10.10	9.10
商丘市	Shangqiu	13972750	2803238	19029	17057	10.80	10.90
信阳市	Xinyang	13973205	3542481	22347	27843	10.50	11.20
周口市	Zhoukou	15747181	1464677	17734	20812	10.60	6.90
驻马店市	Zhumadian	13735463	2282160	19592	26409	10.40	11.10
湖北省	**Hubei**	**215025200**	**121834024**				
武汉市	Wuhan	80038200	64849500	79482	94474	11.40	12.70
黄石市	Huangshi	10409500	5175300	42703	65201	12.00	10.50
十堰市	Shiyan	9556800	5766836	28471	73397	8.20	2.10
宜昌市	Yichang	25088900	11603383	61517	80412	12.60	11.70
襄阳市	Xiangyang	25019600	13037000	45167	57841	12.50	12.40

2-13 续表 4 continued 4

城 市	City	地区生产总值(当年价格)(万元) Gross Regional Product (Current Prices) (100 million yuan)		人均地区生产总值(元) Per Capita GRP (yuan)		地区生产总值增长率(%) GRP Growth Rate (%)	
		全 市 Total City	市辖区 Districts under City	全 市 Total City	市辖区 Districts under City	全 市 Total City	市辖区 Districts under City
鄂州市	Ezhou	5603900	5603900	53192	53192	14.16	14.16
荆门市	Jingmen	10852600	3734500	37649	56234	12.20	12.20
孝感市	Xiaogan	11051600	1990440	20934	20810	12.20	12.10
荆州市	Jingzhou	11960200	4129765	20912	34111	11.10	11.60
黄冈市	Huanggang	11928800	1402800	19220	39458	10.60	12.60
咸宁市	Xianning	7609900	1839000	30791	35782	12.20	12.40
随州市	Suizhou	5905200	2701600	27163	45030	12.00	13.00
湖南省	**Hunan**	**226080044**	**102054831**				
长沙市	Changsha	63999097	40336032	89903	110102	13.00	13.00
株洲市	Zhuzhou	17613222	8762825	45235	74324	12.04	11.39
湘潭市	Xiangtan	12823929	7738011	46249	73381	12.30	11.40
衡阳市	Hengyang	19577018	5628724	27258	49435	11.80	16.20
邵阳市	Shaoyang	10284120	2083445	14406	27511	11.70	13.40
岳阳市	Yueyang	21999170	9413854	39968	75598	12.22	12.17
常德市	Changde	20385039	9700532	35475	73623	12.13	14.00
张家界市	Zhangjiajie	3389855	1719560	22658	34105	11.63	11.24
益阳市	Yiyang	10202773	4149430	23572	33393	11.94	12.27
郴州市	Chenzhou	15172679	4347614	32848	52148	12.43	12.17
永州市	Yongzhou	10595951	3058804	20239	29709	11.04	10.93
怀化市	Huaihua	10010673	2200490	21018	39577	12.00	13.60
娄底市	Loudi	10026518	2915510	26367	58322	11.91	11.76
广东省	**Guangdong**	**604350640**	**492564319**				
广州市	Guangzhou	135512072	124549279	105909	111704	10.50	10.30
韶关市	Shaoguan	9064760	4498729	31702	44848	10.00	11.10
深圳市	Shenzhen	129500601	129500601	123247	123247	10.00	10.00
珠海市	Zhuhai	15037642	15037642	95471	95471	7.00	7.00
汕头市	Shantou	14250138	14126700	26231	26297	9.54	9.59
佛山市	Foshan	66130223	66130223	91259	91259	8.17	8.17
江门市	Jiangmen	18803941	10390159	42028	55238	8.10	5.40
湛江市	Zhanjiang	18602206	9435601	24531	56948	9.60	7.10
茂名市	Maoming	19361785	6365765	32678	51507	10.60	9.00
肇庆市	Zhaoqing	14623503	5162827	36864	71221	11.00	9.10
惠州市	Huizhou	23675499	15574090	50873	57778	12.60	12.20
梅州市	Meizhou	7459800	1498100	17425	38900	10.10	6.90
汕尾市	Shanwei	6104079	1838662	20608	35702	13.50	14.90
河源市	Heyuan	6152596	1991139	20536	42248	11.60	11.10
阳江市	Yangjiang	8870330	3021054	36096	43730	13.00	13.20
清远市	Qingyuan	10250321	3615896	27320	43962	5.10	3.70
东莞市	Dongguan	50101727	50101727	58804	58804	6.10	6.10
中山市	Zhongshan	24410432	24410432	77527	77527	11.00	11.00
潮州市	Chaozhou	7066543	1218772	26252	26739	10.60	7.80
揭阳市	Yeyang	13967948	2962071	23532	39573	11.34	7.94
云浮市	Yunfu	5404494	1134850	22539	35559	12.80	8.70

2-13 续表 5 continued 5

城市	City	地区生产总值(当年价格)(万元) Gross Regional Product (Current Prices) (100 million yuan)		人均地区生产总值(元) Per Capita GRP (yuan)		地区生产总值增长率(%) GRP Growth Rate (%)	
		全市 Total City	市辖区 Districts under City	全市 Total City	市辖区 Districts under City	全市 Total City	市辖区 Districts under City
广西壮族自治区	**Guangxi**	**128757240**	**64981501**				
南宁市	Nanning	25031812	17871703	35133	65301	12.30	12.30
柳州市	Liuzhou	18206066	13237093	47795	85307	11.51	11.69
桂林市	Guilin	14850212	4356047	30849	43474	13.13	9.81
梧州市	Wuzhou	8325790	2845446	28523	51353	13.60	15.10
北海市	Beihai	6307923	4664498	40418	58819	21.80	25.70
防城港市	Fangchenggang	4439937	3319002	50302	62777	12.21	9.76
钦州市	Qinzhou	6913216	4346209	22147	35978	11.80	15.30
贵港市	Guigang	6791828	3026532	16281	19956	10.20	10.00
玉林市	Yulin	11020800	3009916	19822	28050	10.90	9.50
百色市	Baise	7552415	1659869	21539	43767	9.20	12.52
贺州市	Hezhou	3942144	2200977	19904	21483	9.00	8.60
河池市	Hechi	4927088	832698	14472	24909	-0.70	-4.01
来宾市	Laibin	5142945	2527972	24183	27461	11.73	9.96
崇左市	Chongzuo	5305064	1083539	26288	33546	11.75	11.50
海南省	**Hainan**	**11497175**	**11497175**				
海口市	Haikou	8187550	8187550	38634	38634	9.30	9.30
三亚市	Sanya	3309625	3309625	46366	46366	9.30	9.30
三沙市	sansha						
重庆市	**Chongqing**	**114096000**	**87600800**	**38914**	**49486**	**13.60**	**13.30**
四川省	**Sichuan**	**234470454**	**119483480**				
成都市	Chengdu	81389438	57317309	57624	74167	13.00	13.50
自贡市	Zigong	8847971	5759226	32787	45015	13.92	13.80
攀枝花市	Panzhihua	7400348	5443001	60391	68174	14.00	12.90
泸州市	Luzhou	10304538	5284724	24317	37973	14.80	14.80
德阳市	Deyang	12802046	3819870	35945	51725	13.00	11.20
绵阳市	Mianyang	13464220	6254214	27056	45628	13.30	13.85
广元市	Guangyuan	4686575	2250156	18627	25483	13.78	14.15
遂宁市	Suining	6824097	2666292	20908	20455	13.90	14.08
内江市	Neijiang	9781812	3586021	26341	28539	13.60	13.60
乐山市	Leshan	10377500	5067986	30386	39409	14.40	14.91
南充市	Nanchong	11803603	4307669	18757	22575	14.20	14.30
眉山市	Meishan	7752152	2671989	26168	32360	14.50	15.20
宜宾市	Yibin	12427582	5131088	27865	43743	14.06	13.10
广安市	Guang'an	7522228	2195509	23410	25511	14.00	14.10
达州市	Dazhou	11354623	1588781	20685	32826	13.60	13.60
雅安市	Yaan	3980524	1616600	26157	50339	14.00	13.20
巴中市	Bazhong	3904003	1346558	11823	12997	13.90	14.00
资阳市	Ziyang	9847194	3176487	27283	35820	14.30	14.40
贵州省	**Guizhou**	**54573733**	**23695335**				
贵阳市	Guiyang	17003048	13054902	38447	41776	15.90	16.90
六盘水市	Liupanshui	7386526	2567581	25877	41359	16.00	15.90
遵义市	Zunyi	13439251	3855030	22001	34452	15.90	17.30
安顺市	Anshun	3526171	1396137	15454	18365	15.40	15.30
毕节市	Bijie	8779637	1844167	13461	16306	15.30	17.70
铜仁市	Tongren	4439100	977518	14379	19287	15.30	17.30

2-13 续表 6 continued 6

城　市	City	地区生产总值(当年价格)(万元) Gross Regional Product (Current Prices) (100 million yuan)		人均地区生产总值(元) Per Capita GRP (yuan)		地区生产总值增长率(%) GRP Growth Rate (%)	
		全　市 Total City	市辖区 Districts under City	全　市 Total City	市辖区 Districts under City	全　市 Total City	市辖区 Districts under City
云南省	**Yunnan**	**72891065**	**38264591**				
昆明市	Kunming	30111433	23078441	46256	59163	14.10	13.85
曲靖市	Qujing	14001655	4289697	23661	57061	13.00	14.60
玉溪市	Yuxi	10001749	5629474	43037	112702	12.20	10.30
保山市	Baoshan	3899564	1491327	15397	15775	15.10	14.20
昭通市	Zhaotong	5555967	1704649	10528	21349	16.10	13.20
丽江市	Lijiang	2122389	741018	16870	34765	15.80	16.10
普洱市	Simao	3668537	771565	14286	25380	15.60	16.10
临沧市	Lincang	3529771	558420	14376	17090	16.80	17.40
西藏自治区	**Tibet**	**2601358**	**536140**				
拉萨市	Lasa	2601358	536140	45019	90470	12.40	14.20
陕西省	**Shaanxi**	**143568990**	**65607059**				
西安市	Xi'an	43661000	36594700	51166	56203	11.80	11.60
铜川市	Tongchuan	2733060	2520990	32556	33721	15.80	15.70
宝鸡市	Baoji	13743280	7781599	36826	55411	15.10	14.50
咸阳市	Xianyang	15736770	5898810	31982	62034	14.50	14.16
渭南市	Weinan	11537980	2625230	21717	29669	14.50	17.40
延安市	Yan'an	12710200	2033100	57876	43738	10.50	13.10
汉中市	Hanzhong	7545720	1562890	22084	29167	15.20	14.50
榆林市	Yulin	26698800	4010900	79587	62719	12.00	12.30
安康市	Ankang	4969080	1592780	18878	18291	15.20	14.60
商洛市	Shangluo	4233100	986060	18097	18568	14.80	14.30
甘肃省	**Gansu**	**54341497**	**32375963**				
兰州市	Lanzhou	15638180	13435434	43175	47240	11.30	11.18
嘉峪关市	Jiayuguan	2691460	2691460	115123	115123	16.40	16.40
金昌市	Jinchang	2433884	1915873	52157	83244	16.54	16.90
白银市	Baiyin	4337651	2856951	25274	58033	14.68	14.10
天水市	Tianshui	4128747	2475216	12593	20499	13.20	13.70
武威市	Wuwei	3415423	2148322	18759	21182	15.10	15.00
张掖市	Zhangye	2919280	1238167	24204	24282	12.20	10.40
平凉市	Pingliang	3245086	1010595	15607	19711	13.80	13.90
酒泉市	Jiuquan	5745681	1845200	52116	42526	16.10	16.80
庆阳市	Qingyang	5293638	1613670	23882	42532	15.90	8.00
定西市	Dingxi	2232711	464076	8157	10981	12.70	14.00
陇南市	Longnan	2259756	680999	8809	12202	12.80	13.70
青海省	**Qinghai**	**8510857**	**5928942**				
西宁市	Xining	8510857	5928942	38034	52852	15.00	15.60
宁夏回族自治区	**Ningxia**	**22849738**	**13000923**				
银川市	Yinchuan	11509344	7135115	56528	54053	12.50	11.70
石嘴山市	Shizuishan	4099688	2982162	55566	62012	12.10	12.30
吴忠市	Wuzhong	3150281	1022159	24166	26422	13.80	15.00
固原市	Guyuan	1584544	678402	12619	16096	12.00	12.10
中卫市	Zhongwei	2505881	1183085	22779	30722	12.20	12.20
新疆维吾尔自治区	**Xinjiang**	**28147781**	**27990297**				
乌鲁木齐市	Urumqi	20040727	19883243	59645	60924	17.30	17.38
克拉玛依市	Karamay	8107054	8107054	135018	135018	6.00	6.00

2-14 地区生产总值构成

Composition of Gross Regional Product

单位：(%) (%)

城 市	City	第一产业占GDP的比重 Primary Industry as Percentage to GRP 全 市 Total City	市辖区 Districts under City	第二产业占GDP的比重 Secondary Industry as Percentage to GRP 全 市 Total City	市辖区 Districts under City	第三产业占GDP的比重 Tertiary Industry as Percentage to GRP 全 市 Total City	市辖区 Districts under City
城市合计	**Prefecture Cities**	**8.32**	**2.81**	**50.36**	**48.57**	**41.33**	**48.62**
北京市	**Beijing**	**0.84**	**0.69**	**22.70**	**22.45**	**76.46**	**76.86**
天津市	**Tianjin**	**1.33**	**0.84**	**51.68**	**51.41**	**46.99**	**47.75**
河北省	**Hebei**	**12.06**	**2.74**	**53.09**	**50.17**	**34.85**	**47.09**
石家庄市	Shijiazhuang	10.05	0.53	49.79	25.91	40.16	73.56
唐山市	Tangshan	9.02	4.69	59.26	59.67	31.72	35.64
秦皇岛市	Qinhuangdao	13.38	1.45	39.29	37.84	47.33	60.71
邯郸市	Handan	12.69	0.93	53.59	53.69	33.71	45.38
邢台市	Xingtai	15.69	1.53	54.15	58.90	30.16	39.58
保定市	Baoding	13.90	1.24	54.98	66.23	31.12	32.53
张家口市	Zhangjiakou	16.68	2.55	42.89	51.81	40.43	45.63
承德市	Chengde	15.67	1.93	52.91	58.64	31.42	39.43
沧州市	Cangzhou	11.35	1.06	52.59	51.43	36.06	47.51
廊坊市	Langfang	11.06	5.28	53.98	39.46	34.96	55.27
衡水市	Hengshui	18.70	9.06	51.72	58.65	29.58	32.29
山西省	**Shanxi**	**5.65**	**1.82**	**56.96**	**48.06**	**37.39**	**50.12**
太原市	Taiyuan	1.56	0.71	44.80	43.51	53.64	55.78
大同市	Datong	5.34	1.32	50.70	53.87	43.96	44.81
阳泉市	Yangquan	1.53	0.60	58.89	55.30	39.59	44.10
长治市	Changzhi	4.02	1.10	67.36	51.22	28.62	47.69
晋城市	Jincheng	4.22	0.55	64.55	43.32	31.23	56.12
朔州市	Shuozhou	5.06	3.01	59.18	63.15	35.76	33.84
晋中市	Jinzhong	8.49	7.88	54.58	40.64	36.93	51.47
运城市	Yuncheng	16.56	6.82	46.07	33.23	37.37	59.94
忻州市	Xinzhou	9.22	7.08	51.61	40.11	39.17	52.81
临汾市	Linfen	6.64	3.52	62.14	39.01	31.22	57.47
吕梁市	Lvliang	4.47	2.04	73.23	53.97	22.30	44.00
内蒙古自治区	**Inner Mongolia**	**7.90**	**2.80**	**54.55**	**48.01**	**37.55**	**49.20**
呼和浩特市	Hohhot	4.87	1.50	36.45	26.39	58.68	72.12
包头市	Baotou	2.63	0.97	55.30	52.16	42.07	46.87
乌海市	Wuhai	0.86	0.86	73.45	73.45	25.69	25.69
赤峰市	Chifeng	15.14	8.43	55.37	57.64	29.50	33.92
通辽市	Tongliao	13.76	7.98	63.16	62.83	23.09	29.19
鄂尔多斯市	Erdos	2.46	0.17	60.52	39.59	37.01	60.23
呼伦贝尔市	Hulunbuir	17.90	3.36	47.15	50.69	34.95	45.94
巴彦淖尔市	Bayannur	18.59	16.52	58.87	52.11	22.54	31.37
乌兰察布市	Ulanqab	15.56	2.92	54.99	53.91	29.46	43.17
辽宁省	**Liaoning**	**8.24**	**2.18**	**53.28**	**52.53**	**38.48**	**45.29**
沈阳市	Shenyang	4.77	1.71	51.24	49.01	43.99	49.28
大连市	Dalian	6.45	2.12	51.90	47.16	41.65	50.73
鞍山市	Anshan	5.12	0.82	53.23	52.20	41.65	46.98
抚顺市	Fushun	6.88	2.39	59.59	61.01	33.53	36.60
本溪市	Benxi	5.41	1.96	60.65	63.18	33.94	34.86
丹东市	Dandong	13.79	3.08	50.08	46.10	36.13	50.82
锦州市	Jinzhou	15.31	4.21	49.59	51.72	35.10	44.07
营口市	Yingkou	7.50	3.25	53.50	56.80	39.00	39.95

2-14 续表 1 continued 1

单位：(%) (%)

城 市	City	第一产业占GDP的比重 Primary Industry as Percentage to GRP		第二产业占GDP的比重 Secondary Industry as Percentage to GRP		第三产业占GDP的比重 Tertiary Industry as Percentage to GRP	
		全 市 Total City	市辖区 Districts under City	全 市 Total City	市辖区 Districts under City	全 市 Total City	市辖区 Districts under City
阜新市	Fuxin	22.39	2.10	45.68	62.10	31.92	35.81
辽阳市	Liaoyang	6.32	2.65	63.18	56.83	30.50	40.52
盘锦市	Panjin	8.71	0.46	67.76	73.42	23.53	26.12
铁岭市	Tieling	19.82	2.84	51.80	65.82	28.38	31.33
朝阳市	Chaoyang	22.27	7.71	49.49	47.48	28.24	44.81
葫芦岛市	Huludao	13.33	7.10	47.67	57.47	39.00	35.43
吉林省	**Jilin**	**11.36**	**2.34**	**50.95**	**57.71**	**37.70**	**39.95**
长春市	Changchun	7.11	0.93	51.43	57.66	41.46	41.41
吉林市	Jilin	9.99	3.45	49.69	51.37	40.32	45.19
四平市	Siping	25.28	3.21	45.75	61.39	28.97	35.40
辽源市	Liaoyuan	8.89	1.29	58.97	59.12	32.14	39.59
通化市	Tonghua	9.89	1.75	53.00	65.04	37.12	33.21
白山市	Baishan	8.33	4.99	60.38	62.53	31.28	32.48
松原市	Songyuan	15.88	3.13	48.61	70.46	35.51	26.40
白城市	Baicheng	17.97	15.05	47.28	40.38	34.75	44.57
黑龙江省	**Heilongjiang**	**16.98**	**3.58**	**48.28**	**59.56**	**34.73**	**36.87**
哈尔滨市	Harbin	11.14	2.27	36.02	39.04	52.84	58.68
齐齐哈尔市	Qiqihar	24.21	3.80	37.35	47.25	38.44	48.95
鸡西市	Jixi	28.37	5.95	40.91	60.30	30.71	33.75
鹤岗市	Hegang	29.44	5.93	46.85	68.29	23.71	25.78
双鸭山市	Shuangyashan	32.69	2.28	45.62	64.90	21.69	32.83
大庆市	Daqing	3.85	1.10	80.88	83.73	15.27	15.17
伊春市	Yichun	35.24	26.44	33.81	39.78	30.95	33.79
佳木斯市	Jiamusi	30.19	5.61	25.81	36.59	44.01	57.80
七台河市	Qitaihe	10.23	7.20	58.22	61.05	31.55	31.74
牡丹江市	Mudanjiang	19.21	4.75	43.08	46.69	37.72	48.56
黑河市	Heihe	49.89	33.24	17.10	25.62	33.01	41.14
绥化市	Suihua	40.46	58.02	26.48	11.82	33.06	30.16
上海市	**Shanghai**	**0.63**	**0.53**	**38.92**	**38.75**	**60.45**	**60.72**
江苏省	**Jiangsu**	**5.42**	**2.65**	**50.92**	**50.95**	**43.66**	**46.40**
南京市	Nanjing	2.57	1.94	44.03	42.61	53.40	55.45
无锡市	Wuxi	1.81	1.06	53.01	50.34	45.17	48.60
徐州市	Xuzhou	9.52	2.82	49.01	54.39	41.47	42.79
常州市	Changzhou	3.18	1.98	52.92	54.05	43.90	43.98
苏州市	Suzhou	1.62	1.20	54.13	53.26	44.24	45.54
南通市	Nantong	7.00	3.08	52.96	52.48	40.04	44.45
连云港市	Lianyungang	14.49	5.62	45.91	50.78	39.60	43.60
淮安市	Huai'an	12.91	9.75	46.29	48.92	40.80	41.33
盐城市	Yancheng	14.62	8.32	47.21	60.48	38.17	31.20
扬州市	Yangzhou	7.00	3.75	53.00	54.85	40.01	41.40
镇江市	Zhenjiang	4.40	2.41	53.97	52.24	41.63	45.35
泰州市	Taizhou	7.10	2.27	53.10	59.82	39.80	37.91
宿迁市	Suqian	14.90	10.18	47.10	52.23	38.00	37.58
浙江省	**Zhejiang**	**4.84**	**2.60**	**50.59**	**46.86**	**44.57**	**50.55**
杭州市	Hangzhou	3.27	1.82	45.79	43.03	50.94	55.15
宁波市	Ningbo	4.08	1.54	53.43	51.91	42.49	46.56

2-14 续表 2 continued 2

单位：(%) (%)

城市	City	第一产业占GDP的比重 Primary Industry as Percentage to GRP		第二产业占GDP的比重 Secondary Industry as Percentage to GRP		第三产业占GDP的比重 Tertiary Industry as Percentage to GRP	
		全市 Total City	市辖区 Districts under City	全市 Total City	市辖区 Districts under City	全市 Total City	市辖区 Districts under City
温州市	Wenzhou	3.11	0.77	50.50	47.83	46.39	51.39
嘉兴市	Jiaxing	5.24	4.44	55.46	48.78	39.30	46.78
湖州市	Huzhou	7.37	6.11	53.26	53.28	39.37	40.62
绍兴市	Shaoxing	5.06	1.39	53.71	43.46	41.24	55.15
金华市	Jinhua	4.96	6.01	49.61	43.66	45.43	50.33
衢州市	Quzhou	8.20	6.89	53.11	50.96	38.69	42.15
舟山市	Zhoushan	9.74	6.98	44.88	44.78	45.38	48.24
台州市	Taizhou	6.90	3.84	48.76	47.19	44.34	48.97
丽水市	Lishui	8.88	6.56	50.27	43.38	40.85	50.06
安徽省	**Anhui**	**12.36**	**4.74**	**55.16**	**57.56**	**32.48**	**37.70**
合肥市	Hefei	5.50	0.44	55.32	53.87	39.17	45.69
芜湖市	Wuhu	6.28	1.51	65.87	66.55	27.85	31.95
蚌埠市	Bengbu	17.85	3.02	50.00	58.56	32.16	38.41
淮南市	Huainan	7.75	6.08	64.09	62.33	28.16	31.59
马鞍山市	Maanshan	5.80	1.30	66.47	68.53	27.73	30.17
淮北市	Huaibei	8.29	3.52	66.13	70.22	25.58	26.25
铜陵市	Tongling	1.90	0.58	73.44	73.77	24.66	25.64
安庆市	Anqing	14.43	3.64	55.85	50.83	29.72	45.53
黄山市	Huangshan	11.42	6.83	46.25	45.02	42.33	48.15
滁州市	Chuzhou	19.86	7.23	52.29	62.20	27.85	30.56
阜阳市	Fuyang	25.91	14.90	41.30	40.96	32.79	44.14
宿州市	Suzhou	25.94	16.07	41.42	46.57	32.64	37.36
六安市	Lu'an	21.65	23.49	46.11	39.02	32.24	37.48
亳州市	Bozhou	25.31	20.81	40.36	43.80	34.33	35.39
池州市	Chizhou	14.89	11.87	48.92	52.52	36.19	35.60
宣城市	Xuancheng	14.74	17.25	52.16	39.71	33.10	43.04
福建省	**Fujian**	**9.05**	**2.78**	**52.14**	**49.49**	**38.81**	**47.73**
福州市	Fuzhou	8.72	0.62	45.44	36.50	45.84	62.88
厦门市	Xiamen	0.89	0.89	48.77	48.77	50.33	50.33
莆田市	Putian	8.92	8.15	58.21	60.47	32.87	31.38
三明市	Sanming	15.75	4.49	50.95	53.24	33.30	42.27
泉州市	Quanzhou	3.40	1.42	62.22	58.09	34.39	40.49
漳州市	Zhangzhou	15.88	2.44	47.96	49.87	36.16	47.69
南平市	Nanping	23.53	13.83	42.80	53.83	33.67	32.34
龙岩市	Longyan	11.78	4.26	57.06	65.61	31.16	30.13
宁德市	Ningde	18.69	15.16	47.84	38.22	33.48	46.61
江西省	**Jiangxi**	**11.10**	**3.19**	**55.38**	**53.87**	**33.51**	**42.94**
南昌市	Nanchang	4.91	0.64	56.45	50.97	38.65	48.39
景德镇市	Jingdezhen	7.80	1.67	59.49	59.88	32.71	38.45
萍乡市	Pingxiang	7.25	4.26	60.80	62.31	31.96	33.43
九江市	Jiujiang	8.33	1.27	56.96	49.44	34.71	49.29
新余市	Xinyu	5.81	4.89	63.19	63.89	31.00	31.22
鹰潭市	Yingtan	8.60	1.89	63.45	50.05	27.96	48.06
赣州市	Ganzhou	16.73	2.13	46.19	56.13	37.08	41.74
吉安市	Ji'an	17.94	10.18	51.73	47.52	30.33	42.30
宜春市	Yichun	16.24	15.10	56.28	39.70	27.47	45.19
抚州市	Fuzhou	18.42	13.55	52.84	57.44	28.74	29.01
上饶市	Shangrao	15.24	4.01	52.36	41.38	32.40	54.60

2-14 续表 3 continued 3

单位：(%) (%)

城 市	City	第一产业占GDP的比重 Primary Industry as Percentage to GRP		第二产业占GDP的比重 Secondary Industry as Percentage to GRP		第三产业占GDP的比重 Tertiary Industry as Percentage to GRP	
		全 市 Total City	市辖区 Districts under City	全 市 Total City	市辖区 Districts under City	全 市 Total City	市辖区 Districts under City
山东省	**Shandong**	**7.62**	**3.10**	**52.85**	**52.94**	**39.53**	**43.96**
济南市	Jinan	5.27	2.11	40.35	35.39	54.39	62.50
青岛市	Qingdao	4.44	1.38	46.59	48.03	48.96	50.59
淄博市	Zibo	3.48	2.16	59.07	58.88	37.45	38.96
枣庄市	Zaozhuang	7.81	7.78	58.21	61.68	33.98	30.54
东营市	Dongying	3.48	1.36	70.85	73.69	25.67	24.95
烟台市	Yantai	7.14	2.83	56.52	56.55	36.33	40.62
潍坊市	Weifang	9.73	3.58	53.99	55.93	36.28	40.49
济宁市	Jining	11.66	4.12	52.47	57.84	35.87	38.04
泰安市	Tai'an	9.15	7.91	50.67	43.91	40.18	48.18
威海市	Weihai	7.70	4.83	53.44	54.55	38.86	40.62
日照市	Rizhao	8.70	5.14	53.53	62.30	37.77	32.56
莱芜市	Laiwu	7.00	7.00	57.84	57.84	35.16	35.16
临沂市	Linyi	9.67	2.23	48.57	56.63	41.76	41.14
德州市	Dezhou	10.96	2.49	54.19	54.85	34.86	42.65
聊城市	Liaocheng	12.01	10.50	55.26	51.55	32.73	37.95
滨州市	Binzhou	9.53	4.76	52.60	50.80	37.86	44.44
菏泽市	Heze	13.48	7.54	54.51	43.47	32.01	49.00
河南省	**Henan**	**12.83**	**3.76**	**56.45**	**52.14**	**30.73**	**44.11**
郑州市	Zhengzhou	2.57	0.46	56.45	44.49	40.98	55.05
开封市	Kaifeng	21.35	5.72	44.18	40.61	34.47	53.67
洛阳市	Luoyang	7.51	1.28	59.98	52.59	32.51	46.13
平顶山市	Pingdingshan	9.75	1.60	60.89	65.72	29.36	32.68
安阳市	Anyang	11.96	2.03	57.49	52.37	30.55	45.61
鹤壁市	Hebi	10.65	3.97	70.47	73.28	18.88	22.75
新乡市	Xinxiang	12.37	1.66	57.15	48.93	30.48	49.41
焦作市	Jiaozuo	7.89	3.51	67.46	53.74	24.65	42.75
濮阳市	Puyang	13.92	4.70	65.12	71.37	20.96	23.92
许昌市	Xuchang	10.36	0.66	67.02	69.62	22.62	29.72
漯河市	Luohe	12.30	10.17	68.49	65.78	19.22	24.05
三门峡市	Sanmenxia	8.03	2.32	67.99	52.28	23.98	45.40
南阳市	Nanyang	18.10	7.63	52.16	48.11	29.74	44.27
商丘市	Shangqiu	23.13	17.13	46.75	49.25	30.12	33.62
信阳市	Xinyang	27.03	16.51	39.96	47.69	33.02	35.80
周口市	Zhoukou	26.52	5.31	47.59	50.02	25.89	44.67
驻马店市	Zhumadian	26.64	9.12	42.82	53.97	30.54	36.91
湖北省	**Hubei**	**11.76**	**4.01**	**51.30**	**52.39**	**36.94**	**43.60**
武汉市	Wuhan	3.76	1.34	48.35	45.85	47.89	52.81
黄石市	Huangshi	8.25	0.85	61.96	65.82	29.79	33.32
十堰市	Shiyan	12.68	0.64	51.30	61.65	36.02	37.71
宜昌市	Yichang	12.16	4.89	60.31	66.81	27.53	28.31
襄阳市	Xiangyang	14.28	8.96	57.08	58.78	28.64	32.26

2-14 续表 4 continued 4

单位：(%) (%)

城 市	City	第一产业占GDP的比重 Primary Industry as Percentage to GRP		第二产业占GDP的比重 Secondary Industry as Percentage to GRP		第三产业占GDP的比重 Tertiary Industry as Percentage to GRP	
		全 市 Total City	市辖区 Districts under City	全 市 Total City	市辖区 Districts under City	全 市 Total City	市辖区 Districts under City
鄂州市	Ezhou	12.35	12.35	60.03	60.03	27.61	27.61
荆门市	Jingmen	16.47	6.86	54.14	58.50	29.40	34.64
孝感市	Xiaogan	20.36	13.09	47.83	45.96	31.81	40.95
荆州市	Jingzhou	24.48	10.54	43.69	54.64	31.83	34.82
黄冈市	Huanggang	27.90	8.79	38.97	48.69	33.13	42.52
咸宁市	Xianning	19.09	12.97	47.27	52.51	33.64	34.51
随州市	Suizhou	19.35	7.14	48.16	49.97	32.49	42.89
湖南省	**Hunan**	**11.52**	**3.60**	**52.34**	**52.25**	**36.14**	**44.15**
长沙市	Changsha	4.25	1.41	56.13	46.56	39.61	52.04
株洲市	Zhuzhou	8.21	2.21	60.34	63.22	31.44	34.57
湘潭市	Xiangtan	8.62	2.14	59.70	64.71	31.67	33.15
衡阳市	Hengyang	16.49	3.40	48.50	58.87	35.01	37.72
邵阳市	Shaoyang	24.58	5.83	38.71	52.21	36.72	41.96
岳阳市	Yueyang	11.66	3.63	55.54	57.06	32.80	39.31
常德市	Changde	14.84	5.70	49.47	56.45	35.69	37.85
张家界市	Zhangjiajie	12.47	8.61	25.20	19.15	62.33	72.23
益阳市	Yiyang	19.98	12.07	44.96	55.65	35.06	32.28
郴州市	Chenzhou	10.35	4.34	57.93	51.12	31.72	44.54
永州市	Yongzhou	23.04	17.32	38.75	44.07	38.21	38.61
怀化市	Huaihua	14.51	3.48	44.87	31.49	40.62	65.03
娄底市	Loudi	14.95	3.32	55.06	63.32	29.99	33.36
广东省	**Guangdong**	**4.80**	**1.61**	**46.17**	**46.74**	**49.03**	**51.64**
广州市	Guangzhou	1.58	1.15	34.84	32.86	63.59	65.98
韶关市	Shaoguan	13.58	5.16	41.87	42.61	44.54	52.23
深圳市	Shenzhen	0.05	0.05	44.31	44.31	55.65	55.65
珠海市	Zhuhai	2.59	2.59	51.63	51.63	45.78	45.78
汕头市	Shantou	5.65	5.45	51.94	52.02	42.41	42.54
佛山市	Foshan	1.97	1.97	62.20	62.20	35.83	35.83
江门市	Jiangmen	7.95	4.25	51.10	62.25	40.95	33.50
湛江市	Zhanjiang	20.69	6.54	38.87	48.03	40.43	45.43
茂名市	Maoming	17.77	6.26	40.78	52.24	41.45	41.51
肇庆市	Zhaoqing	16.32	2.58	45.77	57.00	37.91	40.42
惠州市	Huizhou	5.26	2.24	58.17	64.68	36.57	33.07
梅州市	Meizhou	21.33	4.09	36.36	54.52	42.31	41.40
汕尾市	Shanwei	16.26	9.95	46.56	59.32	37.18	30.73
河源市	Heyuan	12.76	1.19	51.86	53.96	35.38	44.85
阳江市	Yangjiang	19.84	11.96	46.10	45.85	34.06	42.19
清远市	Qingyuan	14.90	5.93	40.64	49.65	44.46	44.42
东莞市	Dongguan	0.37	0.37	47.42	47.42	52.21	52.21
中山市	Zhongshan	2.55	2.55	55.45	55.45	42.00	42.00
潮州市	Chaozhou	7.00	1.31	55.01	44.98	37.99	53.71
揭阳市	Yeyang	10.04	1.15	61.52	60.17	28.44	38.68
云浮市	Yunfu	23.90	9.51	44.18	56.20	31.92	34.29

2-14 续表 5 continued 5

单位：(%) (%)

城 市	City	第一产业占GDP的比重 Primary Industry as Percentage to GRP		第二产业占GDP的比重 Secondary Industry as Percentage to GRP		第三产业占GDP的比重 Tertiary Industry as Percentage to GRP	
		全 市 Total City	市辖区 Districts under City	全 市 Total City	市辖区 Districts under City	全 市 Total City	市辖区 Districts under City
广西壮族自治区	**Guangxi**	**17.08**	**8.76**	**47.72**	**48.84**	**35.19**	**42.40**
南宁市	Nanning	12.90	6.59	38.38	35.93	48.72	57.47
柳州市	Liuzhou	8.10	1.12	63.02	69.14	28.88	29.74
桂林市	Guilin	18.31	2.07	46.97	40.08	34.73	57.85
梧州市	Wuzhou	12.59	2.82	63.08	59.85	24.32	37.33
北海市	Beihai	20.30	13.73	49.15	55.80	30.55	30.47
防城港市	Fangchenggang	13.77	9.62	52.60	56.91	33.62	33.47
钦州市	Qinzhou	24.13	19.67	41.83	43.34	34.04	36.99
贵港市	Guigang	21.89	18.66	40.25	34.99	37.86	46.34
玉林市	Yulin	20.80	10.91	43.77	39.63	35.44	49.46
百色市	Baise	18.16	12.38	54.84	57.87	27.00	29.75
贺州市	Hezhou	21.67	18.75	46.56	52.57	31.77	28.68
河池市	Hechi	25.64	12.22	35.38	40.97	38.97	46.81
来宾市	Laibin	24.70	20.46	45.90	45.69	29.40	33.85
崇左市	Chongzuo	26.95	23.05	40.90	43.94	32.16	33.01
海南省	**Hainan**	**8.93**	**8.93**	**23.47**	**23.47**	**67.60**	**67.60**
海口市	Haikou	6.83	6.83	24.63	24.63	68.54	68.54
三亚市	Sanya	14.12	14.12	20.60	20.60	65.28	65.28
三沙市	sansha						
重庆市	**Chongqing**	**8.24**	**5.60**	**52.37**	**52.83**	**39.39**	**41.57**
四川省	**Sichuan**	**12.44**	**5.82**	**53.59**	**53.69**	**33.98**	**40.48**
成都市	Chengdu	4.28	1.40	46.27	44.45	49.46	54.15
自贡市	Zigong	12.36	7.15	59.82	64.03	27.82	28.82
攀枝花市	Panzhihua	3.48	1.56	75.86	76.66	20.66	21.79
泸州市	Luzhou	13.94	7.74	60.56	66.45	25.51	25.81
德阳市	Deyang	15.16	7.73	60.17	64.58	24.67	27.69
绵阳市	Mianyang	16.28	6.41	52.45	60.86	31.27	32.72
广元市	Guangyuan	19.59	10.99	47.00	54.64	33.41	34.38
遂宁市	Suining	22.04	21.71	52.64	47.83	25.33	30.46
内江市	Neijiang	16.70	14.24	62.37	62.70	20.93	23.05
乐山市	Leshan	11.92	7.00	62.05	67.65	26.03	25.35
南充市	Nanchong	22.91	14.87	51.65	55.43	25.44	29.69
眉山市	Meishan	17.53	13.85	57.19	58.58	25.28	27.57
宜宾市	Yibin	14.64	7.28	62.28	67.10	23.08	25.61
广安市	Guang'an	18.61	15.00	52.20	53.34	29.19	31.66
达州市	Dazhou	21.93	7.09	53.30	60.30	24.77	32.61
雅安市	Yaan	15.17	16.61	58.68	49.72	26.15	33.67
巴中市	Bazhong	23.82	22.96	42.89	33.13	33.29	43.91
资阳市	Ziyang	21.95	14.54	55.70	65.30	22.36	20.16
贵州省	**Guizhou**	**11.62**	**4.23**	**44.80**	**40.30**	**43.58**	**55.47**
贵阳市	Guiyang	4.25	1.92	42.19	37.93	53.56	60.15
六盘水市	Liupanshui	5.86	0.89	61.13	55.63	33.01	43.48
遵义市	Zunyi	13.49	3.95	45.11	38.99	41.41	57.06
安顺市	Anshun	15.08	10.64	38.86	40.15	46.06	49.21
毕节市	Bijie	18.23	16.11	46.24	39.45	35.53	44.44
铜仁市	Tongren	27.92	13.29	28.56	38.65	43.52	48.07

2-14 续表 6 continued 6

单位：(%) (%)

城市	City	第一产业占GDP的比重 Primary Industry as Percentage to GRP		第二产业占GDP的比重 Secondary Industry as Percentage to GRP		第三产业占GDP的比重 Tertiary Industry as Percentage to GRP	
		全市 Total City	市辖区 Districts under City	全市 Total City	市辖区 Districts under City	全市 Total City	市辖区 Districts under City
云南省	**Yunnan**	**13.75**	**3.63**	**48.34**	**49.94**	**37.91**	**46.43**
昆明市	Kunming	5.29	1.12	45.78	42.36	48.93	56.52
曲靖市	Qujing	18.73	4.26	53.06	62.59	28.21	33.15
玉溪市	Yuxi	9.74	2.09	62.38	78.46	27.87	19.45
保山市	Baoshan	28.96	25.48	34.34	34.56	36.70	39.96
昭通市	Zhaotong	20.40	11.93	48.71	51.58	30.89	36.48
丽江市	Lijiang	17.25	5.93	42.28	39.81	40.47	54.26
普洱市	Simao	30.77	11.52	36.41	43.46	32.82	45.01
临沧市	Lincang	30.50	20.63	42.65	36.79	26.85	42.58
西藏自治区	**Tibet**	**4.16**	**1.51**	**34.85**	**29.35**	**60.99**	**69.14**
拉萨市	Lasa	4.16	1.51	34.85	29.35	60.99	69.14
陕西省	**Shaanxi**	**9.50**	**4.19**	**56.17**	**50.44**	**34.33**	**45.37**
西安市	Xi'an	4.48	2.73	43.10	42.26	52.42	55.00
铜川市	Tongchuan	7.12	5.63	64.70	65.77	28.18	28.61
宝鸡市	Baoji	10.42	3.53	65.19	69.54	24.39	26.93
咸阳市	Xianyang	17.99	4.45	55.72	68.91	26.29	26.64
渭南市	Weinan	15.60	11.17	52.93	51.39	31.47	37.44
延安市	Yan'an	7.64	5.26	73.55	46.63	18.81	48.10
汉中市	Hanzhong	21.13	9.24	42.46	40.79	36.40	49.97
榆林市	Yulin	4.71	5.28	72.23	61.49	23.05	33.23
安康市	Ankang	16.29	12.05	49.00	40.91	34.71	47.04
商洛市	Shangluo	18.76	12.19	46.10	44.81	35.14	43.00
甘肃省	**Gansu**	**12.69**	**6.18**	**50.32**	**54.05**	**36.99**	**39.77**
兰州市	Lanzhou	2.85	1.19	47.62	48.20	49.53	50.61
嘉峪关市	Jiayuguan	1.39	1.39	81.82	81.82	16.79	16.79
金昌市	Jinchang	5.50	1.44	75.80	83.10	18.70	15.46
白银市	Baiyin	11.20	2.62	57.31	67.85	31.49	29.53
天水市	Tianshui	18.98	8.53	39.38	49.08	41.64	42.39
武威市	Wuwei	24.22	22.49	44.04	44.67	31.74	32.83
张掖市	Zhangye	28.05	26.79	35.52	29.40	36.44	43.80
平凉市	Pingliang	21.12	12.01	47.43	41.85	31.45	46.14
酒泉市	Jiuquan	12.15	12.37	53.49	55.26	34.36	32.37
庆阳市	Qingyang	13.79	6.74	62.24	64.57	23.97	28.69
定西市	Dingxi	30.32	21.24	26.96	28.25	42.72	50.51
陇南市	Longnan	25.38	17.16	30.58	20.13	44.04	62.71
青海省	**Qinghai**	**3.66**	**0.46**	**51.64**	**41.04**	**44.70**	**58.50**
西宁市	Xining	3.66	0.46	51.64	41.04	44.70	58.50
宁夏回族自治区	**Ningxia**	**8.73**	**5.12**	**52.88**	**47.78**	**38.39**	**47.10**
银川市	Yinchuan	4.43	2.38	53.79	42.72	41.79	54.90
石嘴山市	Shizuishan	5.46	2.06	64.63	66.80	29.92	31.14
吴忠市	Wuzhong	14.88	14.47	54.28	50.50	30.83	35.04
固原市	Guyuan	24.06	16.44	26.69	26.07	49.26	57.49
中卫市	Zhongwei	16.39	14.76	44.32	40.50	39.29	44.74
新疆维吾尔自治区	**Xinjiang**	**1.05**	**0.87**	**54.79**	**54.93**	**44.16**	**44.20**
乌鲁木齐市	Urumqi	1.25	0.99	41.37	41.47	57.39	57.54
克拉玛依市	Karamay	0.57	0.57	87.96	87.96	11.47	11.47

2-15 地方财政一般预算内收支状况(全市)

General Budgetary Revenue and Expenditure of Local Government (Total City)

单位：万元 (10 000 yuan)

城市	City	地方财政一般预算内收入 Local Government General Budget Revenue	地方财政一般预算内支出 Local Government General Budget Expenditure	科学技术支出 Expenditure for Science and Technology	教育支出 Expenditure for Education
城市合计	**Prefecture Cities**	**515141796**	**843597484**	**19051575**	**161858043**
北京市	**Beijing**	**33149340**	**36853076**	**1999444**	**6286510**
天津市	**Tianjin**	**17600201**	**21432125**	**764529**	**3787491**
河北省	**Hebei**	**16667618**	**34105635**	**356883**	**7432876**
石家庄市	Shijiazhuang	2722764	4640932	75058	1092790
唐山市	Tangshan	3010936	4903141	105895	975527
秦皇岛市	Qinhuangdao	1086622	1999739	11971	348835
邯郸市	Handan	1846504	3795820	48570	953544
邢台市	Xingtai	856120	2502476	11810	573925
保定市	Baoding	1599292	3835725	19048	789651
张家口市	Zhangjiakou	1065610	2665617	13035	516341
承德市	Chengde	825133	2357968	15705	514602
沧州市	Cangzhou	1425818	3115744	14767	737754
廊坊市	Langfang	1721476	2680378	33688	562429
衡水市	Hengshui	507343	1608095	7336	367478
山西省	**Shanxi**	**11121588**	**20450184**	**248890**	**4568402**
太原市	Taiyuan	2156654	2774437	95583	550372
大同市	Datong	803046	1865565	10385	442750
阳泉市	Yangquan	568784	885491	9741	218927
长治市	Changzhi	1334931	2018280	25755	444722
晋城市	Jincheng	829056	1298261	19185	301484
朔州市	Shuozhou	842500	1387506	12425	297409
晋中市	Jinzhong	992296	1787371	14058	394881
运城市	Yuncheng	415406	1926396	12035	405658
忻州市	Xinzhou	651651	1815286	16441	435735
临汾市	Linfen	1107773	2226858	14582	468120
吕梁市	Lvliang	1419491	2464733	18700	608344
内蒙古自治区	**Inner Mongolia**	**11218146**	**24353879**	**183574**	**3399024**
呼和浩特市	Hohhot	1786447	2753195	23137	342607
包头市	Baotou	1857557	2911038	38200	403763
乌海市	Wuhai	543972	935607	10680	89897
赤峰市	Chifeng	745577	3256223	11618	668023
通辽市	Tongliao	891721	2555593	15192	388113
鄂尔多斯市	Erdos	3755121	4832535	47928	592291
呼伦贝尔市	Hulunbuir	793625	2944411	24046	414693
巴彦淖尔市	Bayannur	496120	1828092	7116	198255
乌兰察布市	Ulanqab	348006	2337185	5657	301382
辽宁省	**Liaoning**	**30030602**	**39915406**	**916125**	**6195282**
沈阳市	Shenyang	7150377	7660854	246407	1194323
大连市	Dalian	7501085	8909590	392872	1369604
鞍山市	Anshan	2343946	2902652	24548	331590
抚顺市	Fushun	1301533	2002015	25483	321502
本溪市	Benxi	1235244	1755681	23826	242508
丹东市	Dandong	1279733	1969376	14020	340631
锦州市	Jinzhou	1315031	2047132	24489	336747
营口市	Yingkou	1702183	2210335	35089	350764

2-15 续表 1 continued 1

单位：万元 (10 000 yuan)

城 市	City	地方财政一般预算内收入 Local Government General Budget Revenue	地方财政一般预算内支出 Local Government General Budget Expenditure	科学技术支出 Expenditure for Science and Technology	教育支出 Expenditure for Education
阜新市	Fuxin	640300	1453992	11967	207476
辽阳市	Liaoyang	1102146	1373950	20250	218913
盘锦市	Panjin	1402223	1821769	18520	289276
铁岭市	Tieling	1146166	2002912	37072	339558
朝阳市	Chaoyang	1070857	2137193	21032	364329
葫芦岛市	Huludao	839778	1667955	20550	288061
吉林省	**Jilin**	**7373667**	**16962956**	**144462**	**3227212**
长春市	Changchun	3408021	5555117	43835	1028074
吉林市	Jilin	1190295	2849407	33701	547062
四平市	Siping	565765	1716558	5498	347447
辽源市	Liaoyuan	238670	826535	4606	164312
通化市	Tonghua	644311	1761474	40961	313500
白山市	Baishan	436304	1400929	6951	242013
松原市	Songyuan	580014	1425859	2777	291302
白城市	Baicheng	310287	1427077	6133	293502
黑龙江省	**Heilongjiang**	**8716757**	**21972244**	**236095**	**4047598**
哈尔滨市	Harbin	3547160	6435756	127906	1185924
齐齐哈尔市	Qiqihar	550140	2637766	10395	537107
鸡西市	Jixi	432740	683722	8942	199509
鹤岗市	Hegang	271448	797483	4227	146209
双鸭山市	Shuangyashan	321637	994067	5405	10315
大庆市	Daqing	1403267	1809812	19822	366241
伊春市	Yichun	123764	936280	4350	116705
佳木斯市	Jiamusi	379453	1606535	11706	323067
七台河市	Qitaihe	217940	608579	2355	110818
牡丹江市	Mudanjiang	702928	1828599	19337	348996
黑河市	Heihe	211961	1088240	5253	145412
绥化市	Suihua	554319	2545405	16397	557295
上海市	**Shanghai**	**37437053**	**41840170**	**2454279**	**6489517**
江苏省	**Jiangsu**	**53484110**	**61852399**	**2410669**	**11536538**
南京市	Nanjing	7330168	7696569	350019	1249855
无锡市	Wuxi	6580301	6486133	294889	1158914
徐州市	Xuzhou	3667583	5300461	125901	1115873
常州市	Changzhou	3789900	3912183	189317	661143
苏州市	Suzhou	12043336	11134678	665898	1806986
南通市	Nantong	4197225	5130055	143698	1137909
连云港市	Lianyungang	2089396	3125474	74926	574042
淮安市	Huai'an	2336111	3398581	74402	667318
盐城市	Yancheng	3127815	4734763	161213	936002
扬州市	Yangzhou	2249986	2848023	98110	550448
镇江市	Zhenjiang	2154790	2352453	102373	460060
泰州市	Taizhou	2336243	3009003	58192	583656
宿迁市	Suqian	1581256	2724023	71731	634332
浙江省	**Zhejiang**	**31860698**	**37313653**	**1389755**	**7971335**
杭州市	Hangzhou	8599875	7862800	401878	1469766
宁波市	Ningbo	7255003	8284437	324076	1417046

2-15 续表 2 continued 2

单位：万元 (10 000 yuan)

城市	City	地方财政一般预算内收入 Local Government General Budget Revenue	地方财政一般预算内支出 Local Government General Budget Expenditure	科学技术支出 Expenditure for Science and Technology	教育支出 Expenditure for Education
温州市	Wenzhou	2896419	3877865	85041	1036367
嘉兴市	Jiaxing	2577319	2607030	104554	649278
湖州市	Huzhou	1385508	1675076	51861	371108
绍兴市	Shaoxing	2657555	2787074	132309	672450
金华市	Jinhua	2148887	2719529	104206	723812
衢州市	Quzhou	634154	1388933	36604	311083
舟山市	Zhoushan	855627	1552230	34873	213389
台州市	Taizhou	2204230	2879269	78933	739748
丽水市	Lishui	646121	1679410	35420	367288
安徽省	**Anhui**	**16064398**	**33646886**	**864104**	**6156810**
合肥市	Hefei	3894991	5720987	226720	996394
芜湖市	Wuhu	1789085	2951484	203766	450780
蚌埠市	Bengbu	784157	1646697	56770	293127
淮南市	Huainan	986096	1489483	29331	231851
马鞍山市	Maanshan	1278157	1903706	50509	297574
淮北市	Huaibei	518539	1085342	14748	174951
铜陵市	Tongling	635983	963949	43811	140833
安庆市	Anqing	856202	2456795	45079	537706
黄山市	Huangshan	563024	1259728	28881	129427
滁州市	Chuzhou	969419	2310284	31688	381557
阜阳市	Fuyang	693125	2722879	18823	650750
宿州市	Suzhou	532958	1937988	11604	438373
六安市	Lu'an	692678	2510920	24385	578868
亳州市	Bozhou	476878	1772645	9383	407931
池州市	Chizhou	523746	1127224	14134	185861
宣城市	Xuancheng	869360	1786775	54472	260827
福建省	**Fujian**	**16162929**	**21591567**	**405316**	**4738398**
福州市	Fuzhou	3820151	4107344	64780	957850
厦门市	Xiamen	4229089	4609779	138129	707102
莆田市	Putian	774465	1177859	18832	419562
三明市	Sanming	774353	1532235	25314	382704
泉州市	Quanzhou	2934560	3564437	74016	826325
漳州市	Zhangzhou	1317078	2217738	30894	405618
南平市	Nanping	591777	1311031	14619	301275
龙岩市	Longyan	1015078	1649299	26751	389925
宁德市	Ningde	706378	1421845	11981	348037
江西省	**Jiangxi**	**12632960**	**25391466**	**185860**	**5041117**
南昌市	Nanchang	2400205	3455062	44786	633232
景德镇市	Jingdezhen	666396	1207087	9530	181722
萍乡市	Pingxiang	740916	1343449	15671	208835
九江市	Jiujiang	1418709	2980139	16597	552883
新余市	Xinyu	832340	1256867	14369	184475
鹰潭市	Yingtan	588261	880542	5823	126831
赣州市	Ganzhou	1412773	4041635	14984	943613
吉安市	Ji'an	1034953	2469444	11690	549380
宜春市	Yichun	1324310	2692561	19493	543554
抚州市	Fuzhou	872478	2022092	18075	419226
上饶市	Shangrao	1341619	3042588	14842	697366

2-15 续表 3 continued 3

单位：万元 (10 000 yuan)

城　市	City	地方财政一般预算内收入 Local Government General Budget Revenue	地方财政一般预算内支出 Local Government General Budget Expenditure	科学技术支出 Expenditure for Science and Technology	教育支出 Expenditure for Education
山东省	**Shandong**	**35951503**	**51910201**	**1052944**	**11448857**
济南市	Jinan	3808218	4656731	101185	819974
青岛市	Qingdao	6701820	7659801	172904	1432445
淄博市	Zibo	2362825	2908832	79820	733619
枣庄市	Zaozhuang	1163669	1871868	19146	374087
东营市	Dongying	1587051	2083973	32217	474179
烟台市	Yantai	3573589	4768714	131381	964213
潍坊市	Weifang	3061228	4255938	125780	1149141
济宁市	Jining	2456266	3624886	67821	891067
泰安市	Tai'an	1588516	2426677	34129	477007
威海市	Weihai	1583994	2443651	69604	491796
日照市	Rizhao	788569	1380239	13690	316053
莱芜市	Laiwu	420178	667256	17406	172124
临沂市	Linyi	1700733	3489792	41778	852508
德州市	Dezhou	1202354	2421075	32909	516664
聊城市	Liaocheng	1044888	2169992	32056	549248
滨州市	Binzhou	1504601	2265906	39752	513378
菏泽市	Heze	1403004	2814870	41366	721354
河南省	**Henan**	**18879321**	**42433297**	**581377**	**9372895**
郑州市	Zhengzhou	6066488	7006980	152706	1240176
开封市	Kaifeng	619175	1716852	18596	335392
洛阳市	Luoyang	2052637	3451128	69057	791906
平顶山市	Pingdingshan	1073568	2096506	24834	456050
安阳市	Anyang	835701	2048109	35991	461081
鹤壁市	Hebi	326589	834956	7028	166482
新乡市	Xinxiang	1083460	2415023	29536	529562
焦作市	Jiaozuo	851332	1659704	32829	331297
濮阳市	Puyang	480946	1506609	18385	353586
许昌市	Xuchang	903669	1783912	21039	419105
漯河市	Luohe	416096	1117042	5956	225757
三门峡市	Sanmenxia	686165	1371262	22354	292545
南阳市	Nanyang	1036511	3865551	51855	814085
商丘市	Shangqiu	701907	2863128	18658	739537
信阳市	Xinyang	554589	2771114	18281	750983
周口市	Zhoukou	601347	3235596	26306	852638
驻马店市	Zhumadian	589141	2689825	27966	612713
湖北省	**Hubei**	**16059411**	**29774351**	**476817**	**5125987**
武汉市	Wuhan	8285846	8855477	206490	1338027
黄石市	Huangshi	656400	1399910	17057	258973
十堰市	Shiyan	769281	2077542	25447	350342
宜昌市	Yichang	1532368	2956297	47996	458187
襄阳市	Xiangyang	1398545	3139677	45582	555435

2-15 续表 4 continued 4

单位：万元 (10 000 yuan)

城 市	City	地方财政一般预算内收入 Local Government General Budget Revenue	地方财政一般预算内支出 Local Government General Budget Expenditure	科学技术支出 Expenditure for Science and Technology	教育支出 Expenditure for Education
鄂州市	Ezhou	330161	626832	7828	111320
荆门市	Jingmen	506853	1421971	14715	228713
孝感市	Xiaogan	695028	2017925	23352	402744
荆州市	Jingzhou	567632	2268341	22638	401004
黄冈市	Huanggang	629165	2719488	36848	596047
咸宁市	Xianning	458229	1435442	18020	260406
随州市	Suizhou	229903	855449	10844	164789
湖南省	**Hunan**	**14637646**	**31516091**	**367619**	**6435233**
长沙市	Changsha	4906482	6246207	167458	1166756
株洲市	Zhuzhou	1354326	2302837	30760	431015
湘潭市	Xiangtan	847788	1451958	21748	233475
衡阳市	Hengyang	1355071	3042955	14997	560212
邵阳市	Shaoyang	536615	2479748	6464	581522
岳阳市	Yueyang	904768	2348205	29322	482251
常德市	Changde	1067314	2549661	14659	526456
张家界市	Zhangjiajie	226199	808328	5014	179288
益阳市	Yiyang	438666	1722440	12907	337615
郴州市	Chenzhou	1196762	2486413	35019	562460
永州市	Yongzhou	594664	2200029	10922	516610
怀化市	Huaihua	690729	2225273	10062	501357
娄底市	Loudi	518262	1652037	8287	356216
广东省	**Guangdong**	**48475031**	**65218559**	**2206746**	**13267076**
广州市	Guangzhou	11023961	13436451	521165	2234976
韶关市	Shaoguan	614765	1480357	26210	309564
深圳市	Shenzhen	14820803	15657078	791239	2462099
珠海市	Zhuhai	1625997	2122023	88312	438581
汕头市	Shantou	963447	1729327	23952	446549
佛山市	Foshan	3840803	4339550	168320	966523
江门市	Jiangmen	1350341	1881150	54117	440191
湛江市	Zhanjiang	920866	2182446	15815	532741
茂名市	Maoming	781229	1922682	10198	506828
肇庆市	Zhaoqing	1038088	1764897	38605	418212
惠州市	Huizhou	2008762	2740831	51031	626047
梅州市	Meizhou	562701	1755253	24303	384374
汕尾市	Shanwei	410919	879872	6822	231324
河源市	Heyuan	376403	1344731	11970	300538
阳江市	Yangjiang	431221	1029023	13108	238597
清远市	Qingyuan	868722	1720102	19610	403473
东莞市	Dongguan	3563245	3855844	185411	927975
中山市	Zhongshan	2018858	2152501	109585	603403
潮州市	Chaozhou	319337	778125	14860	196790
揭阳市	Yeyang	566950	1494776	16475	386506
云浮市	Yunfu	367613	951540	15638	211785

2-15 续表 5 continued 5

单位：万元 (10 000 yuan)

城市	City	地方财政一般预算内收入 Local Government General Budget Revenue	地方财政一般预算内支出 Local Government General Budget Expenditure	科学技术支出 Expenditure for Science and Technology	教育支出 Expenditure for Education
广西壮族自治区	**Guangxi**	**8951693**	**23717095**	**261014**	**5023234**
南宁市	Nanning	2297183	3765096	51532	660682
柳州市	Liuzhou	1135503	2211699	31947	403249
桂林市	Guilin	1060087	2613324	31508	469804
梧州市	Wuzhou	738301	1592109	17059	378250
北海市	Beihai	411311	987310	16568	173621
防城港市	Fangchenggang	355497	747312	4865	121176
钦州市	Qinzhou	335809	1225149	11016	308581
贵港市	Guigang	265733	1262428	5703	339706
玉林市	Yulin	655709	1926529	17430	505498
百色市	Baise	565801	2148507	25593	510536
贺州市	Hezhou	192095	976865	10738	231202
河池市	Hechi	221709	1752715	13638	378415
来宾市	Laibin	322053	1198180	11754	266218
崇左市	Chongzuo	394902	1309872	11663	276296
海南省	**Hainan**	**1334159**	**1965783**	**41298**	**333938**
海口市	Haikou	731687	1138450	16064	212175
三亚市	Sanya	602472	827333	25234	121763
三沙市	sansha				
重庆市	**Chongqing**	**17034885**	**30463599**	**298409**	**4714875**
四川省	**Sichuan**	**16269213**	**38967430**	**435926**	**7604800**
成都市	Chengdu	7808952	9838477	190863	1622941
自贡市	Zigong	329898	1288014	13187	222044
攀枝花市	Panzhihua	571980	1081729	12081	229715
泸州市	Luzhou	827882	2123111	9361	480275
德阳市	Deyang	755322	1666553	22789	281945
绵阳市	Mianyang	804009	2505571	41211	440934
广元市	Guangyuan	268374	1576394	8369	332675
遂宁市	Suining	284546	1333162	7273	289671
内江市	Neijiang	309262	1420276	6579	295020
乐山市	Leshan	704039	1687162	14388	303390
南充市	Nanchong	528700	2787446	11791	672683
眉山市	Meishan	488088	1432902	5761	261640
宜宾市	Yibin	829693	2190349	25709	479162
广安市	Guang'an	328017	1486612	5823	330735
达州市	Dazhou	520360	2403530	12480	504472
雅安市	Yaan	302166	930050	25778	142272
巴中市	Bazhong	200592	1675668	5185	404231
资阳市	Ziyang	407333	1540424	17298	310995
贵州省	**Guizhou**	**6421888**	**15108996**	**133551**	**3207433**
贵阳市	Guiyang	2411920	3493275	65869	626051
六盘水市	Liupanshui	1034949	1880834	9889	349655
遵义市	Zunyi	1129958	3201956	29850	739746
安顺市	Anshun	375039	1307907	8763	263998
毕节市	Bijie	1104296	3155951	13927	761223
铜仁市	Tongren	365726	2069073	5253	466760

2-15 续表 6 continued 6

单位：万元 (10 000 yuan)

城　市	City	地方财政一般预算内收入 Local Government General Budget Revenue	地方财政一般预算内支出 Local Government General Budget Expenditure	科学技术支出 Expenditure for Science and Technology	教育支出 Expenditure for Education
云南省	**Yunnan**	**7636060**	**18033288**	**179572**	**3498256**
昆明市	Kunming	3783951	5255360	97057	915207
曲靖市	Qujing	1038321	2819310	26254	679080
玉溪市	Yuxi	902194	1687581	16581	254599
保山市	Baoshan	355493	1415713	8183	287878
昭通市	Zhaotong	394679	2480858	12011	576817
丽江市	Lijiang	380094	1067345	6857	189118
普洱市	Simao	479089	1700890	8776	285200
临沧市	Lincang	302239	1606231	3853	310357
西藏自治区	**Tibet**	**403956**	**5781655**	**41044**	**409441**
拉萨市	Lasa	403956	5781655	41044	409441
陕西省	**Shaanxi**	**10685946**	**25070091**	**196095**	**5861998**
西安市	Xi'an	3969597	5974937	59301	1080419
铜川市	Tongchuan	210000	719436	3775	164350
宝鸡市	Baoji	648466	2035338	16778	539293
咸阳市	Xianyang	691686	2363626	12457	643765
渭南市	Weinan	550567	2424077	10951	663959
延安市	Yan'an	1392601	2642413	21479	518799
汉中市	Hanzhong	300868	1958365	10641	436088
榆林市	Yulin	2490582	3988792	48166	965976
安康市	Ankang	216591	1622823	6127	461997
商洛市	Shangluo	214988	1340284	6420	387352
甘肃省	**Gansu**	**3271822**	**14032098**	**95440**	**2757246**
兰州市	Lanzhou	1037303	2025976	27991	403815
嘉峪关市	Jiayuguan	128537	196245	1329	20581
金昌市	Jinchang	133214	335796	1910	53972
白银市	Baiyin	240912	1128420	6677	232863
天水市	Tianshui	230548	1591448	8346	348281
武威市	Wuwei	145000	1225756	2937	208301
张掖市	Zhangye	126623	853561	4874	149867
平凉市	Pingliang	195597	1240596	6447	312147
酒泉市	Jiuquan	211778	889284	6782	142167
庆阳市	Qingyang	531091	1587875	14270	294033
定西市	Dingxi	131115	1486708	9733	307267
陇南市	Longnan	160104	1470433	4144	283952
青海省	**Qinghai**	**547670**	**1853230**	**12479**	**429004**
西宁市	Xining	547670	1853230	12479	429004
宁夏回族自治区	**Ningxia**	**1968870**	**6412317**	**51567**	**828258**
银川市	Yinchuan	1131320	1867446	32391	187039
石嘴山市	Shizuishan	299344	777124	3897	125073
吴忠市	Wuzhong	287426	1399374	6818	178010
固原市	Guyuan	103345	1359933	4698	203186
中卫市	Zhongwei	147435	1008440	3763	134950
新疆维吾尔自治区	**Xinjiang**	**3092655**	**3657757**	**59692**	**661402**
乌鲁木齐市	Urumqi	2520052	2956004	46315	497723
克拉玛依市	Karamay	572603	701753	13377	163679

2-16 地方财政一般预算内收支状况(市辖区)

General Budgetary Revenue and Expenditure of Local Government (Districts under City)

单位：万元 (10 000 yuan)

城市	City	地方财政一般预算内收入 Local Government General Budget Revenue	地方财政一般预算内支出 Local Government General Budget Expenditure	科学技术支出 Expenditure for Science and Technology	教育支出 Expenditure for Education
城市合计	**Prefecture Cities**	**345448251**	**446518360**	**14181013**	**76860467**
北京市	**Beijing**	**32838157**	**35486837**	**1981592**	**6096659**
天津市	**Tianjin**	**16860076**	**20281905**	**749627**	**3446738**
河北省	**Hebei**	**8624639**	**13305846**	**180367**	**2510846**
石家庄市	Shijiazhuang	1803141	2329600	45086	520170
唐山市	Tangshan	1995006	3044884	65704	546036
秦皇岛市	Qinhuangdao	855537	1283636	10817	187008
邯郸市	Handan	851184	1239402	14772	261214
邢台市	Xingtai	366097	682631	3325	145951
保定市	Baoding	701322	1013202	12343	143223
张家口市	Zhangjiakou	133081	322020	2476	70043
承德市	Chengde	409986	842145	3762	150218
沧州市	Cangzhou	595128	1092589	8779	215631
廊坊市	Langfang	648408	956480	11035	183614
衡水市	Hengshui	265749	499257	2268	87738
山西省	**Shanxi**	**4977894**	**6754754**	**136757**	**1454460**
太原市	Taiyuan	1869385	2228863	91085	471254
大同市	Datong	688129	1157108	5958	242520
阳泉市	Yangquan	421045	574808	7320	129542
长治市	Changzhi	544295	617539	9315	121085
晋城市	Jincheng	391396	464530	10101	98140
朔州市	Shuozhou	600998	797464	6501	159271
晋中市	Jinzhong	98161	184765	1607	53360
运城市	Yuncheng	73852	184926	1953	37698
忻州市	Xinzhou	36395	147889	1101	43902
临汾市	Linfen	142772	230114	510	55419
吕梁市	Lvliang	111466	166748	1306	42269
内蒙古自治区	**Inner Mongolia**	**4603144**	**6545065**	**71128**	**1034766**
呼和浩特市	Hohhot	829319	647053	5095	160750
包头市	Baotou	1459327	2206832	34103	337504
乌海市	Wuhai	543972	935607	10680	89897
赤峰市	Chifeng	316094	665804	2749	157128
通辽市	Tongliao	346260	453546	681	66521
鄂尔多斯市	Erdos	778736	801425	14216	106383
呼伦贝尔市	Hulunbuir	88830	181976	2827	36367
巴彦淖尔市	Bayannur	132120	319966	733	49287
乌兰察布市	Ulanqab	108486	332856	44	30929
辽宁省	**Liaoning**	**20945061**	**25740935**	**788205**	**3490364**
沈阳市	Shenyang	6271182	6375775	242095	891689
大连市	Dalian	5915581	7011240	382236	963378
鞍山市	Anshan	1778604	2016618	21107	205143
抚顺市	Fushun	981549	1409594	18871	202247
本溪市	Benxi	910231	1222999	16627	143503
丹东市	Dandong	524173	835718	12232	108729
锦州市	Jinzhou	742092	996844	9907	152151
营口市	Yingkou	1089584	1374110	24439	197973

2-16 续表 1 continued 1

单位：万元 (10 000 yuan)

城 市	City	地方财政一般预算内收入 Local Government General Budget Revenue	地方财政一般预算内支出 Local Government General Budget Expenditure	科学技术支出 Expenditure for Science and Technology	教育支出 Expenditure for Education
阜新市	Fuxin	451410	930665	11429	106243
辽阳市	Liaoyang	671866	854646	7272	132200
盘锦市	Panjin	837760	1015936	12736	163094
铁岭市	Tieling	270177	631610	12969	81815
朝阳市	Chaoyang	141920	238657	8576	33128
葫芦岛市	Huludao	358932	826523	7709	109071
吉林省	**Jilin**	**4921971**	**8972821**	**97658**	**1575795**
长春市	Changchun	2915081	4058002	40338	694901
吉林市	Jilin	768390	1648067	28454	306722
四平市	Siping	261698	613682	3575	115075
辽源市	Liaoyuan	158328	466367	2855	80175
通化市	Tonghua	185326	530578	14263	96657
白山市	Baishan	213158	668511	3037	101235
松原市	Songyuan	322570	545251	1462	108617
白城市	Baicheng	97420	442363	3674	72413
黑龙江省	**Heilongjiang**	**6283646**	**11055685**	**149579**	**1826535**
哈尔滨市	Harbin	3022119	4381262	96025	747988
齐齐哈尔市	Qiqihar	363659	969684	6621	168378
鸡西市	Jixi	333603	431696	2429	108160
鹤岗市	Hegang	224900	570072	2494	94844
双鸭山市	Shuangyashan	205618	483918	1810	3382
大庆市	Daqing	1191184	1414226	17133	243478
伊春市	Yichun	76733	578597	2697	70026
佳木斯市	Jiamusi	195901	521556	2121	89496
七台河市	Qitaihe	189242	451431	1696	75838
牡丹江市	Mudanjiang	369923	833714	14832	145492
黑河市	Heihe	71664	295050	1546	34051
绥化市	Suihua	39100	124479	175	45402
上海市	**Shanghai**	**37067218**	**40714534**	**2439930**	**6312130**
江苏省	**Jiangsu**	**32206723**	**34362156**	**1512741**	**5912423**
南京市	Nanjing	6818152	7029538	325860	1135784
无锡市	Wuxi	4124572	4120906	235324	700503
徐州市	Xuzhou	2023449	2513222	75307	496326
常州市	Changzhou	3153808	3136649	163938	482237
苏州市	Suzhou	6161435	5609766	338076	924014
南通市	Nantong	1926012	2166418	64976	428744
连云港市	Lianyungang	1008146	1279601	27582	210864
淮安市	Huai'an	1563878	2021766	42718	390596
盐城市	Yancheng	1052114	1276801	42826	225948
扬州市	Yangzhou	1579044	1843397	69627	326166
镇江市	Zhenjiang	1178015	1197194	66253	213779
泰州市	Taizhou	939955	1089114	28773	158262
宿迁市	Suqian	678143	1077784	31481	219200
浙江省	**Zhejiang**	**18667519**	**19222904**	**784053**	**3446433**
杭州市	Hangzhou	7475989	6222930	334049	1038524
宁波市	Ningbo	5009336	5475083	217047	838249

2-16 续表 2 continued 2

单位：万元 (10 000 yuan)

城市	City	地方财政一般预算内收入 Local Government General Budget Revenue	地方财政一般预算内支出 Local Government General Budget Expenditure	科学技术支出 Expenditure for Science and Technology	教育支出 Expenditure for Education
温州市	Wenzhou	1351410	1395545	37944	321254
嘉兴市	Jiaxing	840248	872703	30485	173577
湖州市	Huzhou	547662	696303	21321	138831
绍兴市	Shaoxing	637549	687442	32705	149009
金华市	Jinhua	525885	677182	21308	161478
衢州市	Quzhou	339345	573752	12825	123175
舟山市	Zhoushan	709286	1158504	27691	163690
台州市	Taizhou	981790	1066533	37486	251597
丽水市	Lishui	249019	396927	11192	87049
安徽省	**Anhui**	**9514735**	**15917848**	**597815**	**2414913**
合肥市	Hefei	3005147	3897305	181532	619409
芜湖市	Wuhu	834173	1775051	184899	208985
蚌埠市	Bengbu	524057	811237	39340	102279
淮南市	Huainan	789518	1168641	25257	172567
马鞍山市	Maanshan	857245	1082478	39411	149421
淮北市	Huaibei	400083	728258	10458	102059
铜陵市	Tongling	521298	761998	38796	92675
安庆市	Anqing	358750	575889	10385	87441
黄山市	Huangshan	371707	706897	13437	57741
滁州市	Chuzhou	352744	633882	12075	83888
阜阳市	Fuyang	349269	944282	8481	175760
宿州市	Suzhou	135142	407302	2530	114404
六安市	Lu'an	319461	878200	11433	175158
亳州市	Bozhou	222486	632099	4322	112163
池州市	Chizhou	308210	609346	7538	85250
宣城市	Xuancheng	165445	304983	7921	75713
福建省	**Fujian**	**9799773**	**10456600**	**247018**	**2077267**
福州市	Fuzhou	2319880	1787250	39169	380737
厦门市	Xiamen	4229089	4609779	138129	707102
莆田市	Putian	661604	921856	15907	331051
三明市	Sanming	255259	395074	5144	96922
泉州市	Quanzhou	889272	934502	21672	205791
漳州市	Zhangzhou	489099	563283	9008	88353
南平市	Nanping	171299	307734	5156	62741
龙岩市	Longyan	566218	598659	9827	133650
宁德市	Ningde	218053	338463	3006	70920
江西省	**Jiangxi**	**4781187**	**7465152**	**79439**	**1146940**
南昌市	Nanchang	1748852	2253259	32167	378275
景德镇市	Jingdezhen	393375	685450	7352	74824
萍乡市	Pingxiang	518795	856665	12979	113913
九江市	Jiujiang	557286	1047843	5045	162528
新余市	Xinyu	635478	984731	8908	149005
鹰潭市	Yingtan	220292	304037	2654	42313
赣州市	Ganzhou	245438	345936	2634	46258
吉安市	Ji'an	110429	235938	1234	55575
宜春市	Yichun	97593	291821	2075	60533
抚州市	Fuzhou	155144	302872	3829	36647
上饶市	Shangrao	98505	156600	562	27069

2-16 续表 3 continued 3

单位：万元 (10 000 yuan)

城市	City	地方财政一般预算内收入 Local Government General Budget Revenue	地方财政一般预算内支出 Local Government General Budget Expenditure	科学技术支出 Expenditure for Science and Technology	教育支出 Expenditure for Education
山东省	**Shandong**	**19934281**	**24921059**	**621603**	**4645659**
济南市	Jinan	3216250	3613465	92427	570501
青岛市	Qingdao	5096798	5621311	151087	890707
淄博市	Zibo	1468896	1552935	44523	405832
枣庄市	Zaozhuang	619969	1213653	16182	236266
东营市	Dongying	1094658	1300787	20757	282814
烟台市	Yantai	1726965	2314696	83383	355230
潍坊市	Weifang	974740	1460782	43987	314976
济宁市	Jining	931543	1184594	44951	237844
泰安市	Tai'an	719745	991084	13155	158803
威海市	Weihai	555269	433222	19290	89732
日照市	Rizhao	662590	950962	11417	186835
莱芜市	Laiwu	420178	667256	17406	172124
临沂市	Linyi	1110678	1516450	21161	316618
德州市	Dezhou	261478	318763	5785	62035
聊城市	Liaocheng	171669	337941	7485	93262
滨州市	Binzhou	460663	732083	15803	135641
菏泽市	Heze	442192	711075	12804	136439
河南省	**Henan**	**10769021**	**16456241**	**304634**	**2993254**
郑州市	Zhengzhou	4615804	4804750	125846	798110
开封市	Kaifeng	259784	649162	10471	102915
洛阳市	Luoyang	1241037	1600230	41633	305045
平顶山市	Pingdingshan	578692	804519	11327	160772
安阳市	Anyang	471631	817702	21458	165185
鹤壁市	Hebi	252236	506949	5335	86151
新乡市	Xinxiang	564886	905671	12141	184972
焦作市	Jiaozuo	417737	721833	13642	132745
濮阳市	Puyang	335640	581657	9714	125724
许昌市	Xuchang	323203	506902	8919	96486
漯河市	Luohe	322682	750236	5062	146148
三门峡市	Sanmenxia	185425	472194	5534	78162
南阳市	Nanyang	397111	1124279	13958	170156
商丘市	Shangqiu	270641	906567	7976	169502
信阳市	Xinyang	111306	370582	1982	97800
周口市	Zhoukou	158647	374780	3783	60106
驻马店市	Zhumadian	262559	558228	5853	113275
湖北省	**Hubei**	**11132043**	**14568949**	**315434**	**2194635**
武汉市	Wuhan	7198560	7198296	191144	957332
黄石市	Huangshi	336993	672387	10667	119024
十堰市	Shiyan	393787	588737	12340	100777
宜昌市	Yichang	812751	1233111	26181	181452
襄阳市	Xiangyang	830341	1472156	27430	255189

2-16 续表 4 continued 4

单位：万元 (10 000 yuan)

城　市	City	地方财政一般预算内收入 Local Government General Budget Revenue	地方财政一般预算内支出 Local Government General Budget Expenditure	科学技术支出 Expenditure for Science and Technology	教育支出 Expenditure for Education
鄂州市	Ezhou	330161	626832	7828	111320
荆门市	Jingmen	276945	546544	6096	83325
孝感市	Xiaogan	251014	548689	8869	99679
荆州市	Jingzhou	319846	744689	10442	113256
黄冈市	Huanggang	46081	114379	2073	25777
咸宁市	Xianning	190269	479097	7748	80824
随州市	Suizhou	145295	344032	4616	66680
湖南省	**Hunan**	**9278101**	**13782852**	**242447**	**2305727**
长沙市	Changsha	3879279	4515890	141111	800228
株洲市	Zhuzhou	787722	1061001	17849	185652
湘潭市	Xiangtan	600709	800212	11470	99057
衡阳市	Hengyang	838548	1256139	8555	159804
邵阳市	Shaoyang	177327	526876	1756	86489
岳阳市	Yueyang	571981	955954	19974	166816
常德市	Changde	734562	1143124	9467	215044
张家界市	Zhangjiajie	151416	392103	2674	74769
益阳市	Yiyang	255549	716212	9752	110357
郴州市	Chenzhou	545016	824510	11340	147495
永州市	Yongzhou	272169	701913	3903	131122
怀化市	Huaihua	226428	402973	2342	56093
娄底市	Loudi	237395	485945	2254	72801
广东省	**Guangdong**	**42911003**	**50819577**	**2041010**	**9413929**
广州市	Guangzhou	10232874	12366660	491212	1969924
韶关市	Shaoguan	373925	704151	15593	129485
深圳市	Shenzhen	14820803	15657078	791239	2462099
珠海市	Zhuhai	1625997	2122023	88312	438581
汕头市	Shantou	950467	1633978	23648	441472
佛山市	Foshan	3840803	4339550	168320	966523
江门市	Jiangmen	779314	973802	41169	212468
湛江市	Zhanjiang	667108	1020049	13608	198709
茂名市	Maoming	443362	720801	4379	121246
肇庆市	Zhaoqing	403712	591556	19562	96008
惠州市	Huizhou	1555843	1875959	41021	378721
梅州市	Meizhou	229111	424394	12847	60115
汕尾市	Shanwei	154352	262157	2821	46963
河源市	Heyuan	184275	403781	4419	68718
阳江市	Yangjiang	138371	228187	4010	24867
清远市	Qingyuan	400363	569528	6799	111836
东莞市	Dongguan	3563245	3855844	185411	927975
中山市	Zhongshan	2018858	2152501	109585	603403
潮州市	Chaozhou	154439	236163	4476	47100
揭阳市	Yeyang	233340	413019	4524	67797
云浮市	Yunfu	140441	268396	8055	39919

2-16 续表 5 continued 5

单位：万元 (10 000 yuan)

城 市	City	地方财政一般预算内收入 Local Government General Budget Revenue	地方财政一般预算内支出 Local Government General Budget Expenditure	科学技术支出 Expenditure for Science and Technology	教育支出 Expenditure for Education
广西壮族自治区	**Guangxi**	**5436528**	**9342980**	**134435**	**1628323**
南宁市	Nanning	1953440	2511690	39473	367193
柳州市	Liuzhou	935810	1288715	24207	200267
桂林市	Guilin	494657	751713	14996	112919
梧州市	Wuzhou	419212	664049	9589	127924
北海市	Beihai	364158	709122	14049	91584
防城港市	Fangchenggang	243732	479546	2184	70529
钦州市	Qinzhou	257842	690222	7933	140199
贵港市	Guigang	158317	563256	2599	138126
玉林市	Yulin	318315	568981	8635	108451
百色市	Baise	38202	126280	985	35396
贺州市	Hezhou	82253	343065	3585	85434
河池市	Hechi	16808	112042	820	25540
来宾市	Laibin	60059	221722	1890	64803
崇左市	Chongzuo	93723	312577	3490	59958
海南省	**Hainan**	**1334159**	**1965783**	**41298**	**333938**
海口市	Haikou	731687	1138450	16064	212175
三亚市	Sanya	602472	827333	25234	121763
三沙市	sansha				
重庆市	**Chongqing**	**7840497**	**13053033**	**132199**	**2380646**
四川省	**Sichuan**	**8475316**	**15736648**	**189511**	**2807207**
成都市	Chengdu	4106134	4336680	66168	804968
自贡市	Zigong	231385	803340	12137	122800
攀枝花市	Panzhihua	421586	771731	10017	171995
泸州市	Luzhou	533224	1017578	6133	187554
德阳市	Deyang	321989	534810	9759	73621
绵阳市	Mianyang	508281	1089506	32246	159987
广元市	Guangyuan	169490	722055	4890	120848
遂宁市	Suining	164089	633166	3230	117586
内江市	Neijiang	138634	639568	4015	114887
乐山市	Leshan	406553	775225	9245	114619
南充市	Nanchong	300047	1006787	7320	224245
眉山市	Meishan	215575	500700	2257	79175
宜宾市	Yibin	508137	859509	12501	159934
广安市	Guang'an	144476	512524	1833	98395
达州市	Dazhou	47275	215426	690	33869
雅安市	Yaan	33897	200987	650	36916
巴中市	Bazhong	70217	617852	992	102094
资阳市	Ziyang	154327	499204	5428	83714
贵州省	**Guizhou**	**2782674**	**4634130**	**75497**	**853180**
贵阳市	Guiyang	2032568	2762914	59002	459030
六盘水市	Liupanshui	153746	245684	2363	48074
遵义市	Zunyi	228067	402444	5024	81878
安顺市	Anshun	194257	513923	5694	97891
毕节市	Bijie	100017	422390	2153	113759
铜仁市	Tongren	74019	286775	1261	52548

2-16 续表 6 continued 6

单位：万元 (10 000 yuan)

城 市	City	地方财政一般预算内收入 Local Government General Budget Revenue	地方财政一般预算内支出 Local Government General Budget Expenditure	科学技术支出 Expenditure for Science and Technology	教育支出 Expenditure for Education
云南省	**Yunnan**	**2072191**	**3224822**	**41467**	**602244**
昆明市	Kunming	1379752	1657415	28880	268957
曲靖市	Qujing	168080	284150	1983	74709
玉溪市	Yuxi	132101	201597	2888	41774
保山市	Baoshan	87771	375611	1883	85710
昭通市	Zhaotong	96728	189819	2715	26564
丽江市	Lijiang	91876	163055	2109	36895
普洱市	Simao	70966	157166	723	30100
临沧市	Lincang	44917	196009	286	37535
西藏自治区	**Tibet**				
拉萨市	Lasa				
陕西省	**Shaanxi**	**5184384**	**8744314**	**82272**	**1737265**
西安市	Xi'an	3770761	5154171	55988	813953
铜川市	Tongchuan	93340	369373	2049	121296
宝鸡市	Baoji	466895	1015456	12264	210089
咸阳市	Xianyang	383427	734913	4414	134142
渭南市	Weinan	47578	274551	511	90736
延安市	Yan'an	106435	182449	1512	65098
汉中市	Hanzhong	69571	179096	543	38780
榆林市	Yulin	172955	314069	3981	99867
安康市	Ankang	39920	321967	514	105306
商洛市	Shangluo	33502	198269	496	57998
甘肃省	**Gansu**	**1738296**	**4800983**	**47472**	**836819**
兰州市	Lanzhou	965571	1617166	26405	279525
嘉峪关市	Jiayuguan	128537	196245	1329	20581
金昌市	Jinchang	29302	76225	267	12097
白银市	Baiyin	159246	500776	4905	69385
天水市	Tianshui	171287	734452	5692	113311
武威市	Wuwei	47850	391370	592	80735
张掖市	Zhangye	53999	315940	3610	56744
平凉市	Pingliang	27695	177113	1098	38599
酒泉市	Jiuquan	38281	163172	849	32896
庆阳市	Qingyang	65300	209800	1225	38711
定西市	Dingxi	22428	211624	1244	44895
陇南市	Longnan	28800	207100	256	49340
青海省	**Qinghai**	**183590**	**1849470**	**8270**	**424789**
西宁市	Xining	183590	1849470	8270	424789
宁夏回族自治区	**Ningxia**	**1228612**	**2752906**	**28668**	**310696**
银川市	Yinchuan	789786	1092984	21811	101407
石嘴山市	Shizuishan	222776	549971	3380	85645
吴忠市	Wuzhong	122447	487886	1683	38188
固原市	Guyuan	20169	227775	568	44513
中卫市	Zhongwei	73434	394290	1226	40943
新疆维吾尔自治区	**Xinjiang**	**3055812**	**3581571**	**58887**	**645887**
乌鲁木齐市	Urumqi	2483209	2879818	45510	482208
克拉玛依市	Karamay	572603	701753	13377	163679

2-17 年末金融机构存贷款余额

Deposits and Loans of National Banking System at Year-end

单位：万元 (10 000 yuan)

城 市	City	年末金融机构各项存款余额 Deposits of National Banking System at Year-end		居民储蓄存款余额 Household Saving Deposits at Year-end		年末金融机构各项贷款余额 Loans of National Banking System at Year-end	
		全 市 Total City	市辖区 Districts under City	全 市 Total City	市辖区 Districts under City	全 市 Total City	市辖区 Districts under City
城市合计	**Prefecture Cities**	**8701940922**	**6597077773**	**3856175535**	**2490625745**	**5927085947**	**4606681760**
北京市	**Beijing**	**778760000**	**773016228**	**214045510**	**210716298**	**345179846**	**343682806**
天津市	**Tianjin**	**196756800**	**196756800**	**70553800**	**70553800**	**173920600**	**173920600**
河北省	**Hebei**	**336652576**	**175064188**	**206888558**	**87182779**	**192393767**	**114013739**
石家庄市	Shijiazhuang	76407468	52942353	37354986	20948473	39950667	30691894
唐山市	Tangshan	54374618	34806758	33050711	18965634	35272093	21920376
秦皇岛市	Qinhuangdao	18785380	13341381	11501932	7247230	11802797	9716687
邯郸市	Handan	29244938	16251449	17908067	8250207	18411645	11985348
邢台市	Xingtai	20537974	7616745	14547114	4333811	11640402	5639290
保定市	Baoding	37598894	12435897	26570092	6799611	15850146	6613723
张家口市	Zhangjiakou	16738660	8512880	11197512	5342567	11929031	7203004
承德市	Chengde	13591231	5985189	8882165	3340741	9712400	5306302
沧州市	Cangzhou	26899012	7381394	18456510	3875340	12647536	5387304
廊坊市	Langfang	26763852	10466067	15815550	4918825	18115915	6543629
衡水市	Hengshui	15710549	5324075	11603919	3160340	7061135	3006182
山西省	**Shanxi**	**240696397**	**160889207**	**120130595**	**66603640**	**197417238**	**97793381**
太原市	Taiyuan	89024590	85404440	30214991	27590939	63762124	62384070
大同市	Datong	20139312	16061892	12201147	9451954	7705203	6564753
阳泉市	Yangquan	10959575	7816894	6053894	3817051	5301681	3949943
长治市	Changzhi	17240536	9084498	9813345	4780869	8414776	4299954
晋城市	Jincheng	17295759	11234614	7565411	4279669	7769485	5538087
朔州市	Shuozhou	10508772	6671551	5962868	3397143	2350367	1948488
晋中市	Jinzhong	16818017	6062000	10870257	3238000	7535962	3424000
运城市	Yuncheng	13183796	3881421	8781597	2158331	6084380	2276398
忻州市	Xinzhou	13097288	3592978	8785400	2196350	4797554	1302170
临汾市	Linfen	16568752	7018919	10686685	3973334	7495706	3285518
吕梁市	Lvliang	15860000	4060000	9195000	1720000	76200000	2820000
内蒙古自治区	**Inner Mongolia**	**126258312**	**92526633**	**60627275**	**39139143**	**104274966**	**81382843**
呼和浩特市	Hohhot	38057598	35654368	12432682	10997731	37072150	35586310
包头市	Baotou	20797880	19383553	10350249	9451831	14198606	13294817
乌海市	Wuhai	5599500	5599500	2601700	2601700	3811900	3811900
赤峰市	Chifeng	11586221	6526201	7670230	4122741	7117500	4467719
通辽市	Tongliao	6278249	3811250	3654746	2085118	6102591	3338396
鄂尔多斯市	Erdos	21949200	12260819	10316700	4932576	22181100	14028906
呼伦贝尔市	Hulunbuir	9958300	3443266	5946700	1561791	5508500	2390861
巴彦淖尔市	Bayannur	6055200	3349152	3546300	1665663	4838000	2892184
乌兰察布市	Ulanqab	5976164	2498524	4107968	1719992	3444619	1571750
辽宁省	**Liaoning**	**345673431**	**280693927**	**177916830**	**128214756**	**247302171**	**210205669**
沈阳市	Shenyang	102753529	99043571	43188378	40132652	78527063	76560799
大连市	Dalian	103223415	90694941	41604680	32702561	81273830	73416654
鞍山市	Anshan	22577208	16366260	14373954	9087817	13083352	10296233
抚顺市	Fushun	11471306	9905525	8078909	6873008	5012543	4378192
本溪市	Benxi	9337084	7323745	6000111	4537879	6131435	5384593
丹东市	Dandong	12317512	7032921	8930135	4579650	6699891	4116836
锦州市	Jinzhou	12884615	8720298	9045045	5454604	8291815	5840258
营口市	Yingkou	12804272	8764381	8059371	5011910	11289530	8967791

2-17 续表 1 continued 1

单位：万元 (10 000 yuan)

城市	City	年末金融机构各项存款余额 Deposits of National Banking System at Year-end 全市 Total City	市辖区 Districts under City	居民储蓄存款余额 Household Saving Deposits at Year-end 全市 Total City	市辖区 Districts under City	年末金融机构各项贷款余额 Loans of National Banking System at Year-end 全市 Total City	市辖区 Districts under City
阜新市	Fuxin	6834149	4391099	4428129	2840019	5292929	3553207
辽阳市	Liaoyang	11429830	8382241	6783660	4531028	6987357	5415998
盘锦市	Panjin	10903894	8598145	6767652	5241275	6191852	4745525
铁岭市	Tieling	8294772	4034841	6203010	2896104	6134377	3264533
朝阳市	Chaoyang	10200395		7333163		6078274	
葫芦岛市	Huludao	10641450	7435959	7120633	4326249	6307923	4265050
吉林省	**Jilin**	**116665667**	**85195876**	**61797170**	**40250844**	**87144806**	**68531853**
长春市	Changchun	65783032	59114584	27673822	22643744	57272069	53090646
吉林市	Jilin	17142883	10937698	11419667	7598131	9467797	6012516
四平市	Siping	7369217	3107118	5375970	2180667	4427199	1980841
辽源市	Liaoyuan	3291256	1995136	2409527	1426433	2295117	1397487
通化市	Tonghua	7346805	2786715	4988776	1682220	4157284	1784361
白山市	Baishan	4913501	2690740	3272192	1781846	3027018	1943155
松原市	Songyuan	6558738	2814992	4059023	1800028	3642632	1348114
白城市	Baicheng	4260235	1748893	2598193	1137775	2855690	974733
黑龙江省	**Heilongjiang**	**159530269**	**121337077**	**90614503**	**63586127**	**98063429**	**73083883**
哈尔滨市	Harbin	73603337	66170768	33206732	27651260	55579912	50672227
齐齐哈尔市	Qiqihar	11580531	7183876	7815817	5321282	7606600	4801881
鸡西市	Jixi	7373917	4451535	5015181	2868527	3081822	1433477
鹤岗市	Hegang	4252847	3258141	3015075	2339697	2772829	1661736
双鸭山市	Shuangyashan	5336547	3036055	3638767	2040992	3860630	1635127
大庆市	Daqing	19705563	17722005	11475463	10060015	6717502	5656539
伊春市	Yichun	4530471	3362320	3098430	2235734	1244904	809187
佳木斯市	Jiamusi	8058552	4292544	5452124	3062634	5372710	1363731
七台河市	Qitaihe	3388557	2793549	2236973	1792929	1759135	1377374
牡丹江市	Mudanjiang	9370876	5444072	6754846	3758808	3704487	1966299
黑河市	Heihe	5008335	1489266	3365810	933508	2337026	505956
绥化市	Suihua	7320736	2132946	5539285	1520741	4025872	1200349
上海市	**Shanghai**	**598927500**	**598927500**	**195067000**	**195067000**	**364859000**	**364859000**
江苏省	**Jiangsu**	**754815144**	**505967156**	**300571900**	**174037197**	**544172991**	**371288615**
南京市	Nanjing	161314100	157444100	44653700	42535900	123144100	119967800
无锡市	Wuxi	102934036	64554640	37318263	22906998	74670302	45398089
徐州市	Xuzhou	33644736	22500556	17947175	10292339	20472296	13785326
常州市	Changzhou	56048986	45587386	24732675	19111445	38327985	31092553
苏州市	Suzhou	176634972	101846342	57877466	29695083	136268590	81615655
南通市	Nantong	62971903	30309741	35880581	14130467	38371375	19563326
连云港市	Lianyungang	15036631	8965199	7235945	3311499	11965811	7554389
淮安市	Huai'an	15027919	9293191	8068630	4870468	11731831	7489252
盐城市	Yancheng	26993252	10386811	15193251	4123656	18314449	7412940
扬州市	Yangzhou	33108404	24186901	16975080	11279876	20064970	14917139
镇江市	Zhenjiang	28505138	14553816	13013598	5542457	20732926	10300548
泰州市	Taizhou	30326334	10748968	15465287	4076423	20079732	7568666
宿迁市	Suqian	12268733	5589505	6210249	2160586	10028624	4622932
浙江省	**Zhejiang**	**648862779**	**400627795**	**264068148**	**136079592**	**569826447**	**355700446**
杭州市	Hangzhou	195998475	178440183	60220823	51693973	172158288	156426086
宁波市	Ningbo	116023188	79101644	41759634	24207658	113003187	75422062

2-17 续表 2 continued 2

单位：万元 (10 000 yuan)

城市	City	年末金融机构各项存款余额 Deposits of National Banking System at Year-end 全市 Total City	市辖区 Districts under City	居民储蓄存款余额 Household Saving Deposits at Year-end 全市 Total City	市辖区 Districts under City	年末金融机构各项贷款余额 Loans of National Banking System at Year-end 全市 Total City	市辖区 Districts under City
温州市	Wenzhou	74256159	40795344	36169626	17871303	68393730	36893969
嘉兴市	Jiaxing	44530697	15101644	21444946	6222656	34195265	11557174
湖州市	Huzhou	22333437	11694862	10784617	5602529	18522820	9084705
绍兴市	Shaoxing	58459494	20319270	24920890	6740576	49341738	18142388
金华市	Jinhua	52707111	10938822	26681708	4685434	42343304	8745205
衢州市	Quzhou	12892221	6456755	6063780	2578861	10643736	5235906
舟山市	Zhoushan	13501001	11438203	5036888	4045194	12374213	10876992
台州市	Taizhou	44573554	21504585	23719853	10437299	37839726	18695295
丽水市	Lishui	13587442	4836483	7265383	1994109	11010440	4620664
安徽省	**Anhui**	**228458251**	**146521469**	**111808735**	**55607133**	**162812760**	**120879763**
合肥市	Hefei	69138402	58882801	20655745	14290194	61360262	55572516
芜湖市	Wuhu	18559566	12584788	8667064	4717813	16947781	12681874
蚌埠市	Bengbu	9758630	6577991	5314123	3086832	6317415	4727843
淮南市	Huainan	11143112	9554370	5713799	4753921	7818108	6911016
马鞍山市	Maanshan	12499295	8431882	6375839	3546048	8571797	6491625
淮北市	Huaibei	7877076	5826927	4245631	2838525	5086338	4328841
铜陵市	Tongling	5660251	4577631	2656761	1997826	5148033	4482680
安庆市	Anqing	16995657	6230158	10670121	2928557	8526182	3822623
黄山市	Huangshan	6589741	3724491	3757074	1700409	4168296	2530352
滁州市	Chuzhou	11115785	4377142	5992485	1659211	7081608	2701201
阜阳市	Fuyang	14895587	5694566	10532857	3536246	6406530	3525740
宿州市	Suzhou	10147712	5072761	6650785	2812031	4633238	2896526
六安市	Lu'an	12676840	5410269	7232351	2758051	6859976	3092599
亳州市	Bozhou	8130958	3454278	5543950	1932209	4271771	2304932
池州市	Chizhou	5181533	2992944	3141130	1528647	3688879	2586748
宣城市	Xuancheng	8088106	3128470	4659020	1520613	5926546	2222647
福建省	**Fujian**	**239976951**	**156238731**	**104751398**	**54872398**	**206594145**	**143556596**
福州市	Fuzhou	77072789	57816416	29394605	18278820	67117696	54198133
厦门市	Xiamen	51514025	51514025	16801926	16801926	45559103	45559103
莆田市	Putian	10629938	8743054	6548085	5080871	8883010	7665829
三明市	Sanming	10686543	3561697	5375274	1457465	9850351	3697057
泉州市	Quanzhou	45107265	16479743	23757917	6103914	35276787	14093070
漳州市	Zhangzhou	15005289	6669635	8148378	2715269	11482346	6105843
南平市	Nanping	9916134	2950620	5393688	1306130	7966800	3205253
龙岩市	Longyan	10939592	5416202	5249715	2322158	10389658	6145871
宁德市	Ningde	9105376	3087339	4081810	805845	10068394	2886437
江西省	**Jiangxi**	**167062172**	**93386714**	**84707421**	**35128973**	**109112293**	**70890022**
南昌市	Nanchang	57231423	49655870	18535679	13912923	47280066	42716822
景德镇市	Jingdezhen	5823166	3800966	3451583	1982332	3075290	2235819
萍乡市	Pingxiang	5410690	3985009	3183848	2351388	3134752	2577899
九江市	Jiujiang	14946875	6648494	8221120	2827232	9251640	4526510
新余市	Xinyu	5916506	5082601	3064010	2516241	4802384	4296223
鹰潭市	Yingtan	4254331	2076325	2289483	963047	2701646	1147267
赣州市	Ganzhou	22687399	7943341	13277612	3154870	12831837	4961762
吉安市	Ji'an	12851252	3457827	8259551	1739990	5675167	2082488
宜春市	Yichun	14509280	3640571	8995346	1767210	7333935	1716953
抚州市	Fuzhou	9376186	3756510	6363271	2313440	4747433	1967779
上饶市	Shangrao	14055064	3339200	9065918	1600300	8278143	2660500

2-17 续表 3 continued 3

单位：万元 (10 000 yuan)

城市	City	年末金融机构各项存款余额 Deposits of National Banking System at Year-end		居民储蓄存款余额 Household Saving Deposits at Year-end		年末金融机构各项贷款余额 Loans of National Banking System at Year-end	
		全市 Total City	市辖区 Districts under City	全市 Total City	市辖区 Districts under City	全市 Total City	市辖区 Districts under City
山东省	**Shandong**	**542552081**	**351425868**	**263590910**	**138724678**	**401458986**	**265107256**
济南市	Jinan	97985044	91276762	28887390	24385754	74062184	69905984
青岛市	Qingdao	94348924	78055900	37576007	27790000	79465532	67622600
淄博市	Zibo	31649007	26411777	16902243	14072769	21097576	16477337
枣庄市	Zaozhuang	11467152	7549937	6950887	4340876	9164899	5083926
东营市	Dongying	23489380	16633662	9412911	6546637	17484330	9352551
烟台市	Yantai	50543518	26123671	27673277	11772236	33275187	18440643
潍坊市	Weifang	44378100	18878800	24590500	7568800	35318800	14684500
济宁市	Jining	31461468	12117553	17306530	4878644	19238834	8072190
泰安市	Tai'an	19342378	9579221	11858848	5146863	12196419	5992000
威海市	Weihai	19821638	9562171	12057423	4799974	13297646	6501240
日照市	Rizhao	14424837	10459463	6607626	4026481	11138864	8978331
莱芜市	Laiwu	7192407	7192407	3779019	3779019	5480663	5480663
临沂市	Linyi	30291749	15637683	19416583	8270286	21098327	12481693
德州市	Dezhou	16364920	5462838	11075383	3091178	11122951	3945793
聊城市	Liaocheng	16737234	6360559	10185446	3204765	12442086	4575064
滨州市	Binzhou	16976604	5276215	7111674	2074572	14951273	4205635
菏泽市	Heze	16077721	4847249	12199163	2975824	10623415	3307106
河南省	**Henan**	**310502234**	**187753891**	**173287152**	**76138611**	**182679835**	**118036691**
郑州市	Zhengzhou	104482905	91420019	38454564	25391678	67941285	54878399
开封市	Kaifeng	9612307	5165598	6583135	3028409	5543240	3874521
洛阳市	Luoyang	29024654	19885955	14651561	8650732	16453351	12333361
平顶山市	Pingdingshan	14573800	8141625	9119462	4332720	9349739	6018689
安阳市	Anyang	13530677	6389936	8922543	3197282	6914670	4119983
鹤壁市	Hebi	3666530	2309359	2203710	1280933	3365603	1929632
新乡市	Xinxiang	14766123	6308682	9285143	3251805	8684812	4024655
焦作市	Jiaozuo	10126391	5321398	6380783	2752519	6721881	4087526
濮阳市	Puyang	8368942	4746151	5925215	3046119	3040945	1810208
许昌市	Xuchang	11882215	5151741	7432890	2287504	8507633	4162645
漯河市	Luohe	5937515	4312495	3673700	2395381	3109217	2516872
三门峡市	Sanmenxia	8250696	2646096	4921155	1423310	4673501	1497195
南阳市	Nanyang	21046750	9009549	13669203	4842793	11133433	5653021
商丘市	Shangqiu	13538295	4857804	9689057	3069818	7009361	2972024
信阳市	Xinyang	13364440	5623781	11042474	3451244	7408037	2874124
周口市	Zhoukou	14034991	2507145	11128655	1566581	6384466	2211734
驻马店市	Zhumadian	14295003	3956557	10203902	2169783	6438661	3072102
湖北省	**Hubei**	**258262681**	**183913189**	**123841298**	**73672190**	**182676155**	**150812284**
武汉市	Wuhan	131315868	122459434	46229630	40945523	115758449	111269607
黄石市	Huangshi	9951200	6235021	5161500	2926455	6253400	4468959
十堰市	Shiyan	12173516	6308001	6858875	3351065	5897117	3264042
宜昌市	Yichang	20054860	12565238	10331118	5444045	14455878	9984641
襄阳市	Xiangyang	18151164	10751832	11155759	5915332	9992558	6743242

2-17 续表 4 continued 4

单位：万元 (10 000 yuan)

城 市	City	年末金融机构各项存款余额 Deposits of National Banking System at Year-end		居民储蓄存款余额 Household Saving Deposits at Year-end		年末金融机构各项贷款余额 Loans of National Banking System at Year-end	
		全 市 Total City	市辖区 Districts under City	全 市 Total City	市辖区 Districts under City	全 市 Total City	市辖区 Districts under City
鄂州市	Ezhou	3474241	3474241	1981304	1981304	2253116	2253116
荆门市	Jingmen	9930600	3755500	6184100	2222900	4373400	2367100
孝感市	Xiaogan	11801115	4053642	7922303	2326677	5527560	2140577
荆州市	Jingzhou	14589390	5833768	10057615	3686904	6464159	3351755
黄冈市	Huanggang	14328650	2254083	9929129	1194750	5538177	1038585
咸宁市	Xianning	6435069	2454813	3819814	1171628	3577069	1893939
随州市	Suizhou	6057008	3767616	4210151	2505607	2585272	2036721
湖南省	**Hunan**	**224838809**	**138808607**	**122932118**	**58783938**	**150810023**	**113356220**
长沙市	Changsha	87314900	74960000	29813100	22034000	82671500	74957000
株洲市	Zhuzhou	15888429	10804131	9425260	6126419	8123852	6174128
湘潭市	Xiangtan	11235986	7352133	7033745	3910578	8139982	6232703
衡阳市	Hengyang	17866400	8071600	13144963	4953672	6957300	3640090
邵阳市	Shaoyang	13175081	3603376	9539244	2106573	5231731	1891814
岳阳市	Yueyang	11331706	5914463	7442536	3465145	5802787	3110427
常德市	Changde	13922185	6544539	9393179	3519626	6412012	3284333
张家界市	Zhangjiajie	3437709	1758726	2258912	1054044	2468477	1552770
益阳市	Yiyang	8736680	4022167	6130200	2572444	4237181	2302641
郴州市	Chenzhou	13098507	5538922	8767232	3157422	5603982	2873561
永州市	Yongzhou	10002269	3244275	7484273	2165673	4630154	2039892
怀化市	Huaihua	9797259	3463623	6922375	1986378	5227578	2695940
娄底市	Loudi	9031698	3530652	5577099	1731964	5303487	2600921
广东省	**Guangdong**	**984682384**	**886841684**	**452668223**	**378066854**	**592555515**	**549542575**
广州市	Guangzhou	290069900	279038000	113106900	106497226	180230200	172904200
韶关市	Shaoguan	11071718	6536781	7019959	3582471	4643182	3082752
深圳市	Shenzhen	259102400	259102400	83890600	83890600	173054700	173054700
珠海市	Zhuhai	31155117	31155117	12167506	12167506	17505136	17505136
汕头市	Shantou	22148020	21917979	15344641	15201538	7868796	7822873
佛山市	Foshan	97842546	97842546	51648616	51648616	61277564	61277564
江门市	Jiangmen	28036122	16224581	18531027	9436524	13311859	8610839
湛江市	Zhanjiang	18880921	11468780	12462312	6383714	10455595	7688853
茂名市	Maoming	13283152	4902777	9840351	2978365	5394067	2236771
肇庆市	Zhaoqing	13246417	6282246	8544331	3291775	8762674	4859638
惠州市	Huizhou	25075498	18623696	13514447	8808686	15010215	12322239
梅州市	Meizhou	10593136	3428010	7576722	1783478	4521726	1825988
汕尾市	Shanwei	4162744	1486732	2962931	786457	1880759	1078329
河源市	Heyuan	6346165	2770455	4155191	1366349	4682107	2820767
阳江市	Yangjiang	7252766	3670428	4945871	1429313	4303353	2572864
清远市	Qingyuan	11993946	5575019	7419919	2774445	7081678	3825773
东莞市	Dongguan	74304570	74304570	42042032	42042032	41956074	41956074
中山市	Zhongshan	32243974	32243974	17535814	17535814	17867686	17867686
潮州市	Chaozhou	8298993	3755739	5859216	2493057	2707572	1540383
揭阳市	Yeyang	12984986	4022465	9479791	2557276	6085993	2626871
云浮市	Yunfu	6589293	2489389	4620046	1411612	3954579	2062275

2-17 续表 5 continued 5

单位：万元 (10 000 yuan)

城市	City	年末金融机构各项存款余额 Deposits of National Banking System at Year-end		居民储蓄存款余额 Household Saving Deposits at Year-end		年末金融机构各项贷款余额 Loans of National Banking System at Year-end	
		全市 Total City	市辖区 Districts under City	全市 Total City	市辖区 Districts under City	全市 Total City	市辖区 Districts under City
广西壮族自治区	**Guangxi**	**158560021**	**106262914**	**79040756**	**41797908**	**119414372**	**89916897**
南宁市	Nanning	56271788	50707099	18638024	14613189	55012783	51932096
柳州市	Liuzhou	19160530	14974573	8718712	5963316	13648119	11065884
桂林市	Guilin	18176889	9790278	10885394	5020540	10489843	5382086
梧州市	Wuzhou	6650038	3253320	4124165	1651188	4612456	2585838
北海市	Beihai	5890981	4396099	3569276	2354823	3174212	2436144
防城港市	Fangchenggang	3857589	2525782	2133607	1207391	2750698	2046874
钦州市	Qinzhou	6164075	4139727	3684977	1948000	4360105	3433304
贵港市	Guigang	7038637	3483738	4994440	2178318	4116080	2489967
玉林市	Yulin	10386628	4303465	7572828	2503046	5475792	2433684
百色市	Baise	6760405	1894010	3813464	935331	5159105	1477087
贺州市	Hezhou	3487560	2047403	2152703	1146741	2046857	1280055
河池市	Hechi	6270162	1629776	3868094	886512	3590613	1005362
来宾市	Laibin	4070622	2047938	2203060	919193	2581751	1576132
崇左市	Chongzuo	4374117	1069706	2682012	470320	2395958	772384
海南省	**Hainan**	**32554909**	**32554909**	**12438938**	**12438938**	**27306704**	**27306704**
海口市	Haikou	25829728	25829728	9521479	9521479	24257804	24257804
三亚市	Sanya	6709147	6709147	2916932	2916932	3048900	3048900
三沙市	sansha	16034	16034	527	527		
重庆市	**Chongqing**	**189348300**	**158686800**	**84725100**	**62996000**	**151312200**	**137027700**
四川省	**Sichuan**	**390804717**	**265413136**	**186390730**	**98650567**	**245734309**	**187301881**
成都市	Chengdu	203541672	171171557	70600314	50537266	156303941	138584425
自贡市	Zigong	8215138	5177936	5411151	2973918	3711899	2615604
攀枝花市	Panzhihua	7656902	6585049	3589878	2937235	5321903	4641028
泸州市	Luzhou	12126330	7626646	7573128	4113140	6295889	4219570
德阳市	Deyang	16632965	7092383	9286616	3059980	8492751	3822960
绵阳市	Mianyang	21263368	11998531	11220290	5202067	10867834	6322052
广元市	Guangyuan	8333169	4109137	4728972	2079013	3318107	1898870
遂宁市	Suining	7446697	3789792	5077414	2298107	3998701	2306088
内江市	Neijiang	8886532	4272944	6385812	2542844	4060835	1877440
乐山市	Leshan	12645794	7090363	7712097	3549879	8074460	4689676
南充市	Nanchong	16687791	7773841	11211883	4482810	6536191	3362345
眉山市	Meishan	9310699	3616338	6492213	2173316	4276253	1941564
宜宾市	Yibin	14643781	8730782	6727420	2797682	6254342	3307448
广安市	Guang'an	9373089	3475406	6816811	2362900	3411918	1512023
达州市	Dazhou	13171673	4258009	9511728	2556356	5318865	1946105
雅安市	Yaan	5925709	2951999	3098181	1464082	3306753	1654828
巴中市	Bazhong	5686067	2593905	4038939	1666469	2035974	900753
资阳市	Ziyang	9257341	3098518	6907883	1853503	4147693	1699102
贵州省	**Guizhou**	**85381894**	**59040189**	**37466618**	**21746254**	**60805075**	**44816521**
贵阳市	Guiyang	43943720	41493317	14982022	13536029	34794711	32931980
六盘水市	Liupanshui	6762115	3865661	3214611	1670417	5083803	3197548
遵义市	Zunyi	17122169	6769807	9319487	3198542	9276280	4432890
安顺市	Anshun	4831429	2618013	2463880	1298970	3502319	1594735
毕节市	Bijie	7360337	2546730	4158529	1164962	4334452	1457619
铜仁市	Tongren	5362124	1746661	3328089	877334	3813510	1201749

2-17 续表 6 continued 6

单位：万元 (10 000 yuan)

城 市	City	年末金融机构各项存款余额 Deposits of National Banking System at Year-end		居民储蓄存款余额 Household Saving Deposits at Year-end		年末金融机构各项贷款余额 Loans of National Banking System at Year-end	
		全 市 Total City	市辖区 Districts under City	全 市 Total City	市辖区 Districts under City	全 市 Total City	市辖区 Districts under City
云南省	**Yunnan**	**137562504**	**102250049**	**54671897**	**34105317**	**112895556**	**91831415**
昆明市	Kunming	88394600	80369200	29670236	25110369	81654900	76133600
曲靖市	Qujing	14054976	6598125	6887414	2557887	8608994	3953313
玉溪市	Yuxi	10019551	5583780	4996000	2208985	6319000	3583100
保山市	Baoshan	4831983	1939850	2854775	1064473	3122363	1341462
昭通市	Zhaotong	7684189	2582508	3676487	961168	4206575	1688910
丽江市	Lijiang	4178063	2244760	2166930	951827	3029671	2167507
普洱市	Simao	4928556	1753952	2588464	776253	3264059	1655783
临沧市	Lincang	3470586	1177874	1831591	474355	2689994	1307740
西藏自治区	**Tibet**	**13041874**		**2238333**		**4543531**	
拉萨市	Lasa	13041874		2238333		4543531	
陕西省	**Shaanxi**	**223500811**	**163243230**	**107131400**	**68242358**	**135950991**	**108663165**
西安市	Xi'an	121255322	116205674	47870300	44423600	86352159	85005461
铜川市	Tongchuan	3508678	3314441	2169332	2067326	997338	962503
宝鸡市	Baoji	14508400	9053200	9106400	5152600	6331000	4548300
咸阳市	Xianyang	15704753	8282273	9885355	4453105	6460435	3735517
渭南市	Weinan	13477290	3945500	8764279	2079400	6225221	1545700
延安市	Yan'an	9872104	4589954	5015431	2064208	4768722	1940474
汉中市	Hanzhong	10728637	3931807	7077192	2242804	4024433	1273734
榆林市	Yulin	22528200	9022200	9546300	2703753	15480800	7038336
安康市	Ankang	6730940	2767714	4212941	1845985	3089697	1524451
商洛市	Shangluo	5186487	2130467	3483870	1209577	2221186	1088689
甘肃省	**Gansu**	**95090393**	**68348819**	**47700434**	**29956644**	**66020150**	**52038661**
兰州市	Lanzhou	45892564	42868979	17431811	15674752	36728523	35105360
嘉峪关市	Jiayuguan	2617181	2617181	966592	966592	2976966	2976966
金昌市	Jinchang	2152600	1559800	1345900	913100	1435500	1165400
白银市	Baiyin	4664450	3123255	2601529	1584107	2790144	1842825
天水市	Tianshui	6552181	4126910	4405505	2678603	3296708	2361655
武威市	Wuwei	4869300	3149100	3247500	2110500	2720300	1883100
张掖市	Zhangye	3730576	2054048	2349217	1246386	2202279	1269735
平凉市	Pingliang	4727200	1896400	2959800	1023300	2943000	1176500
酒泉市	Jiuquan	5956900	2554150	3671260	1400195	3658000	1637984
庆阳市	Qingyang	5060716	1771465	3405925	1066911	2436692	978967
定西市	Dingxi	4099475	1226331	2635535	658964	2394446	805469
陇南市	Longnan	4767250	1401200	2679860	633234	2437592	834700
青海省	**Qinghai**	**23648621**	**21937964**	**8231474**	**7240136**	**22575012**	**21440082**
西宁市	Xining	23648621	21937964	8231474	7240136	22575012	21440082
宁夏回族自治区	**Ningxia**	**34954122**	**26175618**	**16798307**	**11669355**	**33395827**	**25991317**
银川市	Yinchuan	21082811	18122302	9014685	7096917	22829704	19772863
石嘴山市	Shizuishan	4877739	3878237	2841214	2202362	3628702	2926717
吴忠市	Wuzhong	3726032	1776110	2158307	1040760	3144850	1456816
固原市	Guyuan	2293895	1053431	1222565	579183	1276720	765420
中卫市	Zhongwei	2973645	1345538	1561536	750133	2515851	1069501
新疆维吾尔自治区	**Xinjiang**	**57558318**	**57271605**	**19473004**	**19356317**	**33877247**	**33703175**
乌鲁木齐市	Urumqi	48191090	47904377	17159659	17042972	32453308	32279236
克拉玛依市	Karamay	9367228	9367228	2313345	2313345	1423939	1423939

2-18 规模以上工业企业数

Number of Industrial Enterprises above Designated Size

单位：个 (unit)

城市	City	工业企业数 Number of Industrial Enterprises		内资企业 Domestic Funded		港、澳、台商投资企业 Enterprises with Funds from Hong Kong, Macao and Taiwan		外商投资企业 Foreign Funded Enterprises	
		全市 Total City	市辖区 Districts under City	全市 Total City	市辖区 Districts under City	全市 Total City	市辖区 Districts under City	全市 Total City	市辖区 Districts under City
城市合计	**Prefecture Cities**	**335563**	**147619**	**278932**	**110790**	**25849**	**16372**	**30782**	**20457**
北京市	**Beijing**	**3692**	**3516**	**2767**	**2632**	**240**	**226**	**685**	**658**
天津市	**Tianjin**	**5342**	**4428**	**3673**	**2869**	**332**	**306**	**1337**	**1253**
河北省	**Hebei**	**12360**	**2263**	**11449**	**1889**	**271**	**103**	**640**	**271**
石家庄市	Shijiazhuang	2388	245	2283	215	38	11	67	19
唐山市	Tangshan	1311	602	1194	538	38	15	79	49
秦皇岛市	Qinhuangdao	406	233	317	156	20	18	69	59
邯郸市	Handan	972	173	923	153	22	10	27	10
邢台市	Xingtai	986	80	941	73	16	2	29	5
保定市	Baoding	1613	194	1486	161	40	12	87	21
张家口市	Zhangjiakou	435	133	406	124	6	2	23	7
承德市	Chengde	461	89	452	87	3		6	2
沧州市	Cangzhou	1774	167	1670	149	32	7	72	11
廊坊市	Langfang	1073	211	888	109	39	19	146	83
衡水市	Hengshui	941	136	889	124	17	7	35	5
山西省	**Shanxi**	**3903**	**966**	**3765**	**900**	**46**	**20**	**92**	**46**
太原市	Taiyuan	458	309	433	288	4	4	21	17
大同市	Datong	169	91	160	83	1		8	8
阳泉市	Yangquan	160	67	152	61	3	3	5	3
长治市	Changzhi	354	77	347	75	3	1	4	1
晋城市	Jincheng	241	44	225	38	4	1	12	5
朔州市	Shuozhou	261	83	256	80	1	1	4	2
晋中市	Jinzhong	512	120	485	108	13	6	14	6
运城市	Yuncheng	462	72	448	69	1		13	3
忻州市	Xinzhou	330	30	330	30				
临汾市	Linfen	374	52	359	47	12	4	3	1
吕梁市	Lvliang	582	21	570	21	4		8	
内蒙古自治区	**Inner Mongolia**	**3614**	**1279**	**3453**	**1206**	**63**	**28**	**98**	**45**
呼和浩特市	Hohhot	273	81	242	75	12	3	19	3
包头市	Baotou	618	433	585	405	12	9	21	19
乌海市	Wuhai	153	153	150	150	1	1	2	2
赤峰市	Chifeng	532	157	520	148	6	4	6	5
通辽市	Tongliao	616	219	597	209	8	4	11	6
鄂尔多斯市	Erdos	371	63	354	57	6	2	11	4
呼伦贝尔市	Hulunbuir	394	56	372	51	7	1	15	4
巴彦淖尔市	Bayannur	275	77	264	74	4	2	7	1
乌兰察布市	Ulanqab	382	40	369	37	7	2	6	1
辽宁省	**Liaoning**	**17346**	**7622**	**15377**	**6242**	**470**	**330**	**1499**	**1050**
沈阳市	Shenyang	4034	2431	3606	2032	122	117	306	282
大连市	Dalian	3142	1314	2297	729	142	94	703	491
鞍山市	Anshan	1186	293	1121	265	24	11	41	17
抚顺市	Fushun	922	496	860	441	19	17	43	38
本溪市	Benxi	564	405	525	380	19	15	20	10
丹东市	Dandong	821	206	716	161	18	10	87	35
锦州市	Jinzhou	815	201	749	150	24	19	42	32
营口市	Yingkou	1447	904	1264	794	44	29	139	81

2-18 续表 1 continued 1

单位：个 (unit)

城 市	City	工业企业数 Number of Industrial Enterprises		内资企业 Domestic Funded		港、澳、台商投资企业 Enterprises with Funds from Hong Kong, Macao and Taiwan		外商投资企业 Foreign Funded Enterprises	
		全 市 Total City	市辖区 Districts under City	全 市 Total City	市辖区 Districts under City	全 市 Total City	市辖区 Districts under City	全 市 Total City	市辖区 Districts under City
阜新市	Fuxin	574	384	544	364	12	4	18	16
辽阳市	Liaoyang	701	265	666	242	14	6	21	17
盘锦市	Panjin	498	180	468	161	6	4	24	15
铁岭市	Tieling	1596	332	1544	316	14	3	38	13
朝阳市	Chaoyang	720	125	702	124	11	1	7	
葫芦岛市	Huludao	326	86	315	83	1		10	3
吉林省	**Jilin**	**4822**	**2103**	**4551**	**1903**	**69**	**44**	**202**	**156**
长春市	Changchun	1081	780	931	637	26	25	124	118
吉林市	Jilin	1121	505	1085	479	11	7	25	19
四平市	Siping	502	204	487	196	9	5	6	3
辽源市	Liaoyuan	304	152	298	147	2	1	4	4
通化市	Tonghua	532	128	510	123	6	2	16	3
白山市	Baishan	418	93	399	91	9	1	10	1
松原市	Songyuan	560	150	553	145	2	1	5	4
白城市	Baicheng	304	91	288	85	4	2	12	4
黑龙江省	**Heilongjiang**	**3756**	**1832**	**3525**	**1694**	**65**	**36**	**166**	**102**
哈尔滨市	Harbin	1148	637	1047	560	25	21	76	56
齐齐哈尔市	Qiqihar	302	167	280	158	6	3	16	6
鸡西市	Jixi	167	68	160	64	4	3	3	1
鹤岗市	Hegang	181	120	176	119	2		3	1
双鸭山市	Shuangyashan	193	88	189	87	4	1		
大庆市	Daqing	413	318	390	305	7	3	16	10
伊春市	Yichun	112	80	101	73	2		9	7
佳木斯市	Jiamusi	306	113	293	104	2	2	11	7
七台河市	Qitaihe	117	82	115	80			2	2
牡丹江市	Mudanjiang	451	111	425	101	8	1	18	9
黑河市	Heihe	99	29	93	25	1	1	5	3
绥化市	Suihua	267	19	256	18	4	1	7	
上海市	**Shanghai**	**9772**	**9632**	**5407**	**5279**	**1208**	**1203**	**3157**	**3150**
江苏省	**Jiangsu**	**45872**	**20249**	**34685**	**14336**	**4000**	**1966**	**7187**	**3947**
南京市	Nanjing	2593	1910	1939	1340	193	166	461	404
无锡市	Wuxi	5248	2921	3878	2002	506	312	864	607
徐州市	Xuzhou	2859	873	2679	794	76	26	104	53
常州市	Changzhou	3869	3152	3067	2500	318	257	484	395
苏州市	Suzhou	10444	4708	5667	2337	1496	743	3281	1628
南通市	Nantong	4941	1588	3665	1151	488	112	788	325
连云港市	Lianyungang	1388	291	1194	198	64	24	130	69
淮安市	Huai'an	1941	879	1777	791	76	34	88	54
盐城市	Yancheng	2816	625	2507	539	121	24	188	62
扬州市	Yangzhou	2560	1467	2154	1205	194	120	212	142
镇江市	Zhenjiang	2446	789	1852	573	275	91	319	125
泰州市	Taizhou	2531	530	2170	433	141	36	220	61
宿迁市	Suqian	2236	516	2136	473	52	21	48	22
浙江省	**Zhejiang**	**36504**	**13284**	**29834**	**10103**	**3329**	**1485**	**3341**	**1696**
杭州市	Hangzhou	5927	3862	4681	2896	553	400	693	566
宁波市	Ningbo	6804	3240	4703	2012	1118	640	983	588

2-18 续表 2 continued 2

单位：个 (unit)

城 市	City	工业企业数 Number of Industrial Enterprises		内资企业 Domestic Funded		港、澳、台商投资企业 Enterprises with Funds from Hong Kong, Macao and Taiwan		外商投资企业 Foreign Funded Enterprises	
		全 市 Total City	市辖区 Districts under City	全 市 Total City	市辖区 Districts under City	全 市 Total City	市辖区 Districts under City	全 市 Total City	市辖区 Districts under City
温州市	Wenzhou	4290	1486	4004	1327	104	47	182	112
嘉兴市	Jiaxing	4324	873	3250	616	494	106	580	151
湖州市	Huzhou	2428	891	1926	722	259	79	243	90
绍兴市	Shaoxing	3682	513	2916	320	487	117	279	76
金华市	Jinhua	3248	539	2975	457	126	41	147	41
衢州市	Quzhou	940	286	885	266	22	4	33	16
舟山市	Zhoushan	383	314	350	292	11	7	22	15
台州市	Taizhou	3378	1068	3081	992	141	39	156	37
丽水市	Lishui	1100	212	1063	203	14	5	23	4
安徽省	**Anhui**	**14099**	**5019**	**13335**	**4567**	**308**	**181**	**456**	**271**
合肥市	Hefei	2087	913	1906	784	70	51	111	78
芜湖市	Wuhu	1793	654	1649	548	64	47	80	59
蚌埠市	Bengbu	685	268	646	241	20	11	19	16
淮南市	Huainan	465	317	445	299	8	7	12	11
马鞍山市	Maanshan	750	322	698	286	19	14	33	22
淮北市	Huaibei	657	449	630	432	13	7	14	10
铜陵市	Tongling	204	138	183	122	12	9	9	7
安庆市	Anqing	1474	187	1423	166	20	4	31	17
黄山市	Huangshan	474	199	456	188	9	6	9	5
滁州市	Chuzhou	884	263	817	228	20	11	47	24
阜阳市	Fuyang	836	281	814	271	11	5	11	5
宿州市	Suzhou	847	187	821	185	10		16	2
六安市	Lu'an	930	318	906	310	10	4	14	4
亳州市	Bozhou	581	181	574	179	2		5	2
池州市	Chizhou	431	195	413	185	8	5	10	5
宣城市	Xuancheng	1001	147	954	143	12		35	4
福建省	**Fujian**	**15333**	**4952**	**11006**	**3136**	**2740**	**1084**	**1587**	**732**
福州市	Fuzhou	2119	774	1403	468	383	169	333	137
厦门市	Xiamen	1658	1658	819	819	440	440	399	399
莆田市	Putian	942	720	730	541	145	124	67	55
三明市	Sanming	1662	238	1566	227	77	8	19	3
泉州市	Quanzhou	4270	656	2545	327	1219	252	506	77
漳州市	Zhangzhou	1692	291	1204	200	329	57	159	34
南平市	Nanping	910	135	845	125	30	3	35	7
龙岩市	Longyan	965	366	818	325	99	26	48	15
宁德市	Ningde	1115	114	1076	104	18	5	21	5
江西省	**Jiangxi**	**7005**	**2028**	**6187**	**1769**	**510**	**120**	**308**	**139**
南昌市	Nanchang	1015	541	867	438	63	40	85	63
景德镇市	Jingdezhen	292	116	265	102	13	5	14	9
萍乡市	Pingxiang	597	325	586	317	7	5	4	3
九江市	Jiujiang	846	166	746	142	67	10	33	14
新余市	Xinyu	279	208	259	191	8	8	12	9
鹰潭市	Yingtan	194	77	182	69	5	4	7	4
赣州市	Ganzhou	961	190	728	142	166	25	67	23
吉安市	Ji'an	764	85	667	76	66	5	31	4
宜春市	Yichun	831	99	767	91	38	5	26	3
抚州市	Fuzhou	668	176	606	161	48	9	14	6
上饶市	Shangrao	558	45	514	40	29	4	15	1

2-18 续表 3 continued 3

单位：个 (unit)

城 市	City	工业企业数 Number of Industrial Enterprises 全 市 Total City	市辖区 Districts under City	内资企业 Domestic Funded 全 市 Total City	市辖区 Districts under City	港、澳、台商投资企业 Enterprises with Funds from Hong Kong, Macao and Taiwan 全 市 Total City	市辖区 Districts under City	外商投资企业 Foreign Funded Enterprises 全 市 Total City	市辖区 Districts under City
山东省	**Shandong**	**37578**	**12026**	**33124**	**10075**	**1053**	**465**	**3401**	**1486**
济南市	Jinan	1647	764	1475	673	51	29	121	62
青岛市	Qingdao	4817	1762	3218	1080	278	127	1321	555
淄博市	Zibo	3177	2568	2977	2412	72	53	128	103
枣庄市	Zaozhuang	1430	980	1361	927	29	22	40	31
东营市	Dongying	860	324	817	295	17	12	26	17
烟台市	Yantai	2725	774	1972	427	197	69	556	278
潍坊市	Weifang	4160	640	3782	537	122	36	256	67
济宁市	Jining	1551	373	1443	323	36	14	72	36
泰安市	Tai'an	1788	379	1713	345	12	2	63	32
威海市	Weihai	1602	337	1123	190	49	24	430	123
日照市	Rizhao	557	283	469	216	22	17	66	50
莱芜市	Laiwu	339	339	321	321	6	6	12	12
临沂市	Linyi	3754	1300	3537	1206	78	32	139	62
德州市	Dezhou	3226	309	3137	277	23	8	66	24
聊城市	Liaocheng	2332	346	2293	334	9	1	30	11
滨州市	Binzhou	1122	164	1062	144	23	8	37	12
菏泽市	Heze	2491	384	2424	368	29	5	38	11
河南省	**Henan**	**18930**	**3886**	**18418**	**3617**	**251**	**113**	**261**	**156**
郑州市	Zhengzhou	2741	575	2622	503	66	39	53	33
开封市	Kaifeng	1150	169	1126	157	12	5	12	7
洛阳市	Luoyang	1642	340	1613	327	9	2	20	11
平顶山市	Pingdingshan	708	197	693	188	8	3	7	6
安阳市	Anyang	876	135	857	122	10	8	9	5
鹤壁市	Hebi	489	286	473	272	5	4	11	10
新乡市	Xinxiang	1146	245	1101	221	18	10	27	14
焦作市	Jiaozuo	1155	175	1122	163	16	5	17	7
濮阳市	Puyang	795	152	778	148	10	1	7	3
许昌市	Xuchang	1280	139	1250	123	11	5	19	11
漯河市	Luohe	563	370	542	356	11	6	10	8
三门峡市	Sanmenxia	609	71	595	68	6	2	8	1
南阳市	Nanyang	1381	260	1337	241	24	8	20	11
商丘市	Shangqiu	855	297	835	284	9	3	11	10
信阳市	Xinyang	1022	240	1006	230	7	4	9	6
周口市	Zhoukou	1097	72	1077	65	11	3	9	4
驻马店市	Zhumadian	1421	163	1391	149	18	5	12	9
湖北省	**Hubei**	**11142**	**4288**	**10400**	**3813**	**331**	**170**	**411**	**305**
武汉市	Wuhan	2103	1325	1800	1064	83	70	220	191
黄石市	Huangshi	553	194	525	176	14	8	14	10
十堰市	Shiyan	617	287	597	275	7	4	13	8
宜昌市	Yichang	1130	307	1061	268	42	22	27	17
襄阳市	Xiangyang	1398	520	1345	487	28	12	25	21

2-18 续表 4 continued 4

单位：个 (unit)

城市	City	工业企业数 Number of Industrial Enterprises		内资企业 Domestic Funded		港、澳、台商投资企业 Enterprises with Funds from Hong Kong, Macao and Taiwan		外商投资企业 Foreign Funded Enterprises	
		全市 Total City	市辖区 Districts under City	全市 Total City	市辖区 Districts under City	全市 Total City	市辖区 Districts under City	全市 Total City	市辖区 Districts under City
鄂州市	Ezhou	462	462	443	443	4	4	15	15
荆门市	Jingmen	863	253	831	236	22	12	10	5
孝感市	Xiaogan	1035	152	971	132	34	7	30	13
荆州市	Jingzhou	846	322	803	294	25	16	18	12
黄冈市	Huanggang	882	110	837	99	24	6	21	5
咸宁市	Xianning	724	187	692	176	18	5	14	6
随州市	Suizhou	529	169	495	163	30	4	4	2
湖南省	**Hunan**	**12550**	**3573**	**11969**	**3329**	**349**	**137**	**232**	**107**
长沙市	Changsha	2282	683	2152	638	64	27	66	18
株洲市	Zhuzhou	1314	321	1251	299	29	5	34	17
湘潭市	Xiangtan	837	413	803	386	13	10	21	17
衡阳市	Hengyang	1171	363	1117	338	35	11	19	14
邵阳市	Shaoyang	784	175	756	163	15	5	13	7
岳阳市	Yueyang	1324	335	1280	309	23	17	21	9
常德市	Changde	862	260	824	245	27	11	11	4
张家界市	Zhangjiajie	151	53	145	52	4		2	1
益阳市	Yiyang	827	377	787	351	30	21	10	5
郴州市	Chenzhou	1080	196	1023	177	44	15	13	4
永州市	Yongzhou	673	188	613	169	50	12	10	7
怀化市	Huaihua	580	57	568	56	7		5	1
娄底市	Loudi	665	152	650	146	8	3	7	3
广东省	**Guangdong**	**37814**	**29297**	**23774**	**17296**	**9439**	**7881**	**4601**	**4120**
广州市	Guangzhou	4373	3144	2615	1712	1000	769	758	663
韶关市	Shaoguan	482	158	408	126	57	23	17	9
深圳市	Shenzhen	5835	5835	3063	3063	1998	1998	774	774
珠海市	Zhuhai	927	927	375	375	347	347	205	205
汕头市	Shantou	1880	1875	1582	1580	195	194	103	101
佛山市	Foshan	5950	5950	4549	4549	899	899	502	502
江门市	Jiangmen	1851	960	1060	562	602	313	189	85
湛江市	Zhanjiang	695	246	602	183	54	33	39	30
茂名市	Maoming	675	167	589	155	68	6	18	6
肇庆市	Zhaoqing	1046	320	750	170	202	97	94	53
惠州市	Huizhou	1430	847	562	274	633	390	235	183
梅州市	Meizhou	326	56	253	39	51	11	22	6
汕尾市	Shanwei	257	50	190	31	63	17	4	2
河源市	Heyuan	383	148	237	64	115	65	31	19
阳江市	Yangjiang	530	186	437	159	70	15	23	12
清远市	Qingyuan	497	186	326	130	132	39	39	17
东莞市	Dongguan	4526	4526	1628	1628	1846	1846	1052	1052
中山市	Zhongshan	3192	3192	2097	2097	724	724	371	371
潮州市	Chaozhou	768	111	592	58	121	34	55	19
揭阳市	Yeyang	1731	407	1501	336	179	60	51	11
云浮市	Yunfu	460	6	358	5	83	1	19	

2-18 续表 5 continued 5

单位：个 (unit)

城市	City	工业企业数 Number of Industrial Enterprises		内资企业 Domestic Funded		港、澳、台商投资企业 Enterprises with Funds from Hong Kong, Macao and Taiwan		外商投资企业 Foreign Funded Enterprises	
		全市 Total City	市辖区 Districts under City	全市 Total City	市辖区 Districts under City	全市 Total City	市辖区 Districts under City	全市 Total City	市辖区 Districts under City
广西壮族自治区	**Guangxi**	**5253**	**2168**	**4781**	**1924**	**264**	**117**	**208**	**127**
南宁市	Nanning	940	528	853	467	33	25	54	36
柳州市	Liuzhou	786	538	755	513	9	8	22	17
桂林市	Guilin	634	141	602	122	9	5	23	14
梧州市	Wuzhou	398	126	345	103	40	15	13	8
北海市	Beihai	175	115	141	89	20	16	14	10
防城港市	Fangchenggang	153	105	133	88	6	5	14	12
钦州市	Qinzhou	256	118	226	102	18	8	12	8
贵港市	Guigang	367	151	330	134	27	16	10	1
玉林市	Yulin	614	100	535	92	59	3	20	5
百色市	Baise	217	44	208	41	9	3		
贺州市	Hezhou	166	86	145	73	16	9	5	4
河池市	Hechi	221	36	213	35	6		2	1
来宾市	Laibin	190	48	177	42	5	1	8	5
崇左市	Chongzuo	136	32	118	23	7	3	11	6
海南省	**Hainan**	**183**	**183**	**133**	**133**	**17**	**17**	**33**	**33**
海口市	Haikou	154	154	109	109	17	17	28	28
三亚市	Sanya	29	29	24	24			5	5
三沙市	sansha								
重庆市	**Chongqing**	**4985**	**3457**	**4673**	**3186**	**124**	**103**	**188**	**168**
四川省	**Sichuan**	**12147**	**4827**	**11598**	**4494**	**187**	**115**	**362**	**218**
成都市	Chengdu	3188	1501	2881	1296	99	69	208	136
自贡市	Zigong	500	335	488	323	1	1	11	11
攀枝花市	Panzhihua	338	263	330	255	3	3	5	5
泸州市	Luzhou	574	302	561	294	4	3	9	5
德阳市	Deyang	1142	344	1095	326	13	5	34	13
绵阳市	Mianyang	825	313	789	291	13	8	23	14
广元市	Guangyuan	382	200	371	193	3	1	8	6
遂宁市	Suining	441	201	429	195	4	2	8	4
内江市	Neijiang	491	159	478	152	4	3	9	4
乐山市	Leshan	636	245	619	238	9	3	8	4
南充市	Nanchong	516	217	506	210	5	4	5	3
眉山市	Meishan	578	180	555	171	6	3	17	6
宜宾市	Yibin	564	128	558	125	4	2	2	1
广安市	Guang'an	429	104	418	98	7	4	4	2
达州市	Dazhou	461	51	458	50	3	1		
雅安市	Yaan	326	92	319	91	4	1	3	
巴中市	Bazhong	141	49	140	49	1			
资阳市	Ziyang	615	143	603	137	4	2	8	4
贵州省	**Guizhou**	**1947**	**609**	**1893**	**576**	**25**	**15**	**29**	**18**
贵阳市	Guiyang	401	293	367	267	14	11	20	15
六盘水市	Liupanshui	247	62	243	60			4	2
遵义市	Zunyi	489	90	481	87	3	2	5	1
安顺市	Anshun	216	87	213	86	3	1		
毕节市	Bijie	337	26	333	25	4	1		
铜仁市	Tongren	257	51	256	51	1			

2-18 续表 6 continued 6

单位：个 (unit)

城市	City	工业企业数 Number of Industrial Enterprises		内资企业 Domestic Funded		港、澳、台商投资企业 Enterprises with Funds from Hong Kong, Macao and Taiwan		外商投资企业 Foreign Funded Enterprises	
		全市 Total City	市辖区 Districts under City	全市 Total City	市辖区 Districts under City	全市 Total City	市辖区 Districts under City	全市 Total City	市辖区 Districts under City
云南省	**Yunnan**	**2298**	**811**	**2162**	**724**	**61**	**41**	**75**	**46**
昆明市	Kunming	878	489	784	423	40	30	54	36
曲靖市	Qujing	508	110	497	107	5	2	6	1
玉溪市	Yuxi	302	87	288	79	7	4	7	4
保山市	Baoshan	121	42	114	39	4	1	3	2
昭通市	Zhaotong	204	30	200	26	4	4		
丽江市	Lijiang	77	12	76	12			1	
普洱市	Simao	120	23	118	22			2	1
临沧市	Lincang	88	18	85	16	1		2	2
西藏自治区	**Tibet**	**45**	**14**	**43**	**13**			**2**	**1**
拉萨市	Lasa	45	14	43	13			2	1
陕西省	**Shaanxi**	**4153**	**1636**	**3948**	**1498**	**57**	**36**	**148**	**102**
西安市	Xi'an	936	766	820	663	25	24	91	79
铜川市	Tongchuan	127	122	124	119			3	3
宝鸡市	Baoji	448	192	430	180	7	3	11	9
咸阳市	Xianyang	641	224	606	212	12	5	23	7
渭南市	Weinan	413	95	398	92	6	1	9	2
延安市	Yan'an	113	23	111	23			2	
汉中市	Hanzhong	297	57	290	55	3	1	4	1
榆林市	Yulin	665	62	661	60	1	1	3	1
安康市	Ankang	363	79	360	78	1	1	2	
商洛市	Shangluo	150	16	148	16	2			
甘肃省	**Gansu**	**1621**	**739**	**1577**	**712**	**16**	**10**	**28**	**17**
兰州市	Lanzhou	379	267	363	254	8	6	8	7
嘉峪关市	Jiayuguan	40	40	40	40				
金昌市	Jinchang	38	13	38	13				
白银市	Baiyin	165	93	160	88	2	2	3	3
天水市	Tianshui	121	56	118	54	1	1	2	1
武威市	Wuwei	124	60	123	59	1	1		
张掖市	Zhangye	158	64	154	61			4	3
平凉市	Pingliang	113	28	113	28				
酒泉市	Jiuquan	241	63	229	61	3		9	2
庆阳市	Qingyang	86	21	85	20			1	1
定西市	Dingxi	81	25	79	25	1		1	
陇南市	Longnan	75	9	75	9				
青海省	**Qinghai**	**196**	**117**	**182**	**107**	**4**	**2**	**10**	**8**
西宁市	Xining	196	117	182	107	4	2	10	8
宁夏回族自治区	**Ningxia**	**866**	**384**	**830**	**359**	**10**	**8**	**26**	**17**
银川市	Yinchuan	328	122	307	105	7	6	14	11
石嘴山市	Shizuishan	234	129	223	123	2	1	9	5
吴忠市	Wuzhong	190	74	187	72	1	1	2	1
固原市	Guyuan	23	8	23	8				
中卫市	Zhongwei	91	51	90	51			1	
新疆维吾尔自治区	**Xinjiang**	**435**	**431**	**413**	**409**	**10**	**10**	**12**	**12**
乌鲁木齐市	Urumqi	370	366	351	347	8	8	11	11
克拉玛依市	Karamay	65	65	62	62	2	2	1	1

2-19 规模以上工业总产值(全市)

Gross Industrial Output Value above Designated Size(Total City)

单位：万元 (10 000 yuan)

城市	City	工业总产值(当年价格) Gross Industrial Output Value (current price)	内资企业 Domestic Funded	港、澳、台商投资企业 Enterprises with Funds from Hong Kong, Macao and Taiwan	外商投资企业 Foreign Funded Enterprises
城市合计	**Prefecture Cities**	**9028914239**	**6801463421**	**815913767**	**1411537051**
北京市	**Beijing**	**155962123**	**97361378**	**11232295**	**47368450**
天津市	**Tianjin**	**234275026**	**138862636**	**25840760**	**69571630**
河北省	**Hebei**	**430486515**	**375040131**	**22034711**	**33411673**
石家庄市	Shijiazhuang	76431457	71056655	2990682	2384120
唐山市	Tangshan	99628424	86486706	5739530	7402188
秦皇岛市	Qinhuangdao	15008077	9078717	1535151	4394209
邯郸市	Handan	53937550	46406396	3258900	4272254
邢台市	Xingtai	24855289	19801166	2414278	2639845
保定市	Baoding	41135520	36195242	2286287	2653991
张家口市	Zhangjiakou	11995431	10930928	154646	909857
承德市	Chengde	17065672	16867369	122689	75614
沧州市	Cangzhou	45068171	39265248	1696178	4106745
廊坊市	Langfang	31683122	26274604	1413823	3994695
衡水市	Hengshui	13677802	12677100	422547	578155
山西省	**Shanxi**	**162432002**	**150515794**	**5771116**	**6145092**
太原市	Taiyuan	25887392	21909611	2647477	1330304
大同市	Datong	10755513	10121839	4878	628796
阳泉市	Yangquan	7413348	7226894	66061	120393
长治市	Changzhi	20726302	19882759	28459	815084
晋城市	Jincheng	11176321	9065088	1019671	1091562
朔州市	Shuozhou	13227684	12969705	105930	152049
晋中市	Jinzhong	13618935	12561811	501164	555960
运城市	Yuncheng	14106433	13769194	84547	252692
忻州市	Xinzhou	7226113	7226113		
临汾市	Linfen	19157839	18617750	493936	46153
吕梁市	Lvliang	19136122	17165030	818993	1152099
内蒙古自治区	**Inner Mongolia**	**164415674**	**153328854**	**2519002**	**8567818**
呼和浩特市	Hohhot	13048747	9449271	884889	2714587
包头市	Baotou	32359884	31130908	163601	1065375
乌海市	Wuhai	6585080	6579900	2100	3080
赤峰市	Chifeng	18683848	18082946	255882	345020
通辽市	Tongliao	25592403	23630545	281451	1680407
鄂尔多斯市	Erdos	39685427	37730896	158625	1795906
呼伦贝尔市	Hulunbuir	10947106	10419462	191847	335797
巴彦淖尔市	Bayannur	7995457	7158347	455332	381778
乌兰察布市	Ulanqab	9517722	9146579	125275	245868
辽宁省	**Liaoning**	**481392799**	**398498136**	**18368865**	**64525798**
沈阳市	Shenyang	127023272	99790807	4599404	22633061
大连市	Dalian	103508193	71132906	3507975	28867312
鞍山市	Anshan	29859400	28455916	506278	897206
抚顺市	Fushun	24321257	22935423	552465	833369
本溪市	Benxi	22028681	16941102	3892847	1194732
丹东市	Dandong	12878304	11105194	374711	1398399
锦州市	Jinzhou	24490274	21868690	1114664	1506920
营口市	Yingkou	26464926	20816977	1437707	4210242

2-19 续表 1 continued 1

单位：万元 (10 000 yuan)

城 市	City	工业总产值(当年价格) Gross Industrial Output Value (current price)	内资企业 Domestic Funded	港、澳、台商投资企业 Enterprises with Funds from Hong Kong, Macao and Taiwan	外商投资企业 Foreign Funded Enterprises
阜新市	Fuxin	7735223	7253449	166559	315215
辽阳市	Liaoyang	21095444	18743945	1548130	803369
盘锦市	Panjin	24716140	23772306	81470	862364
铁岭市	Tieling	34572516	33447255	413314	711947
朝阳市	Chaoyang	12548864	12249841	170762	128261
葫芦岛市	Huludao	10150305	9984325	2579	163401
吉林省	**Jilin**	**190190930**	**169465379**	**8715472**	**12010079**
长春市	Changchun	82941696	68231680	6560855	8149161
吉林市	Jilin	30328642	28654495	644766	1029381
四平市	Siping	17107960	16033312	516267	558381
辽源市	Liaoyuan	10229483	9932110	157703	139670
通化市	Tonghua	13620554	12581577	321441	717536
白山市	Baishan	11680846	10902502	422177	356167
松原市	Songyuan	19585573	19032043	20344	533186
白城市	Baicheng	4696176	4097660	71919	526597
黑龙江省	**Heilongjiang**	**120066702**	**109241874**	**2904939**	**7919889**
哈尔滨市	Harbin	28516436	23642205	409111	4465120
齐齐哈尔市	Qiqihar	8919192	7727871	306067	885254
鸡西市	Jixi	4368748	3872099	466992	29657
鹤岗市	Hegang	3870642	3822323	33615	14704
双鸭山市	Shuangyashan	6323166	6142362	180804	
大庆市	Daqing	42803432	40783604	1223587	796241
伊春市	Yichun	1788176	1676923	23493	87760
佳木斯市	Jiamusi	5064872	4476172	14876	573824
七台河市	Qitaihe	3676000	3668213		7787
牡丹江市	Mudanjiang	7310854	6575498	145121	590235
黑河市	Heihe	1216960	1175609	15418	25933
绥化市	Suihua	6208224	5678995	85855	443374
上海市	**Shanghai**	**318968777**	**124802345**	**49445675**	**144720757**
江苏省	**Jiangsu**	**1179729863**	**730354295**	**136455038**	**312920530**
南京市	Nanjing	114378020	68309709	6428316	39639995
无锡市	Wuxi	144468529	91563909	18095782	34808838
徐州市	Xuzhou	88822852	80855453	3890303	4077096
常州市	Changzhou	89702986	62034622	9566329	18102035
苏州市	Suzhou	287455409	98751096	49784088	138920225
南通市	Nantong	98901246	63304871	12571471	23024904
连云港市	Lianyungang	34133800	25913496	1706693	6513611
淮安市	Huai'an	39526091	30700186	5960267	2865638
盐城市	Yancheng	55543541	42129999	2834831	10578711
扬州市	Yangzhou	71984781	52895078	9824118	9265585
镇江市	Zhenjiang	61056911	40529946	9318082	11208883
泰州市	Taizhou	71272946	52391725	5549736	13331485
宿迁市	Suqian	22482751	20974205	925022	583524
浙江省	**Zhejiang**	**587076025**	**433402021**	**75606776**	**78067228**
杭州市	Hangzhou	129622800	91113130	14803601	23706069
宁波市	Ningbo	121550760	71134509	28862744	21553507

2-19 续表 2 continued 2

单位：万元 (10 000 yuan)

城　市	City	工业总产值(当年价格) Gross Industrial Output Value (current price)	内资企业 Domestic Funded	港、澳、台商投资企业 Enterprises with Funds from Hong Kong, Macao and Taiwan	外商投资企业 Foreign Funded Enterprises
温州市	Wenzhou	42486249	38751986	1010657	2723606
嘉兴市	Jiaxing	60399321	40424593	7645791	12328937
湖州市	Huzhou	33338320	25342531	4443823	3551966
绍兴市	Shaoxing	85512533	67017864	12570713	5923956
金华市	Jinhua	37919728	33939185	1899135	2081408
衢州市	Quzhou	13309992	12090006	404261	815725
舟山市	Zhoushan	11998334	8708983	1671097	1618254
台州市	Taizhou	35308116	29829676	2057946	3420494
丽水市	Lishui	15629872	15049558	237008	343306
安徽省	**Anhui**	**283865260**	**248220632**	**14703698**	**20940930**
合肥市	Hefei	66001424	52101410	4534215	9365799
芜湖市	Wuhu	42500207	35035277	2060819	5404111
蚌埠市	Bengbu	14862930	13706777	682615	473538
淮南市	Huainan	9940730	9190925	617653	132152
马鞍山市	Maanshan	20169517	18352823	415773	1400921
淮北市	Huaibei	14542282	13811057	431256	299969
铜陵市	Tongling	16290230	13325310	2755691	209229
安庆市	Anqing	21242521	20375982	553689	312850
黄山市	Huangshan	4472048	4354604	71406	46038
滁州市	Chuzhou	16046852	14069868	721683	1255301
阜阳市	Fuyang	10435558	9938148	81462	415948
宿州市	Suzhou	9412777	8731422	489720	191635
六安市	Lu'an	14022241	12411524	963193	647524
亳州市	Bozhou	6189064	6146498	13985	28581
池州市	Chizhou	4909293	4699742	100591	108960
宣城市	Xuancheng	12827586	11969265	209947	648374
福建省	**Fujian**	**296959650**	**167895321**	**68443333**	**60620996**
福州市	Fuzhou	59548900	31849908	14385786	13313206
厦门市	Xiamen	44863499	10496926	12450528	21916045
莆田市	Putian	16766191	11200765	3349971	2215455
三明市	Sanming	22486484	20961598	1131715	393171
泉州市	Quanzhou	83784938	39764859	26424083	17595996
漳州市	Zhangzhou	27223742	15734587	8503275	2985880
南平市	Nanping	11329625	10075540	394703	859382
龙岩市	Longyan	12665151	10402175	1300060	962916
宁德市	Ningde	18291120	17408963	503212	378945
江西省	**Jiangxi**	**208731174**	**176107119**	**17616610**	**15007445**
南昌市	Nanchang	38565032	30709408	2697954	5157670
景德镇市	Jingdezhen	9684649	9133479	318134	233036
萍乡市	Pingxiang	13312689	12981938	155037	175714
九江市	Jiujiang	27788363	23443213	2834696	1510454
新余市	Xinyu	13615922	10828471	754622	2032829
鹰潭市	Yingtan	16658535	16327335	65859	265341
赣州市	Ganzhou	21800747	16030399	3260683	2509665
吉安市	Ji'an	18567383	14901758	2004773	1660852

2-19 续表 3 continued 3

单位：万元 (10 000 yuan)

城　市	City	工业总产值(当年价格) Gross Industrial Output Value (current price)	内资企业 Domestic Funded	港、澳、台商投资企业 Enterprises with Funds from Hong Kong, Macao and Taiwan	外商投资企业 Foreign Funded Enterprises
宜春市	Yichun	20162444	17692195	1431073	1039176
抚州市	Fuzhou	10283391	9416181	660341	206869
上饶市	Shangrao	18292019	14642742	3433438	215839
山东省	**Shandong**	**1137171143**	**963521273**	**35137879**	**138511991**
济南市	Jinan	42482933	38301852	983807	3197274
青岛市	Qingdao	140533565	101319721	6825748	32388096
淄博市	Zibo	103339282	91419629	2066751	9852902
枣庄市	Zaozhuang	31329400	29507800	691700	1129900
东营市	Dongying	102674802	96091275	2757008	3826519
烟台市	Yantai	123200552	77861611	7406405	37932536
潍坊市	Weifang	104282522	91082815	4694864	8504843
济宁市	Jining	43530904	38706293	670755	4153856
泰安市	Tai'an	54746900	52859100	231100	1656700
威海市	Weihai	56268696	39242287	1228803	15797606
日照市	Rizhao	24475000	17037200	280000	7157800
莱芜市	Laiwu	15200719	15005819	27800	167100
临沂市	Linyi	71965802	63344208	2304407	6317187
德州市	Dezhou	63608700	60221500	388500	2998700
聊城市	Liaocheng	66498160	64916091	516675	1065394
滨州市	Binzhou	49731454	46217940	2288710	1224804
菏泽市	Heze	43301752	40386132	1774846	1140774
河南省	**Henan**	**513634253**	**471610177**	**23284094**	**18739982**
郑州市	Zhengzhou	94129752	74011422	14405675	5712655
开封市	Kaifeng	16355558	15977888	100680	276990
洛阳市	Luoyang	59028041	56828397	508436	1691208
平顶山市	Pingdingshan	22758845	21449329	929815	379701
安阳市	Anyang	29097557	28523244	219597	354716
鹤壁市	Hebi	13214869	12734324	174083	306462
新乡市	Xinxiang	32303125	29751207	481466	2070452
焦作市	Jiaozuo	35190210	33568589	701695	919926
濮阳市	Puyang	21155338	20393331	393809	368198
许昌市	Xuchang	37372471	35930750	176273	1265448
漯河市	Luohe	18827382	14484219	3020314	1322849
三门峡市	Sanmenxia	30960922	28667408	453621	1839893
南阳市	Nanyang	29297356	28114376	681161	501819
商丘市	Shangqiu	19022739	18776372	175603	70764
信阳市	Xinyang	14726892	14237168	314003	175721
周口市	Zhoukou	22945862	21800759	253996	891107
驻马店市	Zhumadian	17247334	16361394	293867	592073
湖北省	**Hubei**	**309814760**	**255334838**	**17536783**	**36943139**
武汉市	Wuhan	100657229	72562659	7410724	20683846
黄石市	Huangshi	18226000	14297400	2331700	1596900
十堰市	Shiyan	13938133	9212523	61655	4663955
宜昌市	Yichang	38949349	35958371	2349426	641552
襄阳市	Xiangyang	38335000	32102900	1127800	5104300

2-19 续表 4 continued 4

单位：万元 (10 000 yuan)

城 市	City	工业总产值(当年价格) Gross Industrial Output Value (current price)	内资企业 Domestic Funded	港、澳、台商投资企业 Enterprises with Funds from Hong Kong, Macao and Taiwan	外商投资企业 Foreign Funded Enterprises
鄂州市	Ezhou	10638982	10007497	307165	324320
荆门市	Jingmen	22005823	20245434	771270	989119
孝感市	Xiaogan	18785345	16941594	908627	935124
荆州市	Jingzhou	15198800	13890700	663400	644700
黄冈市	Huanggang	12065309	10911832	636711	516766
咸宁市	Xianning	12147200	10969200	603400	574600
随州市	Suizhou	8867590	8234728	364905	267957
湖南省	**Hunan**	**287999136**	**267872220**	**10474630**	**9652286**
长沙市	Changsha	70583246	65276246	2815165	2491835
株洲市	Zhuzhou	23246443	21834484	654689	757270
湘潭市	Xiangtan	23335587	20889490	602458	1843639
衡阳市	Hengyang	27782275	24999092	882536	1900647
邵阳市	Shaoyang	12214700	11753000	175300	286400
岳阳市	Yueyang	43412706	41608226	570407	1234073
常德市	Changde	18761875	17172992	1236898	351985
张家界市	Zhangjiajie	1143028	1078591	46673	17764
益阳市	Yiyang	13158698	12181986	760424	216288
郴州市	Chenzhou	24410964	22837005	1416067	157892
永州市	Yongzhou	6956294	6249814	615844	90636
怀化市	Huaihua	8271516	8005176	91901	174439
娄底市	Loudi	14721804	13986118	606268	129418
广东省	**Guangdong**	**967777005**	**489753071**	**224382443**	**253641491**
广州市	Guangzhou	160664335	67110095	28023427	65530813
韶关市	Shaoguan	10001788	8256668	1494610	250510
深圳市	Shenzhen	213630523	95274025	52351205	66005293
珠海市	Zhuhai	30725614	11763851	6734108	12227655
汕头市	Shantou	21115419	16187311	2277558	2650550
佛山市	Foshan	146539639	97218283	27522557	21798799
江门市	Jiangmen	25194713	12099761	9252175	3842777
湛江市	Zhanjiang	17176719	10242150	3852559	3082010
茂名市	Maoming	17755168	16991319	498236	265613
肇庆市	Zhaoqing	28164389	17397786	6410109	4356494
惠州市	Huizhou	54772792	20234951	14078843	20458998
梅州市	Meizhou	5017332	3961623	661382	394327
汕尾市	Shanwei	7606267	4191097	2703849	711321
河源市	Heyuan	9536630	5739833	2319919	1476878
阳江市	Yangjiang	11974226	8837000	1970759	1166467
清远市	Qingyuan	13344397	8757052	3668989	918356
东莞市	Dongguan	94925533	27175048	37907680	29842805
中山市	Zhongshan	57021597	24889533	16410452	15721612
潮州市	Chaozhou	8916311	6648782	1154701	1112828
揭阳市	Yeyang	28287888	23009757	3885456	1392675
云浮市	Yunfu	5405725	3767146	1203869	434710
广西壮族自治区	**Guangxi**	**155297168**	**127153735**	**9423458**	**18719975**
南宁市	Nanning	21093267	17446103	1899981	1747183

2-19 续表 5 continued 5

单位：万元 (10 000 yuan)

城市	City	工业总产值(当年价格) Gross Industrial Output Value (current price)	内资企业 Domestic Funded	港、澳、台商投资企业 Enterprises with Funds from Hong Kong, Macao and Taiwan	外商投资企业 Foreign Funded Enterprises
柳州市	Liuzhou	34268857	26337943	406892	7524022
桂林市	Guilin	15855137	14581961	172985	1100191
梧州市	Wuzhou	13666344	12129370	907004	629970
北海市	Beihai	10262010	8133493	1522731	605786
防城港市	Fangchenggang	7672323	4531823	282102	2858398
钦州市	Qinzhou	10936318	9075257	1278052	583009
贵港市	Guigang	6240757	5233620	604290	402847
玉林市	Yulin	10285371	7913411	853902	1518058
百色市	Baise	8827424	8337777	489647	
贺州市	Hezhou	3035110	2636397	307791	90922
河池市	Hechi	2978872	2795760	48436	134676
来宾市	Laibin	5636451	4893022	281063	462366
崇左市	Chongzuo	4538927	3107798	368582	1062547
海南省	**Hainan**	**5719253**	**4655988**	**219031**	**844234**
海口市	Haikou	5160173	4145398	219031	795744
三亚市	Sanya	559080	510590		48490
三沙市	sansha				
重庆市	**Chongqing**	**130951235**	**98105850**	**14691751**	**18153634**
四川省	**Sichuan**	**287276304**	**252835136**	**16622532**	**17818636**
成都市	Chengdu	78491276	52101293	13029974	13360009
自贡市	Zigong	13415073	12718591	105828	590654
攀枝花市	Panzhihua	12831386	12568794	36747	225845
泸州市	Luzhou	11601578	11439642	38138	123798
德阳市	Deyang	22846916	20439235	1417654	990027
绵阳市	Mianyang	18211277	17354730	310535	546012
广元市	Guangyuan	5693113	5413402	20727	258984
遂宁市	Suining	10140456	9815676	80625	244155
内江市	Neijiang	14382252	14049375	141992	190885
乐山市	Leshan	14257909	13851032	223115	183762
南充市	Nanchong	15622884	15209650	201572	211662
眉山市	Meishan	8224608	7601908	171114	451586
宜宾市	Yibin	16988934	16558475	375131	55328
广安市	Guang'an	9755123	9489170	182725	83228
达州市	Dazhou	10473239	10339158	134081	
雅安市	Yaan	3872719	3661646	109381	101692
巴中市	Bazhong	3069285	3061235	8050	
资阳市	Ziyang	17398276	17162124	35143	201009
贵州省	**Guizhou**	**48335494**	**46919725**	**432752**	**983017**
贵阳市	Guiyang	15928973	14953720	286279	688974
六盘水市	Liupanshui	10779288	10608095		171193
遵义市	Zunyi	10926676	10791555	12271	122850
安顺市	Anshun	3274321	3193409	80912	
毕节市	Bijie	5155097	5116970	38127	
铜仁市	Tongren	2271139	2255976	15163	

2-19 续表 6 continued 6

单位：万元 (10 000 yuan)

城　市	City	工业总产值(当年价格) Gross Industrial Output Value (current price)	内资企业 Domestic Funded	港、澳、台商投资企业 Enterprises with Funds from Hong Kong, Macao and Taiwan	外商投资企业 Foreign Funded Enterprises
云南省	**Yunnan**	**67102330**	**63604240**	**1330756**	**2167334**
昆明市	Kunming	30113384	27758671	888594	1466119
曲靖市	Qujing	14550275	14042946	133561	373768
玉溪市	Yuxi	12584566	12258508	148111	177947
保山市	Baoshan	2075467	1977180	74655	23632
昭通市	Zhaotong	3261092	3185257	75835	
丽江市	Lijiang	1257424	1225290		32134
普洱市	Simao	1646479	1566448		80031
临沧市	Lincang	1613643	1589940	10000	13703
西藏自治区	**Tibet**	**582667**	**528750**		**53917**
拉萨市	Lasa	582667	528750		53917
陕西省	**Shaanxi**	**154071449**	**141227458**	**1780939**	**11063052**
西安市	Xi'an	40231871	31991799	347052	7893020
铜川市	Tongchuan	4457440	4202606		254834
宝鸡市	Baoji	19866888	18174940	689635	1002313
咸阳市	Xianyang	22513100	20780300	499900	1232900
渭南市	Weinan	16058741	15730874	63925	263942
延安市	Yan'an	15100935	15074420		26515
汉中市	Hanzhong	6708276	6597641	19485	91150
榆林市	Yulin	21346500	21094500	30500	221500
安康市	Ankang	4483498	4402178	4442	76878
商洛市	Shangluo	3304200	3178200	126000	
甘肃省	**Gansu**	**69003502**	**67814607**	**270986**	**917909**
兰州市	Lanzhou	20843600	20129600	191900	522100
嘉峪关市	Jiayuguan	7177210	7177210		
金昌市	Jinchang	7247962	7247962		
白银市	Baiyin	6473188	6234388	14357	224443
天水市	Tianshui	2459691	2409266	7888	42537
武威市	Wuwei	3245641	3216032	29609	
张掖市	Zhangye	1995545	1965959		29586
平凉市	Pingliang	2748267	2748267		
酒泉市	Jiuquan	6966888	6867815	25704	73369
庆阳市	Qingyang	7792083	7770536		21547
定西市	Dingxi	1015072	1009217	1528	4327
陇南市	Longnan	1038355	1038355		
青海省	**Qinghai**	**10311687**	**9621830**	**100463**	**589394**
西宁市	Xining	10311687	9621830	100463	589394
宁夏回族自治区	**Ningxia**	**30876149**	**29810761**	**323950**	**741438**
银川市	Yinchuan	16475657	15766255	204590	504812
石嘴山市	Shizuishan	6498983	6331875	38045	129063
吴忠市	Wuzhong	4489321	4345123	81315	62883
固原市	Guyuan	356544	356544		
中卫市	Zhongwei	3055644	3010964		44680
新疆维吾尔自治区	**Xinjiang**	**38438184**	**37997847**	**243030**	**197307**
乌鲁木齐市	Urumqi	21507822	21125188	197939	184695
克拉玛依市	Karamay	16930362	16872659	45091	12612

2-20 规模以上工业总产值(市辖区)

Gross Industrial Output Value above Designated Size(Districts under City)

单位：万元 (10 000 yuan)

城 市	City	工业总产值(当年价格) Gross Industrial Output Value (current price)	内资企业 Domestic Funded	港、澳、台商投资企业 Enterprises with Funds from Hong Kong, Macao and Taiwan	外商投资企业 Foreign Funded Enterprises
城市合计	**Prefecture Cities**	**4977106980**	**3327457247**	**565997144**	**1083652588**
北京市	**Beijing**	**152991510**	**95711248**	**10696908**	**46583354**
天津市	**Tianjin**	**214294372**	**120758638**	**25121603**	**68414131**
河北省	**Hebei**	**147626912**	**122810091**	**11114643**	**13702178**
石家庄市	Shijiazhuang	11386321	8512340	2130054	743927
唐山市	Tangshan	57547626	52195895	3730189	1621542
秦皇岛市	Qinhuangdao	9360508	4519296	1526558	3314654
邯郸市	Handan	15415281	14790353	175435	449493
邢台市	Xingtai	5612801	4240628	1246003	126170
保定市	Baoding	12697145	10745849	251279	1700017
张家口市	Zhangjiakou	7503180	6739009	508755	255416
承德市	Chengde	5385177	5356995		28182
沧州市	Cangzhou	12579352	9358266	396169	2824917
廊坊市	Langfang	5867705	2561677	809149	2496879
衡水市	Hengshui	4271816	3789783	341052	140981
山西省	**Shanxi**	**62578237**	**56351778**	**3870209**	**2356250**
太原市	Taiyuan	22397055	18656253	2647477	1093325
大同市	Datong	9585172	8956376		628796
阳泉市	Yangquan	5036574	4870553	66061	99960
长治市	Changzhi	5714890	5668439	18498	27953
晋城市	Jincheng	3923043	3059160	742173	121710
朔州市	Shuozhou	7936951	7708349	105930	122672
晋中市	Jinzhong	2149185	1765938	184448	198799
运城市	Yuncheng	1729721	1691640		38081
忻州市	Xinzhou	797249	797249		
临汾市	Linfen	2311358	2180782	105622	24954
吕梁市	Lvliang	997039	997039		
内蒙古自治区	**Inner Mongolia**	**61077366**	**56613813**	**1075629**	**3387924**
呼和浩特市	Hohhot	2629974	2355540	212919	61515
包头市	Baotou	24880738	23735942	95644	1049152
乌海市	Wuhai	6585080	6579900	2100	3080
赤峰市	Chifeng	8366680	7837974	193036	335670
通辽市	Tongliao	9266328	8305802	243722	716804
鄂尔多斯市	Erdos	4497064	3459940	9578	1027546
呼伦贝尔市	Hulunbuir	1370636	1254696	8132	107808
巴彦淖尔市	Bayannur	2405330	2036104	298133	71093
乌兰察布市	Ulanqab	1075536	1047915	12365	15256
辽宁省	**Liaoning**	**270703380**	**204356425**	**14819807**	**51527148**
沈阳市	Shenyang	89244531	63106452	4311190	21826889
大连市	Dalian	56947453	33432123	2034487	21480843
鞍山市	Anshan	11819000	11340400	184000	294600
抚顺市	Fushun	16466435	15237320	483973	745142
本溪市	Benxi	19030217	14172699	3839306	1018212
丹东市	Dandong	3663832	2928775	165893	569164
锦州市	Jinzhou	9930522	7836746	1027384	1066392
营口市	Yingkou	16158442	12234688	1058378	2865376

2-20 续表 1 continued 1

单位: 万元 (10 000 yuan)

城　市	City	工业总产值（当年价格） Gross Industrial Output Value (current price)	内资企业 Domestic Funded	港、澳、台商投资企业 Enterprises with Funds from Hong Kong, Macao and Taiwan	外商投资企业 Foreign Funded Enterprises
阜新市	Fuxin	5759934	5405351	52898	301685
辽阳市	Liaoyang	9873575	7868620	1324635	680320
盘锦市	Panjin	15283919	14840253	13150	430516
铁岭市	Tieling	7196964	6686560	322153	188251
朝阳市	Chaoyang	3023047	3020687	2360	
葫芦岛市	Huludao	6305509	6245751		59758
吉林省	**Jilin**	**126768306**	**110268927**	**6841501**	**9657878**
长春市	Changchun	76277237	62790276	5848188	7638773
吉林市	Jilin	19480624	18379866	542118	558640
四平市	Siping	6645742	6161511	163807	320424
辽源市	Liaoyuan	6651864	6373987	138207	139670
通化市	Tonghua	6589286	6444459	127339	17488
白山市	Baishan	3318855	3244209	1730	72916
松原市	Songyuan	6434700	5921349	11539	501812
白城市	Baicheng	1369998	953270	8573	408155
黑龙江省	**Heilongjiang**	**82489183**	**76445313**	**988076**	**5055794**
哈尔滨市	Harbin	20768177	17110566	358723	3298888
齐齐哈尔市	Qiqihar	5977247	5553351	71219	352677
鸡西市	Jixi	2429319	1963148	464447	1724
鹤岗市	Hegang	2890933	2882815		8118
双鸭山市	Shuangyashan	2607018	2578757	28261	
大庆市	Daqing	38608042	38218828	34563	354651
伊春市	Yichun	1397045	1336978		60067
佳木斯市	Jiamusi	2247062	1723028	14876	509158
七台河市	Qitaihe	2898056	2892756		5300
牡丹江市	Mudanjiang	1980781	1520733	2680	457368
黑河市	Heihe	388707	378604	2260	7843
绥化市	Suihua	296796	285749	11047	
上海市	**Shanghai**	**315172631**	**121264252**	**49245033**	**144663346**
江苏省	**Jiangsu**	**581579587**	**322514850**	**68406789**	**190657948**
南京市	Nanjing	101719733	56695686	6083503	38940544
无锡市	Wuxi	58368205	24799779	7437855	26130571
徐州市	Xuzhou	46110784	40895244	2269231	2946309
常州市	Changzhou	70432514	48892157	8603774	12936583
苏州市	Suzhou	111591629	27833086	23804805	59953738
南通市	Nantong	34461331	17596253	3342797	13522281
连云港市	Lianyungang	13128758	6550217	920967	5657574
淮安市	Huai'an	23630123	16402232	5047847	2180044
盐城市	Yancheng	19452241	11102899	454831	7894511
扬州市	Yangzhou	48141698	34583763	6022193	7535742
镇江市	Zhenjiang	23998951	13352642	2771763	7874546
泰州市	Taizhou	22134687	16387950	1001738	4744999
宿迁市	Suqian	8408933	7422942	645485	340506
浙江省	**Zhejiang**	**275877165**	**182768571**	**44198550**	**48910043**
杭州市	Hangzhou	101427379	67112967	12548181	21766231
宁波市	Ningbo	81133945	42523126	21785497	16825322

2-20 续表 2 continued 2

单位：万元 (10 000 yuan)

城市	City	工业总产值（当年价格）Gross Industrial Output Value (current price)	内资企业 Domestic Funded	港、澳、台商投资企业 Enterprises with Funds from Hong Kong, Macao and Taiwan	外商投资企业 Foreign Funded Enterprises
温州市	Wenzhou	15385455	13699266	492676	1193513
嘉兴市	Jiaxing	14160329	9403427	1555320	3201582
湖州市	Huzhou	14110517	10882615	1089490	2138412
绍兴市	Shaoxing	11242708	7139307	3196457	906943
金华市	Jinhua	6359130	4978748	742244	638138
衢州市	Quzhou	6170654	5441180	263503	465971
舟山市	Zhoushan	9150977	6670356	1647426	833195
台州市	Taizhou	12844053	11154184	847253	842616
丽水市	Lishui	3892018	3763395	30503	98120
安徽省	**Anhui**	**149875619**	**121888857**	**10849921**	**17136841**
合肥市	Hefei	41561993	29129870	3949887	8482236
芜湖市	Wuhu	24951783	18131456	1792926	5027401
蚌埠市	Bengbu	7146573	6300581	426717	419275
淮南市	Huainan	9042794	8299222	613207	130365
马鞍山市	Maanshan	12773068	11538337	353296	881435
淮北市	Huaibei	11169954	10814869	114946	240139
铜陵市	Tongling	14206408	11486896	2552198	167314
安庆市	Anqing	5561248	5178784	172326	210138
黄山市	Huangshan	2036789	1961266	52072	23451
滁州市	Chuzhou	5034773	3280794	665729	1088250
阜阳市	Fuyang	3589868	3235897	34059	319912
宿州市	Suzhou	1716411	1703147		13264
六安市	Lu'an	4417159	4312115	59618	45426
亳州市	Bozhou	2584240	2568610	1000	14630
池州市	Chizhou	2637791	2556538	61940	19313
宣城市	Xuancheng	1444767	1390475		54292
福建省	**Fujian**	**124002021**	**53618272**	**30146094**	**40237655**
福州市	Fuzhou	19860248	9962909	4083316	5814023
厦门市	Xiamen	44863499	10496926	12450528	21916045
莆田市	Putian	14328712	9057988	3173255	2097469
三明市	Sanming	5278760	5096301	160396	22063
泉州市	Quanzhou	22267816	6667232	6647848	8952736
漳州市	Zhangzhou	6244242	2877625	2935955	430662
南平市	Nanping	2898499	2565815	7802	324882
龙岩市	Longyan	5805007	4763717	464617	576673
宁德市	Ningde	2455238	2129759	222377	103102
江西省	**Jiangxi**	**74624250**	**60015608**	**5319983**	**9288659**
南昌市	Nanchang	21761667	15068248	1996048	4697371
景德镇市	Jingdezhen	5186187	5037002	23260	125925
萍乡市	Pingxiang	8609426	8329818	123806	155802
九江市	Jiujiang	9227721	7520045	985631	722045
新余市	Xinyu	10901289	8296312	754622	1850355
鹰潭市	Yingtan	3665993	3582138	35017	48838
赣州市	Ganzhou	6387441	4477426	793308	1116707
吉安市	Ji'an	2679344	2030973	223281	425090
宜春市	Yichun	1760108	1629327	96971	33810
抚州市	Fuzhou	3749669	3413372	234714	101583
上饶市	Shangrao	695405	630947	53325	11133

2-20 续表 3 continued 3

单位：万元 (10 000 yuan)

城 市	City	工业总产值(当年价格) Gross Industrial Output Value (current price)	内资企业 Domestic Funded	港、澳、台商投资企业 Enterprises with Funds from Hong Kong, Macao and Taiwan	外商投资企业 Foreign Funded Enterprises
山东省	**Shandong**	**445063686**	**348289645**	**15590241**	**81183800**
济南市	Jinan	25572670	23553560	570373	1448737
青岛市	Qingdao	79074288	58234209	3243909	17596170
淄博市	Zibo	80989582	74016741	1569697	5403144
枣庄市	Zaozhuang	18716600	17514900	444700	757000
东营市	Dongying	42845083	37133682	2570433	3140968
烟台市	Yantai	45922467	14254172	2560284	29108011
潍坊市	Weifang	19170194	16207964	943023	2019207
济宁市	Jining	10883848	7149953	248216	3485679
泰安市	Tai'an	9343600	8446300	14000	883300
威海市	Weihai	12762515	9431555	697222	2633738
日照市	Rizhao	17253384	10225329	162325	6865730
莱芜市	Laiwu	15200719	15005819	27800	167100
临沂市	Linyi	34199498	27752581	1406234	5040683
德州市	Dezhou	9579400	8158000	216900	1204500
聊城市	Liaocheng	7527124	7074592	32011	420521
滨州市	Binzhou	7438720	6888675	106523	443522
菏泽市	Heze	8583994	7241613	776591	565790
河南省	**Henan**	**146471889**	**118681990**	**17913536**	**9876363**
郑州市	Zhengzhou	31966972	15539680	13193369	3233923
开封市	Kaifeng	3514562	3363361	37025	114176
洛阳市	Luoyang	23298851	22465414	88266	745171
平顶山市	Pingdingshan	8622882	7776240	703307	143335
安阳市	Anyang	6913649	6557904	153035	202710
鹤壁市	Hebi	6220783	5796664	122734	301385
新乡市	Xinxiang	9350642	7493204	228286	1629152
焦作市	Jiaozuo	7199753	6884805	181984	132964
濮阳市	Puyang	6281803	6187586	38854	55363
许昌市	Xuchang	5341830	5081881	62435	197514
漯河市	Luohe	10389064	6983784	2187317	1217963
三门峡市	Sanmenxia	4634232	4408906	218336	6990
南阳市	Nanyang	7004543	6390498	231213	382832
商丘市	Shangqiu	4575911	4467094	38053	70764
信阳市	Xinyang	5112692	4768500	191840	152352
周口市	Zhoukou	2094020	1291469	57482	745069
驻马店市	Zhumadian	3949700	3225000	180000	544700
湖北省	**Hubei**	**176567110**	**131526276**	**11566779**	**33474055**
武汉市	Wuhan	83219173	57478536	6040893	19699744
黄石市	Huangshi	10232400	6513600	2161700	1557100
十堰市	Shiyan	9863430	5182293	38245	4642892
宜昌市	Yichang	17084159	15708544	877187	498428
襄阳市	Xiangyang	19568500	14109200	511700	4947600

2-20 续表 4 continued 4

单位：万元 (10 000 yuan)

城 市	City	工业总产值（当年价格） Gross Industrial Output Value (current price)	内资企业 Domestic Funded	港、澳、台商投资企业 Enterprises with Funds from Hong Kong, Macao and Taiwan	外商投资企业 Foreign Funded Enterprises
鄂州市	Ezhou	10638982	10007497	307165	324320
荆门市	Jingmen	8762361	7889769	611609	260983
孝感市	Xiaogan	2529634	2030757	112610	386267
荆州市	Jingzhou	6272900	5253700	449600	569600
黄冈市	Huanggang	1381644	1101262	234758	45624
咸宁市	Xianning	3215100	2699800	89800	425500
随州市	Suizhou	3798827	3551318	131512	115997
湖南省	**Hunan**	**126897150**	**115031590**	**5559417**	**6306143**
长沙市	Changsha	34345737	32141378	1674382	529977
株洲市	Zhuzhou	12079735	11332519	277500	469716
湘潭市	Xiangtan	15327773	12941862	577611	1808300
衡阳市	Hengyang	10634527	8405071	374242	1855214
邵阳市	Shaoyang	3234173	2950195	78214	205764
岳阳市	Yueyang	18565172	17377485	352112	835575
常德市	Changde	9714351	8990630	497621	226100
张家界市	Zhangjiajie	389216	371452		17764
益阳市	Yiyang	7073292	6255158	670601	147533
郴州市	Chenzhou	6153242	5492547	602334	58361
永州市	Yongzhou	2160096	2005572	83634	70890
怀化市	Huaihua	1123794	1068242		55552
娄底市	Loudi	6096042	5699479	371166	25397
广东省	**Guangdong**	**837906539**	**399971937**	**195865082**	**242069520**
广州市	Guangzhou	143752446	57208748	23916355	62627343
韶关市	Shaoguan	5791588	4948319	698202	145067
深圳市	Shenzhen	213630523	95274025	52351205	66005293
珠海市	Zhuhai	30725614	11763851	6734108	12227655
汕头市	Shantou	21090871	16179992	2272619	2638260
佛山市	Foshan	146539639	97218283	27522557	21798799
江门市	Jiangmen	14622958	6913205	5664282	2045471
湛江市	Zhanjiang	11337582	4995604	3416862	2925116
茂名市	Maoming	13574863	13322864	43107	208892
肇庆市	Zhaoqing	11056574	4451415	3648769	2956390
惠州市	Huizhou	44005070	14369078	9981362	19654630
梅州市	Meizhou	1829331	1387978	233681	207672
汕尾市	Shanwei	3584952	1515446	1605896	463610
河源市	Heyuan	4456234	1637225	1553390	1265619
阳江市	Yangjiang	4380744	3642168	249849	488727
清远市	Qingyuan	7683390	6321028	826385	535977
东莞市	Dongguan	94925533	27175048	37907680	29842805
中山市	Zhongshan	57021597	24889533	16410452	15721612
潮州市	Chaozhou	1526811	1127064	224813	174934
揭阳市	Yeyang	5965087	5267286	562153	135648
云浮市	Yunfu	405132	363777	41355	

2-20 续表 5 continued 5

单位：万元 (10 000 yuan)

城 市	City	工业总产值（当年价格） Gross Industrial Output Value (current price)	内资企业 Domestic Funded	港、澳、台商投资企业 Enterprises with Funds from Hong Kong, Macao and Taiwan	外商投资企业 Foreign Funded Enterprises
广西壮族自治区	**Guangxi**	**93451858**	**72514009**	**5736813**	**15201036**
南宁市	Nanning	14154799	11538828	1637393	978578
柳州市	Liuzhou	30023060	22228841	330547	7463672
桂林市	Guilin	4146406	3752307	114224	279875
梧州市	Wuzhou	5756158	5079095	208562	468501
北海市	Beihai	9200915	7347270	1395626	458019
防城港市	Fangchenggang	6169801	3239365	77507	2852929
钦州市	Qinzhou	9068989	7464996	1093693	510300
贵港市	Guigang	2874701	2333239	519368	22094
玉林市	Yulin	2673896	1491869	20719	1161308
百色市	Baise	2228977	2065450	163527	
贺州市	Hezhou	1954883	1833831	44128	76924
河池市	Hechi	934248	899644		34604
来宾市	Laibin	3031042	2711426	16988	302628
崇左市	Chongzuo	1233983	527848	114531	591604
海南省	**Hainan**	**5719253**	**4655988**	**219031**	**844234**
海口市	Haikou	5160173	4145398	219031	795744
三亚市	Sanya	559080	510590		48490
三沙市	sansha				
重庆市	**Chongqing**	**110423182**	**78793337**	**14213416**	**17416429**
四川省	**Sichuan**	**151274523**	**124293414**	**13368952**	**13612157**
成都市	Chengdu	51667039	29309884	11470302	10886853
自贡市	Zigong	10202717	9506235	105828	590654
攀枝花市	Panzhihua	10418393	10155801	36747	225845
泸州市	Luzhou	7059856	6934063	32237	93556
德阳市	Deyang	8052551	7229237	610918	212396
绵阳市	Mianyang	11072123	10400522	236052	435549
广元市	Guangyuan	3513162	3258741	8088	246333
遂宁市	Suining	4590855	4392372	73154	125329
内江市	Neijiang	4458221	4190160	139632	128429
乐山市	Leshan	7202638	7047555	60009	95074
南充市	Nanchong	7679418	7379523	134844	165051
眉山市	Meishan	2941665	2645595	89455	206615
宜宾市	Yibin	8153770	7953731	196251	3788
广安市	Guang'an	2983453	2835436	91514	56503
达州市	Dazhou	2334668	2322605	12063	
雅安市	Yaan	1365600	1302600	63000	
巴中市	Bazhong	794693	794693		
资阳市	Ziyang	6783701	6634661	8858	140182
贵州省	**Guizhou**	**20561241**	**19813506**	**248060**	**499675**
贵阳市	Guiyang	11032077	10400118	201980	429979
六盘水市	Liupanshui	3725464	3686986		38478
遵义市	Zunyi	2913556	2873266	9072	31218
安顺市	Anshun	1753531	1740354	13177	
毕节市	Bijie	680958	657127	23831	
铜仁市	Tongren	455655	455655		

2-20 续表 6 continued 6

单位：万元 (10 000 yuan)

城市	City	工业总产值（当年价格） Gross Industrial Output Value (current price)	内资企业 Domestic Funded	港、澳、台商投资企业 Enterprises with Funds from Hong Kong, Macao and Taiwan	外商投资企业 Foreign Funded Enterprises
云南省	**Yunnan**	35788100	33636418	955970	1195712
昆明市	Kunming	20160326	18510893	702195	947238
曲靖市	Qujing	4374794	4313049	51347	10398
玉溪市	Yuxi	8561431	8302237	118653	140541
保山市	Baoshan	765239	747798	7940	9501
昭通市	Zhaotong	1073634	997799	75835	
丽江市	Lijiang	305424	305424		
普洱市	Simao	345551	271220		74331
临沧市	Lincang	201701	187998		13703
西藏自治区	**Tibet**	**273673**	**231227**		**42446**
拉萨市	Lasa	273673	231227		42446
陕西省	**Shaanxi**	**80226989**	**70306138**	**1278845**	**8642006**
西安市	Xi'an	32819271	25412194	345050	7062027
铜川市	Tongchuan	4290264	4035430		254834
宝鸡市	Baoji	12217436	10719285	525462	972689
咸阳市	Xianyang	10164000	9639400	350600	174000
渭南市	Weinan	2798567	2636586	19171	142810
延安市	Yan'an	12947945	12947945		
汉中市	Hanzhong	1067741	1061975	3620	2146
榆林市	Yulin	2375700	2311700	30500	33500
安康市	Ankang	891865	887423	4442	
商洛市	Shangluo	654200	654200		
甘肃省	**Gansu**	**47420423**	**46476071**	**228354**	**715998**
兰州市	Lanzhou	17533700	16920500	176500	436700
嘉峪关市	Jiayuguan	7177210	7177210		
金昌市	Jinchang	6145343	6145343		
白银市	Baiyin	5526008	5287208	14357	224443
天水市	Tianshui	1824803	1809066	7888	7849
武威市	Wuwei	2331554	2301945	29609	
张掖市	Zhangye	637545	617559		19986
平凉市	Pingliang	729736	729736		
酒泉市	Jiuquan	2526776	2521303		5473
庆阳市	Qingyang	2653504	2631957		21547
定西市	Dingxi	263201	263201		
陇南市	Longnan	71043	71043		
青海省	**Qinghai**	**5666953**	**5399114**	**66193**	**201646**
西宁市	Xining	5666953	5399114	66193	201646
宁夏回族自治区	**Ningxia**	**15333443**	**14489852**	**248679**	**594912**
银川市	Yinchuan	8243637	7637887	154248	451502
石嘴山市	Shizuishan	4557510	4458916	13116	85478
吴忠市	Wuzhong	1086116	946869	81315	57932
固原市	Guyuan	146933	146933		
中卫市	Zhongwei	1299247	1299247		
新疆维吾尔自治区	**Xinjiang**	**38400429**	**37960092**	**243030**	**197307**
乌鲁木齐市	Urumqi	21470067	21087433	197939	184695
克拉玛依市	Karamay	16930362	16872659	45091	12612

2-21 规模以上工业企业资产状况

Assets of Industrial Enterprises above Designated Size

单位：万元 (10 000 yuan)

城市	City	流动资产合计 Total Current Assets 全市 Total City	流动资产合计 Total Current Assets 市辖区 Districts under City	固定资产合计 Total Fixed Assets 全市 Total City	固定资产合计 Total Fixed Assets 市辖区 Districts under City
城市合计	**Prefecture Cities**	**3580441048**	**2301375560**	**2678140612**	**1526596305**
北京市	**Beijing**	**115547666**	**112968785**	**59455870**	**58636914**
天津市	**Tianjin**	**108281076**	**100343973**	**71958150**	**66870261**
河北省	**Hebei**	**137233128**	**68098447**	**155639536**	**69419361**
石家庄市	Shijiazhuang	15534609	7101074	20220517	6401577
唐山市	Tangshan	33856446	21063589	43966258	27348759
秦皇岛市	Qinhuangdao	8683882	6360595	5961605	3584008
邯郸市	Handan	17192912	8265151	17435536	8391609
邢台市	Xingtai	8966346	2739256	7157817	2503215
保定市	Baoding	16318864	8454327	11798940	5961602
张家口市	Zhangjiakou	5783456	3269515	8316750	3427555
承德市	Chengde	7346274	2647094	8504933	3707220
沧州市	Cangzhou	9285489	3138042	19474514	4661667
廊坊市	Langfang	9229019	3028031	9470526	2220930
衡水市	Hengshui	5035831	2031773	3332140	1211219
山西省	**Shanxi**	**108973046**	**42541766**	**93178882**	**37179461**
太原市	Taiyuan	17826636	15346099	13193713	11599514
大同市	Datong	7548735	6830721	7935829	6907228
阳泉市	Yangquan	4632135	3388645	4480611	3342931
长治市	Changzhi	13331479	2598967	10133864	2299115
晋城市	Jincheng	10889849	5534536	7998701	2330565
朔州市	Shuozhou	6192312	3105396	9366169	6037583
晋中市	Jinzhong	9068135	1213292	8110339	1053158
运城市	Yuncheng	8295093	1288761	7250922	1312903
忻州市	Xinzhou	4534589	470041	5621759	363317
临汾市	Linfen	9191824	963769	8212905	1217525
吕梁市	Lvliang	17462259	1801539	10874070	715622
内蒙古自治区	**Inner Mongolia**	**71309606**	**30620043**	**81851283**	**31293416**
呼和浩特市	Hohhot	7341937	1842760	7525735	2915280
包头市	Baotou	15346790	13267016	15297707	12353596
乌海市	Wuhai	4985600	4985600	4067000	4067000
赤峰市	Chifeng	4573150	2458901	5661361	2845445
通辽市	Tongliao	3109770	746416	6788489	1202720
鄂尔多斯市	Erdos	25734829	5109606	23993799	4572613
呼伦贝尔市	Hulunbuir	3808682	770097	8399293	1641919
巴彦淖尔市	Bayannur	3646689	1061444	4279753	1296626
乌兰察布市	Ulanqab	2762159	378203	5838146	398217
辽宁省	**Liaoning**	**125729938**	**103811051**	**93667439**	**63499997**
沈阳市	Shenyang	35440836	32868255	28684244	20348491
大连市	Dalian	46662401	38221104	28223196	17245822
鞍山市	Anshan	14321737	10130700	9513328	5548000
抚顺市	Fushun	5870619	5091653	6136729	5530604
本溪市	Benxi	7559692	6797329	6360358	5597148
丹东市	Dandong	3450757	2202180	2184237	918144
锦州市	Jinzhou	4200627	2750147	5008681	1943003
营口市	Yingkou	8223269	5749683	7556666	6368785

2-21 续表 1 continued 1

单位: 万元 (10 000 yuan)

城市	City	流动资产合计 Total Current Assets		固定资产合计 Total Fixed Assets	
		全市 Total City	市辖区 Districts under City	全市 Total City	市辖区 Districts under City
阜新市	Fuxin	3313640	2670059	3665350	2810411
辽阳市	Liaoyang	8068657	6283433	5392881	3486847
盘锦市	Panjin	7444159	5369099	9785354	8211078
铁岭市	Tieling	5583533	1148680	11194168	3372775
朝阳市	Chaoyang	3690531	887223	4352449	1553447
葫芦岛市	Huludao	4693694	3533883	3470571	1772128
吉林省	**Jilin**	**54736776**	**42995262**	**58053949**	**40072031**
长春市	Changchun	30616271	28949693	20731519	18966685
吉林市	Jilin	8569678	5019947	11539085	6499998
四平市	Siping	2689176	1210423	3604015	1315662
辽源市	Liaoyuan	2135986	1202847	2522864	1851895
通化市	Tonghua	4732660	2741596	3229989	2123873
白山市	Baishan	1484955	712663	3082164	1586333
松原市	Songyuan	3237145	2605720	11147257	6935385
白城市	Baicheng	1270905	552373	2197056	792200
黑龙江省	**Heilongjiang**	**55054747**	**45523794**	**57274869**	**45430137**
哈尔滨市	Harbin	22518161	20202093	10334615	7707470
齐齐哈尔市	Qiqihar	7513515	6239421	4427225	3472649
鸡西市	Jixi	2174928	1589867	2170876	1694313
鹤岗市	Hegang	1451385	1214602	1949522	1708701
双鸭山市	Shuangyashan	1475436	898895	2406807	1860836
大庆市	Daqing	11278876	10789832	24964503	23603834
伊春市	Yichun	990359	855373	1014280	923737
佳木斯市	Jiamusi	1826647	1122940	2083513	884343
七台河市	Qitaihe	1495286	1192837	1999454	1880392
牡丹江市	Mudanjiang	1888171	1138701	2716609	1351248
黑河市	Heihe	625394	200641	822383	275200
绥化市	Suihua	1816589	78592	2385082	67414
上海市	**Shanghai**	**181445502**	**178394385**	**81903447**	**80320656**
江苏省	**Jiangsu**	**466209250**	**246697194**	**264211412**	**145593234**
南京市	Nanjing	45502559	42180171	27781427	25604879
无锡市	Wuxi	81302344	31528545	35642872	16468182
徐州市	Xuzhou	21545883	16944548	19568129	13991146
常州市	Changzhou	41875942	33976401	18484017	14359289
苏州市	Suzhou	141547251	61195200	69866801	27680464
南通市	Nantong	33399793	13197964	19536382	8449455
连云港市	Lianyungang	8837944	5791035	7955305	6950658
淮安市	Huai'an	8250759	4591396	6365649	4367139
盐城市	Yancheng	13440326	5091926	14239840	3773640
扬州市	Yangzhou	18528971	12183577	13704913	9564264
镇江市	Zhenjiang	21954245	8540337	14541524	7433368
泰州市	Taizhou	22184191	6969074	11321901	4179018
宿迁市	Suqian	7839042	4507020	5202652	2771732
浙江省	**Zhejiang**	**135923404**	**94510150**	**60990843**	**43870604**
杭州市	Hangzhou	72147188	57236642	29560522	23315638
宁波市	Ningbo	63776216	37273508	31430321	20554966

2-21 续表 2 continued 2

单位：万元 (10 000 yuan)

城市	City	流动资产合计 Total Current Assets 全市 Total City	流动资产合计 Total Current Assets 市辖区 Districts under City	固定资产合计 Total Fixed Assets 全市 Total City	固定资产合计 Total Fixed Assets 市辖区 Districts under City
温州市	Wenzhou	27909059	9078473	9701801	3443028
嘉兴市	Jiaxing	31450076	6958321	23447616	4845686
湖州市	Huzhou	14905565	6839157	7121155	2565056
绍兴市	Shaoxing	46208926	6459467	18707511	3696730
金华市	Jinhua	23761421	4292890	10004351	1657311
衢州市	Quzhou	6655336	3270740	4619072	2441948
舟山市	Zhoushan	8313842	5236924	4421730	2861054
台州市	Taizhou	21075843	8368793	9532154	3457649
丽水市	Lishui	6800782	2158789	3669379	1008382
安徽省	**Anhui**	**98995097**	**63494974**	**93523928**	**62519361**
合肥市	Hefei	22315739	16383491	20162773	14453478
芜湖市	Wuhu	18033347	12005189	11468523	7847048
蚌埠市	Bengbu	4366049	3077555	3090764	1976679
淮南市	Huainan	5004733	4831671	12665120	12511361
马鞍山市	Maanshan	8501635	6696342	8149740	6446227
淮北市	Huaibei	5626554	4768810	7497935	6684918
铜陵市	Tongling	6603116	5874814	4348121	3496439
安庆市	Anqing	4982673	1697735	4661631	1604350
黄山市	Huangshan	1605260	781055	836415	358377
滁州市	Chuzhou	5060116	1570030	4887712	1532935
阜阳市	Fuyang	3049928	1441613	3271345	1681595
宿州市	Suzhou	1947914	438726	2577096	431989
六安市	Lu'an	4000161	1354101	3532668	1249644
亳州市	Bozhou	1886998	1115576	1702041	594302
池州市	Chizhou	1555675	1012331	1804446	1401889
宣城市	Xuancheng	4455199	445935	2867598	248130
福建省	**Fujian**	**114124841**	**53534574**	**70818978**	**32003179**
福州市	Fuzhou	20883078	7152328	14910317	4334216
厦门市	Xiamen	24493185	24493185	10299031	10299031
莆田市	Putian	5091224	4240876	3914238	3624741
三明市	Sanming	5130619	1450586	5127749	1387496
泉州市	Quanzhou	31010643	7688941	18924464	6371963
漳州市	Zhangzhou	11210219	2863582	6150465	1339601
南平市	Nanping	3850276	1357435	2992245	1173166
龙岩市	Longyan	7487847	3442063	4945397	2225721
宁德市	Ningde	4967750	845578	3555072	1247244
江西省	**Jiangxi**	**54632759**	**24388804**	**51679703**	**19925694**
南昌市	Nanchang	12112575	8878495	10037177	4791914
景德镇市	Jingdezhen	4076325	3614145	3355098	2062856
萍乡市	Pingxiang	1349111	864611	2290154	1849378
九江市	Jiujiang	4597462	1754913	6626822	2375481
新余市	Xinyu	5414056	4650119	6044668	5461763
鹰潭市	Yingtan	8263996	533015	4812372	329459
赣州市	Ganzhou	6374441	1918402	3436763	1090711
吉安市	Ji'an	1961663	358790	3851202	786738
宜春市	Yichun	4917970	657457	5460384	431907
抚州市	Fuzhou	1789164	849247	1559308	515782
上饶市	Shangrao	3775996	309610	4205755	229705

2-21 续表 3 continued 3

单位：万元 (10 000 yuan)

城市	City	流动资产合计 Total Current Assets 全市 Total City	市辖区 Districts under City	固定资产合计 Total Fixed Assets 全市 Total City	市辖区 Districts under City
山东省	**Shandong**	**330364718**	**162803523**	**293039282**	**115101775**
济南市	Jinan	22583916	15876954	12152646	8410335
青岛市	Qingdao	45780867	33297749	23116078	14424961
淄博市	Zibo	24449531	17797072	19966845	14707204
枣庄市	Zaozhuang	7488900	5585100	9433100	5815000
东营市	Dongying	27609137	12727943	35217522	17494018
烟台市	Yantai	31686749	16773005	26250071	8577231
潍坊市	Weifang	30798537	9026930	24781758	6857997
济宁市	Jining	22138355	6547114	15432675	4272164
泰安市	Tai'an	13381400	3932300	33560200	2970500
威海市	Weihai	14874967	6157817	13532240	4926673
日照市	Rizhao	15565800	13379580	8565800	7100518
莱芜市	Laiwu	5013088	5013088	4489971	4489971
临沂市	Linyi	17096685	8918219	13418533	6230541
德州市	Dezhou	11280000	2473400	16004300	3793400
聊城市	Liaocheng	15053856	1898831	13666881	1588997
滨州市	Binzhou	16846867	1833667	13631641	1524496
菏泽市	Heze	8716063	1564754	9819021	1917769
河南省	**Henan**	**153725353**	**59987145**	**150610941**	**50455533**
郑州市	Zhengzhou	36776100	18290000	24825000	6910000
开封市	Kaifeng	4676786	2150364	6395122	2096279
洛阳市	Luoyang	16578426	6783369	19799266	6374053
平顶山市	Pingdingshan	8924777	4130796	9014657	4172032
安阳市	Anyang	7596161	3393866	7603701	3407818
鹤壁市	Hebi	2645882	1573695	3185136	2275881
新乡市	Xinxiang	9153901	3611377	9299922	3438050
焦作市	Jiaozuo	9049092	3211152	9318670	3737728
濮阳市	Puyang	4706941	1905391	6889326	4027960
许昌市	Xuchang	10601100	3960407	10809331	1145675
漯河市	Luohe	4380400	2890000	3940800	2521900
三门峡市	Sanmenxia	10199044	794317	8318364	699925
南阳市	Nanyang	10188220	2647120	8613165	4161230
商丘市	Shangqiu	5525979	994947	5563126	1170816
信阳市	Xinyang	2485354	1082616	3786005	1417403
周口市	Zhoukou	6163590	912428	6936850	694283
驻马店市	Zhumadian	4073600	1655300	6312500	2204500
湖北省	**Hubei**	**92206565**	**74236682**	**77264990**	**50782360**
武汉市	Wuhan	46332671	40967261	36334421	20358186
黄石市	Huangshi	7692200	5125200	6066300	4565700
十堰市	Shiyan	15363584	13927723	4265852	2788164
宜昌市	Yichang	12191310	7344298	23320317	18682910
襄阳市	Xiangyang	10626800	6872200	7278100	4387400

2-21 续表 4 continued 4

单位：万元 (10 000 yuan)

城　市	City	流动资产合计 Total Current Assets		固定资产合计 Total Fixed Assets	
		全　市 Total City	市辖区 Districts under City	全　市 Total City	市辖区 Districts under City
鄂州市	Ezhou	1825316	1825316	2760622	2760622
荆门市	Jingmen	3888554	1750873	4182530	2053824
孝感市	Xiaogan	4536785	1158917	4349631	673129
荆州市	Jingzhou	4389200	1917200	2950500	1447800
黄冈市	Huanggang	2719000	533000	3371000	496000
咸宁市	Xianning	2714300	1393600	2323500	415700
随州市	Suizhou	1840437	1338488	3781780	2327153
湖南省	**Hunan**	**76358006**	**48358521**	**78744612**	**42892638**
长沙市	Changsha	31078962	17894610	16886035	10145193
株洲市	Zhuzhou	7476664	6494151	6443371	3729759
湘潭市	Xiangtan	7276563	6713379	5607551	4950632
衡阳市	Hengyang	3995891	2534843	5283735	2523451
邵阳市	Shaoyang	1408600	691831	2978100	1059130
岳阳市	Yueyang	4650544	2727459	10143244	5884442
常德市	Changde	7620958	5345732	4482551	1951869
张家界市	Zhangjiajie	210777	69347	674997	265009
益阳市	Yiyang	2299044	1133081	3645216	1875781
郴州市	Chenzhou	4037302	2087353	6981316	2060276
永州市	Yongzhou	1525012	814212	2740831	916281
怀化市	Huaihua	1456672	197617	3363989	542817
娄底市	Loudi	3321017	1654906	9513676	6987998
广东省	**Guangdong**	**407630362**	**370436751**	**211861036**	**181735426**
广州市	Guangzhou	64593607	59405794	34074656	31653477
韶关市	Shaoguan	4011493	2588077	5245225	3306039
深圳市	Shenzhen	125662825	125662825	37262768	37262768
珠海市	Zhuhai	22284386	22284386	7785501	7785501
汕头市	Shantou	7623411	7601244	7700164	7628975
佛山市	Foshan	46381954	46381954	29162910	29162910
江门市	Jiangmen	12592931	7846064	8328285	4446255
湛江市	Zhanjiang	6121641	3505029	4125571	3131334
茂名市	Maoming	2714893	2059502	3546177	2649708
肇庆市	Zhaoqing	6042806	2544513	7099290	4570941
惠州市	Huizhou	19280519	16310203	13362965	10201813
梅州市	Meizhou	2491106	954439	2526138	728172
汕尾市	Shanwei	1469399	876521	2702479	1759139
河源市	Heyuan	2595351	1544508	2543120	1128773
阳江市	Yangjiang	2673454	890289	2749999	1107624
清远市	Qingyuan	5281434	2495377	4841336	2574931
东莞市	Dongguan	45900348	45900348	21560952	21560952
中山市	Zhongshan	19772051	19772051	8674656	8674656
潮州市	Chaozhou	3003426	410274	2375365	481933
揭阳市	Yeyang	4931164	1222569	4544766	1529002
云浮市	Yunfu	2202163	180784	1648713	390523

2-21 续表 5 continued 5

单位：万元 (10 000 yuan)

城 市	City	流动资产合计 Total Current Assets		固定资产合计 Total Fixed Assets	
		全 市 Total City	市辖区 Districts under City	全 市 Total City	市辖区 Districts under City
广西壮族自治区	**Guangxi**	**52395641**	**34408737**	**49909866**	**26598946**
南宁市	Nanning	6605806	4814855	7304321	4783624
柳州市	Liuzhou	13789415	12009489	7383565	5813232
桂林市	Guilin	4482992	2001285	4285283	1417336
梧州市	Wuzhou	2724338	1283694	2747607	815181
北海市	Beihai	2381919	1949619	2076080	1819589
防城港市	Fangchenggang	2725002	2388036	2030621	1773913
钦州市	Qinzhou	3637841	3192769	2973576	2703375
贵港市	Guigang	2235639	1186917	2641543	1902696
玉林市	Yulin	3635479	1594865	2342101	985394
百色市	Baise	2910051	638557	6116893	1113938
贺州市	Hezhou	881087	570503	1529498	598083
河池市	Hechi	2441872	985062	4252384	661113
来宾市	Laibin	1987612	1283878	2629325	1590015
崇左市	Chongzuo	1956588	509208	1597069	621457
海南省	**Hainan**	**4150444**	**4150444**	**1966134**	**1966134**
海口市	Haikou	3761169	3761169	1638582	1638582
三亚市	Sanya	389275	389275	327552	327552
三沙市	sansha				
重庆市	**Chongqing**	**53572842**	**47676731**	**40403506**	**31788506**
四川省	**Sichuan**	**124172403**	**81795358**	**99794461**	**50964747**
成都市	Chengdu	41322857	29750138	27229517	19268782
自贡市	Zigong	5522096	4581735	2463300	1976146
攀枝花市	Panzhihua	8522390	6357179	7216837	3907979
泸州市	Luzhou	4859550	3242840	2645845	1707945
德阳市	Deyang	14112950	8426898	6110014	3083181
绵阳市	Mianyang	10775811	8548001	5101290	2050234
广元市	Guangyuan	1356976	910265	1964446	1373947
遂宁市	Suining	2023918	467421	3095521	1261898
内江市	Neijiang	3143869	586222	4266701	1148598
乐山市	Leshan	6974470	4328034	6396179	3264534
南充市	Nanchong	3794693	2487220	5427255	2447302
眉山市	Meishan	2811668	857304	3041791	1182612
宜宾市	Yibin	9900437	7685425	7337564	3359844
广安市	Guang'an	1575027	677204	2368159	1350856
达州市	Dazhou	2021028	737826	5412905	1207452
雅安市	Yaan	1646049	560900	6742600	1359500
巴中市	Bazhong	318045	99231	491805	112900
资阳市	Ziyang	3490569	1491515	2482732	901037
贵州省	**Guizhou**	**25116918**	**9640037**	**25103954**	**8220420**
贵阳市	Guiyang	8743403	5420138	6801217	3242720
六盘水市	Liupanshui	4506567	1405644	6709438	2202533
遵义市	Zunyi	6949541	1191250	5107590	1520515
安顺市	Anshun	2052964	1141616	1643060	739057
毕节市	Bijie	2247163	323045	3872349	453805
铜仁市	Tongren	617280	158344	970300	61790

2-21 续表 6 continued 6

单位：万元 (10 000 yuan)

城　市	City	流动资产合计 Total Current Assets 全　市 Total City	流动资产合计 Total Current Assets 市辖区 Districts under City	固定资产合计 Total Fixed Assets 全　市 Total City	固定资产合计 Total Fixed Assets 市辖区 Districts under City
云南省	**Yunnan**	**38703852**	**21668784**	**37369280**	**14959322**
昆明市	Kunming	18489191	13189732	10480603	5689814
曲靖市	Qujing	7280639	1804367	8606767	2029762
玉溪市	Yuxi	6231431	4375592	3242187	1772903
保山市	Baoshan	1063129	440068	2116347	815178
昭通市	Zhaotong	2160002	669450	3183773	1025088
丽江市	Lijiang	1304241	799310	3518547	2582715
普洱市	Simao	1011520	214600	3433415	715835
临沧市	Lincang	1163699	175665	2787641	328027
西藏自治区	**Tibet**	**1150931**	**743138**	**2116559**	**1728229**
拉萨市	Lasa	1150931	743138	2116559	1728229
陕西省	**Shaanxi**	**79169896**	**44744187**	**69174103**	**35873259**
西安市	Xi'an	24294642	21139052	12934758	11036728
铜川市	Tongchuan	1582064	1547280	1644276	1624930
宝鸡市	Baoji	8033436	5896801	6412743	3771064
咸阳市	Xianyang	6505100	2300500	8077100	2357500
渭南市	Weinan	7809924	1007395	7145439	1222718
延安市	Yan'an	10981879	9591421	14555788	12720732
汉中市	Hanzhong	3502197	556005	3426566	281354
榆林市	Yulin	14165100	1827800	11962500	2037700
安康市	Ankang	886554	235833	1650233	340733
商洛市	Shangluo	1409000	642100	1364700	479800
甘肃省	**Gansu**	**43497605**	**30101220**	**51562720**	**26358115**
兰州市	Lanzhou	8832600	7332000	7454400	5423400
嘉峪关市	Jiayuguan	5379200	5379200	4317400	4317400
金昌市	Jinchang	6564340	6151843	3608147	3036265
白银市	Baiyin	3750459	3455403	3153844	2569838
天水市	Tianshui	1202870	942952	874991	487357
武威市	Wuwei	730973	507259	1045280	655482
张掖市	Zhangye	1019582	429540	1100179	474948
平凉市	Pingliang	1037921	199745	2853143	1111123
酒泉市	Jiuquan	3676443	844096	6154205	711892
庆阳市	Qingyang	1589803	136156	4721196	51251
定西市	Dingxi	482110	157784	818029	180847
陇南市	Longnan	733000	53600	1034100	72200
青海省	**Qinghai**	**4249152**	**2255821**	**7213903**	**3633056**
西宁市	Xining	4249152	2255821	7213903	3633056
宁夏回族自治区	**Ningxia**	**17576906**	**7620111**	**23393252**	**10983504**
银川市	Yinchuan	8154745	2830540	13100712	4873627
石嘴山市	Shizuishan	4141883	2873954	4354298	3640942
吴忠市	Wuzhong	2513406	897980	3541570	1173412
固原市	Guyuan	151723	29607	214520	40257
中卫市	Zhongwei	2615149	988030	2182152	1255266
新疆维吾尔自治区	**Xinjiang**	**14912266**	**14863485**	**26026425**	**25828383**
乌鲁木齐市	Urumqi	10188907	10140126	13911267	13713225
克拉玛依市	Karamay	4723359	4723359	12115158	12115158

2-22 规模以上工业企业主要财务指标

Main Financial Indicators of Industrial Enterprises above Designated Size

单位：万元 (10 000 yuan)

城市	city	主营业务税金及附加 Tax and Extra Charges from Principal Business		本年应交增值税 Value-added Tax Payable		利润总额 Total Profits	
		全市 Total City	市辖区 Districts under City	全市 Total City	市辖区 Districts under City	全市 Total City	市辖区 Districts under City
城市合计	**Prefecture Cities**	**138495182**	**108419800**	**280596470**	**157472076**	**612246119**	**297139741**
北京市	**Beijing**	**2635845**	**2610173**	**4116161**	**4010949**	**12678868**	**12364727**
天津市	**Tianjin**	**3119904**	**3080554**	**9032735**	**8575736**	**33178222**	**19116982**
河北省	**Hebei**	**4131630**	**1613040**	**11659054**	**4026154**	**25594676**	**4132471**
石家庄市	Shijiazhuang	937806	48839	1706418	301153	5627213	409972
唐山市	Tangshan	507183	241172	3163774	1201492	5891578	1179222
秦皇岛市	Qinhuangdao	80132	51252	417650	291317	184226	118014
邯郸市	Handan	176640	64829	1493820	560717	2026259	370887
邢台市	Xingtai	87522	26812	710848	275572	1344415	349400
保定市	Baoding	445141	287902	1057617	392188	2550723	492035
张家口市	Zhangjiakou	453281	370770	407886	211634	741418	266996
承德市	Chengde	203549	18478	617226	115430	1213125	125389
沧州市	Cangzhou	1065347	443550	1156144	398855	3423995	357483
廊坊市	Langfang	105611	28294	647329	173752	1750687	194883
衡水市	Hengshui	69418	31142	280342	104044	841037	268190
山西省	**Shanxi**	**1617519**	**686527**	**8061458**	**2978740**	**10046141**	**4087566**
太原市	Taiyuan	295431	279584	748224	685580	1032623	1130984
大同市	Datong	105559	96114	673947	618964	289196	283378
阳泉市	Yangquan	110526	71157	435760	332869	272517	194778
长治市	Changzhi	133598	23095	923133	143476	1151143	343059
晋城市	Jincheng	110476	38675	844664	337595	1795147	808183
朔州市	Shuozhou	192329	129272	1051326	595351	1775622	1246825
晋中市	Jinzhong	108559	11375	688531	57834	563228	12462
运城市	Yuncheng	54554	7604	333978	32791	918665	56963
忻州市	Xinzhou	74597	1885	431203	15843	687014	87679
临汾市	Linfen	116161	17275	779440	105060	373755	-50198
吕梁市	Lvliang	315729	10491	1151252	53377	1187231	-26547
内蒙古自治区	**Inner Mongolia**	**2075036**	**867204**	**6559082**	**2008741**	**17145789**	**5002129**
呼和浩特市	Hohhot	348961	373909	546785	84361	999461	-80306
包头市	Baotou	224008	145544	1075291	662296	2206022	1460814
乌海市	Wuhai	73800	73800	332800	332800	238200	238200
赤峰市	Chifeng	158038	35037	407005	177564	1435814	535281
通辽市	Tongliao	257588	80400	865177	144800	1698709	394700
鄂尔多斯市	Erdos	809991	144791	2516890	504350	9026871	2046549
呼伦贝尔市	Hulunbuir	114009	4522	454624	50627	889203	145885
巴彦淖尔市	Bayannur	51435	6574	183317	41153	510957	270292
乌兰察布市	Ulanqab	37206	2627	177193	10790	140552	-9286
辽宁省	**Liaoning**	**8690162**	**7288352**	**12649059**	**7122896**	**24296617**	**9683088**
沈阳市	Shenyang	1636049	1428473	2455759	1823115	7304621	4541505
大连市	Dalian	2518123	2232301	3498173	1995107	5140586	1987344
鞍山市	Anshan	207885	111700	976271	460800	807969	-625500
抚顺市	Fushun	652449	627336	331334	247247	150223	-254335
本溪市	Benxi	230201	189068	418786	303717	693196	448068
丹东市	Dandong	89625	26622	371130	79203	723295	145304
锦州市	Jinzhou	679762	542859	609931	271189	1693505	336612
营口市	Yingkou	352564	254065	1154334	604141	2071480	1006778

2-22 续表 1 continued 1

单位：万元 (10 000 yuan)

城 市	city	主营业务税金及附加 Tax and Extra Charges from Principal Business		本年应交增值税 Value-added Tax Payable		利润总额 Total Profits	
		全 市 Total City	市辖区 Districts under City	全 市 Total City	市辖区 Districts under City	全 市 Total City	市辖区 Districts under City
阜新市	Fuxin	52645	41072	198366	175486	345781	264107
辽阳市	Liaoyang	687743	597913	446996	215590	1361818	361867
盘锦市	Panjin	720540	675450	648938	547161	1515918	1001815
铁岭市	Tieling	209218	42487	1015625	186717	2104646	363486
朝阳市	Chaoyang	114468	10084	265570	45494	883243	54305
葫芦岛市	Huludao	538890	508922	257846	167929	-499664	51732
吉林省	**Jilin**	**4157158**	**3564067**	**5126052**	**3796290**	**11467257**	**8123236**
长春市	Changchun	2300327	2198363	2492648	2389599	6574264	6217250
吉林市	Jilin	853435	742430	989396	518593	703214	-25253
四平市	Siping	58134	23481	185618	48990	529825	197072
辽源市	Liaoyuan	37131	28008	154512	123888	229660	140035
通化市	Tonghua	120617	21172	380700	117878	649574	164100
白山市	Baishan	72112	22573	231237	120054	345505	163406
松原市	Songyuan	698871	524388	623142	442079	2272144	1196101
白城市	Baicheng	16531	3652	68799	35209	163071	70525
黑龙江省	**Heilongjiang**	**6950276**	**6661124**	**6031723**	**4810648**	**13316786**	**10642439**
哈尔滨市	Harbin	984491	884881	947324	710387	1126686	646103
齐齐哈尔市	Qiqihar	63935	48245	320576	219280	485684	265232
鸡西市	Jixi	36152	28009	222870	162066	96998	-18266
鹤岗市	Hegang	40393	26984	153416	136780	103799	36575
双鸭山市	Shuangyashan	43890	26011	331637	145703	424928	90659
大庆市	Daqing	5582963	5561837	3215424	3117028	9756263	9437378
伊春市	Yichun	8484	7143	44530	38957	-34340	-47777
佳木斯市	Jiamusi	21897	13407	120219	50387	320620	111172
七台河市	Qitaihe	27387	25754	154951	140398	-48670	-44997
牡丹江市	Mudanjiang	51615	35288	307359	71084	438982	110970
黑河市	Heihe	7534	3377	47563	16910	86688	40693
绥化市	Suihua	81535	188	165854	1668	559148	14697
上海市	**Shanghai**	**8041611**	**8036382**	**8563615**	**8490506**	**21494233**	**21464451**
江苏省	**Jiangsu**	**9667117**	**6999121**	**36359120**	**19036282**	**72396211**	**34828288**
南京市	Nanjing	2761770	2696542	4921622	4379377	6044450	4882406
无锡市	Wuxi	492764	207485	3335174	1221895	8786901	3574249
徐州市	Xuzhou	1711191	1325666	4054671	2018830	7433779	3499556
常州市	Changzhou	299413	235655	2565865	1957194	4437735	3417935
苏州市	Suzhou	782517	345807	4864366	1916932	12527005	5078860
南通市	Nantong	381897	144533	3353742	1071348	7865895	2576359
连云港市	Lianyungang	283588	71332	1224072	637733	2731951	1297168
淮安市	Huai'an	796847	720424	965070	568787	2091348	1079958
盐城市	Yancheng	555997	359397	2383895	967295	3969052	1843652
扬州市	Yangzhou	667905	514325	2996531	2176530	4988080	3304553
镇江市	Zhenjiang	217891	82258	1824708	674661	3631109	1693796
泰州市	Taizhou	535526	247696	3093626	1165979	5380648	1436713
宿迁市	Suqian	179811	48001	775778	279721	2508258	1143083
浙江省	**Zhejiang**	**6108443**	**4815751**	**15535702**	**7175916**	**30878925**	**13618993**
杭州市	Hangzhou	2068656	1964555	3610214	2902271	7715824	6070300
宁波市	Ningbo	2588652	2442030	3007829	1993970	5532121	3685660

2-22 续表 2 continued 2

单位：万元 (10 000 yuan)

城市	city	主营业务税金及附加 Tax and Extra Charges from Principal Business		本年应交增值税 Value-added Tax Payable		利润总额 Total Profits	
		全市 Total City	市辖区 Districts under City	全市 Total City	市辖区 Districts under City	全市 Total City	市辖区 Districts under City
温州市	Wenzhou	212932	70260	1256829	439737	2098232	599508
嘉兴市	Jiaxing	198893	43948	1910041	314997	2799404	637483
湖州市	Huzhou	169924	78082	857003	311936	1684069	623752
绍兴市	Shaoxing	348519	41996	1875275	237002	4546728	399784
金华市	Jinhua	177883	22432	1025921	174483	2323259	372407
衢州市	Quzhou	63049	22074	418496	175863	979757	341997
舟山市	Zhoushan	55473	52048	156363	140197	100044	-10606
台州市	Taizhou	164655	61097	1029576	376791	1807704	586097
丽水市	Lishui	59807	17229	388155	108669	1291783	312611
安徽省	**Anhui**	**3559424**	**2728594**	**7868888**	**4359165**	**18171194**	**8050432**
合肥市	Hefei	626073	537114	1269054	772647	3585527	2117670
芜湖市	Wuhu	665168	568843	1473611	925057	2042430	1110630
蚌埠市	Bengbu	471657	428919	279246	208213	617286	359219
淮南市	Huainan	92948	90791	664363	655030	523737	479877
马鞍山市	Maanshan	89212	55052	566878	339780	1082695	692921
淮北市	Huaibei	190279	139067	613407	552628	822786	625534
铜陵市	Tongling	41180	34103	214750	136129	584378	508495
安庆市	Anqing	467483	346163	455917	126116	2470760	67898
黄山市	Huangshan	16177	8686	89423	49962	222730	134714
滁州市	Chuzhou	229869	179179	500006	168514	1735187	485624
阜阳市	Fuyang	263173	187430	452857	91900	759127	198462
宿州市	Suzhou	60383	18345	222809	17359	506752	75735
六安市	Lu'an	141360	23584	320375	61722	1173816	488438
亳州市	Bozhou	117279	79174	228214	121022	660074	387204
池州市	Chizhou	28817	17594	129333	86570	401345	219471
宣城市	Xuancheng	58366	14550	388645	46516	982564	98540
福建省	**Fujian**	**3770094**	**2666034**	**8678928**	**3292560**	**20220019**	**6883583**
福州市	Fuzhou	438340	210116	1845750	658151	3857645	1065882
厦门市	Xiamen	703393	703393	784051	784051	2473038	2473038
莆田市	Putian	119471	109860	406019	357183	1232748	1109114
三明市	Sanming	115476	27245	610639	130959	658553	112797
泉州市	Quanzhou	1306069	773150	2336690	555652	6582456	856445
漳州市	Zhangzhou	125431	48159	1397787	332858	2222654	534942
南平市	Nanping	81534	25181	298571	72058	606696	141496
龙岩市	Longyan	812890	761350	474388	294920	1336520	357451
宁德市	Ningde	67490	7580	525033	106728	1249709	232418
江西省	**Jiangxi**	**2292881**	**1521803**	**6456674**	**2121301**	**13773874**	**4448947**
南昌市	Nanchang	830114	786591	1067205	660862	2113992	1530959
景德镇市	Jingdezhen	65978	42222	224558	77264	364219	116116
萍乡市	Pingxiang	144153	58009	529309	354552	1547497	971299
九江市	Jiujiang	524474	480483	634189	152912	1643763	258125
新余市	Xinyu	65888	42132	321369	237102	371384	240725
鹰潭市	Yingtan	73293	8533	356842	67151	1119417	198038
赣州市	Ganzhou	156558	57385	824387	238518	1501858	610254
吉安市	Ji'an	132579	16750	767805	111649	1629058	227896
宜春市	Yichun	165507	10354	799248	97514	1989304	154683
抚州市	Fuzhou	35960	15064	254641	97073	401397	119654
上饶市	Shangrao	98377	4280	677121	26704	1091985	21198

2-22 续表 3 continued 3

单位：万元 (10 000 yuan)

城 市	city	主营业务税金及附加 Tax and Extra Charges from Principal Business		本年应交增值税 Value-added Tax Payable		利润总额 Total Profits	
		全 市 Total City	市辖区 Districts under City	全 市 Total City	市辖区 Districts under City	全 市 Total City	市辖区 Districts under City
山东省	**Shandong**	**13176608**	**7999688**	**33437841**	**14252425**	**81693072**	**31063926**
济南市	Jinan	1231698	1077717	1236604	650867	2530637	1208599
青岛市	Qingdao	2311939	1662516	4418223	2506606	7435774	3415639
淄博市	Zibo	1242255	1031233	3632220	3157408	7628410	6297208
枣庄市	Zaozhuang	214500	147700	1231000	681000	1872300	1220000
东营市	Dongying	3408125	2953874	3766525	2438399	11875493	6204065
烟台市	Yantai	472120	245805	2634880	1066619	12779742	4427522
潍坊市	Weifang	476790	99089	2130940	470246	5716838	1062674
济宁市	Jining	300343	54564	1527774	360586	2816667	407872
泰安市	Tai'an	650600	73100	1873300	244500	4052100	562700
威海市	Weihai	324063	69609	1543400	307977	3066059	817425
日照市	Rizhao	127100	103310	518100	371367	1443500	1084818
莱芜市	Laiwu	46009	46009	189773	189773	95064	95064
临沂市	Linyi	408585	138710	1570439	664246	4562736	1874552
德州市	Dezhou	753200	75700	2578900	394800	5002300	738600
聊城市	Liaocheng	399263	22534	1696734	122802	4457853	412815
滨州市	Binzhou	304440	113000	1054606	323101	2584768	302665
菏泽市	Heze	505578	85218	1834423	302128	3772831	931708
河南省	**Henan**	**5021177**	**2809715**	**13967373**	**4387721**	**39536530**	**4792162**
郑州市	Zhengzhou	468000	120000	3823000	1490000	9121200	1400000
开封市	Kaifeng	136044	17473	455607	83642	1741453	70098
洛阳市	Luoyang	911701	716371	981772	361865	2009039	96831
平顶山市	Pingdingshan	177178	60533	813677	342526	1293963	208566
安阳市	Anyang	128384	306537	743849	175780	1567732	-146036
鹤壁市	Hebi	84731	46787	271783	118279	629029	41691
新乡市	Xinxiang	115484	25678	501717	143587	1722163	366211
焦作市	Jiaozuo	226532	47073	1089288	253668	2749870	85711
濮阳市	Puyang	543525	398705	520857	263660	1818510	-136760
许昌市	Xuchang	876544	507839	1409830	308783	3574952	486725
漯河市	Luohe	98300	64100	372600	278600	2284900	1035400
三门峡市	Sanmenxia	140347	5877	420860	41846	2580705	94871
南阳市	Nanyang	407460	316805	898316	266099	2074258	567693
商丘市	Shangqiu	124028	28724	461324	44628	1168098	138479
信阳市	Xinyang	128369	18553	380523	100546	868137	178964
周口市	Zhoukou	231349	27600	481870	37822	2625121	178718
驻马店市	Zhumadian	223201	101060	340500	76390	1707400	125000
湖北省	**Hubei**	**5911964**	**4537475**	**7340015**	**4723474**	**19624673**	**10801479**
武汉市	Wuhan	3891940	3471572	2467769	2270326	3911749	3481534
黄石市	Huangshi	107600	41900	409600	208800	622300	259500
十堰市	Shiyan	91566	66023	515201	404127	1806605	1511783
宜昌市	Yichang	278733	120263	964016	620021	2972728	2112169
襄阳市	Xiangyang	312400	213700	869700	429600	4898600	1767900

2-22 续表 4 continued 4

单位：万元 (10 000 yuan)

城市	city	主营业务税金及附加 Tax and Extra Charges from Principal Business		本年应交增值税 Value-added Tax Payable		利润总额 Total Profits	
		全市 Total City	市辖区 Districts under City	全市 Total City	市辖区 Districts under City	全市 Total City	市辖区 Districts under City
鄂州市	Ezhou	84279	84279	257695	257695	261505	261505
荆门市	Jingmen	600429	461163	437207	204908	1079608	363744
孝感市	Xiaogan	224378	8539	371909	33965	1035738	150274
荆州市	Jingzhou	87800	22500	292600	95000	756500	244600
黄冈市	Huanggang	91000	9000	191000	29000	344000	32000
咸宁市	Xianning	79100	29000	283500	67800	1144000	361900
随州市	Suizhou	62739	9536	279818	102232	791340	254570
湖南省	**Hunan**	**10735961**	**8789988**	**12140419**	**5917893**	**18396739**	**7307928**
长沙市	Changsha	4748995	4305787	2697660	1793530	6084527	3029284
株洲市	Zhuzhou	270981	63550	1079019	592397	1190928	603932
湘潭市	Xiangtan	291969	120124	664472	367740	713454	224111
衡阳市	Hengyang	220493	63209	1020196	316730	1602150	437019
邵阳市	Shaoyang	110100	38845	491300	100737	887400	188390
岳阳市	Yueyang	1267992	940444	1569394	662056	1891559	311538
常德市	Changde	2792056	2723937	1127763	802517	1762795	1209519
张家界市	Zhangjiajie	9498	2348	42556	14734	26834	10762
益阳市	Yiyang	117681	56482	544556	276493	710652	323879
郴州市	Chenzhou	451052	195853	1769218	637743	1865200	492574
永州市	Yongzhou	263540	225105	278823	114349	367106	128636
怀化市	Huaihua	52073	7470	253019	21691	432908	103650
娄底市	Loudi	139531	46834	602443	217176	861226	244634
广东省	**Guangdong**	**10349578**	**9708545**	**28497933**	**24333392**	**55149211**	**45371925**
广州市	Guangzhou	3287339	3226084	4354268	3905770	8256048	7831334
韶关市	Shaoguan	323117	283587	411129	230556	313155	-30220
深圳市	Shenzhen	1501329	1501329	6367613	6367613	11358280	11358280
珠海市	Zhuhai	168706	168706	704315	704315	1643758	1643758
汕头市	Shantou	157290	156542	430263	428719	1648764	1639877
佛山市	Foshan	713440	713440	3603375	3603375	11405032	11405032
江门市	Jiangmen	147049	97487	763429	478359	1279637	791465
湛江市	Zhanjiang	736039	711014	792887	697619	1115637	991896
茂名市	Maoming	1078004	1013059	1049276	835876	985611	380976
肇庆市	Zhaoqing	166091	54051	907192	257659	1921976	283613
惠州市	Huizhou	946158	925104	2687228	2363898	2193171	1328286
梅州市	Meizhou	343456	319537	268402	126419	299371	143185
汕尾市	Shanwei	26933	8960	111451	75823	315170	267899
河源市	Heyuan	44376	16712	303322	84731	580729	219843
阳江市	Yangjiang	39541	13400	463309	66295	1876707	617414
清远市	Qingyuan	48998	21487	354563	222272	748867	481817
东莞市	Dongguan	271432	271432	1969193	1969193	2916748	2916748
中山市	Zhongshan	179345	179345	1696837	1696837	2837720	2837720
潮州市	Chaozhou	44904	8302	347788	70810	788589	58448
揭阳市	Yeyang	90301	15978	750998	123310	2271896	176250
云浮市	Yunfu	35730	2989	161095	23943	392345	28304

2-22 续表 5 continued 5

单位：万元 (10 000 yuan)

城 市	city	主营业务税金及附加 Tax and Extra Charges from Principal Business		本年应交增值税 Value-added Tax Payable		利润总额 Total Profits	
		全 市 Total City	市辖区 Districts under City	全 市 Total City	市辖区 Districts under City	全 市 Total City	市辖区 Districts under City
广西壮族自治区	**Guangxi**	**2875088**	**2459142**	**5161043**	**2714507**	**9437884**	**4291452**
南宁市	Nanning	504673	452338	719191	497175	1760177	1002032
柳州市	Liuzhou	682149	665196	819291	690009	1303455	1059692
桂林市	Guilin	125318	53364	574518	119928	1772783	361277
梧州市	Wuzhou	68790	25348	695620	190329	737734	265744
北海市	Beihai	401837	387125	545787	523934	860679	773488
防城港市	Fangchenggang	37209	26168	113120	73045	451410	328151
钦州市	Qinzhou	809915	787304	198457	159050	-73398	-209929
贵港市	Guigang	44119	8633	172058	75156	611240	117699
玉林市	Yulin	52762	17724	301210	82173	695861	138451
百色市	Baise	60369	8050	380475	69260	197892	40673
贺州市	Hezhou	17781	9835	123079	61032	278870	154793
河池市	Hechi	20185	2514	161769	33854	248536	146954
来宾市	Laibin	18996	9002	157454	89856	35993	-31197
崇左市	Chongzuo	30985	6541	199014	49706	556652	143624
海南省	**Hainan**	**153276**	**153276**	**214546**	**214546**	**425702**	**425702**
海口市	Haikou	150357	150357	189054	189054	399899	399899
三亚市	Sanya	2919	2919	25492	25492	25803	25803
三沙市	sansha						
重庆市	**Chongqing**	**1703046**	**1534112**	**4063928**	**3278803**	**6453886**	**5077632**
四川省	**Sichuan**	5421376	3506029	11754120	6577617	22478071	11496915
成都市	Chengdu	2205388	2035690	3638007	2535895	6377711	4439179
自贡市	Zigong	112097	90590	550213	445453	738320	584992
攀枝花市	Panzhihua	93247	73882	445705	327021	377415	44242
泸州市	Luzhou	417787	256815	531261	313496	1401466	951027
德阳市	Deyang	646870	66700	775888	284620	1597075	206180
绵阳市	Mianyang	256408	206939	891752	582103	1097096	682997
广元市	Guangyuan	44592	22254	143965	77868	339163	250435
遂宁市	Suining	203838	61707	490252	242514	837611	332969
内江市	Neijiang	110471	39596	671186	209401	782904	250043
乐山市	Leshan	91372	47921	445442	202054	634006	362926
南充市	Nanchong	308934	214198	603355	337035	1300928	725914
眉山市	Meishan	52059	12359	366794	50903	674941	191090
宜宾市	Yibin	417569	261761	777569	379891	2406163	1535564
广安市	Guang'an	79757	22111	260571	65296	865398	204040
达州市	Dazhou	98257	9782	223266	59521	777093	45790
雅安市	Yaan	27423	7800	227490	193000	618909	142600
巴中市	Bazhong	67584	6629	57672	13744	67694	17910
资阳市	Ziyang	187723	69295	653732	257802	1584178	529017
贵州省	**Guizhou**	**1304039**	**867736**	**2240952**	**756402**	**6169941**	**1459474**
贵阳市	Guiyang	923514	820327	643376	508112	1268690	410228
六盘水市	Liupanshui	68004	11130	375446	78305	1293148	332052
遵义市	Zunyi	170183	13257	739457	79102	3055265	663144
安顺市	Anshun	38323	19707	107246	48856	127272	71785
毕节市	Bijie	91398	1410	314524	32226	352019	-16996
铜仁市	Tongren	12617	1905	60903	9801	73547	-739

2-22 续表 6 continued 6

单位：万元 (10 000 yuan)

城 市	city	主营业务税金及附加 Tax and Extra Charges from Principal Business		本年应交增值税 Value-added Tax Payable		利润总额 Total Profits	
		全 市 Total City	市辖区 Districts under City	全 市 Total City	市辖区 Districts under City	全 市 Total City	市辖区 Districts under City
云南省	**Yunnan**	**5417051**	**4906759**	**3329221**	**2084251**	**4034901**	**2437651**
昆明市	Kunming	1598163	1527433	1225477	969099	1685486	1250376
曲靖市	Qujing	985180	662614	673854	250370	642671	246818
玉溪市	Yuxi	2396604	2357518	776686	640353	908607	689843
保山市	Baoshan	19734	9383	108565	36068	160724	31201
昭通市	Zhaotong	375230	342293	248158	113292	159584	81610
丽江市	Lijiang	17553	4182	101180	49233	178324	105861
普洱市	Simao	11701	2500	102770	16637	130075	17143
临沧市	Lincang	12886	836	92531	9199	169430	14799
西藏自治区	**Tibet**	**10759**	**4688**	**48076**	**28008**	**50306**	**-18288**
拉萨市	Lasa	10759	4688	48076	28008	50306	-18288
陕西省	**Shaanxi**	**4284825**	**3231454**	**6987543**	**3023480**	**15950660**	**4946254**
西安市	Xi'an	376884	355745	814536	697744	1327916	1212423
铜川市	Tongchuan	43841	41416	181777	179431	264751	259795
宝鸡市	Baoji	557239	422002	615473	269959	715639	483266
咸阳市	Xianyang	670400	534600	958100	255800	2366400	361900
渭南市	Weinan	89238	6487	506615	24293	637118	81905
延安市	Yan'an	1804375	1797665	1437491	1286746	2211033	1725543
汉中市	Hanzhong	241394	5108	178831	19654	144364	30554
榆林市	Yulin	422000	60700	1903000	238300	7436400	618200
安康市	Ankang	46154	6931	249120	45553	575039	105768
商洛市	Shangluo	33300	800	142600	6000	272000	66900
甘肃省	**Gansu**	**2511904**	**2063721**	**2253297**	**1369204**	**2862110**	**776167**
兰州市	Lanzhou	1566300	1560500	558000	518400	-252000	-159000
嘉峪关市	Jiayuguan	36200	36200	154900	154900	329900	329900
金昌市	Jinchang	30042	28713	190006	174338	186961	174709
白银市	Baiyin	48390	44639	219985	205258	217038	222687
天水市	Tianshui	8600	4541	42115	28810	34276	47489
武威市	Wuwei	11049	7412	36468	18505	38264	27257
张掖市	Zhangye	10559	1935	54706	14450	94797	25182
平凉市	Pingliang	25137	3620	159209	18769	93775	-31925
酒泉市	Jiuquan	230099	10645	118388	18932	517908	89808
庆阳市	Qingyang	473830	342110	375691	68706	1384112	24927
定西市	Dingxi	2340	686	17743	5234	13087	-1345
陇南市	Longnan	25700	900	54400	4800	170900	9300
青海省	**Qinghai**	**21829**	**10910**	**135843**	**69051**	**16546**	**8589**
西宁市	Xining	21829	10910	135843	69051	16546	8589
宁夏回族自治区	**Ningxia**	**621135**	**517639**	**987131**	**463067**	**1326159**	**467961**
银川市	Yinchuan	544932	467659	531359	191883	893286	73815
石嘴山市	Shizuishan	47648	44570	252753	218550	341500	341183
吴忠市	Wuzhong	18431	2152	125212	21963	46427	77490
固原市	Guyuan	3584	175	14981	835	26997	-71
中卫市	Zhongwei	6540	3083	62826	29836	17949	-24456
新疆维吾尔自治区	**Xinjiang**	**2202124**	**2202017**	**1610624**	**1610453**	**4014008**	**4002658**
乌鲁木齐市	Urumqi	937332	937225	679790	679619	1754001	1742651
克拉玛依市	Karamay	1264792	1264792	930834	930834	2260007	2260007

2-23 按运输方式分类的客运量(全市)

Passenger Traffic by Mode of Transport (Total City)

单位：万人 (10 000 persons)

城市	City	客运总量 Total Passenger Traffic	铁路旅客运量 Railway Passenger Traffic	公路客运量 Highway Passenger Traffic	水运客运量 Waterway Passenger Traffic	民用航空客运量 Civil Aviation Passenger Traffic
城市合计	**Prefecture Cities**	**4155032**	**199688**	**3785019**	**23492**	**52990**
北京市	**Beijing**	**149037**	**10315**	**132333**		**6389**
天津市	**Tianjin**	**28462**	**2970**	**24483**		**1009**
河北省	**Hebei**	**104398**	**6649**	**97218**	**4**	**527**
石家庄市	Shijiazhuang	15378	1100	13793		485
唐山市	Tangshan	14500	713	13770		17
秦皇岛市	Qinhuangdao	2838	716	2110	4	8
邯郸市	Handan	18171	721	17433		17
邢台市	Xingtai	9375	403	8972		
保定市	Baoding	16460	1097	15363		
张家口市	Zhangjiakou	4860	399	4461		
承德市	Chengde	5421	371	5050		
沧州市	Cangzhou	9841	174	9667		
廊坊市	Langfang	3620	164	3456		
衡水市	Hengshui	3934	791	3143		
山西省	**Shanxi**	**40894**	**6280**	**33768**	**14**	**832**
太原市	Taiyuan	5357	2535	2141		681
大同市	Datong	3390	531	2831		28
阳泉市	Yangquan	3019	234	2785		
长治市	Changzhi	3677	139	3478	10	50
晋城市	Jincheng	2821	91	2730		
朔州市	Shuozhou	3601	450	3151		
晋中市	Jinzhong	3912	578	3334		
运城市	Yuncheng	5641	358	5211		72
忻州市	Xinzhou	2307	657	1650		
临汾市	Linfen	5208	638	4570		
吕梁市	Lvliang	1960	68	1888	4	
内蒙古自治区	**Inner Mongolia**	**28265**	**6559**	**20667**		**1039**
呼和浩特市	Hohhot	2927	692	1691		544
包头市	Baotou	2085	587	1417		81
乌海市	Wuhai	514	168	314		32
赤峰市	Chifeng	5506	401	5066		39
通辽市	Tongliao	6374	3509	2831		34
鄂尔多斯市	Erdos	2658	55	2423		180
呼伦贝尔市	Hulunbuir	4217	846	3243		128
巴彦淖尔市	Bayannur	1914		1914		
乌兰察布市	Ulanqab	2071	302	1769		
辽宁省	**Liaoning**	**104095**	**12000**	**90650**	**588**	**857**
沈阳市	Shenyang	32869	3348	29121		400
大连市	Dalian	14395	2201	11246	490	458
鞍山市	Anshan	7075	710	6365		
抚顺市	Fushun	3473	192	3281		
本溪市	Benxi	4802	1801	3001		
丹东市	Dandong	5992	479	5468	45	
锦州市	Jinzhou	5226	871	4355		

2-23 续表 1 continued

单位：万人 (10 000 persons)

城市	City	客运总量 Total Passenger Traffic	铁路旅客运量 Railway Passenger Traffic	公路客运量 Highway Passenger Traffic	水运客运量 Waterway Passenger Traffic	民用航空客运量 Civil Aviation Passenger Traffic
营口市	Yingkou	4827	497	4330		
阜新市	Fuxin	1313	204	1109		
辽阳市	Liaoyang	5059	275	4784		
盘锦市	Panjin	4227	142	4085		
铁岭市	Tieling	6593	489	6104		
朝阳市	Chaoyang	4317	265	4052		
葫芦岛市	Huludao	3929	527	3349	53	
吉林省	**Jilin**	**60353**	**5753**	**54074**	**219**	**307**
长春市	Changchun	14447	2647	11488	17	295
吉林市	Jilin	12565	1115	11340	110	
四平市	Siping	5837	666	5145	26	
辽源市	Liaoyuan	1713	59	1653	1	
通化市	Tonghua	8786	357	8405	24	
白山市	Baishan	5438	165	5254	7	12
松原市	Songyuan	9022	341	8649	32	
白城市	Baicheng	2544	402	2140	2	
黑龙江省	**Heilongjiang**	**51166**	**9984**	**40404**	**150**	**628**
哈尔滨市	Harbin	15618	3946	11210		462
齐齐哈尔市	Qiqihar	7748	1593	6136		19
鸡西市	Jixi	4925	457	4455		13
鹤岗市	Hegang	526	110	412	4	
双鸭山市	Shuangyashan	3174	96	3078		
大庆市	Daqing	2642	660	1935	2	45
伊春市	Yichun	1401	384	1010		7
佳木斯市	Jiamusi	3981	707	3121	121	32
七台河市	Qitaihe	1298	56	1242		
牡丹江市	Mudanjiang	4482	899	3544		39
黑河市	Heihe	1277	284	960	22	11
绥化市	Suihua	4093	792	3301		
上海市	**Shanghai**	**17402**	**6758**	**3748**	**353**	**6543**
江苏省	**Jiangsu**	**290953**	**10349**	**278119**	**603**	**1882**
南京市	Nanjing	46992	3066	42519	7	1400
无锡市	Wuxi	24854	1424	22931	335	164
徐州市	Xuzhou	23265		23168		97
常州市	Changzhou	17257	1100	16030	84	43
苏州市	Suzhou	71626	2628	68895	103	
南通市	Nantong	21620	231	21350		39
连云港市	Lianyungang	15956	250	15630	28	48
淮安市	Huai'an	12479	152	12275	17	35
盐城市	Yancheng	14647	373	14243		31
扬州市	Yangzhou	8934		8879	30	25
镇江市	Zhenjiang	12444	798	11646		
泰州市	Taizhou	9935	286	9649		
宿迁市	Suqian	10945	40	10905		

2-23 续表 2 continued

单位：万人 (10 000 persons)

城市	City	客运总量 Total Passenger Traffic	铁路旅客运量 Railway Passenger Traffic	公路客运量 Highway Passenger Traffic	水运客运量 Waterway Passenger Traffic	民用航空客运量 Civil Aviation Passenger Traffic
浙江省	**Zhejiang**	**236015**	**9201**	**221341**	**3483**	**1990**
杭州市	Hangzhou	35819	3112	31126	592	989
宁波市	Ningbo	29997	2237	27110	123	527
温州市	Wenzhou	34501	607	33549	50	295
嘉兴市	Jiaxing	12343	822	11469	52	
湖州市	Huzhou	9476		9431	45	
绍兴市	Shaoxing	18000	488	17414	98	
金华市	Jinhua	31250	1196	29931	29	94
衢州市	Quzhou	11727	216	11485	7	19
舟山市	Zhoushan	16155		13884	2225	46
台州市	Taizhou	30874	426	30210	217	21
丽水市	Lishui	5874	96	5732	46	
安徽省	**Anhui**	**213808**	**6348**	**206867**	**222**	**371**
合肥市	Hefei	34418	2246	31858	27	287
芜湖市	Wuhu	15115	456	14659		
蚌埠市	Bengbu	16415	687	15728		
淮南市	Huainan	7473	250	7223		
马鞍山市	Maanshan	7133	193	6940		
淮北市	Huaibei	8545	455	8090		
铜陵市	Tongling	10641	48	10521	72	
安庆市	Anqing	8541	47	8471	14	9
黄山市	Huangshan	3001	143	2720	83	55
滁州市	Chuzhou	11915		11915		
阜阳市	Fuyang	26785	902	25862		21
宿州市	Suzhou	7024	293	6731		
六安市	Lu'an	29912	189	29701	22	
亳州市	Bozhou	8067	176	7891		
池州市	Chizhou	6690	45	6645		
宣城市	Xuancheng	12132	216	11912	4	
福建省	**Fujian**	**83245**	**3753**	**74958**	**1757**	**2777**
福州市	Fuzhou	19279		18395	99	785
厦门市	Xiamen	14544	1165	10824	820	1735
莆田市	Putian	10435	225	10006	204	
三明市	Sanming	3947	103	3811	33	
泉州市	Quanzhou	14208	568	13411	14	215
漳州市	Zhangzhou	5545	104	5340	101	
南平市	Nanping	3533	478	2888	132	35
龙岩市	Longyan	3693	245	3387	55	6
宁德市	Ningde	8058	865	6894	299	
江西省	**Jiangxi**	**84337**	**6081**	**77550**	**336**	**370**
南昌市	Nanchang	10624	1401	9003		220
景德镇市	Jingdezhen	1951	135	1773		43
萍乡市	Pingxiang	7040	221	6819		
九江市	Jiujiang	11968	776	11147	38	7
新余市	Xinyu	2075	223	1816	36	
鹰潭市	Yingtan	5747	499	5204	44	
赣州市	Ganzhou	10645	1302	9153	130	60
吉安市	Ji'an	4454	545	3860	9	40
宜春市	Yichun	8663	399	8264		
抚州市	Fuzhou	4601	102	4499		
上饶市	Shangrao	16569	478	16012	79	

2-23 续表 3 continued

单位：万人 (10 000 persons)

城 市	City	客运总量 Total Passenger Traffic	铁路旅客运量 Railway Passenger Traffic	公路客运量 Highway Passenger Traffic	水运客运量 Waterway Passenger Traffic	民用航空客运量 Civil Aviation Passenger Traffic
山东省	**Shandong**	**268335**	**9410**	**254799**	**2224**	**1902**
济南市	Jinan	17488	3824	13084	154	426
青岛市	Qingdao	26184	1881	22724	414	1165
淄博市	Zibo	42540	511	42029		
枣庄市	Zaozhuang	7567		7567		
东营市	Dongying	4426	22	4333	59	12
烟台市	Yantai	35897	442	34656	640	159
潍坊市	Weifang	23745	750	22981		14
济宁市	Jining	10665	465	10030	142	28
泰安市	Tai'an	6175		6087	88	
威海市	Weihai	17474	291	16586	506	91
日照市	Rizhao	4665	110	4450	105	
莱芜市	Laiwu	3899		3899		
临沂市	Linyi	23825	287	23415	116	7
德州市	Dezhou	11937	277	11660		
聊城市	Liaocheng	9213	157	9056		
滨州市	Binzhou	6434	4	6430		
菏泽市	Heze	16200	388	15812		
河南省	**Henan**	**204998**	**9344**	**194495**	**641**	**518**
郑州市	Zhengzhou	35660	3353	31876		431
开封市	Kaifeng	8446	502	7944		
洛阳市	Luoyang	18355	876	17401	6	72
平顶山市	Pingdingshan	10515	117	10398		
安阳市	Anyang	9330	351	8979		
鹤壁市	Hebi	7458	28	7430		
新乡市	Xinxiang	7296	446	6850		
焦作市	Jiaozuo	4774	106	4668		
濮阳市	Puyang	5794		5333	461	
许昌市	Xuchang	7021	200	6821		
漯河市	Luohe	4678	347	4331		
三门峡市	Sanmenxia	5180	339	4841		
南阳市	Nanyang	22633	632	21928	58	15
商丘市	Shangqiu	15312	808	14504		
信阳市	Xinyang	13076	807	12204	65	
周口市	Zhoukou	11877	50	11781	46	
驻马店市	Zhumadian	17590	379	17206	5	
湖北省	**Hubei**	**120982**	**13615**	**105928**	**375**	**1064**
武汉市	Wuhan	27493	9765	16794		934
黄石市	Huangshi	4718	202	4516		
十堰市	Shiyan	7312	273	7013	26	
宜昌市	Yichang	13964	565	13114	195	90
襄阳市	Xiangfan	14694	674	13963	17	40
鄂州市	Ezhou	2148		2087	61	

2-23 续表 4 continued

单位：万人 (10 000 persons)

城市	City	客运总量 Total Passenger Traffic	铁路旅客运量 Railway Passenger Traffic	公路客运量 Highway Passenger Traffic	水运客运量 Waterway Passenger Traffic	民用航空客运量 Civil Aviation Passenger Traffic
荆门市	Jingmen	7416	281	7127	8	
孝感市	Xiaogan	9077	850	8227		
荆州市	Jingzhou	9360		9360		
黄冈市	Huanggang	12935	636	12299		
咸宁市	Xianning	6306	202	6057	47	
随州市	Suizhou	5560	168	5371	21	
湖南省	**Hunan**	**274521**	**8416**	**170193**	**1279**	**790**
长沙市	Changsha	36441	1954	33848	1	638
株洲市	Zhuzhou	16049	925	15121	3	
湘潭市	Xiangtan	4988	13	4972	3	
衡阳市	Hengyang	24026	1189	22837		
邵阳市	Shaoyang	14026	141	13842	43	
岳阳市	Yueyang	12586	1131	11441	14	
常德市	Changde	14294	236	14016	14	28
张家界市	Zhangjiajie	7303	192	6825	172	114
益阳市	Yiyang	11288	103	11113	72	
郴州市	Chenzhou	8416	551	7642	223	
永州市	Yongzhou	9232	557	8480	194	1
怀化市	Huaihua	104902	914	9617	520	9
娄底市	Loudi	10972	512	10439	21	
广东省	**Guangdong**	**581631**	**15559**	**553481**	**2958**	**9633**
广州市	Guangzhou	76069	10703	58875	307	6184
韶关市	Shaoguan	16124	673	15451		
深圳市	Shenzhen	185011	2479	179369	355	2808
珠海市	Zhuhai	26762		26126	519	117
汕头市	Shantou	3770	110	3406		254
佛山市	Foshan	43119	166	42850	85	18
江门市	Jiangmen	19578		19379	199	
湛江市	Zhanjiang	14952	188	13690	1022	52
茂名市	Maoming	8327	152	8131	44	
肇庆市	Zhaoqing	7731	160	7569	2	
惠州市	Huizhou	16597	571	16013	13	
梅州市	Meizhou	5952	139	5788	15	10
汕尾市	Shanwei	11883		11883		
河源市	Heyuan	4653		4629	24	
阳江市	Yangjiang	4346	22	4307	17	
清远市	Qingyuan	12862	171	12543	148	
东莞市	Dongguan	79739		79707	32	
中山市	Zhongshan	28207		28044	163	
潮州市	Chaozhou	3414	25	3377	12	
揭阳市	Yeyang	6076		5886		190
云浮市	Yunfu	6458		6458		
广西壮族自治区	**Guangxi**	**90991**	**3285**	**86449**	**470**	**787**
南宁市	Nanning	12042	1053	10624		365
柳州市	Liuzhou	3784	604	3121	15	44

2-23 续表 5 continued

单位：万人 (10 000 persons)

城　市	City	客运总量 Total Passenger Traffic	铁路旅客运量 Railway Passenger Traffic	公路客运量 Highway Passenger Traffic	水运客运量 Waterway Passenger Traffic	民用航空客运量 Civil Aviation Passenger Traffic
桂林市	Guilin	18462	491	17416	253	302
梧州市	Wuzhou	3910	66	3839		5
北海市	Beihai	3992	39	3736	146	71
防城港市	Fangchenggang	2540	15	2508	17	
钦州市	Qinzhou	4503	56	4429	18	
贵港市	Guigang	6934	125	6805	4	
玉林市	Yulin	7555	275	7280		
百色市	Baise	7776	118	7656	2	
贺州市	Hezhou	4205	46	4158	1	
河池市	Hechi	8241	125	8103	13	
来宾市	Laibin	4318	134	4184		
崇左市	Chongzuo	2730	139	2590	1	
海南省	**Hainan**	**45236**	**1503**	**40668**	**1194**	**1871**
海口市	Haikou	40116	1189	36394	866	1667
三亚市	Sanya	5119	313	4274	328	204
三沙市	Sansha					
重庆市	**Chongqing**	**157798**	**3040**	**152249**	**1256**	**1253**
四川省	**Sichuan**	**275054**	**17863**	**251743**	**3687**	**1761**
成都市	Chengdu	106874	14271	90980	46	1577
自贡市	Zigong	9878	59	9737	82	
攀枝花市	Panzhihua	6134	205	5898	31	
泸州市	Luzhou	13499		13232	236	31
德阳市	Deyang	12197	134	12063		
绵阳市	Mianyang	10161	458	9609	26	68
广元市	Guangyuan	14136	190	13858	81	7
遂宁市	Suining	5848	219	5398	231	
内江市	Neijiang	10966	208	10448	310	
乐山市	Leshan	8894	86	8537	271	
南充市	Nanchong	13166	588	11929	623	26
眉山市	Meishan	7192		6770	422	
宜宾市	Yibin	17219	105	16944	139	31
广安市	Guang'an	10546	119	10270	157	
达州市	Dazhou	11472	934	9808	708	22
雅安市	Yaan	2522		2522		
巴中市	Bazhong	6858	240	6417	201	
资阳市	Ziyang	7494	49	7322	123	
贵州省	**Guizhou**	**131060**	**2452**	**126572**	**1147**	**889**
贵阳市	Guiyang	46490	1284	44299	32	875
六盘水市	Liupanshui	32658	616	32042		
遵义市	Zunyi	26924	300	26343	276	5
安顺市	Anshun	6600	192	6286	121	1
毕节市	Bijie	8265	60	8079	126	
铜仁市	Tongren	10126		9524	593	9

2-23 续表 6 continued

单位：万人 (10 000 persons)

城　市	City	客运总量 Total Passenger Traffic	铁路旅客运量 Railway Passenger Traffic	公路客运量 Highway Passenger Traffic	水运客运量 Waterway Passenger Traffic	民用航空客运量 Civil Aviation Passenger Traffic
云南省	**Yunnan**	**37662**	**5133**	**29542**	**189**	**2798**
昆明市	Kunming	15918	4059	9341	120	2398
曲靖市	Qujing	6616	585	6031		
玉溪市	Yuxi	3688		3688		
保山市	Baoshan	2023		1947		76
昭通市	Zhaotong	2911	363	2546		2
丽江市	Lijiang	2327	126	1913		288
普洱市	Simao	3294		3206	69	19
临沧市	Lincang	884		870		14
西藏自治区	**Tibet**	**860**	**94**	**583**		**183**
拉萨市	Lasa	860	94	583		183
陕西省	**Shaanxi**	**112336**	**3330**	**106237**	**305**	**2464**
西安市	Xi'an	36154	2919	30893		2342
铜川市	Tongchuan	1667		1667		
宝鸡市	Baoji	9999		9999		
咸阳市	Xianyang	13356		13356		
渭南市	Weinan	13802		13787	15	
延安市	Yan'an	8210	226	7969		15
汉中市	Hanzhong	9479	185	9294		
榆林市	Yulin	7640		7533		107
安康市	Ankang	8214		7924	290	
商洛市	Shangluo	3815		3815		
甘肃省	**Gansu**	**334413**	**1787**	**332102**		**524**
兰州市	Lanzhou	4831	999	3374		458
嘉峪关市	Jiayuguan	4266	186	4053		27
金昌市	Jinchang	1044	43	998		3
白银市	Baiyin	4929	29	4900		
天水市	Tianshui	6081	251	5829		1
武威市	Wuwei	286597	40	286557		
张掖市	Zhangye	3205	97	3105		3
平凉市	Pingliang	3606	99	3507		
酒泉市	Jiuquan	6957		6925		32
庆阳市	Qingyang	3483		3483		
定西市	Dingxi	4952	43	4909		
陇南市	Longnan	4462		4462		
青海省	**Qinghai**	**5233**	**404**	**4701**		**128**
西宁市	Xining	5233	404	4701		128
宁夏回族自治区	**Ningxia**	**15930**	**417**	**15257**	**39**	**217**
银川市	Yinchuan	3734	328	3201		205
石嘴山市	Shizuishan	2471	16	2453	2	
吴忠市	Wuzhong	4270	23	4247		
固原市	Guyuan	2589	50	2536		3
中卫市	Zhongwei	2866		2820	37	9
新疆维吾尔自治区	**Xinjiang**	**5562**	**1036**	**3839**		**687**
乌鲁木齐市	Urumqi	4910	1033	3194		683
克拉玛依市	Karamay	653	4	645		4

2-24 按运输方式分类的货运量(全市)

Freight Traffic by Mode of Transport (Total City)

城 市	City	货运总量(万吨) Total Freight Traffic (10 000 tons)	铁路货物运量(万吨) Railway Freight Traffic (10 000 tons)	公路货运量(万吨) Highway Freight Traffic (10 000 tons)	水运货运量(万吨) waterway Freight Traffic (10 000 tons)	民用航空货邮运量(吨) Civil Aviation Freight Traffic (ton)
城市合计	**Prefecture Cities**	**4485312**	**363266**	**3677330**	**444030**	**6855446**
北京市	**Beijing**	**26291**	**1232**	**24925**		**1341105**
天津市	**Tianjin**	**46475**	**7909**	**28228**	**10332**	**62500**
河北省	**Hebei**	**214452**	**15337**	**195530**	**3581**	**41660**
石家庄市	Shijiazhuang	28755	1400	27351		39661
唐山市	Tangshan	41649	2785	37625	1239	1677
秦皇岛市	Qinhuangdao	7170	1125	4928	1117	252
邯郸市	Handan	34384	2483	31901		70
邢台市	Xingtai	14333	1005	13328		
保定市	Baoding	22685	736	21949		
张家口市	Zhangjiakou	9310	3415	5895		
承德市	Chengde	8150	675	7475		
沧州市	Cangzhou	30803	414	29164	1225	
廊坊市	Langfang	11175	284	10891		
衡水市	Hengshui	6038	1015	5023		
山西省	**Shanxi**	**144815**	**72659**	**72150**	**1**	**51575**
太原市	Taiyuan	14225	4584	9637		42300
大同市	Datong	19537	11696	7841		3445
阳泉市	Yangquan	7991	4056	3935		
长治市	Changzhi	10938	4488	6450		3400
晋城市	Jincheng	11110	7200	3910		
朔州市	Shuozhou	23858	21850	2008		
晋中市	Jinzhong	12703	4273	8430		
运城市	Yuncheng	7293	1451	5842		2430
忻州市	Xinzhou	12361	6006	6355		
临汾市	Linfen	14097	2611	11486		
吕梁市	Lvliang	10701	4444	6256	1	
内蒙古自治区	**Inner Mongolia**	**170669**	**53411**	**117252**		**59694**
呼和浩特市	Hohhot	14733	1940	12790		28674
包头市	Baotou	36275	9324	26951		2422
乌海市	Wuhai	10544	2070	8474		1220
赤峰市	Chifeng	13640	1750	11890		1245
通辽市	Tongliao	10960	5800	5160		1500
鄂尔多斯市	Erdos	58565	23306	35258		9800
呼伦贝尔市	Hulunbuir	15928	8834	7093		14833
巴彦淖尔市	Bayannur	3515		3515		
乌兰察布市	Ulanqab	6508	387	6121		
辽宁省	**Liaoning**	**204418**	**17422**	**174355**	**12631**	**95662**
沈阳市	Shenyang	21719	456	21259		44900
大连市	Dalian	38913	2569	25093	11246	50762
鞍山市	Anshan	24391	1294	23097		
抚顺市	Fushun	10269	1018	9251		
本溪市	Benxi	11077	2969	8108		
丹东市	Dandong	8302	383	7466	453	
锦州市	Jinzhou	16218	568	15495	155	

2-24 续表 1 continued

城 市	City	货运总量(万吨) Total Freight Traffic (10 000 tons)	铁路货物运量(万吨) Railway Freight Traffic (10 000 tons)	公路货运量(万吨) Highway Freight Traffic (10 000 tons)	水运货运量(万吨) waterway Freight Traffic (10 000 tons)	民用航空货邮运量(吨) Civil Aviation Freight Traffic (ton)
营口市	Yingkou	16182	2119	13341	722	
阜新市	Fuxin	5434	1196	4238		
辽阳市	Liaoyang	13973	1786	12187		
盘锦市	Panjin	10952	390	10544	18	
铁岭市	Tieling	11303	1127	10176		
朝阳市	Chaoyang	5110	889	4221		
葫芦岛市	Huludao	10574	658	9879	37	
吉林省	**Jilin**	**49197**	**5909**	**42955**	**331**	**23951**
长春市	Changchun	16227	592	15477	156	23851
吉林市	Jilin	10580	2249	8331		
四平市	Siping	6901	441	6460		
辽源市	Liaoyuan	1794	320	1474		
通化市	Tonghua	3489	1032	2457		
白山市	Baishan	2397	513	1884		100
松原市	Songyuan	5801	328	5379	94	
白城市	Baicheng	2008	434	1493	81	
黑龙江省	**Heilongjiang**	**58628**	**13637**	**44224**	**764**	**30086**
哈尔滨市	Harbin	11764	1824	9606	332	24369
齐齐哈尔市	Qiqihar	11789	2390	9399		
鸡西市	Jixi	5881	2306	3575		260
鹤岗市	Hegang	3080	1143	1935	2	
双鸭山市	Shuangyashan	3140	1065	2075		
大庆市	Daqing	5014	1091	3795	128	2288
伊春市	Yichun	1718	449	1269		
佳木斯市	Jiamusi	4150	735	3139	276	700
七台河市	Qitaihe	3004	1636	1368		
牡丹江市	Mudanjiang	3753	303	3450		1469
黑河市	Heihe	1485	435	1024	26	1000
绥化市	Suihua	3849	260	3589		
上海市	**Shanghai**	**94190**	**825**	**42911**	**50302**	**1521300**
江苏省	**Jiangsu**	**234985**	**7273**	**164833**	**62846**	**330286**
南京市	Nanjing	38941	1806	22020	15090	248000
无锡市	Wuxi	15519	136	14189	1190	44297
徐州市	Xuzhou	21821		18697	3123	6069
常州市	Changzhou	17154	190	15344	1619	9126
苏州市	Suzhou	17419	94	16441	884	
南通市	Nantong	26815	94	20199	6521	12943
连云港市	Lianyungang	18340	4298	12305	1737	3611
淮安市	Huai'an	11860	169	7287	4404	1910
盐城市	Yancheng	17501	131	8150	9220	2820
扬州市	Yangzhou	12244		7645	4599	1510
镇江市	Zhenjiang	13599	292	12418	889	
泰州市	Taizhou	16086	20	4641	11425	
宿迁市	Suqian	7685	43	5497	2145	

2-24 续表 2 continued

城　市	City	货运总量(万吨) Total Freight Traffic (10 000 tons)	铁路货物运量(万吨) Railway Freight Traffic (10 000 tons)	公路货运量(万吨) Highway Freight Traffic (10 000 tons)	水运货运量(万吨) waterway Freight Traffic (10 000 tons)	民用航空货邮运量(吨) Civil Aviation Freight Traffic (ton)
浙江省	**Zhejiang**	**188719**	**4334**	**113544**	**70808**	**332507**
杭州市	Hangzhou	30088	322	23243	6503	201952
宁波市	Ningbo	33286	2594	16570	14113	90849
温州市	Wenzhou	11916	647	8022	3244	27693
嘉兴市	Jiaxing	16876	29	8432	8415	
湖州市	Huzhou	19467		7081	12386	
绍兴市	Shaoxing	9547	120	8204	1223	
金华市	Jinhua	12913	147	12691	74	8850
衢州市	Quzhou	8736	368	8364	4	470
舟山市	Zhoushan	19985		4697	15288	425
台州市	Taizhou	21245	8	11744	9493	2268
丽水市	Lishui	4660	99	4496	65	
安徽省	**Anhui**	**313663**	**13867**	**259751**	**40042**	**25934**
合肥市	Hefei	33720	153	31525	2040	22649
芜湖市	Wuhu	23598	121	14086	9391	
蚌埠市	Bengbu	22322	136	16775	5411	
淮南市	Huainan	14552	5654	7098	1800	
马鞍山市	Maanshan	19542	1659	14868	3015	
淮北市	Huaibei	11446	4816	6630		
铜陵市	Tongling	10928	141	10244	543	
安庆市	Anqing	26134	444	24426	1264	731
黄山市	Huangshan	6957	7	6939	11	1885
滁州市	Chuzhou	14379		13537	842	
阜阳市	Fuyang	32835	169	28766	3900	669
宿州市	Suzhou	21650	25	21566	59	
六安市	Lu'an	35056	85	29046	5925	
亳州市	Bozhou	16318	184	15219	915	
池州市	Chizhou	8685	6	7892	787	
宣城市	Xuancheng	15540	267	11134	4139	
福建省	**Fujian**	**83235**	**3602**	**58884**	**20708**	**407707**
福州市	Fuzhou	17213		10677	6526	96948
厦门市	Xiamen	13642	998	8083	4534	271500
莆田市	Putian	3721		3334	387	
三明市	Sanming	9490	890	8596	4	
泉州市	Quanzhou	16283	1038	8472	6769	35711
漳州市	Zhangzhou	6101	71	4490	1540	
南平市	Nanping	4123	277	3534	312	3196
龙岩市	Longyan	9984	328	9656		352
宁德市	Ningde	2678		2042	636	
江西省	**Jiangxi**	**127967**	**6452**	**113624**	**7889**	**23751**
南昌市	Nanchang	9525	297	8510	716	16400
景德镇市	Jingdezhen	2241	246	1980	15	891
萍乡市	Pingxiang	10691	860	9831		
九江市	Jiujiang	12353	1315	9818	1220	318
新余市	Xinyu	11634	631	10921	82	
鹰潭市	Yingtan	6576	380	5808	388	
赣州市	Ganzhou	19849	1278	17266	1305	4567
吉安市	Ji'an	9531	388	7945	1198	1575
宜春市	Yichun	15714	565	12898	2251	
抚州市	Fuzhou	11942	109	11754	79	
上饶市	Shangrao	17912	383	16893	636	

2-24 续表 3 continued

城 市	City	货运总量(万吨) Total Freight Traffic (10 000 tons)	铁路货物运量(万吨) Railway Freight Traffic (10 000 tons)	公路货运量(万吨) Highway Freight Traffic (10 000 tons)	水运货运量(万吨) waterway Freight Traffic (10 000 tons)	民用航空货邮运量(吨) Civil Aviation Freight Traffic (ton)
山东省	**Shandong**	**344291**	**31878**	**298684**	**13703**	**259819**
济南市	Jinan	26208	10104	15922	178	38470
青岛市	Qingdao	29246	6126	21312	1791	171892
淄博市	Zibo	27112	896	26216		
枣庄市	Zaozhuang	23675		22695	980	
东营市	Dongying	7600	548	6888	164	1082
烟台市	Yantai	21941	1821	16260	3858	20900
潍坊市	Weifang	25212	720	23226	1264	17919
济宁市	Jining	26497	1587	22000	2910	366
泰安市	Tai'an	11653		11553	100	
威海市	Weihai	8388	58	6899	1430	5092
日照市	Rizhao	19739	6916	12100	723	
莱芜市	Laiwu	6438		6438		
临沂市	Linyi	35216	1750	33466		4098
德州市	Dezhou	17582	204	17378		
聊城市	Liaocheng	15192	129	15063		
滨州市	Binzhou	14339	624	13619	96	
菏泽市	Heze	28253	395	27649	209	
河南省	**Henan**	**270669**	**15697**	**247614**	**7354**	**43761**
郑州市	Zhengzhou	26600	3030	23566		42000
开封市	Kaifeng	8841	241	8600		
洛阳市	Luoyang	19788	889	18847	52	1061
平顶山市	Pingdingshan	18937	2299	16638		
安阳市	Anyang	22652	65	22587		
鹤壁市	Hebi	7077	328	6749		
新乡市	Xinxiang	11067	153	10914		
焦作市	Jiaozuo	20036	989	19047		
濮阳市	Puyang	5478	754	4451	273	
许昌市	Xuchang	21543	92	21451		
漯河市	Luohe	5428	259	4906	263	
三门峡市	Sanmenxia	5948	1407	4541		
南阳市	Nanyang	21835	871	20260	704	700
商丘市	Shangqiu	24322	234	23953	135	
信阳市	Xinyang	10840	880	8086	1874	
周口市	Zhoukou	17329	2720	12468	2141	
驻马店市	Zhumadian	22948	486	20550	1912	
湖北省	**Hubei**	**125719**	**16597**	**89473**	**19639**	**103935**
武汉市	Wuhan	43892	9177	24354	10352	93600
黄石市	Huangshi	8079	526	6433	1120	
十堰市	Shiyan	5504	204	5128	172	
宜昌市	Yichang	15669	1616	11833	2219	9310
襄阳市	Xiangfan	14504	708	13003	793	1025
鄂州市	Ezhou	2117		1718	399	

2-24 续表 4 continued

城市	City	货运总量(万吨) Total Freight Traffic (10 000 tons)	铁路货物运量(万吨) Railway Freight Traffic (10 000 tons)	公路货运量(万吨) Highway Freight Traffic (10 000 tons)	水运货运量(万吨) waterway Freight Traffic (10 000 tons)	民用航空货邮运量(吨) Civil Aviation Freight Traffic (ton)
荆门市	Jingmen	11392	731	10604	57	
孝感市	Xiaogan	5752	2600	2894	258	
荆州市	Jingzhou	6975	140	4635	2200	
黄冈市	Huanggang	5605	552	3098	1955	
咸宁市	Xianning	3321	186	3044	91	
随州市	Suizhou	2909	157	2729	23	
湖南省	**Hunan**	**194283**	**12497**	**163072**	**18708**	**58773**
长沙市	Changsha	25970	157	23139	2668	56317
株洲市	Zhuzhou	18129	896	16358	875	
湘潭市	Xiangtan	9875	1319	6985	1571	
衡阳市	Hengyang	21655	1286	19418	951	
邵阳市	Shaoyang	18827	537	17771	519	
岳阳市	Yueyang	19921	2144	11702	6075	
常德市	Changde	11661	325	8793	2543	162
张家界市	Zhangjiajie	2083	13	1917	153	2225
益阳市	Yiyang	10098	57	8255	1786	
郴州市	Chenzhou	23906	510	23142	254	
永州市	Yongzhou	10004	366	8775	863	40
怀化市	Huaihua	5452	819	4470	163	29
娄底市	Loudi	16702	4068	12347	287	
广东省	**Guangdong**	**265019**	**12561**	**194504**	**57862**	**918998**
广州市	Guangzhou	75175	6029	52697	16449	99
韶关市	Shaoguan	10334	596	6298	3440	
深圳市	Shenzhen	30359	401	23639	6234	854900
珠海市	Zhuhai	7582		6418	1163	12100
汕头市	Shantou	4154	75	3154	924	14200
佛山市	Foshan	25199	462	20967	3770	3965
江门市	Jiangmen	8996		5760	3236	
湛江市	Zhanjiang	12778	3248	6487	3043	2400
茂名市	Maoming	6817	660	5804	353	
肇庆市	Zhaoqing	3750	69	2783	898	
惠州市	Huizhou	17344	233	7862	9249	
梅州市	Meizhou	5996	387	5539	69	8000
汕尾市	Shanwei	1765		1765		
河源市	Heyuan	3296		3286	10	
阳江市	Yangjiang	4402	229	3579	594	
清远市	Qingyuan	9375	137	7551	1687	
东莞市	Dongguan	11191		8421	2770	
中山市	Zhongshan	17261		14770	2491	
潮州市	Chaozhou	3576	35	2848	693	
揭阳市	Yeyang	2561		2530	29	23334
云浮市	Yunfu	3106		2346	760	
广西壮族自治区	**Guangxi**	**161173**	**6655**	**135114**	**19397**	**71068**
南宁市	Nanning	29785	616	26182	2983	42000
柳州市	Liuzhou	10826	822	9290	713	5182

2-24 续表 5 continued

城 市	City	货运总量(万吨) Total Freight Traffic (10 000 tons)	铁路货物运量(万吨) Railway Freight Traffic (10 000 tons)	公路货运量(万吨) Highway Freight Traffic (10 000 tons)	水运货运量(万吨) waterway Freight Traffic (10 000 tons)	民用航空货邮运量(吨) Civil Aviation Freight Traffic (ton)
桂林市	Guilin	8522	240	8239	41	19600
梧州市	Wuzhou	4778	21	3064	1693	25
北海市	Beihai	5663	422	4386	855	4261
防城港市	Fangchenggang	13621	3167	9170	1284	
钦州市	Qinzhou	23381	112	21456	1813	
贵港市	Guigang	10941	186	2374	8381	
玉林市	Yulin	15119	75	14865	179	
百色市	Baise	16406	500	15616	290	
贺州市	Hezhou	1364	33	1278	53	
河池市	Hechi	10847	170	10639	38	
来宾市	Laibin	5202	88	4387	727	
崇左市	Chongzuo	4718	203	4168	347	
海南省	**Hainan**	**14032**	**757**	**7254**	**5996**	**247700**
海口市	Haikou	10413	754	3655	5981	231000
三亚市	Sanya	3619	3	3599	15	16700
三沙市	Sansha					
重庆市	**Chongqing**	**110136**	**2241**	**95009**	**12874**	**118966**
四川省	**Sichuan**	**163508**	**9577**	**146906**	**7023**	**18644**
成都市	Chengdu	39542	765	38777		27
自贡市	Zigong	5283	209	4831	243	
攀枝花市	Panzhihua	14284	2818	11449	17	
泸州市	Luzhou	7418	273	5484	1661	2380
德阳市	Deyang	9876	1018	8858		
绵阳市	Mianyang	6437	107	6328	1	8379
广元市	Guangyuan	6746	295	5461	990	184
遂宁市	Suining	3371	18	3065	288	
内江市	Neijiang	5979	223	5479	277	
乐山市	Leshan	11483	1637	9488	358	
南充市	Nanchong	6363	261	5156	946	1378
眉山市	Meishan	4838		4838		
宜宾市	Yibin	7078	953	5643	482	2761
广安市	Guang'an	5040	95	4428	517	
达州市	Dazhou	15322	519	14268	535	3535
雅安市	Yaan	4551		4551		
巴中市	Bazhong	3471	324	2869	278	
资阳市	Ziyang	6425	62	5933	430	
贵州省	**Guizhou**	**52872**	**3623**	**48571**	**670**	**79589**
贵阳市	Guiyang	16635	1548	15074	5	79589
六盘水市	Liupanshui	16608	1371	15237		
遵义市	Zunyi	9638	382	8724	532	
安顺市	Anshun	2752	176	2574	2	
毕节市	Bijie	5113	146	4964	3	
铜仁市	Tongren	2126		1998	128	

2-24 续表 6 continued

城市	City	货运总量(万吨) Total Freight Traffic (10 000 tons)	铁路货物运量(万吨) Railway Freight Traffic (10 000 tons)	公路货运量(万吨) Highway Freight Traffic (10 000 tons)	水运货运量(万吨) waterway Freight Traffic (10 000 tons)	民用航空货邮运量(吨) Civil Aviation Freight Traffic (ton)
云南省	**Yunnan**	**56867**	**13897**	**42675**	**268**	**271122**
昆明市	Kunming	26193	11749	14418		262300
曲靖市	Qujing	11982	1198	10784		
玉溪市	Yuxi	6659	379	6280		
保山市	Baoshan	1996		1996		1255
昭通市	Zhaotong	3708	358	3090	260	16
丽江市	Lijiang	1345	213	1131		6951
普洱市	Simao	3404		3396	8	600
临沧市	Lincang	1580		1580		
西藏自治区	**Tibet**	**477**	**83**	**392**		**15339**
拉萨市	Lasa	477	83	392		15339
陕西省	**Shaanxi**	**107775**	**2961**	**104543**	**253**	**177128**
西安市	Xi'an	44924	825	44082		174800
铜川市	Tongchuan	3590		3590		
宝鸡市	Baoji	8933		8933		
咸阳市	Xianyang	7192		7192		
渭南市	Weinan	12418		12337	81	
延安市	Yan'an	7496	1796	5700		61
汉中市	Hanzhong	5977	340	5637		
榆林市	Yulin	9613		9613		2267
安康市	Ankang	6992		6820	172	
商洛市	Shangluo	639		639		
甘肃省	**Gansu**	**602301**	**5496**	**596801**		**46684**
兰州市	Lanzhou	9728	1060	8664		35942
嘉峪关市	Jiayuguan	4576	749	3827		946
金昌市	Jinchang	1937	310	1627		1
白银市	Baiyin	7901	1831	6070		
天水市	Tianshui	2245	57	2188		11
武威市	Wuwei	554458	255	554203		
张掖市	Zhangye	1880	100	1780		
平凉市	Pingliang	4375	1085	3290		
酒泉市	Jiuquan	2458		2458		184
庆阳市	Qingyang	3363		3363		
定西市	Dingxi	3327	49	3278		
陇南市	Longnan	6053		6053		
青海省	**Qinghai**	**3278**	**576**	**2702**		**4800**
西宁市	Xining	3278	576	2702		4800
宁夏回族自治区	**Ningxia**	**34042**	**2153**	**31840**	**47**	**17948**
银川市	Yinchuan	13520	542	12976		17897
石嘴山市	Shizuishan	7940	1444	6496		
吴忠市	Wuzhong	7167	90	7077		
固原市	Guyuan	3272	77	3195		
中卫市	Zhongwei	2143		2096	47	51
新疆维吾尔自治区	**Xinjiang**	**21164**	**2148**	**19010**		**63054**
乌鲁木齐市	Urumqi	18218	2070	16142		63000
克拉玛依市	Karamay	2946	78	2868		54

2-25 邮政局(所)数及邮政、电信业务收入(全市)

Number of Post Offices and Revenue from Postal and Telecommunication Services (Total City)

城市	City	年末邮政局(所)数(处) Number of Post Offices at Year-end (unit)	邮政业务收入(万元) Revenue from Postal Services (10 000 yuan)	电信业务收入(万元) Revenue from Telecommunication Services (10 000 yuan)
城市合计	**Prefecture Cities**	**45894**	**11916061**	**109333679**
北京市	**Beijing**	**765**	**584535**	**4880146**
天津市	**Tianjin**	**888**	**268683**	**1598740**
河北省	**Hebei**	**1616**	**532733**	**4571946**
石家庄市	Shijiazhuang	187	140404	837647
唐山市	Tangshan	164	60608	597244
秦皇岛市	Qinhuangdao	87	20263	258384
邯郸市	Handan	154	44673	416976
邢台市	Xingtai	137	27442	319508
保定市	Baoding	228	83294	652895
张家口市	Zhangjiakou	140	27908	262835
承德市	Chengde	110	17534	216095
沧州市	Cangzhou	185	54587	401765
廊坊市	Langfang	114	32206	412629
衡水市	Hengshui	110	23814	195968
山西省	**Shanxi**	**1359**	**244993**	**2664452**
太原市	Taiyuan	154	54267	591749
大同市	Datong	142	25500	220494
阳泉市	Yangquan	67	12547	129785
长治市	Changzhi	98	16999	195644
晋城市	Jincheng	105	12232	165524
朔州市	Shuozhou	55	10820	118819
晋中市	Jinzhong	139	21458	210378
运城市	Yuncheng	196	24081	298000
忻州市	Xinzhou	175	22350	181000
临汾市	Linfen	140	24159	307616
吕梁市	Lvliang	88	20580	245443
内蒙古自治区	**Inner Mongolia**	**1349**	**221740**	**1972307**
呼和浩特市	Hohhot	115	24683	419716
包头市	Baotou	107	12568	274311
乌海市	Wuhai	37	4881	74800
赤峰市	Chifeng	286	16425	248824
通辽市	Tongliao	125	10426	511000
鄂尔多斯市	Erdos	164	119000	237400
呼伦贝尔市	Hulunbuir	198	14678	17032
巴彦淖尔市	Bayannur	145	7453	50547
乌兰察布市	Ulanqab	172	11626	138677
辽宁省	**Liaoning**	**1552**	**460977**	**4157229**
沈阳市	Shenyang	211	123755	1167899
大连市	Dalian	233	116014	959980
鞍山市	Anshan	100	29233	298866
抚顺市	Fushun	82	15710	163891
本溪市	Benxi	69	13337	122460
丹东市	Dandong	95	20323	178011
锦州市	Jinzhou	99	17731	197340

2-25 续表 1 continued

城市	City	年末邮政局(所)数 (处) Number of Post Offices at Year-end (unit)	邮政业务收入 (万元) Revenue from Postal Services (10 000 yuan)	电信业务收入 (万元) Revenue from Telecommunication Services (10 000 yuan)
营口市	Yingkou	70	16613	209528
阜新市	Fuxin	65	7816	112409
辽阳市	Liaoyang	64	19725	137559
盘锦市	Panjin	77	20034	147658
铁岭市	Tieling	117	17705	147540
朝阳市	Chaoyang	162	22404	155410
葫芦岛市	Huludao	108	20577	158678
吉林省	**Jilin**	**835**	**190357**	**1571262**
长春市	Changchun	197	60183	678894
吉林市	Jilin	138	31206	262476
四平市	Siping	104	22290	156913
辽源市	Liaoyuan	47	9585	63928
通化市	Tonghua	109	21398	119452
白山市	Baishan	60	15604	69952
松原市	Songyuan	93	16048	127855
白城市	Baicheng	87	14043	91792
黑龙江省	**Heilongjiang**	**1890**	**305442**	**2150685**
哈尔滨市	Harbin	352	93905	958226
齐齐哈尔市	Qiqihar	243	25884	14448
鸡西市	Jixi	116	25019	129481
鹤岗市	Hegang	69	9518	77705
双鸭山市	Shuangyashan	108	12649	83752
大庆市	Daqing	161	36282	306904
伊春市	Yichun	84	10164	77711
佳木斯市	Jiamusi	205	18000	164000
七台河市	Qitaihe	28	6070	5919
牡丹江市	Mudanjiang	182	26005	191651
黑河市	Heihe	120	13408	125716
绥化市	Suihua	222	28538	15172
上海市	**Shanghai**	**541**	**526094**	**4473500**
江苏省	**Jiangsu**	**2466**	**1202202**	**7905104**
南京市	Nanjing	183	97132	1062920
无锡市	Wuxi	154	74724	975009
徐州市	Xuzhou	241	67220	539106
常州市	Changzhou	150	67300	592009
苏州市	Suzhou	246	497171	1873452
南通市	Nantong	315	93675	628100
连云港市	Lianyungang	136	48400	293951
淮安市	Huai'an	178	35510	240700
盐城市	Yancheng	232	51492	480558
扬州市	Yangzhou	197	54471	404235
镇江市	Zhenjiang	108	32861	245996
泰州市	Taizhou	180	49222	354452
宿迁市	Suqian	146	33024	214616

2-25 续表 2 continued

城　市	City	年末邮政局(所)数(处) Number of Post Offices at Year-end (unit)	邮政业务收入(万元) Revenue from Postal Services (10 000 yuan)	电信业务收入(万元) Revenue from Telecommunication Services (10 000 yuan)
浙江省	**Zhejiang**	**1715**	**538505**	**7495051**
杭州市	Hangzhou	274	116084	1597281
宁波市	Ningbo	280	86097	1160429
温州市	Wenzhou	153	64894	1198815
嘉兴市	Jiaxing	150	36283	789241
湖州市	Huzhou	75	25308	312329
绍兴市	Shaoxing	149	42069	538925
金华市	Jinhua	216	77600	706038
衢州市	Quzhou	64	12968	145000
舟山市	Zhoushan	53	12492	151569
台州市	Taizhou	121	46763	716548
丽水市	Lishui	180	17947	178876
安徽省	**Anhui**	**1790**	**322241**	**3386173**
合肥市	Hefei	194	55193	702602
芜湖市	Wuhu	124	21467	245608
蚌埠市	Bengbu	83	15448	170060
淮南市	Huainan	76	13195	147730
马鞍山市	Maanshan	71	14000	135500
淮北市	Huaibei	45	9320	102523
铜陵市	Tongling	31	6746	59570
安庆市	Anqing	180	36392	236568
黄山市	Huangshan	90	9140	217433
滁州市	Chuzhou	149	14478	199183
阜阳市	Fuyang	169	35925	306723
宿州市	Suzhou	130	27745	215685
六安市	Lu'an	177	20744	228030
亳州市	Bozhou	82	22109	190597
池州市	Chizhou	74	9519	75794
宣城市	Xuancheng	115	10820	152567
福建省	**Fujian**	**1361**	**564222**	**4247468**
福州市	Fuzhou	231	63555	1009500
厦门市	Xiamen	91	250200	750400
莆田市	Putian	59	61522	231539
三明市	Sanming	175	26767	196480
泉州市	Quanzhou	214	58979	997200
漳州市	Zhangzhou	136	30411	392937
南平市	Nanping	192	28317	195132
龙岩市	Longyan	130	21703	221345
宁德市	Ningde	133	22768	252935
江西省	**Jiangxi**	**1825**	**326867**	**2263586**
南昌市	Nanchang	151	67000	506643
景德镇市	Jingdezhen	150	57250	122000
萍乡市	Pingxiang	62	10299	88103
九江市	Jiujiang	205	21442	247459
新余市	Xinyu	61	8384	55606
鹰潭市	Yingtan	50	7198	57450
赣州市	Ganzhou	343	46590	450752
吉安市	Ji'an	228	39304	168693
宜春市	Yichun	185	24300	161200
抚州市	Fuzhou	182	18400	149581
上饶市	Shangrao	208	26700	256099

2-25 续表 3 continued

城　市	City	年末邮政局(所)数 (处) Number of Post Offices at Year-end (unit)	邮政业务收入 (万元) Revenue from Postal Services (10 000 yuan)	电信业务收入 (万元) Revenue from Telecommunication Services (10 000 yuan)
山东省	**Shandong**	**2875**	**607896**	**6767442**
济南市	Jinan	203	57675	647317
青岛市	Qingdao	270	74688	916954
淄博市	Zibo	137	31655	354237
枣庄市	Zaozhuang	100	17193	540360
东营市	Dongying	83	16730	219049
烟台市	Yantai	270	54500	541000
潍坊市	Weifang	268	44080	632875
济宁市	Jining	223	41102	379597
泰安市	Tai'an	136	27536	319596
威海市	Weihai	104	25202	308900
日照市	Rizhao	76	11629	163895
莱芜市	Laiwu	44	8732	70862
临沂市	Linyi	253	58538	605486
德州市	Dezhou	233	35900	283900
聊城市	Liaocheng	171	36275	235800
滨州市	Binzhou	126	22683	167953
菏泽市	Heze	178	43778	379661
河南省	**Henan**	**2510**	**672210**	**5084787**
郑州市	Zhengzhou	267	77360	1251000
开封市	Kaifeng	112	21225	24738
洛阳市	Luoyang	184	45256	442426
平顶山市	Pingdingshan	124	36783	229700
安阳市	Anyang	117	40566	295787
鹤壁市	Hebi	24	6920	72107
新乡市	Xinxiang	150	36765	397953
焦作市	Jiaozuo	114	24596	181027
濮阳市	Puyang	97	24574	226537
许昌市	Xuchang	109	28542	248755
漯河市	Luohe	59	14046	133519
三门峡市	Sanmenxia	79	17295	120178
南阳市	Nanyang	267	67519	386040
商丘市	Shangqiu	202	62875	282710
信阳市	Xinyang	225	38730	276489
周口市	Zhoukou	185	75461	283945
驻马店市	Zhumadian	195	53697	231876
湖北省	**Hubei**	**1483**	**322008**	**3389683**
武汉市	Wuhan	267	88181	1366532
黄石市	Huangshi	63	20054	166449
十堰市	Shiyan	140	18337	146203
宜昌市	Yichang	148	23510	257309
襄阳市	Xiangfan	166	27915	303953
鄂州市	Ezhou	37	7171	63855

2-25 续表 4 continued

城 市	City	年末邮政局(所)数(处) Number of Post Offices at Year-end (unit)	邮政业务收入(万元) Revenue from Postal Services (10 000 yuan)	电信业务收入(万元) Revenue from Telecommunication Services (10 000 yuan)
荆门市	Jingmen	85	17587	149561
孝感市	Xiaogan	131	32146	197733
荆州市	Jingzhou	166	32495	288038
黄冈市	Huanggang	141	26303	215739
咸宁市	Xianning	87	12400	142000
随州市	Suizhou	52	15909	92311
湖南省	**Hunan**	**1957**	**373978**	**4002834**
长沙市	Changsha	263	78177	942093
株洲市	Zhuzhou	105	30312	306432
湘潭市	Xiangtan	88	14588	232762
衡阳市	Hengyang	180	38854	347501
邵阳市	Shaoyang	192	36128	295211
岳阳市	Yueyang	142	27738	335310
常德市	Changde	184	27925	345884
张家界市	Zhangjiajie	72	8991	112745
益阳市	Yiyang	126	26412	213065
郴州市	Chenzhou	133	25050	262746
永州市	Yongzhou	185	23894	154087
怀化市	Huaihua	211	23203	255536
娄底市	Loudi	76	12706	199462
广东省	**Guangdong**	**3586**	**1975944**	**17081532**
广州市	Guangzhou	189	232504	3140535
韶关市	Shaoguan	143	24654	231250
深圳市	Shenzhen	798	1170000	4464900
珠海市	Zhuhai	69	28448	316024
汕头市	Shantou	69	23854	522641
佛山市	Foshan	269	105099	1339302
江门市	Jiangmen	121	29446	415200
湛江市	Zhanjiang	138	47669	1334982
茂名市	Maoming	137	27059	449503
肇庆市	Zhaoqing	132	26658	348115
惠州市	Huizhou	158	23318	623911
梅州市	Meizhou	157	25269	192504
汕尾市	Shanwei	47	10666	196630
河源市	Heyuan	110	12110	167116
阳江市	Yangjiang	56	18635	175660
清远市	Qingyuan	175	20865	314165
东莞市	Dongguan	497	78201	1621418
中山市	Zhongshan	99	24558	571638
潮州市	Chaozhou	53	12210	190831
揭阳市	Yeyang	89	17807	390411
云浮市	Yunfu	80	16914	74796
广西壮族自治区	**Guangxi**	**1558**	**234151**	**2732695**
南宁市	Nanning	196	56346	723354
柳州市	Liuzhou	130	17361	271454

2-25 续表 5 continued

城　市	City	年末邮政局(所)数 (处) Number of Post Offices at Year-end (unit)	邮政业务收入 (万元) Revenue from Postal Services (10 000 yuan)	电信业务收入 (万元) Revenue from Telecommunication Services (10 000 yuan)
桂林市	Guilin	204	22535	292671
梧州市	Wuzhou	77	14442	124832
北海市	Beihai	36	7344	128948
防城港市	Fangchenggang	37	5068	79812
钦州市	Qinzhou	73	13321	135121
贵港市	Guigang	78	21485	146845
玉林市	Yulin	114	24225	232072
百色市	Baise	175	12027	169920
贺州市	Hezhou	73	6523	78486
河池市	Hechi	188	14834	151153
来宾市	Laibin	83	7653	93660
崇左市	Chongzuo	94	10987	104367
海南省	**Hainan**	**97**	**24000**	**421762**
海口市	Haikou	63	18223	374372
三亚市	Sanya	33	5766	47356
三沙市	Sansha	1	11	34
重庆市	**Chongqing**	**1635**	**304905**	**2006441**
四川省	**Sichuan**	**4661**	**473167**	**5963886**
成都市	Chengdu	462	109598	1679676
自贡市	Zigong	175	19042	129384
攀枝花市	Panzhihua	47	8205	100412
泸州市	Luzhou	232	28731	219774
德阳市	Deyang	181	23804	216830
绵阳市	Mianyang	424	31502	302700
广元市	Guangyuan	258	16210	142455
遂宁市	Suining	128	16949	1493068
内江市	Neijiang	223	16086	136085
乐山市	Leshan	219	16952	193788
南充市	Nanchong	517	41099	263374
眉山市	Meishan	244	16056	133924
宜宾市	Yibin	265	20500	220355
广安市	Guang'an	134	20795	126364
达州市	Dazhou	426	33387	211192
雅安市	Yaan	77	5905	88063
巴中市	Bazhong	297	17710	145015
资阳市	Ziyang	352	30636	161427
贵州省	**Guizhou**	**940**	**107041**	**1468678**
贵阳市	Guiyang	171	30065	477540
六盘水市	Liupanshui	118	9264	179080
遵义市	Zunyi	292	32737	332332
安顺市	Anshun	85	7484	126092
毕节市	Bijie	130	13385	218214
铜仁市	Tongren	144	14106	135420

2-25 续表 6 continued

城　　市	City	年末邮政局(所)数(处) Number of Post Offices at Year-end (unit)	邮政业务收入(万元) Revenue from Postal Services (10 000 yuan)	电信业务收入(万元) Revenue from Telecommunication Services (10 000 yuan)
云南省	**Yunnan**	**1054**	**88679**	**1618467**
昆明市	Kunming	301	39100	879400
曲靖市	Qujing	162	11452	191586
玉溪市	Yuxi	78	7548	243452
保山市	Baoshan	90	4776	45837
昭通市	Zhaotong	149	9974	29712
丽江市	Lijiang	69	5333	14750
普洱市	Simao	125	4842	128330
临沧市	Lincang	80	5654	85400
西藏自治区	**Tibet**	**207**		**291700**
拉萨市	Lasa	207		291700
陕西省	**Shaanxi**	**1512**	**281157**	**2682678**
西安市	Xi'an	279	95800	1162300
铜川市	Tongchuan	42	7133	13805
宝鸡市	Baoji	149	26300	205500
咸阳市	Xianyang	144	27600	254162
渭南市	Weinan	235	26800	271200
延安市	Yan'an	135	14936	37100
汉中市	Hanzhong	152	32349	163535
榆林市	Yulin	178	20100	361700
安康市	Ankang	112	19139	129376
商洛市	Shangluo	86	11000	84000
甘肃省	**Gansu**	**1121**	**86428**	**1105611**
兰州市	Lanzhou	147	22737	325564
嘉峪关市	Jiayuguan	12	2870	30467
金昌市	Jinchang	17	2145	43303
白银市	Baiyin	86	5189	109800
天水市	Tianshui	133	11668	124100
武威市	Wuwei	92	5454	77500
张掖市	Zhangye	88	5072	45350
平凉市	Pingliang	116	4595	107100
酒泉市	Jiuquan	77	5744	94900
庆阳市	Qingyang	123	8397	33300
定西市	Dingxi	106	5829	95044
陇南市	Longnan	124	6728	19183
青海省	**Qinghai**	**196**	**11879**	**254853**
西宁市	Xining	196	11879	254853
宁夏回族自治区	**Ningxia**	**332**	**21442**	**502560**
银川市	Yinchuan	115	8407	263709
石嘴山市	Shizuishan	43	3960	67331
吴忠市	Wuzhong	39	3194	104740
固原市	Guyuan	89	3588	11043
中卫市	Zhongwei	46	2293	55737
新疆维吾尔自治区	**Xinjiang**	**218**	**41585**	**620421**
乌鲁木齐市	Urumqi	181	35053	557000
克拉玛依市	Karamay	37	6532	63421

2-26 电话及互联网用户数（全市）

Number of Subscribers of Telephone and Internet Services (Total City)

单位：万户 (10 000 household)

城　市	City	固定电话年末用户数 Number of Subscribers of Local Telephones at Year-end	移动电话年末用户数 Number of Subscribers of Mobile Telephones at Year-end	互联网宽带接入用户数 Number of Subscribers of Internet Services
城市合计	**Prefecture Cities**	**25960.15**	**118396.19**	**18126**
北京市	**Beijing**	**883.10**	**3168.00**	**572**
天津市	**Tianjin**	**354.18**	**1303.34**	**214**
河北省	**Hebei**	**1207.70**	**5692.71**	**749**
石家庄市	Shijiazhuang	181.10	894.80	186
唐山市	Tangshan	163.60	847.81	123
秦皇岛市	Qinhuangdao	74.00	293.00	56
邯郸市	Handan	95.90	620.70	92
邢台市	Xingtai	93.40	404.10	71
保定市	Baoding	172.80	789.50	
张家口市	Zhangjiakou	65.60	301.10	49
承德市	Chengde	42.40	239.30	41
沧州市	Cangzhou	126.00	541.40	
廊坊市	Langfang	107.90	455.10	77
衡水市	Hengshui	85.00	305.90	54
山西省	**Shanxi**	**675.75**	**3266.19**	**528**
太原市	Taiyuan	147.59	718.00	123
大同市	Datong	49.96	325.45	42
阳泉市	Yangquan	25.30	135.95	27
长治市	Changzhi	62.36	261.72	45
晋城市	Jincheng	43.48	171.82	32
朔州市	Shuozhou	24.70	131.20	20
晋中市	Jinzhong	68.95	232.89	46
运城市	Yuncheng	76.54	387.94	60
忻州市	Xinzhou	60.28	263.12	39
临汾市	Linfen	62.72	363.85	53
吕梁市	Lvliang	53.87	274.25	42
内蒙古自治区	**Inner Mongolia**	**329.72**	**2436.99**	**202**
呼和浩特市	Hohhot	79.40	370.60	42
包头市	Baotou	45.40	358.30	23
乌海市	Wuhai	15.54	112.38	9
赤峰市	Chifeng	49.45	338.42	29
通辽市	Tongliao	26.10	299.10	24
鄂尔多斯市	Erdos	24.14	301.24	13
呼伦贝尔市	Hulunbuir	30.19	312.95	34
巴彦淖尔市	Bayannur	23.50	242.00	17
乌兰察布市	Ulanqab	36.00	102.00	10
辽宁省	**Liaoning**	**1289.79**	**4341.34**	**744**
沈阳市	Shenyang	281.20	995.50	176
大连市	Dalian	256.40	840.31	142
鞍山市	Anshan	101.89	342.60	62
抚顺市	Fushun	63.67	192.13	35
本溪市	Benxi	41.78	141.67	30
丹东市	Dandong	83.53	198.87	36
锦州市	Jinzhou	87.65	270.55	50

2-26 续表 1 continued

单位：万户 (10 000 household)

城　市	City	固定电话年末用户数 Number of Subscribers of Local Telephones at Year-end	移动电话年末用户数 Number of Subscribers of Mobile Telephones at Year-end	互联网宽带接入用户数 Number of Subscribers of Internet Services
营口市	Yingkou	59.99	225.11	37
阜新市	Fuxin	49.00	166.97	30
辽阳市	Liaoyang	49.06	167.49	29
盘锦市	Panjin	33.56	148.35	21
铁岭市	Tieling	53.68	205.27	29
朝阳市	Chaoyang	70.73	232.89	34
葫芦岛市	Huludao	57.65	213.63	32
吉林省	**Jilin**	**513.50**	**2084.20**	**319**
长春市	Changchun	182.40	780.30	117
吉林市	Jilin	91.10	336.80	62
四平市	Siping	50.40	249.90	33
辽源市	Liaoyuan	24.70	98.40	14
通化市	Tonghua	51.80	161.90	30
白山市	Baishan	37.40	97.40	18
松原市	Songyuan	37.50	210.00	23
白城市	Baicheng	38.20	149.50	23
黑龙江省	**Heilongjiang**	**665.15**	**2969.41**	**477**
哈尔滨市	Harbin	219.20	995.40	161
齐齐哈尔市	Qiqihar	85.80	343.10	45
鸡西市	Jixi	32.00	163.20	20
鹤岗市	Hegang	14.36	100.14	13
双鸭山市	Shuangyashan	25.02	144.78	17
大庆市	Daqing	59.99	350.34	43
伊春市	Yichun	21.80	81.01	52
佳木斯市	Jiamusi	41.10	232.00	30
七台河市	Qitaihe	12.11	85.32	10
牡丹江市	Mudanjiang	56.36	192.88	36
黑河市	Heihe	23.01	113.74	17
绥化市	Suihua	74.40	167.50	31
上海市	**Shanghai**	**920.90**	**3008.30**	**627**
江苏省	**Jiangsu**	**2214.52**	**8537.28**	**1351**
南京市	Nanjing	288.92	1153.10	205
无锡市	Wuxi	210.08	902.14	141
徐州市	Xuzhou	176.47	760.87	96
常州市	Changzhou	161.61	519.35	101
苏州市	Suzhou	330.37	1551.52	252
南通市	Nantong	259.55	809.13	116
连云港市	Lianyungang	103.61	383.22	59
淮安市	Huai'an	93.78	294.94	48
盐城市	Yancheng	148.73	535.47	83
扬州市	Yangzhou	135.91	490.95	74
镇江市	Zhenjiang	105.86	336.71	60
泰州市	Taizhou	113.56	417.62	71
宿迁市	Suqian	86.07	382.26	45

2-26 续表 2 continued

单位：万户 (10 000 household)

城 市	City	固定电话年末用户数 Number of Subscribers of Local Telephones at Year-end	移动电话年末用户数 Number of Subscribers of Mobile Telephones at Year-end	互联网宽带接入用户数 Number of Subscribers of Internet Services
浙江省	**Zhejiang**	**1848.15**	**7546.34**	**1369**
杭州市	Hangzhou	346.22	1438.67	276
宁波市	Ningbo	308.00	1088.00	231
温州市	Wenzhou	254.47	1110.40	202
嘉兴市	Jiaxing	155.89	544.82	112
湖州市	Huzhou	101.70	324.26	60
绍兴市	Shaoxing	195.06	663.83	126
金华市	Jinhua	167.15	950.31	132
衢州市	Quzhou	52.09	208.20	36
舟山市	Zhoushan	53.43	154.29	31
台州市	Taizhou	165.07	782.99	127
丽水市	Lishui	49.07	280.57	38
安徽省	**Anhui**	**1061.43**	**3859.68**	**517**
合肥市	Hefei	190.69	615.47	93
芜湖市	Wuhu	82.43	269.36	44
蚌埠市	Bengbu	51.46	197.50	31
淮南市	Huainan	44.04	156.01	28
马鞍山市	Maanshan	59.22	165.26	30
淮北市	Huaibei	39.15	139.39	23
铜陵市	Tongling	20.69	69.09	13
安庆市	Anqing	87.31	351.87	40
黄山市	Huangshan	40.11	96.40	17
滁州市	Chuzhou	73.44	255.45	31
阜阳市	Fuyang	88.36	377.17	41
宿州市	Suzhou	64.67	300.21	31
六安市	Lu'an	77.40	358.20	32
亳州市	Bozhou	53.27	240.16	23
池州市	Chizhou	31.72	93.38	15
宣城市	Xuancheng	57.47	174.76	26
福建省	**Fujian**	**983.96**	**4262.11**	**850**
福州市	Fuzhou	198.00	881.31	173
厦门市	Xiamen	155.26	586.37	129
莆田市	Putian	67.85	260.67	150
三明市	Sanming	53.81	235.21	44
泉州市	Quanzhou	235.55	1000.67	160
漳州市	Zhangzhou	101.84	452.44	66
南平市	Nanping	59.81	249.27	45
龙岩市	Longyan	53.29	294.82	40
宁德市	Ningde	58.55	301.35	44
江西省	**Jiangxi**	**638.16**	**2971.44**	**407**
南昌市	Nanchang	137.85	620.75	83
景德镇市	Jingdezhen	37.11	39.41	15
萍乡市	Pingxiang	22.91	143.08	20
九江市	Jiujiang	81.85	361.00	44
新余市	Xinyu	19.87	95.63	18
鹰潭市	Yingtan	16.18	81.50	13
赣州市	Ganzhou	98.47	510.00	68
吉安市	Ji'an	62.48	284.79	40
宜春市	Yichun	57.97	255.75	33
抚州市	Fuzhou	33.47	199.62	29
上饶市	Shangrao	70.00	379.91	45

2-26 续表 3 continued

单位：万户 (10 000 household)

城　市	City	固定电话年末用户数 Number of Subscribers of Local Telephones at Year-end	移动电话年末用户数 Number of Subscribers of Mobile Telephones at Year-end	互联网宽带接入用户数 Number of Subscribers of Internet Services
山东省	**Shandong**	**1724.63**	**9876.52**	**1548**
济南市	Jinan	193.26	977.99	174
青岛市	Qingdao	253.15	1178.95	218
淄博市	Zibo	84.81	491.90	74
枣庄市	Zaozhuang	57.18	328.83	35
东营市	Dongying	44.98	362.94	48
烟台市	Yantai	174.25	833.48	111
潍坊市	Weifang	175.50	925.99	441
济宁市	Jining	107.80	630.10	72
泰安市	Tai'an	96.00	557.40	60
威海市	Weihai	74.10	363.50	59
日照市	Rizhao	43.82	305.87	39
莱芜市	Laiwu	21.27	123.29	19
临沂市	Linyi	105.45	923.59	107
德州市	Dezhou	73.64	476.79	50
聊城市	Liaocheng	72.45	390.89	
滨州市	Binzhou	73.75	375.68	40
菏泽市	Heze	73.22	629.33	
河南省	**Henan**	**1229.04**	**6409.00**	**926**
郑州市	Zhengzhou	246.90	1021.80	203
开封市	Kaifeng	53.40	254.63	40
洛阳市	Luoyang	125.35	554.15	96
平顶山市	Pingdingshan	58.57	295.23	44
安阳市	Anyang	74.35	432.15	57
鹤壁市	Hebi	29.17	113.03	23
新乡市	Xinxiang	104.67	497.85	66
焦作市	Jiaozuo	53.44	257.07	49
濮阳市	Puyang	35.30	226.70	28
许昌市	Xuchang	52.29	283.28	45
漯河市	Luohe	22.32	147.48	25
三门峡市	Sanmenxia	29.30	188.16	24
南阳市	Nanyang	78.51	497.74	58
商丘市	Shangqiu	90.05	514.52	47
信阳市	Xinyang	77.19	389.45	43
周口市	Zhoukou	60.40	402.74	46
驻马店市	Zhumadian	37.83	333.02	32
湖北省	**Hubei**	**925.75**	**4349.18**	**760**
武汉市	Wuhan	295.00	1593.00	330
黄石市	Huangshi	46.90	215.00	33
十堰市	Shiyan	51.60	246.79	47
宜昌市	Yichang	77.04	332.70	52
襄阳市	Xiangfan	75.60	350.17	57
鄂州市	Ezhou	16.12	81.84	14

2-26 续表 4 continued

单位：万户 (10 000 household)

城市	City	固定电话年末用户数 Number of Subscribers of Local Telephones at Year-end	移动电话年末用户数 Number of Subscribers of Mobile Telephones at Year-end	互联网宽带接入用户数 Number of Subscribers of Internet Services
荆门市	Jingmen	40.24	186.69	27
孝感市	Xiaogan	71.50	276.20	43
荆州市	Jingzhou	75.77	371.30	65
黄冈市	Huanggang	99.89	347.42	40
咸宁市	Xianning	42.52	190.82	31
随州市	Suizhou	33.57	157.25	22
湖南省	**Hunan**	**910.98**	**4210.67**	**583**
长沙市	Changsha	211.65	984.45	134
株洲市	Zhuzhou	75.13	295.15	53
湘潭市	Xiangtan	40.16	234.33	25
衡阳市	Hengyang	93.65	372.14	54
邵阳市	Shaoyang	74.08	299.31	34
岳阳市	Yueyang	78.18	355.65	49
常德市	Changde	68.77	310.82	49
张家界市	Zhangjiajie	19.10	90.90	17
益阳市	Yiyang	47.78	231.67	29
郴州市	Chenzhou	61.57	316.37	38
永州市	Yongzhou	40.34	218.24	30
怀化市	Huaihua	55.21	257.87	33
娄底市	Loudi	45.36	243.77	38
广东省	**Guangdong**	**3043.83**	**14328.98**	**1938**
广州市	Guangzhou	577.00	3040.21	563
韶关市	Shaoguan	57.62	266.44	38
深圳市	Shenzhen	551.35	2570.60	304
珠海市	Zhuhai	82.94	290.75	56
汕头市	Shantou	141.20	584.09	89
佛山市	Foshan	261.30	1356.20	219
江门市	Jiangmen	116.00	497.29	117
湛江市	Zhanjiang	79.30	611.90	58
茂名市	Maoming	83.84	280.70	39
肇庆市	Zhaoqing	76.75	264.64	
惠州市	Huizhou	130.06	501.16	104
梅州市	Meizhou	67.25	218.86	35
汕尾市	Shanwei	43.40	152.97	18
河源市	Heyuan	52.05	140.04	25
阳江市	Yangjiang	47.10	218.45	
清远市	Qingyuan	55.40	251.00	36
东莞市	Dongguan	325.11	1754.10	
中山市	Zhongshan	103.69	547.55	87
潮州市	Chaozhou	62.86	207.60	35
揭阳市	Yeyang	91.15	447.07	46
云浮市	Yunfu	38.46	127.36	70
广西壮族自治区	**Guangxi**	**599.30**	**2884.17**	**872**
南宁市	Nanning	116.69	602.65	505
柳州市	Liuzhou	57.09	284.99	59

2-26 续表 5 continued

单位：万户 (10 000 household)

城　市	City	固定电话年末用户数 Number of Subscribers of Local Telephones at Year-end	移动电话年末用户数 Number of Subscribers of Mobile Telephones at Year-end	互联网宽带接入用户数 Number of Subscribers of Internet Services
桂林市	Guilin	71.79	328.35	61
梧州市	Wuzhou	33.23	147.01	26
北海市	Beihai	24.97	127.60	24
防城港市	Fangchenggang	13.97	77.52	12
钦州市	Qinzhou	34.42	153.81	23
贵港市	Guigang	49.04	183.94	27
玉林市	Yulin	71.81	272.60	39
百色市	Baise	39.07	184.24	27
贺州市	Hezhou	17.00	99.49	15
河池市	Hechi	33.89	178.77	26
来宾市	Laibin	18.03	116.41	15
崇左市	Chongzuo	18.30	126.79	13
海南省	**Hainan**	**106.22**	**470.73**	**61**
海口市	Haikou	82.61	368.01	49
三亚市	Sanya	23.61	102.72	12
三沙市	Sansha			
重庆市	**Chongqing**	**575.71**	**2069.65**	**388**
四川省	**Sichuan**	**1209.52**	**6460.21**	**855**
成都市	Chengdu	375.20	2136.10	189
自贡市	Zigong	45.36	174.22	27
攀枝花市	Panzhihua	32.76	132.61	28
泸州市	Luzhou	55.32	317.16	36
德阳市	Deyang	51.48	331.45	183
绵阳市	Mianyang	74.89	439.62	63
广元市	Guangyuan	40.42	214.09	24
遂宁市	Suining	35.50	189.94	24
内江市	Neijiang	50.55	218.29	23
乐山市	Leshan	66.99	289.09	38
南充市	Nanchong	70.52	371.69	40
眉山市	Meishan	42.46	220.22	26
宜宾市	Yibin	60.83	337.78	37
广安市	Guang'an	34.43	206.58	21
达州市	Dazhou	63.17	322.32	37
雅安市	Yaan	37.31	144.32	24
巴中市	Bazhong	33.10	185.70	14
资阳市	Ziyang	39.23	229.03	21
贵州省	**Guizhou**	**281.08**	**1904.59**	**188**
贵阳市	Guiyang	101.97	640.85	81
六盘水市	Liupanshui	28.00	203.12	15
遵义市	Zunyi	69.69	441.71	43
安顺市	Anshun	21.83	143.91	13
毕节市	Bijie	35.39	303.90	23
铜仁市	Tongren	24.20	171.10	14

2-26 续表 6 continued

单位：万户 (10 000 household)

城　市	City	固定电话年末用户数 Number of Subscribers of Local Telephones at Year-end	移动电话年末用户数 Number of Subscribers of Mobile Telephones at Year-end	互联网宽带接入用户数 Number of Subscribers of Internet Services
云南省	**Yunnan**	**340.58**	**2308.57**	**265**
昆明市	Kunming	174.34	801.57	141
曲靖市	Qujing	34.85	399.00	31
玉溪市	Yuxi	22.20	195.70	26
保山市	Baoshan	17.26	173.09	13
昭通市	Zhaotong	25.90	274.38	17
丽江市	Lijiang	15.85	95.13	9
普洱市	Simao	31.49	206.84	17
临沧市	Lincang	18.69	162.86	11
西藏自治区	**Tibet**	**39.10**	**235.50**	**17**
拉萨市	Lasa	39.10	235.50	17
陕西省	**Shaanxi**	**733.65**	**4291.19**	**471**
西安市	Xi'an	311.02	1803.54	202
铜川市	Tongchuan	13.52	81.15	9
宝鸡市	Baoji	64.49	322.90	36
咸阳市	Xianyang	59.71	419.93	53
渭南市	Weinan	75.64	380.13	39
延安市	Yan'an	37.56	280.22	23
汉中市	Hanzhong	50.84	260.60	28
榆林市	Yulin	51.39	399.72	42
安康市	Ankang	37.40	219.08	23
商洛市	Shangluo	32.08	123.92	16
甘肃省	**Gansu**	**334.57**	**1705.71**	**149**
兰州市	Lanzhou	89.08	334.82	57
嘉峪关市	Jiayuguan	9.29	38.19	6
金昌市	Jinchang	5.41	44.39	6
白银市	Baiyin	40.54	147.65	
天水市	Tianshui	38.60	204.75	14
武威市	Wuwei	22.38	108.64	9
张掖市	Zhangye	26.52	119.07	12
平凉市	Pingliang	20.53	146.69	10
酒泉市	Jiuquan	19.32	114.67	10
庆阳市	Qingyang	24.85	152.00	11
定西市	Dingxi	19.63	197.44	8
陇南市	Longnan	18.42	97.40	6
青海省	**Qinghai**	**64.54**	**263.85**	**35**
西宁市	Xining	64.54	263.85	35
宁夏回族自治区	**Ningxia**	**100.98**	**659.70**	**60**
银川市	Yinchuan	52.01	310.24	34
石嘴山市	Shizuishan	15.02	91.49	17
吴忠市	Wuzhong	11.36	103.40	9
固原市	Guyuan	11.04	77.51	
中卫市	Zhongwei	11.55	77.06	
新疆维吾尔自治区	**Xinjiang**	**154.66**	**520.64**	**86**
乌鲁木齐市	Urumqi	138.20	459.80	75
克拉玛依市	Karamay	16.46	60.84	11

2-27 社会消费品零售总额及批发零售贸易业情况
Total Retail Sales of Consumer Goods and Basic Conditions of Wholesale and Retail Trades

城　市	City	限额以上批发零售贸易业商品销售总额(万元) Total Sales of Commodities of Enterprises above Designated Size in Wholesale and Retail Trades (10 000 yuan)		社会消费品零售总额(万元) Total Retail Sales of Consumer Goods (10 000 yuan)		限额以上批发零售贸易企业数(法人数)(个) Number of Enterprises above Designated Size of Wholesale and Retail Trades (Number of Legal Entities) (unit)	
		全市 Total City	市辖区 Districts under City	全市 Total City	市辖区 Districts under City	全市 Total City	市辖区 Districts under City
城市合计	**Prefecture Cities**	**4139090720**	**3564028040**	**2047906789**	**1307025822**	**137122**	**91486**
北京市	**Beijing**	**523829736**	**522054268**	**77028167**	**75142586**	**8108**	**7992**
天津市	**Tianjin**	**232844145**	**224076403**	**39214286**	**35455624**	**4534**	**4150**
河北省	**Hebei**	**91460888**	**70076160**	**92540348**	**33350200**	**3214**	**1480**
石家庄市	Shijiazhuang	18647725	17776314	19157615	8117742	342	226
唐山市	Tangshan	22388678	15016028	15350161	7562624	424	259
秦皇岛市	Qinhuangdao	7933849	7316947	4538079	3094894	206	160
邯郸市	Handan	11517116	7932482	9736775	3095208	465	134
邢台市	Xingtai	3570555	2677479	6240519	1520764	275	108
保定市	Baoding	9681898	7699100	11743154	3219666	424	139
张家口市	Zhangjiakou	3344628	1692626	4395960	1932452	198	90
承德市	Chengde	2618893	1843829	3497219	1103496	179	80
沧州市	Cangzhou	5794186	3644498	7879713	1173759	343	133
廊坊市	Langfang	3558834	2806545	5680821	1402965	187	89
衡水市	Hengshui	2404526	1670312	4320332	1126630	171	62
山西省	**Shanxi**	**107010335**	**76669867**	**45704681**	**25574664**	**2896**	**1459**
太原市	Taiyuan	40219191	39409327	11295107	10579835	580	528
大同市	Datong	10501202	9998075	4136539	3246408	221	178
阳泉市	Yangquan	7327784	6549623	2176433	1567404	110	81
长治市	Changzhi	16134473	5372881	3726125	2465787	405	209
晋城市	Jincheng	5251425	3079061	2607671	1366168	271	111
朔州市	Shuozhou	4733227	2349799	1911409	822006	174	93
晋中市	Jinzhong	7604280	4911245	3773239	1196955	257	74
运城市	Yuncheng	2836490	1321610	4831791	1570000	272	45
忻州市	Xinzhou	3890696	1307998	2154876	624367	222	37
临汾市	Linfen	5497683	1879017	4182209	1639451	231	80
吕梁市	Lvliang	3013884	491231	4909282	496283	153	23
内蒙古自治区	**Inner Mongolia**	**40670800**	**24857450**	**41646433**	**27905300**	**1552**	**1099**
呼和浩特市	Hohhot	9041621	7497859	10222452	9221204	380	323
包头市	Baotou	9751426	9105745	9529244	8401619	279	250
乌海市	Wuhai	1142691	1142691	1005611	1005611	98	98
赤峰市	Chifeng	2017798	888382	4653329	2309983	149	81
通辽市	Tongliao	3178770	675541	3305308	2049804	201	110
鄂尔多斯市	Erdos	9123763	2300573	5013886	2508565	156	88
呼伦贝尔市	Hulunbuir	2629545	890236	4055000	1008000	216	93
巴彦淖尔市	Bayannur	3153860	1728897	1730299	831075	43	28
乌兰察布市	Ulanqab	631326	627526	2131304	569439	30	28
辽宁省	**Liaoning**	**157342090**	**141864243**	**92565768**	**67518136**	**6276**	**4757**
沈阳市	Shenyang	81509462	79039318	28022020	25513712	1948	1701
大连市	Dalian	36460804	33429849	22240483	17905713	1643	1338
鞍山市	Anshan	10975303	8507883	7036806	3616793	674	414
抚顺市	Fushun	3682831	3482218	4552380	3935094	223	176
本溪市	Benxi	1501604	1259003	2611582	1894646	174	141
丹东市	Dandong	2038730	1774874	3758959	1688389	203	114
锦州市	Jinzhou	3318382	2427808	4344554	2585004	224	155

2-27 续表 1 continued

城 市	City	限额以上批发零售贸易业商品销售总额(万元) Total Sales of Commodities of Enterprises above Designated Size in Wholesale and Retail Trades (10 000 yuan)		社会消费品零售总额(万元) Total Retail Sales of Consumer Goods (10 000 yuan)		限额以上批发零售贸易企业数(法人数)(个) Number of Enterprises above Designated Size of Wholesale and Retail Trades (Number of Legal Entities) (unit)	
		全市 Total City	市辖区 Districts under City	全市 Total City	市辖区 Districts under City	全市 Total City	市辖区 Districts under City
营口市	Yingkou	2807043	2232280	3414104	1964092	302	185
阜新市	Fuxin	2673632	2266384	2026359	1548757	143	112
辽阳市	Liaoyang	2131806	1576836	2838233	1638816	139	101
盘锦市	Panjin	3706644	2852252	2520310	1910477	159	142
铁岭市	Tieling	2528063	1115836	3079446	655107	148	42
朝阳市	Chaoyang	2303894	1056580	2944077	836412	189	74
葫芦岛市	Huludao	1703892	843122	3176455	1825124	107	62
吉林省	**Jilin**	**31252838**	**26194094**	**44214877**	**26757822**	**1200**	**667**
长春市	Changchun	14521662	14177090	17396426	13684042	338	291
吉林市	Jilin	7680237	6867818	9356366	6520804	312	156
四平市	Siping	2455742	905403	3947946	1147337	141	42
辽源市	Liaoyuan	822132	399427	1472289	958355	75	60
通化市	Tonghua	2507760	1705972	3393699	935895	209	68
白山市	Baishan	586251	516335	1902818	1059765	30	17
松原市	Songyuan	1662228	782509	4530803	1215433	59	18
白城市	Baicheng	1016826	839540	2214530	1236191	36	15
黑龙江省	**Heilongjiang**	**51417891**	**44624956**	**52440167**	**38403434**	**1650**	**1161**
哈尔滨市	Harbin	19901121	18995620	23946001	19338275	664	561
齐齐哈尔市	Qiqihar	6647745	5071598	4801662	3285515	101	74
鸡西市	Jixi	1157368	893981	1622690	1048298	68	39
鹤岗市	Hegang	522536	436605	971154	808906	80	65
双鸭山市	Shuangyashan	496495	403165	885212	493458	51	15
大庆市	Daqing	16116086	16116086	8030992	8030992	299	279
伊春市	Yichun	375642	333019	765165	559727	28	21
佳木斯市	Jiamusi	778125	505781	2774298	1750633	50	23
七台河市	Qitaihe	303153	287196	742020	600762	18	15
牡丹江市	Mudanjiang	2880583	977402	3461973	1869953	161	41
黑河市	Heihe	598002	330882	908100	46361	42	12
绥化市	Suihua	1641035	273621	3530900	570554	88	16
上海市	**Shanghai**	**477514874**	**476968853**	**74123000**	**72906425**	**6662**	**6619**
江苏省	**Jiangsu**	**357542101**	**237565653**	**183312967**	**110212101**	**14726**	**8767**
南京市	Nanjing	98359119	97125748	31038199	28805715	1767	1672
无锡市	Wuxi	61221472	31192663	24432385	15564815	1832	1197
徐州市	Xuzhou	17432931	12831413	13124990	8371586	1702	862
常州市	Changzhou	19811939	18712206	14133300	10583451	1126	981
苏州市	Suzhou	96137798	32375730	32409679	16820177	3204	1559
南通市	Nantong	18122892	14045221	17192728	6394091	1029	475
连云港市	Lianyungang	6317338	4813155	5754940	2266190	494	252
淮安市	Huai'an	4130086	2612468	6332419	3916153	770	436
盐城市	Yancheng	7136429	3438892	10231991	3437364	780	244
扬州市	Yangzhou	6923757	5785397	9739689	6372002	632	485
镇江市	Zhenjiang	7591909	5544321	7664607	3804501	530	318
泰州市	Taizhou	10119743	5704189	7375739	2365278	460	156
宿迁市	Suqian	4236688	3384250	3882301	1510778	400	130

2-27 续表 2 continued

城 市	City	限额以上批发零售贸易业商品销售总额（万元）Total Sales of Commodities of Enterprises above Designated Size in Wholesale and Retail Trades (10 000 yuan)		社会消费品零售总额（万元）Total Retail Sales of Consumer Goods (10 000 yuan)		限额以上批发零售贸易企业数(法人数)（个）Number of Enterprises above Designated Size of Wholesale and Retail Trades (Number of Legal Entities) (unit)	
		全市 Total City	市辖区 Districts under City	全市 Total City	市辖区 Districts under City	全市 Total City	市辖区 Districts under City
浙江省	**Zhejiang**	**326126323**	**262218591**	**137721353**	**71666051**	**12816**	**7895**
杭州市	Hangzhou	132405716	127603278	29446266	25216914	3420	2956
宁波市	Ningbo	80876623	69168247	23292590	12458556	2521	1932
温州市	Wenzhou	24646791	17459879	19292876	10383478	1976	1115
嘉兴市	Jiaxing	17220186	7744428	10837443	3005272	1238	395
湖州市	Huzhou	12977941	6480312	7038667	3558834	436	211
绍兴市	Shaoxing	16544194	5718419	11586575	3293995	1003	258
金华市	Jinhua	11414582	5146225	12604050	3076819	734	202
衢州市	Quzhou	4182386	3239569	3963577	1548412	272	138
舟山市	Zhoushan	8095493	7893116	2905445	2258242	259	224
台州市	Taizhou	13213737	9204201	13043014	5474591	705	356
丽水市	Lishui	4548674	2560917	3710850	1390938	252	108
安徽省	**Anhui**	**78104150**	**58301783**	**56643939**	**32053769**	**4033**	**2200**
合肥市	Hefei	35002468	27435553	12936156	10321488	815	615
芜湖市	Wuhu	6625442	5935078	4901992	2918413	424	248
蚌埠市	Bengbu	2470336	2039239	3715134	2346132	221	127
淮南市	Huainan	2191844	2011321	2564708	2112598	153	103
马鞍山市	Maanshan	4783246	3703588	2629400	1659100	181	118
淮北市	Huaibei	1431814	1203392	1716704	1248471	113	80
铜陵市	Tongling	1410383	1361571	1372449	1162802	115	102
安庆市	Anqing	2473218	1620289	4605585	1741382	310	91
黄山市	Huangshan	1057327	782367	1720788	907596	147	69
滁州市	Chuzhou	2645057	1620158	2968132	727459	317	98
阜阳市	Fuyang	6260884	4202447	4460442	1774784	270	130
宿州市	Suzhou	3540957	996604	2287770	753492	202	53
六安市	Lu'an	3144351	1964134	3826570	1556510	197	111
亳州市	Bozhou	2181265	1374354	3036885	1094156	206	101
池州市	Chizhou	852100	680415	1242873	692630	136	83
宣城市	Xuancheng	2033458	1371273	2658351	1036756	226	71
福建省	**Fujian**	**124495223**	**106067781**	**74089627**	**40325145**	**6231**	**3786**
福州市	Fuzhou	27891328	25553965	23198231	16822038	1173	903
厦门市	Xiamen	54575084	54575084	8819062	8819062	1373	1373
莆田市	Putian	5313427	4298126	3947863	3311912	416	352
三明市	Sanming	5046587	3416634	3414803	938631	434	203
泉州市	Quanzhou	17068376	7747949	17066381	4805095	1512	335
漳州市	Zhangzhou	5346851	4024786	6610842	2130230	473	242
南平市	Nanping	2359400	1161774	3573000	823076	178	47
龙岩市	Longyan	4760480	3838739	4235256	1935250	429	228
宁德市	Ningde	2133690	1450724	3224189	739851	243	103
江西省	**Jiangxi**	**29085883**	**25941232**	**38848033**	**20042357**	**1517**	**767**
南昌市	Nanchang	15493057	14625826	9950970	8620639	473	409
景德镇市	Jingdezhen	693279	624287	1878302	1250173	65	36
萍乡市	Pingxiang	774381	691301	2097209	1385424	61	42
九江市	Jiujiang	1981039	1643847	3826576	1697354	112	40
新余市	Xinyu	782687	744549	1539798	1221937	47	35
鹰潭市	Yingtan	577890	446376	1180454	543349	54	37
赣州市	Ganzhou	2196175	2817499	4924205	1775542	153	27
吉安市	Ji'an	1317499	1054806	2630774	497331	124	40
宜春市	Yichun	2729551	1377883	3543572	1155015	135	52
抚州市	Fuzhou	1131035	852148	3006747	1079289	111	20
上饶市	Shangrao	1409290	1062710	4269426	816304	182	29

2-27 续表 3 continued

城　市	City	限额以上批发零售贸易业商品销售总额(万元) Total Sales of Commodities of Enterprises above Designated Size in Wholesale and Retail Trades (10 000 yuan)		社会消费品零售总额(万元) Total Retail Sales of Consumer Goods (10 000 yuan)		限额以上批发零售贸易企业数(法人数)(个) Number of Enterprises above Designated Size of Wholesale and Retail Trades (Number of Legal Entities) (unit)	
		全市 Total City	市辖区 Districts under City	全市 Total City	市辖区 Districts under City	全市 Total City	市辖区 Districts under City
山东省	**Shandong**	**244139981**	**150117334**	**196914923**	**99597625**	**13664**	**6364**
济南市	Jinan	33939510	27279017	24202475	19089791	1673	1196
青岛市	Qingdao	46190644	40472857	26356180	16979150	1500	1039
淄博市	Zibo	15589239	14171025	13636386	11077583	713	569
枣庄市	Zaozhuang	4427237	2736099	5682365	3122134	429	319
东营市	Dongying	8308684	4713739	5229891	3369225	400	206
烟台市	Yantai	20858527	12043067	19013507	7737009	1201	612
潍坊市	Weifang	21178181	9860821	16135629	5057719	1230	306
济宁市	Jining	13512496	4260982	14814465	6397384	1069	210
泰安市	Tai'an	15394059	5959098	9283393	3413971	1035	397
威海市	Weihai	7486931	3308960	9538661	4425435	397	169
日照市	Rizhao	7152481	5720846	4201238	2630553	180	112
莱芜市	Laiwu	3244350	3244350	2280507	2280507	267	267
临沂市	Linyi	16401792	6547734	15718587	6919392	1030	436
德州市	Dezhou	6432570	2575519	8722921	2025172	609	124
聊城市	Liaocheng	8888180	3006204	7243432	1506485	548	155
滨州市	Binzhou	5563229	1581965	5814599	1672287	429	82
菏泽市	Heze	9571871	2635051	9040687	1893828	954	165
河南省	**Henan**	**94014191**	**64873383**	**107242878**	**44763787**	**6154**	**2856**
郑州市	Zhengzhou	32474777	27252566	22898717	14634385	1310	950
开封市	Kaifeng	4542341	1507683	5034914	2007299	279	112
洛阳市	Luoyang	8447043	7337738	11147801	5396768	587	359
平顶山市	Pingdingshan	6170309	4896283	4745812	2285187	366	157
安阳市	Anyang	3846951	2967396	4691060	2193879	293	129
鹤壁市	Hebi	768613	576511	1273697	679144	121	79
新乡市	Xinxiang	4413711	3203510	5403530	2662565	353	184
焦作市	Jiaozuo	2649361	1878808	4394080	1470104	258	111
濮阳市	Puyang	2597653	1536794	3183596	798768	188	60
许昌市	Xuchang	3580903	1805789	4823804	1142330	316	49
漯河市	Luohe	2067084	1398961	2944283	1811880	160	103
三门峡市	Sanmenxia	2233820	1249376	2770795	654693	219	66
南阳市	Nanyang	6061325	2744784	10759854	3287636	557	230
商丘市	Shangqiu	5563294	2331556	5460836	2082776	209	87
信阳市	Xinyang	2564420	1275223	5926300	1755501	259	49
周口市	Zhoukou	3189474	1378277	6641372	938471	305	66
驻马店市	Zhumadian	2843112	1532128	5142427	962401	374	65
湖北省	**Hubei**	**127942271**	**104948484**	**85771810**	**50716440**	**4754**	**2772**
武汉市	Wuhan	90317488	85542185	34324345	29732624	1689	1460
黄石市	Huangshi	4594752	2488408	4115000	2228586	218	113
十堰市	Shiyan	7080285	2584350	4268000	2250775	258	176
宜昌市	Yichang	5739258	3999583	7391009	3805704	631	376
襄阳市	Xiangfan	5052215	2194047	8001396	3641766	502	157
鄂州市	Ezhou	843957	843957	1812710	1812710	37	37

2-27 续表 4 continued

城市	City	限额以上批发零售贸易业商品销售总额(万元) Total Sales of Commodities of Enterprises above Designated Size in Wholesale and Retail Trades (10 000 yuan)		社会消费品零售总额(万元) Total Retail Sales of Consumer Goods (10 000 yuan)		限额以上批发零售贸易企业数(法人数)(个) Number of Enterprises above Designated Size of Wholesale and Retail Trades (Number of Legal Entities) (unit)	
		全市 Total City	市辖区 Districts under City	全市 Total City	市辖区 Districts under City	全市 Total City	市辖区 Districts under City
荆门市	Jingmen	2754972	1738728	3470485	1363440	269	137
孝感市	Xiaogan	2498318	1291685	5318431	972261	214	73
荆州市	Jingzhou	2264970	1235985	6505411	2417850	311	95
黄冈市	Huanggang	1539753	1290474	5510426	718400	273	48
咸宁市	Xianning	2519922	512727	2816788	742808	238	48
随州市	Suizhou	2736381	1226355	2237809	1029516	114	52
湖南省	**Hunan**	**60826139**	**49350729**	**77632663**	**43052408**	**3454**	**1757**
长沙市	Changsha	29342706	26360600	25217118	19771152	940	676
株洲市	Zhuzhou	5450588	4188412	5799043	3133360	279	91
湘潭市	Xiangtan	1978072	1814757	3491362	2293186	148	110
衡阳市	Hengyang	3368770	2697713	6426163	2771748	387	232
邵阳市	Shaoyang	2269603	1533239	3788566	905555	157	53
岳阳市	Yueyang	4006687	2487637	6874013	3841667	300	138
常德市	Changde	2420649	1989555	6387724	2567412	225	80
张家界市	Zhangjiajie	532406	475261	1127076	635052	37	18
益阳市	Yiyang	1611812	1234584	3537694	1386908	177	60
郴州市	Chenzhou	4067692	2785423	5545807	2748235	337	133
永州市	Yongzhou	2170525	1376789	3293356	1224398	150	54
怀化市	Huaihua	1357589	1161950	3167257	1094158	95	41
娄底市	Loudi	2249040	1244809	2977484	679577	222	71
广东省	**Guangdong**	**506516196**	**486953195**	**229845681**	**185252547**	**14142**	**11941**
广州市	Guangzhou	222511826	218447488	59772666	56520342	4393	4199
韶关市	Shaoguan	1861263	1649747	4095856	2594410	148	84
深圳市	Shenzhen	146577769	146577769	40087824	40087824	1730	1730
珠海市	Zhuhai	15479754	15479754	6351964	6351964	647	647
汕头市	Shantou	8019346	7984020	10298207	10147232	522	514
佛山市	Foshan	28660292	28660292	20195045	20195045	1280	1280
江门市	Jiangmen	5845326	4335049	8072059	3456623	404	238
湛江市	Zhanjiang	5766847	5176868	8613303	4785623	454	239
茂名市	Maoming	7087904	6207952	9021953	3875169	481	338
肇庆市	Zhaoqing	4219286	2571802	4333872	1620675	201	122
惠州市	Huizhou	7368682	6642169	7541529	4605954	315	216
梅州市	Meizhou	1743150	1065595	4035021	937212	125	53
汕尾市	Shanwei	799775	546847	4243194	855184	76	34
河源市	Heyuan	993153	940825	2093663	969521	88	61
阳江市	Yangjiang	1124353	822405	4670114	2054244	172	77
清远市	Qingyuan	1702946	1396100	4596328	1961512	166	75
东莞市	Dongguan	22307974	22307974	13545787	13545787	962	962
中山市	Zhongshan	11682584	11682584	8093293	8093293	770	770
潮州市	Chaozhou	2184861	942665	3170386	846340	140	49
揭阳市	Yeyang	8576779	2927741	5210505	1183113	907	215
云浮市	Yunfu	2002326	587549	1803112	565480	161	38
广西壮族自治区	**Guangxi**	**42262994**	**39713362**	**45071749**	**27832297**	**2185**	**1619**
南宁市	Nanning	19230910	19032088	12555902	10442926	660	589
柳州市	Liuzhou	8345916	8138470	6618437	5385701	428	383

2-27 续表 5 continued

城 市	City	限额以上批发零售贸易业商品销售总额(万元) Total Sales of Commodities of Enterprises above Designated Size in Wholesale and Retail Trades (10 000 yuan)		社会消费品零售总额(万元) Total Retail Sales of Consumer Goods (10 000 yuan)		限额以上批发零售贸易企业数(法人数)(个) Number of Enterprises above Designated Size of Wholesale and Retail Trades (Number of Legal Entities) (unit)	
		全市 Total City	市辖区 Districts under City	全市 Total City	市辖区 Districts under City	全市 Total City	市辖区 Districts under City
桂林市	Guilin	2802482	2327206	5363470	2861404	198	111
梧州市	Wuzhou	892391	846625	2572117	1174780	74	51
北海市	Beihai	979175	966431	1465082	910546	37	31
防城港市	Fangchenggang	810057	512306	712968	426059	66	44
钦州市	Qinzhou	2066426	1984576	2375600	1188171	122	95
贵港市	Guigang	938922	836287	2840494	1462261	76	54
玉林市	Yulin	2244041	1771822	4228255	1938161	195	120
百色市	Baise	1060826	906611	1566705	387128	98	33
贺州市	Hezhou	712822	658632	1063891	560960	50	40
河池市	Hechi	996806	828848	1769850	432365	81	27
来宾市	Laibin	597887	539764	1095269	485561	43	25
崇左市	Chongzuo	584333	363696	843709	176274	57	16
海南省	**Hainan**	**16478443**	**16478443**	**5410603**	**5410603**	**376**	**376**
海口市	Haikou	14637686	14637686	4362637	4362637	336	336
三亚市	Sanya	1840757	1840757	1047966	1047966	40	40
三沙市	Sansha						
重庆市	**Chongqing**	**82342105**	**75800998**	**40337046**	**36190576**	**3668**	**2549**
四川省	**Sichuan**	**96518886**	**81538875**	**86794627**	**49240244**	**6219**	**4016**
成都市	Chengdu	62856720	58508611	33176664	27017350	2728	2390
自贡市	Zigong	1982598	1694780	3416729	2258591	194	131
攀枝花市	Panzhihua	2020866	1838283	1921048	1620264	156	148
泸州市	Luzhou	2908950	2096956	3583787	1797949	364	193
德阳市	Deyang	3030987	1403278	4080002	1015123	240	84
绵阳市	Mianyang	5498485	4443270	5795063	2169223	266	112
广元市	Guangyuan	1141896	1015795	1929854	1007074	153	95
遂宁市	Suining	1594087	780498	2676157	1171097	255	115
内江市	Neijiang	1611245	956091	2760586	1181926	164	63
乐山市	Leshan	1816798	1350455	3400831	1605648	184	101
南充市	Nanchong	1945015	1480811	4558047	1960077	334	167
眉山市	Meishan	1453337	962323	2478186	887999	119	62
宜宾市	Yibin	2648455	1598559	4345833	1876436	285	102
广安市	Guang'an	1601969	981432	2547702	766656	260	103
达州市	Dazhou	2165366	826269	4296035	897771	212	39
雅安市	Yaan	454428	409654	1319200	626791	56	31
巴中市	Bazhong	561434	552947	1574086	625371	89	35
资阳市	Ziyang	1226250	638863	2934817	754898	160	45
贵州省	**Guizhou**	**23833080**	**18982738**	**16517367**	**10391300**	**976**	**648**
贵阳市	Guiyang	12151671	12008123	6831866	6078292	384	364
六盘水市	Liupanshui	2183949	1430146	1828246	1013563	155	77
遵义市	Zunyi	6232539	2502847	4098729	1953896	198	103
安顺市	Anshun	914766	886066	975255	383963	45	32
毕节市	Bijie	1484224	1418412	1744239	645814	100	47
铜仁市	Tongren	865931	737144	1039032	315772	94	25

2-27 续表 6 continued

城　市	City	限额以上批发零售贸易业商品销售总额(万元) Total Sales of Commodities of Enterprises above Designated Size in Wholesale and Retail Trades (10 000 yuan)		社会消费品零售总额(万元) Total Retail Sales of Consumer Goods (10 000 yuan)		限额以上批发零售贸易企业数(法人数)(个) Number of Enterprises above Designated Size of Wholesale and Retail Trades (Number of Legal Entities) (unit)	
		全市 Total City	市辖区 Districts under City	全市 Total City	市辖区 Districts under City	全市 Total City	市辖区 Districts under City
云南省	**Yunnan**	**50826405**	**42407347**	**25632600**	**19272680**	**1612**	**1007**
昆明市	Kunming	36932309	33504720	14937990	13028772	735	636
曲靖市	Qujing	4675720	1014957	3316865	3127143	239	62
玉溪市	Yuxi	3357029	2981865	1986356	954504	188	116
保山市	Baoshan	1152367	1038989	1196907	614901	116	61
昭通市	Zhaotong	1624258	1363136	1496111	600338	105	37
丽江市	Lijiang	902757	773386	656908	313699	79	46
普洱市	Simao	1282137	1028821	1021720	326485	88	33
临沧市	Lincang	899828	701473	1019743	306838	62	16
西藏自治区	**Tibet**	**381927**		**1245547**		**48**	
拉萨市	Lasa	381927		1245547		48	
陕西省	**Shaanxi**	**77107050**	**60274076**	**43618090**	**29938259**	**2311**	**1092**
西安市	Xi'an	36740584	36328216	22638601	21321455	575	538
铜川市	Tongchuan	461279	436352	638562	599065	69	65
宝鸡市	Baoji	5141423	4895764	4099347	2688566	196	114
咸阳市	Xianyang	10393526	6970118	4010799	1465658	257	92
渭南市	Weinan	4533743	1470005	3263238	808830	287	41
延安市	Yan'an	1319059	1103473	1517367	697014	117	53
汉中市	Hanzhong	1768940	1210691	2160451	861709	197	50
榆林市	Yulin	15059000	6587491	2702000	510263	363	77
安康市	Ankang	1202609	864853	1514906	721536	190	48
商洛市	Shangluo	486887	407113	1072819	264163	60	14
甘肃省	**Gansu**	**34050482**	**28642346**	**18291323**	**12780387**	**1035**	**701**
兰州市	Lanzhou	21200072	21070314	7491157	7138758	355	327
嘉峪关市	Jiayuguan	1074733	1074733	334600	334600	47	47
金昌市	Jinchang	423472	368142	509475	356317	43	26
白银市	Baiyin	776659	615329	1182509	753826	70	30
天水市	Tianshui	3372571	2008725	1742527	1110451	138	98
武威市	Wuwei	444906	398397	1023189	603448	44	29
张掖市	Zhangye	718107	511873	945149	584723	67	28
平凉市	Pingliang	1756533	468686	1222120	511589	45	11
酒泉市	Jiuquan	2381132	585941	1244000	525116	119	46
庆阳市	Qingyang	715669	669600	1298367	424200	40	34
定西市	Dingxi	679889	486582	733404	245771	39	13
陇南市	Longnan	506739	384024	564826	191588	28	12
青海省	**Qinghai**	**9534270**	**5142867**	**3174604**	**2926010**	**162**	**153**
西宁市	Xining	9534270	5142867	3174604	2926010	162	153
宁夏回族自治区	**Ningxia**	**10162478**	**7865984**	**5488086**	**3587219**	**405**	**294**
银川市	Yinchuan	8075429	6375119	3160226	2197727	255	187
石嘴山市	Shizuishan	706127	683982	771139	593309	40	34
吴忠市	Wuzhong	614604	577480	684249	346663	47	30
固原市	Guyuan	84031	59356	432549	210345	19	12
中卫市	Zhongwei	682287	170047	439923	239175	44	31
新疆维吾尔自治区	**Xinjiang**	**33456545**	**33456545**	**8823546**	**8759826**	**542**	**542**
乌鲁木齐市	Urumqi	32184730	32184730	8343507	8279787	479	479
克拉玛依市	Karamay	1271815	1271815	480039	480039	63	63

2-28 利用外资情况

Utilization of Foreign Capital

城 市	City	外商直接投资合同项目（个） Number of Projects for Contracted Foreign Direct Investment (unit)		当年实际使用外资金额（万美元） Amount of Foreign Capital Actually Utilized (USD 10000)	
		全市 Total City	市辖区 Districts under City	全市 Total City	市辖区 Districts under City
城市合计	**Prefecture Cities**	**33328**	**23647**	**24795171**	**17492887**
北京市	**Beijing**	**1360**	**1345**	**804160**	**803047**
天津市	**Tianjin**	**632**	**621**	**1501633**	**1450779**
河北省	**Hebei**	**786**	**336**	**569652**	**286785**
石家庄市	Shijiazhuang	22	13	84811	28945
唐山市	Tangshan	21	18	123024	90068
秦皇岛市	Qinhuangdao	11	7	62795	46975
邯郸市	Handan	65	12	80020	26160
邢台市	Xingtai	12	2	9975	1960
保定市	Baoding	8	2	55051	41278
张家口市	Zhangjiakou	12	1	24960	310
承德市	Chengde	16	6	13043	1393
沧州市	Cangzhou	58	20	35611	13483
廊坊市	Langfang	541	253	62018	31171
衡水市	Hengshui	20	2	18344	5042
山西省	**Shanxi**	**46**	**26**	**269813**	**173293**
太原市	Taiyuan	14	13	78232	76932
大同市	Datong	3	2	21015	2942
阳泉市	Yangquan	1	1	23576	23576
长治市	Changzhi	3	2	27929	8787
晋城市	Jincheng	3	1	25775	25072
朔州市	Shuozhou	2	2	13400	13400
晋中市	Jinzhong	7	4	12004	10607
运城市	Yuncheng	5		20331	
忻州市	Xinzhou	3		1963	
临汾市	Linfen	3	1	13611	5282
吕梁市	Lvliang	2		31977	6695
内蒙古自治区	**Inner Mongolia**	**79**	**28**	**412817**	**171998**
呼和浩特市	Hohhot	6	4	61694	31182
包头市	Baotou	14	11	136500	86800
乌海市	Wuhai	6	6		
赤峰市	Chifeng	1	1	1132	1132
通辽市	Tongliao	3	1	6598	450
鄂尔多斯市	Erdos	13	5	153000	52434
呼伦贝尔市	Hulunbuir	36		10752	
巴彦淖尔市	Bayannur			26000	
乌兰察布市	Ulanqab			17141	
辽宁省	**Liaoning**	**730**	**576**	**2679315**	**1969329**
沈阳市	Shenyang	158	146	580435	554767
大连市	Dalian	283	251	1235033	905000
鞍山市	Anshan	45	26	127520	99038
抚顺市	Fushun	14	9	12635	10609
本溪市	Benxi	9	5	46140	37797
丹东市	Dandong	47	40	120100	80958
锦州市	Jinzhou	34	23	100409	57845

2-28 续表 1 continued

城市	City	外商直接投资合同项目(个) Number of Projects for Contracted Foreign Direct Investment (unit)		当年实际使用外资金额(万美元) Amount of Foreign Capital Actually Utilized (USD 10000)	
		全市 Total City	市辖区 Districts under City	全市 Total City	市辖区 Districts under City
营口市	Yingkou	48	33	121330	76765
阜新市	Fuxin	23	18	18295	14857
辽阳市	Liaoyang	3	3	45093	45093
盘锦市	Panjin	46	18	161004	58985
铁岭市	Tieling	8		40217	13431
朝阳市	Chaoyang	12	4	18103	3184
葫芦岛市	Huludao			53001	11000
吉林省	**Jilin**	**157**	**110**	**532115**	**431129**
长春市	Changchun	42	40	368236	343658
吉林市	Jilin	75	57	70738	45513
四平市	Siping	5	2	8049	1260
辽源市	Liaoyuan	7	5	13210	13210
通化市	Tonghua	18	3	29287	4555
白山市	Baishan	4	1	8373	4979
松原市	Songyuan	3	1	24052	15395
白城市	Baicheng	3	1	10170	2559
黑龙江省	**Heilongjiang**	**285**	**97**	**352158**	**263061**
哈尔滨市	Harbin	57	47	190001	167182
齐齐哈尔市	Qiqihar	4	4	34832	34832
鸡西市	Jixi	6	2	10100	7200
鹤岗市	Hegang	2	2	5201	5201
双鸭山市	Shuangyashan			3939	1319
大庆市	Daqing	4	3	50307	25722
伊春市	Yichun	5	5	5676	5376
佳木斯市	Jiamusi	44	32	6678	3260
七台河市	Qitaihe	1		2826	2826
牡丹江市	Mudanjiang	4	2	13183	9186
黑河市	Heihe	148		14415	
绥化市	Suihua	10		15000	957
上海市	**Shanghai**	**4043**	**4043**	**1518453**	**1518453**
江苏省	**Jiangsu**	**11725**	**8017**	**3579091**	**2202191**
南京市	Nanjing	2971	2709	413031	389866
无锡市	Wuxi	203	135	400953	274171
徐州市	Xuzhou	211	94	170021	96735
常州市	Changzhou	298	218	336073	270495
苏州市	Suzhou	1189	554	916490	469260
南通市	Nantong	356	135	220542	105875
连云港市	Lianyungang	108	53	73354	38697
淮安市	Huai'an	344	212	212094	120491
盐城市	Yancheng	332	87	211103	72042
扬州市	Yangzhou	5096	3551	213808	158762
镇江市	Zhenjiang	142	69	221410	114519
泰州市	Taizhou	407	174	145018	68876
宿迁市	Suqian	68	26	45194	22402

2-28 续表 2 continued

城 市	City	外商直接投资合同项目(个) Number of Projects for Contracted Foreign Direct Investment (unit)		当年实际使用外资金额(万美元) Amount of Foreign Capital Actually Utilized (USD 10000)	
		全市 Total City	市辖区 Districts under City	全市 Total City	市辖区 Districts under City
浙江省	**Zhejiang**	**1515**	**813**	**1306933**	**820683**
杭州市	Hangzhou	510	462	496061	434059
宁波市	Ningbo	262	102	285252	202301
温州市	Wenzhou	29	18	39836	26572
嘉兴市	Jiaxing	234	91	178159	58017
湖州市	Huzhou	192	75	102599	52472
绍兴市	Shaoxing	134	16	95400	14132
金华市	Jinhua	88	18	28314	8568
衢州市	Quzhou	14	6	5067	1329
舟山市	Zhoushan	10	8	18339	14620
台州市	Taizhou	25	12	47520	8213
丽水市	Lishui	17	5	10386	400
安徽省	**Anhui**	**350**	**225**	**894081**	**533244**
合肥市	Hefei	63	45	165645	124618
芜湖市	Wuhu	148	110	133965	86877
蚌埠市	Bengbu	12	8	80919	60527
淮南市	Huainan	1	1	21733	20123
马鞍山市	Maanshan	21	16	133943	103666
淮北市	Huaibei	3	3	37786	20719
铜陵市	Tongling	4	4	33368	22823
安庆市	Anqing	5	1	32667	23584
黄山市	Huangshan	10	5	21933	13537
滁州市	Chuzhou	8	5	53739	19668
阜阳市	Fuyang	4	1	10512	3768
宿州市	Suzhou	6		37049	4511
六安市	Lu'an	26	9	29917	4548
亳州市	Bozhou	7	5	36263	8654
池州市	Chizhou	11	4	21017	11520
宣城市	Xuancheng	21	8	43625	4101
福建省	**Fujian**	**880**	**528**	**590823**	**323261**
福州市	Fuzhou	148	107	133877	74584
厦门市	Xiamen	331	331	159453	159453
莆田市	Putian	46	37	25559	22479
三明市	Sanming	42	6	10300	1793
泉州市	Quanzhou	106	22	131960	34348
漳州市	Zhangzhou	129	18	89025	12361
南平市	Nanping	44		8733	1451
龙岩市	Longyan	16	5	19908	10621
宁德市	Ningde	18	2	12008	6171
江西省	**Jiangxi**	**789**	**287**	**762130**	**321079**
南昌市	Nanchang	164	123	263988	187988
景德镇市	Jingdezhen	17	5	11762	2312
萍乡市	Pingxiang	31	14	22445	11234
九江市	Jiujiang	119	35	98826	30251
新余市	Xinyu	60	53	54503	47928
鹰潭市	Yingtan	24	12	16855	2058
赣州市	Ganzhou	129	16	102445	17330
吉安市	Ji'an	110	14	56498	6926
宜春市	Yichun	24	1	47667	3880
抚州市	Fuzhou	46	7	19625	5820
上饶市	Shangrao	65	7	67516	5352

2-28 续表 3 continued

城市	City	外商直接投资合同项目（个）Number of Projects for Contracted Foreign Direct Investment (unit)		当年实际使用外资金额（万美元）Amount of Foreign Capital Actually Utilized (USD 10000)	
		全市 Total City	市辖区 Districts under City	全市 Total City	市辖区 Districts under City
山东省	**Shandong**	**1363**	**801**	**1235264**	**699026**
济南市	Jinan	84	62	122016	96882
青岛市	Qingdao	553	380	460027	283614
淄博市	Zibo	24	23	50025	38804
枣庄市	Zaozhuang	24	22	14241	8713
东营市	Dongying	21	13	16232	10366
烟台市	Yantai	288	173	141037	83875
潍坊市	Weifang	46	23	76812	23661
济宁市	Jining	76	23	77008	26899
泰安市	Tai'an	42	17	16982	8465
威海市	Weihai	87		80013	22606
日照市	Rizhao	14	12	42122	36739
莱芜市	Laiwu	18	18	12006	12006
临沂市	Linyi	23	16	23531	12371
德州市	Dezhou	20	3	21093	5040
聊城市	Liaocheng	9	5	11521	703
滨州市	Binzhou	14	3	54093	17146
菏泽市	Heze	20	8	16505	11136
河南省	**Henan**	**355**	**176**	**1180796**	**589089**
郑州市	Zhengzhou	72	59	342898	251983
开封市	Kaifeng	13	5	24770	7159
洛阳市	Luoyang	51	28	199251	83282
平顶山市	Pingdingshan	8	3	37358	11435
安阳市	Anyang	14	5	31573	15732
鹤壁市	Hebi	21	15	44009	31991
新乡市	Xinxiang	20	8	63600	25997
焦作市	Jiaozuo	11	6	60003	15517
濮阳市	Puyang	14	7	32001	9927
许昌市	Xuchang	15	6	43975	14944
漯河市	Luohe	17	12	62066	48586
三门峡市	Sanmenxia	14	5	74672	25239
南阳市	Nanyang	36	7	41702	8644
商丘市	Shangqiu	15	5	24596	9610
信阳市	Xinyang	11	2	34961	6616
周口市	Zhoukou	13	1	36341	6510
驻马店市	Zhumadian	10	2	27020	15917
湖北省	**Hubei**	**245**	**167**	**669381**	**523275**
武汉市	Wuhan	129	116	444424	397411
黄石市	Huangshi	4	2	42276	33766
十堰市	Shiyan	5		13161	8332
宜昌市	Yichang	11	4	22876	12670
襄阳市	Xiangfan	26	20	43738	26944
鄂州市	Ezhou	4	4	16450	16450

2-28 续表 4 continued

城　市	City	外商直接投资合同项目（个）Number of Projects for Contracted Foreign Direct Investment (unit)		当年实际使用外资金额（万美元）Amount of Foreign Capital Actually Utilized (USD 10000)	
		全市 Total City	市辖区 Districts under City	全市 Total City	市辖区 Districts under City
荆门市	Jingmen	13	8	21656	7508
孝感市	Xiaogan	21	4	23773	6244
荆州市	Jingzhou	8	5	9020	4650
黄冈市	Huanggang	13	3	3648	880
咸宁市	Xianning			21144	4617
随州市	Suizhou	11	1	7215	3803
湖南省	**Hunan**	**550**	**305**	**732032**	**463743**
长沙市	Changsha	94	70	297666	226098
株洲市	Zhuzhou	93	58	58227	38852
湘潭市	Xiangtan	80	55	58561	45033
衡阳市	Hengyang	111	19	60381	11200
邵阳市	Shaoyang	15	5	16600	7470
岳阳市	Yueyang	7	5	22690	9773
常德市	Changde	28	8	41038	14604
张家界市	Zhangjiajie	10	8	5313	4919
益阳市	Yiyang	7	4	14315	12260
郴州市	Chenzhou	66	66	75042	75042
永州市	Yongzhou	29	5	54220	12470
怀化市	Huaihua	6	2	8179	4132
娄底市	Loudi	4		19800	1890
广东省	**Guangdong**	**6042**	**4319**	**2375393**	**1626260**
广州市	Guangzhou	1095		474312	
韶关市	Shaoguan	69	10	17169	3871
深圳市	Shenzhen	2428	2428	522944	522944
珠海市	Zhuhai	253	253	144682	144682
汕头市	Shantou	18	18	13051	12254
佛山市	Foshan	155	155	234984	234984
江门市	Jiangmen	153	78	86985	42062
湛江市	Zhanjiang	12	7	8726	6337
茂名市	Maoming	23	2	8005	2635
肇庆市	Zhaoqing	154	108	115159	56963
惠州市	Huizhou	327	247	172782	124084
梅州市	Meizhou	176	82	11878	2708
汕尾市	Shanwei	35	13	34516	13292
河源市	Heyuan	73		19710	8839
阳江市	Yangjiang	54	13	15303	6023
清远市	Qingyuan	37	5	30296	14131
东莞市	Dongguan	690	690	336938	336938
中山市	Zhongshan	193	193	84177	84177
潮州市	Chaozhou	29		14208	183
揭阳市	Yeyang	40	6	19000	5718
云浮市	Yunfu	28	11	10568	3435
广西壮族自治区	**Guangxi**	**115**	**85**	**106228**	**81596**
南宁市	Nanning	37	37	15802	15802
柳州市	Liuzhou	10	8	35474	32740

2-28 续表 5 continued

城　市	City	外商直接投资合同项目（个）Number of Projects for Contracted Foreign Direct Investment (unit)		当年实际使用外资金额（万美元）Amount of Foreign Capital Actually Utilized (USD 10000)	
		全市 Total City	市辖区 Districts under City	全市 Total City	市辖区 Districts under City
桂林市	Guilin	11	6	4178	3473
梧州市	Wuzhou	5	3	7310	6984
北海市	Beihai	6	6	5224	3207
防城港市	Fangchenggang	4		1849	
钦州市	Qinzhou	13	8	15840	12850
贵港市	Guigang	6	4	1692	1162
玉林市	Yulin	5	4	1879	224
百色市	Baise	3		1007	6
贺州市	Hezhou	6	5	9000	
河池市	Hechi			946	
来宾市	Laibin	5	4	2418	1642
崇左市	Chongzuo	4		3609	3506
海南省	**Hainan**	**35**	**35**	**68835**	**68835**
海口市	Haikou	19	19	45257	45257
三亚市	Sanya	16	16	23578	23578
三沙市	Sansha				
重庆市	**Chongqing**	**248**	**211**	**1053347**	**901141**
四川省	**Sichuan**	**309**	**232**	**1003543**	**833623**
成都市	Chengdu	226	195	859000	754821
自贡市	Zigong	2	2	2066	1135
攀枝花市	Panzhihua	5	3	10382	9882
泸州市	Luzhou	10	6	5153	3350
德阳市	Deyang	11	1	19346	7546
绵阳市	Mianyang	12	8	21020	13400
广元市	Guangyuan	3	1	3708	1738
遂宁市	Suining			5047	4095
内江市	Neijiang	3	2	14898	10838
乐山市	Leshan	6	1	12758	8578
南充市	Nanchong	4	3	5554	5294
眉山市	Meishan	6	2	20102	5775
宜宾市	Yibin	2	2	4536	2128
广安市	Guang'an	3	1	3967	670
达州市	Dazhou	2		5308	
雅安市	Yaan	3	1	4098	500
巴中市	Bazhong	4	1	1100	406
资阳市	Ziyang	7	3	5500	3467
贵州省	**Guizhou**	**38**	**10**	**76691**	**46579**
贵阳市	Guiyang	12	4	47415	40697
六盘水市	Liupanshui	2		9023	
遵义市	Zunyi	7	3	3278	2550
安顺市	Anshun	8		5162	
毕节市	Bijie	4	1	8514	1320
铜仁市	Tongren	5	2	3299	2012

2-28 续表 6 continued

城市	City	外商直接投资合同项目(个) Number of Projects for Contracted Foreign Direct Investment (unit)		当年实际使用外资金额(万美元) Amount of Foreign Capital Actually Utilized (USD 10000)	
		全市 Total City	市辖区 Districts under City	全市 Total City	市辖区 Districts under City
云南省	**Yunnan**	**74**	**41**	**183395**	**110336**
昆明市	Kunming	63	33	158800	102548
曲靖市	Qujing	1	1	3956	375
玉溪市	Yuxi	2	1	4588	2200
保山市	Baoshan	1	1	7300	1071
昭通市	Zhaotong	1		900	900
丽江市	Lijiang	3	3	2871	2871
普洱市	Simao	3	2	4980	371
临沧市	Lincang				
西藏自治区	**Tibet**	**8**		**12392**	
拉萨市	Lasa	8		12392	
陕西省	**Shaanxi**	**501**	**166**	**289256**	**258562**
西安市	Xi'an	87	86	247800	243835
铜川市	Tongchuan	2	2	3000	3000
宝鸡市	Baoji	8	4	6015	5120
咸阳市	Xianyang	5	2	7080	2417
渭南市	Weinan	352	21	6183	720
延安市	Yan'an	5		2000	
汉中市	Hanzhong	31	46	3014	470
榆林市	Yulin	5	5	3000	3000
安康市	Ankang	3		704	
商洛市	Shangluo	3		10460	
甘肃省	**Gansu**	**18**	**11**	**4624**	**1470**
兰州市	Lanzhou	8	8	751	751
嘉峪关市	Jiayuguan				
金昌市	Jinchang				
白银市	Baiyin			240	240
天水市	Tianshui				
武威市	Wuwei				
张掖市	Zhangye				
平凉市	Pingliang				
酒泉市	Jiuquan	6		3115	
庆阳市	Qingyang	1	1	400	400
定西市	Dingxi	3	2	118	79
陇南市	Longnan				
青海省	**Qinghai**	**10**		**2920**	
西宁市	Xining	10		2920	
宁夏回族自治区	**Ningxia**	**4**		**6880**	
银川市	Yinchuan	4		6880	
石嘴山市	Shizuishan				
吴忠市	Wuzhong				
固原市	Guyuan				
中卫市	Zhongwei				
新疆维吾尔自治区	**Xinjiang**	**36**	**36**	**21020**	**21020**
乌鲁木齐市	Urumqi	35	35	19300	19300
克拉玛依市	Karamay	1	1	1720	1720

2-29 固定资产投资情况

Basic Conditions of Investment in Fixed Assets

单位：万元 (10 000 yuan)

城市	City	固定资产投资(不含农户) Investment in Fixed Assets (Excluding Rural Households) 全市 Total City	市辖区 Districts under City	房地产开发投资 Investment in Real Estate Development 全市 Total City	市辖区 Districts under City	住宅 Residential Buildings 全市 Total City	市辖区 Districts under City
城市合计	**Prefecture Cities**	**3514985879**	**1844628028**	**700279792**	**524753618**	**480103877**	**350371394**
北京市	**Beijing**	**64165795**	**62066234**	**31534419**	**30910464**	**16279851**	**15762533**
天津市	**Tianjin**	**83402588**	**72807192**	**12599969**	**11933247**	**8430526**	**7980132**
河北省	**Hebei**	**187550467**	**61693179**	**30865214**	**22056204**	**23883933**	**16270451**
石家庄市	Shijiazhuang	36733348	16155584	8332125	7529418	6665959	5723376
唐山市	Tangshan	30171685	17369837	5165172	4026125	3742362	2955894
秦皇岛市	Qinhuangdao	7237352	4527185	2133191	1720466	1609423	1283851
邯郸市	Handan	22921322	6314420	2578271	1835194	1817643	1209939
邢台市	Xingtai	11864656	2224134	909317	629309	665286	479170
保定市	Baoding	18884450	4404651	3479088	1909280	3048822	1629015
张家口市	Zhangjiakou	11630791	2629105	2091204	1237165	1519476	813569
承德市	Chengde	9967514	2154805	1203260	810836	850983	552441
沧州市	Cangzhou	18918681	2007128	1500083	1019758	1146956	523017
廊坊市	Langfang	12821172	2474174	2430705	886388	1948098	707637
衡水市	Hengshui	6399496	1432156	1042798	452265	868925	392542
山西省	**Shanxi**	**83189007**	**28642113**	**10004513**	**7724280**	**7156137**	**5585673**
太原市	Taiyuan	13206257	11469208	3647214	3454414	2601905	2454665
大同市	Datong	8317875	4863755	1706096	1582089	1150657	1060909
阳泉市	Yangquan	3343212	1648172	569667	473637	449536	390746
长治市	Changzhi	8669585	2206471	759160	591760	598957	468588
晋城市	Jincheng	6549537	1983533	451819	352348	348606	261083
朔州市	Shuozhou	5731427	137421	464007	134251	303242	110129
晋中市	Jinzhong	7441063	1412201	703127	231279	554222	170221
运城市	Yuncheng	8268454	1801033	577742	435715	322581	334088
忻州市	Xinzhou	6533260	830209	276277	107044	187880	78384
临汾市	Linfen	8224503	1786611	555646	264928	418718	190612
吕梁市	Lvliang	6903834	503499	293758	96815	219833	66248
内蒙古自治区	**Inner Mongolia**	**115410184**	**45782629**	**11998629**	**7410300**	**7685305**	**4809487**
呼和浩特市	Hohhot	13014300	8612600	4479900	3467400	2868800	2247700
包头市	Baotou	25229765	18258743	1585583	1520537	1086398	1034370
乌海市	Wuhai	3400704	3466704	463456	463456	282044	282044
赤峰市	Chifeng	13222892	4839093	1398388	661713	888479	351945
通辽市	Tongliao	12815760	5435351	426322	286254	311566	191998
鄂尔多斯市	Erdos	25530538	302	1753420	106	918746	52
呼伦贝尔市	Hulunbuir	8990192	1628389	907452	333269	658065	253333
巴彦淖尔市	Bayannur	7010075	1695101	664208	536001	428870	353726
乌兰察布市	Ulanqab	6195958	1846346	319900	141564	242337	94319
辽宁省	**Liaoning**	**215353745**	**132699781**	**54558196**	**45065448**	**39619482**	**32293906**
沈阳市	Shenyang	56253999	45073152	19429642	17950433	13314308	12066163
大连市	Dalian	56243965	37613356	13965204	12353346	10554073	9290690
鞍山市	Anshan	16423005	7154892	3847745	2953716	2697096	2028484
抚顺市	Fushun	9535233	7039771	1297002	1163428	908038	807409
本溪市	Benxi	7206786	4916572	1044135	735261	791554	575061
丹东市	Dandong	8532500	3954679	1983021	1330184	1515726	1028300
锦州市	Jinzhou	8036988	4029348	1380929	1041403	1015205	747069

2-29 续表 1 continued

单位：万元 (10 000 yuan)

城市	City	固定资产投资(不含农户) Investment in Fixed Assets (Excluding Rural Households) 全市 Total City	市辖区 Districts under City	房地产开发投资 Investment in Real Estate Development 全市 Total City	市辖区 Districts under City	住宅 Residential Buildings 全市 Total City	市辖区 Districts under City
营口市	Yingkou	10850902	7606094	3069683	2686936	2404458	2087422
阜新市	Fuxin	4980213	3202455	915816	765714	620343	509122
辽阳市	Liaoyang	5938076	3639686	1261844	1009715	931470	716078
盘锦市	Panjin	9677209	3309860	1787849	1019346	1198244	705720
铁岭市	Tieling	9062128	2089269	2146222	1107889	1740872	905830
朝阳市	Chaoyang	7145666	1521624	1078621	429128	820162	341117
葫芦岛市	Huludao	5467075	1549023	1350483	518949	1107933	485441
吉林省	**Jilin**	**86595490**	**47458173**	**12415014**	**9629391**	**9321499**	**7160205**
长春市	Changchun	30709166	24111875	6496535	6095139	4932189	4590381
吉林市	Jilin	18998712	11390724	2488011	1759900	1845060	1273455
四平市	Siping	5544057	1336397	586710	296642	479400	256858
辽源市	Liaoyuan	4934200	2349294	465180	307578	360555	223359
通化市	Tonghua	7351401	1431177	1081615	400945	800553	244581
白山市	Baishan	5022326	2278318	372396	244017	276723	179820
松原市	Songyuan	9669287	3537740	813761	500591	538571	372111
白城市	Baicheng	4366341	1022648	110806	24579	88448	19640
黑龙江省	**Heilongjiang**	**89936555**	**58031814**	**15432367**	**11955360**	**11245918**	**8551499**
哈尔滨市	Harbin	39499592	31013687	7720153	7416354	5301145	5065121
齐齐哈尔市	Qiqihar	6295428	3737416	1041284	657372	858018	576857
鸡西市	Jixi	2775408	1777512	436076	194083	360903	156500
鹤岗市	Hegang	1952488	1578813	121896	110413	95254	86933
双鸭山市	Shuangyashan	4388182	1781916	224335	71367	161369	62597
大庆市	Daqing	13755055	10996967	2390401	2238135	1849862	1722599
伊春市	Yichun	2181102	1423265	162252	137985	148037	127275
佳木斯市	Jiamusi	3690400	1159297	770615	319839	594216	238236
七台河市	Qitaihe	1203043	1152463	135497	106327		
牡丹江市	Mudanjiang	7010858	2469369	977659	547706	703096	395761
黑河市	Heihe	2421292	437857	487604	73049	418398	53436
绥化市	Suihua	4763707	503252	964595	82730	755620	66184
上海市	**Shanghai**	**52513998**	**52513998**	**23813574**	**23813574**	**14519446**	**14519446**
江苏省	**Jiangsu**	**317102411**	**183583413**	**62091611**	**43559955**	**43558953**	**30355192**
南京市	Nanjing	45584861	39063649	9719642	9251344	6609432	6192076
无锡市	Wuxi	35811153	23032290	9743675	6854708	6145488	4237264
徐州市	Xuzhou	26858891	14485002	3100707	1995752	2383681	1465046
常州市	Changzhou	26215648	20283916	5970105	5317445	4161126	3674417
苏州市	Suzhou	51425100	26217648	12633597	7786934	8516517	5403430
南通市	Nantong	28864699	11927621	4817428	3303217	3876965	2688516
连云港市	Lianyungang	12808779	5617143	1622296	1024215	1187904	754626
淮安市	Huai'an	12479900	7576478	2805511	1627080	2110079	1228601
盐城市	Yancheng	19408661	6075407	2734118	1391526	2006117	1040219
扬州市	Yangzhou	17836452	11042120	2358426	1845435	1817128	1376419
镇江市	Zhenjiang	15006721	8987265	2054834	1144916	1563949	865332
泰州市	Taizhou	14545916	5051968	2344848	1089331	1573316	765113
宿迁市	Suqian	10255630	4222906	2186424	928052	1607251	664133

2-29 续表 2 continued

单位：万元 (10 000 yuan)

城市	City	固定资产投资(不含农户) Investment in Fixed Assets (Excluding Rural Households)		房地产开发投资 Investment in Real Estate Development		住宅 Residential Buildings	
		全市 Total City	市辖区 Districts under City	全市 Total City	市辖区 Districts under City	全市 Total City	市辖区 Districts under City
浙江省	**Zhejiang**	**170481853**	**81532775**	**52262667**	**30300109**	**34479255**	**19076698**
杭州市	Hangzhou	37227544	30160782	15973611	13749412	10017423	8411928
宁波市	Ningbo	29014258	16871766	8843514	5179366	5156454	2752771
温州市	Wenzhou	21103395	7306284	6875028	2609593	4664812	1690342
嘉兴市	Jiaxing	16423109	4448342	4158763	1493026	2793018	898807
湖州市	Huzhou	9707282	4373368	2111735	1029279	1434122	735784
绍兴市	Shaoxing	17225646	3513847	4677089	1508697	3472455	1212096
金华市	Jinhua	11268026	2519141	2851921	699813	2030293	516942
衢州市	Quzhou	5661276	2175755	757880	450711	603130	367430
舟山市	Zhoushan	5705986	4607906	1589428	1416139	1037073	907931
台州市	Taizhou	12425575	4239132	3573761	1792901	2645443	1300219
丽水市	Lishui	4719756	1316452	849937	371172	625032	282448
安徽省	**Anhui**	**150182848**	**80830940**	**31516065**	**21962913**	**20583784**	**14162069**
合肥市	Hefei	39780828	27061484	9138031	7096565	5785027	4365416
芜湖市	Wuhu	17007935	10279187	3666748	3050055	2564952	2107714
蚌埠市	Bengbu	8727863	4814290	1835403	1415047	1261241	944853
淮南市	Huainan	5236294	4062119	1160742	1067708	866648	808854
马鞍山市	Maanshan	12011508	8062610	2114935	1593959	1529622	1112187
淮北市	Huaibei	5499090	3947465	1092816	866223	720814	555941
铜陵市	Tongling	5343037	4039393	1168072	959545	693300	552180
安庆市	Anqing	9720126	2425521	1001697	374979	670484	250461
黄山市	Huangshan	4451697	2403607	1440027	1056836	736825	516690
滁州市	Chuzhou	8825883	2670682	2298138	1241722	1570063	882943
阜阳市	Fuyang	5148887	2518525	879851	555552	600927	360480
宿州市	Suzhou	6136899	846296	1034651	358914	718466	243464
六安市	Lu'an	6872411	2547472	1214808	702481	872676	513504
亳州市	Bozhou	4302857	1688192	960108	267487	486057	148532
池州市	Chizhou	3747383	1843969	922516	682041	564698	399682
宣城市	Xuancheng	7370150	1620128	1587522	673799	941984	399168
福建省	**Fujian**	**124218534**	**51134860**	**28241249**	**16998956**	**17540990**	**9905485**
福州市	Fuzhou	32347772	13260914	9722667	5701493	6284804	3312634
厦门市	Xiamen	13229846	13229846	5188791	5188791	2916063	2916063
莆田市	Putian	9007135	7509354	1985912	1709515	1116302	955855
三明市	Sanming	10928616	2689373	1399828	330163	871193	229160
泉州市	Quanzhou	19634212	3958654	3955003	1277500	2439853	756775
漳州市	Zhangzhou	14440850	3419370	2544853	1115549	1729343	699805
南平市	Nanping	8750287	1966919	858438	230790	566046	160948
龙岩市	Longyan	9742588	3771946	1205318	751656	684329	389507
宁德市	Ningde	6137228	1328484	1380439	693499	933057	484738
江西省	**Jiangxi**	**101914628**	**40938941**	**9696176**	**5328857**	**7015419**	**3560183**
南昌市	Nanchang	23930288	16723134	3443607	2612752	2213319	1532041
景德镇市	Jingdezhen	4566908	1879940	520370	367045	417559	330874
萍乡市	Pingxiang	7634171	4712043	171599	117335	128220	86153
九江市	Jiujiang	12063292	2964596	581186	153469	481841	127735
新余市	Xinyu	6677350	5293046	247287	217023	175472	154865
鹰潭市	Yingtan	3279948	856828	251456	124814	171359	104725
赣州市	Ganzhou	10359054	2992586	1632707	693507	1117151	439059
吉安市	Ji'an	9758961	1245031	439020	216945	290593	132362
宜春市	Yichun	7238279	1328282	809656	341496	652149	264206
抚州市	Fuzhou	6614052	1665342	660855	315705	538939	261163
上饶市	Shangrao	9792325	1278113	938433	168766	828817	127000

2-29 续表 3 continued

单位：万元 (10 000 yuan)

城市	City	固定资产投资(不含农户) Investment in Fixed Assets (Excluding Rural Households)		房地产开发投资 Investment in Real Estate Development		住宅 Residential Buildings	
		全市 Total City	市辖区 Districts under City	全市 Total City	市辖区 Districts under City	全市 Total City	市辖区 Districts under City
山东省	**Shandong**	**299096372**	**139277334**	**47083001**	**32265485**	**34731999**	**22990372**
济南市	Jinan	21860757	15971229	6633152	5854772	4447006	3798067
青岛市	Qingdao	41539146	23113011	9301099	7963424	5935524	4959065
淄博市	Zibo	17433263	13053900	1556638	1370837	1234223	1082225
枣庄市	Zaozhuang	10446177	6709277	1785576	1178465	1416400	951720
东营市	Dongying	19629983	11490243	1477497	1016720	1197026	814385
烟台市	Yantai	30439202	13763894	5735224	4479893	4586225	3596525
潍坊市	Weifang	30129000	9493000	4688000	2108000	3369000	1574000
济宁市	Jining	18097445	4722000	2190722	890933	1614482	647852
泰安市	Tai'an	17744843	5693788	1089384	719711	911842	613902
威海市	Weihai	13142096	5023851	3661903	1756426	3013954	1307784
日照市	Rizhao	9223776	6959106	659904	525538	503620	399041
莱芜市	Laiwu	4410577	4410577	352446	352446	243119	243119
临沂市	Linyi	20166590	9129491	2335234	1573004	1653449	1044651
德州市	Dezhou	14016167	2721422	1413117	589470	1128790	436384
聊城市	Liaocheng	12607449	2644867	1087451	594939	863318	480220
滨州市	Binzhou	12627342	3165496	1352579	659456	1049488	444342
菏泽市	Heze	5582559	1212182	1763075	631451	1564533	597090
河南省	**Henan**	**204158476**	**58724027**	**30081064**	**20210202**	**21952166**	**13880470**
郑州市	Zhengzhou	35612211	18100539	10951368	9425130	6756524	5565499
开封市	Kaifeng	7382644	1772609	948812	705798	729674	514560
洛阳市	Luoyang	22940171	5001038	2745135	2024297	2043158	1480946
平顶山市	Pingdingshan	10049914	1809528	1093531	763190	826104	508384
安阳市	Anyang	10805335	2916547	1315815	855087	1068876	711102
鹤壁市	Hebi	4156747	2563469	375911	246632	257550	148132
新乡市	Xinxiang	13803174	4278841	1728463	1189540	1303602	906812
焦作市	Jiaozuo	11202148	2444809	710949	447891	569386	370727
濮阳市	Puyang	7389623	1943889	578996	359771	468452	245349
许昌市	Xuchang	9383960	1556075	893148	481538	763381	381656
漯河市	Luohe	5267853	2411699	373538	264469	331201	227787
三门峡市	Sanmenxia	9255442	1726608	647775	321537	413164	219811
南阳市	Nanyang	17211100	3269669	1008528	564906	775403	425784
商丘市	Shangqiu	10234987	2626564	1403739	491436	1104633	392593
信阳市	Xinyang	11975174	3103009	1891530	607621	1541629	478391
周口市	Zhoukou	9312200	1395100	1731375	868957	1569258	827693
驻马店市	Zhumadian	8175793	1804034	1682451	592402	1430171	475244
湖北省	**Hubei**	**149308746**	**75788806**	**24594449**	**18455252**	**16380730**	**11946102**
武汉市	Wuhan	50160766	37728923	15748605	13273552	9914052	8181933
黄石市	Huangshi	7364077	3061469	560380	404122	405148	278750
十堰市	Shiyan	6539517	2357340	766429	527276	502012	336979
宜昌市	Yichang	15570340	5986380	1765896	1334253	1218168	902211
襄阳市	Xiangfan	15382337	7546183	1861945	983829	1450516	734661
鄂州市	Ezhou	4427438	4427438	116529	116529	102606	102606

2-29 续表 4 continued

单位：万元 (10 000 yuan)

城 市	City	固定资产投资(不含农户) Investment in Fixed Assets (Excluding Rural Households)		房地产开发投资 Investment in Real Estate Development		住宅 Residential Buildings	
		全市 Total City	市辖区 Districts under City	全市 Total City	市辖区 Districts under City	全市 Total City	市辖区 Districts under City
荆门市	Jingmen	7612458	2961155	643064	324886	474282	250237
孝感市	Xiaogan	9403087	1962431	749545	400825	571542	348882
荆州市	Jingzhou	9954907	4393967	548855	279598	415063	212750
黄冈市	Huanggang	10603334	1345211	785691	215545	552968	135891
咸宁市	Xianning	7393136	2127848	849613	428495	615437	322808
随州市	Suizhou	4897349	1890461	197897	166342	158936	138394
湖南省	**Hunan**	**131804661**	**61007521**	**21848375**	**14949107**	**15235072**	**10088944**
长沙市	Changsha	40119564	25386814	10320003	8289170	6988572	5489893
株洲市	Zhuzhou	10534569	5898657	1896516	1454384	1321048	1024293
湘潭市	Xiangtan	8938614	6494571	938122	677345	713276	531516
衡阳市	Hengyang	8917744	4042558	967549	610327	684533	409326
邵阳市	Shaoyang	7616052	1187591	754924	313290	590912	242214
岳阳市	Yueyang	10660492	2390253	1020641	535116	813402	412619
常德市	Changde	9566700	3449300	948109	523587	729227	398903
张家界市	Zhangjiajie	1255724	638374	445183	304588		
益阳市	Yiyang	6251406	3111232	925860	419363	697388	310081
郴州市	Chenzhou	10983975	3247368	1165438	729032	803911	485206
永州市	Yongzhou	5713052	1449999	861206	343078	653486	238850
怀化市	Huaihua	5427673	1254935	793469	327615	694891	261318
娄底市	Loudi	5819096	2455869	811355	422212	544426	284725
广东省	**Guangdong**	**192078714**	**143439267**	**53527853**	**45809924**	**36766097**	**30744909**
广州市	Guangzhou	37583868	33990023	13704511	11774794	8276060	6755880
韶关市	Shaoguan	5074450	2213623	912964	527739	696838	420986
深圳市	Shenzhen	23144319	23144319	7368421	7368421	4745981	4745981
珠海市	Zhuhai	7876184	7876184	2420776	2420776	1817771	1817771
汕头市	Shantou	6119167	6018501	833458	792867	587990	557660
佛山市	Foshan	21283257	21283257	6384638	6384638	4323643	4323643
江门市	Jiangmen	8504108	3736574	1444890	845765	1110193	619678
湛江市	Zhanjiang	5722768	2915077	1149631	871303	834508	603069
茂名市	Maoming	4273674	1624690	739590	193043	569475	147398
肇庆市	Zhaoqing	8526039	2916539	1454508	875266	1143960	641325
惠州市	Huizhou	12086803	8147238	4821683	3454381	3640151	2549596
梅州市	Meizhou	2301442	447386	440524	137087	331725	114131
汕尾市	Shanwei	3329355	576219	160663	41163	119874	37525
河源市	Heyuan	2785868	392720	671264	385683	520764	310002
阳江市	Yangjiang	4836735	1541749	771797	472231	565093	368422
清远市	Qingyuan	4379526	1890459	1807242	1200102	1476902	1014370
东莞市	Dongguan	11803493	11803493	3773210	3773210	2434249	2434249
中山市	Zhongshan	8934346	8934346	3464062	3464062	2632172	2632172
潮州市	Chaozhou	2241572	691197	285665	247924	201651	169895
揭阳市	Yeyang	6635126	1507312	564371	436194	473410	360501
云浮市	Yunfu	4636614	1788361	353985	143275	263687	120655
广西壮族自治区	**Guangxi**	**121591838**	**60074065**	**15549388**	**10162001**	**10696420**	**6707725**
南宁市	Nanning	25176100	17730271	3627301	3097296	2539795	2121205
柳州市	Liuzhou	16152208	10870130	2302717	1706291	1089353	706397

2-29 续表 5 continued

单位：万元 (10 000 yuan)

城市	City	固定资产投资(不含农户) Investment in Fixed Assets (Excluding Rural Households) 全市 Total City	市辖区 Districts under City	房地产开发投资 Investment in Real Estate Development 全市 Total City	市辖区 Districts under City	住宅 Residential Buildings 全市 Total City	市辖区 Districts under City
桂林市	Guilin	13361781	2647597	1760709	406428	1380378	330341
梧州市	Wuzhou	7970740	2713719	718881	265644	500150	189347
北海市	Beihai	7078026	5620774	1761697	1639676	1291667	1224938
防城港市	Fangchenggang	5178255	3599573	1297710	924426	964225	675425
钦州市	Qinzhou	5616792	2627562	684433	548806	476620	418418
贵港市	Guigang	4952098	2593010	489865	268729	351113	162486
玉林市	Yulin	9694157	3233636	946598	494818	705497	340286
百色市	Baise	9168767	1378136	659349	184969	538824	161317
贺州市	Hezhou	5423678	2852258	197552	133898	142192	101278
河池市	Hechi	2218232	540880	142384	18464	91460	18464
来宾市	Laibin	4801129	2818996	619607	443503	369628	229572
崇左市	Chongzuo	4799875	847523	340585	29053	255518	28251
海南省	**Hainan**	**9407235**	**9407235**	**4140035**	**4140035**	**3132949**	**3132949**
海口市	Haikou	5103833	5103833	1755507	1755507	1301056	1301056
三亚市	Sanya	4303402	4303402	2384528	2384528	1831893	1831893
三沙市	Sansha						
重庆市	**Chongqing**	**92542052**	**63882145**	**25083500**	**21519308**	**17067687**	**14444857**
四川省	**Sichuan**	**159913225**	**76623369**	**32426602**	**21059047**	**21811365**	**13409629**
成都市	Chengdu	58900984	35880122	18900420	14275393	11726003	8266993
自贡市	Zigong	4149055	2755806	627680	472143	484359	375514
攀枝花市	Panzhihua	4522807	3205985	546834	408172	422605	294599
泸州市	Luzhou	6670810	3454607	716503	426886	550421	344539
德阳市	Deyang	6898294	2049569	798753	457359	574322	344983
绵阳市	Mianyang	8604790	4286519	1456901	988289	1018075	709345
广元市	Guangyuan	4401743	1842313	328867	224284	219180	150651
遂宁市	Suining	6284862	3435907	767858	384695	560478	262973
内江市	Neijiang	4518524	1967759	580323	155193	449842	108790
乐山市	Leshan	6080886	3499343	754511	390047	528251	301416
南充市	Nanchong	8554586	3508323	1870577	1020584	1530852	878752
眉山市	Meishan	5890703	1498070	781838	233849	618318	233849
宜宾市	Yibin	7356377	1904695	1045136	471551	696581	288996
广安市	Guang'an	5173767	1822249	510528	211348	388022	151626
达州市	Dazhou	8042111	978911	851014	206300	583889	139002
雅安市	Yaan	3177446	914382	300145	60571	234728	46108
巴中市	Bazhong	4746207	1679748	492674	221710	386858	168730
资阳市	Ziyang	5939273	1939061	1096040	450673	838581	342763
贵州省	**Guizhou**	**47275808**	**21740107**	**13078769**	**10359775**	**7961302**	**6459501**
贵阳市	Guiyang	18973500	12756639	9085224	8747966	5736678	5526909
六盘水市	Liupanshui	7663875	1869330	554845	278706	303217	143345
遵义市	Zunyi	11764800	2918911	1288738	470018	802017	316833
安顺市	Anshun	3321550	1419108	614034	420115	392744	270870
毕节市	Bijie	1199600	1813500	905145	291524	572308	181882
铜仁市	Tongren	4352483	962619	630783	151446	154338	19662

2-29 续表 6 continued

单位：万元 (10 000 yuan)

城市	City	固定资产投资(不含农户) Investment in Fixed Assets (Excluding Rural Households) 全市 Total City	市辖区 Districts under City	房地产开发投资 Investment in Real Estate Development 全市 Total City	市辖区 Districts under City	住宅 Residential Buildings 全市 Total City	市辖区 Districts under City
云南省	**Yunnan**	**50373112**	**24134795**	**14073106**	**9843525**	**9622367**	**6323001**
昆明市	Kunming	23459100	17346855	9190732	7660655	6349068	4819747
曲靖市	Qujing	7838393	1629673	1538043	683911	1090657	551900
玉溪市	Yuxi	2871313	1054000	905668	459989	637120	324281
保山市	Baoshan	2226266	585274	507749	187115	350650	108893
昭通市	Zhaotong	4217858	675374	361088	200856	220407	127927
丽江市	Lijiang	2314032	823010	641651	303984	435538	182449
普洱市	Simao	3332586	1334244	301627	183692	189822	125271
临沧市	Lincang	4113564	686365	626548	163323	349105	82533
西藏自治区	**Tibet**	**2775041**		**54398**		**33395**	
拉萨市	Lasa	2775041		54398		33395	
陕西省	**Shaanxi**	**116265762**	**61012613**	**18139835**	**16207664**	**14186899**	**12769991**
西安市	Xi'an	41659924	36384074	12819000	12369500	10116672	9715749
铜川市	Tongchuan	1971934	1814475	225182	220317	200344	197334
宝鸡市	Baoji	12120416	5055925	758757	726453	634643	606138
咸阳市	Xianyang	14863386	7160294	1517638	1350806	1456343	1310632
渭南市	Weinan	10650191	2562941	851093	480070	253969	131750
延安市	Yan'an	8729218	2021413	203089	163724	165550	134305
汉中市	Hanzhong	4606492	1111473	734147	360060	580460	270839
榆林市	Yulin	14939710	3240000	524925	319360	343195	215936
安康市	Ankang	3244091	878458	364015	163338	310158	143940
商洛市	Shangluo	3480400	783560	141989	54036	125565	43368
甘肃省	**Gansu**	**56743427**	**22949182**	**5251176**	**4075396**	**3291667**	**2417279**
兰州市	Lanzhou	12391809	8763572	2333093	2301008	1407009	1389473
嘉峪关市	Jiayuguan	933488	933488	194874	194874	156109	156109
金昌市	Jinchang	1848746	1316885	76762	58418	58076	40263
白银市	Baiyin	3208842	2033821	198664	113223	141047	67747
天水市	Tianshui	360136	217893	309352	180243	309352	180243
武威市	Wuwei	4159500	2119656	228985	178084	189464	141870
张掖市	Zhangye	2095929	739349	310927	153869	254365	119438
平凉市	Pingliang	7038762	1319600	296667	208236	224611	161202
酒泉市	Jiuquan	7840200	1846889	282905	133072	245940	111034
庆阳市	Qingyang	8899125	1800075	507307	273790	47037	
定西市	Dingxi	3922905	856954	452108	230635	199157	
陇南市	Longnan	4043985	1001000	59532	49944	59500	49900
青海省	**Qinghai**	**6349821**	**4328768**	**1582262**	**1569548**	**1171590**	**1162595**
西宁市	Xining	6349821	4328768	1582262	1569548	1171590	1162595
宁夏回族自治区	**Ningxia**	**20236193**	**9667306**	**4291519**	**3036304**	**2794835**	**1956082**
银川市	Yinchuan	9037009	3775890	2757023	2102546	1755066	1344427
石嘴山市	Shizuishan	3809881	2779166	484864	404511	311471	257971
吴忠市	Wuzhong	3508693	1424513	379489	159173	262560	117568
固原市	Guyuan	1477199	726424	214317	142158	119137	68008
中卫市	Zhongwei	2403411	961313	455826	227916	346601	168108
新疆维吾尔自治区	**Xinjiang**	**13047293**	**12855446**	**2444797**	**2441987**	**1946839**	**1944029**
乌鲁木齐市	Urumqi	10030227	9838380	2162552	2159742	1709210	1706400
克拉玛依市	Karamay	3017066	3017066	282245	282245	237629	237629

2-30 学校数(一)

Number of Schools (I)

单位：所 (unit)

城市	City	普通高等学校 Regular Institutions of Higher Education	中等职业教育学校 Vocational Secondary Schools	
		全市 Total City	全市 Total City	市辖区 Districts under City
城市合计	**Prefecture Cities**	**2388**	**9961**	**5720**
北京市	**Beijing**	**91**	**130**	**128**
天津市	**Tianjin**	**55**	**97**	**97**
河北省	**Hebei**	**118**	**709**	**357**
石家庄市	Shijiazhuang	48	181	113
唐山市	Tangshan	9	61	45
秦皇岛市	Qinhuangdao	7	37	24
邯郸市	Handan	5	69	39
邢台市	Xingtai	4	70	25
保定市	Baoding	14	83	25
张家口市	Zhangjiakou	5	51	19
承德市	Chengde	5	33	16
沧州市	Cangzhou	7	48	21
廊坊市	Langfang	12	30	9
衡水市	Hengshui	2	46	21
山西省	**Shanxi**	**78**	**504**	**254**
太原市	Taiyuan	43	96	88
大同市	Datong	1	48	24
阳泉市	Yangquan	2	15	13
长治市	Changzhi	6	44	21
晋城市	Jincheng	2	19	9
朔州市	Shuozhou	1	18	10
晋中市	Jinzhong	8	36	9
运城市	Yuncheng	6	58	27
忻州市	Xinzhou	4	70	16
临汾市	Linfen	4	59	25
吕梁市	Lvliang	1	41	12
内蒙古自治区	**Inner Mongolia**	**45**	**230**	**102**
呼和浩特市	Hohhot	23	60	40
包头市	Baotou	5	21	21
乌海市	Wuhai	1	1	1
赤峰市	Chifeng	4	45	19
通辽市	Tongliao	3	30	2
鄂尔多斯市	Erdos	2	5	4
呼伦贝尔市	Hulunbuir	2	28	3
巴彦淖尔市	Bayannur	2	15	8
乌兰察布市	Ulanqab	3	25	4
辽宁省	**Liaoning**	**112**	**410**	**353**
沈阳市	Shenyang	43	121	117
大连市	Dalian	29	92	84
鞍山市	Anshan	3	22	15
抚顺市	Fushun	6	24	21
本溪市	Benxi	3	13	11
丹东市	Dandong	3	20	16
锦州市	Jinzhou	9	13	9

2-30 续表 1 continued

单位：所 (unit)

城市	City	普通高等学校 Regular Institutions of Higher Education	中等职业教育学校 Vocational Secondary Schools	
		全市 Total City	全市 Total City	市辖区 Districts under City
营口市	Yingkou	2	19	17
阜新市	Fuxin	2	19	18
辽阳市	Liaoyang	4	11	9
盘锦市	Panjin	2	6	3
铁岭市	Tieling	4	24	17
朝阳市	Chaoyang	1	12	4
葫芦岛市	Huludao	1	14	12
吉林省	**Jilin**	**56**	**311**	**204**
长春市	Changchun	37	119	102
吉林市	Jilin	8	43	30
四平市	Siping	4	41	21
辽源市	Liaoyuan	1	13	8
通化市	Tonghua	1	30	12
白山市	Baishan	1	22	12
松原市	Songyuan	1	20	8
白城市	Baicheng	3	23	11
黑龙江省	**Heilongjiang**	**83**	**332**	**190**
哈尔滨市	Harbin	49	96	80
齐齐哈尔市	Qiqihar	6	60	30
鸡西市	Jixi	1	25	20
鹤岗市	Hegang	5	10	10
双鸭山市	Shuangyashan	1	12	5
大庆市	Daqing	7	10	6
伊春市	Yichun	1	13	12
佳木斯市	Jiamusi	3	17	9
七台河市	Qitaihe	1	5	4
牡丹江市	Mudanjiang	7	22	7
黑河市	Heihe	1	27	4
绥化市	Suihua	1	35	3
上海市	**Shanghai**	**67**	**98**	**98**
江苏省	**Jiangsu**	**139**	**369**	**253**
南京市	Nanjing	43	52	50
无锡市	Wuxi	12	42	29
徐州市	Xuzhou	9	33	23
常州市	Changzhou	9	19	15
苏州市	Suzhou	24	42	25
南通市	Nantong	7	29	12
连云港市	Lianyungang	3	26	16
淮安市	Huai'an	6	23	18
盐城市	Yancheng	5	25	12
扬州市	Yangzhou	7	27	20
镇江市	Zhenjiang	6	18	14
泰州市	Taizhou	6	12	7
宿迁市	Suqian	2	21	12

2-30 续表 2 continued

单位：所 (unit)

城 市	City	普通高等学校 Regular Institutions of Higher Education	中等职业教育学校 Vocational Secondary Schools	
		全市 Total City	全市 Total City	市辖区 Districts under City
浙江省	**Zhejiang**	**94**	**385**	**151**
杭州市	Hangzhou	38	58	38
宁波市	Ningbo	14	55	21
温州市	Wenzhou	7	62	22
嘉兴市	Jiaxing	6	25	6
湖州市	Huzhou	3	12	4
绍兴市	Shaoxing	7	23	5
金华市	Jinhua	7	51	17
衢州市	Quzhou	2	22	11
舟山市	Zhoushan	3	7	5
台州市	Taizhou	4	52	16
丽水市	Lishui	3	18	6
安徽省	**Anhui**	**112**	**493**	**240**
合肥市	Hefei	50	86	50
芜湖市	Wuhu	10	25	14
蚌埠市	Bengbu	5	27	13
淮南市	Huainan	5	23	21
马鞍山市	Maanshan	6	17	5
淮北市	Huaibei	3	20	14
铜陵市	Tongling	3	9	5
安庆市	Anqing	5	48	20
黄山市	Huangshan	2	26	13
滁州市	Chuzhou	4	27	6
阜阳市	Fuyang	4	61	32
宿州市	Suzhou	3	25	6
六安市	Lu'an	5	41	18
亳州市	Bozhou	2	28	10
池州市	Chizhou	3	10	5
宣城市	Xuancheng	2	20	8
福建省	**Fujian**	**86**	**283**	**152**
福州市	Fuzhou	32	61	41
厦门市	Xiamen	17	21	21
莆田市	Putian	2	24	16
三明市	Sanming	3	17	6
泉州市	Quanzhou	17	58	30
漳州市	Zhangzhou	7	30	10
南平市	Nanping	4	26	6
龙岩市	Longyan	2	28	18
宁德市	Ningde	2	18	4
江西省	**Jiangxi**	**79**	**413**	**188**
南昌市	Nanchang	43	35	21
景德镇市	Jingdezhen	3	25	18
萍乡市	Pingxiang	3	26	15
九江市	Jiujiang	7	37	18
新余市	Xinyu	5	24	23
鹰潭市	Yingtan	1	14	6
赣州市	Ganzhou	7	75	26
吉安市	Ji'an	1	58	20
宜春市	Yichun	2	39	13
抚州市	Fuzhou	4	36	15
上饶市	Shangrao	3	44	13

2-30 续表 3 continued

单位：所 (unit)

城市	City	普通高等学校 Regular Institutions of Higher Education	中等职业教育学校 Vocational Secondary Schools	
		全市 Total City	全市 Total City	市辖区 Districts under City
山东省	**Shandong**	**172**	**651**	**337**
济南市	Jinan	70	87	
青岛市	Qingdao	22	88	71
淄博市	Zibo	8	32	27
枣庄市	Zaozhuang	3	17	12
东营市	Dongying	4	11	8
烟台市	Yantai	10	66	32
潍坊市	Weifang	13	42	22
济宁市	Jining	7	31	8
泰安市	Tai'an	8	20	11
威海市	Weihai	7	31	18
日照市	Rizhao	2	20	15
莱芜市	Laiwu	2	14	14
临沂市	Linyi	3	53	28
德州市	Dezhou	4	31	12
聊城市	Liaocheng	3	26	14
滨州市	Binzhou	3	29	15
菏泽市	Heze	3	53	30
河南省	**Henan**	**118**	**808**	**365**
郑州市	Zhengzhou	53	130	85
开封市	Kaifeng	3	64	26
洛阳市	Luoyang	5	98	65
平顶山市	Pingdingshan	4	33	13
安阳市	Anyang	6	18	4
鹤壁市	Hebi	2	14	8
新乡市	Xinxiang	10	43	14
焦作市	Jiaozuo	5	31	12
濮阳市	Puyang	1	29	11
许昌市	Xuchang	4	30	12
漯河市	Luohe	3	21	12
三门峡市	Sanmenxia	1	23	8
南阳市	Nanyang	5	87	34
商丘市	Shangqiu	6	41	13
信阳市	Xinyang	5	45	13
周口市	Zhoukou	3	66	23
驻马店市	Zhumadian	2	35	12
湖北省	**Hubei**	**119**	**356**	**252**
武汉市	Wuhan	79	129	129
黄石市	Huangshi	4	22	15
十堰市	Shiyan	7	20	8
宜昌市	Yichang	5	17	9
襄阳市	Xiangfan	5	38	27
鄂州市	Ezhou	1	5	5

2-30 续表 4 continued

单位：所 (unit)

城 市	City	普通高等学校 Regular Institutions of Higher Education	中等职业教育学校 Vocational Secondary Schools	
		全市 Total City	全市 Total City	市辖区 Districts under City
荆门市	Jingmen	1	12	5
孝感市	Xiaogan	2	27	15
荆州市	Jingzhou	8	26	11
黄冈市	Huanggang	4	35	16
咸宁市	Xianning	2	16	5
随州市	Suizhou	1	9	7
湖南省	**Hunan**	**105**	**517**	**234**
长沙市	Changsha	50	73	47
株洲市	Zhuzhou	8	27	11
湘潭市	Xiangtan	10	26	9
衡阳市	Hengyang	9	40	17
邵阳市	Shaoyang	3	61	24
岳阳市	Yueyang	5	42	17
常德市	Changde	4	56	26
张家界市	Zhangjiajie	1	12	7
益阳市	Yiyang	4	27	16
郴州市	Chenzhou	2	27	14
永州市	Yongzhou	3	43	13
怀化市	Huaihua	3	46	20
娄底市	Loudi	3	37	13
广东省	**Guangdong**	**142**	**551**	**359**
广州市	Guangzhou	80	85	81
韶关市	Shaoguan	2	22	15
深圳市	Shenzhen	10	15	15
珠海市	Zhuhai	10	6	6
汕头市	Shantou	1	25	24
佛山市	Foshan	3	51	51
江门市	Jiangmen	3	27	15
湛江市	Zhanjiang	3	54	35
茂名市	Maoming	2	36	16
肇庆市	Zhaoqing	5	23	16
惠州市	Huizhou	3	39	
梅州市	Meizhou	1	31	8
汕尾市	Shanwei	1	14	7
河源市	Heyuan	1	14	8
阳江市	Yangjiang	1	10	4
清远市	Qingyuan	1	16	7
东莞市	Dongguan	6	24	24
中山市	Zhongshan	5	11	11
潮州市	Chaozhou	1	13	8
揭阳市	Yeyang	2	20	5
云浮市	Yunfu	1	15	3
广西壮族自治区	**Guangxi**	**71**	**318**	**191**
南宁市	Nanning	31	66	56
柳州市	Liuzhou	7	34	27

2-30 续表 5 continued

单位：所 (unit)

城 市	City	普通高等学校 Regular Institutions of Higher Education	中等职业教育学校 Vocational Secondary Schools	
		全市 Total City	全市 Total City	市辖区 Districts under City
桂林市	Guilin	9	37	25
梧州市	Wuzhou	1	18	13
北海市	Beihai	4	9	2
防城港市	Fangchenggang	1	3	1
钦州市	Qinzhou	2	20	15
贵港市	Guigang	1	22	12
玉林市	Yulin	1	28	19
百色市	Baise	5	27	1
贺州市	Hezhou	1	15	12
河池市	Hechi	2	17	3
来宾市	Laibin	1	10	5
崇左市	Chongzuo	5	12	
海南省	**Hainan**	**16**	**55**	**55**
海口市	Haikou	11	51	51
三亚市	Sanya	5	4	4
三沙市	Sansha			
重庆市	**Chongqing**	**60**	**227**	**107**
四川省	**Sichuan**	**96**	**498**	**248**
成都市	Chengdu	52	90	55
自贡市	Zigong	2	19	14
攀枝花市	Panzhihua	2	8	8
泸州市	Luzhou	5	23	12
德阳市	Deyang	5	20	13
绵阳市	Mianyang	9	33	22
广元市	Guangyuan	2	14	7
遂宁市	Suining	1	16	5
内江市	Neijiang	2	32	14
乐山市	Leshan	3	28	18
南充市	Nanchong	4	46	25
眉山市	Meishan	2	18	8
宜宾市	Yibin	2	29	12
广安市	Guang'an	1	24	5
达州市	Dazhou	2	34	2
雅安市	Yaan	2	9	4
巴中市	Bazhong		32	18
资阳市	Ziyang		23	6
贵州省	**Guizhou**	**40**	**169**	**111**
贵阳市	Guiyang	26	80	75
六盘水市	Liupanshui	2	18	7
遵义市	Zunyi	6	26	13
安顺市	Anshun	2	13	5
毕节市	Bijie	2	18	7
铜仁市	Tongren	2	14	4

2-30 续表 6 continued

单位：所 (unit)

城市	City	普通高等学校 Regular Institutions of Higher Education	中等职业教育学校 Vocational Secondary Schools	
		全市 Total City	全市 Total City	市辖区 Districts under City
云南省	**Yunnan**	**55**	**229**	**115**
昆明市	Kunming	41	94	68
曲靖市	Qujing	3	29	8
玉溪市	Yuxi	2	13	5
保山市	Baoshan	3	12	3
昭通市	Zhaotong	1	31	10
丽江市	Lijiang	2	11	3
普洱市	Simao	2	18	9
临沧市	Lincang	1	21	9
西藏自治区	**Tibet**	**4**	**3**	**3**
拉萨市	Lasa	4	3	3
陕西省	**Shaanxi**	**90**	**458**	**329**
西安市	Xi'an	62	226	212
铜川市	Tongchuan	1	5	4
宝鸡市	Baoji	2	34	25
咸阳市	Xianyang	13	37	23
渭南市	Weinan	1	64	26
延安市	Yan'an	2	16	4
汉中市	Hanzhong	3	15	3
榆林市	Yulin	2	29	16
安康市	Ankang	2	22	12
商洛市	Shangluo	2	10	4
甘肃省	**Gansu**	**41**	**242**	**149**
兰州市	Lanzhou	25	73	63
嘉峪关市	Jiayuguan	1	3	3
金昌市	Jinchang	1	2	1
白银市	Baiyin	1	17	9
天水市	Tianshui	4	33	22
武威市	Wuwei	2	19	13
张掖市	Zhangye	2	14	7
平凉市	Pingliang	1	11	5
酒泉市	Jiuquan	1	8	5
庆阳市	Qingyang	1	19	10
定西市	Dingxi	1	26	8
陇南市	Longnan	1	17	3
青海省	**Qinghai**	**9**	**20**	**20**
西宁市	Xining	9	20	20
宁夏回族自治区	**Ningxia**	**16**	**49**	**32**
银川市	Yinchuan	13	34	27
石嘴山市	Shizuishan	1	4	3
吴忠市	Wuzhong	1	3	
固原市	Guyuan	1	5	1
中卫市	Zhongwei		3	1
新疆维吾尔自治区	**Xinjiang**	**19**	**46**	**46**
乌鲁木齐市	Urumqi	18	45	45
克拉玛依市	Karamay	1	1	1

2-31 学校数(二)

Number of Schools (Ⅱ)

单位：所 (unit)

城　市	City	普通中学 Regular Secondary Schools		小　学 Primary Schools	
		全市 Total City	市辖区 Districts under City	全市 Total City	市辖区 Districts under City
城市合计	**Prefecture Cities**	**61691**	**19758**	**210164**	**44770**
北京市	**Beijing**	**630**	**587**	**1081**	**1007**
天津市	**Tianjin**	**519**	**373**	**843**	**560**
河北省	**Hebei**	**3000**	**529**	**12898**	**1485**
石家庄市	Shijiazhuang	413	88	1546	224
唐山市	Tangshan	334	116	1159	384
秦皇岛市	Qinhuangdao	165	40	444	63
邯郸市	Handan	395	61	2058	134
邢台市	Xingtai	275	41	1384	118
保定市	Baoding	442	43	2137	110
张家口市	Zhangjiakou	174	42	537	106
承德市	Chengde	122	22	574	88
沧州市	Cangzhou	319	27	1348	72
廊坊市	Langfang	175	27	797	130
衡水市	Hengshui	186	22	914	56
山西省	**Shanxi**	**2586**	**639**	**10072**	**1634**
太原市	Taiyuan	229	167	581	330
大同市	Datong	234	104	756	300
阳泉市	Yangquan	87	40	335	93
长治市	Changzhi	225	49	1158	94
晋城市	Jincheng	159	28	713	71
朔州市	Shuozhou	100	36	354	108
晋中市	Jinzhong	225	31	718	100
运城市	Yuncheng	405	53	1108	111
忻州市	Xinzhou	311	48	1652	171
临汾市	Linfen	295	60	1296	186
吕梁市	Lvliang	316	23	1401	70
内蒙古自治区	**Inner Mongolia**	**889**	**319**	**2202**	**574**
呼和浩特市	Hohhot	114	72	268	111
包头市	Baotou	98	84	162	126
乌海市	Wuhai	17	17	29	29
赤峰市	Chifeng	161	52	599	119
通辽市	Tongliao	140	30	541	81
鄂尔多斯市	Erdos	64	14	122	36
呼伦贝尔市	Hulunbuir	173	19	167	16
巴彦淖尔市	Bayannur	52	15	107	28
乌兰察布市	Ulanqab	70	16	207	28
辽宁省	**Liaoning**	**2024**	**904**	**4779**	**1282**
沈阳市	Shenyang	322	223	325	248
大连市	Dalian	284	154	629	231
鞍山市	Anshan	163	65	586	90
抚顺市	Fushun	119	74	147	68
本溪市	Benxi	66	40	65	43
丹东市	Dandong	127	38	456	78
锦州市	Jinzhou	140	45	390	75

2-31 续表 1 continued

单位：所 (unit)

城市	City	普通中学 Regular Secondary Schools 全市 Total City	普通中学 Regular Secondary Schools 市辖区 Districts under City	小学 Primary Schools 全市 Total City	小学 Primary Schools 市辖区 Districts under City
营口市	Yingkou	98	39	174	52
阜新市	Fuxin	112	35	100	41
辽阳市	Liaoyang	82	55	225	63
盘锦市	Panjin	76	35	47	43
铁岭市	Tieling	131	25	361	31
朝阳市	Chaoyang	169	26	699	97
葫芦岛市	Huludao	135	50	575	122
吉林省	**Jilin**	**1289**	**397**	**4995**	**907**
长春市	Changchun	330	159	1350	373
吉林市	Jilin	190	69	666	149
四平市	Siping	189	30	911	83
辽源市	Liaoyuan	67	22	344	52
通化市	Tonghua	138	24	285	41
白山市	Baishan	110	35	204	49
松原市	Songyuan	141	27	722	89
白城市	Baicheng	124	31	513	71
黑龙江省	**Heilongjiang**	**1972**	**703**	**4891**	**1107**
哈尔滨市	Harbin	541	253	1246	382
齐齐哈尔市	Qiqihar	257	75	927	117
鸡西市	Jixi	113	45	85	25
鹤岗市	Hegang	46	31	91	52
双鸭山市	Shuangyashan	100	29	136	35
大庆市	Daqing	150	82	436	153
伊春市	Yichun	67	42	107	55
佳木斯市	Jiamusi	120	38	268	56
七台河市	Qitaihe	49	31	59	31
牡丹江市	Mudanjiang	133	38	295	72
黑河市	Heihe	118	7	205	11
绥化市	Suihua	278	32	1036	118
上海市	**Shanghai**	**760**	**723**	**761**	**729**
江苏省	**Jiangsu**	**2660**	**1079**	**4128**	**1475**
南京市	Nanjing	220	187	345	289
无锡市	Wuxi	169	90	192	91
徐州市	Xuzhou	321	101	860	232
常州市	Changzhou	162	100	187	117
苏州市	Suzhou	262	133	305	147
南通市	Nantong	224	60	334	88
连云港市	Lianyungang	179	38	435	72
淮安市	Huai'an	173	96	279	131
盐城市	Yancheng	277	57	397	73
扬州市	Yangzhou	170	87	215	98
镇江市	Zhenjiang	111	44	122	47
泰州市	Taizhou	202	34	137	22
宿迁市	Suqian	190	52	320	68

2-31 续表 2 continued

单位：所 (unit)

城 市	City	普通中学 Regular Secondary Schools		小 学 Primary Schools	
		全市 Total City	市辖区 Districts under City	全市 Total City	市辖区 Districts under City
浙江省	**Zhejiang**	**2306**	**782**	**3698**	**1031**
杭州市	Hangzhou	314	197	415	238
宁波市	Ningbo	299	123	476	194
温州市	Wenzhou	477	103	615	146
嘉兴市	Jiaxing	156	46	192	42
湖州市	Huzhou	125	52	136	52
绍兴市	Shaoxing	186	20	405	49
金华市	Jinhua	236	55	445	81
衢州市	Quzhou	94	36	210	55
舟山市	Zhoushan	50	40	61	41
台州市	Taizhou	274	87	502	101
丽水市	Lishui	95	23	241	32
安徽省	**Anhui**	**3636**	**1011**	**12547**	**2824**
合肥市	Hefei	363	105	964	134
芜湖市	Wuhu	211	63	523	110
蚌埠市	Bengbu	167	41	830	108
淮南市	Huainan	132	97	425	252
马鞍山市	Maanshan	102	24	312	68
淮北市	Huaibei	137	78	368	150
铜陵市	Tongling	45	26	88	47
安庆市	Anqing	370	43	1447	124
黄山市	Huangshan	115	35	159	37
滁州市	Chuzhou	287	29	544	49
阜阳市	Fuyang	462	108	2188	429
宿州市	Suzhou	263	87	1067	324
六安市	Lu'an	412	118	1655	383
亳州市	Bozhou	297	65	1359	366
池州市	Chizhou	109	39	377	164
宣城市	Xuancheng	164	53	241	79
福建省	**Fujian**	**1757**	**440**	**5333**	**1299**
福州市	Fuzhou	317	76	927	203
厦门市	Xiamen	95	95	287	287
莆田市	Putian	143	88	509	353
三明市	Sanming	151	18	244	24
泉州市	Quanzhou	331	45	1381	151
漳州市	Zhangzhou	207	37	981	141
南平市	Nanping	164	26	353	54
龙岩市	Longyan	170	27	368	53
宁德市	Ningde	179	28	283	33
江西省	**Jiangxi**	**2542**	**443**	**11173**	**1540**
南昌市	Nanchang	265	121	981	185
景德镇市	Jingdezhen	98	29	478	58
萍乡市	Pingxiang	110	44	399	160
九江市	Jiujiang	298	38	1188	73
新余市	Xinyu	36	30	200	98
鹰潭市	Yingtan	74	16	344	53
赣州市	Ganzhou	449	20	2294	70
吉安市	Ji'an	305	26	1021	84
宜春市	Yichun	239	44	1153	321
抚州市	Fuzhou	209	49	1157	366
上饶市	Shangrao	459	26	1958	72

2-31 续表 3 continued

单位：所 (unit)

城 市	City	普通中学 Regular Secondary Schools 全市 Total City	普通中学 Regular Secondary Schools 市辖区 Districts under City	小学 Primary Schools 全市 Total City	小学 Primary Schools 市辖区 Districts under City
山东省	**Shandong**	**3541**	**1012**	**11572**	**2655**
济南市	Jinan	206		613	
青岛市	Qingdao	292	142	840	313
淄博市	Zibo	193	133	339	213
枣庄市	Zaozhuang	132	83	562	336
东营市	Dongying	91	50	145	65
烟台市	Yantai	270	69	406	141
潍坊市	Weifang	342	75	946	190
济宁市	Jining	283	40	1185	106
泰安市	Tai'an	174	61	611	172
威海市	Weihai	111	27	106	38
日照市	Rizhao	109	48	397	159
莱芜市	Laiwu	55	55	155	155
临沂市	Linyi	351	80	1600	294
德州市	Dezhou	196	22	975	69
聊城市	Liaocheng	217	44	782	148
滨州市	Binzhou	160	27	365	55
菏泽市	Heze	359	56	1545	201
河南省	**Henan**	**5300**	**1031**	**27423**	**3268**
郑州市	Zhengzhou	368	161	1010	307
开封市	Kaifeng	280	43	1429	127
洛阳市	Luoyang	456	108	2068	227
平顶山市	Pingdingshan	257	58	1482	144
安阳市	Anyang	297	52	1401	139
鹤壁市	Hebi	89	32	417	93
新乡市	Xinxiang	388	60	1604	141
焦作市	Jiaozuo	220	57	613	116
濮阳市	Puyang	207	63	1191	106
许昌市	Xuchang	239	25	1017	38
漯河市	Luohe	109	47	525	235
三门峡市	Sanmenxia	130	17	438	39
南阳市	Nanyang	504	91	3716	382
商丘市	Shangqiu	433	85	2469	451
信阳市	Xinyang	380	68	2321	402
周口市	Zhoukou	608	25	3982	152
驻马店市	Zhumadian	335	39	1740	169
湖北省	**Hubei**	**2315**	**718**	**5754**	**1208**
武汉市	Wuhan	374	250	598	309
黄石市	Huangshi	138	34	489	64
十堰市	Shiyan	180	35	613	59
宜昌市	Yichang	170	55	282	73
襄阳市	Xiangfan	235	86	564	159
鄂州市	Ezhou	52	52	191	191

2-31 续表 4 continued

单位：所 (unit)

城市	City	普通中学 Regular Secondary Schools 全市 Total City	普通中学 Regular Secondary Schools 市辖区 Districts under City	小学 Primary Schools 全市 Total City	小学 Primary Schools 市辖区 Districts under City
荆门市	Jingmen	122	32	251	64
孝感市	Xiaogan	219	37	649	97
荆州市	Jingzhou	256	53	458	61
黄冈市	Huanggang	321	17	995	18
咸宁市	Xianning	146	36	475	74
随州市	Suizhou	102	31	189	39
湖南省	**Hunan**	**3681**	**640**	**10501**	**1439**
长沙市	Changsha	284	105	938	339
株洲市	Zhuzhou	192	46	404	86
湘潭市	Xiangtan	181	38	451	58
衡阳市	Hengyang	419	48	1664	159
邵阳市	Shaoyang	461	32	1309	96
岳阳市	Yueyang	306	52	894	131
常德市	Changde	296	70	652	111
张家界市	Zhangjiajie	101	30	152	73
益阳市	Yiyang	229	57	480	142
郴州市	Chenzhou	283	47	955	50
永州市	Yongzhou	319	60	464	92
怀化市	Huaihua	327	29	1298	54
娄底市	Loudi	283	26	840	48
广东省	**Guangdong**	**4321**	**2114**	**13390**	**4303**
广州市	Guangzhou	478	404	941	778
韶关市	Shaoguan	155	43	187	62
深圳市	Shenzhen	302	302	333	333
珠海市	Zhuhai	63	63	114	114
汕头市	Shantou	263	257	787	775
佛山市	Foshan	189	189	411	411
江门市	Jiangmen	180	75	306	125
湛江市	Zhanjiang	333	85	1563	97
茂名市	Maoming	282	56	1731	297
肇庆市	Zhaoqing	170	34	292	37
惠州市	Huizhou	214	97	472	239
梅州市	Meizhou	236	16	782	29
汕尾市	Shanwei	172	28	759	113
河源市	Heyuan	186	25	1092	47
阳江市	Yangjiang	108	36	171	60
清远市	Qingyuan	177	33	402	59
东莞市	Dongguan	203	203	322	322
中山市	Zhongshan	101	101	207	207
潮州市	Chaozhou	125	24	656	46
揭阳市	Yeyang	278	38	1306	95
云浮市	Yunfu	106	5	556	57
广西壮族自治区	**Guangxi**	**2314**	**738**	**13800**	**2927**
南宁市	Nanning	338	174	1479	462
柳州市	Liuzhou	171	65	907	144

2-31 续表 5 continued

单位：所 (unit)

城市	City	普通中学 Regular Secondary Schools 全市 Total City	普通中学 市辖区 Districts under City	小学 Primary Schools 全市 Total City	小学 市辖区 Districts under City
桂林市	Guilin	216	42	1168	86
梧州市	Wuzhou	135	21	899	82
北海市	Beihai	86	44	395	119
防城港市	Fangchenggang	44	23	529	209
钦州市	Qinzhou	121	78	1072	367
贵港市	Guigang	232	94	1136	424
玉林市	Yulin	288	42	1472	237
百色市	Baise	195	24	1307	109
贺州市	Hezhou	107	46	690	302
河池市	Hechi	196	22	1391	77
来宾市	Laibin	91	48	650	248
崇左市	Chongzuo	94	15	705	61
海南省	**Hainan**	**138**	**138**	**364**	**364**
海口市	Haikou	96	96	228	228
三亚市	Sanya	42	42	136	136
三沙市	Sansha				
重庆市	**Chongqing**	**1231**	**658**	**4810**	**1676**
四川省	**Sichuan**	**4334**	**1218**	**6215**	**1741**
成都市	Chengdu	494	219	510	276
自贡市	Zigong	134	58	406	157
攀枝花市	Panzhihua	60	41	63	36
泸州市	Luzhou	218	60	296	42
德阳市	Deyang	154	28	227	31
绵阳市	Mianyang	236	58	438	73
广元市	Guangyuan	183	52	250	87
遂宁市	Suining	167	58	218	80
内江市	Neijiang	188	59	311	128
乐山市	Leshan	216	75	433	81
南充市	Nanchong	512	121	256	94
眉山市	Meishan	233	45	196	52
宜宾市	Yibin	304	63	1308	219
广安市	Guang'an	275	77	242	54
达州市	Dazhou	380	18	328	79
雅安市	Yaan	72	29	257	82
巴中市	Bazhong	197	86	217	47
资阳市	Ziyang	311	71	259	123
贵州省	**Guizhou**	**1896**	**552**	**8102**	**1442**
贵阳市	Guiyang	315	224	671	377
六盘水市	Liupanshui	221	49	753	94
遵义市	Zunyi	471	67	1868	144
安顺市	Anshun	148	49	904	231
毕节市	Bijie	485	131	2453	441
铜仁市	Tongren	256	32	1453	155

2-31 续表 6 continued

单位：所 (unit)

城市	City	普通中学 Regular Secondary Schools		小学 Primary Schools	
		全市 Total City	市辖区 Districts under City	全市 Total City	市辖区 Districts under City
云南省	**Yunnan**	**1291**	**327**	**8343**	**1311**
昆明市	Kunming	268	159	989	409
曲靖市	Qujing	240	32	1700	108
玉溪市	Yuxi	115	25	558	77
保山市	Baoshan	123	36	966	338
昭通市	Zhaotong	218	31	1901	183
丽江市	Lijiang	76	8	488	45
普洱市	Simao	133	15	645	40
临沧市	Lincang	118	21	1096	111
西藏自治区	**Tibet**	**26**	**19**	**88**	**22**
拉萨市	Lasa	26	19	88	22
陕西省	**Shaanxi**	**2317**	**763**	**7966**	**2101**
西安市	Xi'an	419	285	1322	715
铜川市	Tongchuan	55	48	139	104
宝鸡市	Baoji	217	88	757	228
咸阳市	Xianyang	308	63	1314	97
渭南市	Weinan	398	58	1175	188
延安市	Yan'an	129	35	325	65
汉中市	Hanzhong	207	30	769	112
榆林市	Yulin	217	42	549	94
安康市	Ankang	196	75	773	313
商洛市	Shangluo	171	39	843	185
甘肃省	**Gansu**	**1799**	**567**	**10102**	**2163**
兰州市	Lanzhou	206	121	616	269
嘉峪关市	Jiayuguan	11	11	18	18
金昌市	Jinchang	22	12	69	15
白银市	Baiyin	154	41	801	118
天水市	Tianshui	265	86	1673	421
武威市	Wuwei	142	75	751	339
张掖市	Zhangye	95	36	445	95
平凉市	Pingliang	162	33	1136	191
酒泉市	Jiuquan	67	20	233	62
庆阳市	Qingyang	190	29	1251	113
定西市	Dingxi	290	67	1246	168
陇南市	Longnan	195	36	1863	354
青海省	**Qinghai**	**136**	**49**	**265**	**74**
西宁市	Xining	136	49	265	74
宁夏回族自治区	**Ningxia**	**313**	**126**	**1892**	**459**
银川市	Yinchuan	67	43	209	107
石嘴山市	Shizuishan	43	24	87	43
吴忠市	Wuzhong	62	19	343	64
固原市	Guyuan	72	15	876	169
中卫市	Zhongwei	69	25	377	76
新疆维吾尔自治区	**Xinjiang**	**168**	**159**	**176**	**163**
乌鲁木齐市	Urumqi	151	142	147	134
克拉玛依市	Karamay	17	17	29	29

2-32 专任教师数(一)

Number of Full-time Teachers (Ⅰ)

单位：人 (person)

城市	City	普通高等学校 Regular Institutions of Higher Education 全市 Total City	市辖区 Districts under City	中等职业教育学校 Vocational Secondary Schools 全市 Total City	市辖区 Districts under City
城市合计	**Prefecture Cities**	**1429536**	**1327328**	**727344**	**408134**
北京市	**Beijing**	**60004**	**60004**	**9158**	**8845**
天津市	**Tianjin**	**29929**	**29929**	**8802**	**8802**
河北省	**Hebei**	**65256**	**59306**	**49386**	**21440**
石家庄市	Shijiazhuang	23384	22649	10597	5941
唐山市	Tangshan	5926	5926	4464	2850
秦皇岛市	Qinhuangdao	6258	6258	3408	1967
邯郸市	Handan	3326	3326	5932	2372
邢台市	Xingtai	2084	2084	4325	1559
保定市	Baoding	9427	9427	7281	2160
张家口市	Zhangjiakou	2661	2303	2941	1075
承德市	Chengde	2450	2450	2011	828
沧州市	Cangzhou	2658	1914	3419	863
廊坊市	Langfang	6213	2100	1879	360
衡水市	Hengshui	869	869	3129	1465
山西省	**Shanxi**	**36986**	**34158**	**30622**	**16260**
太原市	Taiyuan	21730	21730	6448	6167
大同市	Datong	2089	1942	3234	1351
阳泉市	Yangquan	543	543	1157	966
长治市	Changzhi	2220	2220	2711	1501
晋城市	Jincheng	468	468	1468	736
朔州市	Shuozhou	26	26	2032	1151
晋中市	Jinzhong	3559	1653	2941	727
运城市	Yuncheng	1126	729	2986	1352
忻州市	Xinzhou	1799	1421	2681	657
临汾市	Linfen	2933	2933	2402	725
吕梁市	Lvliang	493	493	2562	927
内蒙古自治区	**Inner Mongolia**	**24079**	**22241**	**14367**	**6952**
呼和浩特市	Hohhot	12416	12416	3533	2768
包头市	Baotou	4543	4543	1428	1428
乌海市	Wuhai	788	788	186	186
赤峰市	Chifeng	1737	1737	2701	930
通辽市	Tongliao	1722		1208	110
鄂尔多斯市	Erdos	281	281	663	463
呼伦贝尔市	Hulunbuir	790	674	1632	187
巴彦淖尔市	Bayannur	579	579	1200	583
乌兰察布市	Ulanqab	1223	1223	1816	297
辽宁省	**Liaoning**	**62009**	**61891**	**27587**	**21329**
沈阳市	Shenyang	24888	24888	6963	5250
大连市	Dalian	17515	17515	4513	3898
鞍山市	Anshan	1975	1975	1544	1110
抚顺市	Fushun	2268	2268	1632	1479
本溪市	Benxi	1464	1646	2429	2055
丹东市	Dandong	1512	1512	1191	811
锦州市	Jinzhou	4624	4624	1173	804

2-32 续表 1 continued

单位：人 (person)

城市	City	普通高等学校 Regular Institutions of Higher Education		中等职业教育学校 Vocational Secondary Schools	
		全市 Total City	市辖区 Districts under City	全市 Total City	市辖区 Districts under City
营口市	Yingkou	1020	1020	1275	1011
阜新市	Fuxin	2589	2289	1943	1455
辽阳市	Liaoyang	1599	1599	878	878
盘锦市	Panjin	587	587	639	314
铁岭市	Tieling	1100	1100	1343	878
朝阳市	Chaoyang	478	478	1255	836
葫芦岛市	Huludao	390	390	809	550
吉林省	**Jilin**	**34727**	**34727**	**16717**	**11031**
长春市	Changchun	24644	24644	5671	4539
吉林市	Jilin	5232	5232	3065	2395
四平市	Siping	2109	2109	1914	901
辽源市	Liaoyuan	323	323	543	384
通化市	Tonghua	687	687	1707	834
白山市	Baishan	258	258	978	598
松原市	Songyuan	366	366	1211	492
白城市	Baicheng	1108	1108	1628	888
黑龙江省	**Heilongjiang**	**45630**	**44405**	**14780**	**8784**
哈尔滨市	Harbin	31509	31092	5080	4212
齐齐哈尔市	Qiqihar	3262	2855	410	410
鸡西市	Jixi	371	371	1180	885
鹤岗市	Hegang	517	517	873	873
双鸭山市	Shuangyashan	191	191	580	241
大庆市	Daqing	3390	3390	649	503
伊春市	Yichun	210	210	292	262
佳木斯市	Jiamusi	2045	2045	869	461
七台河市	Qitaihe	191	191	427	354
牡丹江市	Mudanjiang	2976	2575	1237	225
黑河市	Heihe	474	474	889	221
绥化市	Suihua	494	494	2294	137
上海市	**Shanghai**	**40118**	**40118**	**8332**	**8332**
江苏省	**Jiangsu**	**100122**	**97055**	**54916**	**35867**
南京市	Nanjing	47327	47327	5843	5456
无锡市	Wuxi	5774	5082	6163	3669
徐州市	Xuzhou	6636	6636	5346	3626
常州市	Changzhou	4707	4707	3282	2523
苏州市	Suzhou	10392	8131	5572	3263
南通市	Nantong	3993	3993	5173	2133
连云港市	Lianyungang	1780	1780	3364	2547
淮安市	Huai'an	3410	3296	5236	2208
盐城市	Yancheng	2897	2897	3981	2198
扬州市	Yangzhou	4532	4532	3671	3671
镇江市	Zhenjiang	5081	5081	2044	1451
泰州市	Taizhou	2710	2710	1976	726
宿迁市	Suqian	883	883	3265	2396

2-32 续表 2 continued

单位：人 (person)

城 市	City	普通高等学校 Regular Institutions of Higher Education		中等职业教育学校 Vocational Secondary Schools	
		全市 Total City	市辖区 Districts under City	全市 Total City	市辖区 Districts under City
浙江省	**Zhejiang**	**55133**	**51341**	**35238**	**13845**
杭州市	Hangzhou	26689	25324	5586	3880
宁波市	Ningbo	7374	7374	5519	2295
温州市	Wenzhou	4847	4847	4425	1341
嘉兴市	Jiaxing	3210	2710	2671	693
湖州市	Huzhou	1912	1912	1861	619
绍兴市	Shaoxing	2874	2874	2699	531
金华市	Jinhua	3941	2965	4301	1499
衢州市	Quzhou	517	517	1794	828
舟山市	Zhoushan	1001	1001	523	430
台州市	Taizhou	1616	665	4091	1278
丽水市	Lishui	1152	1152	1768	451
安徽省	**Anhui**	**52536**	**50017**	**34939**	**15091**
合肥市	Hefei	22740	22740	3811	2212
芜湖市	Wuhu	6400	6400	1413	785
蚌埠市	Bengbu	2675	2675	1952	756
淮南市	Huainan	3099	3099	1268	1174
马鞍山市	Maanshan	2750	2750	1382	986
淮北市	Huaibei	1816	1816	1134	976
铜陵市	Tongling	1167	1167	443	191
安庆市	Anqing	2195	1935	6285	1073
黄山市	Huangshan	853	853	690	308
滁州市	Chuzhou	2037	1128	1859	484
阜阳市	Fuyang	1787	1734	3543	2187
宿州市	Suzhou	1054		2039	758
六安市	Lu'an	1808	1565	1846	547
亳州市	Bozhou	659	659	3271	979
池州市	Chizhou	1142	1142	1784	788
宣城市	Xuancheng	354	354	2219	887
福建省	**Fujian**	**41928**	**39164**	**19512**	**10303**
福州市	Fuzhou	18470	18470	4967	3494
厦门市	Xiamen	9180	9180	1445	1445
莆田市	Putian	918	720	1423	899
三明市	Sanming	1042	814	1654	479
泉州市	Quanzhou	6351	4711	3456	1401
漳州市	Zhangzhou	3404	3404	1490	550
南平市	Nanping	1085	387	1325	351
龙岩市	Longyan	972	972	2136	1220
宁德市	Ningde	506	506	1616	464
江西省	**Jiangxi**	**50286**	**47272**	**16362**	**7739**
南昌市	Nanchang	28894	27623	2335	1397
景德镇市	Jingdezhen	1505	1505	619	466
萍乡市	Pingxiang	1093	572	1283	861
九江市	Jiujiang	6388	5166	1818	778
新余市	Xinyu	1955	1955	1252	1252
鹰潭市	Yingtan	287	287	619	219
赣州市	Ganzhou	5015	5015	3259	985
吉安市	Ji'an	877	877	1445	594
宜春市	Yichun	1687	1687	1401	360
抚州市	Fuzhou	1467	1467	906	313
上饶市	Shangrao	1118	1118	1425	514

2-32 续表 3 continued

单位：人 (person)

城市	City	普通高等学校 Regular Institutions of Higher Education		中等职业教育学校 Vocational Secondary Schools	
		全市 Total City	市辖区 Districts under City	全市 Total City	市辖区 Districts under City
山东省	**Shandong**	**101118**	**90180**	**60455**	**29163**
济南市	Jinan	32253	30663	3956	
青岛市	Qingdao	18183	18183	7600	6679
淄博市	Zibo	5367	4831	3956	3114
枣庄市	Zaozhuang	1382	954	1896	1177
东营市	Dongying	1370	1177	1289	642
烟台市	Yantai	8039	6598	7904	3674
潍坊市	Weifang	7165	5227	5105	1662
济宁市	Jining	5147	1795	3635	671
泰安市	Tai'an	5383	5383	2291	927
威海市	Weihai	3148	2384	2103	1583
日照市	Rizhao	1196	1196	1980	1335
莱芜市	Laiwu	630	630	578	578
临沂市	Linyi	2976	2976	3909	1569
德州市	Dezhou	2532	2020	3229	577
聊城市	Liaocheng	2053	2053	3118	1527
滨州市	Binzhou	2672	2672	3961	1434
菏泽市	Heze	1622	1438	3945	2014
河南省	**Henan**	**100321**	**76230**	**67901**	**33721**
郑州市	Zhengzhou	50616	27472	15783	11623
开封市	Kaifeng	4831	4831	3522	1530
洛阳市	Luoyang	5083	5083	5736	3466
平顶山市	Pingdingshan	2959	2959	3291	1919
安阳市	Anyang	3420	3420	2996	1105
鹤壁市	Hebi	691	691	1284	932
新乡市	Xinxiang	8020	7836	4894	2257
焦作市	Jiaozuo	4604	4523	3018	1627
濮阳市	Puyang	679	679	1992	697
许昌市	Xuchang	2028	1950	2422	747
漯河市	Luohe	1735	1735	1510	945
三门峡市	Sanmenxia	855	855	1535	501
南阳市	Nanyang	3752	3676	4808	1686
商丘市	Shangqiu	4436	3989	3024	605
信阳市	Xinyang	3301	3220	4532	1696
周口市	Zhoukou	2160	2160	3671	1302
驻马店市	Zhumadian	1151	1151	3883	1083
湖北省	**Hubei**	**78717**	**78717**	**23436**	**14722**
武汉市	Wuhan	55016	55016	6411	6411
黄石市	Huangshi	2221	2221	1288	932
十堰市	Shiyan	2650	2650	2173	920
宜昌市	Yichang	3510	3510	1933	724
襄阳市	Xiangfan	2538	2538	2158	1234
鄂州市	Ezhou	556	556	200	200

2-32 续表 4 continued

单位：人 (person)

城市	City	普通高等学校 Regular Institutions of Higher Education		中等职业教育学校 Vocational Secondary Schools	
		全市 Total City	市辖区 Districts under City	全市 Total City	市辖区 Districts under City
荆门市	Jingmen	1023	1023	1117	526
孝感市	Xiaogan	1606	1606	2014	1073
荆州市	Jingzhou	4653	4653	2223	1335
黄冈市	Huanggang	2395	2395	2545	740
咸宁市	Xianning	2115	2115	909	297
随州市	Suizhou	434	434	465	330
湖南省	**Hunan**	**62263**	**56747**	**27634**	**12637**
长沙市	Changsha	31187	27094	4019	2887
株洲市	Zhuzhou	3909	3909	1665	916
湘潭市	Xiangtan	6716	6716	1433	688
衡阳市	Hengyang	5578	4253	2512	1132
邵阳市	Shaoyang	1493	1493	2398	775
岳阳市	Yueyang	3262	3262	2979	1280
常德市	Changde	2062	1964	2518	869
张家界市	Zhangjiajie	722	722	616	282
益阳市	Yiyang	1720	1720	1540	635
郴州市	Chenzhou	1168	1168	1643	630
永州市	Yongzhou	1603	1603	2165	743
怀化市	Huaihua	1407	1407	2401	1224
娄底市	Loudi	1436	1436	1745	576
广东省	**Guangdong**	**87332**	**80562**	**48458**	**31766**
广州市	Guangzhou	53706	47347	7577	7073
韶关市	Shaoguan	1801	1801	1634	1052
深圳市	Shenzhen	3889	3889	1948	1948
珠海市	Zhuhai	5792	5792	904	904
汕头市	Shantou	726	726	1663	1652
佛山市	Foshan	1690	1690	4769	4769
江门市	Jiangmen	1406	1406	2754	1509
湛江市	Zhanjiang	3227	3227	3834	2491
茂名市	Maoming	1273	1047	2787	1077
肇庆市	Zhaoqing	2503	2503	2666	1311
惠州市	Huizhou	1329	1329	3366	
梅州市	Meizhou	1138	1138	2167	870
汕尾市	Shanwei	300	300	700	300
河源市	Heyuan	491	491	1179	610
阳江市	Yangjiang	320	320	925	425
清远市	Qingyuan	464	464	1531	556
东莞市	Dongguan	2729	2729	2448	2448
中山市	Zhongshan	2406	2406	1411	1411
潮州市	Chaozhou	1180	1180	794	520
揭阳市	Yeyang	536	351	2290	541
云浮市	Yunfu	426	426	1111	299
广西壮族自治区	**Guangxi**	**34172**	**32254**	**22629**	**14049**
南宁市	Nanning	16743	16548	5407	4651
柳州市	Liuzhou	3213	3213	2770	2245

2-32 续表 5 continued

单位：人 (person)

城市	City	普通高等学校 Regular Institutions of Higher Education		中等职业教育学校 Vocational Secondary Schools	
		全市 Total City	市辖区 Districts under City	全市 Total City	市辖区 Districts under City
桂林市	Guilin	6390	6316	1958	1173
梧州市	Wuzhou	651	651	1322	631
北海市	Beihai	1095	1095	1445	806
防城港市	Fangchenggang	40	40	130	69
钦州市	Qinzhou	743	743	1009	623
贵港市	Guigang	207	207	1218	674
玉林市	Yulin	831	831	2447	1734
百色市	Baise	1340	917	1425	62
贺州市	Hezhou	553	553	897	563
河池市	Hechi	638	173	1211	522
来宾市	Laibin	346	346	546	296
崇左市	Chongzuo	1382	621	844	
海南省	**Hainan**	**7842**	**7842**	**2931**	**2931**
海口市	Haikou	5788	5788	2496	2496
三亚市	Sanya	2054	2054	435	435
三沙市	Sansha				
重庆市	**Chongqing**	**35744**	**35203**	**18900**	**10036**
四川省	**Sichuan**	**71596**	**50174**	**38947**	**16626**
成都市	Chengdu	43227	24275	8752	4549
自贡市	Zigong	1598	1598	1178	772
攀枝花市	Panzhihua	1179	1179	1093	1020
泸州市	Luzhou	2218	2092	2579	859
德阳市	Deyang	2911	1720	1475	628
绵阳市	Mianyang	6116	5789	2054	1053
广元市	Guangyuan	415	415	1087	477
遂宁市	Suining	597	597	1629	614
内江市	Neijiang	1279	1279	1912	745
乐山市	Leshan	2387	2387	1763	940
南充市	Nanchong	3377	3377	3536	2058
眉山市	Meishan	1169	343	1419	432
宜宾市	Yibin	1280	1280	2473	1101
广安市	Guang'an	297	297	1095	184
达州市	Dazhou	1113	1113	3520	90
雅安市	Yaan	2433	2433	430	194
巴中市	Bazhong			1508	519
资阳市	Ziyang			1444	391
贵州省	**Guizhou**	**19496**	**19319**	**9865**	**6282**
贵阳市	Guiyang	13278	13101	4672	4426
六盘水市	Liupanshui	610	610	716	300
遵义市	Zunyi	2717	2717	1638	430
安顺市	Anshun	1095	1095	617	223
毕节市	Bijie	827	827	1248	613
铜仁市	Tongren	969	969	974	290

2-32 续表 6 continued

单位：人 (person)

城市	City	普通高等学校 Regular Institutions of Higher Education 全市 Total City	普通高等学校 市辖区 Districts under City	中等职业教育学校 Vocational Secondary Schools 全市 Total City	中等职业教育学校 市辖区 Districts under City
云南省	**Yunnan**	**27624**	**26852**	**14339**	**8512**
昆明市	Kunming	22800	22772	5792	4667
曲靖市	Qujing	1138	1125	2408	1131
玉溪市	Yuxi	982	982	1471	652
保山市	Baoshan	760	760	1044	362
昭通市	Zhaotong	378	378	1221	569
丽江市	Lijiang	731		466	234
普洱市	Simao	473	473	1117	542
临沧市	Lincang	362	362	820	355
西藏自治区	**Tibet**	**1411**	**1411**	**38**	**38**
拉萨市	Lasa	1411	1411	38	38
陕西省	**Shaanxi**	**59264**	**57342**	**27297**	**17529**
西安市	Xi'an	44487	43283	13212	12551
铜川市	Tongchuan	306	306	177	177
宝鸡市	Baoji	1790	1790	2136	1559
咸阳市	Xianyang	5659	5659	2005	739
渭南市	Weinan	1245	1245	2561	916
延安市	Yan'an	1484	1484	1159	350
汉中市	Hanzhong	1984	1618	1411	297
榆林市	Yulin	742	742	2527	376
安康市	Ankang	845	493	847	335
商洛市	Shangluo	722	722	1262	229
甘肃省	**Gansu**	**23656**	**23104**	**15506**	**8568**
兰州市	Lanzhou	17786	17786	3900	3481
嘉峪关市	Jiayuguan	191	191	72	72
金昌市	Jinchang	102	102	129	129
白银市	Baiyin	181	181	1095	645
天水市	Tianshui	1816	1816	1912	1138
武威市	Wuwei	713	713	894	412
张掖市	Zhangye	772	772	938	460
平凉市	Pingliang	371	316	1607	489
酒泉市	Jiuquan	433	324	772	362
庆阳市	Qingyang	619	619	1357	712
定西市	Dingxi	284	284	1769	448
陇南市	Longnan	388		1061	220
青海省	**Qinghai**	**3717**	**3717**	**1406**	**1406**
西宁市	Xining	3717	3717	1406	1406
宁夏回族自治区	**Ningxia**	**6654**	**6180**	**3389**	**2033**
银川市	Yinchuan	5703	5229	1880	1424
石嘴山市	Shizuishan	332	332	284	209
吴忠市	Wuzhong	269	269	185	
固原市	Guyuan	350	350	640	207
中卫市	Zhongwei			400	193
新疆维吾尔自治区	**Xinjiang**	**9866**	**9866**	**3495**	**3495**
乌鲁木齐市	Urumqi	9584	9584	3270	3270
克拉玛依市	Karamay	282	282	225	225

2-33 专任教师数(二)

Number of Full-time Teachers (II)

单位：人 (persons)

城市	City	普通中学 Regular Secondary Schools 全市 Total City	普通中学 Regular Secondary Schools 市辖区 Districts under City	小学 Primary Schools 全市 Total City	小学 Primary Schools 市辖区 Districts under City
城市合计	**Prefecture Cities**	**4877810**	**1733627**	**5031630**	**1569595**
北京市	**Beijing**	**57379**	**53947**	**46783**	**44020**
天津市	**Tianjin**	**41495**	**31914**	**37769**	**30023**
河北省	**Hebei**	**250718**	**57527**	**316962**	**50785**
石家庄市	Shijiazhuang	35584	10304	41627	7988
唐山市	Tangshan	29376	11165	28648	10892
秦皇岛市	Qinhuangdao	12147	3963	13502	3814
邯郸市	Handan	33912	7606	44432	6425
邢台市	Xingtai	23770	4665	33586	3720
保定市	Baoding	34979	3358	44309	3231
张家口市	Zhangjiakou	15177	4690	18579	3684
承德市	Chengde	11553	2623	15365	2093
沧州市	Cangzhou	22464	2790	35309	2904
廊坊市	Langfang	15246	2923	21445	3674
衡水市	Hengshui	16510	3440	20160	2360
山西省	**Shanxi**	**185539**	**56217**	**179646**	**45978**
太原市	Taiyuan	17845	13788	16861	12121
大同市	Datong	17976	8733	16585	8549
阳泉市	Yangquan	6330	3810	5569	2479
长治市	Changzhi	16780	4631	15550	2811
晋城市	Jincheng	10928	2688	10712	1887
朔州市	Shuozhou	12605	3972	11755	3537
晋中市	Jinzhong	15248	2628	15069	2697
运城市	Yuncheng	31195	5127	25491	3514
忻州市	Xinzhou	15127	3278	17972	2426
临汾市	Linfen	21967	5525	22495	4197
吕梁市	Lvliang	19538	2037	21587	1760
内蒙古自治区	**Inner Mongolia**	**83125**	**32380**	**97235**	**29059**
呼和浩特市	Hohhot	10185	6467	8887	4801
包头市	Baotou	9592	7803	8720	6399
乌海市	Wuhai	1196	1196	2344	2344
赤峰市	Chifeng	18423	6270	22985	5983
通辽市	Tongliao	12067	2797	17626	3291
鄂尔多斯市	Erdos	7409	2351	7038	1875
呼伦贝尔市	Hulunbuir	9703	1735	10605	857
巴彦淖尔市	Bayannur	5426	1625	7180	2062
乌兰察布市	Ulanqab	9124	2136	11850	1447
辽宁省	**Liaoning**	**155077**	**73756**	**137673**	**57382**
沈阳市	Shenyang	24015	18005	21963	14651
大连市	Dalian	21363	12239	17745	9593
鞍山市	Anshan	12614	5858	10985	4328
抚顺市	Fushun	7492	4804	7123	3944
本溪市	Benxi	7073	4160	6013	3571
丹东市	Dandong	8038	2554	8300	2057
锦州市	Jinzhou	9454	3121	10469	2962

2-33 续表 1 continued

单位：人 (persons)

城市	City	普通中学 Regular Secondary Schools 全市 Total City	普通中学 Regular Secondary Schools 市辖区 Districts under City	小学 Primary Schools 全市 Total City	小学 Primary Schools 市辖区 Districts under City
营口市	Yingkou	9985	4149	5680	2399
阜新市	Fuxin	8372	2773	3993	2310
辽阳市	Liaoyang	5853	4403	5217	1877
盘锦市	Panjin	5573	3032	5051	2271
铁岭市	Tieling	11250	2264	9679	1283
朝阳市	Chaoyang	13973	2562	14630	2197
葫芦岛市	Huludao	10022	3832	10825	3939
吉林省	**Jilin**	**95334**	**34622**	**100298**	**29155**
长春市	Changchun	28791	15198	29128	12151
吉林市	Jilin	15999	6071	16335	5521
四平市	Siping	11509	2331	13413	2417
辽源市	Liaoyuan	4365	1778	5564	1589
通化市	Tonghua	9735	1894	8231	1555
白山市	Baishan	7037	2684	4635	1697
松原市	Songyuan	9885	2693	13563	2483
白城市	Baicheng	8013	1973	9429	1742
黑龙江省	**Heilongjiang**	**147024**	**61388**	**136140**	**46682**
哈尔滨市	Harbin	37101	21113	36282	14141
齐齐哈尔市	Qiqihar	17672	5910	16384	5354
鸡西市	Jixi	8799	4454	7304	3897
鹤岗市	Hegang	3550	2607	3077	1861
双鸭山市	Shuangyashan	7687	2438	5739	1980
大庆市	Daqing	14172	8886	10557	4688
伊春市	Yichun	4930	3189	5153	2999
佳木斯市	Jiamusi	9167	3350	10933	3177
七台河市	Qitaihe	3969	2925	2393	1515
牡丹江市	Mudanjiang	8625	3067	8631	3030
黑河市	Heihe	8949	1094	7423	710
绥化市	Suihua	22403	2355	22264	3330
上海市	**Shanghai**	**51790**	**49511**	**48066**	**46132**
江苏省	**Jiangsu**	**279454**	**113635**	**252580**	**103450**
南京市	Nanjing	22245	19228	20235	17700
无锡市	Wuxi	19394	9706	18214	9980
徐州市	Xuzhou	37179	11626	35419	10666
常州市	Changzhou	13944	8756	12257	8119
苏州市	Suzhou	25916	14058	25656	13328
南通市	Nantong	25542	6993	19546	6011
连云港市	Lianyungang	21021	4659	21035	4009
淮安市	Huai'an	19738	10334	18674	9268
盐城市	Yancheng	27988	6271	24169	4974
扬州市	Yangzhou	16725	8747	13513	7352
镇江市	Zhenjiang	10036	3621	8778	3318
泰州市	Taizhou	19658	3783	14650	2721
宿迁市	Suqian	20068	5853	20434	6004

2-33 续表 2 continued

单位：人 (persons)

城市	City	普通中学 Regular Secondary Schools 全市 Total City	普通中学 Regular Secondary Schools 市辖区 Districts under City	小学 Primary Schools 全市 Total City	小学 Primary Schools 市辖区 Districts under City
浙江省	**Zhejiang**	**185738**	**64209**	**177208**	**62913**
杭州市	Hangzhou	27061	17645	27777	19273
宁波市	Ningbo	23021	10104	23139	10364
温州市	Wenzhou	31712	7483	32687	7906
嘉兴市	Jiaxing	14126	3853	11129	2656
湖州市	Huzhou	10945	4486	8533	3644
绍兴市	Shaoxing	18476	2454	15278	2384
金华市	Jinhua	18570	4156	17406	3650
衢州市	Quzhou	8380	3141	8116	2873
舟山市	Zhoushan	3723	2883	3248	2428
台州市	Taizhou	21452	6132	20116	5993
丽水市	Lishui	8272	1872	9779	1742
安徽省	**Anhui**	**233712**	**74255**	**241332**	**68460**
合肥市	Hefei	28331	9808	23670	7941
芜湖市	Wuhu	13081	3895	11473	3684
蚌埠市	Bengbu	11468	3976	12637	3045
淮南市	Huainan	8964	6736	9446	6981
马鞍山市	Maanshan	8278	2865	8083	2438
淮北市	Huaibei	9108	4923	8814	4919
铜陵市	Tongling	3230	2128	2899	1700
安庆市	Anqing	25073	3644	21584	2710
黄山市	Huangshan	5095	1737	5400	1607
滁州市	Chuzhou	16269	2380	15792	2149
阜阳市	Fuyang	26422	6950	36337	8119
宿州市	Suzhou	21182	7337	23448	6266
六安市	Lu'an	24157	7045	22750	5326
亳州市	Bozhou	16252	5016	23803	6289
池州市	Chizhou	6225	2499	5664	2315
宣城市	Xuancheng	10577	3316	9532	2971
福建省	**Fujian**	**147433**	**45000**	**150980**	**44762**
福州市	Fuzhou	23932	7998	24553	8303
厦门市	Xiamen	9097	9097	9877	9877
莆田市	Putian	14429	9722	14190	9905
三明市	Sanming	11574	1455	12504	1278
泉州市	Quanzhou	30519	6224	30027	5573
漳州市	Zhangzhou	19470	4264	19997	3351
南平市	Nanping	11791	2020	13710	2115
龙岩市	Longyan	13229	2122	12048	2275
宁德市	Ningde	13392	2098	14074	2085
江西省	**Jiangxi**	**177900**	**42121**	**199724**	**35423**
南昌市	Nanchang	21684	12789	17820	7441
景德镇市	Jingdezhen	7358	2835	6437	1578
萍乡市	Pingxiang	7693	3415	7625	3307
九江市	Jiujiang	20880	3653	21114	2568
新余市	Xinyu	4865	4002	5210	3734
鹰潭市	Yingtan	4624	1085	5382	1221
赣州市	Ganzhou	32148	2504	41115	2697
吉安市	Ji'an	18102	1987	17940	2121
宜春市	Yichun	19051	3518	24187	4157
抚州市	Fuzhou	14799	4555	18844	4981
上饶市	Shangrao	26696	1778	34050	1618

2-33 续表 3 continued

单位：人 (persons)

城市	City	普通中学 Regular Secondary Schools		小学 Primary Schools	
		全市 Total City	市辖区 Districts under City	全市 Total City	市辖区 Districts under City
山东省	**Shandong**	**381288**	**110097**	**379009**	**101357**
济南市	Jinan	22280		24678	
青岛市	Qingdao	31952	14405	31697	15125
淄博市	Zibo	20774	14256	15280	10530
枣庄市	Zaozhuang	14135	8074	17751	10513
东营市	Dongying	10453	5110	7851	4189
烟台市	Yantai	32595	8270	17023	5522
潍坊市	Weifang	39906	8121	36850	7912
济宁市	Jining	29651	4988	32685	3857
泰安市	Tai'an	20047	6201	20514	4671
威海市	Weihai	12777	3626	6978	2394
日照市	Rizhao	12315	5663	10896	4916
莱芜市	Laiwu	6385	6385	5222	5222
临沂市	Linyi	39641	10014	41535	10718
德州市	Dezhou	19676	2671	26723	2467
聊城市	Liaocheng	22009	4582	22957	4550
滨州市	Binzhou	15583	2739	15923	2769
菏泽市	Heze	31109	4992	44446	6002
河南省	**Henan**	**404553**	**91630**	**489867**	**88267**
郑州市	Zhengzhou	37729	17211	36341	14933
开封市	Kaifeng	17921	3476	23424	3439
洛阳市	Luoyang	28659	8865	28181	6304
平顶山市	Pingdingshan	17616	4491	25049	5039
安阳市	Anyang	20612	4604	24427	4921
鹤壁市	Hebi	6206	2728	7990	3204
新乡市	Xinxiang	28828	5064	25474	3960
焦作市	Jiaozuo	16178	4431	13795	3235
濮阳市	Puyang	17029	5217	20270	3726
许昌市	Xuchang	18014	1793	23535	1568
漯河市	Luohe	9430	4753	11559	6068
三门峡市	Sanmenxia	10467	1360	10681	1519
南阳市	Nanyang	37783	7559	49387	7495
商丘市	Shangqiu	33150	6868	50765	9151
信阳市	Xinyang	35696	7234	43008	6732
周口市	Zhoukou	38851	2295	54198	3165
驻马店市	Zhumadian	30384	3681	41783	3808
湖北省	**Hubei**	**192006**	**63561**	**164449**	**50590**
武汉市	Wuhan	32094	19557	26630	16291
黄石市	Huangshi	10065	2629	9305	2361
十堰市	Shiyan	14207	3740	12876	2295
宜昌市	Yichang	13217	5060	11003	3913
襄阳市	Xiangfan	19862	9530	19946	8504
鄂州市	Ezhou	4198	4198	5101	5101

2-33 续表 4 continued

单位：人 (persons)

城 市	City	普通中学 Regular Secondary Schools 全市 Total City	普通中学 Regular Secondary Schools 市辖区 Districts under City	小学 Primary Schools 全市 Total City	小学 Primary Schools 市辖区 Districts under City
荆门市	Jingmen	9970	2885	9140	2482
孝感市	Xiaogan	21147	4122	17876	3259
荆州市	Jingzhou	22236	4342	13420	2213
黄冈市	Huanggang	25457	1983	22586	812
咸宁市	Xianning	10800	2467	10288	2001
随州市	Suizhou	8753	3048	6278	1358
湖南省	**Hunan**	**243873**	**56772**	**225857**	**48049**
长沙市	Changsha	23678	11657	20147	9600
株洲市	Zhuzhou	14938	4508	10518	3140
湘潭市	Xiangtan	11506	3274	7905	2484
衡阳市	Hengyang	25025	3708	28034	4282
邵阳市	Shaoyang	23092	2236	25121	2501
岳阳市	Yueyang	24001	5632	18304	4587
常德市	Changde	21575	5633	17132	4231
张家界市	Zhangjiajie	5316	1743	5683	1920
益阳市	Yiyang	17615	4928	16715	4672
郴州市	Chenzhou	18458	3516	17929	2253
永州市	Yongzhou	23801	5050	24622	4753
怀化市	Huaihua	18829	2667	18281	1548
娄底市	Loudi	16039	2220	15466	2078
广东省	**Guangdong**	**429276**	**207442**	**419217**	**200206**
广州市	Guangzhou	40082	32670	44632	37514
韶关市	Shaoguan	13169	3856	13136	3518
深圳市	Shenzhen	38081	38081	21222	21222
珠海市	Zhuhai	6113	6113	5993	5993
汕头市	Shantou	23849	23466	24105	23778
佛山市	Foshan	21154	21154	20975	20975
江门市	Jiangmen	17070	6780	15888	6642
湛江市	Zhanjiang	32447	8212	35866	7394
茂名市	Maoming	35873	5971	33574	6268
肇庆市	Zhaoqing	21814	3220	18366	2536
惠州市	Huizhou	18444	9027	21243	9398
梅州市	Meizhou	23069	2412	19649	1502
汕尾市	Shanwei	14796	2809	15310	2577
河源市	Heyuan	15596	2202	15826	2118
阳江市	Yangjiang	12223	3566	11066	2512
清远市	Qingyuan	17676	3607	15920	2893
东莞市	Dongguan	15858	15858	25379	25379
中山市	Zhongshan	10243	10243	11729	11729
潮州市	Chaozhou	11512	2427	10022	1593
揭阳市	Yeyang	28366	4067	27976	3377
云浮市	Yunfu	11841	1701	11340	1288
广西壮族自治区	**Guangxi**	**166247**	**52261**	**216499**	**58827**
南宁市	Nanning	22665	9891	28487	12182
柳州市	Liuzhou	11502	4653	14094	4514

2-33 续表 5 continued

单位：人 (persons)

城市	City	普通中学 Regular Secondary Schools 全市 Total City	普通中学 Regular Secondary Schools 市辖区 Districts under City	小学 Primary Schools 全市 Total City	小学 Primary Schools 市辖区 Districts under City
桂林市	Guilin	15624	3247	18958	3226
梧州市	Wuzhou	10743	1692	14079	2065
北海市	Beihai	7487	3588	7638	2940
防城港市	Fangchenggang	2694	1554	4363	2427
钦州市	Qinzhou	12054	4883	15827	6415
贵港市	Guigang	18293	8100	20010	7034
玉林市	Yulin	21742	4167	28195	4226
百色市	Baise	10678	1430	16678	1751
贺州市	Hezhou	7276	2788	9332	4479
河池市	Hechi	11644	1352	18873	1521
来宾市	Laibin	7858	3961	9988	4478
崇左市	Chongzuo	5987	955	9977	1569
海南省	**Hainan**	**12519**	**12519**	**11571**	**11571**
海口市	Haikou	9992	9992	7979	7979
三亚市	Sanya	2527	2527	3592	3592
三沙市	Sansha				
重庆市	**Chongqing**	**112452**	**63072**	**114036**	**56590**
四川省	**Sichuan**	**270441**	**95731**	**268677**	**82476**
成都市	Chengdu	45044	22414	38571	20304
自贡市	Zigong	7891	3487	8345	3933
攀枝花市	Panzhihua	5020	3275	5081	2845
泸州市	Luzhou	14698	4837	16160	4631
德阳市	Deyang	11229	2405	10895	2227
绵阳市	Mianyang	19165	6977	16923	4598
广元市	Guangyuan	11571	3625	13348	4128
遂宁市	Suining	12898	5221	11674	4498
内江市	Neijiang	11600	4367	12878	3889
乐山市	Leshan	10655	4371	11660	2945
南充市	Nanchong	27353	10934	24747	7742
眉山市	Meishan	10582	2725	9920	2269
宜宾市	Yibin	18158	5310	19229	4652
广安市	Guang'an	14710	4867	13220	2769
达州市	Dazhou	19868	1077	23327	1835
雅安市	Yaan	4660	1757	6377	2302
巴中市	Bazhong	11743	4762	13317	4045
资阳市	Ziyang	13596	3320	13005	2864
贵州省	**Guizhou**	**115991**	**31942**	**137834**	**29471**
贵阳市	Guiyang	18779	13115	14885	9362
六盘水市	Liupanshui	11874	2739	13949	2838
遵义市	Zunyi	29517	4297	32488	3661
安顺市	Anshun	10450	3952	13751	4066
毕节市	Bijie	28197	5628	40113	7265
铜仁市	Tongren	17174	2211	22648	2279

2-33 续表 6 continued

单位：人 (persons)

城 市	City	普通中学 Regular Secondary Schools 全市 Total City	普通中学 市辖区 Districts under City	小 学 Primary Schools 全市 Total City	小 学 市辖区 Districts under City
云南省	**Yunnan**	**103673**	**26906**	**143344**	**31199**
昆明市	Kunming	21100	10992	26287	13395
曲靖市	Qujing	23981	3286	31770	3345
玉溪市	Yuxi	8953	2138	11292	1897
保山市	Baoshan	10919	3838	11719	4109
昭通市	Zhaotong	18727	2915	30593	4519
丽江市	Lijiang	5063	961	6829	989
普洱市	Simao	7587	1345	11724	1226
临沧市	Lincang	7343	1431	13130	1719
西藏自治区	**Tibet**	**3050**	**2083**	**3500**	**1636**
拉萨市	Lasa	3050	2083	3500	1636
陕西省	**Shaanxi**	**178311**	**57813**	**161576**	**48517**
西安市	Xi'an	31526	22154	28146	19269
铜川市	Tongchuan	4523	4106	3775	3250
宝鸡市	Baoji	18348	6793	14216	4965
咸阳市	Xianyang	25172	4144	26322	3558
渭南市	Weinan	30128	4602	22034	3317
延安市	Yan'an	13012	3381	14382	2875
汉中市	Hanzhong	14246	2194	14746	2141
榆林市	Yulin	18044	3474	16488	3129
安康市	Ankang	12310	4565	11899	3700
商洛市	Shangluo	11002	2400	9568	2313
甘肃省	**Gansu**	**116478**	**39755**	**120720**	**38203**
兰州市	Lanzhou	13748	8694	14381	8515
嘉峪关市	Jiayuguan	1082	1082	807	807
金昌市	Jinchang	2163	1218	1915	911
白银市	Baiyin	11609	3317	10699	2827
天水市	Tianshui	17061	6126	17835	6003
武威市	Wuwei	9329	4686	10734	5467
张掖市	Zhangye	5842	2576	5890	2270
平凉市	Pingliang	11966	1951	12642	2521
酒泉市	Jiuquan	5739	2179	4342	1594
庆阳市	Qingyang	12520	2911	13885	2408
定西市	Dingxi	16858	3126	13487	2120
陇南市	Longnan	8561	1889	14103	2760
青海省	**Qinghai**	**11375**	**4116**	**5546**	**3037**
西宁市	Xining	11375	4116	5546	3037
宁夏回族自治区	**Ningxia**	**30577**	**13685**	**34906**	**13122**
银川市	Yinchuan	7789	5056	7582	4885
石嘴山市	Shizuishan	3615	2337	3435	2187
吴忠市	Wuzhong	6332	1814	8661	1846
固原市	Guyuan	6856	2333	9164	2604
中卫市	Zhongwei	5985	2145	6064	1600
新疆维吾尔自治区	**Xinjiang**	**13982**	**13760**	**12626**	**12253**
乌鲁木齐市	Urumqi	11642	11420	10769	10396
克拉玛依市	Karamay	2340	2340	1857	1857

2-34 在校学生数(一)

Number of Students Enrollment (Ⅰ)

单位：人 (person)

城市	City	普通高等学校 Regular Institutions of Higher Education		高中阶段在校学生数 Students Enrollment of Senior Secondary Schools	
		全市 Total City	市辖区 Districts under City	全市 Total City	市辖区 Districts under City
城市合计	**Prefecture Cities**	**24316795**	**22074377**	**35828641**	**16092427**
北京市	**Beijing**	**581844**	**581844**	**426714**	**410465**
天津市	**Tianjin**	**473114**	**473114**	**299701**	**260080**
河北省	**Hebei**	**1189216**	**1106485**	**2108448**	**751671**
石家庄市	Shijiazhuang	395542	388464	402379	218439
唐山市	Tangshan	125531	125531	260754	120068
秦皇岛市	Qinhuangdao	155553	155553	81776	28307
邯郸市	Handan	61728	61728	277351	82819
邢台市	Xingtai	49455	49455	204196	65112
保定市	Baoding	142124	142124	300237	53937
张家口市	Zhangjiakou	45501	43095	70118	27600
承德市	Chengde	41258	41258	110125	35987
沧州市	Cangzhou	51292	38170	152301	46228
廊坊市	Langfang	105079	44954	115337	26204
衡水市	Hengshui	16153	16153	133874	46970
山西省	**Shanxi**	**611162**	**560291**	**1109688**	**435185**
太原市	Taiyuan	358202	358202	87717	72578
大同市	Datong	37084	36172	106494	60487
阳泉市	Yangquan	11999	11999	47882	34915
长治市	Changzhi	30533	30533	116291	52540
晋城市	Jincheng	5907	5907	86257	31071
朔州市	Shuozhou	328	328	181325	70538
晋中市	Jinzhong	68327	35351	57123	9191
运城市	Yuncheng	20682	8189	142529	33952
忻州市	Xinzhou	20691	16201	62699	19524
临汾市	Linfen	41359	41359	95637	32623
吕梁市	Lvliang	16050	16050	125734	17766
内蒙古自治区	**Inner Mongolia**	**395587**	**356143**	**512944**	**245376**
呼和浩特市	Hohhot	227190	227190	61709	40810
包头市	Baotou	68641	68641	53990	47410
乌海市	Wuhai	3539	3539	11285	11285
赤峰市	Chifeng	17850	17850	164729	64920
通辽市	Tongliao	37779		62300	26424
鄂尔多斯市	Erdos	3848	3848	44666	15548
呼伦贝尔市	Hulunbuir	13368	11703	40248	10719
巴彦淖尔市	Bayannur	7572	7572	31810	7152
乌兰察布市	Ulanqab	15800	15800	42207	21108
辽宁省	**Liaoning**	**961938**	**959493**	**1077662**	**654563**
沈阳市	Shenyang	369285	369285	200570	173391
大连市	Dalian	263692	263692	171755	122857
鞍山市	Anshan	37593	37593	76639	39859
抚顺市	Fushun	44344	44344	48114	36444
本溪市	Benxi	15603	15603	47361	35226
丹东市	Dandong	28453	28453	71651	38927
锦州市	Jinzhou	83673	83673	74974	34761

2-34 续表 1 continued

单位：人 (person)

城市	City	普通高等学校 Regular Institutions of Higher Education		高中阶段在校学生数 Students Enrollment of Senior Secondary Schools	
		全市 Total City	市辖区 Districts under City	全市 Total City	市辖区 Districts under City
营口市	Yingkou	21368	21368	57515	37796
阜新市	Fuxin	43005	40560	55249	15977
辽阳市	Liaoyang	19095	19095	40017	37649
盘锦市	Panjin	5687	5687	29301	16713
铁岭市	Tieling	17329	17329	65015	24604
朝阳市	Chaoyang	4766	4766	94658	24248
葫芦岛市	Huludao	8045	8045	44843	16111
吉林省	**Jilin**	**560218**	**560218**	**656977**	**337781**
长春市	Changchun	387662	387662	225120	142551
吉林市	Jilin	96286	96286	126617	74814
四平市	Siping	35106	35106	89841	32151
辽源市	Liaoyuan	5567	5567	32003	17560
通化市	Tonghua	11863	11863	57755	15976
白山市	Baishan	1200	1200	29928	13678
松原市	Songyuan	3483	3483	57050	26960
白城市	Baicheng	19051	19051	38663	14091
黑龙江省	**Heilongjiang**	**736556**	**719007**	**757739**	**394414**
哈尔滨市	Harbin	482211	476685	277231	210004
齐齐哈尔市	Qiqihar	50372	44000	72876	27808
鸡西市	Jixi	9841	9841	27771	14983
鹤岗市	Hegang	6639	6639	20062	16690
双鸭山市	Shuangyashan	4093	4093	35489	12110
大庆市	Daqing	65281	65281	71954	43695
伊春市	Yichun	1104	1104	21774	15210
佳木斯市	Jiamusi	43905	43905	39706	17662
七台河市	Qitaihe	1339	1339	15778	11192
牡丹江市	Mudanjiang	51321	45670	43973	17386
黑河市	Heihe	9820	9820	41850	4789
绥化市	Suihua	10630	10630	89275	2885
上海市	**Shanghai**	**506596**	**506596**	**325946**	**325946**
江苏省	**Jiangsu**	**1620416**	**1543599**	**2168046**	**1196812**
南京市	Nanjing	651948	651948	212998	199499
无锡市	Wuxi	109363	94625	146288	94431
徐州市	Xuzhou	115815	115815	271714	116642
常州市	Changzhou	88233	88233	122575	92928
苏州市	Suzhou	192206	142191	160836	100817
南通市	Nantong	75402	75402	176320	73566
连云港市	Lianyungang	33876	33841	146554	55753
淮安市	Huai'an	67113	67113	171890	110844
盐城市	Yancheng	54634	54634	214371	99176
扬州市	Yangzhou	83844	71815	148744	94710
镇江市	Zhenjiang	82345	82345	74149	38801
泰州市	Taizhou	48509	48509	107873	30971
宿迁市	Suqian	17128	17128	213734	88674

2-34 续表 2 continued

单位：人 (person)

城市	City	普通高等学校 Regular Institutions of Higher Education		高中阶段在校学生数 Students Enrollment of Senior Secondary Schools	
		全市 Total City	市辖区 Districts under City	全市 Total City	市辖区 Districts under City
浙江省	**Zhejiang**	**1010517**	**950019**	**1529734**	**548648**
杭州市	Hangzhou	459181	437845	234012	155125
宁波市	Ningbo	145358	145358	181578	76614
温州市	Wenzhou	76547	76547	213884	56195
嘉兴市	Jiaxing	60753	51375	132287	39802
湖州市	Huzhou	26153	26153	86785	31638
绍兴市	Shaoxing	59758	59758	175428	27530
金华市	Jinhua	78845	57160	159539	44179
衢州市	Quzhou	11687	11687	76227	32848
舟山市	Zhoushan	22989	22989	22458	18183
台州市	Taizhou	31132	23033	176173	48529
丽水市	Lishui	38114	38114	71363	18005
安徽省	**Anhui**	**1065885**	**1005863**	**1791403**	**638326**
合肥市	Hefei	417207	417207	155976	55242
芜湖市	Wuhu	147365	147365	72169	19219
蚌埠市	Bengbu	58711	58711	118069	35152
淮南市	Huainan	66817	66817	85045	72337
马鞍山市	Maanshan	49864	49864	47825	16448
淮北市	Huaibei	32147	32147	50789	30489
铜陵市	Tongling	30348	30348	15675	11493
安庆市	Anqing	40644	38990	166001	25214
黄山市	Huangshan	17284	17284	49934	18490
滁州市	Chuzhou	46984	29887	143834	27525
阜阳市	Fuyang	36294	35383	271902	100788
宿州市	Suzhou	33582		110988	32092
六安市	Lu'an	39349	37689	234601	90143
亳州市	Bozhou	11010	11010	151758	48063
池州市	Chizhou	29796	24678	71585	37276
宣城市	Xuancheng	8483	8483	45252	18355
福建省	**Fujian**	**716964**	**662386**	**1173399**	**533806**
福州市	Fuzhou	305386	305386	303583	197112
厦门市	Xiamen	143964	143964	81154	81154
莆田市	Putian	17399	13746	119662	75340
三明市	Sanming	22737	17633	51821	9966
泉州市	Quanzhou	117599	87013	258811	86362
漳州市	Zhangzhou	62453	62453	142378	38712
南平市	Nanping	23084	7849	56816	10473
龙岩市	Longyan	15562	15562	62023	17103
宁德市	Ningde	8780	8780	97151	17584
江西省	**Jiangxi**	**842226**	**812687**	**1032150**	**304192**
南昌市	Nanchang	509239	487560	96991	43034
景德镇市	Jingdezhen	23885	23885	39881	29289
萍乡市	Pingxiang	11254	9495	65813	39437
九江市	Jiujiang	78095	72010	142918	40306
新余市	Xinyu	29853	29853	20021	15666
鹰潭市	Yingtan	5148	5148	34767	13952
赣州市	Ganzhou	85479	85479	151006	13066
吉安市	Ji'an	17610	17610	92269	10909
宜春市	Yichun	35507	35491	135320	34275
抚州市	Fuzhou	24495	24495	73748	29710
上饶市	Shangrao	21661	21661	179416	34548

2-34 续表 3 continued

单位：人 (person)

城市	City	普通高等学校 Regular Institutions of Higher Education		高中阶段在校学生数 Students Enrollment of Senior Secondary Schools	
		全市 Total City	市辖区 Districts under City	全市 Total City	市辖区 Districts under City
山东省	**Shandong**	**1873346**	**1689935**	**2621844**	**1096249**
济南市	Jinan	659872	625566	221180	
青岛市	Qingdao	296645	296645	260395	255881
淄博市	Zibo	93079	84822	194430	137335
枣庄市	Zaozhuang	21426	18976	122400	79500
东营市	Dongying	26551	25163	69281	36003
烟台市	Yantai	156471	129623	252350	116306
潍坊市	Weifang	120088	88967	190234	35192
济宁市	Jining	85150	31500	199696	45930
泰安市	Tai'an	100959	100959	152038	73640
威海市	Weihai	60588	46073	39349	11706
日照市	Rizhao	21841	21841	82102	52308
莱芜市	Laiwu	5798	5798	37734	37734
临沂市	Linyi	61294	61294	253511	80299
德州市	Dezhou	39495	31543	78439	14949
聊城市	Liaocheng	46057	46057	109287	21599
滨州市	Binzhou	46041	46041	124843	35960
菏泽市	Heze	31991	29067	234575	61907
河南省	**Henan**	**1605981**	**1429358**	**3509600**	**1182106**
郑州市	Zhengzhou	698190	530944	446172	296452
开封市	Kaifeng	81610	80835	154257	60959
洛阳市	Luoyang	118923	118923	249198	124806
平顶山市	Pingdingshan	61476	61476	122366	56310
安阳市	Anyang	56866	56866	138874	36382
鹤壁市	Hebi	10516	10516	55004	32420
新乡市	Xinxiang	140934	140318	217902	62535
焦作市	Jiaozuo	78575	78044	127019	44147
濮阳市	Puyang	11577	11577	133400	44140
许昌市	Xuchang	34483	34068	152269	32614
漯河市	Luohe	28293	28293	79001	48559
三门峡市	Sanmenxia	14969	14969	87927	23750
南阳市	Nanyang	67206	66952	276812	97862
商丘市	Shangqiu	76802	71115	312240	66782
信阳市	Xinyang	55669	54570	385441	61635
周口市	Zhoukou	39165	39165	313304	46755
驻马店市	Zhumadian	30727	30727	258414	45998
湖北省	**Hubei**	**1426756**	**1426756**	**1257545**	**599879**
武汉市	Wuhan	946991	946991	265053	265053
黄石市	Huangshi	43749	43749	80632	36107
十堰市	Shiyan	46741	46741	58148	20811
宜昌市	Yichang	56588	56588	59930	24703
襄阳市	Xiangfan	61943	61943	144489	79231
鄂州市	Ezhou	12600	12600	20255	20255

2-34 续表 4 continued

单位：人 (person)

城市	City	普通高等学校 Regular Institutions of Higher Education		高中阶段在校学生数 Students Enrollment of Senior Secondary Schools	
		全市 Total City	市辖区 Districts under City	全市 Total City	市辖区 Districts under City
荆门市	Jingmen	21204	21204	68893	24522
孝感市	Xiaogan	27479	27479	119495	41320
荆州市	Jingzhou	113638	113638	120054	29100
黄冈市	Huanggang	47727	47727	219378	15118
咸宁市	Xianning	39551	39551	53304	17250
随州市	Suizhou	8545	8545	47914	26409
湖南省	**Hunan**	**1096238**	**1002479**	**1299982**	**531283**
长沙市	Changsha	523174	437364	262862	165490
株洲市	Zhuzhou	72855	72855	101228	46561
湘潭市	Xiangtan	118641	118641	51574	25199
衡阳市	Hengyang	125448	119125	115766	20816
邵阳市	Shaoyang	27610	27610	112629	12765
岳阳市	Yueyang	39505	39505	15527	54219
常德市	Changde	39101	37475	157489	49575
张家界市	Zhangjiajie	12140	12140	24402	8011
益阳市	Yiyang	28549	28549	94312	39898
郴州市	Chenzhou	20944	20944	55455	15210
永州市	Yongzhou	24956	24956	127244	38182
怀化市	Huaihua	38855	38855	109644	40368
娄底市	Loudi	24460	24460	71850	14989
广东省	**Guangdong**	**1630311**	**1484983**	**3020696**	**1528502**
广州市	Guangzhou	939208	801944	177188	143519
韶关市	Shaoguan	33618	33618	103683	49196
深圳市	Shenzhen	75570	75570	168073	168073
珠海市	Zhuhai	123206	123206	31685	31685
汕头市	Shantou	9428	9428	274499	271680
佛山市	Foshan	45778	45778	221664	221664
江门市	Jiangmen	30699	30669	83746	34020
湛江市	Zhanjiang	74027	74027	211097	61166
茂名市	Maoming	30180	25367	372653	111782
肇庆市	Zhaoqing	63657	63657	157920	66691
惠州市	Huizhou	24300	24300	93838	51691
梅州市	Meizhou	22104	22104	132677	18620
汕尾市	Shanwei	4500	4500	124600	22700
河源市	Heyuan	12289	12289	76163	11492
阳江市	Yangjiang	7157	7157	70268	18695
清远市	Qingyuan	10788	10788	82618	19853
东莞市	Dongguan	52381	52381	75851	75851
中山市	Zhongshan	36326	36326	47102	47102
潮州市	Chaozhou	17693	17693	227744	49329
揭阳市	Yeyang	10461	7240	178315	26012
云浮市	Yunfu	6941	6941	109312	27681
广西壮族自治区	**Guangxi**	**701377**	**663330**	**1158955**	**507915**
南宁市	Nanning	318047	314404	116641	57178
柳州市	Liuzhou	68444	68444	141165	94299

2-34 续表 5 continued

单位：人 (person)

城市	City	普通高等学校 Regular Institutions of Higher Education		高中阶段在校学生数 Students Enrollment of Senior Secondary Schools	
		全市 Total City	市辖区 Districts under City	全市 Total City	市辖区 Districts under City
桂林市	Guilin	155217	153981	128815	49976
梧州市	Wuzhou	15620	15620	50433	10151
北海市	Beihai	24304	24304	59972	40543
防城港市	Fangchenggang	1783	1783	13130	9355
钦州市	Qinzhou	14285	14285	69759	23522
贵港市	Guigang	1716	1716	159369	82605
玉林市	Yulin	15415	15415	200000	66000
百色市	Baise	27949	19417	54886	16153
贺州市	Hezhou	9744	9744	32221	15524
河池市	Hechi	12276	2943	63059	9659
来宾市	Laibin	5924	5924	45235	28562
崇左市	Chongzuo	30653	15350	24270	4388
海南省	**Hainan**	**159724**	**159724**	**59375**	**59375**
海口市	Haikou	115496	115496	46159	46159
三亚市	Sanya	44228	44228	13216	13216
三沙市	Sansha				
重庆市	**Chongqing**	**670174**	**66878**	**1151744**	**651020**
四川省	**Sichuan**	**1194067**	**839787**	**2705175**	**992013**
成都市	Chengdu	685639	367446	500241	247464
自贡市	Zigong	30612	30612	75186	41602
攀枝花市	Panzhihua	21646	21646	41532	34295
泸州市	Luzhou	41195	41163	174284	65376
德阳市	Deyang	54697	41186	113123	14114
绵阳市	Mianyang	102968	95079	183619	89072
广元市	Guangyuan	5905	5905	107257	45679
遂宁市	Suining	12415	12415	109869	49285
内江市	Neijiang	22227	22227	117101	42738
乐山市	Leshan	42712	42712	99522	47541
南充市	Nanchong	62264	62264	263017	112385
眉山市	Meishan	20605	5950	113914	16294
宜宾市	Yibin	23505	23505	162053	61023
广安市	Guang'an	6720	6720	162070	32055
达州市	Dazhou	19789	19789	199577	5287
雅安市	Yaan	41168	41168	38338	9255
巴中市	Bazhong			128991	50903
资阳市	Ziyang			115481	27645
贵州省	**Guizhou**	**496326**	**392966**	**583525**	**173202**
贵阳市	Guiyang	391071	287711	81264	50824
六盘水市	Liupanshui	8844	8844	89443	32261
遵义市	Zunyi	53155	53155	150634	24656
安顺市	Anshun	13127	13127	38289	18402
毕节市	Bijie	13055	13055	137137	29489
铜仁市	Tongren	17074	17074	86758	17570

2-34 续表 6 continued

单位：人 (person)

城市	City	普通高等学校 Regular Institutions of Higher Education		高中阶段在校学生数 Students Enrollment of Senior Secondary Schools	
		全市 Total City	市辖区 Districts under City	全市 Total City	市辖区 Districts under City
云南省	**Yunnan**	**443192**	**427813**	**709064**	**319692**
昆明市	Kunming	361000	360980	268143	206229
曲靖市	Qujing	26162	23033	129488	20968
玉溪市	Yuxi	13487	13487	52675	9641
保山市	Baoshan	10074	10074	44433	16453
昭通市	Zhaotong	5975	5975	115137	31277
丽江市	Lijiang	12230		22589	5003
普洱市	Simao	8547	8547	49377	20683
临沧市	Lincang	5717	5717	27222	9438
西藏自治区	**Tibet**	**19579**	**19579**	**17798**	**17798**
拉萨市	Lasa	19579	19579	17798	17798
陕西省	**Shaanxi**	**1002973**	**960455**	**1443424**	**638717**
西安市	Xi'an	723961	701269	462247	393114
铜川市	Tongchuan	2732	2732	19760	18957
宝鸡市	Baoji	29839	29839	87347	35851
咸阳市	Xianyang	117687	117687	226692	50609
渭南市	Weinan	16932	16932	254841	46591
延安市	Yan'an	29045	29045	85685	26247
汉中市	Hanzhong	32889	21831	74800	12175
榆林市	Yulin	15703	15703	87368	23831
安康市	Ankang	19422	10654	59951	20413
商洛市	Shangluo	14763	14763	84733	10929
甘肃省	**Gansu**	**424999**	**419631**	**793357**	**340655**
兰州市	Lanzhou	306635	306635	160650	128511
嘉峪关市	Jiayuguan	3247	3247	6078	6078
金昌市	Jinchang	1655	1655	12820	5799
白银市	Baiyin	2935	2935	64416	18413
天水市	Tianshui	34588	34588	117645	48802
武威市	Wuwei	15625	15625	57270	27646
张掖市	Zhangye	19646	19646	50433	21714
平凉市	Pingliang	6825	6825	61068	22208
酒泉市	Jiuquan	6952	6952	23597	19582
庆阳市	Qingyang	14387	14387	104859	13198
定西市	Dingxi	7136	7136	85558	18273
陇南市	Longnan	5368		48963	10431
青海省	**Qinghai**	**61858**	**61858**	**40899**	**19399**
西宁市	Xining	61858	61858	40899	19399
宁夏回族自治区	**Ningxia**	**97503**	**90948**	**218678**	**131258**
银川市	Yinchuan	82469	75914	112314	85868
石嘴山市	Shizuishan	6603	6603	16946	11875
吴忠市	Wuzhong	2369	2369	30305	10527
固原市	Guyuan	6062	6062	35418	13198
中卫市	Zhongwei			23695	9790
新疆维吾尔自治区	**Xinjiang**	**140152**	**140152**	**266429**	**266099**
乌鲁木齐市	Urumqi	135954	135954	257118	256788
克拉玛依市	Karamay	4198	4198	9311	9311

2-35 在校学生数(二)
Number of Students Enrollment (II)

城市	City	中等职业教育学校（人）Vocational Secondary Schools (person)		普通中学（万人）Regular Secondary Schools (10 000 persons)	
		全市 Total City	市辖区 Districts under City	全市 Total City	市辖区 Districts under City
城市合计	**Prefecture Cities**	**16937194**	**9781924**	**6627.03**	**2320.71**
北京市	**Beijing**	**233209**	**228146**	**49.90**	**46.99**
天津市	**Tianjin**	**118466**	**118466**	**43.78**	**33.56**
河北省	**Hebei**	**964695**	**453738**	**335.04**	**78.57**
石家庄市	Shijiazhuang	215138	147840	47.83	14.95
唐山市	Tangshan	105485	71785	33.41	12.62
秦皇岛市	Qinhuangdao	42480	21205	12.90	4.19
邯郸市	Handan	128809	44055	47.60	10.94
邢台市	Xingtai	94176	33233	34.58	6.73
保定市	Baoding	134071	30837	48.77	5.68
张家口市	Zhangjiakou	53122	24300	20.84	6.35
承德市	Chengde	47675	19023	16.58	3.25
沧州市	Cangzhou	56416	26455	29.28	4.53
廊坊市	Langfang	44062	12166	20.75	4.33
衡水市	Hengshui	43261	22839	22.50	5.00
山西省	**Shanxi**	**551114**	**358512**	**235.74**	**79.79**
太原市	Taiyuan	177588	174319	23.09	17.78
大同市	Datong	45281	24438	20.45	10.12
阳泉市	Yangquan	18575	16817	8.17	6.48
长治市	Changzhi	35275	21992	22.12	6.92
晋城市	Jincheng	26112	15648	16.91	4.41
朔州市	Shuozhou	16970	7954	16.44	6.26
晋中市	Jinzhong	62550	14362	17.21	3.00
运城市	Yuncheng	61237	35472	36.88	8.71
忻州市	Xinzhou	46165	16930	19.06	4.78
临汾市	Linfen	30690	16027	27.43	7.71
吕梁市	Lvliang	30671	14553	27.98	3.62
内蒙古自治区	**Inner Mongolia**	**224851**	**135313**	**100.70**	**45.74**
呼和浩特市	Hohhot	51148	45045	15.52	10.23
包头市	Baotou	27739	27739	13.05	11.06
乌海市	Wuhai	4560	4560	1.58	1.58
赤峰市	Chifeng	53508	23688	25.54	8.57
通辽市	Tongliao	25500	1377	10.28	3.49
鄂尔多斯市	Erdos	8822	6676	5.31	2.98
呼伦贝尔市	Hulunbuir	24861	1904	10.62	2.00
巴彦淖尔市	Bayannur	17435	14000	8.69	2.60
乌兰察布市	Ulanqab	11278	10324	10.11	3.23
辽宁省	**Liaoning**	**421049**	**361456**	**172.62**	**81.07**
沈阳市	Shenyang	110458	110458	28.16	20.43
大连市	Dalian	71075	64184	25.49	14.54
鞍山市	Anshan	18650	13881	14.43	6.75
抚顺市	Fushun	21377	19228	7.69	4.92
本溪市	Benxi	24471	21218	5.85	3.45
丹东市	Dandong	25633	22456	11.24	3.22
锦州市	Jinzhou	25338	19984	13.33	4.46

2-35 续表 1 continued

城　市	City	中等职业教育学校 (人) Vocational Secondary Schools (person)		普通中学 (万人) Regular Secondary Schools (10 000 persons)	
		全市 Total City	市辖区 Districts under City	全市 Total City	市辖区 Districts under City
营口市	Yingkou	23052	19774	9.90	4.51
阜新市	Fuxin	22132	20188	5.26	1.81
辽阳市	Liaoyang	12687	11421	8.19	5.38
盘锦市	Panjin	11668	7941	7.32	4.41
铁岭市	Tieling	19137	11594	12.24	2.48
朝阳市	Chaoyang	23457	10075	10.62	0.70
葫芦岛市	Huludao	11914	9054	12.90	4.01
吉林省	**Jilin**	**213120**	**157742**	**109.05**	**41.34**
长春市	Changchun	79655	67157	34.24	17.49
吉林市	Jilin	47018	41775	19.58	7.92
四平市	Siping	36406	18493	13.89	2.95
辽源市	Liaoyuan	11213	9799	4.91	1.78
通化市	Tonghua	12704	6434	10.76	2.08
白山市	Baishan	7704	3896	5.45	2.28
松原市	Songyuan	10284	6549	11.67	4.24
白城市	Baicheng	8136	3639	8.55	2.60
黑龙江省	**Heilongjiang**	**282791**	**183054**	**170.06**	**67.83**
哈尔滨市	Harbin	138477	130023	42.37	22.76
齐齐哈尔市	Qiqihar	24661	8523	20.21	6.20
鸡西市	Jixi	22476	13332	9.87	4.23
鹤岗市	Hegang	10448	10448	4.52	3.30
双鸭山市	Shuangyashan	8998	3850	7.59	2.49
大庆市	Daqing	8770	5416	17.34	10.59
伊春市	Yichun	3017	2816	4.91	2.94
佳木斯市	Jiamusi	9679	2192	12.05	4.44
七台河市	Qitaihe	1946	1629	4.49	3.36
牡丹江市	Mudanjiang	7892	2145	10.37	4.00
黑河市	Heihe	21052	2432	9.25	1.07
绥化市	Suihua	25375	248	27.09	2.45
上海市	**Shanghai**	**144065**	**144065**	**59.04**	**56.97**
江苏省	**Jiangsu**	**919373**	**681141**	**317.89**	**127.23**
南京市	Nanjing	101602	100709	23.07	19.82
无锡市	Wuxi	73647	58597	21.05	10.85
徐州市	Xuzhou	102094	62558	42.61	12.35
常州市	Changzhou	62583	55057	16.91	11.55
苏州市	Suzhou	76713	55847	26.18	13.19
南通市	Nantong	64133	39332	27.96	8.41
连云港市	Lianyungang	43659	35809	26.85	4.96
淮安市	Huai'an	76519	55038	24.21	12.66
盐城市	Yancheng	92120	64983	29.99	7.32
扬州市	Yangzhou	68323	53436	19.79	10.42
镇江市	Zhenjiang	32481	24227	10.46	3.86
泰州市	Taizhou	25856	16071	19.62	3.47
宿迁市	Suqian	99643	59477	29.19	8.37

2-35 续表 2 continued

城 市	City	中等职业教育学校（人）Vocational Secondary Schools (person)		普通中学（万人）Regular Secondary Schools (10 000 persons)	
		全市 Total City	市辖区 Districts under City	全市 Total City	市辖区 Districts under City
浙江省	**Zhejiang**	**651952**	**265152**	**236.89**	**78.71**
杭州市	Hangzhou	100515	71279	33.14	21.24
宁波市	Ningbo	80294	34846	29.52	12.69
温州市	Wenzhou	71517	22960	37.92	8.39
嘉兴市	Jiaxing	59968	17029	18.34	5.06
湖州市	Huzhou	33590	11920	13.13	4.98
绍兴市	Shaoxing	64422	14793	25.83	3.73
金华市	Jinhua	82155	35308	24.42	5.28
衢州市	Quzhou	34412	16930	11.57	4.23
舟山市	Zhoushan	8598	7507	3.54	2.74
台州市	Taizhou	82928	22103	28.11	8.11
丽水市	Lishui	33553	10477	11.37	2.26
安徽省	**Anhui**	**1005557**	**428387**	**342.27**	**105.85**
合肥市	Hefei	140926	89449	39.47	14.05
芜湖市	Wuhu	59241	20146	17.34	4.94
蚌埠市	Bengbu	57211	18222	18.37	4.46
淮南市	Huainan	40847	38209	11.84	8.48
马鞍山市	Maanshan	35780	19344	12.32	4.56
淮北市	Huaibei	36634	31686	13.51	6.45
铜陵市	Tongling	12009	6959	3.85	2.69
安庆市	Anqing	133113	20110	36.80	5.06
黄山市	Huangshan	22314	8158	6.25	2.23
滁州市	Chuzhou	65731	16240	23.40	3.21
阜阳市	Fuyang	126916	56625	44.76	11.62
宿州市	Suzhou	51763	21119	30.24	8.70
六安市	Lu'an	84106	25691	36.13	13.20
亳州市	Bozhou	68518	21650	26.68	8.09
池州市	Chizhou	32240	19960	9.26	3.89
宣城市	Xuancheng	38208	14819	12.05	4.22
福建省	**Fujian**	**609115**	**352083**	**178.49**	**58.29**
福州市	Fuzhou	195095	155581	30.19	11.42
厦门市	Xiamen	37894	37894	12.54	12.54
莆田市	Putian	50790	29390	18.06	12.02
三明市	Sanming	58903	19245	13.22	2.11
泉州市	Quanzhou	106874	51576	36.42	7.43
漳州市	Zhangzhou	56836	17002	25.97	5.81
南平市	Nanping	24740	5013	14.41	2.34
龙岩市	Longyan	44758	27745	13.29	2.49
宁德市	Ningde	33225	8637	14.39	2.13
江西省	**Jiangxi**	**523694**	**288148**	**278.22**	**59.59**
南昌市	Nanchang	106341	76396	30.83	16.63
景德镇市	Jingdezhen	13823	5908	9.66	3.48
萍乡市	Pingxiang	30434	22769	10.58	4.53
九江市	Jiujiang	43790	23203	29.04	4.40
新余市	Xinyu	29910	29910	6.36	4.93
鹰潭市	Yingtan	17641	8942	6.82	1.77
赣州市	Ganzhou	108160	45306	56.35	3.85
吉安市	Ji'an	51213	21219	26.29	2.41
宜春市	Yichun	44422	20112	31.02	5.63
抚州市	Fuzhou	26701	9312	26.51	9.39
上饶市	Shangrao	51259	25071	44.76	2.57

2-35 续表 3 continued

城 市	City	中等职业教育学校 (人) Vocational Secondary Schools (person)		普通中学 (万人) Regular Secondary Schools (10 000 persons)	
		全市 Total City	市辖区 Districts under City	全市 Total City	市辖区 Districts under City
山东省	**Shandong**	**1240404**	**610856**	**484.68**	**146.84**
济南市	Jinan	89989		30.89	
青岛市	Qingdao	135810	88975	36.96	16.69
淄博市	Zibo	93021	69339	29.13	19.27
枣庄市	Zaozhuang	44500	34600	20.76	12.26
东营市	Dongying	22478	13146	12.55	6.47
烟台市	Yantai	97859	43321	33.60	10.01
潍坊市	Weifang	175661	90524	47.38	9.28
济宁市	Jining	69928	24029	40.60	7.40
泰安市	Tai'an	61041	31777	26.94	10.02
威海市	Weihai	33408	19273	12.64	4.29
日照市	Rizhao	38211	31378	14.48	7.21
莱芜市	Laiwu	9133	9133	9.29	9.29
临沂市	Linyi	72893	35227	52.30	13.40
德州市	Dezhou	75507	25801	19.38	2.64
聊城市	Liaocheng	54600	22401	26.47	6.56
滨州市	Binzhou	83144	36592	19.82	3.56
菏泽市	Heze	83221	35340	51.49	8.49
河南省	**Henan**	**1573375**	**736831**	**623.84**	**133.74**
郑州市	Zhengzhou	276743	216557	45.30	22.41
开封市	Kaifeng	87464	30896	29.60	6.00
洛阳市	Luoyang	122494	83358	40.12	11.62
平顶山市	Pingdingshan	61188	37701	24.19	5.46
安阳市	Anyang	57449	18089	28.41	6.42
鹤壁市	Hebi	27012	17118	11.23	4.65
新乡市	Xinxiang	106840	41940	35.61	6.44
焦作市	Jiaozuo	73627	43537	22.47	5.97
濮阳市	Puyang	66510	15627	28.57	9.48
许昌市	Xuchang	71148	20782	25.15	3.00
漯河市	Luohe	32032	22777	14.78	8.18
三门峡市	Sanmenxia	43139	15612	13.17	2.14
南阳市	Nanyang	124227	64552	59.14	11.05
商丘市	Shangqiu	119370	22182	61.92	12.27
信阳市	Xinyang	113609	22654	41.30	8.77
周口市	Zhoukou	88966	36462	84.19	3.79
驻马店市	Zhumadian	101557	26987	58.69	6.09
湖北省	**Hubei**	**460952**	**303897**	**219.96**	**98.57**
武汉市	Wuhan	132296	132296	32.99	22.12
黄石市	Huangshi	23903	16824	14.52	3.80
十堰市	Shiyan	42285	15896	14.88	4.45
宜昌市	Yichang	35908	16616	15.07	5.93
襄阳市	Xiangfan	42205	26746	24.63	11.63
鄂州市	Ezhou	5531	5531	5.38	5.38

2-35 续表 4 continued

城 市	City	中等职业教育学校(人) Vocational Secondary Schools (person)		普通中学(万人) Regular Secondary Schools (10 000 persons)	
		全市 Total City	市辖区 Districts under City	全市 Total City	市辖区 Districts under City
荆门市	Jingmen	18230	6538	11.66	3.75
孝感市	Xiaogan	27763	15084	11.95	2.60
荆州市	Jingzhou	42817	28083	27.73	5.69
黄冈市	Huanggang	64979	26577	37.50	25.50
咸宁市	Xianning	13573	5716	13.95	4.22
随州市	Suizhou	11462	7990	9.70	3.50
湖南省	**Hunan**	**736786**	**380391**	**290.30**	**72.21**
长沙市	Changsha	138948	98952	34.38	17.64
株洲市	Zhuzhou	50140	36716	12.12	3.66
湘潭市	Xiangtan	42123	24310	14.73	4.76
衡阳市	Hengyang	77636	43548	38.72	5.56
邵阳市	Shaoyang	73473	24118	36.82	4.14
岳阳市	Yueyang	69882	30428	25.02	6.44
常德市	Changde	62363	22821	23.46	6.06
张家界市	Zhangjiajie	16805	7883	7.21	2.61
益阳市	Yiyang	32932	17100	18.20	5.86
郴州市	Chenzhou	33569	12670	15.55	2.90
永州市	Yongzhou	49910	17084	25.82	5.75
怀化市	Huaihua	53848	30574	19.33	3.00
娄底市	Loudi	35157	14187	18.94	3.83
广东省	**Guangdong**	**1562281**	**985212**	**664.52**	**306.49**
广州市	Guangzhou	239446	224071	55.07	44.43
韶关市	Shaoguan	40244	27080	17.79	5.58
深圳市	Shenzhen	32067	32067	35.96	35.96
珠海市	Zhuhai	22648	22648	9.50	9.50
汕头市	Shantou	123386	122719	49.89	49.41
佛山市	Foshan	108349	108349	31.86	31.86
江门市	Jiangmen	72451	48615	24.19	9.64
湛江市	Zhanjiang	128151	85972	68.11	15.93
茂名市	Maoming	118673	48373	60.93	9.41
肇庆市	Zhaoqing	69147	48468	30.25	4.46
惠州市	Huizhou	97852		29.66	14.88
梅州市	Meizhou	70736	31197	32.71	3.60
汕尾市	Shanwei	20800	3800	30.19	4.88
河源市	Heyuan	38853	26281	13.71	2.30
阳江市	Yangjiang	34389	9044	17.16	4.46
清远市	Qingyuan	49846	18349	23.75	4.93
东莞市	Dongguan	50092	50092	26.79	26.79
中山市	Zhongshan	26027	26027	15.69	15.69
潮州市	Chaozhou	23764	13067	20.40	3.63
揭阳市	Yeyang	145051	21895	53.00	7.00
云浮市	Yunfu	50309	17098	17.91	2.15
广西壮族自治区	**Guangxi**	**771484**	**413615**	**264.42**	**82.16**
南宁市	Nanning	203795	159163	37.60	17.71
柳州市	Liuzhou	79312	59611	16.95	7.59

2-35 续表 5 continued

城 市	City	中等职业教育学校（人）Vocational Secondary Schools (person)		普通中学（万人）Regular Secondary Schools (10 000 persons)	
		全市 Total City	市辖区 Districts under City	全市 Total City	市辖区 Districts under City
桂林市	Guilin	58916	32982	19.88	4.21
梧州市	Wuzhou	43983	13687	19.28	2.59
北海市	Beihai	27577	8534	9.80	4.20
防城港市	Fangchenggang	11658	6023	4.58	2.79
钦州市	Qinzhou	49343	22205	20.58	7.67
贵港市	Guigang	19287	10373	36.13	14.13
玉林市	Yulin	95332	38906	39.68	6.66
百色市	Baise	55369	1297	13.49	1.26
贺州市	Hezhou	42157	30138	12.30	5.10
河池市	Hechi	42931	15058	14.00	1.09
来宾市	Laibin	34289	15638	12.12	6.30
崇左市	Chongzuo	7535		8.03	0.86
海南省	**Hainan**	**102603**	**102603**	**16.54**	**16.54**
海口市	Haikou	93868	93868	12.32	12.32
三亚市	Sanya	8735	8735	4.22	4.22
三沙市	Sansha				
重庆市	**Chongqing**	**492000**	**282011**	**174.70**	**90.55**
四川省	**Sichuan**	**1230378**	**562184**	**420.56**	**141.78**
成都市	Chengdu	238541	129982	61.41	31.65
自贡市	Zigong	30408	24171	13.30	5.58
攀枝花市	Panzhihua	19271	17169	7.10	4.62
泸州市	Luzhou	94058	54440	26.48	7.77
德阳市	Deyang	59335	24143	15.61	3.57
绵阳市	Mianyang	68321	33996	27.58	11.34
广元市	Guangyuan	39212	22692	18.26	5.98
遂宁市	Suining	49402	21682	18.22	7.91
内江市	Neijiang	58388	31021	17.58	6.16
乐山市	Leshan	46695	25606	14.68	5.47
南充市	Nanchong	103226	61188	43.88	13.45
眉山市	Meishan	58490	17249	15.18	3.99
宜宾市	Yibin	77620	29913	27.62	7.82
广安市	Guang'an	70939	22580	26.78	8.40
达州市	Dazhou	97183	2711	35.57	1.95
雅安市	Yaan	16848	14134	6.92	2.65
巴中市	Bazhong	47537	15262	25.26	9.29
资阳市	Ziyang	54904	14245	19.13	4.18
贵州省	**Guizhou**	**297954**	**185987**	**211.60**	**52.27**
贵阳市	Guiyang	146293	137443	26.29	19.14
六盘水市	Liupanshui	21589	8046	25.82	6.32
遵义市	Zunyi	52162	21792	52.82	7.38
安顺市	Anshun	13887	6853	15.98	6.02
毕节市	Bijie	36051	5753	60.34	9.22
铜仁市	Tongren	27972	6100	30.35	4.19

2-35 续表 6 continued

城市	City	中等职业教育学校（人）Vocational Secondary Schools (person)		普通中学（万人）Regular Secondary Schools (10 000 persons)	
		全市 Total City	市辖区 Districts under City	全市 Total City	市辖区 Districts under City
云南省	**Yunnan**	**409924**	**282340**	**166.08**	**39.98**
昆明市	Kunming	172300	150304	31.38	16.17
曲靖市	Qujing	105191	76096	43.55	5.83
玉溪市	Yuxi	20738	6957	13.25	2.87
保山市	Baoshan	26148	5875	11.11	3.84
昭通市	Zhaotong	25963	11372	36.09	5.89
丽江市	Lijiang	9739	6344	6.95	1.31
普洱市	Simao	21555	12809	11.23	1.91
临沧市	Lincang	28290	12583	12.52	2.16
西藏自治区	**Tibet**	**2419**	**2419**	**3.98**	**2.84**
拉萨市	Lasa	2419	2419	3.98	2.84
陕西省	**Shaanxi**	**622626**	**380291**	**236.07**	**79.32**
西安市	Xi'an	281779	266281	45.33	32.78
铜川市	Tongchuan	5171	3730	4.68	4.31
宝鸡市	Baoji	55372	37441	30.10	8.39
咸阳市	Xianyang	77945	20172	36.11	6.37
渭南市	Weinan	54966	17235	32.10	7.20
延安市	Yan'an	24545	5513	14.40	4.10
汉中市	Hanzhong	26000	2860	20.08	1.85
榆林市	Yulin	35718	9509	19.50	4.81
安康市	Ankang	31861	11778	15.97	5.73
商洛市	Shangluo	29269	5772	17.80	3.78
甘肃省	**Gansu**	**334366**	**200489**	**148.32**	**51.05**
兰州市	Lanzhou	84900	81906	18.42	11.83
嘉峪关市	Jiayuguan	7402	7402	1.47	1.47
金昌市	Jinchang	2991	2460	3.15	1.33
白银市	Baiyin	20877	11223	16.09	4.35
天水市	Tianshui	46178	25334	25.76	7.48
武威市	Wuwei	15560	7653	15.83	7.89
张掖市	Zhangye	17829	6683	8.35	3.48
平凉市	Pingliang	32468	12591	10.51	3.06
酒泉市	Jiuquan	14569	9005	6.80	2.73
庆阳市	Qingyang	37014	14389	16.95	3.30
定西市	Dingxi	33175	12808	13.42	1.71
陇南市	Longnan	21403	9035	11.57	2.42
青海省	**Qinghai**	**40025**	**40025**	**11.80**	**5.91**
西宁市	Xining	40025	40025	11.80	5.91
宁夏回族自治区	**Ningxia**	**107555**	**68359**	**40.58**	**19.54**
银川市	Yinchuan	60456	47499	12.57	8.36
石嘴山市	Shizuishan	9184	6694	2.91	1.89
吴忠市	Wuzhong	7434		6.65	2.78
固原市	Guyuan	18594	9021	10.71	3.81
中卫市	Zhongwei	11887	5145	7.74	2.70
新疆维吾尔自治区	**Xinjiang**	**89011**	**89011**	**19.39**	**19.39**
乌鲁木齐市	Urumqi	88209	88209	16.89	16.89
克拉玛依市	Karamay	802	802	2.50	2.50

2-36 在校学生数(三)

Number of Students Enrollment (Ⅲ)

城市	City	小学(万人) Primary Schools (10 000 persons)		成人高等学校在校学生数(人) Students Enrollment of Adult Institutions of Higher Education (person)	
		全市 Total City	市辖区 Districts under City	全市 Total City	市辖区 Districts under City
城市合计	**Prefecture Cities**	**8958.52**	**2884.49**	**5923636**	**5539207**
北京市	**Beijing**	**71.87**	**68.70**	**265049**	**265049**
天津市	**Tianjin**	**53.23**	**40.91**	**69007**	**69007**
河北省	**Hebei**	**562.22**	**93.89**	**306400**	**295852**
石家庄市	Shijiazhuang	71.42	17.75	86007	86007
唐山市	Tangshan	48.19	18.29	65571	65571
秦皇岛市	Qinhuangdao	18.26	5.35	23157	23157
邯郸市	Handan	98.38	12.59	21366	21366
邢台市	Xingtai	62.44	7.54	8401	8401
保定市	Baoding	89.10	7.60	40002	40002
张家口市	Zhangjiakou	29.33	6.28	16106	16106
承德市	Chengde	24.97	3.62	19949	19949
沧州市	Cangzhou	54.70	4.45	1265	947
廊坊市	Langfang	33.17	5.77	23780	13550
衡水市	Hengshui	32.26	4.65	796	796
山西省	**Shanxi**	**261.75**	**81.81**	**202911**	**192095**
太原市	Taiyuan	25.89	19.87	117072	117072
大同市	Datong	24.38	12.73	20196	20196
阳泉市	Yangquan	8.48	6.22	4550	4550
长治市	Changzhi	23.07	6.11	7303	7303
晋城市	Jincheng	15.05	3.97	3221	3221
朔州市	Shuozhou	17.33	7.37	1958	485
晋中市	Jinzhong	23.04	4.08	13359	11763
运城市	Yuncheng	36.05	6.69	1362	1513
忻州市	Xinzhou	23.49	4.26	16500	8602
临汾市	Linfen	31.03	6.78	15828	15828
吕梁市	Lvliang	33.94	3.73	1562	1562
内蒙古自治区	**Inner Mongolia**	**120.86**	**50.30**	**87210**	**74424**
呼和浩特市	Hohhot	17.32	11.60	42848	42848
包头市	Baotou	13.54	11.08	19632	19632
乌海市	Wuhai	3.06	3.06	3539	3539
赤峰市	Chifeng	26.75	8.03		
通辽市	Tongliao	20.60	7.14	12786	
鄂尔多斯市	Erdos	10.73	3.19		
呼伦贝尔市	Hulunbuir	10.93	1.37	4425	4425
巴彦淖尔市	Bayannur	7.96	2.56		
乌兰察布市	Ulanqab	9.97	2.27	3980	3980
辽宁省	**Liaoning**	**213.41**	**91.19**	**198532**	**195410**
沈阳市	Shenyang	34.37	24.01	89256	89256
大连市	Dalian	28.28	16.96	58455	58455
鞍山市	Anshan	17.80	6.55	11561	11561
抚顺市	Fushun	8.18	4.70	2622	2622
本溪市	Benxi	6.08	3.42	3266	3266
丹东市	Dandong	12.15	2.93	5835	5835
锦州市	Jinzhou	15.60	4.45		

2-36 续表 1 continued

城市	City	小学（万人）Primary Schools (10 000 persons) 全市 Total City	市辖区 Districts under City	成人高等学校在校学生数（人）Students Enrollment of Adult Institutions of Higher Education (person) 全市 Total City	市辖区 Districts under City
营口市	Yingkou	12.44	5.14	3686	3686
阜新市	Fuxin	9.41	2.92	6083	3805
辽阳市	Liaoyang	9.65	4.53	439	439
盘锦市	Panjin	7.01	3.71	1600	1600
铁岭市	Tieling	14.93	2.45	4881	4881
朝阳市	Chaoyang	20.61	3.83	7848	7848
葫芦岛市	Huludao	16.90	5.59	3000	2156
吉林省	**Jilin**	**133.31**	**37.54**	**143916**	**142844**
长春市	Changchun	40.26	15.06	90621	90621
吉林市	Jilin	21.97	7.62	30847	30847
四平市	Siping	19.38	2.77	14373	13301
辽源市	Liaoyuan	5.71	1.82	321	321
通化市	Tonghua	12.86	2.06	5871	5871
白山市	Baishan	5.78	1.57	20	20
松原市	Songyuan	16.32	3.89	480	480
白城市	Baicheng	11.03	2.75	1383	1383
黑龙江省	**Heilongjiang**	**177.88**	**58.57**	**100099**	**93587**
哈尔滨市	Harbin	45.62	18.85	19843	19843
齐齐哈尔市	Qiqihar	24.27	5.94	19925	19925
鸡西市	Jixi	7.93	2.82	1480	1480
鹤岗市	Hegang	4.20	2.55	2635	2635
双鸭山市	Shuangyashan	7.85	2.33	1430	1430
大庆市	Daqing	14.78	7.69	12123	12123
伊春市	Yichun	4.40	2.18	1010	1010
佳木斯市	Jiamusi	17.03	4.82	12490	12490
七台河市	Qitaihe	3.86	2.50	1838	1838
牡丹江市	Mudanjiang	11.65	3.90	10494	10494
黑河市	Heihe	10.26	1.13	7630	1219
绥化市	Suihua	26.03	3.86	9201	9100
上海市	**Shanghai**	**76.04**	**74.12**	**183650**	**183650**
江苏省	**Jiangsu**	**422.77**	**175.24**	**390018**	**374728**
南京市	Nanjing	30.72	27.00	178253	178253
无锡市	Wuxi	31.94	16.88	21494	17020
徐州市	Xuzhou	62.85	18.86	39323	39323
常州市	Changzhou	23.43	17.21	28956	31034
苏州市	Suzhou	44.04	22.00	34022	27537
南通市	Nantong	31.76	10.56	11673	11673
连云港市	Lianyungang	35.00	6.27	5977	5977
淮安市	Huai'an	31.19	15.94	9160	9160
盐城市	Yancheng	38.37	8.53	9961	9961
扬州市	Yangzhou	22.44	12.64	19927	19927
镇江市	Zhenjiang	13.19	4.96	24863	24863
泰州市	Taizhou	22.20	4.57	6409	
宿迁市	Suqian	35.64	9.82		

2-36 续表 2 continued

城　市	City	小 学 (万人) Primary Schools (10 000 persons)		成人高等学校在校学生数 (人) Students Enrollment of Adult Institutions of Higher Education (person)	
		全市 Total City	市辖区 Districts under City	全市 Total City	市辖区 Districts under City
浙江省	**Zhejiang**	**346.72**	**121.15**	**332254**	**267947**
杭州市	Hangzhou	47.26	33.87	116279	113016
宁波市	Ningbo	47.88	20.77	51606	51606
温州市	Wenzhou	60.25	15.48	28151	28151
嘉兴市	Jiaxing	23.10	5.83	38478	14803
湖州市	Huzhou	15.69	6.87	5362	5362
绍兴市	Shaoxing	30.24	5.38	21844	11098
金华市	Jinhua	39.64	7.41	2890	2890
衢州市	Quzhou	14.56	5.03	16146	8660
舟山市	Zhoushan	4.66	3.65	3151	3151
台州市	Taizhou	47.32	13.68	33509	14372
丽水市	Lishui	16.12	3.18	14838	14838
安徽省	**Anhui**	**404.70**	**118.91**	**250364**	**230476**
合肥市	Hefei	40.67	17.74	102907	102907
芜湖市	Wuhu	19.27	6.03	21906	21906
蚌埠市	Bengbu	22.89	5.49	23819	23819
淮南市	Huainan	13.79	9.36	21129	21129
马鞍山市	Maanshan	12.73	4.63	6655	6655
淮北市	Huaibei	14.59	6.97	1722	1541
铜陵市	Tongling	3.82	2.53	8413	8413
安庆市	Anqing	33.20	4.00	3431	3431
黄山市	Huangshan	6.61	2.32	7833	7833
滁州市	Chuzhou	25.01	3.07	13292	8637
阜阳市	Fuyang	70.29	15.90	7439	7439
宿州市	Suzhou	35.62	9.96	12121	
六安市	Lu'an	38.71	10.77	4866	1935
亳州市	Bozhou	45.18	12.19	11882	11882
池州市	Chizhou	9.22	3.81	2799	2799
宣城市	Xuancheng	13.10	4.14	150	150
福建省	**Fujian**	**249.97**	**83.49**	**141277**	**132640**
福州市	Fuzhou	45.12	17.56	80842	80842
厦门市	Xiamen	22.35	22.35	15775	15775
莆田市	Putian	21.29	14.49	3843	3843
三明市	Sanming	15.94	2.27	8450	2299
泉州市	Quanzhou	59.20	9.57	8953	8866
漳州市	Zhangzhou	33.37	6.97	1804	1804
南平市	Nanping	18.09	3.07	4124	1949
龙岩市	Longyan	16.62	4.23	15562	15562
宁德市	Ningde	17.99	2.98	1924	1700
江西省	**Jiangxi**	**434.14**	**79.94**	**260470**	**249105**
南昌市	Nanchang	41.63	18.23	81466	81466
景德镇市	Jingdezhen	14.70	4.11	2065	2065
萍乡市	Pingxiang	15.26	6.06	15711	15711
九江市	Jiujiang	44.48	4.67	17783	17783
新余市	Xinyu	9.91	7.38	47276	47276
鹰潭市	Yingtan	11.54	3.07	2929	2929
赣州市	Ganzhou	92.83	6.01	56475	56475
吉安市	Ji'an	40.34	4.26	12543	4250
宜春市	Yichun	49.12	10.02	6620	3548
抚州市	Fuzhou	41.38	12.56	6385	6385
上饶市	Shangrao	72.95	3.57	11217	11217

2-36 续表 3 continued

城 市	City	小 学 (万人) Primary Schools (10 000 persons)		成人高等学校在校学生数 (人) Students Enrollment of Adult Institutions of Higher Education (person)	
		全市 Total City	市辖区 Districts under City	全市 Total City	市辖区 Districts under City
山东省	**Shandong**	**627.64**	**172.40**	**423598**	**374539**
济南市	Jinan	39.04		133311	132738
青岛市	Qingdao	48.50	23.37	98289	98289
淄博市	Zibo	22.05	14.93	24075	24055
枣庄市	Zaozhuang	26.29	17.03		
东营市	Dongying	13.43	6.80	46	46
烟台市	Yantai	25.53	7.59	30167	27223
潍坊市	Weifang	55.01	12.65	29080	
济宁市	Jining	56.50	7.79	25694	9324
泰安市	Tai'an	35.12	10.52	30320	30320
威海市	Weihai	9.85	3.96		
日照市	Rizhao	19.19	9.21	5739	5739
莱芜市	Laiwu	6.30	6.30	673	673
临沂市	Linyi	74.70	21.67	9720	9720
德州市	Dezhou	43.96	5.66		
聊城市	Liaocheng	41.19	8.98	16467	16467
滨州市	Binzhou	25.46	4.70	14524	14524
菏泽市	Heze	85.52	11.24	5493	5421
河南省	**Henan**	**1074.03**	**191.33**	**275550**	**269917**
郑州市	Zhengzhou	67.30	32.30	90494	85498
开封市	Kaifeng	52.90	7.00	23594	23594
洛阳市	Luoyang	61.59	15.00	10361	10361
平顶山市	Pingdingshan	47.75	8.66	18416	18416
安阳市	Anyang	54.99	10.87	11453	11453
鹤壁市	Hebi	18.61	6.28	836	836
新乡市	Xinxiang	66.22	8.85	38216	38216
焦作市	Jiaozuo	28.85	7.13	27751	27751
濮阳市	Puyang	49.60	8.50	49	49
许昌市	Xuchang	42.93	3.54	8720	8720
漯河市	Luohe	22.38	11.59	1626	1626
三门峡市	Sanmenxia	16.84	2.67	659	659
南阳市	Nanyang	126.33	21.22	13530	13530
商丘市	Shangqiu	97.40	18.49	8704	8704
信阳市	Xinyang	89.36	12.80	13051	12414
周口市	Zhoukou	134.40	7.10	4462	4462
驻马店市	Zhumadian	96.58	9.33	3628	3628
湖北省	**Hubei**	**284.19**	**87.84**	**294945**	**266524**
武汉市	Wuhan	41.28	28.54	162985	162985
黄石市	Huangshi	21.38	3.85	4453	4453
十堰市	Shiyan	20.72	5.45	15403	15403
宜昌市	Yichang	15.69	6.18	28644	16616
襄阳市	Xiangfan	31.73	13.99	27526	27526
鄂州市	Ezhou	6.92	6.92	732	732

2-36 续表 4 continued

城市	City	小学（万人） Primary Schools (10 000 persons) 全市 Total City	市辖区 Districts under City	成人高等学校在校学生数（人） Students Enrollment of Adult Institutions of Higher Education (person) 全市 Total City	市辖区 Districts under City
荆门市	Jingmen	12.62	3.64	2912	2912
孝感市	Xiaogan	24.39	5.03	1801	1801
荆州市	Jingzhou	32.52	4.95	28051	28051
黄冈市	Huanggang	42.90	1.50	20893	4500
咸宁市	Xianning	22.14	4.59		
随州市	Suizhou	11.90	3.20	1545	1545
湖南省	**Hunan**	**450.68**	**96.34**	**261419**	**233586**
长沙市	Changsha	43.95	20.87	99558	92026
株洲市	Zhuzhou	22.18	6.85	6850	6850
湘潭市	Xiangtan	12.96	4.74	3310	3310
衡阳市	Hengyang	60.36	8.50	38910	37215
邵阳市	Shaoyang	62.16	6.06	3515	3515
岳阳市	Yueyang	34.54	7.83	6708	6708
常德市	Changde	26.60	5.97	14784	14755
张家界市	Zhangjiajie	10.55	3.93	2607	1391
益阳市	Yiyang	24.51	7.32	54949	37878
郴州市	Chenzhou	44.17	6.36	7170	7170
永州市	Yongzhou	46.86	8.38	11802	11802
怀化市	Huaihua	31.42	4.62	3100	3100
娄底市	Loudi	30.42	4.91	8156	7866
广东省	**Guangdong**	**811.93**	**441.48**	**551796**	**497616**
广州市	Guangzhou	82.26	71.46	282370	282370
韶关市	Shaoguan	20.57	6.33	18134	14464
深圳市	Shenzhen	68.31	68.31	22203	22203
珠海市	Zhuhai	12.85	12.85	9737	9737
汕头市	Shantou	53.10	52.81	23076	23076
佛山市	Foshan	45.28	45.28	15483	15483
江门市	Jiangmen	29.13	12.80	16964	
湛江市	Zhanjiang	62.41	13.30		
茂名市	Maoming	59.80	10.55	12949	12949
肇庆市	Zhaoqing	33.46	5.46	16466	16499
惠州市	Huizhou	42.11	21.50	17787	11019
梅州市	Meizhou	29.12	2.58	22309	13538
汕尾市	Shanwei	29.79	4.19	4479	1418
河源市	Heyuan	24.75	4.75	11895	4725
阳江市	Yangjiang	17.68	5.08	11337	7936
清远市	Qingyuan	26.20	6.23	3744	3744
东莞市	Dongguan	60.81	60.81	18759	18759
中山市	Zhongshan	24.61	24.61	30493	30493
潮州市	Chaozhou	18.38	3.07	2234	2234
揭阳市	Yeyang	53.00	7.00	7001	2593
云浮市	Yunfu	18.31	2.51	4376	4376
广西壮族自治区	**Guangxi**	**422.86**	**119.66**	**204037**	**202799**
南宁市	Nanning	53.44	26.97	99745	99745
柳州市	Liuzhou	26.90	10.45	24252	24252

2-36 续表 5 continued

城 市	City	小 学 (万人) Primary Schools (10 000 persons)		成人高等学校在校学生数 (人) Students Enrollment of Adult Institutions of Higher Education (person)	
		全市 Total City	市辖区 Districts under City	全市 Total City	市辖区 Districts under City
桂林市	Guilin	30.38	6.09	34146	34146
梧州市	Wuzhou	29.27	3.58	5354	5354
北海市	Beihai	15.76	6.50	3100	3100
防城港市	Fangchenggang	8.70	4.74	3271	3271
钦州市	Qinzhou	36.32	13.23		
贵港市	Guigang	42.90	12.43	6389	6389
玉林市	Yulin	62.07	10.18	11500	11500
百色市	Baise	32.88	2.92	10430	10213
贺州市	Hezhou	17.77	9.40	1977	1977
河池市	Hechi	32.99	2.37		
来宾市	Laibin	17.43	8.38	1788	1788
崇左市	Chongzuo	16.05	2.42	2085	1064
海南省	**Hainan**	**22.96**	**22.96**		
海口市	Haikou	16.67	16.67		
三亚市	Sanya	6.29	6.29		
三沙市	Sansha				
重庆市	**Chongqing**	**194.32**	**93.82**	**127843**	**127843**
四川省	**Sichuan**	**488.30**	**155.25**	**342542**	**312298**
成都市	Chengdu	68.33	39.57	199874	190076
自贡市	Zigong	17.14	7.62	18376	18376
攀枝花市	Panzhihua	8.48	5.06	5194	5194
泸州市	Luzhou	39.55	10.89	16021	16021
德阳市	Deyang	16.31	3.42	6156	
绵阳市	Mianyang	23.16	7.59	16114	16114
广元市	Guangyuan	16.17	4.97	1247	1247
遂宁市	Suining	18.23	7.89	804	804
内江市	Neijiang	23.43	8.81	9175	6792
乐山市	Leshan	16.66	4.91	5348	5348
南充市	Nanchong	49.34	14.10	31976	31976
眉山市	Meishan	14.79	3.42	52	52
宜宾市	Yibin	36.47	8.00	14324	9347
广安市	Guang'an	28.65	7.47	3419	3419
达州市	Dazhou	49.85	4.15	5976	2581
雅安市	Yaan	9.37	3.38	3056	3056
巴中市	Bazhong	25.64	8.14		
资阳市	Ziyang	26.73	5.86	5430	1895
贵州省	**Guizhou**	**279.02**	**66.54**	**28451**	**27201**
贵阳市	Guiyang	32.23	23.32	4202	4202
六盘水市	Liupanshui	28.79	7.39	4460	4460
遵义市	Zunyi	57.58	8.45	8933	8933
安顺市	Anshun	24.35	6.35	5059	3809
毕节市	Bijie	95.87	17.07	5797	5797
铜仁市	Tongren	40.20	3.96		

2-36 续表 6 continued

城市	City	小学（万人）Primary Schools (10 000 persons) 全市 Total City	市辖区 Districts under City	成人高等学校在校学生数（人）Students Enrollment of Adult Institutions of Higher Education (person) 全市 Total City	市辖区 Districts under City
云南省	**Yunnan**	**258.10**	**61.48**	**166112**	**165222**
昆明市	Kunming	49.54	28.16	145044	145044
曲靖市	Qujing	61.40	7.35	10614	10614
玉溪市	Yuxi	18.08	3.87	2968	2968
保山市	Baoshan	20.25	6.82	4871	4871
昭通市	Zhaotong	62.13	8.75	1115	1115
丽江市	Lijiang	9.62	1.50	1500	610
普洱市	Simao	17.73	2.38		
临沧市	Lincang	19.35	2.65		
西藏自治区	**Tibet**	**5.05**	**2.52**	**8740**	**8740**
拉萨市	Lasa	5.05	2.52	8740	8740
陕西省	**Shaanxi**	**233.38**	**84.99**	**94502**	**88591**
西安市	Xi'an	50.85	39.10	27134	25085
铜川市	Tongchuan	4.05	3.64	5617	5617
宝鸡市	Baoji	20.39	8.20	3680	3680
咸阳市	Xianyang	35.57	5.77	11047	11047
渭南市	Weinan	27.70	5.10	2245	2245
延安市	Yan'an	17.30	4.45	20919	20919
汉中市	Hanzhong	21.20	3.12	18600	14738
榆林市	Yulin	21.81	5.19		
安康市	Ankang	18.15	6.66	2112	2112
商洛市	Shangluo	16.36	3.76	3148	3148
甘肃省	**Gansu**	**177.79**	**59.37**	**127181**	**113963**
兰州市	Lanzhou	20.38	14.29	82627	82627
嘉峪关市	Jiayuguan	1.63	1.63	2496	2496
金昌市	Jinchang	3.23	1.14	3278	3278
白银市	Baiyin	12.91	3.59	5600	2450
天水市	Tianshui	33.91	10.22	2631	2631
武威市	Wuwei	13.82	7.89	12995	9019
张掖市	Zhangye	8.13	3.32	2278	2278
平凉市	Pingliang	17.31	4.27	4720	4720
酒泉市	Jiuquan	7.76	2.99		362
庆阳市	Qingyang	17.37	3.12	2404	1038
定西市	Dingxi	19.92	2.35	3064	3064
陇南市	Longnan	21.42	4.56	5088	
青海省	**Qinghai**	**15.59**	**6.66**	**1544**	**1118**
西宁市	Xining	15.59	6.66	1544	1118
宁夏回族自治区	**Ningxia**	**61.53**	**24.19**	**43779**	**41996**
银川市	Yinchuan	14.77	8.94	29257	29257
石嘴山市	Shizuishan	5.61	3.43	12213	11213
吴忠市	Wuzhong	14.07	3.89	2309	1526
固原市	Guyuan	14.71	4.73		
中卫市	Zhongwei	12.37	3.20		
新疆维吾尔自治区	**Xinjiang**	**22.28**	**21.90**	**40440**	**40440**
乌鲁木齐市	Urumqi	20.02	19.64	40440	40440
克拉玛依市	Karamay	2.26	2.26		

2-37 在校学生数(四)

Number of Students Enrollment (Ⅳ)

单位：人 (person)

城市	City	每万人在校大学生数 Students Enrollment of Regular Institutions of Higher Education Per 10 000 persons 全市 Total City	市辖区 Districts under City	每万人在校中等职业学生数 Students Enrollment of Vocational Secondary Schools Per 10 000 persons 全市 Total City	市辖区 Districts under City
城市合计	**Prefecture Cities**	**191.09**	**547.51**	**133.10**	**242.62**
北京市	**Beijing**	**448.43**	**474.39**	**179.74**	**186.01**
天津市	**Tianjin**	**476.35**	**582.29**	**119.28**	**145.80**
河北省	**Hebei**	**160.35**	**828.33**	**130.07**	**339.68**
石家庄市	Shijiazhuang	393.46	1572.09	214.00	598.30
唐山市	Tangshan	169.22	386.25	142.20	220.88
秦皇岛市	Qinhuangdao	534.18	1779.78	145.88	242.62
邯郸市	Handan	62.16	416.80	129.70	297.47
邢台市	Xingtai	66.14	579.78	125.95	389.60
保定市	Baoding	121.26	1312.32	114.39	284.74
张家口市	Zhangjiakou	97.14	478.83	113.41	270.00
承德市	Chengde	109.47	701.67	126.49	323.52
沧州市	Cangzhou	68.90	712.13	75.79	493.56
廊坊市	Langfang	242.56	550.23	101.71	148.91
衡水市	Hengshui	36.51	319.86	97.79	452.26
山西省	**Shanxi**	**173.70**	**570.10**	**156.63**	**364.79**
太原市	Taiyuan	979.23	1260.83	485.48	613.58
大同市	Datong	116.11	230.69	141.77	155.85
阳泉市	Yangquan	90.83	170.93	140.61	239.56
长治市	Changzhi	90.84	431.87	104.95	311.06
晋城市	Jincheng	27.07	163.18	119.67	432.27
朔州市	Shuozhou	1.89	4.57	97.81	110.93
晋中市	Jinzhong	210.24	587.23	192.46	238.57
运城市	Yuncheng	39.81	119.20	117.88	516.33
忻州市	Xinzhou	66.75	293.50	148.92	306.70
临汾市	Linfen	97.27	513.14	72.18	198.85
吕梁市	Lvliang	40.77	563.16	77.90	510.63
内蒙古自治区	**Inner Mongolia**	**181.32**	**529.74**	**103.06**	**201.27**
呼和浩特市	Hohhot	986.50	1862.21	222.09	369.22
包头市	Baotou	307.12	472.73	124.11	191.04
乌海市	Wuhai	64.58	64.58	83.21	83.21
赤峰市	Chifeng	38.70	144.77	116.02	192.12
通辽市	Tongliao	118.13		79.74	16.24
鄂尔多斯市	Erdos	25.30	146.31	58.00	253.84
呼伦贝尔市	Hulunbuir	50.18	424.02	93.32	68.99
巴彦淖尔市	Bayannur	40.56	134.73	93.39	249.11
乌兰察布市	Ulanqab	55.05	490.68	39.30	320.62
辽宁省	**Liaoning**	**226.62**	**502.75**	**99.19**	**189.39**
沈阳市	Shenyang	509.50	707.31	152.40	211.56
大连市	Dalian	446.71	881.32	120.40	214.52
鞍山市	Anshan	107.29	247.49	53.22	91.38
抚顺市	Fushun	202.21	307.73	97.48	133.44
本溪市	Benxi	101.85	165.64	159.73	225.24
丹东市	Dandong	118.31	362.00	106.58	285.70
锦州市	Jinzhou	271.75	892.04	82.29	213.05

2-37 续表 1 continued

单位：人 (person)

城市	City	每万人在校大学生数 Students Enrollment of Regular Institutions of Higher Education Per 10 000 persons		每万人在校中等职业学生数 Students Enrollment of Vocational Secondary Schools Per 10 000 persons	
		全市 Total City	市辖区 Districts under City	全市 Total City	市辖区 Districts under City
营口市	Yingkou	90.89	233.53	98.05	216.11
阜新市	Fuxin	224.45	520.67	115.51	259.15
辽阳市	Liaoyang	105.91	216.99	70.37	129.78
盘锦市	Panjin	44.15	89.00	90.59	124.27
铁岭市	Tieling	57.34	392.95	63.33	262.90
朝阳市	Chaoyang	13.99	78.39	68.87	165.71
葫芦岛市	Huludao	28.73	81.68	42.55	91.92
吉林省	**Jilin**	**225.14**	**646.90**	**85.65**	**182.15**
长春市	Changchun	512.17	1067.94	105.24	185.01
吉林市	Jilin	223.51	528.17	109.14	229.16
四平市	Siping	104.39	582.19	108.25	306.68
辽源市	Liaoyuan	45.63	117.70	91.91	207.17
通化市	Tonghua	52.82	268.39	56.56	145.57
白山市	Baishan	9.38	20.27	60.23	65.81
松原市	Songyuan	12.02	58.83	35.49	110.63
白城市	Baicheng	95.25	377.25	40.68	72.06
黑龙江省	**Heilongjiang**	**197.72**	**527.63**	**75.91**	**134.33**
哈尔滨市	Harbin	485.37	1011.21	139.38	275.82
齐齐哈尔市	Qiqihar	90.09	316.32	44.11	61.27
鸡西市	Jixi	52.94	115.10	120.90	155.93
鹤岗市	Hegang	61.19	98.65	96.29	155.25
双鸭山市	Shuangyashan	27.21	82.19	59.83	77.31
大庆市	Daqing	231.82	483.92	31.14	40.15
伊春市	Yichun	8.82	13.70	24.10	34.94
佳木斯市	Jiamusi	183.47	543.38	40.45	27.13
七台河市	Qitaihe	14.49	23.45	21.06	28.53
牡丹江市	Mudanjiang	197.69	514.88	30.40	24.18
黑河市	Heihe	56.83	519.58	121.83	128.68
绥化市	Suihua	19.08	119.98	45.56	2.80
上海市	**Shanghai**	**355.03**	**372.94**	**100.96**	**106.05**
江苏省	**Jiangsu**	**214.53**	**512.14**	**121.71**	**225.99**
南京市	Nanjing	1021.06	1178.29	159.13	182.02
无锡市	Wuxi	232.64	392.47	156.66	243.04
徐州市	Xuzhou	116.93	360.91	103.07	194.95
常州市	Changzhou	241.87	382.79	171.55	238.86
苏州市	Suzhou	296.71	432.19	118.42	169.75
南通市	Nantong	98.54	355.84	83.81	185.62
连云港市	Lianyungang	66.29	349.96	85.44	370.31
淮安市	Huai'an	122.74	237.32	139.94	194.62
盐城市	Yancheng	66.43	327.54	112.01	389.59
扬州市	Yangzhou	182.91	312.10	149.05	232.23
镇江市	Zhenjiang	303.41	797.14	119.68	234.53
泰州市	Taizhou	95.79	582.34	51.06	192.93
宿迁市	Suqian	30.57	104.18	177.84	361.78

2-37 续表 2 continued

单位：人 (person)

城 市	City	每万人在校大学生数 Students Enrollment of Regular Institutions of Higher Education Per 10 000 persons		每万人在校中等职业学生数 Students Enrollment of Vocational Secondary Schools Per 10 000 persons	
		全市 Total City	市辖区 Districts under City	全市 Total City	市辖区 Districts under City
浙江省	**Zhejiang**	**210.55**	**623.04**	**135.84**	**173.89**
杭州市	Hangzhou	655.50	983.04	143.49	160.03
宁波市	Ningbo	251.62	642.89	138.99	154.12
温州市	Wenzhou	95.66	511.34	89.37	153.37
嘉兴市	Jiaxing	176.35	605.84	174.07	200.81
湖州市	Huzhou	100.05	238.62	128.50	108.76
绍兴市	Shaoxing	135.57	909.56	146.15	225.16
金华市	Jinhua	167.54	608.73	174.58	376.02
衢州市	Quzhou	46.23	140.64	136.12	203.73
舟山市	Zhoushan	236.51	326.55	88.46	106.63
台州市	Taizhou	52.68	146.80	140.32	140.87
丽水市	Lishui	145.14	969.82	127.77	266.59
安徽省	**Anhui**	**154.43**	**519.77**	**145.69**	**221.37**
合肥市	Hefei	587.20	1877.62	198.35	402.56
芜湖市	Wuhu	384.36	1194.21	154.51	163.26
蚌埠市	Bengbu	159.63	630.62	155.55	195.73
淮南市	Huainan	274.06	371.83	167.54	212.63
马鞍山市	Maanshan	218.32	607.36	156.65	235.62
淮北市	Huaibei	147.26	289.87	167.81	285.72
铜陵市	Tongling	409.00	677.41	161.85	155.33
安庆市	Anqing	65.51	531.92	214.56	274.35
黄山市	Huangshan	117.34	394.61	151.49	186.26
滁州市	Chuzhou	103.92	552.44	145.39	300.18
阜阳市	Fuyang	34.90	165.73	122.06	265.22
宿州市	Suzhou	51.53		79.43	112.28
六安市	Lu'an	55.40	201.44	118.41	137.31
亳州市	Bozhou	17.97	66.45	111.85	130.66
池州市	Chizhou	184.04	367.78	199.14	297.47
宣城市	Xuancheng	30.34	97.96	136.65	171.12
福建省	**Fujian**	**200.31**	**707.75**	**170.18**	**376.20**
福州市	Fuzhou	466.02	1589.72	297.72	809.90
厦门市	Xiamen	754.13	754.13	198.50	198.50
莆田市	Putian	52.84	62.65	154.24	133.96
三明市	Sanming	82.92	625.28	214.82	682.45
泉州市	Quanzhou	169.65	838.28	154.17	496.88
漳州市	Zhangzhou	129.44	1101.46	117.79	299.86
南平市	Nanping	73.54	157.93	78.81	100.87
龙岩市	Longyan	52.27	316.95	150.35	565.07
宁德市	Ningde	25.65	190.87	97.06	187.76
江西省	**Jiangxi**	**175.34**	**881.06**	**109.02**	**312.39**
南昌市	Nanchang	1002.64	2165.01	209.37	339.24
景德镇市	Jingdezhen	143.28	515.87	82.92	127.60
萍乡市	Pingxiang	58.49	109.26	158.18	262.01
九江市	Jiujiang	153.55	1107.85	86.10	356.97
新余市	Xinyu	247.74	341.96	248.22	342.61
鹰潭市	Yingtan	41.52	221.90	142.27	385.43
赣州市	Ganzhou	92.24	1309.02	116.72	693.81
吉安市	Ji'an	34.84	317.30	101.31	382.32
宜春市	Yichun	61.96	328.32	77.51	186.05
抚州市	Fuzhou	58.63	206.19	63.91	78.38
上饶市	Shangrao	28.49	529.61	67.42	612.98

2-37 续表 3 continued

单位：人 (person)

城市	City	每万人在校大学生数 Students Enrollment of Regular Institutions of Higher Education Per 10 000 persons		每万人在校中等职业学生数 Students Enrollment of Vocational Secondary Schools Per 10 000 persons	
		全市 Total City	市辖区 Districts under City	全市 Total City	市辖区 Districts under City
山东省	**Shandong**	**195.55**	**580.45**	**129.48**	**209.82**
济南市	Jinan	1083.18	1776.17	147.72	
青岛市	Qingdao	385.45	815.18	176.47	244.50
淄博市	Zibo	219.68	301.86	219.54	246.76
枣庄市	Zaozhuang	54.27	84.04	112.72	153.23
东营市	Dongying	143.13	300.99	121.18	157.25
烟台市	Yantai	240.61	718.93	150.48	240.27
潍坊市	Weifang	136.63	486.16	199.86	494.67
济宁市	Jining	100.52	256.93	82.55	196.00
泰安市	Tai'an	180.64	635.36	109.22	199.98
威海市	Weihai	238.91	702.33	131.74	293.80
日照市	Rizhao	75.81	169.44	132.63	243.43
莱芜市	Laiwu	45.91	45.91	72.31	72.31
临沂市	Linyi	56.55	246.56	67.26	141.70
德州市	Dezhou	68.39	518.80	130.75	424.36
聊城市	Liaocheng	77.47	400.15	91.84	194.62
滨州市	Binzhou	120.87	712.71	218.28	566.44
菏泽市	Heze	33.42	193.14	86.93	234.82
河南省	**Henan**	**143.99**	**623.77**	**141.07**	**321.55**
郑州市	Zhengzhou	650.99	904.20	258.04	368.80
开封市	Kaifeng	149.91	932.35	160.66	356.36
洛阳市	Luoyang	167.57	605.21	172.60	424.21
平顶山市	Pingdingshan	112.68	591.12	112.15	362.51
安阳市	Anyang	95.90	513.23	96.88	163.26
鹤壁市	Hebi	64.48	170.99	165.62	278.34
新乡市	Xinxiang	228.42	1360.99	173.16	406.79
焦作市	Jiaozuo	213.93	810.43	200.45	452.10
濮阳市	Puyang	27.48	166.10	157.87	224.20
许昌市	Xuchang	69.78	818.94	143.97	499.57
漯河市	Luohe	102.88	202.38	116.48	162.93
三门峡市	Sanmenxia	66.21	500.64	190.80	522.14
南阳市	Nanyang	55.71	344.76	102.98	332.40
商丘市	Shangqiu	82.22	392.68	127.79	122.48
信阳市	Xinyang	65.09	366.24	132.84	152.04
周口市	Zhoukou	31.86	668.34	72.38	622.22
驻马店市	Zhumadian	34.17	377.02	112.94	331.13
湖北省	**Hubei**	**267.83**	**938.10**	**86.53**	**199.81**
武汉市	Wuhan	1152.48	1845.99	161.00	257.89
黄石市	Huangshi	167.30	611.02	91.41	234.97
十堰市	Shiyan	135.09	867.18	122.21	294.92
宜昌市	Yichang	141.82	451.62	89.99	132.61
襄阳市	Xiangfan	104.28	274.33	71.05	118.45
鄂州市	Ezhou	115.17	115.17	50.56	50.56

2-37 续表 4 continued

单位：人 (person)

城市	City	每万人在校大学生数 Students Enrollment of Regular Institutions of Higher Education Per 10 000 persons		每万人在校中等职业学生数 Students Enrollment of Vocational Secondary Schools Per 10 000 persons	
		全市 Total City	市辖区 Districts under City	全市 Total City	市辖区 Districts under City
荆门市	Jingmen	70.14	299.92	60.30	92.48
孝感市	Xiaogan	52.15	287.14	52.69	157.62
荆州市	Jingzhou	171.32	1005.65	64.55	248.52
黄冈市	Huanggang	63.79	1340.65	86.85	746.54
咸宁市	Xianning	132.77	641.02	45.56	92.64
随州市	Suizhou	33.26	188.63	44.62	176.38
湖南省	**Hunan**	**159.15**	**735.66**	**106.97**	**279.15**
长沙市	Changsha	791.97	1468.16	210.34	332.17
株洲市	Zhuzhou	184.07	762.08	126.68	384.06
湘潭市	Xiangtan	406.58	1336.05	144.36	273.76
衡阳市	Hengyang	156.77	1193.64	97.02	436.35
邵阳市	Shaoyang	34.46	399.57	91.69	349.03
岳阳市	Yueyang	68.94	354.94	121.96	273.39
常德市	Changde	62.16	267.49	99.15	162.89
张家界市	Zhangjiajie	71.37	233.46	98.79	151.60
益阳市	Yiyang	59.24	211.63	68.34	126.76
郴州市	Chenzhou	41.08	285.73	65.85	172.85
永州市	Yongzhou	40.23	215.32	80.46	147.40
怀化市	Huaihua	75.23	1055.84	104.26	830.82
娄底市	Loudi	55.87	517.12	80.30	299.94
广东省	**Guangdong**	**189.01**	**434.32**	**181.13**	**288.15**
广州市	Guangzhou	1142.17	1182.81	291.19	330.49
韶关市	Shaoguan	102.96	365.02	123.26	294.03
深圳市	Shenzhen	262.76	262.76	111.50	111.50
珠海市	Zhuhai	1155.78	1155.78	212.46	212.46
汕头市	Shantou	17.69	17.94	231.54	233.57
佛山市	Foshan	121.20	121.20	286.87	286.87
江门市	Jiangmen	78.35	220.64	184.92	349.75
湛江市	Zhanjiang	94.28	453.32	163.21	526.47
茂名市	Maoming	40.30	188.88	158.46	360.19
肇庆市	Zhaoqing	148.87	1159.51	161.71	882.84
惠州市	Huizhou	71.07	175.96	286.20	
梅州市	Meizhou	42.39	688.60	135.67	971.87
汕尾市	Shanwei	12.96	86.21	59.91	72.80
河源市	Heyuan	34.61	423.76	109.41	906.24
阳江市	Yangjiang	25.33	105.72	121.73	133.59
清远市	Qingyuan	26.59	164.70	122.86	280.14
东莞市	Dongguan	280.11	280.11	267.87	267.87
中山市	Zhongshan	238.99	238.99	171.23	171.23
潮州市	Chaozhou	66.82	502.64	89.74	371.22
揭阳市	Yeyang	15.52	101.83	215.24	307.95
云浮市	Yunfu	24.18	226.83	175.29	558.76
广西壮族自治区	**Guangxi**	**130.79**	**474.59**	**143.86**	**295.93**
南宁市	Nanning	445.76	1144.95	285.63	579.62
柳州市	Liuzhou	183.84	596.20	213.03	519.26

2-37 续表 5 continued

单位：人 (person)

城市	City	每万人在校大学生数 Students Enrollment of Regular Institutions of Higher Education Per 10 000 persons 全市 Total City	市辖区 Districts under City	每万人在校中等职业学生数 Students Enrollment of Vocational Secondary Schools Per 10 000 persons 全市 Total City	市辖区 Districts under City
桂林市	Guilin	297.29	2031.41	112.84	435.12
梧州市	Wuzhou	47.41	302.71	133.48	265.25
北海市	Beihai	144.58	388.24	164.05	136.33
防城港市	Fangchenggang	19.47	32.78	127.27	110.72
钦州市	Qinzhou	36.47	100.88	125.97	156.81
贵港市	Guigang	3.24	8.97	36.40	54.20
玉林市	Yulin	22.28	147.65	137.78	372.66
百色市	Baise	68.40	557.96	135.51	37.27
贺州市	Hezhou	43.04	87.70	186.21	271.27
河池市	Hechi	29.83	84.57	104.30	432.70
来宾市	Laibin	22.76	53.95	131.73	142.42
崇左市	Chongzuo	124.91	425.21	30.70	
海南省	**Hainan**	**729.67**	**729.67**	**468.72**	**468.72**
海口市	Haikou	714.70	714.70	580.87	580.87
三亚市	Sanya	771.87	771.87	152.44	152.44
三沙市	Sansha				
重庆市	**Chongqing**	**200.45**	**37.59**	**147.16**	**158.51**
四川省	**Sichuan**	**142.18**	**335.35**	**146.50**	**224.50**
成都市	Chengdu	584.37	663.02	203.31	234.54
自贡市	Zigong	93.19	203.40	92.57	160.60
攀枝花市	Panzhihua	193.44	314.17	172.22	249.19
泸州市	Luzhou	81.54	276.82	186.18	366.11
德阳市	Deyang	139.71	603.02	151.56	353.48
绵阳市	Mianyang	188.79	766.15	125.27	273.94
广元市	Guangyuan	18.94	63.09	125.80	242.44
遂宁市	Suining	33.01	82.77	131.35	144.55
内江市	Neijiang	52.10	156.31	136.87	218.15
乐山市	Leshan	120.28	368.84	131.50	221.12
南充市	Nanchong	81.97	318.32	135.90	312.82
眉山市	Meishan	58.80	68.79	166.92	199.41
宜宾市	Yibin	43.00	187.74	142.01	238.92
广安市	Guang'an	14.34	53.42	151.42	179.49
达州市	Dazhou	28.45	451.80	139.71	61.89
雅安市	Yaan	263.05	658.69	107.65	226.14
巴中市	Bazhong			121.89	110.12
资阳市	Ziyang			108.53	129.62
贵州省	**Guizhou**	**163.41**	**606.99**	**98.10**	**287.28**
贵阳市	Guiyang	1044.25	1280.99	390.64	611.95
六盘水市	Liupanshui	27.42	177.23	66.94	161.24
遵义市	Zunyi	68.91	611.68	67.62	250.77
安顺市	Anshun	46.16	149.68	48.83	78.14
毕节市	Bijie	15.22	85.38	42.02	37.63
铜仁市	Tongren	40.03	375.25	65.58	134.07

2-37 续表 6 continued

单位：人 (person)

城 市	City	每万人在校大学生数 Students Enrollment of Regular Institutions of Higher Education Per 10 000 persons		每万人在校中等职业学生数 Students Enrollment of Vocational Secondary Schools Per 10 000 persons	
		全市 Total City	市辖区 Districts under City	全市 Total City	市辖区 Districts under City
云南省	**Yunnan**	**156.00**	**674.46**	**144.29**	**445.12**
昆明市	Kunming	664.21	1323.73	317.02	551.17
曲靖市	Qujing	41.04	315.09	165.03	1040.98
玉溪市	Yuxi	62.99	313.65	96.86	161.79
保山市	Baoshan	39.41	110.58	102.30	64.49
昭通市	Zhaotong	10.24	70.05	44.51	133.32
丽江市	Lijiang	102.77		81.84	420.13
普洱市	Simao	33.96	383.27	85.64	574.39
临沧市	Lincang	24.18	179.78	119.67	395.69
西藏自治区	**Tibet**	**388.47**	**19579.00**	**48.00**	**2419.00**
拉萨市	Lasa	388.47	19579.00	48.00	2419.00
陕西省	**Shaanxi**	**256.70**	**740.98**	**159.35**	**293.39**
西安市	Xi'an	909.50	1224.28	353.99	464.88
铜川市	Tongchuan	32.03	35.99	60.62	49.14
宝鸡市	Baoji	77.73	208.08	144.24	261.09
咸阳市	Xianyang	222.93	1293.26	147.65	221.67
渭南市	Weinan	29.96	171.90	97.27	174.97
延安市	Yan'an	123.39	624.62	104.27	118.56
汉中市	Hanzhong	85.58	387.76	67.66	50.80
榆林市	Yulin	41.92	287.60	95.35	174.16
安康市	Ankang	63.47	104.55	104.12	115.58
商洛市	Shangluo	59.34	266.48	117.64	104.19
甘肃省	**Gansu**	**174.42**	**511.18**	**137.23**	**244.23**
兰州市	Lanzhou	953.76	1485.63	264.07	396.83
嘉峪关市	Jiayuguan	163.99	163.99	373.84	373.84
金昌市	Jinchang	35.44	71.65	64.05	106.49
白银市	Baiyin	16.70	59.65	118.82	228.11
天水市	Tianshui	92.06	261.24	122.91	191.34
武威市	Wuwei	82.24	153.49	81.89	75.18
张掖市	Zhangye	150.20	381.48	136.31	129.77
平凉市	Pingliang	29.17	126.62	138.75	233.60
酒泉市	Jiuquan	70.36	170.81	147.46	221.25
庆阳市	Qingyang	54.85	385.71	141.11	385.76
定西市	Dingxi	24.08	153.13	111.96	274.85
陇南市	Longnan	18.84		75.12	154.44
青海省	**Qinghai**	**311.63**	**673.83**	**201.64**	**436.00**
西宁市	Xining	311.63	673.83	201.64	436.00
宁夏回族自治区	**Ningxia**	**148.36**	**331.44**	**163.66**	**249.12**
银川市	Yinchuan	493.24	757.62	361.58	474.04
石嘴山市	Shizuishan	88.99	136.71	123.77	138.59
吴忠市	Wuzhong	16.73	60.13	52.50	
固原市	Guyuan	39.31	131.50	120.58	195.68
中卫市	Zhongwei			99.06	127.67
新疆维吾尔自治区	**Xinjiang**	**474.45**	**484.28**	**301.32**	**307.57**
乌鲁木齐市	Urumqi	527.36	539.93	342.16	350.31
克拉玛依市	Karamay	111.65	111.65	21.33	21.33

2-38 剧场、影剧院数及公共图书馆图书藏量

Number of Theaters, Music Halls and Cinemas and Total Collections of Public Libraries

城市	City	剧场、影剧院数（个）Number of Theaters, Music Halls and Cinemas (unit)		公共图书馆图书总藏量（千册、件）Total Collections of Public Libraries (1000 copies,piece)		每百人公共图书馆藏书（册、件）Collections of Public Libraries per 100 Persons (copy,piece)	
		全市 Total City	市辖区 Districts under City	全市 Total City	市辖区 Districts under City	全市 Total City	市辖区 Districts under City
城市合计	**Prefecture Cities**	**3535**	**1922**	**727816**	**529843**	**65.56**	**156.47**
北京市	**Beijing**	**198**	**194**	**55560**	**54640**	**428.22**	**445.50**
天津市	**Tianjin**	**29**	**26**	**14692**	**14322**	**147.93**	**176.27**
河北省	**Hebei**	**156**	**50**	**19572**	**11676**	**26.39**	**87.41**
石家庄市	Shijiazhuang	22	8	5766	4459	57.35	180.46
唐山市	Tangshan	7	5	2180	1370	29.39	42.15
秦皇岛市	Qinhuangdao	9	5	1247	767	42.82	87.73
邯郸市	Handan	13	3	1479	618	14.89	41.72
邢台市	Xingtai	28	7	1082	429	14.47	50.30
保定市	Baoding	27	9	1930	753	16.47	69.51
张家口市	Zhangjiakou	8	2	1562	1032	33.35	114.65
承德市	Chengde	16	4	857	315	22.74	53.59
沧州市	Cangzhou	5	3	1027	372	13.80	69.47
廊坊市	Langfang	6	3	1905	1430	43.97	175.05
衡水市	Hengshui	15	1	538	130	12.16	25.76
山西省	**Shanxi**	**136**	**41**	**14693**	**7845**	**41.76**	**79.82**
太原市	Taiyuan	16	14	5125	4876	140.09	171.61
大同市	Datong	11	5	687	387	21.51	24.69
阳泉市	Yangquan	3	2	691	531	52.31	75.63
长治市	Changzhi	16	4	1525	552	45.38	78.08
晋城市	Jincheng	11	4	306	80	14.02	22.11
朔州市	Shuozhou	7	3	748	518	43.11	72.25
晋中市	Jinzhong	13	1	1238	189	38.09	31.42
运城市	Yuncheng	13	1	1194	212	22.99	30.85
忻州市	Xinzhou	15	2	796	165	25.68	29.90
临汾市	Linfen	22	4	1491	231	35.07	28.67
吕梁市	Lvliang	9	1	890	103	22.60	36.17
内蒙古自治区	**Inner Mongolia**	**78**	**46**	**11723**	**7812**	**53.73**	**116.20**
呼和浩特市	Hohhot	14	10	2240	2131	97.26	174.66
包头市	Baotou	17	16	3036	2958	135.87	203.78
乌海市	Wuhai	2	2	524	524	95.55	95.55
赤峰市	Chifeng	2	2	1173	607	25.43	49.24
通辽市	Tongliao	6	5	904	300	28.27	35.37
鄂尔多斯市	Erdos	5	2	779	430	51.22	163.44
呼伦贝尔市	Hulunbuir	14	2	1750	43	65.69	15.60
巴彦淖尔市	Bayannur	6	2	640	500	34.28	89.02
乌兰察布市	Ulanqab	12	5	678	320	23.63	99.53
辽宁省	**Liaoning**	**133**	**101**	**38488**	**34091**	**90.67**	**178.63**
沈阳市	Shenyang	46	45	12997	12638	179.32	242.05
大连市	Dalian	6	6	12919	12075	218.85	403.62
鞍山市	Anshan	11	8	2419	2166	69.04	142.61
抚顺市	Fushun	5	4	1071	909	48.85	63.08
本溪市	Benxi	5	3	1010	840	65.93	89.18
丹东市	Dandong	3	1	1303	1067	54.18	135.72
锦州市	Jinzhou	7	4	1255	891	40.77	95.01

2-38 续表 1 continued

城市	City	剧场、影剧院数（个）Number of Theaters, Music Halls and Cinemas (unit)		公共图书馆图书总藏量（千册、件）Total Collections of Public Libraries (1000 copies,piece)		每百人公共图书馆藏书（册、件）Collections of Public Libraries per 100 Persons (copy,piece)	
		全市 Total City	市辖区 Districts under City	全市 Total City	市辖区 Districts under City	全市 Total City	市辖区 Districts under City
营口市	Yingkou	2	2	1352	1114	57.51	121.82
阜新市	Fuxin	3	1	429	321	22.39	41.23
辽阳市	Liaoyang	2	2	1085	1075	60.17	122.12
盘锦市	Panjin	3	1	544	379	42.25	59.33
铁岭市	Tieling	35	22	591	20	19.56	4.53
朝阳市	Chaoyang	1		677	385	19.88	63.35
葫芦岛市	Huludao	4	2	835	211	29.82	21.42
吉林省	**Jilin**	**40**	**28**	**15133**	**12108**	**60.82**	**139.82**
长春市	Changchun	22	16	9231	8865	121.96	244.23
吉林市	Jilin	4	3	2178	1580	50.56	86.67
四平市	Siping	2	1	703	473	20.90	78.49
辽源市	Liaoyuan	1	1	341	227	27.95	47.97
通化市	Tonghua	1	1	824	289	36.69	65.44
白山市	Baishan	4	3	733	227	57.31	38.33
松原市	Songyuan	1	1	659	200	22.74	33.78
白城市	Baicheng	5	2	464	246	23.20	48.67
黑龙江省	**Heilongjiang**	**166**	**103**	**17559**	**14028**	**47.14**	**102.95**
哈尔滨市	Harbin	80	59	8281	7648	83.35	162.25
齐齐哈尔市	Qiqihar	13	8	1597	1255	28.57	90.20
鸡西市	Jixi	2	1	341	182	18.34	21.29
鹤岗市	Hegang	1	1	360	280	33.18	41.61
双鸭山市	Shuangyashan			334	192	22.21	38.56
大庆市	Daqing	19	12	2890	2621	102.65	194.35
伊春市	Yichun	8	6	857	720	68.45	89.33
佳木斯市	Jiamusi	15	4	471	282	19.69	34.90
七台河市	Qitaihe	3	2	218	158	23.60	27.68
牡丹江市	Mudanjiang	6	6	720	440	27.74	49.60
黑河市	Heihe	6	1	318	110	18.40	58.11
绥化市	Suihua	13	3	1173	141	21.06	15.91
上海市	**Shanghai**	**99**	**98**	**72024**	**71417**	**504.75**	**525.75**
江苏省	**Jiangsu**	**340**	**160**	**66168**	**46696**	**87.60**	**154.93**
南京市	Nanjing	45	43	15736	15182	246.46	274.37
无锡市	Wuxi	57	25	5653	3855	120.26	159.91
徐州市	Xuzhou	9	2	2416	1283	24.39	39.99
常州市	Changzhou	45	29	3755	3171	102.94	137.59
苏州市	Suzhou	30	13	16629	10986	256.70	333.93
南通市	Nantong	32	4	5366	1976	70.13	93.26
连云港市	Lianyungang	7	2	2638	1334	51.63	138.02
淮安市	Huai'an	16	8	2997	2424	54.81	85.71
盐城市	Yancheng	14	4	2559	1096	31.12	65.71
扬州市	Yangzhou	6	2	2821	2199	61.54	95.55
镇江市	Zhenjiang	48	13	2770	1975	102.06	191.19
泰州市	Taizhou	5	2	1926	777	38.04	93.32
宿迁市	Suqian	26	13	903	438	16.12	26.64

2-38 续表 2 continued

城市	City	剧场、影剧院数（个）Number of Theaters, Music Halls and Cinemas (unit)		公共图书馆图书总藏量（千册、件）Total Collections of Public Libraries (1000 copies,piece)		每百人公共图书馆藏书（册、件）Collections of Public Libraries per 100 Persons (copy,piece)	
		全市 Total City	市辖区 Districts under City	全市 Total City	市辖区 Districts under City	全市 Total City	市辖区 Districts under City
浙江省	**Zhejiang**	**294**	**120**	**52534**	**33276**	**109.46**	**218.23**
杭州市	Hangzhou	53	43	17380	15658	248.10	351.53
宁波市	Ningbo	48	26	7327	5522	126.83	244.22
温州市	Wenzhou	10	4	7741	4499	96.74	300.61
嘉兴市	Jiaxing	43	7	5937	2193	172.33	258.49
湖州市	Huzhou	5	3	2033	997	77.78	90.99
绍兴市	Shaoxing	27	6	2931	1288	66.49	196.16
金华市	Jinhua	21	4	2301	406	48.89	43.23
衢州市	Quzhou	14	7	1375	747	54.38	89.88
舟山市	Zhoushan	7	3	1038	727	106.81	103.34
台州市	Taizhou	43	13	3084	947	52.19	60.36
丽水市	Lishui	23	4	1387	292	52.82	74.34
安徽省	**Anhui**	**91**	**59**	**21369**	**13461**	**30.96**	**69.56**
合肥市	Hefei	21	19	6971	6409	98.11	288.47
芜湖市	Wuhu	9	6	1357	704	35.39	57.07
蚌埠市	Bengbu	9	6	490	323	13.32	34.71
淮南市	Huainan	1		368	295	15.10	16.42
马鞍山市	Maanshan	6	6	1960	1382	85.83	168.43
淮北市	Huaibei	3	3	794	731	36.38	65.90
铜陵市	Tongling	3	2	611	455	82.33	101.65
安庆市	Anqing	7	4	2023	406	32.61	55.42
黄山市	Huangshan	4	3	668	221	45.36	50.46
滁州市	Chuzhou	4	1	1850	819	40.92	151.30
阜阳市	Fuyang	5	1	565	295	5.43	13.82
宿州市	Suzhou	8	3	531	245	8.15	13.03
六安市	Lu'an	1		1783	699	25.10	37.36
亳州市	Bozhou	6	3	415	196	6.77	11.83
池州市	Chizhou	2	1	254	116	15.69	17.29
宣城市	Xuancheng	2	1	729	166	26.08	19.18
福建省	**Fujian**	**107**	**49**	**27449**	**12490**	**76.69**	**133.45**
福州市	Fuzhou	26	17	6221	1463	94.94	76.17
厦门市	Xiamen	5	5	6139	6139	321.55	321.55
莆田市	Putian	4	2	843	113	25.60	5.15
三明市	Sanming	14	5	2134	575	77.82	204.19
泉州市	Quanzhou	23	9	4470	2454	64.49	236.37
漳州市	Zhangzhou	10	3	1564	319	32.42	56.27
南平市	Nanping	8	3	2651	438	84.46	88.09
龙岩市	Longyan	11	4	2228	837	74.84	170.33
宁德市	Ningde	6	1	1199	154	35.03	33.50
江西省	**Jiangxi**	**126**	**36**	**18856**	**9749**	**39.25**	**105.69**
南昌市	Nanchang	9	7	5783	5191	113.87	230.55
景德镇市	Jingdezhen	6	4	704	641	42.23	138.50
萍乡市	Pingxiang	8	4	830	638	43.14	73.43
九江市	Jiujiang	5	1	2528	1380	49.70	212.44
新余市	Xinyu	2	1	620	538	51.45	61.65
鹰潭市	Yingtan	6	3	377	253	30.40	108.91
赣州市	Ganzhou	15	3	2101	108	22.67	16.53
吉安市	Ji'an	8	2	2307	500	45.64	90.11
宜春市	Yichun	32	5	1217	159	21.24	14.70
抚州市	Fuzhou	20	4	1237	172	29.61	14.48
上饶市	Shangrao	15	2	1153	169	15.16	41.34

2-38 续表 3 continued

城市	City	剧场、影剧院数(个) Number of Theaters, Music Halls and Cinemas (unit)		公共图书馆图书总藏量(千册、件) Total Collections of Public Libraries (1000 copies,piece)		每百人公共图书馆藏书(册、件) Collections of Public Libraries per 100 Persons (copy,piece)	
		全市 Total City	市辖区 Districts under City	全市 Total City	市辖区 Districts under City	全市 Total City	市辖区 Districts under City
山东省	**Shandong**	**264**	**130**	**43598**	**27285**	**45.51**	**93.72**
济南市	Jinan	22	17	11474	10458	188.34	296.96
青岛市	Qingdao	36	28	5304	4181	68.92	114.89
淄博市	Zibo	8	4	2589	1967	61.11	70.01
枣庄市	Zaozhuang	6	2	1073	576	27.18	25.51
东营市	Dongying	22	17	1225	794	66.06	95.03
烟台市	Yantai	24	6	5840	2746	89.81	152.33
潍坊市	Weifang	35	9	3014	877	34.29	47.91
济宁市	Jining	10	3	1919	888	22.65	72.45
泰安市	Tai'an	4	2	1220	758	21.83	47.70
威海市	Weihai	13	6	1604	379	63.26	57.80
日照市	Rizhao	9	7	409	107	14.20	8.30
莱芜市	Laiwu	1	1	470	470	37.21	37.21
临沂市	Linyi	22	9	3112	1541	28.71	61.99
德州市	Dezhou	8	4	1265	560	21.90	92.04
聊城市	Liaocheng	10	6	959	285	16.13	24.77
滨州市	Binzhou	13	5	1460	502	38.33	77.71
菏泽市	Heze	21	4	661	197	6.91	13.09
河南省	**Henan**	**171**	**67**	**20782**	**13013**	**18.63**	**56.79**
郑州市	Zhengzhou	14	11	6243	4848	58.21	82.56
开封市	Kaifeng	9	4	790	560	14.51	64.62
洛阳市	Luoyang	26	13	1646	961	23.19	48.91
平顶山市	Pingdingshan	8	2	913	554	16.74	53.25
安阳市	Anyang	17	10	1177	901	19.85	81.30
鹤壁市	Hebi	6	5	461	367	28.27	59.67
新乡市	Xinxiang	10	4	1121	709	18.17	68.76
焦作市	Jiaozuo	10	4	870	349	23.69	36.24
濮阳市	Puyang	6	1	559	343	13.27	49.24
许昌市	Xuchang	6	1	1063	562	21.51	135.19
漯河市	Luohe	1	1	387	270	14.07	19.32
三门峡市	Sanmenxia	6	1	1479	927	65.41	309.93
南阳市	Nanyang	13	2	1193	601	9.89	30.95
商丘市	Shangqiu	8	2	757	305	8.10	16.84
信阳市	Xinyang	9	3	895	421	10.47	28.26
周口市	Zhoukou	9	1	565	178	4.60	30.36
驻马店市	Zhumadian	13	2	663	158	7.37	19.40
湖北省	**Hubei**	**133**	**86**	**25543**	**17626**	**247.67**	**779.89**
武汉市	Wuhan	61	58	11821	11221	1438.59	2187.39
黄石市	Huangshi	6	4	1135	890	43.40	124.27
十堰市	Shiyan	4	2	1098	605	31.74	112.16
宜昌市	Yichang	13	6	1834	1048	45.97	83.63
襄阳市	Xiangfan	9	3	1500	98	25.25	4.34
鄂州市	Ezhou	2	2	409	409	37.40	37.40

2-38 续表 4 continued

城 市	City	剧场、影剧院数（个）Number of Theaters, Music Halls and Cinemas (unit)		公共图书馆图书总藏量（千册、件）Total Collections of Public Libraries (1000 copies,piece)		每百人公共图书馆藏书（册、件）Collections of Public Libraries per 100 Persons (copy,piece)	
		全市 Total City	市辖区 Districts under City	全市 Total City	市辖区 Districts under City	全市 Total City	市辖区 Districts under City
荆门市	Jingmen	7	5	1073	773	35.49	109.30
孝感市	Xiaogan	4		856	458	16.24	47.86
荆州市	Jingzhou	4	1	1116	662	16.83	58.61
黄冈市	Huanggang	14	2	1740	90	23.26	25.27
咸宁市	Xianning	2		712	146	23.90	23.68
随州市	Suizhou	7	3	2249	1227	87.54	271.10
湖南省	**Hunan**	**107**	**48**	**23801**	**15444**	**34.55**	**113.33**
长沙市	Changsha	10	10	9976	9510	151.01	319.23
株洲市	Zhuzhou	2	2	1281	521	32.37	54.52
湘潭市	Xiangtan	10	5	1235	700	42.32	78.86
衡阳市	Hengyang	5	2	1783	948	22.28	95.03
邵阳市	Shaoyang	9	3	1423	500	17.76	72.35
岳阳市	Yueyang	12	6	891	688	15.55	61.81
常德市	Changde	15	6	1399	556	22.24	39.68
张家界市	Zhangjiajie	7	3	210	48	12.34	9.24
益阳市	Yiyang	7	4	1025	461	21.27	34.18
郴州市	Chenzhou	7	1	1060	415	20.79	56.59
永州市	Yongzhou	6	1	1139	453	18.36	39.09
怀化市	Huaihua	13	3	1569	518	30.38	140.84
娄底市	Loudi	4	2	811	126	18.53	26.62
广东省	**Guangdong**	**271**	**191**	**61045**	**54394**	**70.77**	**159.09**
广州市	Guangzhou						
韶关市	Shaoguan	13	5	1017	368	31.15	39.97
深圳市	Shenzhen	88	88	26957	26957	937.24	937.24
珠海市	Zhuhai	1	1	1835	1835	172.22	172.22
汕头市	Shantou	2	2	2758	2729	51.76	51.94
佛山市	Foshan	38	38	4014	4014	106.29	106.29
江门市	Jiangmen	4	2	2150	1390	54.87	100.01
湛江市	Zhanjiang	4	3	1291	1044	16.44	63.94
茂名市	Maoming	5	2	646	244	8.63	18.17
肇庆市	Zhaoqing	10	5	1872	307	43.78	55.92
惠州市	Huizhou	7	2	1220	808	35.68	58.52
梅州市	Meizhou	19	6	1180	503	22.63	156.80
汕尾市	Shanwei	10	2	242	106	6.97	20.31
河源市	Heyuan			557	183	15.69	63.13
阳江市	Yangjiang	1	1	658	476	23.29	70.31
清远市	Qingyuan	9	2	909	309	22.41	47.20
东莞市	Dongguan	12	12	10198	10198	545.29	545.29
中山市	Zhongshan	15	15	1250	1250	82.23	82.23
潮州市	Chaozhou	3	2	460	408	17.37	116.01
揭阳市	Yeyang	6	1	1173	1173	17.41	165.00
云浮市	Yunfu	24	2	658	92	22.93	30.07
广西壮族自治区	**Guangxi**	**100**	**42**	**20889**	**11471**	**38.95**	**82.07**
南宁市	Nanning	11	9	5732	4625	80.34	168.46
柳州市	Liuzhou	3	3	1899	1327	51.01	115.56

2-38 续表 5 continued

城市	City	剧场、影剧院数（个）Number of Theaters, Music Halls and Cinemas (unit)		公共图书馆图书总藏量（千册、件）Total Collections of Public Libraries (1000 copies,piece)		每百人公共图书馆藏书（册、件）Collections of Public Libraries per 100 Persons (copy,piece)	
		全市 Total City	市辖区 Districts under City	全市 Total City	市辖区 Districts under City	全市 Total City	市辖区 Districts under City
桂林市	Guilin	19	7	3987	2473	76.37	326.17
梧州市	Wuzhou	6	2	1012	558	30.72	108.24
北海市	Beihai	2	1	533	343	31.71	54.84
防城港市	Fangchenggang	4	1	293	184	32.00	33.80
钦州市	Qinzhou	3	2	650	300	16.59	21.19
贵港市	Guigang	12	6	772	280	14.57	14.63
玉林市	Yulin	9	4	1704	540	24.63	51.71
百色市	Baise	13	2	1448	184	35.44	52.95
贺州市	Hezhou	6	3	615	200	27.16	18.00
河池市	Hechi	3	1	1052	194	25.56	55.76
来宾市	Laibin	7	1	509	128	19.55	11.65
崇左市	Chongzuo	2		683	136	27.84	37.71
海南省	**Hainan**	**11**	**11**	**940**	**940**	**42.94**	**42.94**
海口市	Haikou	9	9	460	460	28.47	28.47
三亚市	Sanya	2	2	480	480	83.84	83.84
三沙市	Sansha						
重庆市	**Chongqing**	**9**	**5**	**1522**	**1305**	**4.55**	**7.34**
四川省	**Sichuan**	**155**	**69**	**32108**	**17526**	**38.23**	**69.99**
成都市	Chengdu	20	13	16423	9147	139.97	165.05
自贡市	Zigong	4	2	443	334	13.49	22.19
攀枝花市	Panzhihua	4	3	747	518	66.78	75.18
泸州市	Luzhou	5	3	1165	791	23.06	53.21
德阳市	Deyang	8	2	765	150	19.54	21.95
绵阳市	Mianyang	17	9	2517	1283	46.15	103.40
广元市	Guangyuan	32	6	1059	457	33.97	48.80
遂宁市	Suining	7	3	463	286	12.31	19.07
内江市	Neijiang	9	5	691	235	16.20	16.52
乐山市	Leshan	1	1	576	258	16.22	22.28
南充市	Nanchong	3	2	1004	508	13.22	25.98
眉山市	Meishan	3	2	238	37	6.79	4.28
宜宾市	Yibin	7	2	988	573	18.08	45.76
广安市	Guang'an	5	1	1820	1469	38.85	116.81
达州市	Dazhou	11	3	1072	235	15.41	53.69
雅安市	Yaan	3	3	714	479	45.62	76.59
巴中市	Bazhong	11	7	437	117	11.21	8.44
资阳市	Ziyang	5	2	988	650	19.53	59.16
贵州省	**Guizhou**	**34**	**15**	**8392**	**3247**	**27.63**	**50.15**
贵阳市	Guiyang	5	2	2448	2219	65.36	98.82
六盘水市	Liupanshui	4	4	410		12.71	
遵义市	Zunyi	15	2	3800	250	49.26	28.76
安顺市	Anshun	4	2	424	191	14.91	21.79
毕节市	Bijie			539	449	6.28	29.37
铜仁市	Tongren	6	5	771	138	18.08	30.35

2-38 续表 6 continued

城市	City	剧场、影剧院数(个) Number of Theaters, Music Halls and Cinemas (unit)		公共图书馆图书总藏量(千册、件) Total Collections of Public Libraries (1000 copies,piece)		每百人公共图书馆藏书(册、件) Collections of Public Libraries per 100 Persons (copy,piece)	
		全市 Total City	市辖区 Districts under City	全市 Total City	市辖区 Districts under City	全市 Total City	市辖区 Districts under City
云南省	**Yunnan**	**47**	**22**	**7305**	**2183**	**25.71**	**34.42**
昆明市	Kunming	7	3	2253	967	41.46	35.47
曲靖市	Qujing	10	5	1107	94	17.37	12.86
玉溪市	Yuxi	22	8	1210	613	56.52	142.59
保山市	Baoshan	4	3	622	97	24.34	10.65
昭通市	Zhaotong			177	83	3.03	9.73
丽江市	Lijiang	3	2	448	70	37.66	46.39
普洱市	Simao			843	20	33.49	8.98
临沧市	Lincang	1	1	645	240	27.28	75.47
西藏自治区	**Tibet**	**4**					
拉萨市	Lasa	4					
陕西省	**Shaanxi**	**108**	**48**	**13791**	**7088**	**35.30**	**54.68**
西安市	Xi'an	31	24	6123	4102	76.92	71.62
铜川市	Tongchuan	8	6	667	605	78.19	79.70
宝鸡市	Baoji	16	3	1308	850	34.07	59.29
咸阳市	Xianyang	10	1	1051	500	19.91	54.95
渭南市	Weinan	11	1	965	92	17.08	9.34
延安市	Yan'an	2	2	672	255	28.55	54.86
汉中市	Hanzhong	3	2	697	198	18.14	35.17
榆林市	Yulin	13	6	1069	140	28.54	25.66
安康市	Ankang	6	1	709	95	23.17	9.32
商洛市	Shangluo	8	2	530	251	21.30	45.30
甘肃省	**Gansu**	**80**	**45**	**10578**	**6587**	**43.41**	**80.24**
兰州市	Lanzhou	13	10	4683	4725	145.65	228.95
嘉峪关市	Jiayuguan	12	12	120	120	60.73	60.73
金昌市	Jinchang	4	4	347	220	74.24	95.40
白银市	Baiyin	3	2	618	447	35.17	90.95
天水市	Tianshui	6	3	800	210	21.29	15.86
武威市	Wuwei	1	1	342	252	18.00	24.75
张掖市	Zhangye	6	1	689	200	52.66	38.83
平凉市	Pingliang	8	3	460	135	19.66	25.05
酒泉市	Jiuquan	4	2	500	100	50.59	24.56
庆阳市	Qingyang	6	2	625	12	23.83	3.22
定西市	Dingxi	8	2	733	150	24.74	32.22
陇南市	Longnan	9	3	661	16	23.20	2.74
青海省	**Qinghai**	**8**	**8**	**2250**	**1909**	**113.37**	**208.04**
西宁市	Xining	8	8	2250	1909	113.37	208.04
宁夏回族自治区	**Ningxia**	**32**	**17**	**4987**	**1747**	**75.88**	**63.66**
银川市	Yinchuan	10	9	2875	457	171.93	45.60
石嘴山市	Shizuishan	4	3	539	445	72.68	92.09
吴忠市	Wuzhong	5	1	841	410	59.39	103.98
固原市	Guyuan	10	3	506	286	32.81	62.04
中卫市	Zhongwei	3	1	226	149	18.84	36.95
新疆维吾尔自治区	**Xinjiang**	**8**	**7**	**4464**	**4464**	**151.13**	**154.26**
乌鲁木齐市	Urumqi	3	2	3111	3111	120.67	123.55
克拉玛依市	Karamay	5	5	1353	1353	360.03	360.03

2-39 医院、卫生院数，床位数和医生数
Number of Hospitals, Health centers, Beds and Doctors

城市	City	医院、卫生院数（个）Number of Hospitals and Health centers (unit)		医院、卫生院床位数（张）Number of Beds of Hospitals and Health Centers (bed)		医生数(执业医师+执业助理医师)（人）Number of Doctors (Licensed Doctors+Assistant Doctors) (person)	
		全市 Total City	市辖区 Districts under City	全市 Total City	市辖区 Districts under City	全市 Total City	市辖区 Districts under City
城市合计	**Prefecture Cities**	**61995**	**21631**	**4938163**	**2648476**	**2511378**	**1330468**
北京市	**Beijing**	**608**	**591**	**92610**	**90658**	**82192**	**79920**
天津市	**Tianjin**	**465**	**385**	**48896**	**44775**	**30710**	**27476**
河北省	**Hebei**	**2575**	**562**	**251081**	**100055**	**140733**	**53223**
石家庄市	Shijiazhuang	395	90	41603	20845	23122	13431
唐山市	Tangshan	157	89	28198	17041	17858	8459
秦皇岛市	Qinhuangdao	66	44	10568	6634	7188	3634
邯郸市	Handan	382	91	33409	13360	14800	5710
邢台市	Xingtai	297	57	23705	6922	12905	3607
保定市	Baoding	445	41	37037	10412	19683	4708
张家口市	Zhangjiakou	67	27	12005	6096	6663	2949
承德市	Chengde	252	32	16057	4800	7473	2368
沧州市	Cangzhou	119	10	19872	6135	14552	3516
廊坊市	Langfang	184	44	15375	4084	8645	2487
衡水市	Hengshui	211	37	13252	3726	7844	2354
山西省	**Shanxi**	**3920**	**1156**	**160113**	**75956**	**104086**	**46667**
太原市	Taiyuan	253	194	32518	29189	18047	17190
大同市	Datong	254	102	14184	9419	8681	6398
阳泉市	Yangquan	426	298	6843	4979	3835	2761
长治市	Changzhi	256	62	13399	6747	7734	3917
晋城市	Jincheng	168	34	8323	3136	5637	2251
朔州市	Shuozhou	134	67	6207	2846	3443	1406
晋中市	Jinzhong	211	39	12036	3187	6669	1987
运城市	Yuncheng	427	72	29149	6375	20595	3678
忻州市	Xinzhou	772	139	11407	3311	7259	2947
临汾市	Linfen	321	77	15591	5172	9449	3071
吕梁市	Lvliang	698	72	10456	1595	12737	1061
内蒙古自治区	**Inner Mongolia**	**1888**	**703**	**95031**	**54258**	**56060**	**27489**
呼和浩特市	Hohhot	146	82	11723	11176	4772	3451
包头市	Baotou	117	53	13905	12249	7473	6429
乌海市	Wuhai	341	341	3556	3556	1585	1585
赤峰市	Chifeng	310	81	19436	9019	10088	4358
通辽市	Tongliao	209	46	9950	6543	6156	2763
鄂尔多斯市	Erdos	170	31	8424	3044	6427	2319
呼伦贝尔市	Hulunbuir	229	15	13263	2587	7421	1301
巴彦淖尔市	Bayannur	147	37	8510	4118	4283	1889
乌兰察布市	Ulanqab	219	17	6264	1966	7855	3394
辽宁省	**Liaoning**	**2949**	**1315**	**219064**	**146991**	**92795**	**62204**
沈阳市	Shenyang	304	210	50933	46336	22699	20154
大连市	Dalian	217	108	34595	23363	16878	12589
鞍山市	Anshan	152	58	18094	11349	5453	3436
抚顺市	Fushun	97	49	9895	7647	5144	4089
本溪市	Benxi	61	29	9627	7444	2891	2261
丹东市	Dandong	118	37	13597	6454	3725	1743
锦州市	Jinzhou	106	20	11887	7429	5112	2752

2-39 续表 1 continued

城市	City	医院、卫生院数（个）Number of Hospitals and Health centers (unit)		医院、卫生院床位数（张）Number of Beds of Hospitals and Health Centers (bed)		医生数(执业医师+执业助理医师)（人）Number of Doctors (Licensed Doctors+ Assistant Doctors) (person)	
		全市 Total City	市辖区 Districts under City	全市 Total City	市辖区 Districts under City	全市 Total City	市辖区 Districts under City
营口市	Yingkou	109	48	13467	5899	4782	2966
阜新市	Fuxin	104	36	8484	6331	3980	2540
辽阳市	Liaoyang	91	47	10381	7815	3972	2887
盘锦市	Panjin	1128	594	6864	5358	3325	2442
铁岭市	Tieling	120	18	8842	2538	5778	1018
朝阳市	Chaoyang	183	29	12729	3511	4176	1256
葫芦岛市	Huludao	159	32	9669	5517	4880	2071
吉林省	**Jilin**	**1207**	**418**	**108801**	**61590**	**55694**	**28784**
长春市	Changchun	302	150	40387	29948	18505	13229
吉林市	Jilin	233	115	20439	12132	10496	6307
四平市	Siping	149	36	12649	5387	6459	2156
辽源市	Liaoyuan	59	15	5472	2628	2484	1395
通化市	Tonghua	128	23	10068	3424	5433	1435
白山市	Baishan	97	32	6387	3412	3369	1575
松原市	Songyuan	115	14	7290	2390	4631	1310
白城市	Baicheng	124	33	6109	2269	4317	1377
黑龙江省	**Heilongjiang**	**2477**	**1139**	**163076**	**103473**	**80921**	**47608**
哈尔滨市	Harbin	439	271	51855	47613	19000	14058
齐齐哈尔市	Qiqihar	791	387	19882	3359	15217	11761
鸡西市	Jixi	128	57	10322	6791	3810	2106
鹤岗市	Hegang	72	39	6616	4643	2823	1778
双鸭山市	Shuangyashan	98	30	6732	2704	3102	1169
大庆市	Daqing	162	91	13503	10762	8624	5650
伊春市	Yichun	55	42	6043	5570	2853	2540
佳木斯市	Jiamusi	174	86	10955	8790	3695	3045
七台河市	Qitaihe	50	35	3915	3220	1673	1352
牡丹江市	Mudanjiang	139	54	12625	8018	4291	2430
黑河市	Heihe	144	18	7077	835	7563	1069
绥化市	Suihua	225	29	13551	1168	8270	650
上海市	**Shanghai**	**619**	**576**	**107257**	**104163**	**47115**	**45931**
江苏省	**Jiangsu**	**2543**	**955**	**307683**	**167232**	**157960**	**84964**
南京市	Nanjing	202	157	32786	29924	19101	17891
无锡市	Wuxi	146	74	26603	16135	13092	8187
徐州市	Xuzhou	274	101	35703	19690	14457	7237
常州市	Changzhou	107	61	18552	14286	10094	7404
苏州市	Suzhou	251	104	43772	23757	23194	11626
南通市	Nantong	327	80	30664	12981	14835	6208
连云港市	Lianyungang	156	36	15090	5270	7333	3209
淮安市	Huai'an	182	89	18716	11061	9604	5707
盐城市	Yancheng	274	52	25251	7454	13945	3727
扬州市	Yangzhou	141	64	15853	10537	8818	5486
镇江市	Zhenjiang	94	38	11488	6692	6881	3636
泰州市	Taizhou	171	25	17018	4257	9461	2390
宿迁市	Suqian	218	74	16187	5188	7145	2256

2-39 续表 2 continued

城市	City	医院、卫生院数（个）Number of Hospitals and Health centers (unit)		医院、卫生院床位数（张）Number of Beds of Hospitals and Health Centers (bed)		医生数(执业医师+执业助理医师)（人）Number of Doctors (Licensed Doctors+ Assistant Doctors) (person)	
		全市 Total City	市辖区 Districts under City	全市 Total City	市辖区 Districts under City	全市 Total City	市辖区 Districts under City
浙江省	**Zhejiang**	**2118**	**631**	**201188**	**106438**	**129008**	**62162**
杭州市	Hangzhou	298	146	44778	37383	27369	22004
宁波市	Ningbo	204	84	26311	16134	19055	10644
温州市	Wenzhou	368	95	25457	12888	19537	7237
嘉兴市	Jiaxing	127	34	16967	6811	8458	2988
湖州市	Huzhou	112	24	10982	5291	6262	3061
绍兴市	Shaoxing	147	17	18501	4764	10638	2315
金华市	Jinhua	233	63	19174	6139	10166	2772
衢州市	Quzhou	136	48	8011	3838	6386	2925
舟山市	Zhoushan	70	43	4562	3758	2703	2175
台州市	Taizhou	192	52	17809	5984	12944	4158
丽水市	Lishui	231	25	8636	3448	5490	1883
安徽省	**Anhui**	**2531**	**890**	**207667**	**105440**	**89650**	**45300**
合肥市	Hefei	476	224	35733	24657	15303	10215
芜湖市	Wuhu	134	50	13655	9155	6754	4277
蚌埠市	Bengbu	133	62	14227	8060	5249	3150
淮南市	Huainan	104	81	10900	9740	4838	4063
马鞍山市	Maanshan	93	24	6293	3433	3639	2245
淮北市	Huaibei	104	65	8816	6021	3942	2618
铜陵市	Tongling	31	18	4137	3610	1913	1526
安庆市	Anqing	210	31	16085	5065	7737	2294
黄山市	Huangshan	130	44	5279	2649	2622	1181
滁州市	Chuzhou	161	17	12676	2840	5321	1425
阜阳市	Fuyang	250	70	23471	8489	9513	3508
宿州市	Suzhou	170	51	15896	6437	5105	2306
六安市	Lu'an	193	52	15253	5878	7053	2806
亳州市	Bozhou	131	38	11780	3979	4080	1360
池州市	Chizhou	88	35	4818	2409	2243	1098
宣城市	Xuancheng	123	28	8648	3018	4338	1228
福建省	**Fujian**	**1424**	**388**	**132450**	**62559**	**67076**	**38270**
福州市	Fuzhou	226	76	26696	17528	16140	11708
厦门市	Xiamen	51	51	11311	11311	8664	8664
莆田市	Putian	79	56	9240	7138	8092	7159
三明市	Sanming	163	13	11134	2389	4534	1165
泉州市	Quanzhou	242	65	24198	10235	11225	4578
漳州市	Zhangzhou	172	35	14453	3662	5862	1398
南平市	Nanping	166	26	12571	2954	4668	1049
龙岩市	Longyan	183	47	12793	4944	3663	1533
宁德市	Ningde	142	19	10054	2398	4228	1016
江西省	**Jiangxi**	**2072**	**404**	**140797**	**55508**	**64228**	**23760**
南昌市	Nanchang	179	73	21541	16159	8141	6097
景德镇市	Jingdezhen	70	17	4968	3044	2583	1391
萍乡市	Pingxiang	81	40	7962	5155	3837	2504
九江市	Jiujiang	261	27	15445	5117	7972	2627
新余市	Xinyu	48	33	4380	3426	2260	1674
鹰潭市	Yingtan	60	15	3629	1573	2287	857
赣州市	Ganzhou	325	21	25122	6964	9414	2397
吉安市	Ji'an	277	23	14265	2546	6336	1324
宜春市	Yichun	218	44	16669	4360	7324	1288
抚州市	Fuzhou	210	76	8604	3131	4582	1511
上饶市	Shangrao	343	35	18212	4033	9492	2090

2-39 续表 3 continued

城　市	City	医院、卫生院数 (个) Number of Hospitals and Health centers (unit)		医院、卫生院床位数 (张) Number of Beds of Hospitals and Health Centers (bed)		医生数(执业医师+执业助理医师) (人) Number of Doctors (Licensed Doctors+ Assistant Doctors) (person)	
		全市 Total City	市辖区 Districts under City	全市 Total City	市辖区 Districts under City	全市 Total City	市辖区 Districts under City
山东省	**Shandong**	**3317**	**1240**	**431952**	**183310**	**208502**	**92833**
济南市	Jinan	243	200	35194	27759	19467	15218
青岛市	Qingdao	288	151	41186	24955	21593	15298
淄博市	Zibo	215	160	22478	18671	11892	9205
枣庄市	Zaozhuang	114	71	13612	8536	5387	3242
东营市	Dongying	104	65	10585	6307	4313	2777
烟台市	Yantai	264	78	36004	11053	17845	6711
潍坊市	Weifang	269	75	46750	12176	24722	4078
济宁市	Jining	270	52	43355	11521	27677	8497
泰安市	Tai'an	166	50	23021	7667	10405	4218
威海市	Weihai	94	23	16203	4665	4992	2018
日照市	Rizhao	73	32	9795	5124	5071	2969
莱芜市	Laiwu	39	39	6151	6151	2878	2878
临沂市	Linyi	300	85	39377	14401	13933	5879
德州市	Dezhou	163	20	18246	4203	8648	1873
聊城市	Liaocheng	295	47	21350	8378	8379	2983
滨州市	Binzhou	159	42	21852	5442	8218	2110
菏泽市	Heze	261	50	26793	6301	13082	2879
河南省	**Henan**	**3391**	**923**	**363634**	**157890**	**158481**	**60476**
郑州市	Zhengzhou	279	141	55252	41378	17576	12818
开封市	Kaifeng	158	50	16803	8022	7643	3011
洛阳市	Luoyang	266	84	29157	14254	13652	6693
平顶山市	Pingdingshan	207	66	22703	9151	9830	3661
安阳市	Anyang	162	45	20881	8556	10228	3734
鹤壁市	Hebi	59	31	6315	3032	3217	1842
新乡市	Xinxiang	246	57	25385	8568	8345	2867
焦作市	Jiaozuo	142	44	14492	6344	7479	2881
濮阳市	Puyang	133	40	12652	5901	5983	2800
许昌市	Xuchang	167	39	15791	5106	8678	1979
漯河市	Luohe	99	61	10109	6644	4184	2855
三门峡市	Sanmenxia	123	18	10647	3810	3459	980
南阳市	Nanyang	297	88	32395	15414	17217	5719
商丘市	Shangqiu	231	42	22922	6818	10986	2746
信阳市	Xinyang	265	59	17753	5839	7366	2231
周口市	Zhoukou	288	30	26854	3934	11638	1877
驻马店市	Zhumadian	269	28	23523	5119	11000	1782
湖北省	**Hubei**	**2289**	**1037**	**203146**	**115381**	**99597**	**49840**
武汉市	Wuhan	238	166	54930	50856	26420	21502
黄石市	Huangshi	74	32	9580	4626	4321	2822
十堰市	Shiyan	158	29	13446	7672	7747	2482
宜昌市	Yichang	165	58	19112	10025	8794	4410
襄阳市	Xiangfan	207	83	22105	10655	9900	5233
鄂州市	Ezhou	450	450	3780	3780	1908	1908

2-39 续表 4 continued

城市	City	医院、卫生院数（个）Number of Hospitals and Health centers (unit)		医院、卫生院床位数（张）Number of Beds of Hospitals and Health Centers (bed)		医生数(执业医师+执业助理医师)（人）Number of Doctors (Licensed Doctors+ Assistant Doctors) (person)	
		全市 Total City	市辖区 Districts under City	全市 Total City	市辖区 Districts under City	全市 Total City	市辖区 Districts under City
荆门市	Jingmen	96	28	10881	4648	5180	1514
孝感市	Xiaogan	151	35	11681	4676	6643	1811
荆州市	Jingzhou	164	40	20569	9289	9154	3647
黄冈市	Huanggang	221	18	20057	2892	10282	1284
咸宁市	Xianning	266	56	10656	3210	5537	1457
随州市	Suizhou	99	42	6349	3052	3711	1770
湖南省	**Hunan**	**3524**	**1236**	**261205**	**123747**	**139449**	**60054**
长沙市	Changsha	254	143	46382	32947	20268	14640
株洲市	Zhuzhou	174	53	18533	9462	8115	4001
湘潭市	Xiangtan	105	45	12085	8020	6155	3087
衡阳市	Hengyang	307	230	25555	18966	13000	6930
邵阳市	Shaoyang	755	268	24104	6319	16398	3980
岳阳市	Yueyang	218	108	16384	10964	8920	5156
常德市	Changde	281	86	20466	7163	22204	7110
张家界市	Zhangjiajie	119	38	6098	2440	2479	1188
益阳市	Yiyang	136	43	15284	5751	7087	2342
郴州市	Chenzhou	334	61	20103	6852	7888	2977
永州市	Yongzhou	270	59	18655	6708	7279	2391
怀化市	Huaihua	445	44	25113	4823	12920	4862
娄底市	Loudi	126	58	12443	3332	6736	1390
广东省	**Guangdong**	**2178**	**806**	**262921**	**165523**	**158177**	**98660**
广州市	Guangzhou						
韶关市	Shaoguan	171	52	12266	6170	6058	2546
深圳市	Shenzhen	117	117	26205	26205	24042	24042
珠海市	Zhuhai	49	49	6878	6878	4865	4865
汕头市	Shantou	68	64	12361	12238	6059	5924
佛山市	Foshan	108	108	25338	25338	13344	13344
江门市	Jiangmen	113	40	15127	8510	7590	3882
湛江市	Zhanjiang	161	45	22041	8901	10125	4013
茂名市	Maoming	147	11	17901	4073	10008	2363
肇庆市	Zhaoqing	157	36	11084	4311	4213	1601
惠州市	Huizhou	137	60	14485	8664	9009	5757
梅州市	Meizhou	163	16	11389	3870	7880	1330
汕尾市	Shanwei	71	10	6095	1407	4653	1309
河源市	Heyuan	122	9	7649	1878	4251	1170
阳江市	Yangjiang	76	12	6450	2542	3603	971
清远市	Qingyuan	160	19	10670	2679	6686	1592
东莞市	Dongguan	73	73	24042	24042	14043	14043
中山市	Zhongshan	44	44	11336	11336	5688	5688
潮州市	Chaozhou	75	21	5602	2702	4003	1512
揭阳市	Yeyang	94	11	9976	2556	8228	1761
云浮市	Yunfu	72	9	6026	1223	3829	947
广西壮族自治区	**Guangxi**	**1777**	**481**	**160209**	**72779**	**81365**	**39370**
南宁市	Nanning	200	99	29650	19825	16253	12194
柳州市	Liuzhou	158	53	17644	10791	8265	5572

2-39 续表 5 continued

城市	City	医院、卫生院数 (个) Number of Hospitals and Health centers (unit)		医院、卫生院床位数 (张) Number of Beds of Hospitals and Health Centers (bed)		医生数(执业医师+执业助理医师) (人) Number of Doctors (Licensed Doctors+ Assistant Doctors) (person)	
		全市 Total City	市辖区 Districts under City	全市 Total City	市辖区 Districts under City	全市 Total City	市辖区 Districts under City
桂林市	Guilin	196	27	14913	5520	9337	3473
梧州市	Wuzhou	93	20	8851	3956	4536	1941
北海市	Beihai	49	23	6140	2833	3026	1876
防城港市	Fangchenggang	42	21	2811	1848	1094	673
钦州市	Qinzhou	84	42	11512	5507	3695	1384
贵港市	Guigang	106	40	10364	4135	5325	2201
玉林市	Yulin	161	32	16776	5964	7319	2705
百色市	Baise	209	19	11974	3038	8685	2653
贺州市	Hezhou	88	38	5455	2686	2578	1373
河池市	Hechi	187	18	11174	2778	5308	1541
来宾市	Laibin	94	34	7311	2906	3043	1363
崇左市	Chongzuo	110	15	5634	992	2901	421
海南省	**Hainan**	**96**	**96**	**12417**	**12417**	**7168**	**7168**
海口市	Haikou	68	68	9910	9910	5912	5912
三亚市	Sanya	27	27	2477	2477	1254	1254
三沙市	Sansha	1	1	30	30	2	2
重庆市	**Chongqing**	**1405**	**749**	**121319**	**88511**	**51990**	**35473**
四川省	**Sichuan**	**4964**	**1517**	**345525**	**162209**	**148644**	**72732**
成都市	Chengdu	685	323	85000	54100	42800	29100
自贡市	Zigong	155	81	13428	8718	3773	2430
攀枝花市	Panzhihua	71	35	7954	6410	3660	2936
泸州市	Luzhou	210	62	18751	8157	7311	3777
德阳市	Deyang	208	37	14663	4817	7505	2250
绵阳市	Mianyang	405	98	25069	9601	10172	3985
广元市	Guangyuan	304	87	13442	7232	5426	2553
遂宁市	Suining	159	65	12921	6029	5902	2570
内江市	Neijiang	161	67	16887	7981	4579	2258
乐山市	Leshan	295	100	14124	7256	7148	3194
南充市	Nanchong	541	144	23160	8661	10423	3706
眉山市	Meishan	175	54	11571	4826	3531	1789
宜宾市	Yibin	246	64	20288	8850	5203	2345
广安市	Guang'an	231	66	10821	2938	4423	1332
达州市	Dazhou	361	20	19471	3933	9193	1407
雅安市	Yaan	191	61	8387	4214	4700	1627
巴中市	Bazhong	330	96	12160	3052	6246	3672
资阳市	Ziyang	236	57	17428	5434	6649	1801
贵州省	**Guizhou**	**1681**	**445**	**97931**	**39280**	**40194**	**19689**
贵阳市	Guiyang	226	149	21698	17272	11820	10103
六盘水市	Liupanshui	164	32	11318	4124	3954	1800
遵义市	Zunyi	297	45	23290	6864	8507	3413
安顺市	Anshun	137	44	6993	2898	2686	1305
毕节市	Bijie	393	64	21075	5088	5561	1455
铜仁市	Tongren	464	111	13557	3034	7666	1613

2-39 续表 6 continued

城市	City	医院、卫生院数 (个) Number of Hospitals and Health centers (unit)		医院、卫生院床位数 (张) Number of Beds of Hospitals and Health Centers (bed)		医生数(执业医师+执业助理医师) (人) Number of Doctors (Licensed Doctors+ Assistant Doctors) (person)	
		全市 Total City	市辖区 Districts under City	全市 Total City	市辖区 Districts under City	全市 Total City	市辖区 Districts under City
云南省	**Yunnan**	**1648**	**351**	**120839**	**55758**	**61004**	**23632**
昆明市	Kunming	236	154	44500	27967	38058	16138
曲靖市	Qujing	635	34	23518	9837	6198	1917
玉溪市	Yuxi	133	35	10776	4305	4406	1767
保山市	Baoshan	109	37	8591	3746	2971	916
昭通市	Zhaotong	207	47	14540	3971	3804	1200
丽江市	Lijiang	81	14	3837	1121	1044	340
普洱市	Simao	132	15	7760	2572	2189	714
临沧市	Lincang	115	15	7317	2239	2334	640
西藏自治区	**Tibet**	**65**	**12**	**2301**	**1897**	**1541**	**1208**
拉萨市	Lasa	65	12	2301	1897	1541	1208
陕西省	**Shaanxi**	**3654**	**1383**	**159872**	**85107**	**72411**	**39685**
西安市	Xi'an	376	256	44239	38358	23051	20437
铜川市	Tongchuan	69	57	4236	3927	2155	2004
宝鸡市	Baoji	256	92	15854	7774	4665	2371
咸阳市	Xianyang	335	85	20849	8483	8566	3778
渭南市	Weinan	652	75	15823	5503	7895	3613
延安市	Yan'an	220	39	9543	4413	3100	1432
汉中市	Hanzhong	1020	46	16300	6499	5901	1587
榆林市	Yulin	320	645	15269	3614	9706	1587
安康市	Ankang	239	62	9579	4344	4094	1817
商洛市	Shangluo	167	26	8180	2192	3278	1059
甘肃省	**Gansu**	**2971**	**551**	**91087**	**49636**	**42074**	**24743**
兰州市	Lanzhou	175	109	20917	18024	11149	9944
嘉峪关市	Jiayuguan	8	8	1478	1478	778	778
金昌市	Jinchang	25	10	2146	1272	1308	754
白银市	Baiyin	104	34	6135	3301	2468	1392
天水市	Tianshui	167	66	10349	5927	3827	2112
武威市	Wuwei	220	120	7130	4635	5429	3008
张掖市	Zhangye	115	40	4379	2410	2343	1151
平凉市	Pingliang	143	32	8845	2845	3081	752
酒泉市	Jiuquan	107	36	6005	2348	2766	1109
庆阳市	Qingyang	151	17	7354	3111	2979	1064
定西市	Dingxi	164	28	10368	2045	3362	1599
陇南市	Longnan	1592	51	5981	2240	2584	1080
青海省	**Qinghai**	**108**	**43**	**13921**	**11077**	**16263**	**9276**
西宁市	Xining	108	43	13921	11077	16263	9276
宁夏回族自治区	**Ningxia**	**1353**	**477**	**26945**	**17711**	**13117**	**8791**
银川市	Yinchuan	91	58	10659	9363	5829	5021
石嘴山市	Shizuishan	84	56	3898	3088	1879	1523
吴忠市	Wuzhong	825	220	4702	2194	2004	872
固原市	Guyuan	300	126	4466	1563	2019	762
中卫市	Zhongwei	53	17	3220	1503	1386	613
新疆维吾尔自治区	**Xinjiang**	**178**	**171**	**27225**	**27147**	**13173**	**13080**
乌鲁木齐市	Urumqi	171	164	25579	25501	12037	11944
克拉玛依市	Karamay	7	7	1646	1646	1136	1136

2-40 在岗职工人数及工资状况
Number and Wages of Staff and Workers

城市	City	在岗职工平均人数（万人）Average Number of Employed Staff and Workers (10 000 persons)		在岗职工工资总额（万元）Total Wage Bill of Employed Staff and Workers (10 000 yuan)		职工平均工资（元）Average Wage of Employed Staff and Workers (yuan)	
		全市 Total City	市辖区 Districts under City	全市 Total City	市辖区 Districts under City	全市 Total City	市辖区 Districts under City
城市合计	**Prefecture Cities**	**13379.48**	**8423.49**	**632812224**	**450106153**		
北京市	**Beijing**	**663.25**	**647.51**	**56579220**	**55791718**	**85306.02**	**86163.48**
天津市	**Tianjin**	**233.77**	**217.73**	**15288191**	**14448598**	**65398.43**	**66360.16**
河北省	**Hebei**	**574.47**	**274.24**	**22594181**	**12511664**		
石家庄市	Shijiazhuang	87.19	53.22	3350362	2377562	38425.99	44674.22
唐山市	Tangshan	95.12	61.74	4302278	3136360	45230.00	50799.48
秦皇岛市	Qinhuangdao	30.97	22.02	1414920	1106756	45686.79	50261.40
邯郸市	Handan	56.63	25.15	2151234	1096573	37987.53	43601.31
邢台市	Xingtai	40.43	15.14	1533595	676699	37932.10	44696.10
保定市	Baoding	89.57	31.79	3127206	1206672	34913.54	37957.60
张家口市	Zhangjiakou	36.20	16.04	1290823	636709	35658.09	39695.07
承德市	Chengde	27.54	10.14	953043	449214	34605.77	44301.18
沧州市	Cangzhou	45.80	12.80	1848340	545021	40356.77	42579.77
廊坊市	Langfang	38.48	17.39	1748009	921724	45426.43	53003.11
衡水市	Hengshui	26.54	8.81	874371	358374	32945.40	40678.09
山西省	**Shanxi**	**400.98**	**221.52**	**17944273**	**10753309**		
太原市	Taiyuan	93.89	90.48	4591661	4508728	48904.69	49831.21
大同市	Datong	42.17	34.89	2033019	1800639	48210.08	51609.03
阳泉市	Yangquan	25.81	21.15	1403705	1214445	54386.09	57420.57
长治市	Changzhi	36.82	13.12	1656220	479199	44981.53	36524.31
晋城市	Jincheng	27.59	13.52	1502841	884874	54470.50	65449.26
朔州市	Shuozhou	19.56	10.86	875955	534616	44782.98	49227.99
晋中市	Jinzhong	31.88	8.71	1360737	312652	42683.09	35895.75
运城市	Yuncheng	29.95	7.99	945357	251079	31564.51	31424.16
忻州市	Xinzhou	23.82	6.47	820424	198131	34442.65	30623.03
临汾市	Linfen	35.86	9.46	1177133	386139	32825.79	40818.08
吕梁市	Lvliang	33.63	4.87	1577221	182807	46899.23	37537.37
内蒙古自治区	**Inner Mongolia**	**216.55**	**106.06**	**10756337**	**5618759**		
呼和浩特市	Hohhot	24.00	16.00	1575290	1115099	65637.08	69693.69
包头市	Baotou	36.43	31.93	1881466	1649540	51646.06	51661.13
乌海市	Wuhai	10.02	10.02	515743	515743	51471.36	51471.36
赤峰市	Chifeng	31.86	13.51	1452639	668412	45594.44	49475.35
通辽市	Tongliao	24.44	9.66	935437	364880	38274.84	37772.26
鄂尔多斯市	Erdos	22.33	6.73	1483389	466091	66430.32	69255.72
呼伦贝尔市	Hulunbuir	35.85	4.81	1602060	252705	44687.87	52537.42
巴彦淖尔市	Bayannur	16.60	7.20	689548	350786	41539.04	48720.28
乌兰察布市	Ulanqab	15.02	6.20	620765	235503	41329.23	37984.35
辽宁省	**Liaoning**	**571.97**	**427.06**	**24246569**	**19822606**		
沈阳市	Shenyang	116.65	109.95	5820611	5579291	49898.08	50743.89
大连市	Dalian	106.99	89.77	5865315	5142673	54821.15	57287.21
鞍山市	Anshan	52.15	38.83	1800411	1428011	34523.70	36775.97
抚顺市	Fushun	30.48	25.54	1181234	1017698	38754.40	39847.22
本溪市	Benxi	26.62	22.30	1031904	893580	38764.24	40070.85
丹东市	Dandong	26.01	16.46	744578	459716	28626.61	27929.28
锦州市	Jinzhou	29.67	20.89	1118828	863737	37709.07	41346.91

2-40 续表 1 continued

城市	City	在岗职工平均人数(万人) Average Number of Employed Staff and Workers (10 000 persons)		在岗职工工资总额(万元) Total Wage Bill of Employed Staff and Workers (10 000 yuan)		职工平均工资(元) Average Wage of Employed Staff and Workers (yuan)	
		全市 Total City	市辖区 Districts under City	全市 Total City	市辖区 Districts under City	全市 Total City	市辖区 Districts under City
营口市	Yingkou	28.44	20.72	1024707	873362	36030.49	42150.68
阜新市	Fuxin	19.87	14.73	766280	601550	38564.67	40838.42
辽阳市	Liaoyang	18.88	13.65	759703	587871	40238.51	43067.47
盘锦市	Panjin	44.03	23.41	1494837	1244215	33950.42	53148.87
铁岭市	Tieling	21.97	6.65	821112	238062	37374.24	35798.80
朝阳市	Chaoyang	31.68	12.70	1149256	437652	36277.02	34460.79
葫芦岛市	Huludao	18.53	11.46	667793	455188	36038.48	39719.72
吉林省	**Jilin**	**242.93**	**159.49**	**9554228**	**7011614**		
长春市	Changchun	96.03	80.95	4482007	4022470	46672.99	49690.80
吉林市	Jilin	38.50	25.10	1557169	1110935	40445.95	44260.36
四平市	Siping	19.71	8.64	631802	296357	32054.90	34300.58
辽源市	Liaoyuan	8.82	5.92	285412	193195	32359.64	32634.29
通化市	Tonghua	22.31	8.36	708662	288376	31764.32	34494.74
白山市	Baishan	17.76	10.82	593014	379782	33390.43	35100.00
松原市	Songyuan	21.46	10.50	783119	439143	36492.03	41823.14
白城市	Baicheng	18.34	9.20	513043	281356	27973.99	30582.17
黑龙江省	**Heilongjiang**	**386.30**	**247.14**	**14664712**	**11247693**		
哈尔滨市	Harbin	128.71	102.54	5376597	4626339	41772.95	45117.41
齐齐哈尔市	Qiqihar	39.49	23.26	1348748	913859	34154.17	39288.87
鸡西市	Jixi	18.97	12.34	712011	520657	37533.53	42192.63
鹤岗市	Hegang	12.95	10.81	518148	461115	40011.43	42656.34
双鸭山市	Shuangyashan	21.34	8.01	484249	342371	22692.08	42742.95
大庆市	Daqing	51.18	44.22	2886109	2709790	56391.34	61279.74
伊春市	Yichun	18.15	13.81	439104	358800	24193.06	25981.17
佳木斯市	Jiamusi	15.50	7.40	591800	348200	38180.65	47054.05
七台河市	Qitaihe	12.68	10.88	481546	431514	37976.81	39661.21
牡丹江市	Mudanjiang	20.80	8.19	713365	337907	34296.39	41258.49
黑河市	Heihe	18.52	3.08	404085	124639	21818.84	40467.21
绥化市	Suihua	28.01	2.60	708950	72502	25310.60	27885.38
上海市	**Shanghai**	**514.63**	**507.30**	**41268634**	**40789399**	**80190.88**	**80404.89**
江苏省	**Jiangsu**	**774.13**	**464.13**	**39997493**	**26068937**		
南京市	Nanjing	123.42	112.05	7794186	7276020	63151.73	64935.48
无锡市	Wuxi	79.44	51.63	4518871	2964498	56884.08	57418.13
徐州市	Xuzhou	60.47	35.76	2664763	1813378	44067.52	50709.68
常州市	Changzhou	46.45	34.21	2590106	2033237	55761.16	59434.00
苏州市	Suzhou	135.96	75.11	7834273	4483308	57621.90	59689.89
南通市	Nantong	64.75	30.36	3198532	1596206	49398.18	52575.96
连云港市	Lianyungang	33.21	19.04	1465535	913965	44129.33	48002.36
淮安市	Huai'an	40.55	26.12	1701917	1167817	41970.83	44709.69
盐城市	Yancheng	50.14	15.01	2023565	701241	40358.30	46718.25
扬州市	Yangzhou	38.51	21.88	1840658	1108172	47796.88	50647.71
镇江市	Zhenjiang	39.13	19.28	1863557	961488	47624.76	49869.71
泰州市	Taizhou	38.43	14.23	1651730	694768	42980.22	48824.17
宿迁市	Suqian	23.67	9.45	849800	354839	35901.99	37549.10

2-40 续表 2 continued

城市	City	在岗职工平均人数(万人) Average Number of Employed Staff and Workers (10 000 persons)		在岗职工工资总额(万元) Total Wage Bill of Employed Staff and Workers (10 000 yuan)		职工平均工资(元) Average Wage of Employed Staff and Workers (yuan)	
		全市 Total City	市辖区 Districts under City	全市 Total City	市辖区 Districts under City	全市 Total City	市辖区 Districts under City
浙江省	**Zhejiang**	**933.75**	**507.54**	**48246767**	**28366471**		
杭州市	Hangzhou	263.02	229.68	14839012	13217453	56417.81	57547.25
宁波市	Ningbo	148.94	87.33	8378694	5337135	56255.50	61114.57
温州市	Wenzhou	100.41	36.40	4841134	2123301	48213.66	58332.45
嘉兴市	Jiaxing	72.68	21.19	3512573	1119249	48329.29	52819.68
湖州市	Huzhou	40.44	19.95	1871993	923600	46290.63	46295.74
绍兴市	Shaoxing	116.45	29.78	5311926	1401780	45615.51	47071.19
金华市	Jinhua	53.16	15.42	2509076	744826	47198.57	48302.59
衢州市	Quzhou	16.91	8.87	925073	505084	54705.68	56942.95
舟山市	Zhoushan	17.19	13.80	984670	793290	57281.56	57484.78
台州市	Taizhou	88.12	40.17	4142529	1890357	47010.09	47058.92
丽水市	Lishui	16.43	4.95	930087	310396	56609.07	62706.26
安徽省	**Anhui**	**392.40**	**241.70**	**18064298**	**11906345**		
合肥市	Hefei	101.75	78.92	5161141	4166602	50723.74	52795.26
芜湖市	Wuhu	34.08	25.32	1625614	1226209	47699.94	48428.48
蚌埠市	Bengbu	17.69	11.52	680129	464918	38447.09	40357.47
淮南市	Huainan	32.95	26.81	1896278	1521591	57550.17	56754.61
马鞍山市	Maanshan	17.67	13.40	904215	698440	51172.33	52122.39
淮北市	Huaibei	21.38	18.58	1218673	1106071	57000.61	59530.19
铜陵市	Tongling	11.43	10.10	544373	476055	47626.68	47134.16
安庆市	Anqing	23.61	9.65	901803	377071	38195.81	39074.72
黄山市	Huangshan	9.36	5.82	382909	242103	40909.08	41598.45
滁州市	Chuzhou	17.83	5.18	745833	239273	41830.23	46191.70
阜阳市	Fuyang	28.09	13.40	1009110	488133	35924.17	36427.84
宿州市	Suzhou	21.64	3.37	829557	104393	38334.43	30977.15
六安市	Lu'an	20.19	8.54	745280	327115	36913.32	38303.86
亳州市	Bozhou	15.88	5.72	610199	240111	38425.63	41977.45
池州市	Chizhou	7.84	3.85	298229	153666	38039.41	39913.25
宣城市	Xuancheng	11.01	1.52	510955	74594	46408.27	49075.00
福建省	**Fujian**	**589.77**	**303.99**	**26574944**	**14707622**		
福州市	Fuzhou	127.86	74.57	6148482	3626839	48087.61	48636.70
厦门市	Xiamen	115.84	115.84	6101633	6101633	52672.94	52672.94
莆田市	Putian	34.13	29.51	1359414	1183820	39830.47	40115.89
三明市	Sanming	21.76	6.85	920259	335107	42291.31	48920.73
泉州市	Quanzhou	170.27	38.01	7000891	1666513	41116.41	43844.07
漳州市	Zhangzhou	41.43	12.91	1769409	602348	42708.40	46657.47
南平市	Nanping	21.87	5.74	888690	264585	40635.12	46094.95
龙岩市	Longyan	32.87	13.97	1353374	615018	41173.53	44024.19
宁德市	Ningde	23.74	6.59	1032792	311759	43504.30	47307.89
江西省	**Jiangxi**	**340.64**	**147.83**	**12317398**	**6213359**		
南昌市	Nanchang	84.39	62.64	3693668	2931029	43769.02	46791.65
景德镇市	Jingdezhen	17.98	10.79	611939	391681	34034.43	36300.37
萍乡市	Pingxiang	13.23	10.13	452230	371237	34182.16	36647.29
九江市	Jiujiang	36.94	12.74	1252079	548381	33894.94	43044.03
新余市	Xinyu	10.74	8.13	453556	353901	42230.54	43530.26
鹰潭市	Yingtan	9.78	2.31	340778	81680	34844.38	35359.31
赣州市	Ganzhou	46.15	10.32	1517057	411148	32872.31	39839.92
吉安市	Ji'an	20.55	3.91	682498	142447	33211.58	36431.46
宜春市	Yichun	35.42	8.12	1159672	298957	32740.60	36817.36
抚州市	Fuzhou	28.08	11.54	916472	399902	32637.89	34653.55
上饶市	Shangrao	37.38	7.20	1237449	282996	33104.57	39305.00

2-40 续表 3 continued

城 市	City	在岗职工平均人数 (万人) Average Number of Employed Staff and Workers (10 000 persons)		在岗职工工资总额 (万元) Total Wage Bill of Employed Staff and Workers (10 000 yuan)		职工平均工资 (元) Average Wage of Employed Staff and Workers (yuan)	
		全市 Total City	市辖区 Districts under City	全市 Total City	市辖区 Districts under City	全市 Total City	市辖区 Districts under City
山东省	**Shandong**	**1029.00**	**542.82**	**43739116**	**25413629**		
济南市	Jinan	119.44	93.25	5832141	4897991	48829.04	52525.37
青岛市	Qingdao	125.42	81.95	6152141	4446689	49052.31	54261.00
淄博市	Zibo	73.11	55.32	3070517	2446026	41998.59	44215.94
枣庄市	Zaozhuang	39.82	26.83	1552621	1097924	38990.98	40921.51
东营市	Dongying	42.32	28.25	2124217	1618813	50194.16	57303.12
烟台市	Yantai	101.17	57.17	4211269	2483249	41625.67	43436.23
潍坊市	Weifang	78.87	30.20	3231024	1325603	40966.45	43894.14
济宁市	Jining	69.90	23.44	3112400	1016900	44526.47	43383.11
泰安市	Tai'an	65.83	21.71	2632373	868220	39987.44	39991.71
威海市	Weihai	55.61	24.83	2157682	984909	38800.25	39666.09
日照市	Rizhao	20.69	13.03	826178	590906	39931.27	45349.65
莱芜市	Laiwu	16.89	16.89	694144	694144	41097.93	41097.93
临沂市	Linyi	62.10	24.10	2616761	1178644	42137.86	48906.39
德州市	Dezhou	39.07	10.70	1307964	402973	33477.45	37661.03
聊城市	Liaocheng	37.72	11.43	1270805	444941	33690.48	38927.47
滨州市	Binzhou	40.75	10.44	1648988	454498	40465.96	43534.29
菏泽市	Heze	40.29	13.28	1297891	461199	32213.73	34728.84
河南省	**Henan**	**789.60**	**380.98**	**27413365**	**14829945**		
郑州市	Zhengzhou	139.96	99.09	5664394	4359137	40471.52	43991.69
开封市	Kaifeng	39.90	17.40	1069258	469415	26798.45	26977.87
洛阳市	Luoyang	57.27	33.50	2428094	1433196	42397.31	42781.97
平顶山市	Pingdingshan	50.03	30.74	2046062	1336636	40896.70	43481.98
安阳市	Anyang	46.35	19.56	1572269	813409	33921.66	41585.33
鹤壁市	Hebi	17.69	13.07	602199	473256	34041.78	36209.33
新乡市	Xinxiang	42.42	17.82	1284693	588700	30285.08	33035.91
焦作市	Jiaozuo	33.32	15.96	1157934	632154	34751.92	39608.65
濮阳市	Puyang	29.34	18.19	1032575	755166	35193.42	41515.45
许昌市	Xuchang	32.32	10.25	1092923	394351	33815.69	38473.27
漯河市	Luohe	23.90	15.77	758494	537071	31736.15	34056.50
三门峡市	Sanmenxia	25.13	6.95	989895	273837	39390.97	39401.01
南阳市	Nanyang	75.63	28.49	2302789	1016883	30448.09	35692.63
商丘市	Shangqiu	41.03	13.79	1268852	392205	30924.98	28441.26
信阳市	Xinyang	45.12	13.30	1375754	409871	30491.00	30817.37
周口市	Zhoukou	46.31	10.92	1486161	431846	32091.58	39546.34
驻马店市	Zhumadian	43.88	16.18	1281019	512812	29193.69	31694.19
湖北省	**Hubei**	**660.55**	**354.79**	**21339278**	**13915680**		
武汉市	Wuhan	175.12	138.35	8570674	7064765	48941.72	51064.44
黄石市	Huangshi	47.80	33.52	1437810	1060927	30079.71	31650.57
十堰市	Shiyan	52.08	31.79	1640618	1112950	31501.88	35009.44
宜昌市	Yichang	68.80	27.52	1974335	855223	28696.73	31076.42
襄阳市	Xiangfan	69.56	37.60	2025537	1213712	29119.28	32279.57
鄂州市	Ezhou	20.02	20.02	551449	551449	27544.91	27544.91

2-40 续表 4 continued

城　市	City	在岗职工平均人数（万人）Average Number of Employed Staff and Workers (10 000 persons)		在岗职工工资总额（万元）Total Wage Bill of Employed Staff and Workers (10 000 yuan)		职工平均工资（元）Average Wage of Employed Staff and Workers (yuan)	
		全市 Total City	市辖区 Districts under City	全市 Total City	市辖区 Districts under City	全市 Total City	市辖区 Districts under City
荆门市	Jingmen	35.56	13.30	1037448	538390	29174.58	40480.45
孝感市	Xiaogan	67.29	14.49	1896221	500456	28179.83	34538.03
荆州市	Jingzhou	31.78	13.00	990821	446348	31177.50	34334.46
黄冈市	Huanggang	48.14	5.32				
咸宁市	Xianning	32.05	13.93	836321	366456	26094.26	26306.96
随州市	Suizhou	12.35	5.95	378044	205004	30610.85	34454.45
湖南省	**Hunan**	**485.77**	**231.52**	**19014397**	**10151062**		
长沙市	Changsha	117.72	79.00	5992566	4183751	50905.25	52958.87
株洲市	Zhuzhou	37.71	22.50	1633300	1047100	43312.12	46537.78
湘潭市	Xiangtan	28.88	18.63	1106706	758048	38320.84	40689.64
衡阳市	Hengyang	50.39	19.65	1690208	714892	33542.53	36381.27
邵阳市	Shaoyang	30.03	8.89	990330	310009	32978.02	34871.65
岳阳市	Yueyang	40.30	17.95	1249126	642023	30995.68	35767.30
常德市	Changde	35.00	12.08	1191710	460733	34048.86	38140.15
张家界市	Zhangjiajie	8.14	4.45	280556	156794	34466.34	35234.61
益阳市	Yiyang	25.08	12.74	856721	445927	34159.53	35002.12
郴州市	Chenzhou	30.64	11.39	1162682	501805	37946.54	44056.63
永州市	Yongzhou	28.91	8.98	1003092	337251	34697.06	37555.79
怀化市	Huaihua	26.13	6.06	920304	244255	35220.21	40306.11
娄底市	Loudi	26.84	9.20	937096	348474	34914.16	37877.61
广东省	**Guangdong**	**1220.50**	**962.90**	**62267851**	**53916080**		
广州市	Guangzhou	267.53	245.92	18062285	17082752	67514.99	69464.67
韶关市	Shaoguan	32.11	15.82	1288520	719528	40128.31	45482.17
深圳市	Shenzhen	278.29	278.29	16421777	16421777	59009.58	59009.58
珠海市	Zhuhai	65.32	65.32	3167026	3167026	48484.78	48484.78
汕头市	Shantou	51.21	50.70	1931441	1915316	37716.09	37777.44
佛山市	Foshan	61.94	61.94	2861950	2861950	46205.20	46205.20
江门市	Jiangmen	51.89	31.03	1971059	1285393	37985.33	41424.20
湛江市	Zhanjiang	43.50	18.89	1477400	880888	33963.22	46632.50
茂名市	Maoming	36.30	12.07	1331020	571732	36667.22	47368.02
肇庆市	Zhaoqing	30.94	15.83	1211456	644378	39155.01	40706.13
惠州市	Huizhou	86.02	63.78	3570487	2788089	41507.64	43714.16
梅州市	Meizhou	22.88	5.62	849418	326131	37124.91	58030.43
汕尾市	Shanwei	16.71	7.40	581176	294030	34780.13	39733.78
河源市	Heyuan	23.72	10.81	853533	450356	35983.68	41661.05
阳江市	Yangjiang	17.64	6.73	597334	251408	33862.47	37356.32
清远市	Qingyuan	26.74	5.62	1192503	483469	44596.22	86026.51
东莞市	Dongguan	24.14	24.14	1434133	1434133	59408.99	59408.99
中山市	Zhongshan	31.48	31.48	1758773	1758773	55869.54	55869.54
潮州市	Chaozhou	12.55	4.72	419994	199719	33465.66	42313.35
揭阳市	Yeyang	22.25	4.72	681652	188052	30636.04	39841.53
云浮市	Yunfu	17.34	2.07	604914	191180	34885.47	92357.49
广西壮族自治区	**Guangxi**	**296.36**	**163.13**	**11033790**	**6781038**		
南宁市	Nanning	66.62	50.48	2940889	2398753	44144.24	47518.88
柳州市	Liuzhou	42.75	32.36	1662394	1297576	38886.41	40098.15

2-40 续表 5 continued

城市	City	在岗职工平均人数（万人）Average Number of Employed Staff and Workers (10 000 persons)		在岗职工工资总额（万元）Total Wage Bill of Employed Staff and Workers (10 000 yuan)		职工平均工资（元）Average Wage of Employed Staff and Workers (yuan)	
		全市 Total City	市辖区 Districts under City	全市 Total City	市辖区 Districts under City	全市 Total City	市辖区 Districts under City
桂林市	Guilin	30.68	14.67	1149447	608318	37465.68	41466.80
梧州市	Wuzhou	13.70	6.03	450214	211855	32862.34	35133.50
北海市	Beihai	11.88	8.11	431581	309682	36328.37	38185.20
防城港市	Fangchenggang	9.21	6.98	339499	263281	36862.00	37719.34
钦州市	Qinzhou	14.86	8.16	541058	340162	36410.36	41686.52
贵港市	Guigang	14.28	6.43	428378	212316	29998.46	33019.60
玉林市	Yulin	26.39	9.46	886550	361633	33594.16	38227.59
百色市	Baise	17.64	4.50	624071	190163	35378.17	42258.44
贺州市	Hezhou	8.30	4.49	293972	163597	35418.31	36435.86
河池市	Hechi	16.95	3.89	536710	141557	31664.31	36389.97
来宾市	Laibin	10.23	4.74	363351	179077	35518.18	37779.96
崇左市	Chongzuo	12.87	2.83	385676	103068	29967.06	36419.79
海南省	**Hainan**	**54.15**	**54.15**	**2187570**	**2187570**		
海口市	Haikou	44.98	44.98	1821039	1821039	40485.53	40485.53
三亚市	Sanya	9.17	9.17	366531	366531	39970.67	39970.67
三沙市	Sansha						
重庆市	**Chongqing**	**325.87**	**264.53**	**14791899**	**12255095**		
四川省	**Sichuan**	**529.54**	**306.94**	**22434348**	**14046054**	**42365.73**	**45761.56**
成都市	Chengdu	177.30	127.46	8563993	6527863	48302.27	51214.99
自贡市	Zigong	16.33	12.00	667513	495680	40876.48	41306.67
攀枝花市	Panzhihua	18.53	16.54	879393	782948	47457.80	47336.64
泸州市	Luzhou	26.08	14.39	923426	548557	35407.44	38120.71
德阳市	Deyang	24.36	11.63	1137322	616151	46688.10	52979.45
绵阳市	Mianyang	35.49	21.58	1533754	1022381	43216.51	47376.32
广元市	Guangyuan	13.43	7.92	539240	315763	40151.90	39869.07
遂宁市	Suining	15.40	5.08	573839	212613	37262.27	41852.95
内江市	Neijiang	19.52	7.12	718728	286897	36820.08	40294.52
乐山市	Leshan	27.41	13.92	1014480	525711	37011.31	37766.59
南充市	Nanchong	28.83	12.44	1067085	472101	37013.01	37950.24
眉山市	Meishan	14.71	12.02	593118	420523	40320.73	34985.27
宜宾市	Yibin	33.57	15.65	1355307	709883	40372.56	45359.94
广安市	Guang'an	11.50	4.05	459725	156591	39976.09	38664.44
达州市	Dazhou	26.64	6.95	967885	298159	36332.02	42900.58
雅安市	Yaan	9.23	4.80	339951	180026	36831.09	37505.42
巴中市	Bazhong	15.38	7.82	526984	239712	34264.24	30653.71
资阳市	Ziyang	15.83	5.57	572605	234495		
贵州省	**Guizhou**	**185.94**	**103.83**	**7927627**	**4490024**	**42635.40**	**43243.99**
贵阳市	Guiyang	75.86	65.46	3236338	2816398	42661.98	43024.72
六盘水市	Liupanshui	21.76	8.27	953426	402542	43815.53	48674.97
遵义市	Zunyi	34.21	12.36	1549810	562600	45302.84	45517.80
安顺市	Anshun	14.43	7.53	563728	279368	39066.39	37100.66
毕节市	Bijie	25.26	6.60	1054820	252628	41758.51	38276.97
铜仁市	Tongren	14.42	3.61	569505	176488		

2-40 续表 6 continued

城市	City	在岗职工平均人数（万人）Average Number of Employed Staff and Workers (10 000 persons)		在岗职工工资总额（万元）Total Wage Bill of Employed Staff and Workers (10 000 yuan)		职工平均工资（元）Average Wage of Employed Staff and Workers (yuan)	
		全市 Total City	市辖区 Districts under City	全市 Total City	市辖区 Districts under City	全市 Total City	市辖区 Districts under City
云南省	**Yunnan**	**250.43**	**115.73**	**10071111**	**4654413**	**40215.27**	**40217.86**
昆明市	Kunming	109.29	66.27	4928271	2829117	45093.52	42690.77
曲靖市	Qujing	43.18	12.83	1610388	529836	37294.77	41296.65
玉溪市	Yuxi	22.79	10.72	982508	474537	43111.36	44266.51
保山市	Baoshan	16.59	8.09	515711	258092	31085.65	31902.60
昭通市	Zhaotong	21.65	5.44	806494	238360	37251.45	43816.18
丽江市	Lijiang	10.19	3.89	357941	146760	35126.69	37727.51
普洱市	Simao	15.53	5.28	487175	165626	31369.93	31368.56
临沧市	Lincang	11.21	3.21	382623	12085		
西藏自治区	**Tibet**	**8.43**		**549218**		**65150.42**	
拉萨市	Lasa	8.43		549218			
陕西省	**Shaanxi**	**354.79**	**211.79**	**15679324**	**9752850**	**44193.25**	**46049.62**
西安市	Xi'an	146.57	132.57	6843121	6369765	46688.42	48048.31
铜川市	Tongchuan	8.64	8.01	339759	333759	39323.96	41667.79
宝鸡市	Baoji	30.09	17.06	1200765	729916	39905.78	42785.23
咸阳市	Xianyang	36.55	13.81	1406085	513092	38470.18	37153.66
渭南市	Weinan	36.33	9.89	1522913	446150	41918.88	45111.22
延安市	Yan'an	22.34	8.54	1104519	410545	49441.32	48073.19
汉中市	Hanzhong	23.29	6.56	948748	275808	40736.28	42043.90
榆林市	Yulin	24.41	5.85	1290669	321489	52874.60	54955.38
安康市	Ankang	13.42	5.32	561566	211439	41845.45	39744.17
商洛市	Shangluo	13.15	4.18	461179	140887		
甘肃省	**Gansu**	**177.67**	**108.20**	**7237137**	**4587200**	**40733.59**	**42395.56**
兰州市	Lanzhou	53.15	48.06	2364559	2168622	44488.41	45123.22
嘉峪关市	Jiayuguan	6.01	6.01	311525	311525	51834.44	51834.44
金昌市	Jinchang	6.96	5.17	372300	303865	53491.38	58774.66
白银市	Baiyin	14.78	10.04	649826	473863	43966.58	47197.51
天水市	Tianshui	18.40	11.67	639002	377469	34728.37	32345.24
武威市	Wuwei	10.03	6.79	298299	192820	29740.68	28397.64
张掖市	Zhangye	10.33	5.36	345128	169107	33410.26	31549.81
平凉市	Pingliang	14.96	3.94	649629	135855	43424.40	34480.96
酒泉市	Jiuquan	10.03	3.37	418283	139672	41703.19	41445.70
庆阳市	Qingyang	10.40	3.15	394478	126630	37930.58	40200.00
定西市	Dingxi	11.09	2.62	408507	109522	36835.62	41802.29
陇南市	Longnan	11.53	2.02	385601	78250		
青海省	**Qinghai**	**30.79**	**23.17**	**1357395**	**1038717**	**44085.58**	**44830.25**
西宁市	Xining	30.79	23.17	1357395	1038717		
宁夏回族自治区	**Ningxia**	**57.62**	**39.14**	**2823921**	**2025517**	**49009.39**	**51750.56**
银川市	Yinchuan	29.43	24.11	1597295	1371940	54274.38	56903.36
石嘴山市	Shizuishan	8.78	6.72	370941	299719	42248.41	44601.04
吴忠市	Wuzhong	7.65	2.80	345645	116989	45182.35	41781.79
固原市	Guyuan	5.86	2.21	267529	100580	45653.41	45511.31
中卫市	Zhongwei	5.90	3.30	242511	136289		
新疆维吾尔自治区	**Xinjiang**	**86.93**	**86.63**	**4847632**	**4803186**	**55764.78**	**55444.83**
乌鲁木齐市	Urumqi	72.58	72.28	3711371	3666925	51134.90	50732.22
克拉玛依市	Karamay	14.35	14.35	1136261	1136261		

2-41 社会保障主要指标

Main indicators of Social Security

单位：人 (person)

城市	City	城镇基本养老保险参保人数 Persons Covered by Basic Pension Insurance		城镇基本医疗保险参保人数 Persons Covered by Basic Medical Care Insurance		失业保险参保人数 Persons Covered by Unemployment Insurance	
		全市 Total City	市辖区 Districts under City	全市 Total City	市辖区 Districts under City	全市 Total City	市辖区 Districts under City
城市合计	**Prefecture Cities**	**248467659**	**162405370**	**439687041**	**253932356**	**142474407**	**98937872**
北京市	**Beijing**	**12063791**	**11833898**	**14315958**	**14034311**	**10067391**	**9874371**
天津市	**Tianjin**	**4902600**	**4902600**	**9813000**	**9813000**	**2686900**	**2686900**
河北省	**Hebei**	**10095232**	**5038583**	**15925782**	**7977459**	**4948697**	**3149144**
石家庄市	Shijiazhuang	1744649	1229954	2692992	1769699	899000	704370
唐山市	Tangshan	1858100	755215	2252000	1530000	793763	565567
秦皇岛市	Qinhuangdao	674200	388077	925300	602384	310895	242388
邯郸市	Handan	1064556	632778	1817865	597427	662809	433851
邢台市	Xingtai	561078	269397	1643835	658853	343290	174322
保定市	Baoding	1122786	429883	1892500	768969	521303	300425
张家口市	Zhangjiakou	742768	303288	1159842	632260	385308	163298
承德市	Chengde	502368	251882	931192	352310	250326	147395
沧州市	Cangzhou	759170	305593	1035900	410000	351230	174189
廊坊市	Langfang	628404	287111	943100	416159	247700	157487
衡水市	Hengshui	437153	185405	631256	239398	183073	85852
山西省	**Shanxi**	**4600942**	**2607448**	**10235600**	**5611373**	**3725255**	**2168891**
太原市	Taiyuan	1225400	1170301	2329000	2200358	788000	722794
大同市	Datong	414158	325561	1309445	851370	437000	376866
阳泉市	Yangquan	243825	186416	606000	521744	240810	197833
长治市	Changzhi	458360	261623	976213	601663	397003	219062
晋城市	Jincheng	322363	174849	577101	329817	269413	161849
朔州市	Shuozhou	176824	96792	385547	216678	177072	98130
晋中市	Jinzhong	370804	121523	806518	181092	318563	74566
运城市	Yuncheng	477400	14081	836000	90114	249658	15959
忻州市	Xinzhou	375300	78558	648000	120010	198700	46432
临汾市	Linfen	395512	159405	999776	410538	341523	213345
吕梁市	Lvliang	140996	18339	762000	87989	307513	42055
内蒙古自治区	**Inner Mongolia**	**3614310**	**1637236**	**7899923**	**3431662**	**2085445**	**1074725**
呼和浩特市	Hohhot	374000	312374	914568	745899	404262	338194
包头市	Baotou	823558	736090	1308430	1256319	433164	365381
乌海市	Wuhai	156065	156065	246105	246105	98000	98000
赤峰市	Chifeng	301516	66006	1042211	468761	265026	62100
通辽市	Tongliao	230000	99237	1012400	107170	180000	92026
鄂尔多斯市	Erdos	248871	116264	602521	225854	160993	67224
呼伦贝尔市	Hulunbuir	1070000	79200	1380000	167300	300000	15800
巴彦淖尔市	Bayannur	269000	47000	627000	170000	106000	16000
乌兰察布市	Ulanqab	141300	25000	766688	44254	138000	20000
辽宁省	**Liaoning**	**12688282**	**9161062**	**20495033**	**14957276**	**6468562**	**4978391**
沈阳市	Shenyang	3207303	3019819	3512178	3337598	1332625	1259272
大连市	Dalian	1762731	1457671	4531032	3815900	1313700	1116736
鞍山市	Anshan	899991	621729	1155279	964160	609769	526232
抚顺市	Fushun	928618	812111	1449899	1364029	516065	472405
本溪市	Benxi	869466	733477	1061169	899193	392054	352945
丹东市	Dandong	760000	460000	1031200	604904	272055	166290
锦州市	Jinzhou	699884	479931	1249195	781442	358107	262327

2-41 续表 1 continued

单位：人 (person)

城市	City	城镇基本养老保险参保人数 Persons Covered by Basic Pension Insurance		城镇基本医疗保险参保人数 Persons Covered by Basic Medical Care Insurance		失业保险参保人数 Persons Covered by Unemployment Insurance	
		全市 Total City	市辖区 Districts under City	全市 Total City	市辖区 Districts under City	全市 Total City	市辖区 Districts under City
营口市	Yingkou	486683	188477	1121645	441868	226012	89129
阜新市	Fuxin	458773	354119	844667	698229	230401	147187
辽阳市	Liaoyang	570618	403878	817013	564260	219493	180144
盘锦市	Panjin	554665	275047	1080104	629130	282518	249759
铁岭市	Tieling	519057	49675	745497	226097	210931	22323
朝阳市	Chaoyang	493493	200828	990155	378966	240832	92042
葫芦岛市	Huludao	477000	104300	906000	251500	264000	41600
吉林省	**Jilin**	**5017962**	**3176383**	**12181389**	**6712660**	**2192155**	**1452364**
长春市	Changchun	1777822	1486869	4032399	2921888	870324	718211
吉林市	Jilin	1026377	691485	2361550	1443578	398455	278734
四平市	Siping	512481	238276	1351258	491769	223267	108906
辽源市	Liaoyuan	234897	169096	608369	416136	83183	55992
通化市	Tonghua	490056	211913	1143803	421219	189492	93342
白山市	Baishan	363633	98934	962505	306124	134565	38016
松原市	Songyuan	311587	164018	904096	420139	151792	93116
白城市	Baicheng	301109	115792	817409	291807	141077	66047
黑龙江省	**Heilongjiang**	**3982329**	**2708857**	**12586894**	**8119892**	**3338015**	**2645683**
哈尔滨市	Harbin	1196000	1007923	3641000	2869800	1258000	1258000
齐齐哈尔市	Qiqihar	438335	272045	1720245	1153736	485628	354125
鸡西市	Jixi	191700	116651	895000	658960	199600	163594
鹤岗市	Hegang	169665	154844	481600	276239	101800	90536
双鸭山市	Shuangyashan	170950	97371	442046	242789	121100	77900
大庆市	Daqing	382244	274331	1384364	1150095	204720	168268
伊春市	Yichun	289612	268181	604800	455414	122749	115384
佳木斯市	Jiamusi	241318	166117	939300	558300	186199	133558
七台河市	Qitaihe	142444	103739	250922	162598	97300	85308
牡丹江市	Mudanjiang	295526	187551	913570	498662	181857	142758
黑河市	Heihe	200435	29857	362617	54899	69890	17528
绥化市	Suihua	264100	30247	951430	38400	309172	38724
上海市	**Shanghai**	**13263800**	**13263800**	**16385700**	**16385700**	**6173500**	**6173500**
江苏省	**Jiangsu**	**18183023**	**10917996**	**32913426**	**19639906**	**13321764**	**9031828**
南京市	Nanjing	2688801	2529390	4203627	4027245	2295756	2183172
无锡市	Wuxi	2196083	1400935	4157200	2687000	1785574	1256940
徐州市	Xuzhou	1015065	677164	1458933	954238	790524	498109
常州市	Changzhou	1211287	950629	1875479	1565811	959814	762942
苏州市	Suzhou	4758756	2376557	8239248	4351945	3078076	2120890
南通市	Nantong	1293421	619911	2490840	1230692	961034	468600
连云港市	Lianyungang	496566	287430	673478	441931	323512	199523
淮安市	Huai'an	706455	436996	766029	474271	571240	361366
盐城市	Yancheng	987600	331300	3029500	940300	652300	222300
扬州市	Yangzhou	929730	568817	1633721	1029014	593920	391586
镇江市	Zhenjiang	784663	369612	1424914	816199	465646	270358
泰州市	Taizhou	759278	207721	1701480	530843	570242	174053
宿迁市	Suqian	355318	161534	1258977	590417	274126	121989

2-41 续表 2 continued

单位：人 (person)

城市	City	城镇基本养老保险参保人数 Persons Covered by Basic Pension Insurance		城镇基本医疗保险参保人数 Persons Covered by Basic Medical Care Insurance		失业保险参保人数 Persons Covered by Unemployment Insurance	
		全市 Total City	市辖区 Districts under City	全市 Total City	市辖区 Districts under City	全市 Total City	市辖区 Districts under City
浙江省	**Zhejiang**	**20947666**	**11045898**	**26240277**	**13485878**	**10656692**	**6200643**
杭州市	Hangzhou	4926245	4087859	8048043	5610118	2997848	2599593
宁波市	Ningbo	4743021	2910474	4304790	2835083	2162204	1512084
温州市	Wenzhou	2402544	959809	1765102	965423	955898	436470
嘉兴市	Jiaxing	1929558	554729	2213949	587380	948300	265600
湖州市	Huzhou	975080	412539	1143033	470490	527164	230288
绍兴市	Shaoxing	1886900	531500	1562100	485200	997000	306200
金华市	Jinhua	1171281	304464	1133927	310035	654085	208042
衢州市	Quzhou	567856	298720	1550900	818341	215146	107717
舟山市	Zhoushan	392219	297949	514323	403975	190747	157552
台州市	Taizhou	1486883	553554	1611214	570518	822736	322152
丽水市	Lishui	466079	134301	2392896	429315	185564	54945
安徽省	**Anhui**	**6354828**	**4016615**	**13327349**	**8124387**	**4054581**	**2776521**
合肥市	Hefei	1324191	1096142	3087922	2324084	982792	865329
芜湖市	Wuhu	504200	382294	587114	462188	341117	277009
蚌埠市	Bengbu	495496	391524	1042031	693203	211132	161109
淮南市	Huainan	315997	259279	1108231	989923	294453	253138
马鞍山市	Maanshan	383321	307652	465804	371063	240916	197414
淮北市	Huaibei	360518	314845	425123	385729	246862	231207
铜陵市	Tongling	191114	169586	271647	245586	145751	136235
安庆市	Anqing	550858	303057	1179009	589153	243886	128310
黄山市	Huangshan	210408	124124	392078	222920	90903	55895
滁州市	Chuzhou	423700	135000	1068257	281500	216100	70700
阜阳市	Fuyang	325823	192105	1272528	494900	264966	129916
宿州市	Suzhou	260853	58712	560877	318755	212445	57998
六安市	Lu'an	436156	101951	1079706	442392	206000	112500
亳州市	Bozhou	153644	61860	196647	79186	155301	44414
池州市	Chizhou	99064	56176	278452	172835	70729	36047
宣城市	Xuancheng	319485	62308	311923	50970	131228	19300
福建省	**Fujian**	**7102536**	**4458475**	**13200527**	**7626203**	**4591230**	**3214505**
福州市	Fuzhou	1480715	1047592	3373046	2360790	1013027	837938
厦门市	Xiamen	2104585	2104585	2806600	2806600	1604500	1604500
莆田市	Putian	263544	218201	511584	365378	189194	158577
三明市	Sanming	487911	157329	712122	218336	257865	91967
泉州市	Quanzhou	1112363	427736	2609764	861412	563957	251253
漳州市	Zhangzhou	478106	108388	770432	321422	277675	52682
南平市	Nanping	505142	168025	697188	168384	264335	88183
龙岩市	Longyan	376991	159182	689692	275970	287632	100611
宁德市	Ningde	293179	67437	1030099	247911	133045	28794
江西省	**Jiangxi**	**6328834**	**2794200**	**12568412**	**4414057**	**2718499**	**1266421**
南昌市	Nanchang	1322397	1107556	1649810	1329047	618130	519809
景德镇市	Jingdezhen	365500	259423	517300	326249	135400	104500
萍乡市	Pingxiang	346284	253660	862313	623279	145007	120206
九江市	Jiujiang	757358	282042	1375400	272800	335000	155400
新余市	Xinyu	279600	240430	515600	443213	106200	93943
鹰潭市	Yingtan	182218	67934	312954	111441	77380	32956
赣州市	Ganzhou	718873	188820	2034427	400176	345196	65193
吉安市	Ji'an	467050	101506	1232184	236377	217248	73800
宜春市	Yichun	649724	76333	1553732	152663	254000	24300
抚州市	Fuzhou	502530	158041	1023392	369347	198758	57514
上饶市	Shangrao	737300	58455	1491300	149465	286180	18800

2-41 续表 3 continued

单位：人 (person)

城市	City	城镇基本养老保险参保人数 Persons Covered by Basic Pension Insurance		城镇基本医疗保险参保人数 Persons Covered by Basic Medical Care Insurance		失业保险参保人数 Persons Covered by Unemployment Insurance	
		全市 Total City	市辖区 Districts under City	全市 Total City	市辖区 Districts under City	全市 Total City	市辖区 Districts under City
山东省	**Shandong**	**18132068**	**9755966**	**29896986**	**16358838**	**9272227**	**5365853**
济南市	Jinan	1750230	1502508	2837660	2501318	1111213	970049
青岛市	Qingdao	3030674	2258274	3590481	2791929	1641454	1203300
淄博市	Zibo	1030009	833592	2055077	1720363	686231	557226
枣庄市	Zaozhuang	657838	407742	1225001	869845	343783	259160
东营市	Dongying	337238	197892	935824	721736	159730	93795
烟台市	Yantai	1814674	1018005	2763005	1346370	1016990	566846
潍坊市	Weifang	1613095	596061	2635351	967097	723766	262535
济宁市	Jining	1293408	464007	2396112	735749	687140	204206
泰安市	Tai'an	1149784	494010	1992125	1009220	501049	247644
威海市	Weihai	890867	425999	868678	401690	474776	238150
日照市	Rizhao	420481	270432	834341	523677	164041	104147
莱芜市	Laiwu	264081	264081	409900	409900	159496	159496
临沂市	Linyi	1161989	409416	2019085	781133	499573	191284
德州市	Dezhou	702000	63397	692200	112081	292300	25035
聊城市	Liaocheng	524746	155993	1557071	428589	286191	99540
滨州市	Binzhou	553818	172465	951826	336939	230048	92943
菏泽市	Heze	937136	222092	2133249	701202	294446	90497
河南省	**Henan**	**10047881**	**5459681**	**18517877**	**9324861**	**7143701**	**3554151**
郑州市	Zhengzhou	2247702	1400666	1483548	1154863	1312400	814113
开封市	Kaifeng	576754	327293	385715	184056	213277	82637
洛阳市	Luoyang	1003438	720152	2022402	1367387	608328	419659
平顶山市	Pingdingshan	623844	443278	1283866	772002	474433	326238
安阳市	Anyang	616013	398325	1221909	686605	405093	245426
鹤壁市	Hebi	173336	112791	392412	267689	157526	109526
新乡市	Xinxiang	761079	419816	1421767	735775	451498	199700
焦作市	Jiaozuo	526931	283957	939744	539190	354464	203817
濮阳市	Puyang	287336	123480	805000	465018	310394	189608
许昌市	Xuchang	422184	186978	907921	330038	275000	88800
漯河市	Luohe	239500	193700	781202	537433	176400	118700
三门峡市	Sanmenxia	287993	118947	649325	229718	232434	73554
南阳市	Nanyang	680375	223514	1596245	560214	638387	274223
商丘市	Shangqiu	307000	128838	1532000	609400	352500	139800
信阳市	Xinyang	585000	214541	1340178	472395	396952	132044
周口市	Zhoukou	337296	56405	540643	90746	395415	45406
驻马店市	Zhumadian	372100	107000	1214000	322332	389200	90900
湖北省	**Hubei**	**9067343**	**5498639**	**16962138**	**9904971**	**4316275**	**2879060**
武汉市	Wuhan	3505928	3092712	5754700	5210010	1575549	1473164
黄石市	Huangshi	350000	105924	1113000	868924	313000	252966
十堰市	Shiyan	372200	166552	990004	433820	241670	123202
宜昌市	Yichang	931850	530083	1371461	759532	459545	316119
襄阳市	Xiangfan	911600	503653	1825801	782077	446803	278703
鄂州市	Ezhou	213958	213958	282736	282736	80190	80190

2-41 续表 4 continued

单位：人 (person)

城　市	City	城镇基本养老保险参保人数 Persons Covered by Basic Pension Insurance		城镇基本医疗保险参保人数 Persons Covered by Basic Medical Care Insurance		失业保险参保人数 Persons Covered by Unemployment Insurance	
		全市 Total City	市辖区 Districts under City	全市 Total City	市辖区 Districts under City	全市 Total City	市辖区 Districts under City
荆门市	Jingmen	441878	199458	874792	402395	178030	85615
孝感市	Xiaogan	447593	129478	1211388	348247	240899	57248
荆州市	Jingzhou	848058	355656	579214	304628	304455	127474
黄冈市	Huanggang	528800	123000	1669000	326664	235800	30324
咸宁市	Xianning	328000	44100	814000	139998	125200	25030
随州市	Suizhou	187478	34065	476042	45940	115134	29025
湖南省	**Hunan**	**7314530**	**3987459**	**15973457**	**7393969**	**4228978**	**2363637**
长沙市	Changsha	1746847	1367649	2790238	2334363	953488	792128
株洲市	Zhuzhou	529851	334726	1313168	842115	303526	222332
湘潭市	Xiangtan	376967	211480	972962	678200	321997	252550
衡阳市	Hengyang	661083	334651	1748663	668877	510286	210400
邵阳市	Shaoyang	498702	241710	888262	322446	273950	103429
岳阳市	Yueyang	741136	273724	2177574	595674	331564	169854
常德市	Changde	874864	448883	581994	217995	236625	96509
张家界市	Zhangjiajie	104000	34000	344453	85422	95526	25831
益阳市	Yiyang	288600	152871	1245946	539744	200170	84121
郴州市	Chenzhou	444329	188548	494667	237484	261612	118782
永州市	Yongzhou	511977	180418	1686130	473549	214034	91890
怀化市	Huaihua	219549	84567	1169400	248100	236200	12311
娄底市	Loudi	316625	134232	560000	150000	290000	183500
广东省	**Guangdong**	**36596171**	**25037604**	**74579916**	**33694660**	**20116066**	**13998767**
广州市	Guangzhou	5834193		7682180		3916627	
韶关市	Shaoguan	458843	249383	874489	538844	276389	171230
深圳市	Shenzhen	7924400	7924400	5560700	5560700	3405900	3405900
珠海市	Zhuhai	985580	985580	1500851	1500851	862784	862784
汕头市	Shantou	1020130	1010889	4911633	4848894	657353	651964
佛山市	Foshan	2928940	2928940	4481852	4481852	1940515	1940515
江门市	Jiangmen	1760163	871994	3808525	1481865	661855	390566
湛江市	Zhanjiang	971510	483714	656422	406287	358100	215252
茂名市	Maoming	693689	245277	7185717	363261	263761	115957
肇庆市	Zhaoqing	677754	311862	3946289	591891	387674	207330
惠州市	Huizhou	2021518	1498933	3923703	1907670	925282	713929
梅州市	Meizhou	677292	132980	4591259	335534	229158	73548
汕尾市	Shanwei	417725	125789	804027	176576	145648	53111
河源市	Heyuan	434250	166452	639479	255643	260922	128492
阳江市	Yangjiang	444354	182125	2473698	594195	187580	68496
清远市	Qingyuan	664769	244811	4000059	756221	335632	150069
东莞市	Dongguan	5376219	5376219	6168589	6168589	3127847	3127847
中山市	Zhongshan	1860016	1860016	2506770	2506770	1466855	1466855
潮州市	Chaozhou	475929	182976	600244	241180	352528	138445
揭阳市	Yeyang	640308	172343	5658330	715037	186630	69510
云浮市	Yunfu	328589	82921	2605100	262800	167026	46967
广西壮族自治区	**Guangxi**	**4173691**	**2554128**	**9680578**	**5000748**	**2018879**	**1088877**
南宁市	Nanning	906202	707136	1690235	1348681	406134	321614
柳州市	Liuzhou	810399	630788	1435457	1101096	295986	226451

2-41 续表 5 continued

单位：人 (person)

城 市	City	城镇基本养老保险参保人数 Persons Covered by Basic Pension Insurance		城镇基本医疗保险参保人数 Persons Covered by Basic Medical Care Insurance		失业保险参保人数 Persons Covered by Unemployment Insurance	
		全市 Total City	市辖区 Districts under City	全市 Total City	市辖区 Districts under City	全市 Total City	市辖区 Districts under City
桂林市	Guilin	634177	395878	1192562	615994	243016	144172
梧州市	Wuzhou	296323	184007	645204	291757	123092	61996
北海市	Beihai	172111	103581	462703	283614	108845	66895
防城港市	Fangchenggang	108097	77564	303987	183049	57140	39529
钦州市	Qinzhou	85522	46129	441668	221039	81070	36430
贵港市	Guigang	110287	66333	539059	266648	111751	52106
玉林市	Yulin	333000	124000	800300	217000	146000	52000
百色市	Baise	133130	18642	492601	48123	117026	9950
贺州市	Hezhou	104800	40400	308800	101300	64000	21000
河池市	Hechi	211059	85841	591740	92505	117291	10515
来宾市	Laibin	132302	52041	316637	143486	73267	34939
崇左市	Chongzuo	136282	21788	459625	86456	74261	11280
海南省	**Hainan**	**600712**	**600712**	**849708**	**849708**	**528465**	**528465**
海口市	Haikou	439624	439624	426798	426798	359956	359956
三亚市	Sanya	160857	160857	422590	422590	168278	168278
三沙市	Sansha	231	231	320	320	231	231
重庆市	**Chongqing**	**7035700**	**5576200**	**4964800**	**4229400**	**3235300**	**2630100**
四川省	**Sichuan**	**13043888**	**7198428**	**19509574**	**10268993**	**5336998**	**3786869**
成都市	Chengdu	4853900	3557903	5525700	4119192	2804100	2382150
自贡市	Zigong	96332	82672	807785	537547	125251	98783
攀枝花市	Panzhihua	311869	266904	686262	564375	221875	193793
泸州市	Luzhou	565470	340775	900209	485038	189875	117773
德阳市	Deyang	852020	341527	594089	309246	297681	159539
绵阳市	Mianyang	885671	406574	1289476	644339	227956	131325
广元市	Guangyuan	404627	192929	679517	328119	136876	78140
遂宁市	Suining	494941	245877	444530	186720	81940	43967
内江市	Neijiang	510548	206124	847136	349440	125030	18020
乐山市	Leshan	479603	263903	1072741	623745	177863	131086
南充市	Nanchong	761677	315972	1569174	622814	181597	132847
眉山市	Meishan	455669	111410	648139	213299	87609	16048
宜宾市	Yibin	638181	374352	945214	484874	225800	156000
广安市	Guang'an	327239	111275	770224	242647	81296	36580
达州市	Dazhou	297744	43657	1023253	143241	154967	19772
雅安市	Yaan	248746	77366	335699	121336	62172	18200
巴中市	Bazhong	270000	84000	510000	25130	65000	16000
资阳市	Ziyang	589651	175208	860426	267891	90110	36846
贵州省	**Guizhou**	**2068006**	**1397799**	**3635862**	**1777953**	**1140495**	**575642**
贵阳市	Guiyang	1182561	1077428	1091910	935165	531040	470551
六盘水市	Liupanshui	81637	13200	646534	169775	100069	7532
遵义市	Zunyi	406300	191100	495006	233122	203953	41021
安顺市	Anshun	147291	80399	392003	247844	80381	36834
毕节市	Bijie	154549	20121	558221	72472	140803	11320
铜仁市	Tongren	95668	15551	452188	119575	84249	8384

2-41 续表 6 continued

单位：人 (person)

城市	City	城镇基本养老保险参保人数 Persons Covered by Basic Pension Insurance		城镇基本医疗保险参保人数 Persons Covered by Basic Medical Care Insurance		失业保险参保人数 Persons Covered by Unemployment Insurance	
		全市 Total City	市辖区 Districts under City	全市 Total City	市辖区 Districts under City	全市 Total City	市辖区 Districts under City
云南省	**Yunnan**	**2259686**	**1280514**	**5631542**	**2235319**	**1569277**	**729430**
昆明市	Kunming	1109300	961842	2804700	1378065	822000	553845
曲靖市	Qujing	422000	43706	906600	179203	231200	16360
玉溪市	Yuxi	216420	94350	500186	121069	132790	59954
保山市	Baoshan	105030	50928	313187	124364	72596	30698
昭通市	Zhaotong	103242	42816	367688	86842	107484	9701
丽江市	Lijiang	73133	17378	176774	27458	30215	8634
普洱市	Simao	140754	49003	337000	286031	94488	27860
临沧市	Lincang	89807	20491	225407	32287	78504	22378
西藏自治区	**Tibet**	**28000**		**93518**		**12384**	
拉萨市	Lasa	28000		93518		12384	
陕西省	**Shaanxi**	**5063454**	**3705157**	**11501895**	**7219445**	**3437093**	**2376261**
西安市	Xi'an	2416300	2328600	4131500	3920400	1398410	1333022
铜川市	Tongchuan	178571	168689	375102	363014	187933	181773
宝鸡市	Baoji	519403	325110	1012326	687456	321898	189440
咸阳市	Xianyang	510542	258397	1261100	630550	418715	219891
渭南市	Weinan	400113	147796	1382176	396060	329904	101517
延安市	Yan'an	197891	87175	1036000	432207	183110	96066
汉中市	Hanzhong	354000	169602	768600	273969	221400	92701
榆林市	Yulin	220000	91002	672000	209519	171000	80853
安康市	Ankang	157269	80951	432333	190738	91879	47074
商洛市	Shangluo	109365	47835	430758	115532	112844	33924
甘肃省	**Gansu**	**1314505**	**719612**	**4219506**	**2029010**	**1417286**	**886718**
兰州市	Lanzhou	369650	345596	798559	750621	560555	520555
嘉峪关市	Jiayuguan	89888	89888	80021	80021	51646	51646
金昌市	Jinchang	40625	27703	204693	153770	74480	64476
白银市	Baiyin	77799	53182	450590	216000	121454	86860
天水市	Tianshui	119544	19315	556482	192920	147682	21888
武威市	Wuwei	99900	35041	303582	84482	64257	23953
张掖市	Zhangye	101133	59113	291631	154883	69161	34637
平凉市	Pingliang	98000	22706	360900	93344	88905	13363
酒泉市	Jiuquan	103368	25238	303074	103410	69041	11895
庆阳市	Qingyang	75048	22109	279840	65583	82831	40432
定西市	Dingxi	87015	12968	294461	62547	81558	12604
陇南市	Longnan	52535	6753	295673	71429	5716	4409
青海省	**Qinghai**	**307505**	**268863**	**250096**	**193032**	**163000**	**148525**
西宁市	Xining	307505	268863	250096	193032	163000	148525
宁夏回族自治区	**Ningxia**	**1213342**	**773477**	**3436021**	**1265134**	**627962**	**450295**
银川市	Yinchuan	534802	446207	1451421	408771	344160	277260
石嘴山市	Shizuishan	315500	167600	651300	393000	108200	91220
吴忠市	Wuzhong	156000	82160	128600	62100	78000	29390
固原市	Guyuan	137540	38510	156900	42363	47711	24530
中卫市	Zhongwei	69500	39000	1047800	358900	49891	27895
新疆维吾尔自治区	**Xinjiang**	**1055042**	**1028080**	**1894297**	**1852551**	**881335**	**881335**
乌鲁木齐市	Urumqi	821997	795035	1618861	1577115	720815	720815
克拉玛依市	Karamay	233045	233045	275436	275436	160520	160520

2-42 市政公用事业(市辖区)
Municipal Public Utilities (Districts under City)

城 市	City	城市维护建设资金支出(万元) Expenditure for Maintaining and Building Cities (10 000 yuan)	年末实有城市道路面积(万平方米) Area of City Paved Roads at Year-end (10 000 sq.m)	排水管道长度(公里) Length of City Sewage Pipes (km)
城市合计	**Prefecture Cities**	**76538653**	**464419**	**353230**
北京市	**Beijing**	**8106944**	**9236**	**12665**
天津市	**Tianjin**	**278509**	**11611**	**17756**
河北省	**Hebei**	**2379955**	**20506**	**11916**
石家庄市	Shijiazhuang	623340	4285	2182
唐山市	Tangshan	252988	3040	2279
秦皇岛市	Qinhuangdao	354408	1876	1379
邯郸市	Handan	382341	3259	1564
邢台市	Xingtai	40964	1530	806
保定市	Baoding	330261	1980	1153
张家口市	Zhangjiakou	98016	1323	666
承德市	Chengde	56143	712	444
沧州市	Cangzhou	96308	939	532
廊坊市	Langfang	69974	884	523
衡水市	Hengshui	75212	678	388
山西省	**Shanxi**	**2028500**	**9683**	**5651**
太原市	Taiyuan	797154	2904	1720
大同市	Datong	557433	2007	574
阳泉市	Yangquan	78641	603	351
长治市	Changzhi	112686	557	378
晋城市	Jincheng	31530	529	347
朔州市	Shuozhou	9112	645	510
晋中市	Jinzhong	97638	769	579
运城市	Yuncheng	28242	433	366
忻州市	Xinzhou	184225	435	371
临汾市	Linfen	120136	510	234
吕梁市	Lvliang	11703	291	221
内蒙古自治区	**Inner Mongolia**	**739520**	**10731**	**7100**
呼和浩特市	Hohhot	218142	1949	724
包头市	Baotou	235843	2422	1982
乌海市	Wuhai	130526	755	279
赤峰市	Chifeng	33773	1314	598
通辽市	Tongliao	46756	959	620
鄂尔多斯市	Erdos	57257	2021	1800
呼伦贝尔市	Hulunbuir	9432	479	214
巴彦淖尔市	Bayannur	2794	780	619
乌兰察布市	Ulanqab	4997	52	264
辽宁省	**Liaoning**	**3465276**	**21586**	**13514**
沈阳市	Shenyang	1666059	6647	3798
大连市	Dalian	752047	4098	2587
鞍山市	Anshan	75761	1353	890
抚顺市	Fushun	150912	1337	917
本溪市	Benxi	191705	1016	357
丹东市	Dandong	36019	1051	780
锦州市	Jinzhou	121558	1010	482

2-42 续表 1 continued

城 市	City	城市维护建设资金支出(万元) Expenditure for Maintaining and Building Cities (10 000 yuan)	年末实有城市道路面积(万平方米) Area of City Paved Roads at Year-end (10 000 sq.m)	排水管道长度(公里) Length of City Sewage Pipes (km)
营口市	Yingkou	91307	731	539
阜新市	Fuxin	73570	497	279
辽阳市	Liaoyang	153276	1247	868
盘锦市	Panjin	93886	923	613
铁岭市	Tieling	18262	833	465
朝阳市	Chaoyang	18846	384	317
葫芦岛市	Huludao	22068	459	622
吉林省	**Jilin**	**1229364**	**10430**	**6594**
长春市	Changchun	787826	6457	4645
吉林市	Jilin	65000	1318	857
四平市	Siping	130080	547	214
辽源市	Liaoyuan	64908	501	114
通化市	Tonghua	31295	395	110
白山市	Baishan	45983	404	163
松原市	Songyuan	55300	542	217
白城市	Baicheng	48972	266	274
黑龙江省	**Heilongjiang**	**1234757**	**18484**	**7740**
哈尔滨市	Harbin		4624	2613
齐齐哈尔市	Qiqihar	157027	877	1328
鸡西市	Jixi	57395	577	298
鹤岗市	Hegang	20371	413	282
双鸭山市	Shuangyashan	15144	3568	260
大庆市	Daqing	604279	3195	1421
伊春市	Yichun	86884	796	367
佳木斯市	Jiamusi	29616	531	360
七台河市	Qitaihe	38915	485	144
牡丹江市	Mudanjiang	215898	962	387
黑河市	Heihe	1200	156	100
绥化市	Suihua	8028	2300	180
上海市	**Shanghai**	**2382074**	**9717**	**18191**
江苏省	**Jiangsu**	**7119758**	**48552**	**43590**
南京市	Nanjing	2006768	11424	5982
无锡市	Wuxi	488054	5936	12250
徐州市	Xuzhou	296441	3239	1569
常州市	Changzhou	306682	3451	4214
苏州市	Suzhou	1341915	7698	7321
南通市	Nantong	1167331	3364	2148
连云港市	Lianyungang	145062	1711	1371
淮安市	Huai'an	347910	2632	1941
盐城市	Yancheng	107211	1641	1041
扬州市	Yangzhou	471680	2217	2170
镇江市	Zhenjiang	193886	1971	1906
泰州市	Taizhou	107780	1733	906
宿迁市	Suqian	139038	1535	771

2-42 续表 2 continued

城　市	City	城市维护建设资金支出（万元） Expenditure for Maintaining and Building Cities (10 000 yuan)	年末实有城市道路面积（万平方米） Area of City Paved Roads at Year-end (10 000 sq.m)	排水管道长度（公里） Length of City Sewage Pipes (km)
浙江省	**Zhejiang**	**3374528**	**21068**	**18946**
杭州市	Hangzhou	1427371	5284	4280
宁波市	Ningbo	747272	2786	3794
温州市	Wenzhou	170072	2463	1613
嘉兴市	Jiaxing	48124	1121	720
湖州市	Huzhou	243117	1992	1792
绍兴市	Shaoxing	179086	1305	1075
金华市	Jinhua	67967	1505	1447
衢州市	Quzhou	103724	812	1069
舟山市	Zhoushan	177845	778	844
台州市	Taizhou	110087	2599	1844
丽水市	Lishui	99863	423	468
安徽省	**Anhui**	**3521734**	**22705**	**18219**
合肥市	Hefei	816273	4854	5963
芜湖市	Wuhu	732141	2974	2206
蚌埠市	Bengbu	35283	1434	992
淮南市	Huainan	220143	1287	681
马鞍山市	Maanshan	243565	1161	1315
淮北市	Huaibei	309961	1017	163
铜陵市	Tongling	37855	501	799
安庆市	Anqing	100500	1002	957
黄山市	Huangshan	77037	669	395
滁州市	Chuzhou	326699	1335	981
阜阳市	Fuyang	25232	1392	596
宿州市	Suzhou	68394	1156	718
六安市	Lu'an	85844	1121	425
亳州市	Bozhou	109742	1243	852
池州市	Chizhou	102311	736	529
宣城市	Xuancheng	230754	823	647
福建省	**Fujian**	**3102127**	**11752**	**8260**
福州市	Fuzhou	1106106	2563	1924
厦门市	Xiamen	974679	3780	2180
莆田市	Putian	35850	829	1532
三明市	Sanming	3240	332	130
泉州市	Quanzhou	702000	2455	1229
漳州市	Zhangzhou	43464	817	782
南平市	Nanping	45369	237	83
龙岩市	Longyan	13681	437	239
宁德市	Ningde	177738	302	161
江西省	**Jiangxi**	**1937953**	**11774**	**7945**
南昌市	Nanchang	382488	3536	2218
景德镇市	Jingdezhen	9939	766	705
萍乡市	Pingxiang	111275	663	329
九江市	Jiujiang	205093	1432	998
新余市	Xinyu	305127	1067	758
鹰潭市	Yingtan	36474	300	78
赣州市	Ganzhou	74914	675	533
吉安市	Ji'an	193987	716	563
宜春市	Yichun	278748	733	455
抚州市	Fuzhou	336077	1001	687
上饶市	Shangrao	3831	885	621

2-42 续表 3 continued

城　市	City	城市维护建设资金支出（万元）Expenditure for Maintaining and Building Cities (10 000 yuan)	年末实有城市道路面积（万平方米）Area of City Paved Roads at Year-end (10 000 sq.m)	排水管道长度（公里）Length of City Sewage Pipes (km)
山东省	**Shandong**	**5999696**	**48775**	**30805**
济南市	Jinan	996394	7251	2357
青岛市	Qingdao	1782865	7528	6814
淄博市	Zibo	260734	3673	2405
枣庄市	Zaozhuang	244730	2351	1142
东营市	Dongying	468584	2022	925
烟台市	Yantai	536774	3405	2791
潍坊市	Weifang	137000	3337	1684
济宁市	Jining	237121	3484	1045
泰安市	Tai'an	230318	1566	1528
威海市	Weihai	135937	1826	2540
日照市	Rizhao	118740	1321	1254
莱芜市	Laiwu	52014	1369	846
临沂市	Linyi	337413	3776	1954
德州市	Dezhou	307037	1360	774
聊城市	Liaocheng	73521	1889	916
滨州市	Binzhou		1353	1133
菏泽市	Heze	80514	1264	697
河南省	**Henan**	**1976493**	**18958**	**13317**
郑州市	Zhengzhou	1189035	3564	3204
开封市	Kaifeng	15622	1258	747
洛阳市	Luoyang	43541	2041	1394
平顶山市	Pingdingshan	34940	999	429
安阳市	Anyang	46300	964	816
鹤壁市	Hebi	36302	313	385
新乡市	Xinxiang	69411	1070	810
焦作市	Jiaozuo	120112	1189	790
濮阳市	Puyang	16500	596	576
许昌市	Xuchang	48368	596	469
漯河市	Luohe	2240	788	464
三门峡市	Sanmenxia	38875	289	191
南阳市	Nanyang	153321	1897	1112
商丘市	Shangqiu	81409	888	391
信阳市	Xinyang	24158	828	356
周口市	Zhoukou	39726	658	540
驻马店市	Zhumadian	16633	1020	643
湖北省	**Hubei**	**1482334**	**19301**	**13877**
武汉市	Wuhan	475834	9027	8173
黄石市	Huangshi	58745	1374	751
十堰市	Shiyan	182747	848	450
宜昌市	Yichang	516294	1638	759
襄阳市	Xiangfan	79778	1388	756
鄂州市	Ezhou	15975	1039	872

2-42 续表 4 continued

城　市	City	城市维护建设资金支出（万元）Expenditure for Maintaining and Building Cities (10 000 yuan)	年末实有城市道路面积（万平方米）Area of City Paved Roads at Year-end (10 000 sq.m)	排水管道长度（公里）Length of City Sewage Pipes (km)
荆门市	Jingmen	42008	739	672
孝感市	Xiaogan	31260	701	316
荆州市	Jingzhou	65140	865	433
黄冈市	Huanggang	6450	776	209
咸宁市	Xianning	5103	491	230
随州市	Suizhou	3000	415	256
湖南省	**Hunan**	**2555307**	**14719**	**10095**
长沙市	Changsha	655065	2967	2062
株洲市	Zhuzhou	487764	1413	818
湘潭市	Xiangtan	174761	1218	818
衡阳市	Hengyang	70798	2103	1067
邵阳市	Shaoyang	80877	885	1120
岳阳市	Yueyang	149336	1084	988
常德市	Changde	186000	1289	625
张家界市	Zhangjiajie	4089	432	220
益阳市	Yiyang	211445	830	756
郴州市	Chenzhou	201802	850	451
永州市	Yongzhou	26410	644	429
怀化市	Huaihua	18602	406	304
娄底市	Loudi	288358	598	437
广东省	**Guangdong**	**6098773**	**43418**	**34637**
广州市	Guangzhou	2210178	10140	9450
韶关市	Shaoguan	4079	835	505
深圳市	Shenzhen	654890	10629	10420
珠海市	Zhuhai	904447	3007	1379
汕头市	Shantou	27	2497	1658
佛山市	Foshan	495391	3517	1614
江门市	Jiangmen	162980	2196	1362
湛江市	Zhanjiang	225383	2514	605
茂名市	Maoming	28551	531	362
肇庆市	Zhaoqing	372049	1014	718
惠州市	Huizhou	563362	2010	2208
梅州市	Meizhou	243392	757	372
汕尾市	Shanwei	24425	252	234
河源市	Heyuan	52470	421	212
阳江市	Yangjiang	38193	612	365
清远市	Qingyuan	19170	735	341
东莞市	Dongguan			1494
中山市	Zhongshan	50985	755	723
潮州市	Chaozhou	32698	419	320
揭阳市	Yeyang	15923	485	236
云浮市	Yunfu	180	92	59
广西壮族自治区	**Guangxi**	**3731658**	**11840**	**6914**
南宁市	Nanning	1524685	3334	1153
柳州市	Liuzhou	1045549	1593	1101

2-42 续表 5 continued

城　市	City	城市维护建设资金支出（万元）Expenditure for Maintaining and Building Cities (10 000 yuan)	年末实有城市道路面积（万平方米）Area of City Paved Roads at Year-end (10 000 sq.m)	排水管道长度（公里）Length of City Sewage Pipes (km)
桂林市	Guilin	573880	780	504
梧州市	Wuzhou	62852	594	194
北海市	Beihai	112438	802	521
防城港市	Fangchenggang	56739	588	399
钦州市	Qinzhou	26171	909	561
贵港市	Guigang	41943	752	332
玉林市	Yulin	69860	925	720
百色市	Baise	29456	427	297
贺州市	Hezhou	27030	285	214
河池市	Hechi	29340	167	390
来宾市	Laibin	128602	498	431
崇左市	Chongzuo	3113	186	97
海南省	**Hainan**	**130763**	**2838**	**1870**
海口市	Haikou	104762	2439	1447
三亚市	Sanya	26001	394	423
三沙市	Sansha		5	
重庆市	**Chongqing**	**3607139**	**11936**	**8851**
四川省	**Sichuan**	**2924037**	**18854**	**15068**
成都市	Chengdu	1699901	7441	6234
自贡市	Zigong	54115	1091	478
攀枝花市	Panzhihua	74063	717	607
泸州市	Luzhou	136288	1150	783
德阳市	Deyang	90287	653	447
绵阳市	Mianyang	103850	1501	1184
广元市	Guangyuan	76893	451	409
遂宁市	Suining	48359	855	667
内江市	Neijiang	57534	334	280
乐山市	Leshan	52391	785	560
南充市	Nanchong	196620	1330	1120
眉山市	Meishan	76086	518	368
宜宾市	Yibin	84639	674	505
广安市	Guang'an	12443	326	243
达州市	Dazhou	10211	198	431
雅安市	Yaan	107260	285	197
巴中市	Bazhong	3466	82	206
资阳市	Ziyang	39631	463	349
贵州省	**Guizhou**	**232230**	**2788**	**2917**
贵阳市	Guiyang	63727	1348	1910
六盘水市	Liupanshui	53062	340	70
遵义市	Zunyi	22500	385	222
安顺市	Anshun	62962	323	314
毕节市	Bijie	29023	266	211
铜仁市	Tongren	956	126	190

2-42 续表 6 continued

城市	City	城市维护建设资金支出（万元）Expenditure for Maintaining and Building Cities (10 000 yuan)	年末实有城市道路面积（万平方米）Area of City Paved Roads at Year-end (10 000 sq.m)	排水管道长度（公里）Length of City Sewage Pipes (km)
云南省	**Yunnan**	**2169641**	**6638**	**3811**
昆明市	Kunming	2059614	3916	817
曲靖市	Qujing	38901	794	540
玉溪市	Yuxi	36260	654	448
保山市	Baoshan	4017	324	156
昭通市	Zhaotong	5427	376	167
丽江市	Lijiang	7752	199	1012
普洱市	Simao	4000	192	456
临沧市	Lincang	13670	183	215
西藏自治区	**Tibet**	**2872**	**366**	**209**
拉萨市	Lasa	2872	366	209
陕西省	**Shaanxi**	**3481748**	**11944**	**6358**
西安市	Xi'an	2157696	6333	4022
铜川市	Tongchuan	126907	460	195
宝鸡市	Baoji	320860	1292	528
咸阳市	Xianyang	280103	910	240
渭南市	Weinan	34337	1321	539
延安市	Yan'an	67913	195	92
汉中市	Hanzhong	83348	276	141
榆林市	Yulin	90000	488	364
安康市	Ankang	261294	490	167
商洛市	Shangluo	59290	179	70
甘肃省	**Gansu**	**304694**	**6419**	**2941**
兰州市	Lanzhou	98484	2162	724
嘉峪关市	Jiayuguan	58976	373	359
金昌市	Jinchang	19373	440	93
白银市	Baiyin	28556	592	165
天水市	Tianshui	37457	597	315
武威市	Wuwei	5748	276	284
张掖市	Zhangye	5546	395	127
平凉市	Pingliang	950	557	248
酒泉市	Jiuquan	13233	434	264
庆阳市	Qingyang	35000	305	159
定西市	Dingxi	647	214	135
陇南市	Longnan	724	74	68
青海省	**Qinghai**	**215188**	**823**	**749**
西宁市	Xining	215188	823	749
宁夏回族自治区	**Ningxia**	**433914**	**3873**	**1030**
银川市	Yinchuan	122327	1809	538
石嘴山市	Shizuishan	107133	737	88
吴忠市	Wuzhong	5283	463	119
固原市	Guyuan	99424	328	191
中卫市	Zhongwei	99747	536	94
新疆维吾尔自治区	**Xinjiang**	**291167**	**3094**	**1694**
乌鲁木齐市	Urumqi	175800	2225	1302
克拉玛依市	Karamay	115367	869	392

2-43 供水、用水及用电情况(市辖区)

Water Supply, Water Consumption and Electricity Consumption (Districts under City)

城市	City	供水总量 (万吨) Water Supply (10 000 ton)	居民生活用水量 (万吨) Water Consumption for Residential Use (10 000 ton)	全社会用电量 (万千瓦时) Annual Electricity Consumption (10 000 kwh)	工业用电 (万千瓦时) Electricity Consumption for Industrial (10 000 kwh)	城乡居民生活用电 (万千瓦时) Household Electricity Consumption for urban and rural residential (10 000 kwh)
城市合计	**Prefecture Cities**	**4444510**	**1581791**	**248543801**	**169193302**	**31930012**
北京市	**Beijing**	**159646**	**64684**	**8535845**	**2903446**	**1579908**
天津市	**Tianjin**	**77218**	**23448**	**7224850**	**5102108**	**736869**
河北省	**Hebei**	**131505**	**36675**	**12085350**	**9739027**	**717039**
石家庄市	Shijiazhuang	33531	6785	1440928	911693	150622
唐山市	Tangshan	26170	6574	5231221	4815820	96548
秦皇岛市	Qinhuangdao	12920	4095	559006	377031	68108
邯郸市	Handan	16537	5182	677746	550893	79263
邢台市	Xingtai	6764	1696	495570	381805	37993
保定市	Baoding	9338	3769	778858	500802	67603
张家口市	Zhangjiakou	8384	2194	738572	567130	50347
承德市	Chengde	5907	2141	432234	363465	31142
沧州市	Cangzhou	3794	1168	816585	620320	40956
廊坊市	Langfang	4833	1985	633412	461123	66390
衡水市	Hengshui	3327	1086	281218	188945	28067
山西省	**Shanxi**	**68510**	**26251**	**6174687**	**4529478**	**566310**
太原市	Taiyuan	31107	10110	2311059	1724960	233240
大同市	Datong	8716	3814	704999	493913	76850
阳泉市	Yangquan	5227	2068	808106	606723	25125
长治市	Changzhi	7522	3798	410413	323613	40859
晋城市	Jincheng	2146	950	188427	144879	15213
朔州市	Shuozhou	2696	1162	512848	456643	9715
晋中市	Jinzhong	3321	1029	276013	134100	32800
运城市	Yuncheng	2446	812	487769	373749	50701
忻州市	Xinzhou	2156	931	109288	53425	13062
临汾市	Linfen	2258	1211	289765	188773	47045
吕梁市	Lvliang	915	366	76000	28700	21700
内蒙古自治区	**Inner Mongolia**	**83005**	**13988**	**6569537**	**5392637**	**537592**
呼和浩特市	Hohhot	13718	2836	553000	201000	128000
包头市	Baotou	24619	3470	2357809	2193117	159946
乌海市	Wuhai	2319	789	1565686	1502401	25363
赤峰市	Chifeng	10365	1860	536117	358166	50084
通辽市	Tongliao	21000	1100	973823	811099	82331
鄂尔多斯市	Erdos	2427	1287	229118	118133	30362
呼伦贝尔市	Hulunbuir	2468	651	91114	49832	16494
巴彦淖尔市	Bayannur	1989	1308	132536	85092	23200
乌兰察布市	Ulanqab	4100	687	130334	73797	21812
辽宁省	**Liaoning**	**247628**	**55536**	**12842991**	**8910757**	**1195597**
沈阳市	Shenyang	56641	20785	2326455	1111283	400562
大连市	Dalian	40896	10398	2256215	1494061	267841
鞍山市	Anshan	30654	3529	1548396	1348718	83017
抚顺市	Fushun	22642	2177	1013273	892805	62146
本溪市	Benxi	24962	1508	1270718	1173968	42222
丹东市	Dandong	5310	1477	287510	192100	47650
锦州市	Jinzhou	14006	2884	479634	363249	47043

2-43 续表 1 continued

城　市	City	供水总量 (万吨) Water Supply (10 000 ton)	居民生活用水量 (万吨) Water Consumption for Residential Use (10 000 ton)	全社会用电量 (万千瓦时) Annual Electricity Consumption (10 000 kwh)	工业用电 (万千瓦时) Electricity Consumption for Industrial (10 000 kwh)	城乡居民生活用电 (万千瓦时) Household Electricity Consumption for urban and rural residential (10 000 kwh)
营口市	Yingkou	6880	1915	871109	706217	56688
阜新市	Fuxin	7997	2665	375598	292951	38690
辽阳市	Liaoyang	13530	1650	955105	574049	36794
盘锦市	Panjin	7721	1864	452099	413141	28799
铁岭市	Tieling	3524	1287	142216	107656	28056
朝阳市	Chaoyang	5503	1222	249927	185429	23422
葫芦岛市	Huludao	7362	2175	614736	55130	32667
吉林省	**Jilin**	**81077**	**17678**	**3651767**	**2771918**	**439644**
长春市	Changchun	34951	7439	1137106	762807	181056
吉林市	Jilin	23455	4576	1100391	928307	94218
四平市	Siping	3831	890	417576	330366	27975
辽源市	Liaoyuan	3692	635	183491	139200	29543
通化市	Tonghua	2985	648	191393	153414	25477
白山市	Baishan	4479	727	213795	148565	36245
松原市	Songyuan	5045	1900	327133	257685	29581
白城市	Baicheng	2639	863	80882	51574	15549
黑龙江省	**Heilongjiang**	**130611**	**43576**	**5606627**	**3997028**	**777235**
哈尔滨市	Harbin	38653	14419	1525932	785322	293816
齐齐哈尔市	Qiqihar	8223	3030	602254	413433	77487
鸡西市	Jixi	7864	4500	352767	261328	30362
鹤岗市	Hegang	5258	966	258129	176197	53626
双鸭山市	Shuangyashan	2539	1075			
大庆市	Daqing	24399	9742	1846009	1704850	66064
伊春市	Yichun	4853	2272	204406	144198	46695
佳木斯市	Jiamusi	7680	3608	157052	80011	54693
七台河市	Qitaihe	5338	800	287794	212975	44544
牡丹江市	Mudanjiang	22711	1932	221626	124990	53195
黑河市	Heihe	593	232	84658	76124	8500
绥化市	Suihua	2500	1000	66000	17600	48253
上海市	**Shanghai**	**309704**	**99597**	**13534500**	**7862500**	**1873800**
江苏省	**Jiangsu**	**399226**	**124145**	**21839741**	**15830721**	**2450165**
南京市	Nanjing	121401	34333	4039334	2520751	560073
无锡市	Wuxi	45257	14043	2604597	1879643	273565
徐州市	Xuzhou	22029	5633	1951645	1557021	179378
常州市	Changzhou	27416	8729	2541410	1961658	243576
苏州市	Suzhou	79575	24220	5140791	3969926	456214
南通市	Nantong	20803	9270	858332	625672	91999
连云港市	Lianyungang	10099	2655	431228	253117	74927
淮安市	Huai'an	19257	6859	829136	593112	125608
盐城市	Yancheng	7328	3818	420733	240976	85553
扬州市	Yangzhou	16819	6939	989823	658294	158775
镇江市	Zhenjiang	16096	3069	1014686	811309	84706
泰州市	Taizhou	7038	2664	458012	322592	57021
宿迁市	Suqian	6108	1913	560014	436650	58770

2-43 续表 2 continued

城 市	City	供水总量 (万吨) Water Supply (10 000 ton)	居民生活用水量 (万吨) Water Consumption for Residential Use (10 000 ton)	全社会用电量 (万千瓦时) Annual Electricity Consumption (10 000 kwh)	工业用电 (万千瓦时) Electricity Consumption for Industrial (10 000 kwh)	城乡居民生活用电 (万千瓦时) Household Electricity Consumption for urban and rural residential (10 000 kwh)
浙江省	**Zhejiang**	**193234**	**69347**	**13265115**	**9121721**	**1742669**
杭州市	Hangzhou	58182	22861	4449519	2789334	636188
宁波市	Ningbo	46325	14062	3012523	2260968	296978
温州市	Wenzhou	24713	10321	1203312	746335	240667
嘉兴市	Jiaxing	9614	2242	930296	734622	72739
湖州市	Huzhou	8873	3574	702950	508943	87181
绍兴市	Shaoxing	11775	2480	548642	396203	60734
金华市	Jinhua	6890	2881	427253	263243	76146
衢州市	Quzhou	4875	1625	630272	539532	43069
舟山市	Zhoushan	4405	1805	324500	180671	56923
台州市	Taizhou	13425	5852	865363	598744	142300
丽水市	Lishui	4157	1644	170485	103126	29744
安徽省	**Anhui**	**147858**	**53096**	**6536973**	**4350303**	**989994**
合肥市	Hefei	34573	16932	1085783	433114	260138
芜湖市	Wuhu	16448	5617	737276	550745	49404
蚌埠市	Bengbu	14419	3707	334386	213017	50603
淮南市	Huainan	9484	3772	514430	373348	81402
马鞍山市	Maanshan	17765	3702	1043359	890359	58919
淮北市	Huaibei	5719	1330	279963	207385	37323
铜陵市	Tongling	7112	2425	503841	443187	26749
安庆市	Anqing	9437	2746	355056	270613	41012
黄山市	Huangshan	3524	1317	120717	50929	26592
滁州市	Chuzhou	4967	1591	205379	118817	27914
阜阳市	Fuyang	6746	2526	325012	196322	68037
宿州市	Suzhou	5400	2252	289971	172348	56727
六安市	Lu'an	4524	1690	188547	79802	64142
亳州市	Bozhou	2935	1323	123711	37365	52028
池州市	Chizhou	2535	1050	257561	203348	26627
宣城市	Xuancheng	2270	1116	171981	109604	62377
福建省	**Fujian**	**118317**	**46889**	**6116853**	**3497012**	**1317180**
福州市	Fuzhou	30166	12651	1070480	361209	343695
厦门市	Xiamen	35729	12108	1875722	1061961	377552
莆田市	Putian	15330	8421	523016	274204	149110
三明市	Sanming	6989	1670	392576	325583	26424
泉州市	Quanzhou	14786	6056	799256	493297	168273
漳州市	Zhangzhou	4563	2343	481200	287100	111300
南平市	Nanping	2578	1276	448320	368314	38111
龙岩市	Longyan	6902	1373	411750	287849	66804
宁德市	Ningde	1274	991	114533	37495	35911
江西省	**Jiangxi**	**84228**	**31865**	**3497567**	**2199526**	**515003**
南昌市	Nanchang	39397	11226	1217000	591000	185400
景德镇市	Jingdezhen	4028	2591	155911	118200	29519
萍乡市	Pingxiang	4270	1453	450208	371837	42480
九江市	Jiujiang	7678	2940	319184	217175	52396
新余市	Xinyu	5548	2382	591329	513053	32398
鹰潭市	Yingtan	1959	702	67686	27067	12934
赣州市	Ganzhou	5887	2980	202558	100951	48130
吉安市	Ji'an	2807	1388	141888	96039	19857
宜春市	Yichun	3890	2452	141097	68363	34273
抚州市	Fuzhou	4954	2519	141280	82021	33619
上饶市	Shangrao	3810	1232	69426	13820	23997

2-43 续表 3 continued

城　市	City	供水总量 (万吨) Water Supply (10 000 ton)	居民生活用水量 (万吨) Water Consumption for Residential Use (10 000 ton)	全社会用电量 (万千瓦时) Annual Electricity Consumption (10 000 kwh)	工业用电 (万千瓦时) Electricity Consumption for Industrial (10 000 kwh)	城乡居民生活用电 (万千瓦时) Household Electricity Consumption for urban and rural residential (10 000 kwh)
山东省	**Shandong**	**221280**	**64699**	**18909913**	**14314990**	**1742808**
济南市	Jinan	33250	12364	1820033	959459	334462
青岛市	Qingdao	38945	12121	2148190	1300887	316730
淄博市	Zibo	26929	5365	2640467	2299303	163948
枣庄市	Zaozhuang	9115	2833	665473	497234	78815
东营市	Dongying	9618	2165	1322437	1232090	29929
烟台市	Yantai	15749	4381	1115687	812657	113552
潍坊市	Weifang	15070	3534	1127435	866023	84340
济宁市	Jining	12360	2293	688993	523293	67486
泰安市	Tai'an	6596	1975	429765	240633	63177
威海市	Weihai	6378	1473	489839	347088	47894
日照市	Rizhao	6768	1935	1302667	1026242	63817
莱芜市	Laiwu	4533	1676	995720	898510	45071
临沂市	Linyi	16579	5855	1492600	1143377	155790
德州市	Dezhou	2709	1451	503727	384780	36712
聊城市	Liaocheng	5647	1181	1163900	1012934	47080
滨州市	Binzhou	6928	2283	481598	395322	34629
菏泽市	Heze	4106	1814	521382	375158	59376
河南省	**Henan**	**135726**	**46261**	**14684127**	**11587439**	**1320517**
郑州市	Zhengzhou	35824	12414	3413701	2350111	400754
开封市	Kaifeng	8969	2172	432600	300552	58960
洛阳市	Luoyang	16357	6197	2471959	2209841	111492
平顶山市	Pingdingshan	10909	3282	782350	656547	59924
安阳市	Anyang	5282	2240	1349051	1180375	81053
鹤壁市	Hebi	4638	1668	289853	233390	22411
新乡市	Xinxiang	7491	2899	723473	533763	74893
焦作市	Jiaozuo	7795	2146	1428404	1311219	47452
濮阳市	Puyang	5014	1445	463231	370426	42028
许昌市	Xuchang	4448	1451	275070	197452	39176
漯河市	Luohe	2675	771	336810	233063	53651
三门峡市	Sanmenxia	1825	1192	206347	181139	20208
南阳市	Nanyang	9120	2630	669764	452246	100258
商丘市	Shangqiu	3854	1636	943055	788106	77035
信阳市	Xinyang	3766	1887	394522	225659	70030
周口市	Zhoukou	2944	945	124483	71118	24304
驻马店市	Zhumadian	4815	1286	379454	292432	36888
湖北省	**Hubei**	**203329**	**82532**	**7606630**	**5012332**	**1166003**
武汉市	Wuhan	121552	47385	3476037	2016330	633621
黄石市	Huangshi	8360	4918	627606	527468	50000
十堰市	Shiyan	9749	4220	367428	259322	43548
宜昌市	Yichang	11077	3948	804426	633061	78176
襄阳市	Xiangfan	16078	5665	493169	316992	96254
鄂州市	Ezhou	6668	3670	552027	471514	46383

2-43 续表 4 continued

城市	City	供水总量（万吨）Water Supply (10 000 ton)	居民生活用水量（万吨）Water Consumption for Residential Use (10 000 ton)	全社会用电量（万千瓦时）Annual Electricity Consumption (10 000 kwh)	工业用电（万千瓦时）Electricity Consumption for Industrial (10 000 kwh)	城乡居民生活用电（万千瓦时）Household Electricity Consumption for urban and rural residential (10 000 kwh)
荆门市	Jingmen	8038	2643	350520	270580	35384
孝感市	Xiaogan	3467	1841	147492	67762	48130
荆州市	Jingzhou	7592	3408	459323	262519	67844
黄冈市	Huanggang	4066	1860	82428	42471	23564
咸宁市	Xianning	2926	1442	153362	98981	19709
随州市	Suizhou	3756	1532	92812	45332	23390
湖南省	**Hunan**	**164119**	**71717**	**5935778**	**3432325**	**1100195**
长沙市	Changsha	41997	29950	1268341	332841	464827
株洲市	Zhuzhou	17229	6946	702653	498562	70069
湘潭市	Xiangtan	11681	3582	782176	624809	67859
衡阳市	Hengyang	24619	3765	660792	447596	72800
邵阳市	Shaoyang	7190	3084	135622	64598	39091
岳阳市	Yueyang	21366	6935	622101	475062	72903
常德市	Changde	7824	3778	228887	92547	59124
张家界市	Zhangjiajie	2408	1040	90573	25785	23913
益阳市	Yiyang	4185	2149	202374	121167	46482
郴州市	Chenzhou	7113	3615	379100	232314	85100
永州市	Yongzhou	9300	2058	220376	121652	46663
怀化市	Huaihua	4725	2143	163440	4510	8271
娄底市	Loudi	4482	2672	479343	390882	43093
广东省	**Guangdong**	**768326**	**277719**	**35631318**	**22854102**	**5272952**
广州市	Guangzhou	191432	83469	6244969	3135824	1289859
韶关市	Shaoguan	6633	3562	549191	392156	63871
深圳市	Shenzhen	160360	53937	7221044	4232405	1043007
珠海市	Zhuhai	33829	10212	1174724	725808	161671
汕头市	Shantou	28592	13770	1536322	938824	340572
佛山市	Foshan	55852	18441	5069529	3699098	570296
江门市	Jiangmen	19770	5984	967877	649627	74374
湛江市	Zhanjiang	11925	5879	654000	330881	157118
茂名市	Maoming	5091	2954	432387	337313	45690
肇庆市	Zhaoqing	11496	3467	289730	165936	44473
惠州市	Huizhou	24949	9211	1419567	997183	181358
梅州市	Meizhou	4981	2081	167565	75536	44086
汕尾市	Shanwei	3574	1303	29559	11432	9518
河源市	Heyuan	5505	2395	201217	115255	41603
阳江市	Yangjiang	7803	4879	271364	183098	36785
清远市	Qingyuan	9556	2230	665456	533499	56397
东莞市	Dongguan	164047	39311	6042842	4522891	712042
中山市	Zhongshan	7524	6136	2064930	1366291	315023
潮州市	Chaozhou	5391	2511	149901	57789	68617
揭阳市	Yeyang	7142	4821	378838	317721	
云浮市	Yunfu	2874	1166	100306	65535	16592
广西壮族自治区	**Guangxi**	**139227**	**57308**	**5202113**	**3381834**	**867368**
南宁市	Nanning	40215	20294	1012123	407175	255784
柳州市	Liuzhou	47016	11977	739463	507246	118813

2-43 续表 5 continued

城市	City	供水总量 (万吨) Water Supply (10 000 ton)	居民生活用水量 (万吨) Water Consumption for Residential Use (10 000 ton)	全社会用电量 (万千瓦时) Annual Electricity Consumption (10 000 kwh)	工业用电 (万千瓦时) Electricity Consumption for Industrial (10 000 kwh)	城乡居民生活用电 (万千瓦时) Household Electricity Consumption for urban and rural residential (10 000 kwh)
桂林市	Guilin	11110	5371	252902	88865	86545
梧州市	Wuzhou	5782	2244	234792	170405	32451
北海市	Beihai	5115	2371	257653	141596	51960
防城港市	Fangchenggang	3597	973	272269	198537	27327
钦州市	Qinzhou	4922	2036	372927	272433	45394
贵港市	Guigang	3768	1817	306862	219679	59220
玉林市	Yulin	5552	3063	200314	95474	57291
百色市	Baise	4176	2047	424816	380501	27614
贺州市	Hezhou	2125	1353	373032	308312	40077
河池市	Hechi	2300	1350	130548	89637	18228
来宾市	Laibin	2415	1892	533524	479983	34006
崇左市	Chongzuo	1134	520	90888	21991	12658
海南省	**Hainan**	**28243**	**11388**	**716847**	**167534**	**134821**
海口市	Haikou	19066	8094	526700	144900	83400
三亚市	Sanya	9177	3294	190147	22634	51421
三沙市	Sansha					
重庆市	**Chongqing**	**95903**	**46894**	**5476605**	**3813387**	**903057**
四川省	**Sichuan**	**161035**	**89163**	**8186968**	**5183924**	**1325123**
成都市	Chengdu	76021	52116	2631489	1217294	492002
自贡市	Zigong	6439	2554	324712	239511	46529
攀枝花市	Panzhihua	12776	3168	1093997	851508	39084
泸州市	Luzhou	10747	3599	295688	186343	63412
德阳市	Deyang	4985	1931	282038	191203	41620
绵阳市	Mianyang	8943	4400	336741	173438	76642
广元市	Guangyuan	3044	1607	296541	219706	33948
遂宁市	Suining	3321	1694	133523	55079	29826
内江市	Neijiang	3075	1700	143148	66673	46590
乐山市	Leshan	4259	2321	774453	657147	67837
南充市	Nanchong	7910	3930	243093	131971	65102
眉山市	Meishan	2845	1536	528579	461698	37559
宜宾市	Yibin	4841	2637	425129	308625	65584
广安市	Guang'an	1585	838	103911	88845	14090
达州市	Dazhou	4010	1825	276632	157748	118884
雅安市	Yaan	1951	1184	157611	112928	31339
巴中市	Bazhong	1890	991	45460	14450	25637
资阳市	Ziyang	2393	1132	94223	49757	29438
贵州省	**Guizhou**	**37679**	**22058**	**3297340**	**2254737**	**654079**
贵阳市	Guiyang	23855	14228	1595293	1044331	384836
六盘水市	Liupanshui	3388	1410	466527	382600	44026
遵义市	Zunyi	4893	3370	475099	319209	93980
安顺市	Anshun	1928	1180	342655	244692	40746
毕节市	Bijie	1752	909	180306	102711	52559
铜仁市	Tongren	1863	961	237460	161194	37932

2-43 续表 6 continued

城市	City	供水总量 (万吨) Water Supply (10 000 ton)	居民生活用水量 (万吨) Water Consumption for Residential Use (10 000 ton)	全社会用电量 (万千瓦时) Annual Electricity Consumption (10 000 kwh)	工业用电 (万千瓦时) Electricity Consumption for Industrial (10 000 kwh)	城乡居民生活用电 (万千瓦时) Household Electricity Consumption for urban and rural residential (10 000 kwh)
云南省	**Yunnan**	**35497**	**18608**	**2965038**	**2114137**	**601408**
昆明市	Kunming	21984	11540	2035210	1569234	465976
曲靖市	Qujing	3989	1780	239044	106213	29119
玉溪市	Yuxi	2661	1377	318248	270685	21626
保山市	Baoshan	1850	780	87572	44184	25434
昭通市	Zhaotong	1638	1122	158641	79626	28015
丽江市	Lijiang	1311	735	48348	8034	10348
普洱市	Simao	1392	718	40614	14182	12681
临沧市	Lincang	672	556	37361	21979	8209
西藏自治区	**Tibet**	**11640**	**491**			
拉萨市	Lasa	11640	491			
陕西省	**Shaanxi**	**79805**	**35645**	**3731722**	**1857248**	**820445**
西安市	Xi'an	43848	23485	1921600	714700	524200
铜川市	Tongchuan	1650	918	600252	550569	25243
宝鸡市	Baoji	7252	3044	353275	249706	59168
咸阳市	Xianyang	12190	3212	129616	45941	44570
渭南市	Weinan	6799	1050	77313	21632	31301
延安市	Yan'an	1709	734	152422	78153	27310
汉中市	Hanzhong	2518	1161	117796	46558	33550
榆林市	Yulin	1834	783	217237	96698	24434
安康市	Ankang	1131	772	131790	44802	36380
商洛市	Shangluo	874	486	30421	8489	14289
甘肃省	**Gansu**	**53928**	**20076**	**4411874**	**3504789**	**291139**
兰州市	Lanzhou	25035	9031	1672923	1199276	118915
嘉峪关市	Jiayuguan	3657	580	1298559	1201508	20498
金昌市	Jinchang	2699	920			
白银市	Baiyin	10574	3793	792177	767831	24346
天水市	Tianshui	3265	1798	222985	73418	56336
武威市	Wuwei	1825	964	107007	67448	16613
张掖市	Zhangye	2112	851	33892	12516	8082
平凉市	Pingliang	1331	697	120323	91233	9964
酒泉市	Jiuquan	2210	772	96316	57192	16798
庆阳市	Qingyang	700	460	40723	29587	5137
定西市	Dingxi	520	210	12108	2020	2350
陇南市	Longnan			14861	2760	12100
青海省	**Qinghai**	**14633**	**6610**	**728957**	**522873**	**93915**
西宁市	Xining	14633	6610	728957	522873	93915
宁夏回族自治区	**Ningxia**	**19108**	**8381**	**1526483**	**1367525**	**32082**
银川市	Yinchuan	11468	5381			
石嘴山市	Shizuishan	4225	1838	1278559	1185891	15268
吴忠市	Wuzhong	2113	625	168200	135000	11000
固原市	Guyuan	641	307	79724	46634	5814
中卫市	Zhongwei	661	230			
新疆维吾尔自治区	**Xinjiang**	**43265**	**15466**	**2049685**	**1615944**	**165095**
乌鲁木齐市	Urumqi	30363	14019	1589621	1210261	140163
克拉玛依市	Karamay	12902	1447	460064	405683	24932

2-44 煤气及液化石油气供应及利用情况(市辖区)

Supply and Consumption of Coal Gas and Liquefied Petroleum Gas (Districts under City)

城　市	City	供气总量(人工、天然气)(万立方米) Total Gas Supply (Coal Gas, Natural Gas) (10 000 cubic meters)	家庭用量(万立方米) Consumption of Gas for Residential Use (10 000 cubic meters)	用气人口(人) Population with Access To Gas (person)	液化石油气供气总量(吨) Liquefied Petroleum Gas Supply (ton)	家庭用量(吨) Consumption of Liquefied Petroleum Gas for Residential Use (ton)	用液化气人口(人) Population with Access To Liquefied Petroleum Gas (person)
城市合计	**Prefecture Cities**	**7096858**	**1581165**	**212345454**	**9112936**	**5049557**	**114445149**
北京市	**Beijing**	**924763**	**115401**	**13668500**	**418156**	**190975**	**4168500**
天津市	**Tianjin**	**256241**	**28000**	**6372300**	**49105**	**22664**	**121800**
河北省	**Hebei**	**196437**	**40310**	**8150627**	**82928**	**49208**	**2101728**
石家庄市	Shijiazhuang	24613	10133	2356100	32051	6972	154000
唐山市	Tangshan	58591	1458	152700	9921	7380	82700
秦皇岛市	Qinhuangdao	20650	1791	847300	4547	1630	106600
邯郸市	Handan	25074	10138	1302700	5554	5554	259800
邢台市	Xingtai	27280	2285	768000	5288	4700	122500
保定市	Baoding	11243	3533	868700	4357	2715	333100
张家口市	Zhangjiakou	5627	3920	756127	5640	5640	106728
承德市	Chengde	3539	850	168300	5150	4197	372500
沧州市	Cangzhou	6381	2541	381800	3191	3191	231700
廊坊市	Langfang	11638	3543	482000	3100	3100	39300
衡水市	Hengshui	1801	118	66900	4129	4129	292800
山西省	**Shanxi**	**274971**	**59180**	**7164900**	**82563**	**61875**	**1305892**
太原市	Taiyuan	106822	15719	2750000	32475	32453	517000
大同市	Datong	10706	3186	1205000	10612	3250	47500
阳泉市	Yangquan	79997	15097	546000	1028	1028	1800
长治市	Changzhi	8071	5760	460000	10906	10906	176300
晋城市	Jincheng	17743	5054	416600	1095	780	51000
朔州市	Shuozhou	4437	2036	340300	1300	680	24600
晋中市	Jinzhong	8837	2141	299100	2620	1000	162400
运城市	Yuncheng	467	407	341700	2947	2318	106790
忻州市	Xinzhou	7689	3300	238500	3560	1630	51002
临汾市	Linfen	26862	5139	405900	14600	6530	77500
吕梁市	Lvliang	3340	1341	161800	1420	1300	90000
内蒙古自治区	**Inner Mongolia**	**114025**	**37139**	**3962100**	**72699**	**66448**	**2698800**
呼和浩特市	Hohhot	42050	5300	1343400	15173	15173	433500
包头市	Baotou	52956	21938	1339800	9692	9042	345200
乌海市	Wuhai	2965	1380	347800	1508	1499	84000
赤峰市	Chifeng	1072	188	126200	15615	14550	727300
通辽市	Tongliao	1775	1727	199000	3019	2800	299000
鄂尔多斯市	Erdos	6625	1611	350000	2880	2880	150000
呼伦贝尔市	Hulunbuir	1	1		6800	6400	255000
巴彦淖尔市	Bayannur	3285	3285	54000	12000	11000	237000
乌兰察布市	Ulanqab	3296	1709	201900	6012	3104	167800
辽宁省	**Liaoning**	**134093**	**75424**	**14470300**	**419934**	**162629**	**4114200**
沈阳市	Shenyang	43332	18499	5027300	156000	22500	686300
大连市	Dalian	24435	16853	2070000	157816	52680	875500
鞍山市	Anshan	18090	8625	1585300	5100	5100	160000
抚顺市	Fushun	7899	6640	665100	33921	24920	645500
本溪市	Benxi	4832	3725	698000	7159	3228	169500
丹东市	Dandong	3658	3383	520100	5280	4719	88600
锦州市	Jinzhou	9519	6397	883000	4669	4530	92600

2-44 续表 1 continued

城市	City	供气总量(人工、天然气)(万立方米) Total Gas Supply (Coal Gas, Natural Gas) (10 000 cubic meters)	家庭用量(万立方米) Consumption of Gas for Residential Use (10 000 cubic meters)	用气人口(人) Population with Access To Gas (person)	液化石油气供气总量(吨) Liquefied Petroleum Gas Supply (ton)	家庭用量(吨) Consumption of Liquefied Petroleum Gas for Residential Use (ton)	用液化气人口(人) Population with Access To Liquefied Petroleum Gas (person)
营口市	Yingkou	1793	1321	716000	6005	6000	253000
阜新市	Fuxin	3342	1531	410000	5100	4800	165000
辽阳市	Liaoyang	2266	1082	347000	10978	10978	403000
盘锦市	Panjin	2013	1742	391800	14655	14589	306200
铁岭市	Tieling	4318	2025	340000	3110	1585	95300
朝阳市	Chaoyang	2270	1851	430000	5980	4000	123000
葫芦岛市	Huludao	6326	1750	386700	4161	3000	50700
吉林省	**Jilin**	**79946**	**24853**	**5170000**	**156564**	**57105**	**1938600**
长春市	Changchun	44615	16839	3186900	68563	9035	353700
吉林市	Jilin	21320	3121	781500	44500	16462	450500
四平市	Siping	3277	1162	485000	9000	6000	98000
辽源市	Liaoyuan	148	49	48000	6993	2955	350000
通化市	Tonghua	2445	1680	320000	2110	1160	45000
白山市	Baishan	198	152	78000	5135	4530	231000
松原市	Songyuan	6700	1850	270600	12600	9300	178400
白城市	Baicheng	1243			7663	7663	232000
黑龙江省	**Heilongjiang**	**97323**	**35766**	**7306200**	**154197**	**71955**	**2645550**
哈尔滨市	Harbin	33323	12708	3699700	60480	19080	606500
齐齐哈尔市	Qiqihar	24011	3446	1034700	9820	6522	34750
鸡西市	Jixi	1100	900	395000	5573	4339	201200
鹤岗市	Hegang	1370	1191	151100	4179	4115	133000
双鸭山市	Shuangyashan	735	500	89000	4000	3391	146000
大庆市	Daqing	25574	11309	1072200	15378	5613	264800
伊春市	Yichun				8296	7052	272300
佳木斯市	Jiamusi	3010	1186	356000	22090	4090	122000
七台河市	Qitaihe	4410	2541	195000	2580	1655	75000
牡丹江市	Mudanjiang	1940	535	130000	19001	13998	510000
黑河市	Heihe				1100	650	96000
绥化市	Suihua	1850	1450	183500	1700	1450	184000
上海市	**Shanghai**	**721564**	**138399**	**15186320**	**392514**	**214172**	**8617980**
江苏省	**Jiangsu**	**414336**	**89592**	**14297100**	**513576**	**339528**	**7050000**
南京市	Nanjing	82413	22007	3459500	114673	62231	2193200
无锡市	Wuxi	56521	10689	2093700	65988	40344	334000
徐州市	Xuzhou	23270	4620	936400	31030	23450	563000
常州市	Changzhou	55209	11251	1369500	7043	1776	35000
苏州市	Suzhou	94762	17930	2495500	62000	53800	289100
南通市	Nantong	10110	3038	777400	39821	28761	708800
连云港市	Lianyungang	8485	2627	562300	10500	7500	230000
淮安市	Huai'an	13489	6856	534000	38206	33881	837000
盐城市	Yancheng	8050	2262	450000	29000	24600	314700
扬州市	Yangzhou	12636	3445	667500	42871	20890	400100
镇江市	Zhenjiang	27119	3275	539100	38269	15405	337000
泰州市	Taizhou	13785	1172	241800	18025	15000	418900
宿迁市	Suqian	8487	420	170400	16150	11890	389200

2-44 续表 2 continued

城市	City	供气总量(人工、天然气)(万立方米) Total Gas Supply (Coal Gas, Natural Gas) (10 000 cubic meters)	家庭用量(万立方米) Consumption of Gas for Residential Use (10 000 cubic meters)	用气人口(人) Population with Access To Gas (person)	液化石油气供气总量(吨) Liquefied Petroleum Gas Supply (ton)	家庭用量(吨) Consumption of Liquefied Petroleum Gas for Residential Use (ton)	用液化气人口(人) Population with Access To Liquefied Petroleum Gas (person)
浙江省	**Zhejiang**	**153548**	**45406**	**5862700**	**538631**	**322056**	**6148700**
杭州市	Hangzhou	55623	13397	2627300	111742	59046	1019900
宁波市	Ningbo	42747	5954	1206400	138584	44553	548900
温州市	Wenzhou	1535	77	25700	105080	78000	1495200
嘉兴市	Jiaxing	18184	17542	430200	20127	9924	281900
湖州市	Huzhou	12645	1078	273400	11656	7167	586600
绍兴市	Shaoxing	14353	4647	440300	15222	13027	337000
金华市	Jinhua	1558	319	96000	30481	22013	498800
衢州市	Quzhou	3643	1094	146600	8265	8155	159300
舟山市	Zhoushan	2224	1124	437600	23829	23829	53900
台州市	Taizhou	1036	174	179200	61428	44872	833300
丽水市	Lishui				12217	11470	333900
安徽省	**Anhui**	**161647**	**45784**	**7930300**	**508849**	**120147**	**3119700**
合肥市	Hefei	32924	10710	2620000	34388	10596	400000
芜湖市	Wuhu	26877	7859	1031400	26003	12970	119100
蚌埠市	Bengbu	18250	8018	699000	9000	4000	190500
淮南市	Huainan	9574	4054	689400	18400	10430	298000
马鞍山市	Maanshan	15948	3217				
淮北市	Huaibei	5669	1733	655000	11250	10300	175600
铜陵市	Tongling	12216	1602	433000	15725	400	2000
安庆市	Anqing	4357	734	240000	327408	13376	347000
黄山市	Huangshan	483	24	9200	12370	10660	317700
滁州市	Chuzhou	12545	1208	300000	6115	5965	65200
阜阳市	Fuyang	8700	3000	460800	6927	5191	148700
宿州市	Suzhou	2750	707	220900	7446	7101	246000
六安市	Lu'an	4752	842	201800	7240	7240	313200
亳州市	Bozhou	2469	1270	90000	20155	17050	198600
池州市	Chizhou	2022	535	201800	2822	2168	81800
宣城市	Xuancheng	2111	271	78000	3600	2700	216300
福建省	**Fujian**	**53102**	**9675**	**2787500**	**235143**	**116350**	**5225530**
福州市	Fuzhou	13608	4052	1242400	60497	25334	994000
厦门市	Xiamen	17053	2377	1042100	84906	32142	1686800
莆田市	Putian	6800	194	70000	13300	10000	469000
三明市	Sanming	3080	2479	194100	1500	1000	36100
泉州市	Quanzhou	9000	301	142300	39742	17939	956530
漳州市	Zhangzhou	1886	272	96600	15274	12216	336300
南平市	Nanping	1675			4355	4200	204300
龙岩市	Longyan				8904	8750	302800
宁德市	Ningde				6665	4769	239700
江西省	**Jiangxi**	**90276**	**19266**	**3835000**	**201628**	**162679**	**3539400**
南昌市	Nanchang	20213	8137	1474300	73772	69607	1204800
景德镇市	Jingdezhen	29757	928	233700	24800	11200	221500
萍乡市	Pingxiang	19850	3353	237800	5720	5587	150000
九江市	Jiujiang	2292	993	210000	16840	12060	434500
新余市	Xinyu	8663	2708	434500	1614	1063	13700
鹰潭市	Yingtan	121	23	12000	9630	6000	191200
赣州市	Ganzhou	3000	1070	450000	8000	7800	318000
吉安市	Ji'an	1119	878	208900	4590	3600	137000
宜春市	Yichun	2645	746	224000	15306	8806	287800
抚州市	Fuzhou	1901	116	219600	23356	23356	310900
上饶市	Shangrao	715	314	130200	18000	13600	270000

2-44 续表 3 continued

城市	City	供气总量（人工、天然气）（万立方米） Total Gas Supply (Coal Gas, Natural Gas) (10 000 cubic meters)	家庭用量（万立方米） Consumption of Gas for Residential Use (10 000 cubic meters)	用气人口（人） Population with Access To Gas (person)	液化石油气供气总量（吨） Liquefied Petroleum Gas Supply (ton)	家庭用量（吨） Consumption of Liquefied Petroleum Gas for Residential Use (ton)	用液化气人口（人） Population with Access To Liquefied Petroleum Gas (person)
山东省	**Shandong**	**423412**	**106151**	**14336300**	**316691**	**198109**	**5038491**
济南市	Jinan	39300	12676	2133100	50700	27700	791900
青岛市	Qingdao	76545	17063	2770300	54341	22335	366500
淄博市	Zibo	91613	16800	1168600	31257	21190	447200
枣庄市	Zaozhuang	7056	3052	670000	12721	8422	270000
东营市	Dongying	25762	12888	527600	10484	9972	111200
烟台市	Yantai	20196	3566	1001500	42584	12448	441900
潍坊市	Weifang	19301	3258	987900	8800	8800	271000
济宁市	Jining	12859	1923	848400	3988	3988	190200
泰安市	Tai'an	30755	5689	626000	1021	839	20000
威海市	Weihai	5762	1124	558900	2452	953	34900
日照市	Rizhao	3928	1559	256900	13308	12856	376200
莱芜市	Laiwu	4368	1370	248400	11818	11260	241500
临沂市	Linyi	31102	10628	1068200	54422	40610	670700
德州市	Dezhou	12700	1771	555000	6600	5579	87920
聊城市	Liaocheng	16740	1771	385500	5000	4500	248000
滨州市	Binzhou	11625	8047	401700	5800	5280	296200
菏泽市	Heze	13800	2966	128300	1395	1377	173171
河南省	**Henan**	**263241**	**59460**	**10586400**	**187211**	**156230**	**4292280**
郑州市	Zhengzhou	75742	21190	4230000	67200	48410	1100000
开封市	Kaifeng	11315	3358	558400	10790	7210	180000
洛阳市	Luoyang	29794	3889	890000	22235	22216	344600
平顶山市	Pingdingshan	10159	3149	750000	101	98	2170
安阳市	Anyang	59953	5200	607400	7256	3650	87900
鹤壁市	Hebi	3051	1755	340000	1418	1418	39000
新乡市	Xinxiang	11920	3438	670000	2430	2430	70700
焦作市	Jiaozuo	19142	4675	581800	2690	2690	115900
濮阳市	Puyang	5801	4135	437000			
许昌市	Xuchang	3740	1239	220000	6763	6750	210000
漯河市	Luohe	1967	1205	200000	10505	9755	280000
三门峡市	Sanmenxia	4534	168	127000	2410	2300	140400
南阳市	Nanyang	11871	1515	370000	21208	21068	674100
商丘市	Shangqiu	2257	773	197000	14068	11075	468000
信阳市	Xinyang	3865	1015	158800	10772	9860	320010
周口市	Zhoukou	5633	446	86000	4095	4050	149500
驻马店市	Zhumadian	2497	2310	163000	3270	3250	110000
湖北省	**Hubei**	**200060**	**41735**	**7939022**	**301868**	**145948**	**3331421**
武汉市	Wuhan	125131	23487	5073800	168563	29200	114000
黄石市	Huangshi	15923	704	215400	26700	25800	503300
十堰市	Shiyan	3442	2895	350000	14057	9752	510000
宜昌市	Yichang	12818	3592	659200	9688	9688	90000
襄阳市	Xiangfan	15549	2065	490000	22513	20855	361200
鄂州市	Ezhou	3630	1870	137013	6700	5500	243600

2-44 续表 4 continued

城市	City	供气总量（人工、天然气）（万立方米） Total Gas Supply (Coal Gas, Natural Gas) (10 000 cubic meters)	家庭用量（万立方米） Consumption of Gas for Residential Use (10 000 cubic meters)	用气人口（人） Population with Access To Gas (person)	液化石油气供气总量（吨） Liquefied Petroleum Gas Supply (ton)	家庭用量（吨） Consumption of Liquefied Petroleum Gas for Residential Use (ton)	用液化气人口（人） Population with Access To Liquefied Petroleum Gas (person)
荆门市	Jingmen	8621	1343	174409	16637	11190	300521
孝感市	Xiaogan	1214	620	56900	10092	9145	301000
荆州市	Jingzhou	8505	2475	430000	7758	7758	283800
黄冈市	Huanggang	1761	659	132000	5190	4510	154000
咸宁市	Xianning	1859	1624	105300	5500	5080	240000
随州市	Suizhou	1607	401	115000	8470	7470	230000
湖南省	**Hunan**	**263397**	**43787**	**6555708**	**231936**	**181923**	**6595755**
长沙市	Changsha	64298	24911	2647000	76663	63385	2673000
株洲市	Zhuzhou	23544	2825	1030200	4900	3256	12010
湘潭市	Xiangtan	125423	2987	512000	8400	710	252000
衡阳市	Hengyang	19489	3303	610500	19247	13728	493000
邵阳市	Shaoyang	2147	1710	355000	3542	2600	199800
岳阳市	Yueyang	7138	3110	353608	31488	28733	683845
常德市	Changde	12000	1358	178900	12775	10775	511200
张家界市	Zhangjiajie	301	100	45300	10800	7800	129200
益阳市	Yiyang	4486	1048	195000	9500	8300	380000
郴州市	Chenzhou	670	210	84000	18771	13736	480700
永州市	Yongzhou	3037	1823	405000	12600	9600	230000
怀化市	Huaihua	23	13	8200	19200	16500	420000
娄底市	Loudi	841	389	131000	4050	2800	131000
广东省	**Guangdong**	**423805**	**42253**	**13003592**	**3233367**	**1785507**	**28221969**
广州市	Guangzhou			4135600	899250	269433	5958600
韶关市	Shaoguan	2360	1017	488600	56056	56056	275000
深圳市	Shenzhen	278929	29720	4130000	418551	304426	6998299
珠海市	Zhuhai	2830	176	50000	326200	150000	1280000
汕头市	Shantou	1565	186	51800	321000	269000	4930000
佛山市	Foshan	67573	4051	2145000	223379	173546	1350200
江门市	Jiangmen	3726	314	65800	87498	58306	1066400
湛江市	Zhanjiang	7828	1200	444300	40120	30000	608000
茂名市	Maoming	561	162	112700	33056	7707	372000
肇庆市	Zhaoqing	4548	596	82100	62206	20275	419400
惠州市	Huizhou				76862	53899	1562269
梅州市	Meizhou	553	110	42035	22243	22061	351290
汕尾市	Shanwei	45	16	7200	20348	18548	22
河源市	Heyuan				35770	23600	282300
阳江市	Yangjiang	1160	250	57000	91501	16381	383800
清远市	Qingyuan	1557	403	129200	29487	26187	35100
东莞市	Dongguan	43195	2055	210967	312920	226562	898589
中山市	Zhongshan	7266	1920	354000	34095	22162	167000
潮州市	Chaozhou	17	2	456900	107993	10593	368000
揭阳市	Yeyang	66	65	29600	28250	23200	724100
云浮市	Yunfu	26	10	10790	6582	3565	191600
广西壮族自治区	**Guangxi**	**20286**	**11189**	**2325983**	**287381**	**225200**	**5515900**
南宁市	Nanning	6554	3502	950800	93000	73640	1530000
柳州市	Liuzhou	7296	4921	708900	56116	32163	762600

2-44 续表 5 continued

城　市	City	供气总量(人工、天然气)(万立方米) Total Gas Supply (Coal Gas, Natural Gas) (10 000 cubic meters)	家庭用量(万立方米) Consumption of Gas for Residential Use (10 000 cubic meters)	用气人口(人) Population with Access To Gas (person)	液化石油气供气总量(吨) Liquefied Petroleum Gas Supply (ton)	家庭用量(吨) Consumption of Liquefied Petroleum Gas for Residential Use (ton)	用液化气人口(人) Population with Access To Liquefied Petroleum Gas (person)
桂林市	Guilin	2354	1085	280700	21896	20394	536900
梧州市	Wuzhou	552	198	56000	7475	7462	337600
北海市	Beihai	1883	600	63500	18450	13100	295000
防城港市	Fangchenggang	68	34	14500	9400	8180	136200
钦州市	Qinzhou	561	282	82200	9162	9036	193600
贵港市	Guigang	451	270	57000	9856	6198	309000
玉林市	Yulin	500	250	85000	38445	32507	567500
百色市	Baise	1	1	800	5684	5463	120000
贺州市	Hezhou				6500	6000	174500
河池市	Hechi				935	900	175000
来宾市	Laibin	66	46	26583	7476	7172	270000
崇左市	Chongzuo				2986	2985	108000
海南省	**Hainan**	**15376**	**10457**	**1033000**	**32363**	**32363**	**514000**
海口市	Haikou	12143	9850	750000	22401	22401	450000
三亚市	Sanya	3233	607	283000	9962	9962	64000
三沙市	Sansha						
重庆市	**Chongqing**	**324965**	**117964**	**9340200**	**93315**	**31468**	**1095600**
四川省	**Sichuan**	**663948**	**161047**	**12519628**	**154826**	**89359**	**753042**
成都市	Chengdu	210902	75963	4208400	105079	50783	234800
自贡市	Zigong	22933	6745	892200	404	102	4217
攀枝花市	Panzhihua	159925	5568	486600	5755	5145	148900
泸州市	Luzhou	75532	9949	816800	2274	1737	23400
德阳市	Deyang	54014	6011	430000	4491	4054	36000
绵阳市	Mianyang	41584	9276	919800	3932	3353	54500
广元市	Guangyuan	8694	5690	260200	1735	1576	32100
遂宁市	Suining	10425	6081	523400			
内江市	Neijiang	7917	3033	398800	17800	12360	35000
乐山市	Leshan	16584	4762	501800	121	13	500
南充市	Nanchong	11685	6940	945000	5480	4460	47000
眉山市	Meishan	4409	2710	291000	2510	2400	31000
宜宾市	Yibin	10564	3592	512428	767	548	20775
广安市	Guang'an	5055	2558	318400			
达州市	Dazhou	6400	3660	280000	330	49	1800
雅安市	Yaan	4354	2731	198200			
巴中市	Bazhong	6341	4248	320000	650	470	19650
资阳市	Ziyang	6630	1530	216600	3498	2309	63400
贵州省	**Guizhou**	**43349**	**19190**	**1945500**	**52598**	**49600**	**1256815**
贵阳市	Guiyang	26909	11054	1404500	36000	36000	720000
六盘水市	Liupanshui	6680	2892	267000	485	380	14800
遵义市	Zunyi	2400	158	52000	10090	9000	410000
安顺市	Anshun	70	36	24600	3883	3090	112000
毕节市	Bijie	7100	4900	190400			
铜仁市	Tongren	190	150	7000	2140	1130	15

2-44 续表 6 continued

城　市	City	供气总量(人工、天然气)(万立方米) Total Gas Supply (Coal Gas, Natural Gas) (10 000 cubic meters)	家庭用量(万立方米) Consumption of Gas for Residential Use (10 000 cubic meters)	用气人口(人) Population with Access To Gas (person)	液化石油气供气总量(吨) Liquefied Petroleum Gas Supply (ton)	家庭用量(吨) Consumption of Liquefied Petroleum Gas for Residential Use (ton)	用液化气人口(人) Population with Access To Liquefied Petroleum Gas (person)
云南省	**Yunnan**	**37643**	**21690**	**3074530**	**160475**	**63021**	**1621230**
昆明市	Kunming	30866	17575	2444400	133318	37914	891600
曲靖市	Qujing	47	47	84000	4680	4680	82000
玉溪市	Yuxi			167000	6694	5915	167000
保山市	Baoshan	460	350	54000	983	514	100000
昭通市	Zhaotong	260	70	100000	700	700	76000
丽江市	Lijiang	4012	1650	84000	8400	8400	63500
普洱市	Simao	1998	1998	141130	1998	1998	141130
临沧市	Lincang				3702	2900	100000
西藏自治区	**Tibet**	**4**	**4**				
拉萨市	Lasa	4	4				
陕西省	**Shaanxi**	**214726**	**63322**	**6228351**	**33864**	**27327**	**1093737**
西安市	Xi'an	138050	25293	3534100			
铜川市	Tongchuan	7400	2202	290000	1288	611	16100
宝鸡市	Baoji	17493	4343	744900	1587	1070	126600
咸阳市	Xianyang	16100	14311	726488	11100	7125	110000
渭南市	Weinan	5260	2037	151163	6720	5849	177210
延安市	Yan'an	7811	2816	274200	6055	6054	104700
汉中市	Hanzhong	915	267	100000	3880	3440	250000
榆林市	Yulin	20800	12000	345000			
安康市	Ankang	245	5	2000	2600	2548	282000
商洛市	Shangluo	652	48	60500	634	630	27127
甘肃省	**Gansu**	**99492**	**21504**	**2360777**	**137586**	**60401**	**1369029**
兰州市	Lanzhou	88493	17407	1635000	101250	26105	126000
嘉峪关市	Jiayuguan	1800	1692	250700	42	20	1000
金昌市	Jinchang	972	23	38800	500	324	75800
白银市	Baiyin	4662	1667	179800	1900	1900	110200
天水市	Tianshui	748	283	30175	6705	6705	291600
武威市	Wuwei	1172	93	54000	3221	3221	214789
张掖市	Zhangye	170	86	51000	4260	3870	178900
平凉市	Pingliang	623	106	79312	710	532	56790
酒泉市	Jiuquan	372	38	7390	15700	15700	31250
庆阳市	Qingyang	480	109	34600	2100	900	146000
定西市	Dingxi				602	554	97000
陇南市	Longnan				596	570	39700
青海省	**Qinghai**	**102749**	**14590**	**972400**	**4448**	**4443**	**120000**
西宁市	Xining	102749	14590	972400	4448	4443	120000
宁夏回族自治区	**Ningxia**	**171594**	**51984**	**861116**	**15371**	**9413**	**584300**
银川市	Yinchuan	147354	45666	336116	11084	5500	282500
石嘴山市	Shizuishan	13290	3185	384600	137	137	36000
吴忠市	Wuzhong	4972	2785	68000	2011	1900	92000
固原市	Guyuan				1208	990	130200
中卫市	Zhongwei	5978	348	72400	931	886	43600
新疆维吾尔自治区	**Xinjiang**	**156539**	**30643**	**3099100**	**43150**	**31454**	**245200**
乌鲁木齐市	Urumqi	146244	29190	2823000	26625	26046	160000
克拉玛依市	Karamay	10295	1453	276100	16525	5408	85200

2-45 道路面积及公共汽车、出租车拥有情况(市辖区)

Area of Paved Roads, Number of Public Transportation Vehicles and Taxis (Districts under City)

城　市	City	年末实有城市道路面积(万平方米) Area of City Paved Roads at Year-end (10 000 sq.m)	年末实有公共汽(电)车营运车辆数(辆) Number of Buses and Trolley Buses under Operation at year-end (unit)	全年公共汽(电)车客运总量(万人次) Total Annual Volume of Passengers Transported by Buses and Trolley Buses (10 000 person-times)	年末实有出租汽车数(辆) Number of Taxis at year-end (unit)	每万人拥有公共汽车(辆) Number of Public Transportation Vehicles per 10 000 Population (unit)	人均城市道路面积(平方米) Per Capita Area of Paved Roads in City (sq.m)
城市合计	**Prefecture Cities**	**464419**	**378072**	**6268228**	**861784**	**9.38**	**11.52**
北京市	**Beijing**	**9236**	**22146**	**515416**	**66646**	**18.06**	**7.53**
天津市	**Tianjin**	**11611**	**8351**	**135700**	**31706**	**10.28**	**14.29**
河北省	**Hebei**	**20506**	**14610**	**194484**	**37233**	**10.94**	**15.35**
石家庄市	Shijiazhuang	4285	4197	63975	6873	16.99	17.34
唐山市	Tangshan	3040	1795	26493	4154	5.52	9.35
秦皇岛市	Qinhuangdao	1876	841	13198	3607	9.62	21.46
邯郸市	Handan	3259	2219	21365	4860	14.98	22.00
邢台市	Xingtai	1530	1267	14295	2873	14.86	17.94
保定市	Baoding	1980	1298	15203	3036	11.98	18.28
张家口市	Zhangjiakou	1323	872	12795	3951	9.69	14.70
承德市	Chengde	712	634	13019	2459	10.79	12.11
沧州市	Cangzhou	939	566	8102	2066	10.57	17.54
廊坊市	Langfang	884	558	3500	2030	6.83	10.82
衡水市	Hengshui	678	363	2539	1324	7.19	13.43
山西省	**Shanxi**	**9683**	**7396**	**125734**	**26537**	**7.53**	**9.85**
太原市	Taiyuan	2904	3054	56100	8719	10.75	10.22
大同市	Datong	2007	866	17736	4970	5.52	12.80
阳泉市	Yangquan	603	748	18669	2017	10.65	8.59
长治市	Changzhi	557	678	10957	1801	9.59	7.88
晋城市	Jincheng	529	566	7119	1897	15.64	14.62
朔州市	Shuozhou	645	217	2270	1123	3.03	9.00
晋中市	Jinzhong	769	407	4600	1180	6.77	12.78
运城市	Yuncheng	433	350	438	1805	5.09	6.30
忻州市	Xinzhou	435	112	1450	713	2.03	7.88
临汾市	Linfen	510	302	5745	1862	3.75	6.33
吕梁市	Lvliang	291	96	650	450	3.37	10.22
内蒙古自治区	**Inner Mongolia**	**10731**	**5696**	**86647**	**28441**	**8.47**	**15.96**
呼和浩特市	Hohhot	1949	2261	34788	5564	18.53	15.97
包头市	Baotou	2422	1342	13260	5827	9.24	16.69
乌海市	Wuhai	755	387	4530	953	7.06	13.77
赤峰市	Chifeng	1314	444	17628	3783	3.60	10.66
通辽市	Tongliao	959	388	3000	2949	4.57	11.31
鄂尔多斯市	Erdos	2021	396	5860	2501	15.05	76.81
呼伦贝尔市	Hulunbuir	479	206	2835	2131	7.47	17.37
巴彦淖尔市	Bayannur	780	111	1146	1237	1.98	13.89
乌兰察布市	Ulanqab	52	161	3600	3496	5.01	1.62
辽宁省	**Liaoning**	**21586**	**18886**	**375969**	**70432**	**9.90**	**11.31**
沈阳市	Shenyang	6647	5232	113200	17844	10.02	12.73
大连市	Dalian	4098	4972	106627	10592	16.62	13.70
鞍山市	Anshan	1353	1635	24902	5375	10.77	8.91
抚顺市	Fushun	1337	1277	24656	4121	8.86	9.28
本溪市	Benxi	1016	760	27225	4004	8.07	10.79
丹东市	Dandong	1051	594	10953	1932	7.56	13.37
锦州市	Jinzhou	1010	993	15867	3882	10.59	10.77

2-45 续表 1 continued

城 市	City	年末实有城市道路面积(万平方米) Area of City Paved Roads at Year-end (10 000 sq.m)	年末实有公共汽(电)车营运车辆数(辆) Number of Buses and Trolley Buses under Operation at year-end (unit)	全年公共汽(电)车客运总量(万人次) Total Annual Volume of Passengers Transported by Buses and Trolley Buses (10 000 person-times)	年末实有出租汽车数(辆) Number of Taxis at year-end (unit)	每万人拥有公共汽车(辆) Number of Public Transportation Vehicles per 10 000 Population (unit)	人均城市道路面积(平方米) Per Capita Area of Paved Roads in City (sq.m)
营口市	Yingkou	731	746	11731	4836	8.16	7.99
阜新市	Fuxin	497	464	7301	2558	5.96	6.38
辽阳市	Liaoyang	1247	496	7832	3584	5.63	14.17
盘锦市	Panjin	923	488	9542	3187	7.64	14.45
铁岭市	Tieling	833	346	4735	2183	7.84	18.88
朝阳市	Chaoyang	384	245	4413	1971	4.03	6.32
葫芦岛市	Huludao	459	638	6985	4363	6.48	4.66
吉林省	**Jilin**	**10430**	**7807**	**128799**	**33111**	**9.02**	**12.04**
长春市	Changchun	6457	4575	75759	16967	12.60	17.79
吉林市	Jilin	1318	1180	23547	5258	6.47	7.23
四平市	Siping	547	234	4029	3057	3.88	9.08
辽源市	Liaoyuan	501	379	5325	1049	8.01	10.59
通化市	Tonghua	395	356	8144	1387	8.06	8.94
白山市	Baishan	404	306	2130	1401	5.17	6.82
松原市	Songyuan	542	546	7350	2177	9.22	9.15
白城市	Baicheng	266	231	2515	1815	4.57	5.26
黑龙江省	**Heilongjiang**	**18484**	**13126**	**194616**	**49109**	**9.63**	**13.56**
哈尔滨市	Harbin	4624	5433	116164	15519	11.53	9.81
齐齐哈尔市	Qiqihar	877	1027	93	3159	7.38	6.30
鸡西市	Jixi	577	909	9409	4658	10.63	6.75
鹤岗市	Hegang	413	502	10031	1773	7.46	6.14
双鸭山市	Shuangyashan	3568	310	5213	1100	6.23	71.66
大庆市	Daqing	3195	2807	19016	7831	20.81	23.69
伊春市	Yichun	796	295	2682	5397	3.66	9.88
佳木斯市	Jiamusi	531	404	8200	2559	5.00	6.57
七台河市	Qitaihe	485	403	5638	1000	7.06	8.50
牡丹江市	Mudanjiang	962	729	14397	2819	8.22	10.84
黑河市	Heihe	156	95	1026	950	5.02	8.24
绥化市	Suihua	2300	212	2748	2344	2.39	25.96
上海市	**Shanghai**	**9717**	**16695**	**280360**	**50683**	**12.29**	**7.15**
江苏省	**Jiangsu**	**48552**	**25421**	**377770**	**36719**	**8.43**	**16.11**
南京市	Nanjing	11424	6239	107263	10795	11.28	20.65
无锡市	Wuxi	5936	3144	43483	4040	13.04	24.62
徐州市	Xuzhou	3239	2125	30925	3710	6.62	10.09
常州市	Changzhou	3451	2590	41190	2542	11.24	14.97
苏州市	Suzhou	7698	4389	69714	5048	13.34	23.40
南通市	Nantong	3364	1288	13004	1472	6.08	15.88
连云港市	Lianyungang	1711	741	12000	1611	7.67	17.70
淮安市	Huai'an	2632	884	13200	1113	3.13	9.31
盐城市	Yancheng	1641	423	6627	1010	2.54	9.84
扬州市	Yangzhou	2217	1354	17858	2461	5.88	9.63
镇江市	Zhenjiang	1971	1006	10980	1323	9.74	19.08
泰州市	Taizhou	1733	615	6773	824	7.39	20.81
宿迁市	Suqian	1535	623	4752	770	3.79	9.34

2-45 续表 2 continued

城市	City	年末实有城市道路面积（万平方米） Area of City Paved Roads at Year-end (10 000 sq.m)	年末实有公共汽(电)车营运车辆数（辆） Number of Buses and Trolley Buses under Operation at year-end (unit)	全年公共汽(电)车客运总量（万人次） Total Annual Volume of Passengers Transported by Buses and Trolley Buses (10 000 person-times)	年末实有出租汽车数（辆） Number of Taxis at year-end (unit)	每万人拥有公共汽车（辆） Number of Public Transportation Vehicles per 10 000 Population (unit)	人均城市道路面积（平方米） Per Capita Area of Paved Roads in City (sq.m)
浙江省	**Zhejiang**	**21068**	**18582**	**251395**	**25068**	**12.19**	**13.82**
杭州市	Hangzhou	5284	7450	131901	10344	16.73	11.86
宁波市	Ningbo	2786	4046	45109	4101	17.89	12.32
温州市	Wenzhou	2463	2294	28367	3770	15.33	16.46
嘉兴市	Jiaxing	1121	1042	10341	973	12.28	13.21
湖州市	Huzhou	1992	641	5012	825	5.85	18.18
绍兴市	Shaoxing	1305	761	10391	941	11.59	19.88
金华市	Jinhua	1505	656	4500	976	6.98	16.02
衢州市	Quzhou	812	223	2794	491	2.68	9.77
舟山市	Zhoushan	778	643	5987	733	9.14	11.06
台州市	Taizhou	2599	586	5075	1505	3.73	16.56
丽水市	Lishui	423	240	1918	409	6.11	10.77
安徽省	**Anhui**	**22705**	**11736**	**209001**	**36381**	**6.06**	**11.73**
合肥市	Hefei	4854	3704	71190	10546	16.67	21.85
芜湖市	Wuhu	2974	1202	21534	3522	9.74	24.11
蚌埠市	Bengbu	1434	1138	21611	2484	12.23	15.41
淮南市	Huainan	1287	940	19947	3056	5.23	7.16
马鞍山市	Maanshan	1161	625	10545	2298	7.62	14.15
淮北市	Huaibei	1017	807	8642	1630	7.27	9.17
铜陵市	Tongling	501	463	6900	1584	10.34	11.19
安庆市	Anqing	1002	398	5990	1782	5.43	13.68
黄山市	Huangshan	669	272	3121	525	6.21	15.27
滁州市	Chuzhou	1335	328	4582	1257	6.06	24.66
阜阳市	Fuyang	1392	601	15300	1788	2.82	6.52
宿州市	Suzhou	1156	307	5438	1460	1.63	6.15
六安市	Lu'an	1121	373	7319	1850	1.99	5.99
亳州市	Bozhou	1243	100	1040	1001	0.60	7.50
池州市	Chizhou	736	258	2446	599	3.84	10.97
宣城市	Xuancheng	823	220	3395	999	2.54	9.51
福建省	**Fujian**	**11752**	**10215**	**250771**	**15589**	**10.91**	**12.56**
福州市	Fuzhou	2563	3483	88756	5610	18.13	13.34
厦门市	Xiamen	3780	3893	105909	4960	20.39	19.80
莆田市	Putian	829	283	5376	867	1.29	3.78
三明市	Sanming	332	308	6035	339	10.94	11.79
泉州市	Quanzhou	2455	1051	15561	1617	10.12	23.65
漳州市	Zhangzhou	817	275	7252	1002	4.85	14.41
南平市	Nanping	237	230	7857	237	4.63	4.77
龙岩市	Longyan	437	507	8301	480	10.32	8.89
宁德市	Ningde	302	185	5725	477	4.02	6.57
江西省	**Jiangxi**	**11774**	**7136**	**120619**	**10792**	**7.74**	**12.76**
南昌市	Nanchang	3536	3801	59609	4753	16.88	15.70
景德镇市	Jingdezhen	766	398	8476	595	8.60	16.55
萍乡市	Pingxiang	663	367	7461	700	4.22	7.63
九江市	Jiujiang	1432	418	9325	1514	6.43	22.04
新余市	Xinyu	1067	416	6785	531	4.77	12.23
鹰潭市	Yingtan	300	159	2580	271	6.84	12.91
赣州市	Ganzhou	675	504	7715	792	7.72	10.33
吉安市	Ji'an	716	234	3900	393	4.22	12.90
宜春市	Yichun	733	334	4962	404	3.09	6.78
抚州市	Fuzhou	1001	277	5560	329	2.33	8.42
上饶市	Shangrao	885	228	4247	510	5.58	21.65

2-45 续表 3 continued

城　市	City	年末实有城市道路面积（万平方米） Area of City Paved Roads at Year-end (10 000 sq.m)	年末实有公共汽（电）车营运车辆数（辆） Number of Buses and Trolley Buses under Operation at year-end (unit)	全年公共汽（电）车客运总量（万人次） Total Annual Volume of Passengers Transported by Buses and Trolley Buses (10 000 person-times)	年末实有出租汽车数（辆） Number of Taxis at year-end (unit)	每万人拥有公共汽车（辆） Number of Public Transportation Vehicles per 10 000 Population (unit)	人均城市道路面积（平方米） Per Capita Area of Paved Roads in City (sq.m)
山东省	**Shandong**	**48775**	**26917**	**336544**	**51365**	**9.25**	**16.75**
济南市	Jinan	7251	4710	86946	9020	13.37	20.59
青岛市	Qingdao	7528	5397	95103	9693	14.83	20.69
淄博市	Zibo	3673	2344	17740	6083	8.34	13.07
枣庄市	Zaozhuang	2351	1138	5008	834	5.04	10.41
东营市	Dongying	2022	868	7388	3404	10.39	24.20
烟台市	Yantai	3405	2012	35475	2169	11.16	18.89
潍坊市	Weifang	3337	1174	13724	4601	6.41	18.23
济宁市	Jining	3484	1198	13290	1560	9.77	28.42
泰安市	Tai'an	1566	1025	7500	1292	6.45	9.85
威海市	Weihai	1826	846	10960	1541	12.90	27.85
日照市	Rizhao	1321	545	6152	968	4.23	10.25
莱芜市	Laiwu	1369	960	6947	1600	7.60	10.84
临沂市	Linyi	3776	1652	12287	2750	6.65	15.19
德州市	Dezhou	1360	734	5163	2405	12.06	22.35
聊城市	Liaocheng	1889	637	5551	1416	5.54	16.42
滨州市	Binzhou	1353	1237	4380	714	19.15	20.94
菏泽市	Heze	1264	440	2929	1315	2.92	8.40
河南省	**Henan**	**18958**	**15573**	**235696**	**38414**	**6.80**	**8.27**
郑州市	Zhengzhou	3564	5548	98474	10607	9.45	6.07
开封市	Kaifeng	1258	722	7777	2636	8.33	14.52
洛阳市	Luoyang	2041	1527	30000	4267	7.77	10.39
平顶山市	Pingdingshan	999	561	12977	2080	5.39	9.60
安阳市	Anyang	964	709	7860	1359	6.40	8.70
鹤壁市	Hebi	313	337	2749	670	5.48	5.09
新乡市	Xinxiang	1070	1081	13199	1738	10.48	10.38
焦作市	Jiaozuo	1189	601	10015	1398	6.24	12.35
濮阳市	Puyang	596	366	4240	1745	5.25	8.56
许昌市	Xuchang	596	564	5174	1385	13.57	14.34
漯河市	Luohe	788	800	12734	1100	5.72	5.64
三门峡市	Sanmenxia	289	255	5620	400	8.53	9.66
南阳市	Nanyang	1897	449	7669	1860	2.31	9.77
商丘市	Shangqiu	888	1168	7800	2847	6.45	4.90
信阳市	Xinyang	828	241	3600	1846	1.62	5.56
周口市	Zhoukou	658	252	2308	928	4.30	11.22
驻马店市	Zhumadian	1020	392	3500	1548	4.81	12.52
湖北省	**Hubei**	**19301**	**13789**	**272572**	**28077**	**9.07**	**12.69**
武汉市	Wuhan	9027	7375	158478	16597	14.38	17.60
黄石市	Huangshi	1374	710	14600	1550	9.91	19.18
十堰市	Shiyan	848	887	19809	830	16.44	15.72
宜昌市	Yichang	1638	1053	20069	1704	8.40	13.07
襄阳市	Xiangfan	1388	1008	22000	1700	4.46	6.15
鄂州市	Ezhou	1039	372	2087	400	3.40	9.50

2-45 续表 4 continued

城　市	City	年末实有城市道路面积（万平方米） Area of City Paved Roads at Year-end (10 000 sq.m)	年末实有公共汽(电)车营运车辆数（辆） Number of Buses and Trolley Buses under Operation at year-end (unit)	全年公共汽(电)车客运总量（万人次） Total Annual Volume of Passengers Transported by Buses and Trolley Buses (10 000 person-times)	年末实有出租汽车数（辆） Number of Taxis at year-end (unit)	每万人拥有公共汽车（辆） Number of Public Transportation Vehicles per 10 000 Population (unit)	人均城市道路面积（平方米） Per Capita Area of Paved Roads in City (sq.m)
荆门市	Jingmen	739	489	7127	800	6.91	10.45
孝感市	Xiaogan	701	316	6300	900	3.30	7.32
荆州市	Jingzhou	865	729	13042	1588	6.45	7.66
黄冈市	Huanggang	776	132	1780	593	3.71	21.79
咸宁市	Xianning	491	297	2580	656	4.82	7.96
随州市	Suizhou	415	421	4700	759	9.30	9.17
湖南省	**Hunan**	**14719**	**11374**	**233826**	**21305**	**8.35**	**10.80**
长沙市	Changsha	2967	3775	76606	6420	12.67	9.96
株洲市	Zhuzhou	1413	1349	26096	2827	14.12	14.79
湘潭市	Xiangtan	1218	842	14355	1400	9.49	13.72
衡阳市	Hengyang	2103	886	18534	1400	8.88	21.08
邵阳市	Shaoyang	885	331	7300	780	4.79	12.81
岳阳市	Yueyang	1084	936	19070	1770	8.41	9.74
常德市	Changde	1289	632	13536	1146	4.51	9.20
张家界市	Zhangjiajie	432	195	2760	725	3.75	8.32
益阳市	Yiyang	830	529	13370	977	3.92	6.15
郴州市	Chenzhou	850	670	15600	1710	9.14	11.59
永州市	Yongzhou	644	608	13233	500	5.25	5.56
怀化市	Huaihua	406	438	8563	800	11.91	11.04
娄底市	Loudi	598	183	4804	850	3.87	12.63
广东省	**Guangdong**	**43418**	**61068**	**746535**	**60428**	**17.86**	**12.70**
广州市	Guangzhou	10140	12211	262306	19943	18.01	14.96
韶关市	Shaoguan	835	523	6565	740	5.68	9.07
深圳市	Shenzhen	10629	29846	269093	15300	103.77	36.96
珠海市	Zhuhai	3007	1873	31337	1852	17.58	28.22
汕头市	Shantou	2497	1323	11821	1373	2.52	4.75
佛山市	Foshan	3517	5449	54230	3344	14.43	9.31
江门市	Jiangmen	2196	988	9411	569	7.11	15.80
湛江市	Zhanjiang	2514	721	9381	1234	4.42	15.40
茂名市	Maoming	531	303	2445	411	2.26	3.95
肇庆市	Zhaoqing	1014	392	5778	860	7.14	18.47
惠州市	Huizhou	2010	1558	21675	1663	11.28	14.56
梅州市	Meizhou	757	349	1643	330	10.88	23.60
汕尾市	Shanwei	252	156	122	360	2.99	4.83
河源市	Heyuan	421	258	3600	495	8.90	14.52
阳江市	Yangjiang	612	164	1574	440	2.42	9.04
清远市	Qingyuan	735	418	3358	370	6.39	11.23
东莞市	Dongguan		1656	23099	7691	8.85	
中山市	Zhongshan	755	2240	24150	1384	14.74	4.97
潮州市	Chaozhou	419	227	2857	875	6.45	11.91
揭阳市	Yeyang	485	312	996	1059	4.39	6.82
云浮市	Yunfu	92	101	1095	135	3.30	3.01
广西壮族自治区	**Guangxi**	**11840**	**6870**	**140087**	**14984**	**4.92**	**8.47**
南宁市	Nanning	3334	2784	58229	5670	10.14	12.14
柳州市	Liuzhou	1593	1033	25800	1861	9.00	13.87

2-45 续表 5 continued

城市	City	年末实有城市道路面积(万平方米) Area of City Paved Roads at Year-end (10 000 sq.m)	年末实有公共汽(电)车营运车辆数(辆) Number of Buses and Trolley Buses under Operation at year-end (unit)	全年公共汽(电)车客运总量(万人次) Total Annual Volume of Passengers Transported by Buses and Trolley Buses (10 000 person-times)	年末实有出租汽车数(辆) Number of Taxis at year-end (unit)	每万人拥有公共汽车(辆) Number of Public Transportation Vehicles per 10 000 Population (unit)	人均城市道路面积(平方米) Per Capita Area of Paved Roads in City (sq.m)
桂林市	Guilin	780	755	25464	1930	9.96	10.29
梧州市	Wuzhou	594	297	6542	745	5.76	11.52
北海市	Beihai	802	252	2175	555	4.03	12.82
防城港市	Fangchenggang	588	272	1709	138	5.00	10.80
钦州市	Qinzhou	909	413	3450	580	2.92	6.42
贵港市	Guigang	752	221	2738	365	1.15	3.93
玉林市	Yulin	925	227	4829	599	2.17	8.86
百色市	Baise	427	108	1494	1348	3.11	12.29
贺州市	Hezhou	285	121	1240	380	1.09	2.57
河池市	Hechi	167	159	3976	300	4.57	4.80
来宾市	Laibin	498	182	2130	370	1.66	4.53
崇左市	Chongzuo	186	46	311	143	1.28	5.16
海南省	**Hainan**	**2838**	**2190**	**41188**	**3945**	**10.00**	**12.96**
海口市	Haikou	2439	1624	31000	2711	10.05	15.09
三亚市	Sanya	394	566	10188	1234	9.89	6.88
三沙市	Sansha	5					71.43
重庆市	**Chongqing**	**11936**					**6.71**
四川省	**Sichuan**	**18854**	**17430**	**325444**	**27982**	**6.96**	**7.53**
成都市	Chengdu	7441	9890	158006	14009	17.85	13.43
自贡市	Zigong	1091	785	16043	1096	5.22	7.25
攀枝花市	Panzhihua	717	613	14445	1477	8.90	10.41
泸州市	Luzhou	1150	715	19536	1539	4.81	7.74
德阳市	Deyang	653	345	6800	850	5.05	9.56
绵阳市	Mianyang	1501	1195	26859	1447	9.63	12.10
广元市	Guangyuan	451	353	6779	597	3.77	4.82
遂宁市	Suining	855	208	5583	530	1.39	5.70
内江市	Neijiang	334	659	12550	700	4.63	2.35
乐山市	Leshan	785	344	7085	846	2.97	6.78
南充市	Nanchong	1330	684	16908	1207	3.50	6.80
眉山市	Meishan	518	187	1485	418	2.16	5.99
宜宾市	Yibin	674	626	15679	1011	5.00	5.38
广安市	Guang'an	326	75	2100	359	0.60	2.59
达州市	Dazhou	198	222	6100	1063	5.07	4.52
雅安市	Yaan	285	100	2405	236	1.60	4.56
巴中市	Bazhong	82	210	4200	362	1.52	0.59
资阳市	Ziyang	463	219	2881	235	1.99	4.21
贵州省	**Guizhou**	**2788**	**3855**	**119724**	**10909**	**5.95**	**4.31**
贵阳市	Guiyang	1348	2299	61010	6511	10.24	6.00
六盘水市	Liupanshui	340	486	12087	1213	9.73	6.81
遵义市	Zunyi	385	603	23725	1637	6.94	4.43
安顺市	Anshun	323	248	19074	602	2.83	3.69
毕节市	Bijie	266	96	3500	450	0.63	1.74
铜仁市	Tongren	126	123	328	496	2.71	2.77

2-45 续表 6 continued

城 市	City	年末实有城市道路面积(万平方米) Area of City Paved Roads at Year-end (10 000 sq.m)	年末实有公共汽(电)车营运车辆数(辆) Number of Buses and Trolley Buses under Operation at year-end (unit)	全年公共汽(电)车客运总量(万人次) Total Annual Volume of Passengers Transported by Buses and Trolley Buses (10 000 person-times)	年末实有出租汽车数(辆) Number of Taxis at year-end (unit)	每万人拥有公共汽车(辆) Number of Public Transportation Vehicles per 10 000 Population (unit)	人均城市道路面积(平方米) Per Capita Area of Paved Roads in City (sq.m)
云南省	**Yunnan**	**6638**	**6178**	**113194**	**12237**	**9.74**	**10.47**
昆明市	Kunming	3916	4681	84444	7975	17.17	14.36
曲靖市	Qujing	794	579	10649	1589	7.92	10.86
玉溪市	Yuxi	654	126	2817	317	2.93	15.21
保山市	Baoshan	324	215	1987	450	2.36	3.56
昭通市	Zhaotong	376	192	5000	581	2.25	4.41
丽江市	Lijiang	199	200	4622	776	13.25	13.19
普洱市	Simao	192	131	2860	249	5.88	8.62
临沧市	Lincang	183	54	815	300	1.70	5.75
西藏自治区	**Tibet**	**366**	**355**	**6772**	**1160**		
拉萨市	Lasa	366	355	6772	1160		
陕西省	**Shaanxi**	**11944**	**10601**	**240555**	**25349**	**8.18**	**9.21**
西安市	Xi'an	6333	7695	175241	14139	13.43	11.06
铜川市	Tongchuan	460	276	3923	965	3.64	6.06
宝鸡市	Baoji	1292	751	20275	3169	5.24	9.01
咸阳市	Xianyang	910	576	13121	2742	6.33	10.00
渭南市	Weinan	1321	306	100	900	3.11	13.42
延安市	Yan'an	195	344	10000	700	7.40	4.20
汉中市	Hanzhong	276	209	4148	870	3.71	4.90
榆林市	Yulin	488	259	9880	1001	4.75	8.94
安康市	Ankang	490	102	2352	544	1.00	4.81
商洛市	Shangluo	179	83	1515	319	1.50	3.23
甘肃省	**Gansu**	**6419**	**5101**	**43456**	**17115**	**6.21**	**7.82**
兰州市	Lanzhou	2162	2693	2618	6745	13.05	10.48
嘉峪关市	Jiayuguan	373	106	1601	703	5.36	18.88
金昌市	Jinchang	440	153	3780	510	6.63	19.08
白银市	Baiyin	592	301	6129	1880	6.12	12.04
天水市	Tianshui	597	369	9215	1369	2.79	4.51
武威市	Wuwei	276	306	4070	1152	3.01	2.71
张掖市	Zhangye	395	185	1200	1225	3.59	7.67
平凉市	Pingliang	557	238	4458	666	4.42	10.33
酒泉市	Jiuquan	434	289	6121	820	7.10	10.66
庆阳市	Qingyang	305	350	3200	1300	9.40	8.19
定西市	Dingxi	214	82	380	445	1.76	4.60
陇南市	Longnan	74	29	684	300	0.50	1.27
青海省	**Qinghai**	**823**	**1867**	**38392**	**5516**	**20.35**	**8.97**
西宁市	Xining	823	1867	38392	5516	20.35	8.97
宁夏回族自治区	**Ningxia**	**3873**	**2717**	**34341**	**12979**	**9.90**	**14.11**
银川市	Yinchuan	1809	1615	26233	5278	16.11	18.05
石嘴山市	Shizuishan	737	199	1770	2268	4.12	15.25
吴忠市	Wuzhong	463	375	3430	1046	9.51	11.74
固原市	Guyuan	328	109	357	2585	2.36	7.11
中卫市	Zhongwei	536	419	2552	1802	10.39	13.29
新疆维吾尔自治区	**Xinjiang**	**3094**	**4384**	**92622**	**11572**	**15.15**	**10.69**
乌鲁木齐市	Urumqi	2225	3914	85871	10046	15.54	8.84
克拉玛依市	Karamay	869	470	6751	1526	12.51	23.12

2-46 绿地面积及建成区绿化覆盖面积(市辖区)

Area of Green Land and Green Covered Area of Completed Area (Districts under City)

城市	City	绿地面积 (公顷) Area of Green Land (hectare)	公园绿地面积 (公顷) Area of Parks and Green Land (hectare)	建成区绿化覆盖面积 (公顷) Green Covered Area of Completed Area (hectare)	建成区绿化覆盖率 (%) Green Covered Area as % of Completed Area (%)
城市合计	**Prefecture Cities**	**1873159**	**428719**	**1446498**	
北京市	**Beijing**	**62867**	**19576**	**65470**	**51.92**
天津市	**Tianjin**	**22319**	**6846**	**25191**	**34.89**
河北省	**Hebei**	**55600**	**17904**	**52435**	
石家庄市	Shijiazhuang	8836	3557	8868	41.06
唐山市	Tangshan	9450	2960	10033	40.62
秦皇岛市	Qinhuangdao	5162	1929	4653	48.98
邯郸市	Handan	8029	3281	5768	49.30
邢台市	Xingtai	3783	1020	2830	39.31
保定市	Baoding	5102	1108	5209	36.94
张家口市	Zhangjiakou	3182	970	3565	41.45
承德市	Chengde	4045	1344	4492	39.75
沧州市	Cangzhou	1949	610	2263	37.10
廊坊市	Langfang	4428	691	2963	46.30
衡水市	Hengshui	1634	434	1791	38.93
山西省	**Shanxi**	**29035**	**9541**	**32329**	
太原市	Taiyuan	10596	3416	12112	39.07
大同市	Datong	4504	1652	4504	41.70
阳泉市	Yangquan	1945	558	2162	40.79
长治市	Changzhi	2389	745	2669	45.24
晋城市	Jincheng	1577	556	1672	39.81
朔州市	Shuozhou	1779	422	1931	45.98
晋中市	Jinzhong	1654	605	1880	37.60
运城市	Yuncheng	1523	425	1712	32.92
忻州市	Xinzhou	674	199	788	24.63
临汾市	Linfen	1782	643	2019	37.39
吕梁市	Lvliang	612	320	880	40.00
内蒙古自治区	**Inner Mongolia**	**35416**	**13088**	**36456**	
呼和浩特市	Hohhot	7198	2853	7560	36.00
包头市	Baotou	7862	2221	7812	42.00
乌海市	Wuhai	2271	782	2560	40.63
赤峰市	Chifeng	3107	1282	3368	37.84
通辽市	Tongliao	2836	779	2601	29.90
鄂尔多斯市	Erdos	7864	3123	8541	63.74
呼伦贝尔市	Hulunbuir	936	600	953	34.04
巴彦淖尔市	Bayannur	1484	308	1292	34.00
乌兰察布市	Ulanqab	1858	1140	1769	42.12
辽宁省	**Liaoning**	**86803**	**21137**	**79567**	
沈阳市	Shenyang	28435	7112	19210	42.22
大连市	Dalian	18250	3607	17647	44.68
鞍山市	Anshan	6210	1747	6310	37.78
抚顺市	Fushun	4951	1301	5492	41.92
本溪市	Benxi	5282	899	5185	48.01
丹东市	Dandong	1962	690	2028	26.34
锦州市	Jinzhou	2669	913	2809	39.01

2-46 续表 1 continued

城市	City	绿地面积（公顷）Area of Green Land (hectare)	公园绿地面积（公顷）Area of Parks and Green Land (hectare)	建成区绿化覆盖面积（公顷）Green Covered Area of Completed Area (hectare)	建成区绿化覆盖率（%）Green Covered Area as % of Completed Area (%)
营口市	Yingkou	4061	1030	4332	39.38
阜新市	Fuxin	2896	874	3100	40.26
辽阳市	Liaoyang	3913	720	4189	40.67
盘锦市	Panjin	2349	639	2531	37.78
铁岭市	Tieling	1589	448	1773	46.66
朝阳市	Chaoyang	1201	475	1304	22.48
葫芦岛市	Huludao	3035	682	3657	48.76
吉林省	**Jilin**	**28343**	**9130**	**32618**	
长春市	Changchun	13007	4966	15220	35.07
吉林市	Jilin	6514	1537	7632	45.98
四平市	Siping	1671	510	1825	33.80
辽源市	Liaoyuan	1765	380	1799	39.11
通化市	Tonghua	1507	545	1746	35.63
白山市	Baishan	1026	403	1275	35.42
松原市	Songyuan	1737	566	1920	40.85
白城市	Baicheng	1116	223	1201	28.60
黑龙江省	**Heilongjiang**	**65768**	**13437**	**53458**	
哈尔滨市	Harbin	13177	4333	14181	37.03
齐齐哈尔市	Qiqihar	6097	1091	5301	8.41
鸡西市	Jixi	2872	695	3365	42.59
鹤岗市	Hegang	2824	874	2185	42.84
双鸭山市	Shuangyashan	2066	490	2331	45.71
大庆市	Daqing	21576	1918	10057	43.16
伊春市	Yichun	4549	1561	4619	27.99
佳木斯市	Jiamusi	3881	840	4031	41.13
七台河市	Qitaihe	2415	480	2719	39.99
牡丹江市	Mudanjiang	5080	749	3001	39.49
黑河市	Heihe	431	236	555	29.21
绥化市	Suihua	800	170	1113	39.75
上海市	**Shanghai**	**124204**	**16848**	**38242**	**43.16**
江苏省	**Jiangsu**	**203667**	**30205**	**116574**	
南京市	Nanjing	82597	7908	28756	44.04
无锡市	Wuxi	17958	3554	13483	42.67
徐州市	Xuzhou	14436	2430	10679	38.97
常州市	Changzhou	7914	1759	7735	42.27
苏州市	Suzhou	20904	4271	18286	41.84
南通市	Nantong	6405	1905	6449	41.34
连云港市	Lianyungang	19464	1129	5588	39.91
淮安市	Huai'an	5916	1650	5446	40.04
盐城市	Yancheng	3963	921	3802	40.02
扬州市	Yangzhou	6540	1858	5508	43.03
镇江市	Zhenjiang	7059	1483	5075	42.29
泰州市	Taizhou	2578	634	2874	41.06
宿迁市	Suqian	7933	703	2893	41.33

2-46 续表 2 continued

城市	City	绿地面积 (公顷) Area of Green Land (hectare)	公园绿地面积 (公顷) Area of Parks and Green Land (hectare)	建成区绿化覆盖面积 (公顷) Green Covered Area of Completed Area (hectare)	建成区绿化覆盖率 (%) Green Covered Area as % of Completed Area (%)
浙江省	**Zhejiang**	**59810**	**16471**	**63559**	
杭州市	Hangzhou	16647	5635	18135	40.03
宁波市	Ningbo	10689	1853	11080	38.21
温州市	Wenzhou	6611	2006	7266	35.62
嘉兴市	Jiaxing	4407	996	3942	43.80
湖州市	Huzhou	4089	1407	4256	48.36
绍兴市	Shaoxing	4117	1183	4710	41.06
金华市	Jinhua	2718	709	2898	39.16
衢州市	Quzhou	2357	426	2644	41.31
舟山市	Zhoushan	1902	724	2171	38.77
台州市	Taizhou	4954	1165	5024	43.24
丽水市	Lishui	1319	367	1433	43.42
安徽省	**Anhui**	**75326**	**14952**	**61972**	
合肥市	Hefei	13125	3533	15088	39.92
芜湖市	Wuhu	5552	1610	6073	41.60
蚌埠市	Bengbu	4556	789	4260	37.04
淮南市	Huainan	4026	1250	4050	39.71
马鞍山市	Maanshan	5355	1032	3752	43.63
淮北市	Huaibei	4054	1229	3511	43.89
铜陵市	Tongling	4928	611	3173	61.02
安庆市	Anqing	2950	589	3150	38.89
黄山市	Huangshan	12786	494	2528	46.81
滁州市	Chuzhou	3784	508	3084	40.05
阜阳市	Fuyang	3568	730	2997	33.30
宿州市	Suzhou	2091	531	2586	38.60
六安市	Lu'an	2699	827	2610	38.38
亳州市	Bozhou	1280	330	1740	40.47
池州市	Chizhou	1369	518	1493	40.35
宣城市	Xuancheng	3203	371	1877	39.10
福建省	**Fujian**	**43009**	**9771**	**38513**	
福州市	Fuzhou	8921	2544	9750	40.63
厦门市	Xiamen	16941	3105	11036	41.80
莆田市	Putian	2188	709	2520	45.82
三明市	Sanming	1241	291	1360	41.21
泉州市	Quanzhou	7518	1593	7509	38.91
漳州市	Zhangzhou	2240	546	2336	41.71
南平市	Nanping	1085	283	1264	45.14
龙岩市	Longyan	1654	365	1771	42.17
宁德市	Ningde	1221	335	967	42.04
江西省	**Jiangxi**	**38021**	**10357**	**40512**	
南昌市	Nanchang	8746	2718	9241	44.43
景德镇市	Jingdezhen	5131	1113	5319	70.92
萍乡市	Pingxiang	1961	470	2048	46.55
九江市	Jiujiang	4934	1104	5168	51.68
新余市	Xinyu	3668	832	3736	53.37
鹰潭市	Yingtan	1113	270	1245	47.88
赣州市	Ganzhou	3341	948	3614	40.61
吉安市	Ji'an	2229	607	2627	57.11
宜春市	Yichun	2442	807	2585	43.08
抚州市	Fuzhou	2408	880	2624	47.71
上饶市	Shangrao	2048	608	2305	49.04

2-46 续表 3 continued

城　市	City	绿地面积 (公顷) Area of Green Land (hectare)	公园绿地面积 (公顷) Area of Parks and Green Land (hectare)	建成区绿化覆盖面积 (公顷) Green Covered Area of Completed Area (hectare)	建成区绿化覆盖率 (%) Green Covered Area as % of Completed Area (%)
山东省	**Shandong**	**128163**	**33113**	**115611**	
济南市	Jinan	12349	3017	13803	38.02
青岛市	Qingdao	21471	4573	16747	44.66
淄博市	Zibo	16107	2489	10289	43.23
枣庄市	Zaozhuang	5419	1387	5867	40.18
东营市	Dongying	6233	1205	4483	40.39
烟台市	Yantai	11090	3080	11828	43.33
潍坊市	Weifang	8827	2225	6332	40.33
济宁市	Jining	5080	1190	4408	35.26
泰安市	Tai'an	4630	1285	5011	43.96
威海市	Weihai	6110	1489	6613	47.92
日照市	Rizhao	3838	1393	4051	42.20
莱芜市	Laiwu	3259	907	3417	42.19
临沂市	Linyi	10501	4477	8063	43.35
德州市	Dezhou	3552	1562	4059	32.84
聊城市	Liaocheng	2539	749	3084	44.06
滨州市	Binzhou	3810	1269	4032	45.82
菏泽市	Heze	3348	816	3524	41.95
河南省	**Henan**	**61601**	**16873**	**63770**	
郑州市	Zhengzhou	12778	3565	13456	36.08
开封市	Kaifeng	3339	697	3509	37.33
洛阳市	Luoyang	5710	1826	6715	35.91
平顶山市	Pingdingshan	2531	910	2822	39.19
安阳市	Anyang	2614	672	3021	27.97
鹤壁市	Hebi	2201	653	2458	40.30
新乡市	Xinxiang	4224	767	4543	41.30
焦作市	Jiaozuo	3443	746	3928	38.51
濮阳市	Puyang	1591	569	1772	15.02
许昌市	Xuchang	2889	505	3189	39.86
漯河市	Luohe	2020	824	2316	38.60
三门峡市	Sanmenxia	1197	482	1304	43.47
南阳市	Nanyang	6350	2651	3706	25.21
商丘市	Shangqiu	2135	565	2530	40.81
信阳市	Xinyang	4040	676	3274	44.85
周口市	Zhoukou	2259	313	2607	43.45
驻马店市	Zhumadian	2280	452	2620	40.31
湖北省	**Hubei**	**68302**	**13482**	**49591**	
武汉市	Wuhan	17138	6227	19870	38.21
黄石市	Huangshi	2592	905	2759	38.32
十堰市	Shiyan	12671	639	3020	45.76
宜昌市	Yichang	4423	1138	5077	40.94
襄阳市	Xiangfan	4219	1038	4637	32.20
鄂州市	Ezhou	1748	706	2060	34.33

2-46 续表 4 continued

城市	City	绿地面积 (公顷) Area of Green Land (hectare)	公园绿地面积 (公顷) Area of Parks and Green Land (hectare)	建成区绿化覆盖面积 (公顷) Green Covered Area of Completed Area (hectare)	建成区绿化覆盖率 (%) Green Covered Area as % of Completed Area (%)
荆门市	Jingmen	1778	480	2104	39.70
孝感市	Xiaogan	1833	440	1683	44.29
荆州市	Jingzhou	2431	734	2747	39.78
黄冈市	Huanggang	1103	304	1309	31.86
咸宁市	Xianning	3566	490	2665	41.64
随州市	Suizhou	14800	381	1660	36.89
湖南省	**Hunan**	**43614**	**10013**	**45508**	
长沙市	Changsha	9293	2804	10729	33.95
株洲市	Zhuzhou	4890	1096	5268	42.14
湘潭市	Xiangtan	2831	687	3115	40.45
衡阳市	Hengyang	4584	942	4865	30.79
邵阳市	Shaoyang	1947	580	1890	35.00
岳阳市	Yueyang	4438	578	3635	43.27
常德市	Changde	3191	910	3554	43.34
张家界市	Zhangjiajie	1086	169	1243	38.84
益阳市	Yiyang	2426	510	2500	38.46
郴州市	Chenzhou	2663	593	2663	36.99
永州市	Yongzhou	1865	320	2104	36.28
怀化市	Huaihua	1943	377	2106	35.10
娄底市	Loudi	2457	447	1836	39.91
广东省	**Guangdong**	**336603**	**67608**	**162345**	
广州市	Guangzhou	130544	19935	40895	40.49
韶关市	Shaoguan	3636	636	3886	44.25
深圳市	Shenzhen	96382	17508	38906	45.08
珠海市	Zhuhai	7705	2552	6448	52.00
汕头市	Shantou	8594	3167	8943	41.79
佛山市	Foshan	5550	2294	5916	38.17
江门市	Jiangmen	10818	1947	6662	42.43
湛江市	Zhanjiang	3888	1078	4304	40.73
茂名市	Maoming	3128	588	3040	29.51
肇庆市	Zhaoqing	5303	1188	3318	35.30
惠州市	Huizhou	7258	2168	7951	34.72
梅州市	Meizhou	1776	488	2050	42.71
汕尾市	Shanwei	636	307	654	16.77
河源市	Heyuan	1255	351	1366	44.06
阳江市	Yangjiang	1600	455	1733	36.10
清远市	Qingyuan	2126	554	2458	34.62
东莞市	Dongguan	39422	9956	16918	158.11
中山市	Zhongshan	1568	456	1724	35.92
潮州市	Chaozhou	1663	471	1845	43.93
揭阳市	Yeyang	3096	1296	2552	37.53
云浮市	Yunfu	655	213	776	10.93
广西壮族自治区	**Guangxi**	**66889**	**9578**	**39134**	
南宁市	Nanning	40632	3235	10165	42.00
柳州市	Liuzhou	6738	2094	7886	45.85

2-46 续表 5 continued

城 市	City	绿地面积 (公顷) Area of Green Land (hectare)	公园绿地面积 (公顷) Area of Parks and Green Land (hectare)	建成区绿化覆盖面积 (公顷) Green Covered Area of Completed Area (hectare)	建成区绿化覆盖率 (%) Green Covered Area as % of Completed Area (%)
桂林市	Guilin	2514	846	2805	42.50
梧州市	Wuzhou	2182	355	1346	34.51
北海市	Beihai	2172	369	2534	37.82
防城港市	Fangchenggang	979	128	1120	32.94
钦州市	Qinzhou	2720	215	2955	34.36
贵港市	Guigang	1378	495	1569	23.42
玉林市	Yulin	2637	737	2531	37.78
百色市	Baise	1263	225	1365	39.00
贺州市	Hezhou	1273	344	1327	41.47
河池市	Hechi	565	128	1564	82.32
来宾市	Laibin	1173	296	1249	35.69
崇左市	Chongzuo	663	111	718	32.64
海南省	**Hainan**	**6068**	**1959**	**6722**	
海口市	Haikou	4660	1418	5191	41.86
三亚市	Sanya	1406	541	1531	32.57
三沙市	Sansha	2			
重庆市	**Chongqing**	**47156**	**20275**	**45157**	**42.92**
四川省	**Sichuan**	**60532**	**15878**	**61683**	
成都市	Chengdu	18519	6262	20301	39.34
自贡市	Zigong	3490	974	3955	39.55
攀枝花市	Panzhihua	2363	582	2554	38.70
泸州市	Luzhou	4216	925	4072	40.32
德阳市	Deyang	2349	518	2560	40.00
绵阳市	Mianyang	3835	985	4066	37.65
广元市	Guangyuan	1614	406	1666	37.02
遂宁市	Suining	5894	579	3510	50.87
内江市	Neijiang	1632	414	1632	36.27
乐山市	Leshan	2759	443	2270	35.47
南充市	Nanchong	3610	1005	4050	40.10
眉山市	Meishan	1602	369	1690	37.56
宜宾市	Yibin	2674	751	2941	36.76
广安市	Guang'an	1298	522	1505	44.26
达州市	Dazhou	1300	395	1609	44.69
雅安市	Yaan	1384	192	1081	38.61
巴中市	Bazhong	540	258	631	35.06
资阳市	Ziyang	1453	298	1590	38.78
贵州省	**Guizhou**	**12111**	**3831**	**12437**	
贵阳市	Guiyang	6904	2767	7105	30.89
六盘水市	Liupanshui	230	80	964	24.72
遵义市	Zunyi	2322	337	2146	33.02
安顺市	Anshun	756	90	840	21.54
毕节市	Bijie	1168	468	583	13.88
铜仁市	Tongren	731	89	799	17.76

2-46 续表 6 continued

城市	City	绿地面积 (公顷) Area of Green Land (hectare)	公园绿地面积 (公顷) Area of Parks and Green Land (hectare)	建成区绿化覆盖面积 (公顷) Green Covered Area of Completed Area (hectare)	建成区绿化覆盖率 (%) Green Covered Area as % of Completed Area (%)
云南省	**Yunnan**	**20271**	**5095**	**22301**	
昆明市	Kunming	12974	3235	14102	47.32
曲靖市	Qujing	2392	642	2644	40.06
玉溪市	Yuxi	1258	204	1182	26.86
保山市	Baoshan	453	130	696	27.84
昭通市	Zhaotong	592	150	1116	31.00
丽江市	Lijiang	857	405	920	36.80
普洱市	Simao	1182	230	1020	42.50
临沧市	Lincang	563	99	621	36.53
西藏自治区	**Tibet**	**1660**	**180**	**1903**	
拉萨市	Lasa	1660	180	1903	28.83
陕西省	**Shaanxi**	**29124**	**9011**	**33221**	
西安市	Xi'an	13590	3819	15750	42.00
铜川市	Tongchuan	1861	438	1880	42.73
宝鸡市	Baoji	3847	1174	4681	47.77
咸阳市	Xianyang	2306	1176	2880	34.70
渭南市	Weinan	1751	536	1492	23.68
延安市	Yan'an	1348	386	1404	39.00
汉中市	Hanzhong	1045	611	1292	38.00
榆林市	Yulin	1615	387	1811	34.83
安康市	Ankang	1259	315	1441	37.92
商洛市	Shangluo	502	169	590	26.82
甘肃省	**Gansu**	**17212**	**4494**	**17465**	
兰州市	Lanzhou	5319	1741	5840	29.35
嘉峪关市	Jiayuguan	2262	361	2340	37.14
金昌市	Jinchang	1130	275	1209	31.00
白银市	Baiyin	1597	349	1693	29.19
天水市	Tianshui	1334	432	1549	33.67
武威市	Wuwei	862	213	862	27.81
张掖市	Zhangye	957	292	1094	29.57
平凉市	Pingliang	1186	173	35	0.97
酒泉市	Jiuquan	1321	313	1565	38.17
庆阳市	Qingyang	561	77	641	25.64
定西市	Dingxi	657	245	609	26.48
陇南市	Longnan	26	23	28	2.00
青海省	**Qinghai**	**2750**	**1180**	**2823**	
西宁市	Xining	2750	1180	2823	37.64
宁夏回族自治区	**Ningxia**	**14101**	**3790**	**13849**	
银川市	Yinchuan	5656	1780	5632	41.72
石嘴山市	Shizuishan	3586	1038	4085	39.66
吴忠市	Wuzhong	2409	389	1778	39.51
固原市	Guyuan	1035	219	1035	27.97
中卫市	Zhongwei	1415	364	1319	36.64
新疆维吾尔自治区	**Xinjiang**	**26814**	**3096**	**16082**	
乌鲁木齐市	Urumqi	23372	2750	13630	35.49
克拉玛依市	Karamay	3442	346	2452	43.02

2-47 工业废水排放量和二氧化硫产生及排放量(全市)

Industrial Waste Water Discharged, Industry Sulphur Dioxide Produced and Emission (Total City)

城市	City	工业废水排放量(万吨) Volume of Industrial Waste Water Discharged (10 000 tons)	工业二氧化硫产生量(吨) Volume of Industry Sulphur Dioxide Produced (ton)	工业二氧化硫排放量(吨) Volume of Sulphur Dioxide Emission (ton)
城市合计	**Prefecture Cities**	**2093042**	**53547134**	**17131450**
北京市	**Beijing**	**9190**	**159493**	**59330**
天津市	**Tianjin**	**19117**	**623909**	**215481**
河北省	**Hebei**	**122645**	**3232634**	**1238738**
石家庄市	Shijiazhuang	31058	704746	179942
唐山市	Tangshan	19396	665548	313051
秦皇岛市	Qinhuangdao	6055	155867	71727
邯郸市	Handan	5906	539615	202792
邢台市	Xingtai	14806	178016	99770
保定市	Baoding	15774	211559	75312
张家口市	Zhangjiakou	6263	252125	82994
承德市	Chengde	1421	172385	83407
沧州市	Cangzhou	11666	138364	44476
廊坊市	Langfang	5616	97649	51098
衡水市	Hengshui	4684	116760	34169
山西省	**Shanxi**	**45726**	**3333101**	**1075279**
太原市	Taiyuan	3161	379452	101780
大同市	Datong	5985	426266	135097
阳泉市	Yangquan	500	224329	98713
长治市	Changzhi	8659	420329	136945
晋城市	Jincheng	5689	255130	82579
朔州市	Shuozhou	1167	345058	114780
晋中市	Jinzhong	3929	368647	111377
运城市	Yuncheng	5448	125361	121687
忻州市	Xinzhou	2338	178018	65524
临汾市	Linfen	7329	397329	92469
吕梁市	Lvliang	1521	213182	14328
内蒙古自治区	**Inner Mongolia**	**30569**	**4157334**	**1073604**
呼和浩特市	Hohhot	2186	392000	99375
包头市	Baotou	7394	547781	209781
乌海市	Wuhai	3024	317454	112397
赤峰市	Chifeng	2253	698790	126137
通辽市	Tongliao	4475	411497	83055
鄂尔多斯市	Erdos	1783	650949	225666
呼伦贝尔市	Hulunbuir	5124	116637	85120
巴彦淖尔市	Bayannur	2696	402426	71193
乌兰察布市	Ulanqab	1634	619800	60880
辽宁省	**Liaoning**	**84240**	**2106758**	**923746**
沈阳市	Shenyang	7705	202174	96756
大连市	Dalian	30795	219996	114589
鞍山市	Anshan	6516	140506	122876
抚顺市	Fushun	2835	134739	55891
本溪市	Benxi	4461	82237	75796
丹东市	Dandong	5518	56522	33594
锦州市	Jinzhou	6534	94743	47340

2-47 续表 1 continued

城 市	City	工业废水排放量 (万吨) Volume of Industrial Waste Water Discharged (10 000 tons)	工业二氧化硫产生量 (吨) Volume of Industry Sulphur Dioxide Produced (ton)	工业二氧化硫排放量 (吨) Volume of Sulphur Dioxide Emission (ton)
营口市	Yingkou	2937	91967	50723
阜新市	Fuxin	4183	157443	102154
辽阳市	Liaoyang	7372	120534	49893
盘锦市	Panjin			
铁岭市	Tieling	1758	103368	36283
朝阳市	Chaoyang	970	151849	59262
葫芦岛市	Huludao	2656	550680	78589
吉林省	**Jilin**	**40271**	**528461**	**328887**
长春市	Changchun	5309	133965	69046
吉林市	Jilin	10615	112423	81809
四平市	Siping	3567	74813	45291
辽源市	Liaoyuan	1214	34337	13501
通化市	Tonghua	13698	62974	45389
白山市	Baishan	1461	42164	22552
松原市	Songyuan	2485	31803	31667
白城市	Baicheng	1922	35982	19632
黑龙江省	**Heilongjiang**	**43152**	**434488**	**319508**
哈尔滨市	Harbin	6497	147566	80740
齐齐哈尔市	Qiqihar	7066	6291	4875
鸡西市	Jixi	3283	9404	24068
鹤岗市	Hegang	4007	27683	16573
双鸭山市	Shuangyashan	3094	40206	29662
大庆市	Daqing	6565	61820	55054
伊春市	Yichun	1438	17002	17002
佳木斯市	Jiamusi	1270	20111	13045
七台河市	Qitaihe	2932	16796	17502
牡丹江市	Mudanjiang	3435	41449	23140
黑河市	Heihe	1222	32804	24491
绥化市	Suihua	2343	13356	13356
上海市	**Shanghai**	**47700**		**240100**
江苏省	**Jiangsu**	**236095**	**3720415**	**959209**
南京市	Nanjing	24223	972793	119155
无锡市	Wuxi	22987	278907	86833
徐州市	Xuzhou	16050	432140	142678
常州市	Changzhou	14630	107316	35984
苏州市	Suzhou	70754	582531	183401
南通市	Nantong	18200	219825	69821
连云港市	Lianyungang	6390	66649	40629
淮安市	Huai'an	9951	125532	46937
盐城市	Yancheng	20117	96538	40343
扬州市	Yangzhou	9387	186566	46046
镇江市	Zhenjiang	9982	498796	70455
泰州市	Taizhou	8331	107597	51979
宿迁市	Suqian	5093	45225	24948

2-47 续表 2 continued

城 市	City	工业废水排放量(万吨) Volume of Industrial Waste Water Discharged (10 000 tons)	工业二氧化硫产生量(吨) Volume of Industry Sulphur Dioxide Produced (ton)	工业二氧化硫排放量(吨) Volume of Sulphur Dioxide Emission (ton)
浙江省	**Zhejiang**	**175297**	**2168312**	**604530**
杭州市	Hangzhou	42724	162175	86181
宁波市	Ningbo	20125	991959	144356
温州市	Wenzhou	7913	125861	36695
嘉兴市	Jiaxing	23267	209580	76572
湖州市	Huzhou	11069	93349	38474
绍兴市	Shaoxing	30418	128697	59280
金华市	Jinhua	9667	103326	39547
衢州市	Quzhou	14575	95581	37428
舟山市	Zhoushan	1951	26684	13769
台州市	Taizhou	6152	201921	44209
丽水市	Lishui	7436	29179	28019
安徽省	**Anhui**	**67262**	**2158513**	**469562**
合肥市	Hefei	5971	98341	45572
芜湖市	Wuhu	3148	108735	36789
蚌埠市	Bengbu	4144	54441	18700
淮南市	Huainan	10787	216873	67899
马鞍山市	Maanshan	6914	161246	67717
淮北市	Huaibei	2881	62981	44859
铜陵市	Tongling	5035	1082084	37869
安庆市	Anqing	4708	87647	17130
黄山市	Huangshan	632	3238	3238
滁州市	Chuzhou	5089	26981	17702
阜阳市	Fuyang	2878	55336	19201
宿州市	Suzhou	4049	54437	30002
六安市	Lu'an	2803	17741	14085
亳州市	Bozhou	2448	14084	12436
池州市	Chizhou	1459	81827	16017
宣城市	Xuancheng	4316	32521	20346
福建省	**Fujian**	**105955**	**972962**	**351565**
福州市	Fuzhou	5333	223551	76225
厦门市	Xiamen	26948	49957	18526
莆田市	Putian	2283	35534	13720
三明市	Sanming	15074	81484	48168
泉州市	Quanzhou	20535	335225	100569
漳州市	Zhangzhou	23039	102265	27628
南平市	Nanping	7427	21109	20818
龙岩市	Longyan	3729	58012	28918
宁德市	Ningde	1587	65825	16993
江西省	**Jiangxi**	**72544**	**2376003**	**555659**
南昌市	Nanchang	10929	87523	43470
景德镇市	Jingdezhen	8511	37412	27634
萍乡市	Pingxiang	2462	102868	87127
九江市	Jiujiang	10056	225987	92076
新余市	Xinyu	5715	107794	60637
鹰潭市	Yingtan	2877	1405869	18892
赣州市	Ganzhou	11255	32140	50885
吉安市	Ji'an	4910	91460	36823
宜春市	Yichun	7175	185572	83384
抚州市	Fuzhou	4010	22909	19908
上饶市	Shangrao	4644	76469	34823

2-47 续表 3 continued

城 市	City	工业废水排放量 (万吨) Volume of Industrial Waste Water Discharged (10 000 tons)	工业二氧化硫产生量 (吨) Volume of Industry Sulphur Dioxide Produced (ton)	工业二氧化硫排放量 (吨) Volume of Sulphur Dioxide Emission (ton)
山东省	**Shandong**	**184717**	**4853136**	**1545966**
济南市	Jinan	6653	283642	103187
青岛市	Qingdao	11145	190869	72562
淄博市	Zibo	16621	602660	219273
枣庄市	Zaozhuang	10412	218620	75264
东营市	Dongying	10153	375256	55457
烟台市	Yantai	9359	391671	86655
潍坊市	Weifang	28191	537249	126921
济宁市	Jining	16855	353002	131236
泰安市	Tai'an	8423	269931	70980
威海市	Weihai	2479	7207	39702
日照市	Rizhao	7868	161947	56392
莱芜市	Laiwu	2011	255477	88387
临沂市	Linyi	10335	224671	99439
德州市	Dezhou	8354	282163	84228
聊城市	Liaocheng	9316	292238	79316
滨州市	Binzhou	16831	195205	79872
菏泽市	Heze	9711	211328	77095
河南省	**Henan**	**135747**	**2855395**	**1089681**
郑州市	Zhengzhou	14041	369074	141246
开封市	Kaifeng	9395	109012	44496
洛阳市	Luoyang	8410	500663	136354
平顶山市	Pingdingshan	7757	274900	102966
安阳市	Anyang	7283	312377	118149
鹤壁市	Hebi	4627	89781	36623
新乡市	Xinxiang	13238	173941	58943
焦作市	Jiaozuo	11572	120107	68835
濮阳市	Puyang	7475	51323	24243
许昌市	Xuchang	6052	125651	38317
漯河市	Luohe	3078	62151	22442
三门峡市	Sanmenxia	6687	232128	107849
南阳市	Nanyang	7382	144445	64761
商丘市	Shangqiu	10032	75307	34450
信阳市	Xinyang	2318	117233	36002
周口市	Zhoukou	9667	25699	22175
驻马店市	Zhumadian	6732	71602	31829
湖北省	**Hubei**	**87070**	**1897526**	**522464**
武汉市	Wuhan	20704	250913	100072
黄石市	Huangshi	5095	667346	83362
十堰市	Shiyan	2244	27054	18342
宜昌市	Yichang	20635	404707	65349
襄阳市	Xiangfan	8515	52268	46667

2-47 续表 4 continued

城 市	City	工业废水排放量 (万吨) Volume of Industrial Waste Water Discharged (10 000 tons)	工业二氧化硫产生量 (吨) Volume of Industry Sulphur Dioxide Produced (ton)	工业二氧化硫排放量 (吨) Volume of Sulphur Dioxide Emission (ton)
鄂州市	Ezhou	2250	87930	31083
荆门市	Jingmen	4362	108143	37083
孝感市	Xiaogan	5441	69047	45394
荆州市	Jingzhou	10579	112326	48486
黄冈市	Huanggang	3308	62315	20531
咸宁市	Xianning	2137	50728	21768
随州市	Suizhou	1800	4749	4327
湖南省	**Hunan**	**92568**	**1408823**	**488238**
长沙市	Changsha	3777	55808	21209
株洲市	Zhuzhou	5992	38965	35636
湘潭市	Xiangtan	6053	114668	42869
衡阳市	Hengyang	13118	172704	86499
邵阳市	Shaoyang	5208	64510	17054
岳阳市	Yueyang	13677	132417	60156
常德市	Changde	12855	105834	39364
张家界市	Zhangjiajie	579	22124	20438
益阳市	Yiyang	4117	110870	49085
郴州市	Chenzhou	10099	294649	47044
永州市	Yongzhou	4084	45409	24582
怀化市	Huaihua	6181	74523	40095
娄底市	Loudi	6828	176342	4207
广东省	**Guangdong**	**154625**	**1859835**	**628605**
广州市	Guangzhou			
韶关市	Shaoguan	10889	97957	50789
深圳市	Shenzhen	11937	36683	9847
珠海市	Zhuhai	5524	90308	30151
汕头市	Shantou	5097		23539
佛山市	Foshan	20396	191917	84626
江门市	Jiangmen	14413	163060	
湛江市	Zhanjiang	824	95344	25379
茂名市	Maoming	5206	361854	30478
肇庆市	Zhaoqing	12593	32689	29220
惠州市	Huizhou	8300	96922	35501
梅州市	Meizhou	5749	110500	35400
汕尾市	Shanwei	1902	82181	17516
河源市	Heyuan			
阳江市	Yangjiang	2046	57359	20962
清远市	Qingyuan	4088	48633	25983
东莞市	Dongguan	26909	278375	118663
中山市	Zhongshan	8622	31529	27363
潮州市	Chaozhou	2994		17300
揭阳市	Yeyang	3671	43222	14643
云浮市	Yunfu	3465	41302	31245

2-47 续表 5 continued

城　市	City	工业废水排放量 (万吨) Volume of Industrial Waste Water Discharged (10 000 tons)	工业二氧化硫产生量 (吨) Volume of Industry Sulphur Dioxide Produced (ton)	工业二氧化硫排放量 (吨) Volume of Sulphur Dioxide Emission (ton)
广西壮族自治区	**Guangxi**	**110671**	**1692976**	**471621**
南宁市	Nanning	12496	111421	30626
柳州市	Liuzhou	13303	187351	53506
桂林市	Guilin	4999	127436	39191
梧州市	Wuzhou	5516	11280	8797
北海市	Beihai	2291	42255	12637
防城港市	Fangchenggang	3108	52582	21462
钦州市	Qinzhou	1921	70608	16989
贵港市	Guigang	13267	58365	20663
玉林市	Yulin	3789	10576	7754
百色市	Baise	8204	194419	95939
贺州市	Hezhou	3419	21685	5369
河池市	Hechi	19198	371703	54542
来宾市	Laibin	9955	425092	97516
崇左市	Chongzuo	9205	8203	6630
海南省	**Hainan**	**951**	**1834**	**1834**
海口市	Haikou	879	1834	1834
三亚市	Sanya	72		
三沙市	Sansha			
重庆市	**Chongqing**	**30611**	**1285476**	**509788**
四川省	**Sichuan**	**65622**	**1753812**	**766665**
成都市	Chengdu	11780	122398	56730
自贡市	Zigong	2293	31875	31337
攀枝花市	Panzhihua	4011	151074	111301
泸州市	Luzhou	3707	176307	46571
德阳市	Deyang	6386	107505	19389
绵阳市	Mianyang	6798	89467	35973
广元市	Guangyuan	399	21111	21111
遂宁市	Suining	1529	11598	7859
内江市	Neijiang	2904	167084	84414
乐山市	Leshan	3947	64823	51907
南充市	Nanchong	3110	11360	9230
眉山市	Meishan	6448		27076
宜宾市	Yibin	8404	378325	138162
广安市	Guang'an	1615	238856	56912
达州市	Dazhou	232	126612	55375
雅安市	Yaan	1028	46678	4899
巴中市	Bazhong	303	1997	1996
资阳市	Ziyang	728	6742	6423
贵州省	**Guizhou**	**18222**	**2269361**	**666623**
贵阳市	Guiyang	2009	157236	65259
六盘水市	Liupanshui	5324	642141	204043
遵义市	Zunyi	2805	320366	85711
安顺市	Anshun	2094	213310	80645
毕节市	Bijie	5466	790095	184433
铜仁市	Tongren	524	146213	46532

2-47 续表 6 continued

城　市	City	工业废水排放量 (万吨) Volume of Industrial Waste Water Discharged (10 000 tons)	工业二氧化硫产生量 (吨) Volume of Industry Sulphur Dioxide Produced (ton)	工业二氧化硫排放量 (吨) Volume of Sulphur Dioxide Emission (ton)
云南省	**Yunnan**	**32029**	**1524815**	**412445**
昆明市	Kunming	5193	552412	113277
曲靖市	Qujing	3224	682216	175178
玉溪市	Yuxi	4994	118897	29899
保山市	Baoshan	7930	18109	16996
昭通市	Zhaotong	1102	103922	31519
丽江市	Lijiang	2969	7458	7387
普洱市	Simao	2124	13254	9642
临沧市	Lincang	4493	28547	28547
西藏自治区	**Tibet**	**333**	**1091**	**1075**
拉萨市	Lasa	333	1091	1075
陕西省	**Shaanxi**	**36313**	**1894330**	**635603**
西安市	Xi'an	10224	255908	83063
铜川市	Tongchuan	433	92352	18098
宝鸡市	Baoji	5639	192222	30534
咸阳市	Xianyang	6033	209138	67248
渭南市	Weinan	2581	597553	152298
延安市	Yan'an	2648	19732	17616
汉中市	Hanzhong	2262	68747	30294
榆林市	Yulin	4719	283764	206242
安康市	Ankang	419	11124	9649
商洛市	Shangluo	1355	163790	20561
甘肃省	**Gansu**	**22954**	**2726419**	**451168**
兰州市	Lanzhou	4800	160969	70151
嘉峪关市	Jiayuguan	1505	65530	50986
金昌市	Jinchang	1848	1506050	104951
白银市	Baiyin	1046	742075	106941
天水市	Tianshui	541	28447	9910
武威市	Wuwei	947	1523	1523
张掖市	Zhangye	2035	51413	30398
平凉市	Pingliang	4252	148853	33796
酒泉市	Jiuquan	3632	720	25961
庆阳市	Qingyang	266	6995	5740
定西市	Dingxi	298	6417	6217
陇南市	Longnan	1784	7427	4594
青海省	**Qinghai**	**3185**	**133510**	**71408**
西宁市	Xining	3185	133510	71408
宁夏回族自治区	**Ningxia**	**10176**	**1015513**	**295140**
银川市	Yinchuan	593	362115	105743
石嘴山市	Shizuishan	1230	340877	91060
吴忠市	Wuzhong	2703	229205	65799
固原市	Guyuan	1146	33645	17911
中卫市	Zhongwei	4504	49671	14627
新疆维吾尔自治区	**Xinjiang**	**7487**	**400899**	**157928**
乌鲁木齐市	Urumqi	5748	231151	109802
克拉玛依市	Karamay	1739	169748	48126

2-48 工业烟(粉)尘去除及排放量(全市)
Industrial Soot(dust) Removed and Discharged(Total City)

单位: 吨

城 市	City	工业烟(粉)尘去除量 (吨) Volume of Industrial Soot(dust) Removed (ton)	工业烟(粉)尘排放量 (吨) Volume of Industrial Soot(dust) Emission (ton)
城市合计	**Prefecture Cities**	**652647691**	**14088302**
北京市	**Beijing**		**30844**
天津市	**Tianjin**		**59036**
河北省	**Hebei**	**52024973**	**1055732**
石家庄市	Shijiazhuang	10118477	98364
唐山市	Tangshan		409921
秦皇岛市	Qinhuangdao	2150402	78836
邯郸市	Handan	13393265	195790
邢台市	Xingtai	3200655	89289
保定市	Baoding	2075174	36703
张家口市	Zhangjiakou	2637588	30542
承德市	Chengde		28127
沧州市	Cangzhou	16085660	47863
廊坊市	Langfang	1358270	26360
衡水市	Hengshui	1005482	13937
山西省	**Shanxi**	**49666377**	**5951819**
太原市	Taiyuan	5840526	42084
大同市	Datong	7288138	62421
阳泉市	Yangquan	1631633	25639
长治市	Changzhi	7006418	203124
晋城市	Jincheng	3158347	70116
朔州市	Shuozhou	8477636	28915
晋中市	Jinzhong	4879498	73201
运城市	Yuncheng	2753679	58670
忻州市	Xinzhou	288868	97107
临汾市	Linfen	5264804	5168812
吕梁市	Lvliang	3076830	121730
内蒙古自治区	**Inner Mongolia**	**33164287**	**665361**
呼和浩特市	Hohhot	2812079	18372
包头市	Baotou	7001813	78946
乌海市	Wuhai	5330661	39267
赤峰市	Chifeng	2958589	22472
通辽市	Tongliao	9323453	138162
鄂尔多斯市	Erdos		260939
呼伦贝尔市	Hulunbuir	3468966	60478
巴彦淖尔市	Bayannur	2062936	27228
乌兰察布市	Ulanqab	205790	19497
辽宁省	**Liaoning**	**29108234**	**611734**
沈阳市	Shenyang	2079448	53191
大连市	Dalian	5445970	52149
鞍山市	Anshan	2224012	85418
抚顺市	Fushun	2483680	49096
本溪市	Benxi	2521091	60809
丹东市	Dandong	707944	30699
锦州市	Jinzhou	1067686	34138

2-48 续表 1 continued

单位：吨

城　市	City	工业烟(粉)尘去除量 (吨) Volume of Industrial Soot(dust) Removed (ton)	工业烟(粉)尘排放量 (吨) Volume of Industrial Soot(dust) Emission (ton)
营口市	Yingkou	1947922	32350
阜新市	Fuxin	1466430	27460
辽阳市	Liaoyang	3278714	90454
盘锦市	Panjin		
铁岭市	Tieling	2248712	25260
朝阳市	Chaoyang	1126473	50251
葫芦岛市	Huludao	2510152	20459
吉林省	**Jilin**	**13054022**	**176364**
长春市	Changchun	620462	40803
吉林市	Jilin	4887572	35677
四平市	Siping	2301561	24343
辽源市	Liaoyuan	1225078	8497
通化市	Tonghua	1337587	17620
白山市	Baishan	1179714	11426
松原市	Songyuan	593978	29823
白城市	Baicheng	908070	8175
黑龙江省	**Heilongjiang**	**14719184**	**349229**
哈尔滨市	Harbin	4031270	52257
齐齐哈尔市	Qiqihar	24757	3476
鸡西市	Jixi	611724	68785
鹤岗市	Hegang	1547819	26471
双鸭山市	Shuangyashan	873281	37753
大庆市	Daqing	1754865	31461
伊春市	Yichun	15502	15502
佳木斯市	Jiamusi	1366793	34977
七台河市	Qitaihe	2059202	18883
牡丹江市	Mudanjiang	1819788	39463
黑河市	Heihe	604340	10539
绥化市	Suihua	9843	9662
上海市	**Shanghai**		**87100**
江苏省	**Jiangsu**	**41179332**	**406993**
南京市	Nanjing	5684896	40679
无锡市	Wuxi	4726407	48169
徐州市	Xuzhou	8710897	45883
常州市	Changzhou	2198838	35837
苏州市	Suzhou	6242918	54382
南通市	Nantong	2182914	36399
连云港市	Lianyungang	957766	16570
淮安市	Huai'an	2800988	19740
盐城市	Yancheng	2309931	23694
扬州市	Yangzhou	1554891	12286
镇江市	Zhenjiang	2523609	18080
泰州市	Taizhou	963805	17765
宿迁市	Suqian	321472	37509

2-48 续表 2 continued

单位：吨

城　市	City	工业烟(粉)尘去除量 (吨) Volume of Industrial Soot(dust) Removed (ton)	工业烟(粉)尘排放量 (吨) Volume of Industrial Soot(dust) Emission (ton)
浙江省	**Zhejiang**	**26302116**	**236209**
杭州市	Hangzhou	4063616	33015
宁波市	Ningbo	6062220	32135
温州市	Wenzhou	1083830	19164
嘉兴市	Jiaxing	2252120	25206
湖州市	Huzhou	4160278	25398
绍兴市	Shaoxing	1493593	15693
金华市	Jinhua	2809302	28418
衢州市	Quzhou	3585174	23625
舟山市	Zhoushan	177781	5305
台州市	Taizhou	528139	13016
丽水市	Lishui	86063	15234
安徽省	**Anhui**	**38851280**	**351493**
合肥市	Hefei	4503070	41120
芜湖市	Wuhu	7219301	48381
蚌埠市	Bengbu	97634	9082
淮南市	Huainan	8613708	21847
马鞍山市	Maanshan	3777723	31525
淮北市	Huaibei	1328986	25604
铜陵市	Tongling	4961977	18788
安庆市	Anqing	1777144	10479
黄山市	Huangshan	16978	1892
滁州市	Chuzhou	949608	37392
阜阳市	Fuyang	1227240	12199
宿州市	Suzhou	1011744	13981
六安市	Lu'an	175946	14616
亳州市	Bozhou	36299	5455
池州市	Chizhou	811911	13624
宣城市	Xuancheng	2342011	45508
福建省	**Fujian**	**16788387**	**234007**
福州市	Fuzhou	1697679	37487
厦门市	Xiamen	488518	2507
莆田市	Putian	156102	4700
三明市	Sanming	3695706	35301
泉州市	Quanzhou	1578995	52294
漳州市	Zhangzhou	793033	9842
南平市	Nanping	779671	16687
龙岩市	Longyan	6494332	48917
宁德市	Ningde	1104351	26272
江西省	**Jiangxi**	**15225640**	**319336**
南昌市	Nanchang	753404	11115
景德镇市	Jingdezhen	6641	11522
萍乡市	Pingxiang	15741	42721
九江市	Jiujiang	2179830	33645
新余市	Xinyu	1643317	30553
鹰潭市	Yingtan	843927	3424
赣州市	Ganzhou	1567399	64887
吉安市	Ji'an	666523	16494
宜春市	Yichun	3632551	43161
抚州市	Fuzhou	6489	35682
上饶市	Shangrao	3909818	26132

2-48 续表 3 continued

单位: 吨

城　市	City	工业烟(粉)尘去除量 (吨) Volume of Industrial Soot(dust) Removed (ton)	工业烟(粉)尘排放量 (吨) Volume of Industrial Soot(dust) Emission (ton)
山东省	**Shandong**	**61883307**	**533672**
济南市	Jinan	4656409	51609
青岛市	Qingdao	2672791	26308
淄博市	Zibo	7779217	58999
枣庄市	Zaozhuang	5467897	24068
东营市	Dongying	1372440	5810
烟台市	Yantai	4425059	32161
潍坊市	Weifang	4441232	36761
济宁市	Jining	6345205	45823
泰安市	Tai'an	3447157	19577
威海市	Weihai	1204627	6629
日照市	Rizhao	3196529	30809
莱芜市	Laiwu	3820672	78499
临沂市	Linyi	4101197	40363
德州市	Dezhou	2586383	19171
聊城市	Liaocheng	2257064	16890
滨州市	Binzhou	2131857	18163
菏泽市	Heze	1977571	22032
河南省	**Henan**	**62635424**	**480442**
郑州市	Zhengzhou	10193815	51242
开封市	Kaifeng	3951621	23805
洛阳市	Luoyang	12641243	46088
平顶山市	Pingdingshan	7234294	73976
安阳市	Anyang	3196194	81205
鹤壁市	Hebi	1776987	9751
新乡市	Xinxiang	4602547	14699
焦作市	Jiaozuo	3406070	29808
濮阳市	Puyang	1913227	14792
许昌市	Xuchang	2994549	14686
漯河市	Luohe	933322	5917
三门峡市	Sanmenxia	3230949	23541
南阳市	Nanyang	1759734	18507
商丘市	Shangqiu	1339849	36882
信阳市	Xinyang	825533	6533
周口市	Zhoukou	262397	9773
驻马店市	Zhumadian	2373093	19237
湖北省	**Hubei**	**16015570**	**255283**
武汉市	Wuhan	3205296	20496
黄石市	Huangshi	2139688	21531
十堰市	Shiyan	850497	18775
宜昌市	Yichang	1717289	15083
襄阳市	Xiangfan	2800741	18128

2-48 续表 4 continued

单位：吨

城 市	City	工业烟(粉)尘去除量（吨）Volume of Industrial Soot(dust) Removed (ton)	工业烟(粉)尘排放量（吨）Volume of Industrial Soot(dust) Emission (ton)
鄂州市	Ezhou	2156273	17500
荆门市	Jingmen		64384
孝感市	Xiaogan	992296	13273
荆州市	Jingzhou	533654	14609
黄冈市	Huanggang	246925	24612
咸宁市	Xianning	1351390	14168
随州市	Suizhou	21521	12724
湖南省	**Hunan**	**22943367**	**272387**
长沙市	Changsha	1316949	11976
株洲市	Zhuzhou	1879323	5769
湘潭市	Xiangtan	6639735	23795
衡阳市	Hengyang	3237845	23430
邵阳市	Shaoyang	487878	18618
岳阳市	Yueyang	2007604	28332
常德市	Changde	1653089	19376
张家界市	Zhangjiajie	248091	2565
益阳市	Yiyang	1067860	34631
郴州市	Chenzhou	3086522	24511
永州市	Yongzhou	473624	43651
怀化市	Huaihua	484675	18173
娄底市	Loudi	360172	17560
广东省	**Guangdong**	**15139130**	**240947**
广州市	Guangzhou		
韶关市	Shaoguan	288018	6525
深圳市	Shenzhen	391967	828
珠海市	Zhuhai	733858	11150
汕头市	Shantou	520413	4783
佛山市	Foshan	1992461	42338
江门市	Jiangmen	1437621	10183
湛江市	Zhanjiang	115671	10146
茂名市	Maoming	711201	10442
肇庆市	Zhaoqing	1726361	24780
惠州市	Huizhou	1745228	21297
梅州市	Meizhou	953300	5700
汕尾市	Shanwei	570995	10889
河源市	Heyuan		
阳江市	Yangjiang	422175	11700
清远市	Qingyuan	1182438	31323
东莞市	Dongguan	1247392	15095
中山市	Zhongshan	292973	12399
潮州市	Chaozhou		3328
揭阳市	Yeyang	394617	2555
云浮市	Yunfu	412441	5486

2-48 续表 5 continued

单位：吨

城　市	City	工业烟(粉)尘去除量 (吨) Volume of Industrial Soot(dust) Removed (ton)	工业烟(粉)尘排放量 (吨) Volume of Industrial Soot(dust) Emission (ton)
广西壮族自治区	**Guangxi**	**19249579**	**268526**
南宁市	Nanning	2509792	25012
柳州市	Liuzhou	3159873	51875
桂林市	Guilin	375765	16068
梧州市	Wuzhou	43813	9161
北海市	Beihai	593044	6730
防城港市	Fangchenggang	1017451	12112
钦州市	Qinzhou	546958	7888
贵港市	Guigang	2624446	54924
玉林市	Yulin	1285767	10254
百色市	Baise	2358877	31242
贺州市	Hezhou	431515	5372
河池市	Hechi	598426	12613
来宾市	Laibin	3415413	11834
崇左市	Chongzuo	288439	13441
海南省	**Hainan**	**980**	**995**
海口市	Haikou	980	727
三亚市	Sanya		268
三沙市	Sansha		
重庆市	**Chongqing**	**17302086**	**166142**
四川省	**Sichuan**	**27567979**	**255056**
成都市	Chengdu	3484497	24723
自贡市	Zigong	262709	5497
攀枝花市	Panzhihua	2549668	41656
泸州市	Luzhou	1211492	8311
德阳市	Deyang	935899	13795
绵阳市	Mianyang	2382433	8496
广元市	Guangyuan	1124212	18239
遂宁市	Suining	42759	4234
内江市	Neijiang	1930335	13908
乐山市	Leshan	3337678	28556
南充市	Nanchong	10627	4579
眉山市	Meishan	798109	22994
宜宾市	Yibin	2522831	17130
广安市	Guang'an	3671769	13791
达州市	Dazhou	2465599	14883
雅安市	Yaan	696818	7700
巴中市	Bazhong	132	2338
资阳市	Ziyang	140412	4226
贵州省	**Guizhou**	**14607169**	**128557**
贵阳市	Guiyang	1045924	19743
六盘水市	Liupanshui	4763703	40961
遵义市	Zunyi	2277613	9298
安顺市	Anshun	137917	17495
毕节市	Bijie	4625941	21291
铜仁市	Tongren	1756071	19769

2-48 续表 6 continued

单位: 吨

城　市	City	工业烟(粉)尘去除量 (吨) Volume of Industrial Soot(dust) Removed (ton)	工业烟(粉)尘排放量 (吨) Volume of Industrial Soot(dust) Emission (ton)
云南省	**Yunnan**	**15497335**	**163733**
昆明市	Kunming	3707063	58332
曲靖市	Qujing	7877354	42170
玉溪市	Yuxi	938789	12204
保山市	Baoshan	453600	7920
昭通市	Zhaotong	1721101	15215
丽江市	Lijiang	542649	11732
普洱市	Simao	124234	12241
临沧市	Lincang	132545	3919
西藏自治区	**Tibet**	**198494**	**647**
拉萨市	Lasa	198494	647
陕西省	**Shaanxi**	**21938310**	**369535**
西安市	Xi'an	1287720	17463
铜川市	Tongchuan	803950	41583
宝鸡市	Baoji	1842506	12342
咸阳市	Xianyang	2718528	15684
渭南市	Weinan	4152235	22482
延安市	Yan'an	114949	21324
汉中市	Hanzhong	2186306	17534
榆林市	Yulin	8087282	206949
安康市	Ankang	626839	8604
商洛市	Shangluo	117995	5570
甘肃省	**Gansu**	**11798785**	**145522**
兰州市	Lanzhou	3814615	33598
嘉峪关市	Jiayuguan	1172641	20365
金昌市	Jinchang	662583	11669
白银市	Baiyin	2299400	12155
天水市	Tianshui	976984	7652
武威市	Wuwei	136327	8047
张掖市	Zhangye	462154	17174
平凉市	Pingliang	1693525	9806
酒泉市	Jiuquan	201763	12639
庆阳市	Qingyang	65244	5152
定西市	Dingxi	313517	7265
陇南市	Longnan	32	
青海省	**Qinghai**	**2238784**	**49367**
西宁市	Xining	2238784	49367
宁夏回族自治区	**Ningxia**	**9564703**	**159270**
银川市	Yinchuan	4259790	26348
石嘴山市	Shizuishan		71236
吴忠市	Wuzhong	3869477	12394
固原市	Guyuan	32570	9441
中卫市	Zhongwei	1402866	39851
新疆维吾尔自治区	**Xinjiang**	**3982857**	**62964**
乌鲁木齐市	Urumqi	3294265	51109
克拉玛依市	Karamay	688592	11855

2-49 工业固体废物综合利用率和污水及生活垃圾处理率(全市)

Ratio of Industrial Solid Wastes Utilized, Ratio of Waste Water and Consumption Wastes Treated (Total City)

单位：% (%)

城　　市	City	一般工业固体废物综合利用率 Ratio of General Industrial Solid Wastes Comprehensively Utilized	污水处理厂集中处理率 Ratio of waste Water Centralized Treated of sewage work	生活垃圾无害化处理率 Ratio of Consumption Wastes Treated
城市合计	**Prefecture Cities**			
北京市	**Beijing**	**78.96**	**83.00**	**99.12**
天津市	**Tianjin**	**99.62**	**87.40**	**99.80**
河北省	**Hebei**			
石家庄市	Shijiazhuang	49.47	95.86	100.00
唐山市	Tangshan		94.81	91.33
秦皇岛市	Qinhuangdao	37.04	92.54	100.00
邯郸市	Handan	50.02	97.51	100.00
邢台市	Xingtai	48.25	84.01	100.00
保定市	Baoding	48.16	92.00	
张家口市	Zhangjiakou	23.27	91.31	85.00
承德市	Chengde	4.74	81.45	100.00
沧州市	Cangzhou	49.95	95.88	92.61
廊坊市	Langfang	49.61	87.31	95.70
衡水市	Hengshui	49.94	80.35	
山西省	**Shanxi**			
太原市	Taiyuan	53.77	84.50	100.00
大同市	Datong	78.69	83.98	52.69
阳泉市	Yangquan	21.80	90.00	100.00
长治市	Changzhi	67.34	90.53	65.34
晋城市	Jincheng	80.75	95.00	99.24
朔州市	Shuozhou	83.64	100.00	77.98
晋中市	Jinzhong	81.61	92.80	53.36
运城市	Yuncheng	63.44	98.80	95.87
忻州市	Xinzhou	85.44	45.66	40.81
临汾市	Linfen	73.34	81.12	42.00
吕梁市	Lvliang	83.71	69.00	41.02
内蒙古自治区	**Inner Mongolia**			
呼和浩特市	Hohhot	35.74	79.23	93.00
包头市	Baotou	47.71	84.30	92.45
乌海市	Wuhai	59.28	92.60	85.40
赤峰市	Chifeng	18.07	90.00	85.00
通辽市	Tongliao	85.00	95.81	74.43
鄂尔多斯市	Erdos	86.53	93.22	93.69
呼伦贝尔市	Hulunbuir	76.60	84.50	86.50
巴彦淖尔市	Bayannur	13.00	62.00	100.00
乌兰察布市	Ulanqab	57.00	52.00	94.90
辽宁省	**Liaoning**			
沈阳市	Shenyang	95.19	87.11	100.00
大连市	Dalian	95.56	95.10	87.90
鞍山市	Anshan	24.78	80.00	100.00
抚顺市	Fushun	23.36	70.19	100.00
本溪市	Benxi	15.09	81.02	100.00
丹东市	Dandong	26.98	80.28	
锦州市	Jinzhou	72.58	69.20	87.40

2-49 续表 1 continued

单位：% (%)

城　市	City	一般工业固体废物综合利用率 Ratio of General Industrial Solid Wastes Comprehensively Utilized	污水处理厂集中处理率 Ratio of waste Water Centralized Treated of sewage work	生活垃圾无害化处理率 Ratio of Consumption Wastes Treated
营口市	Yingkou	84.33	67.74	
阜新市	Fuxin	89.45	55.49	90.91
辽阳市	Liaoyang	72.59	85.50	100.00
盘锦市	Panjin			100.00
铁岭市	Tieling	69.14	100.00	100.00
朝阳市	Chaoyang	55.53	76.45	100.00
葫芦岛市	Huludao	58.88	89.50	
吉林省	**Jilin**			
长春市	Changchun	99.79	83.78	84.47
吉林市	Jilin	48.00	94.00	96.25
四平市	Siping	93.74	75.02	35.94
辽源市	Liaoyuan	99.90	84.86	
通化市	Tonghua	81.24	89.85	96.54
白山市	Baishan	39.71	53.15	
松原市	Songyuan	96.36	93.01	90.48
白城市	Baicheng	85.85	60.21	
黑龙江省	**Heilongjiang**			
哈尔滨市	Harbin		91.60	85.30
齐齐哈尔市	Qiqihar	71.45	68.00	61.00
鸡西市	Jixi	91.10	50.00	85.00
鹤岗市	Hegang	74.11	49.00	
双鸭山市	Shuangyashan	48.80	79.00	100.00
大庆市	Daqing	96.20	92.50	95.00
伊春市	Yichun	77.00	85.00	100.00
佳木斯市	Jiamusi	81.41	87.96	100.00
七台河市	Qitaihe	85.53	85.20	100.00
牡丹江市	Mudanjiang	97.99	60.09	97.50
黑河市	Heihe	93.21	72.60	100.00
绥化市	Suihua	100.00	99.32	70.59
上海市	**Shanghai**	97.34	84.42	91.40
江苏省	**Jiangsu**			
南京市	Nanjing	92.00	62.70	90.70
无锡市	Wuxi	91.00	85.90	100.00
徐州市	Xuzhou	93.20	84.30	80.70
常州市	Changzhou	98.00	84.50	100.00
苏州市	Suzhou	94.70	73.80	100.00
南通市	Nantong	97.90	84.10	100.00
连云港市	Lianyungang	92.10	68.00	71.20
淮安市	Huai'an	95.50	72.00	97.00
盐城市	Yancheng	83.30	67.60	61.90
扬州市	Yangzhou	98.90	83.60	100.00
镇江市	Zhenjiang	98.30	76.90	100.00
泰州市	Taizhou	98.20	58.50	100.00
宿迁市	Suqian	83.30	76.30	74.40

2-49 续表 2 continued

单位：% (%)

城 市	City	一般工业固体废物综合利用率 Ratio of General Industrial Solid Wastes Comprehensively Utilized	污水处理厂集中处理率 Ratio of waste Water Centralized Treated of sewage work	生活垃圾无害化处理率 Ratio of Consumption Wastes Treated
浙江省	**Zhejiang**			
杭州市	Hangzhou	91.77	93.37	100.00
宁波市	Ningbo	91.59	75.36	100.00
温州市	Wenzhou	96.15	75.52	93.00
嘉兴市	Jiaxing	95.31	87.28	100.00
湖州市	Huzhou	96.03	90.51	100.00
绍兴市	Shaoxing	92.00	84.82	100.00
金华市	Jinhua	98.97	83.60	91.82
衢州市	Quzhou	94.88	74.73	100.00
舟山市	Zhoushan	98.74	59.57	100.00
台州市	Taizhou	94.20	84.47	98.64
丽水市	Lishui	95.70	74.18	99.94
安徽省	**Anhui**			
合肥市	Hefei	93.95	86.59	100.00
芜湖市	Wuhu	95.67	91.98	93.69
蚌埠市	Bengbu	99.11	89.51	72.45
淮南市	Huainan	88.37	77.43	83.15
马鞍山市	Maanshan	93.50	84.91	100.00
淮北市	Huaibei	95.14	89.59	100.00
铜陵市	Tongling	83.13	81.08	100.00
安庆市	Anqing	98.21	90.47	96.00
黄山市	Huangshan	75.00	88.09	91.36
滁州市	Chuzhou	96.36	81.02	92.69
阜阳市	Fuyang	99.97	84.74	36.91
宿州市	Suzhou	46.00	56.75	57.54
六安市	Lu'an	74.49	89.82	56.29
亳州市	Bozhou	99.85	88.58	100.00
池州市	Chizhou	81.29	89.72	70.22
宣城市	Xuancheng	79.75	71.89	88.68
福建省	**Fujian**			
福州市	Fuzhou	90.00	92.53	86.40
厦门市	Xiamen	95.98	90.70	99.00
莆田市	Putian	92.84	83.00	98.51
三明市	Sanming	81.72	80.60	97.70
泉州市	Quanzhou	95.25	83.00	98.03
漳州市	Zhangzhou	95.48	81.78	97.18
南平市	Nanping	88.68	78.52	69.01
龙岩市	Longyan	88.83	75.75	99.00
宁德市	Ningde	94.63	80.60	87.02
江西省	**Jiangxi**			
南昌市	Nanchang	98.70	94.60	89.07
景德镇市	Jingdezhen	95.03	69.56	100.00
萍乡市	Pingxiang	96.37	79.10	100.00
九江市	Jiujiang	47.85	97.24	100.00
新余市	Xinyu	91.74	96.78	100.00
鹰潭市	Yingtan	91.10	86.10	100.00
赣州市	Ganzhou	83.60	38.97	38.40
吉安市	Ji'an	96.40	75.84	45.77
宜春市	Yichun	90.41	98.51	100.00
抚州市	Fuzhou	95.00	92.45	100.00
上饶市	Shangrao	13.30	90.30	100.00

2-49 续表 3 continued

单位：% (%)

城 市	City	一般工业固体废物综合利用率 Ratio of General Industrial Solid Wastes Comprehensively Utilized	污水处理厂集中处理率 Ratio of waste Water Centralized Treated of sewage work	生活垃圾无害化处理率 Ratio of Consumption Wastes Treated
山东省	**Shandong**			
济南市	Jinan	99.83	89.83	93.30
青岛市	Qingdao	95.90	91.34	100.00
淄博市	Zibo	96.60	96.20	100.00
枣庄市	Zaozhuang	99.88	92.76	80.07
东营市	Dongying	94.61	93.69	100.00
烟台市	Yantai	80.90	96.19	100.00
潍坊市	Weifang	91.60	75.00	86.22
济宁市	Jining	84.70	93.06	100.00
泰安市	Tai'an	99.80	92.85	100.00
威海市	Weihai	91.18	96.22	100.00
日照市	Rizhao	99.53	92.98	100.00
莱芜市	Laiwu	93.58	91.23	100.00
临沂市	Linyi	90.03	93.63	100.00
德州市	Dezhou	94.69	87.80	98.70
聊城市	Liaocheng	95.50	91.17	99.82
滨州市	Binzhou	0.82	93.86	100.00
菏泽市	Heze	100.00	80.52	99.50
河南省	**Henan**			
郑州市	Zhengzhou	78.30	95.82	89.75
开封市	Kaifeng	93.70	88.00	45.00
洛阳市	Luoyang	56.34	99.57	75.17
平顶山市	Pingdingshan	91.86	93.16	91.02
安阳市	Anyang	91.27	94.89	93.45
鹤壁市	Hebi	92.60	85.61	81.47
新乡市	Xinxiang	98.15	85.88	92.72
焦作市	Jiaozuo	59.57	86.10	87.01
濮阳市	Puyang	95.24	86.00	99.00
许昌市	Xuchang	97.91	96.96	96.27
漯河市	Luohe	99.34	90.00	90.00
三门峡市	Sanmenxia	34.16	96.55	92.39
南阳市	Nanyang	69.90	65.13	70.37
商丘市	Shangqiu	99.71	73.92	71.63
信阳市	Xinyang	98.71	47.99	92.20
周口市	Zhoukou	96.79	86.00	85.00
驻马店市	Zhumadian	97.82	80.14	93.66
湖北省	**Hubei**			
武汉市	Wuhan	95.05	92.30	95.00
黄石市	Huangshi	79.81	85.10	100.00
十堰市	Shiyan	52.23	88.01	100.00
宜昌市	Yichang	46.52	88.50	90.64
襄阳市	Xiangfan	97.43	87.44	89.82

2-49 续表 4 continued

单位：% (%)

城　　市	City	一般工业固体废物综合利用率 Ratio of General Industrial Solid Wastes Comprehensively Utilized	污水处理厂集中处理率 Ratio of waste Water Centralized Treated of sewage work	生活垃圾无害化处理率 Ratio of Consumption Wastes Treated
鄂州市	Ezhou	90.78	90.50	100.00
荆门市	Jingmen	90.97	85.35	67.85
孝感市	Xiaogan	99.75	90.00	100.00
荆州市	Jingzhou	100.00	81.03	37.40
黄冈市	Huanggang	95.85	46.01	56.00
咸宁市	Xianning	45.30	87.00	82.00
随州市	Suizhou	97.32	93.48	87.40
湖南省	**Hunan**			
长沙市	Changsha	91.48	95.00	100.00
株洲市	Zhuzhou	89.57	82.53	100.00
湘潭市	Xiangtan	95.74	85.90	100.00
衡阳市	Hengyang	81.08	70.00	100.00
邵阳市	Shaoyang	64.74	52.00	100.00
岳阳市	Yueyang	91.94	86.70	100.00
常德市	Changde	96.49	81.68	100.00
张家界市	Zhangjiajie	96.46	78.37	10.42
益阳市	Yiyang	99.00	91.69	100.00
郴州市	Chenzhou	49.08	80.96	100.00
永州市	Yongzhou	82.21	67.12	57.72
怀化市	Huaihua	30.58	83.10	75.60
娄底市	Loudi	91.00	85.03	100.00
广东省	**Guangdong**			
广州市	Guangzhou		82.73	80.38
韶关市	Shaoguan	77.46	81.54	79.00
深圳市	Shenzhen	78.38	94.84	95.13
珠海市	Zhuhai	96.36	87.78	100.00
汕头市	Shantou	97.70	69.53	66.64
佛山市	Foshan	92.71	92.13	92.50
江门市	Jiangmen	88.48	88.10	100.00
湛江市	Zhanjiang	95.11	67.72	49.00
茂名市	Maoming	94.53	85.78	100.00
肇庆市	Zhaoqing	99.99	80.27	71.95
惠州市	Huizhou	99.41	91.01	100.00
梅州市	Meizhou	99.00	69.80	100.00
汕尾市	Shanwei	99.56	85.57	80.00
河源市	Heyuan			100.00
阳江市	Yangjiang	99.85	92.10	100.00
清远市	Qingyuan	82.28	83.09	51.50
东莞市	Dongguan	78.05	85.60	54.43
中山市	Zhongshan	88.81	91.72	100.00
潮州市	Chaozhou	99.88	86.26	90.37
揭阳市	Yeyang	99.99	77.98	77.79
云浮市	Yunfu	78.65	58.24	58.46

2-49 续表 5 continued

单位：% (%)

城 市	City	一般工业固体废物综合利用率 Ratio of General Industrial Solid Wastes Comprehensively Utilized	污水处理厂集中处理率 Ratio of waste Water Centralized Treated of sewage work	生活垃圾无害化处理率 Ratio of Consumption Wastes Treated
广西壮族自治区	**Guangxi**			**1241.67**
南宁市	Nanning	91.20	71.68	92.10
柳州市	Liuzhou	96.02	41.45	93.56
桂林市	Guilin	87.74	87.21	84.43
梧州市	Wuzhou	79.46	63.53	100.00
北海市	Beihai	82.00	82.45	92.29
防城港市	Fangchenggang	99.91	49.81	90.73
钦州市	Qinzhou	97.39	56.70	93.07
贵港市	Guigang	83.07	38.57	97.88
玉林市	Yulin	75.52	96.43	98.81
百色市	Baise	58.43	69.55	48.28
贺州市	Hezhou	61.15	68.68	92.62
河池市	Hechi	10.23	64.50	86.42
来宾市	Laibin	72.12	78.82	93.83
崇左市	Chongzuo	63.34	56.55	77.65
海南省	**Hainan**			
海口市	Haikou	89.00	96.31	100.00
三亚市	Sanya	100.00	84.19	100.00
三沙市	Sansha	100.00	100.00	100.00
重庆市	**Chongqing**	**81.65**	**89.77**	**99.17**
四川省	**Sichuan**			
成都市	Chengdu	98.65	91.00	
自贡市	Zigong	100.00	88.75	90.50
攀枝花市	Panzhihua	22.38	23.47	96.13
泸州市	Luzhou	92.91	30.55	59.90
德阳市	Deyang	99.99	78.01	99.62
绵阳市	Mianyang	98.93	78.71	74.44
广元市	Guangyuan	99.31	73.84	96.31
遂宁市	Suining	100.00	93.94	86.02
内江市	Neijiang	83.13	66.97	74.41
乐山市	Leshan	93.00	75.06	60.64
南充市	Nanchong	98.70	72.20	85.06
眉山市	Meishan	100.00	93.76	100.00
宜宾市	Yibin	89.93	88.02	98.00
广安市	Guang'an	95.16	100.00	100.00
达州市	Dazhou	98.93	24.51	26.39
雅安市	Yaan	100.00	75.20	66.80
巴中市	Bazhong	95.70	86.73	99.12
资阳市	Ziyang	99.30	79.92	55.69
贵州省	**Guizhou**			
贵阳市	Guiyang	59.10	95.00	97.71
六盘水市	Liupanshui	58.70	57.80	100.00
遵义市	Zunyi	97.12	72.30	100.00
安顺市	Anshun	77.00	81.47	53.60
毕节市	Bijie	64.64	85.00	78.90
铜仁市	Tongren	68.32	64.17	35.84

2-49 续表 6 continued

单位：% (%)

城　市	City	一般工业固体废物综合利用率 Ratio of General Industrial Solid Wastes Comprehensively Utilized	污水处理厂集中处理率 Ratio of waste Water Centralized Treated of sewage work	生活垃圾无害化处理率 Ratio of Consumption Wastes Treated
云南省	**Yunnan**			
昆明市	Kunming	43.29	94.43	100.00
曲靖市	Qujing	62.77	85.00	100.00
玉溪市	Yuxi	34.86	42.21	87.37
保山市	Baoshan	67.80	35.49	100.00
昭通市	Zhaotong	47.20	41.77	45.80
丽江市	Lijiang	76.20	85.50	87.20
普洱市	Simao	41.86	46.92	94.50
临沧市	Lincang	77.04	80.00	85.00
西藏自治区	**Tibet**			
拉萨市	Lasa	1.86	89.87	
陕西省	**Shaanxi**			
西安市	Xi'an	95.90	93.40	97.47
铜川市	Tongchuan	97.10	85.48	90.12
宝鸡市	Baoji	60.30	93.40	93.59
咸阳市	Xianyang	99.57	78.00	93.23
渭南市	Weinan	99.00	81.02	86.50
延安市	Yan'an	62.48	80.49	58.75
汉中市	Hanzhong	42.10	86.00	97.00
榆林市	Yulin	97.31	80.00	88.00
安康市	Ankang	90.59	56.24	58.73
商洛市	Shangluo	16.88	85.00	93.00
甘肃省	**Gansu**			
兰州市	Lanzhou	99.00	77.30	100.00
嘉峪关市	Jiayuguan	28.89	100.00	100.00
金昌市	Jinchang	16.98	60.39	70.12
白银市	Baiyin	50.00	58.57	74.35
天水市	Tianshui	85.58	83.51	
武威市	Wuwei	86.82	59.77	83.00
张掖市	Zhangye	68.76	56.38	97.58
平凉市	Pingliang	46.00	27.00	100.00
酒泉市	Jiuquan	90.00	80.00	91.00
庆阳市	Qingyang	98.10	80.00	80.00
定西市	Dingxi	85.15	25.07	100.00
陇南市	Longnan	75.81	39.60	100.00
青海省	**Qinghai**			
西宁市	Xining	97.63		
宁夏回族自治区	**Ningxia**			
银川市	Yinchuan	81.18	100.00	14.26
石嘴山市	Shizuishan	64.48	77.02	93.00
吴忠市	Wuzhong	71.33	59.98	98.78
固原市	Guyuan	94.74	73.97	92.79
中卫市	Zhongwei	95.24	99.98	53.56
新疆维吾尔自治区	**Xinjiang**			
乌鲁木齐市	Urumqi	88.95	81.89	91.43
克拉玛依市	Karamay	99.52	92.47	98.64

三、县级城市统计资料

Statistical data of County-level Cities

3-1 人口状况
Population

城　市	City	年末总人口（万人） Total Population at Year-end (10 000 persons)	年末总户数（户） Total Number of Households at year-end (household)
河北省	**Hebei**		
辛集市	Xinji	63	209726
藁城市	Gaocheng	81	217538
晋州市	Jinzhou	55	154608
新乐市	Xinle	50	134677
鹿泉市	Luquan	40	117019
遵化市	Zunhua	74	229945
迁安市	Qian'an	74	237450
武安市	Wu'an	80	235611
南宫市	Nangong	48	128128
沙河市	Shahe	42	119123
涿州市	Zhuozhou	65	240994
定州市	Dingzhou	122	338888
安国市	Anguo	41	144358
高碑店市	Gaobeidian	57	162215
泊头市	Botou	61	199388
任丘市	Renqiu	85	325638
黄骅市	Huanghua	47	126928
河间市	Hejian	83	235067
霸州市	Bazhou	63	174133
三河市	Sanhe	58	160783
冀州市	Jizhou	35	122563
深州市	Shenzhou	57	185289
山西省	**Shanxi**		
古交市	Gujiao	22	79339
潞城市	Lucheng	23	78686
高平市	Gaoping	48	157422
介休市	Jiexiu	41	166746
永济市	Yongji	44	139948
河津市	Hejin	40	132205
原平市	Yuanping	49	194954
侯马市	Houma	24	82727
霍州市	Huozhou	30	122269
孝义市	Xiaoyi	49	183401
汾阳市	Fenyang	42	162276
内蒙古自治区	**Inner Mongolia**		
霍林郭勒市	Huolinguole	8	28975
满洲里市	Manzhouli	17	71729
牙克石市	Yakeshi	35	146585
扎兰屯市	Zhalantun	42	160202
额尔古纳市	Eerguna	8	32204
根河市	Genhe	16	55421
丰镇市	Fengzhen	34	144812
乌兰浩特市	Wulanhaote	32	120536
阿尔山市	Aershan	5	21549
二连浩特市	Erlianhaote	3	9564
锡林浩特市	Xilinhaote	18	66344
辽宁省	**Liaoning**		
新民市	Xinmin	69	245234
瓦房店市	Wafangdian	100	355070
普兰店市	Pulandian	93	325696
庄河市	Zhuanghe	91	285264
海城市	Haicheng	109	353135
东港市	Donggang	61	199083
凤城市	Fengcheng	58	200795
凌海市	Linghai	53	172652
北镇市	Beizhen	52	156730
盖州市	Gaizhou	72	251018
大石桥市	Dashiqiao	72	268045
灯塔市	Dengta	45	167546
调兵山市	Diaobingshan	24	92477
开原市	Kaiyuan	53	199154
北票市	Beipiao	58	218520
凌源市	Lingyuan	66	210614
兴城市	Xingcheng	55	195000
吉林省	**Jilin**		
九台市	Jiutai	70	245690
榆树市	Yushu	131	432414
德惠市	Dehui	83	257812
蛟河市	Jiaohe	45	146440
桦甸市	Huadian	45	168354
舒兰市	Shulan	66	243762
磐石市	Panshi	54	182100
公主岭市	Gongzhuling	108	372763
双辽市	Shuangliao	41	156737
梅河口市	Meihekou	62	223169
集安市	Ji'an	22	84420
临江市	Linjiang	17	74047
洮南市	Taonan	43	174696
大安市	Daan	41	156182
延吉市	Yanji	52	187991
图们市	Tumen	12	46436
敦化市	Dunhua	46	169679
珲春市	Hunchun	22	69959
龙井市	Longjing	17	64554
和龙市	Helong	19	71221
黑龙江省	**Heilongjiang**		
双城市	Shuangcheng	82	281347
尚志市	Shangzhi	62	218968
五常市	Wuchang	101	352043
讷河市	Nehe	73	202429
虎林市	Hulin	16	67929
密山市	Mishan	34	131869
铁力市	Tieli	38	158112
同江市	Tongjiang	11	52657
富锦市	Fujin	39	147293
绥芬河市	Suifenhe	7	26571
海林市	Hailin	40	159594

3-1 续表 1 continued

城 市	City	年末总人口(万人) Total Population at Year-end (10 000 persons)	年末总户数(户) Total Number of Households at year-end (household)
宁安市	Ning'an	44	163005
穆棱市	Muling	29	112897
北安市	Bei'an	39	156914
五大连池市	Wudalianchi	36	150512
安达市	Anda	49	184009
肇东市	Zhaodong	94	368166
海伦市	Hailun	84	265795
江苏省	**Jiangsu**		
江阴市	Jiangyin	121	365911
宜兴市	Yixing	108	379518
新沂市	Xinyi	107	318185
邳州市	Pizhou	180	451042
溧阳市	Liyang	79	264905
金坛市	Jintan	55	209440
常熟市	Changshu	107	331867
张家港市	Zhangjiagang	91	336570
昆山市	Kunshan	74	248528
太仓市	Wujiang	47	146292
启东市	Taicang	112	458196
如皋市	Qidong	143	454837
海门市	Rugao	100	383018
东台市	Haimen	114	399453
大丰市	Dongtai	73	279805
仪征市	Dafeng	56	190666
高邮市	Yizheng	82	262220
丹阳市	Gaoyou	81	282797
扬中市	Danyang	28	107731
句容市	Yangzhong	59	224453
兴化市	Jurong	157	531539
靖江市	Xinghua	67	216651
泰兴市	Jingjiang	120	395999
姜堰市	Taixing	79	274673
浙江省	**Jiangyan**		
建德市	Zhejiang	51	170000
富阳市	Jiande	66	220800
临安市	Fuyang	53	188500
余姚市	Lin'an	84	310100
慈溪市	Yuyao	104	425200
奉化市	Cixi	48	182400
瑞安市	Fenghua	122	319613
乐清市	Rui'an	127	369821
海宁市	Yueqing	67	184215
平湖市	Haining	49	146880
桐乡市	Pinghu	68	184706
诸暨市	Tongxiang	107	404491
上虞市	Zhuji	78	294114
嵊州市	Shangyu	74	264678
兰溪市	Shengzhou	67	227467
义乌市	Lanxi	75	328611
东阳市	Yiwu	83	310933
永康市	Yongkang	58	224318
江山市	Jiangshan	60	197300
温岭市	Wenling	121	420500
临海市	Linhai	118	383400
龙泉市	Longquan	29	92539
安徽省	**Anhui**		
巢湖市	Chaohu	89	324019
桐城市	Tongcheng	76	211902
天长市	Tianchang	64	195920
明光市	Mingguang	64	213456
界首市	Jieshou	79	228589
宁国市	Ningguo	39	137729
福建省	**Fujian**		
福清市	Fuqing	129	385247
长乐市	Changle	69	213484
永安市	Yong'an	33	96833
石狮市	Shishi	32	86659
晋江市	Jinjiang	107	290965
南安市	Nan'an	152	400207
龙海市	Longhai	83	224300
邵武市	Shaowu	31	92744
武夷山市	Wuyishan	23	65233
建瓯市	Jian'ou	54	162381
建阳市	Jianyang	35	94719
漳平市	Zhangping	28	83076
福安市	Fu'an	65	190056
福鼎市	Fuding	58	162150
江西省	**Jiangxi**		
乐平市	Leping	91	268115
瑞昌市	Ruichang	46	147577
共青城市	Gongqingcheng	7	33703
贵溪市	Guixi	62	171754
瑞金市	Ruijin	68	183500
南康市	Nankang	83	287374
井冈山市	Jinggangshan	16	48272
丰城市	Fengcheng	139	428352
樟树市	Zhangshu	60	196433
高安市	Gaoan	85	310247
德兴市	Dexing	33	116840
山东省	**Shandong**		
章丘市	Zhangqiu	102	306901
胶州市	Jiaozhou	81	251200
即墨市	Jimo	113	341380
平度市	Pingdu	138	423253
莱西市	Laixi	74	250949
滕州市	Tengzhou	169	526685
龙口市	Longkou	64	242346
莱阳市	Laiyang	87	287509
莱州市	Laizhou	86	268986
蓬莱市	Penglai	45	171212

3-1 续表 2 continued

城 市	City	年末总人口(万人) Total Population at Year-end (10 000 persons)	年末总户数(户) Total Number of Households at year-end (household)	城 市	City	年末总人口(万人) Total Population at Year-end (10 000 persons)	年末总户数(户) Total Number of Households at year-end (household)
招远市	Zhaoyuan	57	205924	枣阳市	Zaoyang	112	427929
栖霞市	Qixia	62	249100	宜城市	Yicheng	57	183382
海阳市	Haiyang	66	244479	钟祥市	Zhongxiang	106	343087
青州市	Qingzhou	92	268739	应城市	Yingcheng	67	209601
诸城市	Zhucheng	109	319427	安陆市	Anlu	63	202412
寿光市	Shouguang	105	327372	汉川市	Hanchuan	111	342075
安丘市	Anqiu	95	287020	石首市	Shishou	65	218783
高密市	Gaomi	88	315685	洪湖市	Honghu	94	291209
昌邑市	Changyi	58	185070	松滋市	Songzi	85	287557
曲阜市	Qufu	64	153685	麻城市	Macheng	117	396874
兖州市	Yanzhou	64	186708	武穴市	Wuxue	80	259823
邹城市	Zoucheng	116	350802	赤壁市	Chibi	53	156461
新泰市	Xintai	140	508862	广水市	Guangshui	95	309960
肥城市	Feicheng	98	324812	恩施市	Enshi	81	274220
文登市	Wendeng	64	245969	利川市	Lichuan	92	312798
荣成市	Rongcheng	67	242195	仙桃市	Xiantao	155	433840
乳山市	Rushan	57	211300	潜江市	Qianjiang	103	336690
乐陵市	Laoling	70	211309	天门市	Tianmen	164	390705
禹城市	Yucheng	53	170904	**湖南省**	**Hunan**		
临清市	Linqing	76	241258	浏阳市	Liuyang	142	416800
河南省	**Henan**			醴陵市	Liling	105	284100
巩义市	Gongyi	81	229083	湘乡市	Xiangxiang	92	305300
荥阳市	Xingyang	66	176767	韶山市	Shaoshan	12	36400
新密市	Xinmi	80	213631	耒阳市	Leiyang	143	392400
新郑市	Xinzheng	65	174869	常宁市	Changning	97	294600
登封市	Dengfeng	70	175131	武冈市	Wugang	83	243900
偃师市	Yanshi	88	243509	汨罗市	Miluo	77	218700
舞钢市	Wugang	34	104439	临湘市	Linxiang	53	154500
汝州市	Ruzhou	106	272367	津市市	Jinshi	26	96400
林州市	Linzhou	108	299697	沅江市	Yuanjiang	75	290400
卫辉市	Weihui	52	159176	资兴市	Zixing	38	135200
辉县市	Huixian	84	255206	洪江市	Hongjiang	44	148200
沁阳市	Qinyang	49	111519	冷水江市	Lengshuijiang	37	147100
孟州市	Mengzhou	38	111858	涟源市	Lianyuan	118	401600
禹州市	Yuzhou	127	362453	吉首市	Jishou	30	96000
长葛市	Changge	67	204378	**广东省**	**Guangdong**		
义马市	Yima	17	49543	增城市	Zengcheng	85	224170
灵宝市	Lingbao	74	212364	从化市	Conghua	60	181170
邓州市	Dengzhou	175	510604	乐昌市	Lechang	51	160979
永城市	Yongcheng	152	408224	南雄市	Nanxiong	48	133980
项城市	Xiangcheng	138	398567	台山市	Taishan	98	285916
济源市	Jiyuan	69	203189	开平市	Kaiping	68	202441
湖北省	**Hubei**			鹤山市	Heshan	36	108087
大冶市	Daye	95	257979	恩平市	Enping	50	158791
丹江口市	Danjiangkou	46	159422	廉江市	Lianjiang	171	426882
宜都市	Yidu	40	150042	雷州市	Leizhou	169	440643
当阳市	Dangyang	49	196281	吴川市	Wuchuan	111	267639
枝江市	Zhijiang	49	193166	高州市	Gaozhou	169	429495
老河口市	Laohekou	53	183753	化州市	Huazhou	162	425582

3-1 续表 3 continued

城 市	City	年末总人口（万人）Total Population at Year-end (10 000 persons)	年末总户数（户）Total Number of Households at year-end (household)
信宜市	Xinyi	136	387481
高要市	Gaoyao	79	221685
四会市	Sihui	50	149106
兴宁市	Xingning	118	314454
陆丰市	Lufeng	181	349691
阳春市	Yangchun	115	305391
英德市	Yingde	109	309110
连州市	Lianzhou	51	144619
普宁市	Puning	238	528724
罗定市	Luoding	123	333613
广西壮族自治区	**Guangxi**		
岑溪市	Cenxi	92	275575
东兴市	Dongxi	14	37616
桂平市	Guiping	192	547062
北流市	Beiliu	143	401685
宜州市	Yizhou	66	198768
合山市	Heshan	14	43842
凭祥市	Pingxiang	11	32515
海南省	**Hainan**		
五指山市	Wuzhishan	11	35965
琼海市	Qionghai	50	151226
儋州市	Danzhou	98	225944
文昌市	Wenchang	59	179873
万宁市	Wanning	62	193876
东方市	Dongfang	48	141344
四川省	**Sichuan**		
都江堰市	Dujiangyan	61	242283
彭州市	Pengzhou	80	300064
邛崃市	Qionglai	66	232748
崇州市	Chongzhou	67	256070
广汉市	Guanghan	61	229910
什邡市	Shifang	44	180429
绵竹市	Mianzhu	51	243795
江油市	Jiangyou	89	311991
峨眉山市	Emeishan	43	157888
阆中市	Langzhong	88	321964
华蓥市	Huaying	36	142584
万源市	Wanyuan	60	248979
简阳市	Jianyang	148	502959
西昌市	Xichang	64	230426
贵州省	**Guizhou**		
清镇市	Qingzhen	50	149893
赤水市	Chishui	31	100421
仁怀市	Renhuai	68	188533
兴义市	Xingyi	83	231552
凯里市	Kaili	50	155241
都匀市	Duyun	48	150226
福泉市	Fuquan	33	118277
云南省	**Yunnan**		
安宁市	Anning	27	108551
宣威市	Xuanwei	151	482051
楚雄市	Chuxiong	51	167530
个旧市	Gejiu	39	143340
开远市	Kaiyuan	28	92383
蒙自市	Mengzi	38	128547
文山市	Wenshan	49	147817
景洪市	Jinghong	41	125822
大理市	Dali	61	205661
瑞丽市	Ruili	13	44841
芒市	Mangshi	37	103316
西藏自治区	**Tibet**		
日喀则市	Xigaze	11	28514
陕西省	**Shaanxi**		
兴平市	Xingping	61	163625
韩城市	Hancheng	40	126160
华阴市	Huayin	26	84999
甘肃省	**Gansu**		
玉门市	Yumen	16	53866
敦煌市	Dunhuang	19	63775
临夏市	Linxia	24	69400
合作市	Hezuo	9	27949
青海省	**Qinghai**		
格尔木市	Golmud	13	49493
德令哈市	Delingha	8	27233
宁夏回族自治区	**Ningxia**		
灵武市	Lingwu	24	92646
青铜峡市	Qingtongxia	28	101198
新疆维吾尔自治	**Xinjiang**		
吐鲁番市	Turpan	28	76487
哈密市	Hami	47	163158
昌吉市	Changji	37	125714
阜康市	Fukang	17	57321
博乐市	Bole	27	94797
库尔勒市	Korla	55	174688
阿克苏市	Akesu	50	141833
阿图什市	Atus	25	59760
喀什市	Kashi	55	138900
和田市	Hetian	33	86591
伊宁市	Yining	52	165476
奎屯市	Kuitun	16	56666
塔城市	Tacheng	17	51475
乌苏市	Wusu	23	73966
阿勒泰市	Aletai	20	62389
石河子市	Shihezi	62	230369
阿拉尔市	Alar	17	54411
图木舒克市	Tumushuke	16	46478
五家渠市	Wujiaqu	12	44100
北屯市	Beitun	6	21134

3-2 劳动力就业状况

Labour Force and Employment

单位：人 (person)

城市		年末单位从业人员数 Total Number of Employed Persons at Year-end	第二产业 Secondary Industry	第三产业 Tertiary Industry	城镇登记失业人员数 Registered Unemployed Persons in Urban Areas at Year-end
河北省	**Hebei**				
辛集市	Xinji	29566	8935	18631	1690
藁城市	Gaocheng	35947	18260	16397	448
晋州市	Jinzhou	19022	5328	13646	620
新乐市	Xinle	18349	6003	12212	726
鹿泉市	Luquan	35386	19631	15755	526
遵化市	Zunhua	38265	11990	26004	6900
迁安市	Qian'an	83384	55199	28185	1982
武安市	Wu'an	47734	13175	34159	1252
南宫市	Nangong	20648	9505	11102	2345
沙河市	Shahe	28366	11570	16698	920
涿州市	Zhuozhou	118289	66077	47010	251
定州市	Dingzhou	76492	46699	29793	7242
安国市	Anguo	15477	3012	12465	1138
高碑店市	Gaobeidian	39315	24440	14875	389
泊头市	Botou	28578	10899	17670	195
任丘市	Renqiu	94236	49151	44525	3590
黄骅市	Huanghua	33272	13332	15972	238
河间市	Hejian	27648	8438	18985	1134
霸州市	Bazhou	36461	13970	22491	97
三河市	Sanhe	76058	44033	32025	1203
冀州市	Jizhou	20278	9098	11152	798
深州市	Shenzhou	27689	12726	14886	1142
山西省	**Shanxi**				
古交市	Gujiao	16401	5945	10383	7546
潞城市	Lucheng	27359	17321	9977	101
高平市	Gaoping	41506	24399	16894	513
介休市	Jiexiu	58712	41158	17510	1256
永济市	Yongji	29569	12281	15537	538
河津市	Hejin	44241	27364	16804	542
原平市	Yuanping	39326	20793	17808	1800
侯马市	Houma	31295	14638	15648	907
霍州市	Huozhou	49221	39009	10212	1727
孝义市	Xiaoyi	65759	39555	26204	1813
汾阳市	Fenyang	36894	17768	19095	1151
内蒙古自治区	**Inner Mongolia**				
霍林郭勒市	Huolinguole	30849	17243	8107	1982
满洲里市	Manzhouli	30841	15141	14725	
牙克石市	Yakeshi	32180	10247	16924	2299
扎兰屯市	Zhalantun	34433	10527	19906	2051
额尔古纳市	Eerguna	16234	1838	5812	1020
根河市	Genhe	12720	5307	7358	1798
丰镇市	Fengzhen	15055	2638	11970	2434
乌兰浩特市	Wulanhaote	43239	11562	30115	4048
阿尔山市	Aershan	6727	692	3847	77
二连浩特市	Erlianhaote	7873	2250	5598	223
锡林浩特市	Xilinhaote	57520	18093	33226	3428
辽宁省	**Liaoning**				
新民市	Xinmin	24097	3720	19336	3117
瓦房店市	Wafangdian	61248	35806	25359	5269

3-2 续表 1 continued

单位：人 (person)

城市		年末单位从业人员数 Total Number of Employed Persons at Year-end	第二产业 Secondary Industry	第三产业 Tertiary Industry	城镇登记失业人员数 Registered Unemployed Persons in Urban Areas at Year-end
普兰店市	Pulandian	62056	40118	21557	20153
庄河市	Zhuanghe	45320	22597	22557	6663
海城市	Haicheng	72172	29062	42590	10602
东港市	Donggang	44122	18899	23039	3890
凤城市	Fengcheng	34144	9936	23884	5962
凌海市	Linghai	31526	10916	15133	860
北镇市	Beizhen	13989	194	11812	1218
盖州市	Gaizhou	22011	6332	15565	23000
大石桥市	Dashiqiao	46799	25004	21649	2427
灯塔市	Dengta	16489	4172	11084	1050
调兵山市	Diaobingshan	61205	52135	9070	1207
开原市	Kaiyuan	23751	4553	18752	2320
北票市	Beipiao	32293	12530	19364	3241
凌源市	Lingyuan	52077	19386	29558	21451
兴城市	Xingcheng	27846	6994	20506	4820
吉林省	**Jilin**				
九台市	Jiutai	42381	12189	28272	4894
榆树市	Yushu	36260	4117	29766	4006
德惠市	Dehui	38137	10883	25181	6456
蛟河市	Jiaohe	24769	6402	15341	2385
桦甸市	Huadian	36984	17107	14121	1895
舒兰市	Shulan	32006	10213	17839	1579
磐石市	Panshi	31777	13278	17391	1585
公主岭市	Gongzhuling	37941	9135	26896	5542
双辽市	Shuangliao	22250	3008	17065	2939
梅河口市	Meihekou	45176	17198	27163	1582
集安市	Ji'an	19635	7860	10993	1190
临江市	Linjiang	18919	4533	10030	6079
洮南市	Taonan	31626	7305	19959	1466
大安市	Daan	26037	3477	19324	2270
延吉市	Yanji	80778	19101	61350	7795
图们市	Tumen	12039	6570	5348	4496
敦化市	Dunhua	53602	18903	22082	5308
珲春市	Hunchun	33371	18392	13264	1474
龙井市	Longjing	12430	3575	8552	1883
和龙市	Helong	20992	4572	9712	1659
黑龙江省	**Heilongjiang**				
双城市	Shuangcheng	25606	4238	19873	2112
尚志市	Shangzhi	35258	4336	15545	1359
五常市	Wuchang	44011	11382	22894	3200
讷河市	Nehe	20628	4059	14155	1889
虎林市	Hulin	22635	3034	9593	2085
密山市	Mishan	18098	4564	11988	5971
铁力市	Tieli	39270	3811	7448	1351
同江市	Tongjiang	8249	1238	6861	985
富锦市	Fujin	21005	3542	15374	5038
绥芬河市	Suifenhe	11346	2462	8655	1402
海林市	Hailin	35566	10163	10549	1189
宁安市	Ning'an	30491	6894	14984	1235
穆棱市	Muling	25873	5884	15811	929

3-2 续表 2 continued

单位：人 (person)

城市		年末单位从业人员数 Total Number of Employed Persons at Year-end	第二产业 Secondary Industry	第三产业 Tertiary Industry	城镇登记失业人员数 Registered Unemployed Persons in Urban Areas at Year-end
北安市	Bei'an	25739	3137	13352	1890
五大连池市	Wudalianchi	27065	526	12803	1720
安达市	Anda	24632	8073	16308	1196
肇东市	Zhaodong	45127	20555	24417	1030
海伦市	Hailun	31609	9165	21126	1265
江苏省	**Jiangsu**				
江阴市	Jiangyin	176982	114948	61933	6285
宜兴市	Yixing	124776	78035	45357	4211
新沂市	Xinyi	57996	26029	31628	3002
邳州市	Pizhou	64777	22869	41595	4682
溧阳市	Liyang	65174	34675	30060	3482
金坛市	Jintan	61283	39030	22086	3217
常熟市	Changshu	125086	78844	46219	7659
张家港市	Zhangjiagang	148523	95290	53209	6053
昆山市	Kunshan	197472	153482	43990	5499
太仓市	Wujiang	122189	91664	30259	3128
启东市	Taicang	72541	47035	25447	4248
如皋市	Qidong	65074	32146	32285	4220
海门市	Rugao	68821	40614	26489	4084
东台市	Haimen	70007	34859	29616	2241
大丰市	Dongtai	65485	39563	22764	2585
仪征市	Dafeng	59625	41082	18531	3568
高邮市	Yizheng	55983	30406	25577	3300
丹阳市	Gaoyou	88472	57398	31074	4589
扬中市	Danyang	46012	31057	14948	1197
句容市	Yangzhong	69243	45346	22844	2646
兴化市	Jurong	57718	20791	35284	3874
靖江市	Xinghua	69784	37163	32621	3554
泰兴市	Jingjiang	75553	35738	39616	3664
姜堰市	Taixing	55638	25982	29253	3855
浙江省	**Jiangyan**				
建德市	Zhejiang	48052	22032	25932	2349
富阳市	Jiande	128223	84692	43509	3479
临安市	Fuyang	95183	66826	28319	2141
余姚市	Lin'an	152279	109440	42781	4607
慈溪市	Yuyao	159237	110563	48405	5584
奉化市	Cixi	58439	36144	22289	2599
瑞安市	Fenghua	106500	62400	44100	2189
乐清市	Rui'an	218267	171900	46298	5185
海宁市	Yueqing	125373	88068	37197	3416
平湖市	Haining	130828	100964	29789	3272
桐乡市	Pinghu	109497	72366	36881	3749
诸暨市	Tongxiang	315700	266588	48960	9900
上虞市	Zhuji	215846	183400	32446	3600
嵊州市	Shangyu	55761	33811	21918	4300
兰溪市	Shengzhou	61991	40127	21747	3186
义乌市	Lanxi	114791	48545	66228	4595
东阳市	Yiwu	380036	341032	38907	4284
永康市	Dongyang	50556	16534	34007	3551

3-2 续表 3 continued

单位：人 (person)

城市		年末单位从业人员数 Total Number of Employed Persons at Year-end	第二产业 Secondary Industry	第三产业 Tertiary Industry	城镇登记失业人员数 Registered Unemployed Persons in Urban Areas at Year-end
江山市	Yongkang	28559	11601	16958	3098
温岭市	Jiangshan	109165	61144	48012	5312
临海市	Wenling	160058	117976	41925	3159
龙泉市	Linhai	20100	7200	12500	627
安徽省	**Longquan**				
巢湖市	Chaohu	44966			6239
桐城市	Tongcheng	25785	5028	20454	1745
天长市	Tianchang	20777	4979	14967	2553
明光市	Mingguang	20373	3447	13281	1074
界首市	Jieshou	25317	10175	14600	855
宁国市	Ningguo	29045	17690	11279	1393
福建省	**Fujian**				
福清市	Fuqing	209797	169380	39364	2300
长乐市	Changle	89034	66196	22671	1996
永安市	Yong'an	46422	22763	23343	1665
石狮市	Shishi	148713	137376	9480	178
晋江市	Jinjiang	569446	521285	47709	300
南安市	Nan'an	114141	80076	33863	1010
龙海市	Longhai	76744	54007	21679	1840
邵武市	Shaowu	33499	17610	15099	2075
武夷山市	Wuyishan	24681	5367	18612	1715
建瓯市	Jian'ou	24617	3830	6649	1413
建阳市	Jianyang	20931	6216	13595	2831
漳平市	Zhangping	31883	17061	14321	1094
福安市	Fu'an	28928	7229	21372	1854
福鼎市	Fuding	24134	6844	17009	1289
江西省	**Jiangxi**				
乐平市	Leping	47717	21222	21249	610
瑞昌市	Ruichang	51465	33966	17292	222
共青城市	Gongqingcheng	18288	16071	2117	652
贵溪市	Guixi	40528	24700	15828	2939
瑞金市	Ruijin	23428	8106	15148	110
南康市	Nankang	30142	11095	18880	4825
井冈山市	Jinggangshan	20029	8902	9595	1428
丰城市	Fengcheng	58345	27827	29489	4756
樟树市	Zhangshu	36363	16192	21192	1399
高安市	Gaoan	50877	30961	18986	839
德兴市	Dexing	25400	11821	11770	1158
山东省	**Shandong**				
章丘市	Zhangqiu	143035	101455	41452	2114
胶州市	Jiaozhou	178930	128360	49979	6540
即墨市	Jimo	170298	133471	36626	3181
平度市	Pingdu	78911	48880	29458	3902
莱西市	Laixi	117175	77525	28710	3435
滕州市	Tengzhou	300435	216236	80948	7642
龙口市	Longkou	98734	68081	30291	1056
莱阳市	Laiyang	84641	50667	33883	2327
莱州市	Laizhou	78129	46011	31503	2388
蓬莱市	Penglai	90213	51654	38341	442

3-2 续表 4 continued

单位：人 (person)

城市		年末单位从业人员数 Total Number of Employed Persons at Year-end	第二产业 Secondary Industry	第三产业 Tertiary Industry	城镇登记失业人员数 Registered Unemployed Persons in Urban Areas at Year-end
招远市	Zhaoyuan	86051	55408	30589	1381
栖霞市	Qixia	41613	20008	15350	1109
海阳市	Haiyang	38847	17536	21274	1785
青州市	Qingzhou	77581	45729	31839	2747
诸城市	Zhucheng	79522	39543	39979	4437
寿光市	Shouguang	97326	56310	40803	2914
安丘市	Anqiu	114926	76750	38176	2887
高密市	Gaomi	67757	39291	27844	4619
昌邑市	Changyi	39516	17857	21659	2825
曲阜市	Qufu	63183	33898	29254	1462
兖州市	Yanzhou	62528	33727	28720	2712
邹城市	Zoucheng	177441	140398	36552	5087
新泰市	Xintai	194899	158951	35798	5016
肥城市	Feicheng	149930	120912	28144	1822
文登市	Wendeng	104218	76310	27721	651
荣成市	Rongcheng	149389	114231	34957	1489
乳山市	Rushan	56633	36546	19850	1071
乐陵市	Laoling	26146	8831	17177	1200
禹城市	Yucheng	38508	19563	18763	1691
临清市	Linqing	42394	19042	23263	3708
河南省	**Henan**				
巩义市	Gongyi	64113	36639	27430	4353
荥阳市	Xingyang	65676	34896	30780	1150
新密市	Xinmi	71282	41561	29712	1337
新郑市	Xinzheng	76313	42811	33411	2176
登封市	Dengfeng	78201	43670	34531	460
偃师市	Yanshi	33623	10683	22940	1485
舞钢市	Wugang	36706	22705	13812	320
汝州市	Ruzhou	56658	28443	28054	1208
林州市	Linzhou	115846	88461	27010	1281
卫辉市	Weihui	36161	17155	19006	1636
辉县市	Huixian	55735	27022	28607	1126
沁阳市	Qinyang	27201	10743	16447	2370
孟州市	Mengzhou	41669	28123	13546	784
禹州市	Yuzhou	65302	33230	32028	1830
长葛市	Changge	48777	24616	24086	481
义马市	Yima	73785	67860	5925	624
灵宝市	Lingbao	48027	20230	26973	1870
邓州市	Dengzhou	65786	17402	47898	3368
永城市	Yongcheng	95216	62506	32710	2685
项城市	Xiangcheng	44482	16393	28002	1727
济源市	Jiyuan	153016	114732	38019	6749
湖北省	**Hubei**				
大冶市	Daye	86280	60489	24984	2245
丹江口市	Danjiangkou	44130	22957	20925	3900
宜都市	Yidu	80910	54130	26535	3252
当阳市	Dangyang	40927	35914	4885	1845
枝江市	Zhijiang	113000	67000	43000	3225
老河口市	Laohekou	43846	21821	21898	3190

3-2 续表 5 continued

单位：人 (person)

城市		年末单位从业人员数 Total Number of Employed Persons at Year-end	第二产业 Secondary Industry	第三产业 Tertiary Industry	城镇登记失业人员数 Registered Unemployed Persons in Urban Areas at Year-end
枣阳市	Zaoyang	55313	25251	29750	9180
宜城市	Yicheng	37394	14265	20342	3448
钟祥市	Zhongxiang	482820	136445	230325	2222
应城市	Yingcheng	77798	38955	36683	3560
安陆市	Anlu	59841	32144	25645	2165
汉川市	Hanchuan	161770	89622	68351	4270
石首市	Shishou	42841	22762	19779	3694
洪湖市	Honghu	38791	12753	25721	4262
松滋市	Songzi	46161	20662	24817	4070
麻城市	Macheng	98050	38240	57260	2272
武穴市	Wuxue	44864	12110	29735	4192
赤壁市	Chibi	56380	26149	29031	2386
广水市	Guangshui	47938	19912	24806	2332
恩施市	Enshi	58731	11733	46909	1123
利川市	Lichuan	34119	15306	18413	1534
仙桃市	Xiantao	237530	156442	81088	6920
潜江市	Qianjiang	158619	95746	30354	5600
天门市	Tianmen	140288	101473	33585	5412
湖南省	**Hunan**				
浏阳市	Liuyang	151623	117976	33501	4371
醴陵市	Liling	71634	48408	23167	4068
湘乡市	Xiangxiang	53705	33347	20334	2023
韶山市	Shaoshan	6482	1446	5001	260
耒阳市	Leiyang	62221	28431	33790	110
常宁市	Changning	46113	23370	22743	4510
武冈市	Wugang	28522	9398	19124	3089
汨罗市	Miluo	87267	30990	56059	3148
临湘市	Linxiang	25805	9693	15588	10004
津市市	Jinshi	23277	15427	7850	2431
沅江市	Yuanjiang	35316	9835	25235	6253
资兴市	Zixing	49575	32818	16494	2970
洪江市	Hongjiang	28760	11889	16691	856
冷水江市	Lengshuijiang	64524	44693	19831	2661
涟源市	Lianyuan	40837	13205	26875	3821
吉首市	Jishou	51023	10929	39947	15467
广东省	**Guangdong**				
增城市	Zengcheng	157763	100717	56833	5300
从化市	Conghua	75988	49698	25083	2089
乐昌市	Lechang	27330	9809	16920	3300
南雄市	Nanxiong	30443	13652	13292	1137
台山市	Taishan	56258	25445	30707	5506
开平市	Kaiping	91299	64227	26840	5731
鹤山市	Heshan	39141	20429	18645	1697
恩平市	Enping	29533	12707	16826	1225
廉江市	Lianjiang	61795	22765	36468	6000
雷州市	Leizhou	58111	18485	33368	2419
吴川市	Wuchuan	50679	27101	23526	2687
高州市	Gaozhou	75886	31136	41324	4013
化州市	Huazhou	61469	21961	35807	4301

3-2 续表 6 continued

单位：人 (person)

城　　市		年末单位从业人员数 Total Number of Employed Persons at Year-end	第二产业 Secondary Industry	第三产业 Tertiary Industry	城镇登记失业人员数 Registered Unemployed Persons in Urban Areas at Year-end
信宜市	Xinyi	41593	7595	33379	4018
高要市	Gaoyao	22746	3869	18877	1773
四会市	Sihui	97233	65973	29873	790
兴宁市	Xingning	45482	16226	29110	1593
陆丰市	Lufeng	51661	17353	28563	5207
阳春市	Yangchun	56298	24883	29680	4163
英德市	Yingde	48410	21920	24813	4604
连州市	Lianzhou	17398	4805	12229	2446
普宁市	Puning	58150	14100	43034	1890
罗定市	Luoding	50189	20148	29797	1814
广西壮族自治区	**Guangxi**				
岑溪市	Cenxi	25663	4364	21158	1849
东兴市	Dongxi	10293	1652	8167	798
桂平市	Guiping	42553	7020	30664	4627
北流市	Beiliu	71392	36034	33143	1837
宜州市	Yizhou	27276	8878	17981	800
合山市	Heshan	15036	8260	6730	1100
凭祥市	Pingxiang	10095	2238	7847	224
海南省	**Hainan**				
五指山市	Wuzhishan	10232	815	9028	931
琼海市	Qionghai	52628	11121	33018	564
儋州市	Danzhou	40688	6725	29348	554
文昌市	Wenchang	27302	6114	20042	881
万宁市	Wanning	90114	6255	38763	596
东方市	Dongfang	24802	5055	18241	632
四川省	**Sichuan**				
都江堰市	Dujiangyan	122602	37516	69256	1923
彭州市	Pengzhou	94504	51028	43102	2085
邛崃市	Qionglai	39121	22142	16852	1407
崇州市	Chongzhou	29883	5471	23068	6525
广汉市	Guanghan	26754	2340	8163	1799
什邡市	Shifang	39818	25896	13766	1257
绵竹市	Mianzhu	36542	21362	14877	2205
江油市	Jiangyou	46076	18609	27286	5577
峨眉山市	Emeishan	41742	24305	17437	3037
阆中市	Langzhong	23276	2049	20641	2216
华蓥市	Huaying	16959	8463	8393	1895
万源市	Wanyuan	15749	1323	13991	2557
简阳市	Jianyang	49579	22986	25435	4020
西昌市	Xichang	82001	21800	59440	5784
贵州省	**Guizhou**				
清镇市	Qingzhen	39795	24275	15122	5631
赤水市	Chishui	26794	7260	18635	960
仁怀市	Renhuai	301780	47600	50450	1558
兴义市	Xingyi	169035	75897	81459	
凯里市	Kaili	67649	18304	49245	4523
都匀市	Duyun	47021	9993	36447	3886
福泉市	Fuquan	20548	10118	10324	6119

3-2 续表 7 continued

单位：人 (person)

城市		年末单位从业人员数 Total Number of Employed Persons at Year-end	第二产业 Secondary Industry	第三产业 Tertiary Industry	城镇登记失业人员数 Registered Unemployed Persons in Urban Areas at Year-end
云南省	**Yunnan**				
安宁市	Anning	91277	64610	26474	1411
宣威市	Xuanwei	548049	106717	132779	8559
楚雄市	Chuxiong	62154	24694	37323	4506
个旧市	Gejiu	82544	64720	17577	4672
开远市	Kaiyuan	36758	21501	14613	7858
蒙自市	Mengzi	53465	25053	28046	2276
文山市	Wenshan	56728	17877	38343	899
景洪市	Jinghong	44300	6018	27263	2657
大理市	Dali	115802	50025	65087	4564
瑞丽市	Ruili	26591	7293	15329	1684
芒市	Mangshi	44970	12420	30041	1688
西藏自治区	**Tibet**				
日喀则市	Xigaze	4053			1099
陕西省	**Shaanxi**				
兴平市	Xingping	41560	24346	16953	2305
韩城市	Hancheng	49395	26430	22301	3336
华阴市	Huayin	21900	7900	12600	1258
甘肃省	**Gansu**				
玉门市	Yumen	30233	17455	7564	1423
敦煌市	Dunhuang	13799	1985	10822	897
临夏市	Linxia	31298	5464	25711	2167
合作市	Hezuo	15689	1489	10697	1620
青海省	**Qinghai**				
格尔木市	Golmud	32846	21946	10570	6769
德令哈市	Delingha	16239	5618	10107	321
宁夏回族自治区	**Ningxia**				
灵武市	Lingwu	19693	4315	11507	16830
青铜峡市	Qingtongxia	28496	15760	10513	2309
新疆维吾尔自治区	**Xinjiang**				
吐鲁番市	Turpan	29878	7577	20737	723
哈密市	Hami	74540	24931	38678	2513
昌吉市	Changji	68397	26951	40326	719
阜康市	Fukang	23038	13009	9977	531
博乐市	Bole	17160	952	16208	1640
库尔勒市	Korla	91242	32655	47370	5576
阿克苏市	Akesu	50228	9563	40274	32903
阿图什市	Atus	20693	1443	17582	1296
喀什市	Kashi	67367	3371	17705	1077
和田市	Hetian	19676	1450	18108	1402
伊宁市	Yining	70314	9380	58850	2610
奎屯市	Kuitun	17172	4423	12749	2159
塔城市	Tacheng	24983	3674	18129	
乌苏市	Wusu	29890	4667	11346	815
阿勒泰市	Aletai	33134	2779	17852	885
石河子市	Shihezi	164409	51277	41849	5600
阿拉尔市	Alar	43297	5617	8935	1002
图木舒克市	Tumushuke	58124	10194	11105	2898
五家渠市	Wujiaqu	30700	12900	10900	800
北屯市	Beitun	20165	3819	10939	

3-3 行政区域土地面积及建成区面积

Total Land Area of Administrative region and Area of Built Districts

单位：平方公里 (sq.km)

城　市	City	行政区域土地面积 Total Land Area of Administrative region	建成区面积 Area of Built Districts
河北省	**Hebei**		
辛集市	Xinji	951	29
藁城市	Gaocheng	836	18
晋州市	Jinzhou	619	16
新乐市	Xinle	524	13
鹿泉市	Luquan	603	19
遵化市	Zunhua	1509	23
迁安市	Qian'an	1208	36
武安市	Wu'an	1806	30
南宫市	Nangong	861	20
沙河市	Shahe	859	15
涿州市	Zhuozhou	742	34
定州市	Dingzhou	1274	28
安国市	Anguo	486	13
高碑店市	Gaobeidian	618	17
泊头市	Botou	1007	20
任丘市	Renqiu	1012	44
黄骅市	Huanghua	1545	28
河间市	Hejian	1333	19
霸州市	Bazhou	801	18
三河市	Sanhe	634	20
冀州市	Jizhou	877	17
深州市	Shenzhou	1245	19
山西省	**Shanxi**		
古交市	Gujiao	1584	16
潞城市	Lucheng	630	8
高平市	Gaoping	946	18
介休市	Jiexiu	744	18
永济市	Yongji	1221	23
河津市	Hejin	593	22
原平市	Yuanping	2571	11
侯马市	Houma	221	19
霍州市	Huozhou	764	15
孝义市	Xiaoyi	946	22
汾阳市	Fenyang	1175	12
内蒙古自治区	**Inner Mongolia**		
霍林郭勒市	Huolinguole	585	22
满洲里市	Manzhouli	732	27
牙克石市	Yakeshi	27590	94
扎兰屯市	Zhalantun	16800	20
额尔古纳市	Eerguna	28958	10
根河市	Genhe	20012	47
丰镇市	Fengzhen	2704	22
乌兰浩特市	Wulanhaote	2728	39
阿尔山市	Aershan	7409	10
二连浩特市	Erlianhaote	4013	27
锡林浩特市	Xilinhaote	14780	41
辽宁省	**Liaoning**		
新民市	Xinmin	3297	18
瓦房店市	Wafangdian	3794	39
普兰店市	Pulandian	2896	33
庄河市	Zhuanghe	4086	40
海城市	Haicheng	2570	33
东港市	Donggang	2399	28
凤城市	Fengcheng	5515	18
凌海市	Linghai	2585	20
北镇市	Beizhen	1694	53
盖州市	Gaizhou	2946	155
大石桥市	Dashiqiao	1598	33
灯塔市	Dengta	1170	12
调兵山市	Diaobingshan	262	19
开原市	Kaiyuan	2838	48
北票市	Beipiao	4469	14
凌源市	Lingyuan	3278	25
兴城市	Xingcheng	2116	30
吉林省	**Jilin**		
九台市	Jiutai	3375	26
榆树市	Yushu	4712	28
德惠市	Dehui	3435	27
蛟河市	Jiaohe	6364	13
桦甸市	Huadian	6625	19
舒兰市	Shulan	4557	26
磐石市	Panshi	3867	30
公主岭市	Gongzhuling	4028	36
双辽市	Shuangliao	3121	30
梅河口市	Meihekou	2174	24
集安市	Ji'an	3342	14
临江市	Linjiang	3008	8
洮南市	Taonan	5031	17
大安市	Daan	4879	14
延吉市	Yanji	1748	41
图们市	Tumen	1142	9
敦化市	Dunhua	11957	31
珲春市	Hunchun	5161	18
龙井市	Longjing	2208	10
和龙市	Helong	5069	11
黑龙江省	**Heilongjiang**		
双城市	Shuangcheng	3112	24
尚志市	Shangzhi	8891	40
五常市	Wuchang	7512	22
讷河市	Nehe	6648	14
虎林市	Hulin	9334	11
密山市	Mishan	7731	22
铁力市	Tieli	6730	44
同江市	Tongjiang	6300	10
富锦市	Fujin	8227	16
绥芬河市	Suifenhe	422	24
海林市	Hailin	8711	14
宁安市	Ning'an	7891	11
穆棱市	Muling	6212	38

3-3 续表 1 continued

单位：平方公里 (sq.km)

城市	City	行政区域土地面积 Total Land Area of Administrative region	建成区面积 Area of Built Districts
北安市	Bei'an	7194	20
五大连池市	Wudalianchi	9874	19
安达市	Anda	3586	26
肇东市	Zhaodong	3905	34
海伦市	Hailun	4667	20
江苏省	**Jiangsu**		
江阴市	Jiangyin	987	55
宜兴市	Yixing	1997	70
新沂市	Xinyi	1571	34
邳州市	Pizhou	2088	42
溧阳市	Liyang	1535	25
金坛市	Jintan	976	22
常熟市	Changshu	1276	98
张家港市	Zhangjiagang	990	67
昆山市	Kunshan	932	72
太仓市	Taicang	823	46
启东市	Qidong	1208	22
如皋市	Rugao	1492	25
海门市	Haimen	939	22
东台市	Dongtai	3221	34
大丰市	Dafeng	3059	26
仪征市	Yizheng	857	39
高邮市	Gaoyou	1922	24
丹阳市	Danyang	1047	26
扬中市	Yangzhong	331	12
句容市	Jurong	1387	23
兴化市	Xinghua	2395	35
靖江市	Jingjiang	656	34
泰兴市	Taixing	1170	24
姜堰市	Jiangyan	928	23
浙江省	**Zhejiang**		
建德市	Jiande	2364	9
富阳市	Fuyang	1808	25
临安市	Lin'an	3124	15
余姚市	Yuyao	1501	46
慈溪市	Cixi	1361	42
奉化市	Fenghua	1268	19
瑞安市	Rui'an	1271	23
乐清市	Yueqing	1174	19
海宁市	Haining	668	34
平湖市	Pinghu	537	18
桐乡市	Tongxiang	727	38
诸暨市	Zhuji	2311	38
上虞市	Shangyu	1403	26
嵊州市	Shengzhou	1790	41
兰溪市	Lanxi	1312	33
义乌市	Yiwu	1105	100
东阳市	Dongyang	1747	37
永康市	Yongkang	1048	35
江山市	Jiangshan	2019	16
温岭市	Wenling	836	32
临海市	Linhai	2171	40
龙泉市	Longquan	3059	13
安徽省	**Anhui**		
巢湖市	Chaohu	2046	43
桐城市	Tongcheng	1546	26
天长市	Tianchang	1751	29
明光市	Mingguang	2350	24
界首市	Jieshou	667	18
宁国市	Ningguo	2487	26
福建省	**Fujian**		
福清市	Fuqing	1518	
长乐市	Changle	672	
永安市	Yong'an	2932	22
石狮市	Shishi	160	
晋江市	Jinjiang	642	
南安市	Nan'an	1985	
龙海市	Longhai	1315	35
邵武市	Shaowu	2859	
武夷山市	Wuyishan	2814	
建瓯市	Jian'ou	4233	
建阳市	Jianyang	3378	
漳平市	Zhangping	2976	
福安市	Fu'an	1880	
福鼎市	Fuding	1526	
江西省	**Jiangxi**		
乐平市	Leping	1974	19
瑞昌市	Ruichang	1423	15
共青城市	Gongqingcheng	308	14
贵溪市	Guixi	2493	27
瑞金市	Ruijin	2448	24
南康市	Nankang	1740	30
井冈山市	Jinggangshan	1276	9
丰城市	Fengcheng	2845	42
樟树市	Zhangshu	1290	26
高安市	Gaoan	2439	54
德兴市	Dexing	2082	7
山东省	**Shandong**		
章丘市	Zhangqiu	1855	36
胶州市	Jiaozhou	1324	45
即墨市	Jimo	1780	53
平度市	Pingdu	3167	50
莱西市	Laixi	1568	82
滕州市	Tengzhou	1496	53
龙口市	Longkou	901	41
莱阳市	Laiyang	1732	42
莱州市	Laizhou	1878	40
蓬莱市	Penglai	1129	35

3-3 续表 2 continued

单位：平方公里 (sq.km)

城　市	City	行政区域土地面积 Total Land Area of Administrative region	建成区面积 Area of Built Districts
招远市	Zhaoyuan	1432	30
栖霞市	Qixia	2016	16
海阳市	Haiyang	1909	54
青州市	Qingzhou	1569	49
诸城市	Zhucheng	2151	42
寿光市	Shouguang	1990	38
安丘市	Anqiu	1712	38
高密市	Gaomi	1527	45
昌邑市	Changyi	1628	25
曲阜市	Qufu	815	27
兖州市	Yanzhou	664	
邹城市	Zoucheng	1616	42
新泰市	Xintai	1933	66
肥城市	Feicheng	1277	44
文登市	Wendeng	1829	44
荣成市	Rongcheng	1526	71
乳山市	Rushan	1654	31
乐陵市	Laoling	1172	30
禹城市	Yucheng	990	49
临清市	Linqing	950	24
河南省	**Henan**		
巩义市	Gongyi	1043	26
荥阳市	Xingyang	943	30
新密市	Xinmi	1001	30
新郑市	Xinzheng	887	29
登封市	Dengfeng	1217	39
偃师市	Yanshi	949	121
舞钢市	Wugang	641	37
汝州市	Ruzhou	957	17
林州市	Linzhou	2062	21
卫辉市	Weihui	859	20
辉县市	Huixian	2007	26
沁阳市	Qinyang	624	23
孟州市	Mengzhou	542	15
禹州市	Yuzhou	1461	35
长葛市	Changge	650	51
义马市	Yima	112	15
灵宝市	Lingbao	3011	17
邓州市	Dengzhou	2360	40
永城市	Yongcheng	2021	47
项城市	Xiangcheng	1083	30
济源市	Jiyuan	1894	38
湖北省	**Hubei**		
大冶市	Daye	1566	27
丹江口市	Danjiangkou	3121	28
宜都市	Yidu	1357	20
当阳市	Dangyang	2159	19
枝江市	Zhijiang	1310	20
老河口市	Laohekou	1032	27
枣阳市	Zaoyang	3277	34
宜城市	Yicheng	2115	19
钟祥市	Zhongxiang	4488	23
应城市	Yingcheng	1103	46
安陆市	Anlu	1355	22
汉川市	Hanchuan	1659	26
石首市	Shishou	1427	23
洪湖市	Honghu	2519	40
松滋市	Songzi	2177	25
麻城市	Macheng	3747	27
武穴市	Wuxue	1246	24
赤壁市	Chibi	1723	26
广水市	Guangshui	2647	72
恩施市	Enshi	3972	20
利川市	Lichuan	4607	14
仙桃市	Xiantao	2538	67
潜江市	Qianjiang	2004	50
天门市	Tianmen	2622	80
湖南省	**Hunan**		
浏阳市	Liuyang	4998	25
醴陵市	Liling	2157	27
湘乡市	Xiangxiang	1967	86
韶山市	Shaoshan	247	5
耒阳市	Leiyang	2656	39
常宁市	Changning	2064	25
武冈市	Wugang	1549	16
汨罗市	Miluo	1562	74
临湘市	Linxiang	1754	15
津市市	Jinshi	557	21
沅江市	Yuanjiang	2020	14
资兴市	Zixing	2747	25
洪江市	Hongjiang	2289	
冷水江市	Lengshuijiang	439	19
涟源市	Lianyuan	1912	16
吉首市	Jishou	1058	20
广东省	**Guangdong**		
增城市	Zengcheng	1616	32
从化市	Conghua	1975	25
乐昌市	Lechang	2421	20
南雄市	Nanxiong	2326	11
台山市	Taishan	3285	26
开平市	Kaiping	1659	32
鹤山市	Heshan	1083	21
恩平市	Enping	1698	19
廉江市	Lianjiang	2840	92
雷州市	Leizhou	3662	51
吴川市	Wuchuan	876	18
高州市	Gaozhou	3276	27
化州市	Huazhou	2354	25

3-3 续表 3 continued

单位：平方公里 (sq.km)

城　市	City	行政区域土地面积 Total Land Area of Administrative region	建成区面积 Area of Built Districts	城　市	City	行政区域土地面积 Total Land Area of Administrative region	建成区面积 Area of Built Districts
信宜市	Xinyi	3081	24	**云南省**	**Yunnan**		
高要市	Gaoyao	2186	21	安宁市	Anning	1302	21
四会市	Sihui	1262	50	宣威市	Xuanwei	6053	33
兴宁市	Xingning	2104	17	楚雄市	Chuxiong	4512	39
陆丰市	Lufeng	1541		个旧市	Gejiu	1587	13
阳春市	Yangchun	4054	28	开远市	Kaiyuan	1950	21
英德市	Yingde	5634	25	蒙自市	Mengzi	2228	30
连州市	Lianzhou	2668	23	文山市	Wenshan	2977	20
普宁市	Puning	1635	37	景洪市	Jinghong	6959	24
罗定市	Luoding	2327	21	大理市	Dali	1815	45
广西壮族自治区	**Guangxi**			瑞丽市	Ruili	1020	25
岑溪市	Cenxi	2770	8	芒市	Mangshi	2987	17
东兴市	Dongxi	589	10	**西藏自治区**	**Tibet**		
桂平市	Guiping	4071	29	日喀则市	Xigaze	3654	
北流市	Beiliu	2452	19	**陕西省**	**Shaanxi**		
宜州市	Yizhou	3857	11	兴平市	Xingping	508	20
合山市	Heshan	366		韩城市	Hancheng	1621	18
凭祥市	Pingxiang	645	3	华阴市	Huayin	817	7
海南省	**Hainan**			**甘肃省**	**Gansu**		
五指山市	Wuzhishan	1129	6	玉门市	Yumen	13496	26
琼海市	Qionghai	1710	25	敦煌市	Dunhuang	31200	12
儋州市	Danzhou	3394	25	临夏市	Linxia	89	20
文昌市	Wenchang	2485	15	合作市	Hezuo	2291	9
万宁市	Wanning	1884	11	**青海省**	**Qinghai**		
东方市	Dongfang	2256	16	格尔木市	Golmud	119174	
四川省	**Sichuan**			德令哈市	Delingha	27765	47
都江堰市	Dujiangyan	1208	35	**宁夏回族自治区**	**Ningxia**		
彭州市	Pengzhou	1421	21	灵武市	Lingwu	4539	11
邛崃市	Qionglai	1384	20	青铜峡市	Qingtongxia	2525	27
崇州市	Chongzhou	1090	25	**新疆维吾尔自治区**	**Xinjiang**		
广汉市	Guanghan	548	45	吐鲁番市	Turpan	13589	13
什邡市	Shifang	820	13	哈密市	Hami	85587	34
绵竹市	Mianzhu	1246	14	昌吉市	Changji	8215	49
江油市	Jiangyou	2720	30	阜康市	Fukang	8529	10
峨眉山市	Emeishan	1181	18	博乐市	Bole	7956	20
阆中市	Langzhong	1875	24	库尔勒市	Korla	7267	68
华蓥市	Huaying	464	11	阿克苏市	Akesu	13564	38
万源市	Wanyuan	4051	9	阿图什市	Atus	16151	8
简阳市	Jianyang	2215	24	喀什市	Kashi	555	53
西昌市	Xichang	2657	36	和田市	Hetian	510	26
贵州省	**Guizhou**			伊宁市	Yining	676	37
清镇市	Qingzhen	1492	52	奎屯市	Kuitun	1110	25
赤水市	Chishui	1852	10	塔城市	Tacheng	4353	14
仁怀市	Renhuai	1788	12	乌苏市	Wusu	13729	25
兴义市	Xingyi	2908	32	阿勒泰市	Aletai	11481	11
凯里市	Kaili	1306	54	石河子市	Shihezi	6007	30
都匀市	Duyun	2274	29	阿拉尔市	Alar	4196	36
福泉市	Fuquan	1688	19	图木舒克市	Tumushuke	1927	14
				五家渠市	Wujiaqu	710	14
				北屯市		911	21

3-4 地区生产总值

Gross Regional Product

单位：万元 (10 000 yuan)

城 市	City	地区生产总值 Gross Regional Product	第一产业增加值 Value-added of the Primary Industry	第二产业增加值 Value-added of the Secondary Industry	第三产业增加值 Value-added of the Tertiary Industry
河北省	**Hebei**				
辛集市	Xinji	3415778	448819	2199553	767406
藁城市	Gaocheng	4753244	628469	3178946	945829
晋州市	Jinzhou	2009307	267291	1092930	649086
新乐市	Xinle	1560814	258943	886723	415148
鹿泉市	Luquan	2900051	209756	1717572	972723
遵化市	Zunhua	5198179	383944	2782179	2032056
迁安市	Qian'an	9009168	381716	5972803	2654649
武安市	Wu'an	5804439	182449	3883623	1738367
南宫市	Nangong	787599	147395	384409	255795
沙河市	Shahe	2047245	60605	1372191	614449
涿州市	Zhuozhou	2075326	198966	793359	1083001
定州市	Dingzhou	2397006	659814	1217262	519930
安国市	Anguo	926853	207096	450296	269461
高碑店市	Gaobeidian	1176400	143681	722651	310068
泊头市	Botou	1600988	201682	837772	561534
任丘市	Renqiu	5436342	185065	3801552	1449725
黄骅市	Huanghua	2340150	257919	1010481	1071750
河间市	Hejian	2301312	229196	984231	1087885
霸州市	Bazhou	3204402	186674	2181434	836294
三河市	Sanhe	4251348	353217	2508343	1389788
冀州市	Jizhou	792848	137162	437424	218262
深州市	Shenzhou	1195555	310569	609080	275906
山西省	**Shanxi**				
古交市	Gujiao	323984	17501	161425	145058
潞城市	Lucheng	970590	37609	734798	198183
高平市	Gaoping	2346777	122637	1713361	510779
介休市	Jiexiu	1510400	48241	1006293	455866
永济市	Yongji	1199074	187656	718112	293306
河津市	Hejin	1846676	74061	1222736	549879
原平市	Yuanping	1051970	115265	553297	383408
侯马市	Houma	909918	30248	420454	459216
霍州市	Huozhou	865912	33586	644704	187622
孝义市	Xiaoyi	3905013	124774	2605904	1174335
汾阳市	Fenyang	1153031	84482	676346	392203
内蒙古自治区	**Inner Mongolia**				
霍林郭勒市	Huolinguole	2950038	26776	2216777	706485
满洲里市	Manzhouli	1759226	33592	488334	1237300
牙克石市	Yakeshi	1901512	341761	915060	644691
扎兰屯市	Zhalantun	1486485	385217	770214	331054
额尔古纳市	Eerguna	369968	132777	105141	132050
根河市	Genhe	349223	97180	98634	153409
丰镇市	Fengzhen	1269004	152000	792084	324920
乌兰浩特市	Wulanhaote	1300027	100052	625600	574375
阿尔山市	Aershan	127315	25490	34021	67804
二连浩特市	Erlianhaote	679245	4598	251219	423428
锡林浩特市	Xilinhaote	1945374	102019	1263113	580242
辽宁省	**Liaoning**				
新民市	Xinmin	4157555	745555	2347441	1064559
瓦房店市	Wafangdian	9573342	940154	6262866	2370322

3-4 续表 1 continued

单位: 万元 (10 000 yuan)

城市	City	地区生产总值 Gross Regional Product	第一产业增加值 Value-added of the Primary Industry	第二产业增加值 Value-added of the Secondary Industry	第三产业增加值 Value-added of the Tertiary Industry
普兰店市	Pulandian	7158278	967893	4324593	1865792
庄河市	Zhuanghe	7549765	1149566	4473355	1926844
海城市	Haicheng	8035803	439108	3922349	3674346
东港市	Donggang	4749172	691485	2275791	1781896
凤城市	Fengcheng	4234628	289492	2425371	1519765
凌海市	Linghai	2454993	498460	1462651	493882
北镇市	Beizhen	1359351	459735	485158	414458
盖州市	Gaizhou	2192651	352928	1061060	778663
大石桥市	Dashiqiao	4999379	421677	3149336	1428366
灯塔市	Dengta	2237544	258909	1498654	479981
调兵山市	Diaobingshan	1614486	73293	1088367	452826
开原市	Kaiyuan	4102975	447244	2274534	1381197
北票市	Beipiao	2182446	433220	1202428	546798
凌源市	Lingyuan	1821108	397853	813570	609685
兴城市	Xingcheng	1267045	183782	599936	483327
吉林省	**Jilin**				
九台市	Jiutai	3329470	375945	1712315	1241210
榆树市	Yushu	3418803	962246	873814	1582743
德惠市	Dehui	3433828	654241	1352892	1426695
蛟河市	Jiaohe	1963987	343377	993940	626670
桦甸市	Huadian	2715604	411931	1596640	707033
舒兰市	Shulan	1855429	521761	573899	759769
磐石市	Panshi	2851106	451245	1391648	1008213
公主岭市	Gongzhuling	3444236	974432	1299261	1170543
双辽市	Shuangliao	1807945	377263	964713	465969
梅河口市	Meihekou	2477829	249000	1209622	1019207
集安市	Ji'an	830423	85000	339055	406368
临江市	Linjiang	835418	70264	440872	324282
洮南市	Taonan	1105534	258786	462145	384603
大安市	Daan	1214146	176891	675698	361557
延吉市	Yanji	3009137	52293	1484956	1471888
图们市	Tumen	391273	16694	232061	142518
敦化市	Dunhua	1568725	279131	756690	532904
珲春市	Hunchun	1250687	52200	898209	300278
龙井市	Longjing	376288	44332	166336	165620
和龙市	Helong	545926	56589	333624	155713
双城市	Shuanlong	3703335	1095297	1021036	1587002
黑龙江省	**Heilongjiang**				
尚志市	Shangzhi	2198431	441740	837486	919205
五常市	Wuchang	2784264	803007	813221	1168036
讷河市	Nehe	1081379	371690	339597	370092
虎林市	Hulin	639905	305547	115830	218528
密山市	Mishan	971085	298683	332133	340269
铁力市	Tieli	669706	306195	169943	193568
同江市	Tongjiang	408780	185252	81358	142170
富锦市	Fujin	1258529	520273	391098	347158
绥芬河市	Suifenhe	1113204	6341	159890	946973
海林市	Hailin	1519142	311253	780817	427072
宁安市	Ning'an	1535489	456140	573747	505602
穆棱市	Muling	1470717	260690	848412	361615

3-4 续表 2 continued

单位：万元 (10 000 yuan)

城 市	City	地区生产总值 Gross Regional Product	第一产业增加值 Value-added of the Primary Industry	第二产业增加值 Value-added of the Secondary Industry	第三产业增加值 Value-added of the Tertiary Industry
北安市	Bei'an	644426	184433	139939	320054
五大连池市	Wudalianchi	453028	263592	51779	137657
安达市	Anda	3350706	607279	1672403	1071024
肇东市	Zhaodong	4461925	924381	1927378	1610166
海伦市	Hailun	977340	581417	233295	162628
江苏省	**Jiangsu**				
江阴市	Jiangyin	25353800	476900	14439100	10437800
宜兴市	Yixing	10859800	476800	5812200	4570800
新沂市	Xinyi	3501600	479100	1494400	1528100
邳州市	Pizhou	5134900	793200	2236400	2105300
溧阳市	Liyang	5592000	390200	3065800	2136000
金坛市	Jintan	3738100	276400	1978000	1483700
常熟市	Changshu	18701900	370200	9969500	8362200
张家港市	Zhangjiagang	20505800	275300	11755100	8475400
昆山市	Kunshan	27253200	244600	16312500	10696100
太仓市	Taicang	9551190	336090	5203600	4011500
启东市	Qidong	5891385	614819	3060885	2215681
如皋市	Rugao	5901669	527722	3184929	2189018
海门市	Haimen	6630971	464998	3775976	2389997
东台市	Dongtai	5066899	783298	2318900	1964701
大丰市	Dafeng	3933600	633400	1738200	1562000
仪征市	Yizheng	3702700	193000	2128600	1381100
高邮市	Gaoyou	3360000	559600	1560500	1239900
丹阳市	Danyang	8305068	447913	4477600	3379555
扬中市	Yangzhong	3602000	115000	2026900	1460100
句容市	Jurong	3368600	317100	1778900	1272600
兴化市	Xinghua	5123600	815400	2225000	2083200
靖江市	Jingjiang	6008500	188800	3358800	2460900
泰兴市	Taixing	5435500	428000	2911500	2096000
姜堰市	Jiangyan	4058600	316800	2108000	1633800
浙江省	**Zhejiang**				
建德市	Jiande	2477268	258136	1373300	845831
富阳市	Fuyang	5418339	359913	3223002	1835424
临安市	Lin'an	3813458	336497	2184269	1292692
余姚市	Yuyao	7090713	434637	4223347	2432729
慈溪市	Cixi	9582077	465351	5600405	3516321
奉化市	Fenghua	2742507	276749	1303059	1162699
瑞安市	Rui'an	5593195	188009	2763596	2641590
乐清市	Yueqing	5994291	196886	3489699	2307706
海宁市	Haining	5812532	252980	3396264	2163288
平湖市	Pinghu	4228412	178672	2623718	1426022
桐乡市	Tongxiang	5268713	318862	2772659	2177192
诸暨市	Zhuji	8219025	466940	4599358	3152727
上虞市	Shangyu	5774648	392446	3214694	2167508
嵊州市	Shengzhou	3639848	352886	1859096	1427866
兰溪市	Lanxi	2311298	222826	1326360	762112
义乌市	Yiwu	8060304	214114	3332977	4513213
东阳市	Dongyang	3735844	179820	1865011	1691013
永康市	Yongkang	3920925	87597	2452908	1380420

3-4 续表 3 continued

单位：万元 (10 000 yuan)

城市	City	地区生产总值 Gross Regional Product	第一产业增加值 Value-added of the Primary Industry	第二产业增加值 Value-added of the Secondary Industry	第三产业增加值 Value-added of the Tertiary Industry
江山市	Jiangshan	2161944	198772	1221021	742151
温岭市	Wenling	6838377	535290	3244831	3058256
临海市	Linhai	3877696	359878	1974469	1543349
龙泉市	Longquan	859459	114876	405948	338635
安徽省	**Anhui**				
巢湖市	Chaohu	2098599	244070	1190892	663637
桐城市	Tongcheng	1966140	241717	1318239	406184
天长市	Tianchang	2112849	276463	1408550	427836
明光市	Mingguang	924768	288488	318372	317908
界首市	Jieshou	1008032	206495	551196	250341
宁国市	Ningguo	1829619	185719	1188756	455144
福建省	**Fujian**				
福清市	Fuqing	6072480	820180	3062800	2189500
长乐市	Changle	4350867	376367	2876000	1098500
永安市	Yong'an	2464195	245885	1415162	803148
石狮市	Shishi	5001440	182372	2940677	1878391
晋江市	Jinjiang	12138880	182046	8150504	3806330
南安市	Nan'an	6589862	224912	4183554	2181396
龙海市	Longhai	4818704	539516	2697244	1581944
邵武市	Shaowu	1466798	265727	712067	489004
武夷山市	Wuyishan	981325	206858	348642	425825
建瓯市	Jian'ou	1409943	425097	493356	491490
建阳市	Jianyang	1115571	281563	522981	311027
漳平市	Zhangping	1417032	196748	652364	567919
福安市	Fu'an	2686760	344014	1604327	738419
福鼎市	Fuding	2106453	304923	1194394	607136
江西省	**Jiangxi**				
乐平市	Leping	2075446	292930	1248915	533601
瑞昌市	Ruichang	1070119	114875	765039	190205
共青城市	Gongqingcheng	589720	19488	485445	84787
贵溪市	Guixi	2773888	152587	2043416	577885
瑞金市	Ruijin	889236	148290	315503	425443
南康市	Nankang	1228860	208840	639860	380160
井冈山市	Jinggangshan	440396	42330	164126	233940
丰城市	Fengcheng	3146623	523380	1667734	955509
樟树市	Zhangshu	2340246	264428	1390126	685692
高安市	Gaoan	1512388	287459	785618	439311
德兴市	Dexing	1221086	88586	742477	390023
山东省	**Shandong**				
章丘市	Zhangqiu	6787431	683925	4091778	2011728
胶州市	Jiaozhou	7542822	476822	4188500	2877500
即墨市	Jimo	7879704	568004	4176500	3135200
平度市	Pingdu	7044700	890462	3534500	2619738
莱西市	Laixi	5298800	525000	2594300	2179500
滕州市	Tengzhou	8308457	651357	4534500	3122600
龙口市	Longkou	8450429	292007	5248181	2910241
莱阳市	Laiyang	2815174	370217	1496087	948870
莱州市	Laizhou	5787359	586033	3237031	1964295
蓬莱市	Penglai	4254477	250561	2390454	1613462

3-4 续表 4 continued

单位：万元 (10 000 yuan)

城市	City	地区生产总值 Gross Regional Product	第一产业增加值 Value-added of the Primary Industry	第二产业增加值 Value-added of the Secondary Industry	第三产业增加值 Value-added of the Tertiary Industry
招远市	Zhaoyuan	5511196	314828	3191565	2004803
栖霞市	Qixia	2012926	410346	916105	686475
海阳市	Haiyang	2774175	511844	1270853	991478
青州市	Qingzhou	4491222	419765	2389413	1682044
诸城市	Zhucheng	5815962	525864	3444190	1845908
寿光市	Shouguang	6181142	784958	3126767	2269417
安丘市	Anqiu	2211913	410052	1052746	749115
高密市	Gaomi	4458220	451799	2612789	1393632
昌邑市	Changyi	2979500	312913	1757755	908832
曲阜市	Qufu	2984368	278768	1179100	1526500
兖州市	Yanzhou	5061900	394983	2991700	1675217
邹城市	Zoucheng	6713200	434822	4033000	2245378
新泰市	Xintai	7510800	520000	4238000	2752800
肥城市	Feicheng	6188169	437560	3481000	2269609
文登市	Wendeng	7046410	499987	3744270	2802153
荣成市	Rongcheng	8000672	702221	4200341	3098110
乳山市	Rushan	3692916	312087	2011965	1368864
乐陵市	Laoling	1868528	272228	994600	601700
禹城市	Yucheng	2062861	280961	1091400	690500
临清市	Linqing	2852600	200459	1772841	879300
河南省	**Henan**				
巩义市	Gongyi	5278013	101528	3736918	1439567
荥阳市	Xingyang	4580493	246066	3188829	1145598
新密市	Xinmi	5129160	155800	3484293	1489067
新郑市	Xinzheng	5313974	199846	3659830	1454298
登封市	Dengfeng	4311803	121207	3120991	1069605
偃师市	Yanshi	4321509	265853	2704919	1350737
舞钢市	Wugang	1027791	101858	573733	352200
汝州市	Ruzhou	3204341	350564	1846442	1007335
林州市	Linzhou	4037843	210245	2725671	1101927
卫辉市	Weihui	1036441	206074	466562	363805
辉县市	Huixian	2765802	353011	2001141	411650
沁阳市	Qinyang	3005767	165988	2158408	681371
孟州市	Mengzhou	2281915	175116	1781977	324822
禹州市	Yuzhou	4034510	298726	2816947	918837
长葛市	Changge	3703704	234069	2853594	616041
义马市	Yima	1617646	8158	1418589	190899
灵宝市	Lingbao	4412404	384145	3228555	799704
邓州市	Dengzhou	2834572	847682	1254034	732856
永城市	Yongcheng	3644380	546903	2241990	855487
项城市	Xiangcheng	1957668	370537	1105552	481579
济源市	Jiyuan	4400957	195477	3351163	854317
湖北省	**Hubei**				
大冶市	Daye	4102390	392940	2711350	998100
丹江口市	Danjiangkou	1300165	207962	668549	423654
宜都市	Yidu	3447354	351254	2127400	968700
当阳市	Dangyang	3022343	623078	1620449	778816
枝江市	Zhijiang	2927700	610400	1709000	608300
老河口市	Laohekou	2081915	368501	1099869	613545

3-4 续表 5 continued

单位：万元 (10 000 yuan)

城市	City	地区生产总值 Gross Regional Product	第一产业增加值 Value-added of the Primary Industry	第二产业增加值 Value-added of the Secondary Industry	第三产业增加值 Value-added of the Tertiary Industry
枣阳市	Zaoyang	3759206	819463	1815115	1124628
宜城市	Yicheng	2019429	433396	1099137	486896
钟祥市	Zhongxiang	2974900	465000	1594500	915400
应城市	Yingcheng	1748685	360085	968100	420500
安陆市	Anlu	1253300	304818	495300	453182
汉川市	Hanchuan	2888118	492139	1714647	681332
石首市	Shishou	1089020	275070	463577	350373
洪湖市	Honghu	1441852	463009	485646	493197
松滋市	Songzi	1533108	323553	708679	500876
麻城市	Macheng	1855783	531645	776450	547688
武穴市	Wuxue	1810435	456435	873500	480500
赤壁市	Chibi	2445000	330700	1213100	901200
广水市	Guangshui	1892229	417929	909100	565200
恩施市	Enshi	1230958	227548	473954	529456
利川市	Lichuan	733502	267202	188200	278100
仙桃市	Xiantao	4441958	735558	2331100	1375300
潜江市	Qianjiang	4417600	603000	2602000	1212600
天门市	Tianmen	3212167	689667	1644200	878300
湖南省	**Hunan**				
浏阳市	Liuyang	8111256	716403	5753749	1641104
醴陵市	Liling	3955347	383626	2586580	985141
湘乡市	Xiangxiang	2317473	424034	1209588	683851
韶山市	Shaoshan	495681	43004	290415	162262
耒阳市	Leiyang	3021344	508940	1315445	1196959
常宁市	Changning	1988618	386484	908462	693672
武冈市	Wugang	904674	359817	193266	351591
汨罗市	Miluo	2954848	387572	1837693	729583
临湘市	Linxiang	1596772	229136	900897	466739
津市市	Jinshi	870687	158973	420887	290827
沅江市	Yuanjiang	1760340	424459	733651	602230
资兴市	Zixing	2226103	174921	1560932	490250
洪江市	Hongjiang	735553	149805	277649	308099
冷水江市	Lengshuijiang	2124334	78346	1506226	539762
涟源市	Lianyuan	1834020	385011	894094	554915
吉首市	Jishou	963150	51074	332575	579501
广东省	**Guangdong**				
增城市	Zengcheng	8502115	490556	5140523	2871036
从化市	Conghua	2450686	209917	1126353	1114416
乐昌市	Lechang	822486	183267	283822	355397
南雄市	Nanxiong	867578	218758	291354	357466
台山市	Taishan	3106067	473990	1834412	797665
开平市	Kaiping	2406475	247637	1368003	790835
鹤山市	Heshan	1985032	157784	1116605	710643
恩平市	Enping	1220756	174357	470784	575615
廉江市	Lianjiang	2581605	793850	971686	816069
雷州市	Leizhou	1865773	836687	290191	738895
吴川市	Wuchuan	2072445	793850	641205	637390
高州市	Gaozhou	3716366	894756	1264788	1556822
化州市	Huazhou	3249113	701963	1067557	1479593

3-4 续表 6 continued

单位：万元 (10 000 yuan)

城　市	City	地区生产总值 Gross Regional Product	第一产业增加值 Value-added of the Primary Industry	第二产业增加值 Value-added of the Secondary Industry	第三产业增加值 Value-added of the Tertiary Industry
信宜市	Xinyi	2985024	728542	1068446	1188036
高要市	Gaoyao	3019706	601720	1667208	750778
四会市	Sihui	3903063	404262	2414121	1084680
兴宁市	Xingning	1234683	339018	395368	500297
陆丰市	Lufeng	1820643	428477	786590	605576
阳春市	Yangchun	2559470	589683	1203971	765816
英德市	Yingde	1843068	414026	600336	828706
连州市	Lianzhou	973430	238396	263417	471617
普宁市	Puning	4204424	303756	2692089	1208579
罗定市	Luoding	1195845	320428	449719	425698
广西壮族自治区	**Guangxi**				
岑溪市	Cenxi	1890394	288657	1301224	300513
东兴市	Dongxi	624504	107318	254012	263174
桂平市	Guiping	2172459	492426	1091634	588400
北流市	Beiliu	2090025	369207	1095284	625534
宜州市	Yizhou	877880	339955	230805	307119
合山市	Heshan	333531	34212	178296	121022
凭祥市	Pingxiang	362035	43440	114718	203877
海南省	**Hainan**				
五指山市	Wuzhishan	165802	48932	29391	87479
琼海市	Qionghai	1450245	604754	249575	595916
儋州市	Danzhou	1762908	899806	256525	606577
文昌市	Wenchang	1585489	622657	381629	581203
万宁市	Wanning	1349786	408925	361523	579338
东方市	Dongfang	1140219	304312	584452	251455
四川省	**Sichuan**				
都江堰市	Dujiangyan	2081845	221593	761711	1098541
彭州市	Pengzhou	2130951	395047	1090812	645092
邛崃市	Qionglai	1504282	285010	690219	529053
崇州市	Chongzhou	1634346	275723	784405	574218
广汉市	Guanghan	2519501	314957	1536181	668363
什邡市	Shifang	1886051	213710	1200673	471668
绵竹市	Mianzhu	1635946	210994	1057732	367220
江油市	Jiangyou	2421431	337935	1221332	862164
峨眉山市	Emeishan	1636277	146210	981743	508324
阆中市	Langzhong	1381853	342838	688688	350327
华蓥市	Huaying	1003486	99012	663249	241225
万源市	Wanyuan	1008511	236492	557767	214252
简阳市	Jianyang	3108037	612498	1779060	716479
西昌市	Xichang	3340454	344442	1691091	1304921
贵州省	**Guizhou**				
清镇市	Qingzhen	1441585	129130	701554	610901
赤水市	Chishui	494452	83411	224615	186426
仁怀市	Renhuai	3294649	138832	2228481	927336
兴义市	Xingyi	1999630	205940	803965	989725
凯里市	Kaili	1198477	85575	428070	684832
都匀市	Duyun	1101648	79682	446609	575357
福泉市	Fuquan	796294	75785	404238	316271

3-4 续表 7 continued

单位：万元 (10 000 yuan)

城市	City	地区生产总值 Gross Regional Product	第一产业增加值 Value-added of the Primary Industry	第二产业增加值 Value-added of the Secondary Industry	第三产业增加值 Value-added of the Tertiary Industry
云南省	**Yunnan**				
安宁市	Anning	2131027	104854	1275044	751129
宣威市	Xuanwei	2059647	441661	961634	656352
楚雄市	Chuxiong	2208943	221000	1281042	706901
个旧市	Gejiu	1675311	94848	1136757	443706
开远市	Kaiyuan	1244102	137000	629849	477253
蒙自市	Mengzi	1028512	179010	529692	319810
文山市	Wenshan	1406442	149922	698953	557567
景洪市	Jinghong	1249101	292981	407981	548139
大理市	Dali	2551705	194557	1283017	1074131
瑞丽市	Ruili	396362	77525	77493	241344
芒市	Mangshi	637998	170170	204139	263689
西藏自治区	**Tibet**				
日喀则市	Xigaze	418513	38606	181440	198467
陕西省	**Shaanxi**				
兴平市	Xingping	1451959	209999	790750	451210
韩城市	Hancheng	2332153	129383	1781740	421030
华阴市	Huayin	676270	50360	389380	236530
甘肃省	**Gansu**				
玉门市	Yumen	1302563	79092	856890	366581
敦煌市	Dunhuang	782635	133029	253836	395770
临夏市	Linxia	380313	32226	85010	263077
合作市	Hezuo	235053	15883	58061	161109
青海省	**Qinghai**				
格尔木市	Golmud	2899966	25284	2267626	607056
德令哈市	Delingha	473385	28770	260376	184239
宁夏回族自治区	**Ningxia**				
灵武市	Lingwu	2510887	88019	2140840	282028
青铜峡市	Qingtongxia	1192706	141354	787781	263571
新疆维吾尔自治区	**Xinjiang**				
吐鲁番市	Turpan	665150	143780	241673	279697
哈密市	Hami	2094376	206609	1026957	860810
昌吉市	Changji	2602612	331988	1302587	968037
阜康市	Fukang	1209469	223475	743827	242167
博乐市	Bole	636911	164867	178763	293281
库尔勒市	Korla	5921146	353995	4692684	874467
阿克苏市	Akesu	1239856	166189	380195	693472
阿图什市	Atus	279690	44560	65594	169536
喀什市	Kashi	1321538	52000	455086	814452
和田市	Hetian	410704	35984	126200	248520
伊宁市	Yining	1367965	63567	363570	940828
奎屯市	Kuitun	1058646	57238	565341	436067
塔城市	Tacheng	587605	108247	164147	315211
乌苏市	Wusu	1246778	251335	771165	224278
阿勒泰市	Aletai	453683	71260	90685	291738
石河子市	Shihezi	2904071	710018	1254075	939978
阿拉尔市	Alar	926356	589184	166479	170693
图木舒克市	Tumushuke	361713	163893	108986	88834
五家渠市	Wujiaqu	943306	76416	561675	305215
北屯市	Beitun	163210	34111	77398	51701

3-5 地方财政总收入及一般预算内收支状况
Total Revenue, General Budgetary Revenue and Expenditure of Local Government

单位：万元 (10 000 yuan)

城　市	City	财政总收入 Total Government Revenue	地方财政一般预算收入 Local Government General Budget Revenue	地方财政一般预算支出 Local Government General Budget Expenditure	科学技术支出 Expenditure for Science and Technology
河北省	**Hebei**				
辛集市	Xinji	193115	84901	180846	1613
藁城市	Gaocheng	1062861	145523	244332	4924
晋州市	Jinzhou	115454	55344	146054	1637
新乐市	Xinle	59987	40088	116061	1342
鹿泉市	Luquan	294120	109058	179053	2800
遵化市	Zunhua	301165	144156	270309	4453
迁安市	Qian'an	1185768	390400	532668	12561
武安市	Wu'an	667685	313608	482737	4156
南宫市	Nangong	62609	23276	122763	732
沙河市	Shahe	215760	89003	178361	1646
涿州市	Zhuozhou	338619	154407	198929	2328
定州市	Dingzhou	259472	133480	300513	329
安国市	Anguo	61809	30200	102089	595
高碑店市	Gaobeidian	136308	61521	139412	104
泊头市	Botou	172495	56500	151634	329
任丘市	Renqiu	1007572	196335	249505	236
黄骅市	Huanghua	311300	94534	220858	568
河间市	Hejian	226736	77294	199191	715
霸州市	Bazhou	528265	167891	255493	2969
三河市	Sanhe	947470	432480	505252	9114
冀州市	Jizhou	98488	33777	134347	2379
深州市	Shenzhou	97775	28515	136650	346
山西省	**Shanxi**				
古交市	Gujiao	126190	76413	139004	1711
潞城市	Lucheng	80068	35635	73966	670
高平市	Gaoping	423115	119094	206771	2126
介休市	Jiexiu	280186	122919	178832	1158
永济市	Yongji	60050	28190	136747	836
河津市	Hejin	122204	62632	140073	771
原平市	Yuanping	208418	87988	190502	1776
侯马市	Houma	81272	39414	105755	1069
霍州市	Huozhou	163009	72108	131659	64
孝义市	Xiaoyi	642582	248180	320045	2591
汾阳市	Fenyang	335652	73458	159285	1127
内蒙古自治区	**Inner Mongolia**				
霍林郭勒市	Huolinguole	393714	184630	246602	263
满洲里市	Manzhouli	177003	116771	335433	4050
牙克石市	Yakeshi	111688	66115	212376	1867
扎兰屯市	Zhalantun	64011	35054	248220	3072
额尔古纳市	Erguna	34401	19726	110153	616
根河市	Genhe	17217	6603	119029	550
丰镇市	Fengzhen	90701	38892	181267	351
乌兰浩特市	Wulanhaote	255378	54243	210225	1859
阿尔山市	Aershan	11702	7825	112967	104
二连浩特市	Erlianhaote	54034	36210	119714	226
锡林浩特市	Xilinhaote	350088	160114	238173	744
辽宁省	**Liaoning**				
新民市	Xinmin	419206	254000	371284	1448
瓦房店市	Wafangdian	1276982	641174	762440	2693

3-5 续表 1 continued

单位：万元 (10 000 yuan)

城市	City	财政总收入 Total Government Revenue	地方财政一般预算收入 Local Government General Budget Revenue	地方财政一般预算支出 Local Government General Budget Expenditure	科学技术支出 Expenditure for Science and Technology
普兰店市	Pulandian	696319	419964	486885	2518
庄河市	Zhuanghe	856579	482357	581231	4781
海城市	Haicheng	716381	360018	494536	1625
东港市	Donggang	463153	300006	411512	572
凤城市	Fengcheng	469708	277588	407872	573
凌海市	Linghai	292733	215050	329222	3661
北镇市	Beizhen	183183	121000	238043	2830
盖州市	Gaizhou	800984	210617	304289	4765
大石桥市	Dashiqiao	820526	401981	387672	5815
灯塔市	Dengta	364837	253103	256718	2798
调兵山市	Diaobingshan	249115	149566	154563	2881
开原市	Kaiyuan	370140	353168	468327	12124
北票市	Beipiao	432370	200100	376364	622
凌源市	Lingyuan	172121	130144	288485	4014
兴城市	Xingcheng	310923	117541	250300	3117
吉林省	**Jilin**				
九台市	Jiutai	438135	151235	381888	850
榆树市	Yushu	441498	100206	405150	1099
德惠市	Dehui	390246	117731	342647	470
蛟河市	Jiaohe	219992	63384	204559	1558
桦甸市	Huadian	310481	128331	288974	1290
舒兰市	Shulan	289563	55058	256273	679
磐石市	Panshi	278927	109117	261304	594
公主岭市	Gongzhuling	452911	146916	415926	696
双辽市	Shuangliao	215678	47326	201957	497
梅河口市	Meihekou	380301	156292	352243	8400
集安市	Ji'an	219760	73687	210811	1722
临江市	Linjiang	194962	54335	181758	1268
洮南市	Taonan	255520	41234	243601	1104
大安市	Daan	307989	77295	275776	892
延吉市	Yanji	399206	201770	362705	4084
图们市	Tumen	124146	25579	117960	328
敦化市	Dunhua	367955	105607	343035	1872
珲春市	Hunchun	274029	107899	258819	1003
龙井市	Longjing	177119	27329	171479	826
和龙市	Helong	174147	35845	168241	220
黑龙江省	**Heilongjiang**				
双城市	Shuangcheng	164709	100369	287938	1923
尚志市	Shangzhi	84126	55968	211378	1558
五常市	Wuchang	95992	68998	298476	2453
讷河市	Nehe	44221	26951	270188	325
虎林市	Hulin	56430	29492	180077	5391
密山市	Mishan	58457	34279	195577	304
铁力市	Tieli	29238	17120	150967	1217
同江市	Tongjiang	38966	21856	170879	403
富锦市	Fujin	80249	47989	262391	8278
绥芬河市	Suifenhe	130579	90168	196592	1344
海林市	Hailin	191609	72277	201709	463
宁安市	Ning'an	92728	62828	217913	196
穆棱市	Muling	179773	75577	209971	2425

3-5 续表 2 continued

单位：万元 (10 000 yuan)

城　市	City	财政总收入 Total Government Revenue	地方财政一般预算收入 Local Government General Budget Revenue	地方财政一般预算支出 Local Government General Budget Expenditure	科学技术支出 Expenditure for Science and Technology
北安市	Bei'an	61149	40080	239706	2116
五大连池市	Wudalianchi	21406	14279	187773	753
安达市	Anda	224917	147730	327189	1128
肇东市	Zhaodong	246766	165005	415176	2561
海伦市	Hailun	38374	25288	265052	1062
江苏省	**Jiangsu**				
江阴市	Jiangyin	3684050	1671918	1540005	41392
宜兴市	Yixing	1544150	783811	825222	18173
新沂市	Xinyi	696807	328492	528311	7201
邳州市	Pizhou	1152608	421211	682153	3818
溧阳市	Liyang	1129570	404988	458353	15108
金坛市	Jintan	735624	231104	317181	10271
常熟市	Changshu	3466012	1281504	1282681	87435
张家港市	Zhangjiagang	4136671	1496131	1429162	71800
昆山市	Kunshan	5727037	2202750	1951473	124742
太仓市	Taicang	2301737	901516	861596	43845
启东市	Qidong	1233468	522149	595882	24473
如皋市	Rugao	1290984	536012	710821	10051
海门市	Haimen	1220865	516092	559553	10718
东台市	Dongtai	1106001	436725	627508	18964
大丰市	Dafeng	1004311	400066	554150	17920
仪征市	Yizheng	654240	246578	264386	8017
高邮市	Gaoyou	509898	217246	369829	8606
丹阳市	Danyang	1181638	500876	543083	13302
扬中市	Yangzhong	559693	225741	253612	9859
句容市	Jurong	600344	250158	358564	12959
兴化市	Xinghua	688092	294622	586835	9829
靖江市	Jingjiang	1048364	440139	477737	12488
泰兴市	Taixing	1024129	326121	505795	4009
姜堰市	Jiangyan	642596	235406	349522	3093
浙江省	**Zhejiang**				
建德市	Jiande	295461	160046	252535	12247
富阳市	Fuyang	784725	420063	479593	21772
临安市	Lin'an	441715	236616	362896	17135
余姚市	Yuyao	1910171	616855	678191	28821
慈溪市	Cixi	2423750	813852	866031	43754
奉化市	Fenghua	756304	243728	389930	11208
瑞安市	Rui'an	719983	406484	466178	16136
乐清市	Yueqing	916784	457238	464758	8395
海宁市	Haining	815236	442890	433163	20548
平湖市	Pinghu	738866	380180	374403	13555
桐乡市	Tongxiang	759870	417644	412294	17817
诸暨市	Zhuji	925995	526188	556945	25717
上虞市	Shangyu	729262	391888	399217	18371
嵊州市	Shengzhou	337279	197498	268498	12651
兰溪市	Lanxi	312098	161533	267404	7060
义乌市	Yiwu	1014635	574188	545403	24555
东阳市	Dongyang	503727	301057	392421	17849
永康市	Yongkang	549421	301229	323717	16804

3-5 续表 3 continued

单位：万元 (10 000 yuan)

城 市	City	财政总收入 Total Government Revenue	地方财政一般预算收入 Local Government General Budget Revenue	地方财政一般预算支出 Local Government General Budget Expenditure	科学技术支出 Expenditure for Science and Technology
江山市	Jiangshan	184106	111408	243000	8204
温岭市	Wenling	721978	388678	486941	12823
临海市	Linhai	526902	286066	417067	10740
龙泉市	Longquan	75780	46409	151276	3536
安徽省	**Anhui**				
巢湖市	Chaohu	276160	149059	301182	3388
桐城市	Tongcheng	184700	126284	287500	8070
天长市	Tianchang	267388	175095	373638	7351
明光市	Mingguang	86766	65363	232976	905
界首市	Jieshou	120035	65423	220847	2850
宁国市	Ningguo	300299	178634	280875	7863
福建省	**Fujian**				
福清市	Fuqing	1045303	390257	480520	8225
长乐市	Changle	864581	234240	297714	3944
永安市	Yong'an	219922	142728	192851	2640
石狮市	Shishi	505775	306932	373885	7771
晋江市	Jinjiang	1610169	812123	815191	20936
南安市	Nan'an	610088	343789	463130	9101
龙海市	Longhai	551767	352123	463450	4189
邵武市	Shaowu	127158	81599	145334	1778
武夷山市	Wuyishan	96699	75768	132798	1716
建瓯市	Jian'ou	88361	52089	159502	1940
建阳市	Jianyang	102262	71672	135954	1106
漳平市	Zhangping	123731	69103	139734	1628
福安市	Fu'an	265089	158350	261282	1939
福鼎市	Fuding	192958	137565	234373	907
江西省	**Jiangxi**				
乐平市	Leping	263619	200498	357020	915
瑞昌市	Ruichang	168169	121332	213901	1835
共青城市	Gongqingcheng	81488	61778	117030	812
贵溪市	Guixi	355854	244570	351590	2821
瑞金市	Ruijin	103599	73208	252598	573
南康市	Nankang	150028	109528	300009	320
井冈山市	Jinggangshan	64489	53958	139617	1454
丰城市	Fengcheng	420017	292915	513083	3025
樟树市	Zhangshu	320091	186536	312800	6037
高安市	Gaoan	215076	150738	292106	965
德兴市	Dexing	250030	174044	251266	2921
山东省	**Shandong**				
章丘市	Zhangqiu	610894	398608	505082	2343
胶州市	Jiaozhou	903608	450617	513198	10326
即墨市	Jimo	1090975	506206	614223	2774
平度市	Pingdu	499811	358383	522086	7922
莱西市	Laixi	348622	289816	388983	505
滕州市	Tengzhou	1270100	543700	658215	2964
龙口市	Longkou	942425	585686	632145	25499
莱阳市	Laiyang	165633	80337	180708	895
莱州市	Laizhou	1062901	360007	454732	1337
蓬莱市	Penglai	569723	236098	301643	6310

3-5 续表 4 continued

单位：万元 (10 000 yuan)

城市	City	财政总收入 Total Government Revenue	地方财政一般预算收入 Local Government General Budget Revenue	地方财政一般预算支出 Local Government General Budget Expenditure	科学技术支出 Expenditure for Science and Technology
招远市	Zhaoyuan	802088	338100	413150	5992
栖霞市	Qixia	145669	63222	166148	1180
海阳市	Haiyang	278093	175116	261078	3064
青州市	Qingzhou	605507	271057	321627	5032
诸城市	Zhucheng	696115	472730	552804	25152
寿光市	Shouguang	828415	550006	637474	22218
安丘市	Anqiu	189343	100089	247728	3370
高密市	Gaomi	409173	281720	360222	15792
昌邑市	Changyi	320748	186618	251506	1268
曲阜市	Qufu	254509	162396	254676	1036
兖州市	Yanzhou	604426	300800	355082	2650
邹城市	Zoucheng	1099308	414840	486170	4893
新泰市	Xintai	699458	383732	558689	4374
肥城市	Feicheng	515996	318667	441899	6406
文登市	Wendeng	842787	325084	472679	12535
荣成市	Rongcheng	1001105	426588	744236	18609
乳山市	Rushan	414548	200018	296650	5541
乐陵市	Laoling	191593	49008	190717	3475
禹城市	Yucheng	166615	100344	207639	5450
临清市	Linqing	185095	106406	196923	2356
河南省	**Henan**				
巩义市	Gongyi	395988	260515	390589	7843
荥阳市	Xingyang	241886	165023	274842	3620
新密市	Xinmi	392819	244227	367013	3389
新郑市	Xinzheng	724623	269588	375621	5188
登封市	Dengfeng	368687	239554	353746	2554
偃师市	Yanshi	162418	127613	264623	6304
舞钢市	Wugang	131762	86448	154451	1188
汝州市	Ruzhou	159358	136862	302994	3232
林州市	Linzhou	168892	114217	279171	4116
卫辉市	Weihui	81073	55003	170328	1680
辉县市	Huixian	344354	192056	296876	3164
沁阳市	Qinyang	132610	112600	205851	4937
孟州市	Mengzhou	91906	81588	161928	5013
禹州市	Yuzhou	319181	243369	397088	864
长葛市	Changge	170955	130026	258510	6228
义马市	Yima	136680	91219	116904	2696
灵宝市	Lingbao	171991	130188	254600	6021
邓州市	Dengzhou	92611	74418	406550	4598
永城市	Yongcheng	702844	236099	416544	1747
项城市	Xiangcheng	71078	52201	291355	1003
济源市	Jiyuan	472223	288668	476807	4389
湖北省	**Hubei**				
大冶市	Daye	585751	280089	415636	4567
丹江口市	Danjiangkou	337282	275883	379843	4158
宜都市	Yidu	259144	202622	313749	4678
当阳市	Dangyang	313498	150218	315758	
枝江市	Zhijiang	344005	145332	280735	6105
老河口市	Laohekou	246050	115033	274000	4119

3-5 续表 5 continued

单位：万元 (10 000 yuan)

城 市	City	财政总收入 Total Government Revenue	地方财政一般预算收入 Local Government General Budget Revenue	地方财政一般预算支出 Local Government General Budget Expenditure	科学技术支出 Expenditure for Science and Technology
枣阳市	Zaoyang	295805	149360	419360	968
宜城市	Yicheng	128935	106705	305695	2842
钟祥市	Zhongxiang	149503	110866	406247	5041
应城市	Yingcheng	136232	95118	233389	2008
安陆市	Anlu	78747	56004	215540	851
汉川市	Hanchuan	338769	113141	234410	2689
石首市	Shishou	56225	36920	187860	2132
洪湖市	Honghu	59143	41978	177737	477
松滋市	Songzi	137802	63980	265733	1744
麻城市	Macheng	202131	75481	378460	3982
武穴市	Wuxue	190568	84039	263186	1812
赤壁市	Chibi	279523	108000	259168	3480
广水市	Guangshui	233250	64331	271546	383
恩施市	Enshi	414501	115178	319793	2135
利川市	Lichuan	201429	65700	298466	200
仙桃市	Xiantao	462818	171365	477138	6550
潜江市	Qianjiang	470217	160169	661441	5300
天门市	Tianmen	151178	110000	418382	4829
湖南省	**Hunan**				
浏阳市	Liuyang	467741	247313	460549	4421
醴陵市	Liling	362624	260257	422135	3935
湘乡市	Xiangxiang	138588	97559	294285	3150
韶山市	Shaoshan	35029	25864	68365	2071
耒阳市	Leiyang	235546	153518	381900	2081
常宁市	Changning	117406	76986	263158	1217
武冈市	Wugang	63128	48685	234596	466
汨罗市	Miluo	171603	106855	244646	2835
临湘市	Linxiang	55888	31920	160899	1642
津市市	Jinshi	51608	37331	114845	1270
沅江市	Yuanjiang	89418	50945	238120	1096
资兴市	Zixing	233279	155596	267895	5372
洪江市	Hongjiang	87608	62395	206775	1561
冷水江市	Lengshuijiang	204195	105416	210533	3441
涟源市	Lianyuan	131291	70745	329856	849
吉首市	Jishou	71238	47022	173824	500
广东省	**Guangdong**				
增城市	Zengcheng	1380742	529310	673379	25509
从化市	Conghua	606001	261777	396412	4444
乐昌市	Lechang	184505	44560	148384	1935
南雄市	Nanxiong	153305	40018	146838	1494
台山市	Taishan	403910	176125	302317	3668
开平市	Kaiping	327233	164891	255379	3357
鹤山市	Heshan	228364	159483	182198	4622
恩平市	Enping	190458	70528	166956	1301
廉江市	Lianjiang	123194	67338	289688	300
雷州市	Leizhou	116232	53210	272855	356
吴川市	Wuchuan	244358	46188	210251	405
高州市	Gaozhou	359599	93071	342569	941
化州市	Huazhou	293588	80746	286401	1084

3-5 续表 6 continued

单位：万元 (10 000 yuan)

城　　市	City	财政总收入 Total Government Revenue	地方财政一般预算收入 Local Government General Budget Revenue	地方财政一般预算支出 Local Government General Budget Expenditure	科学技术支出 Expenditure for Science and Technology
信宜市	Xinyi	327482	62600	261857	424
高要市	Gaoyao	289011	192203	281964	6480
四会市	Sihui	384157	269036	357147	9190
兴宁市	Xingning	303137	44962	278187	3491
陆丰市	Lufeng	405833	121358	317116	1683
阳春市	Yangchun	271359	83542	273662	3065
英德市	Yingde	358958	153975	358958	4659
连州市	Lianzhou	80027	55614	179578	1988
普宁市	Puning	357226	152332	386197	4003
罗定市	Luoding	276895	66626	265394	1617
广西壮族自治区	**Guangxi**				
岑溪市	Cenxi	136956	102407	300052	2313
东兴市	Dongxi	97509	79154	144390	1431
桂平市	Guiping	96107	54236	374573	895
北流市	Beiliu	139469	88183	318775	3457
宜州市	Yizhou	72239	39253	181699	1111
合山市	Heshan	30010	21970	105085	862
凭祥市	Pingxiang	73986	57530	121289	1233
海南省	**Hainan**				
五指山市	Wuzhishan	42501	30701	113936	610
琼海市	Qionghai	356835	153406	321762	3082
儋州市	Danzhou	463502	93070	446742	4440
文昌市	Wenchang	157634	104467	353169	5790
万宁市	Wanning	103215	91577	289490	3988
东方市	Dongfang	191934	83115	315797	3469
四川省	**Sichuan**				
都江堰市	Dujiangyan	717335	175282	262466	3526
彭州市	Pengzhou	350981	130592	246766	3206
邛崃市	Qionglai	230605	86322	196060	3444
崇州市	Chongzhou	286269	90358	181599	1791
广汉市	Guanghan	321400	114700	222100	5683
什邡市	Shifang	620603	123038	191868	3168
绵竹市	Mianzhu	375746	122175	251628	2124
江油市	Jiangyou	300119	117049	288780	2527
峨眉山市	Emeishan	225404	124600	201395	2052
阆中市	Langzhong	161351	53846	312657	550
华蓥市	Huaying	71894	32029	156669	2434
万源市	Wanyuan	67035	27533	252478	1185
简阳市	Jianyang	389983	124590	405800	5019
西昌市	Xichang	298940	234545	414076	1607
贵州省	**Guizhou**				
清镇市	Qingzhen	164042	99495	202634	2213
赤水市	Chishui	60498	35966	149400	1745
仁怀市	Renhuai	1140253	231827	327603	4108
兴义市	Xingyi	350668	245701	410313	4841
凯里市	Kaili	311329	244842	297752	3026
都匀市	Duyun	194036	130391	245665	5109
福泉市	Fuquan	122000	92300	175500	982

3-5 续表 7 continued

单位：万元 (10 000 yuan)

城 市	City	财政总收入 Total Government Revenue	地方财政一般预算收入 Local Government General Budget Revenue	地方财政一般预算支出 Local Government General Budget Expenditure	科学技术支出 Expenditure for Science and Technology
云南省	**Yunnan**				
安宁市	Anning	380790	240296	278813	5612
宣威市	Xuanwei	282151	125000	493085	1748
楚雄市	Chuxiong	203648	139306	286300	1851
个旧市	Gejiu	181716	88858	258242	1313
开远市	Kaiyuan	146599	84165	176893	931
蒙自市	Mengzi	175661	106363	223746	1224
文山市	Wenshan	192584	107000	220856	785
景洪市	Jinghong	273824	101823	328363	1811
大理市	Dali	326619	215186	350008	3580
瑞丽市	Ruili	93917	69524	158570	561
芒市	Mangshi	97274	56613	282386	383
西藏自治区	**Tibet**				
日喀则市	Xigaze		7505	66766	152
陕西省	**Shaanxi**				
兴平市	Xingping	92365	36600	177113	251
韩城市	Hancheng	301702	153156	211518	1920
华阴市	Huayin	46758	28844	123223	390
甘肃省	**Gansu**				
玉门市	Yumen	65293	27452	138154	695
敦煌市	Dunhuang	55080	26734	120392	749
临夏市	Linxia	48820	22909	172280	551
合作市	Hezuo	26612	10971	91797	236
青海省	**Qinghai**				
格尔木市	Golmud	780185	148437	288627	549
德令哈市	Delingha	156589	20931	156589	769
宁夏回族自治区	**Ningxia**				
灵武市	Lingwu	336845	172667	342965	4544
青铜峡市	Qingtongxia	187141	79102	259627	2624
新疆维吾尔自治区	**Xinjiang**				
吐鲁番市	Turpan	65898	49222	156270	1366
哈密市	Hami	262258	222574	311838	3359
昌吉市	Changji	456996	205355	311473	8148
阜康市	Fukang	188490	110723	193288	2450
博乐市	Bole	104870	53848	155704	2106
库尔勒市	Korla	769688	261012	368606	4135
阿克苏市	Akesu	167215	126066	231077	2465
阿图什市	Atus	30350	20013	171621	193
喀什市	Kashi	237100	131406	410178	3765
和田市	Hetian	61280	38113	201614	577
伊宁市	Yining	387143	172123	326906	4465
奎屯市	Kuitun	414231	133614	190875	3200
塔城市	Tacheng	40603	29407	150396	1421
乌苏市	Wusu	160525	80073	199352	3609
阿勒泰市	Aletai	42886	33717	182813	1892
石河子市	Shihezi	268908	217520	313218	3038
阿拉尔市	Alar	57217	32269	48056	260
图木舒克市	Tumushuke	30726	14252	27441	28
五家渠市	Wujiaqu	70508	68623	85556	568
北屯市	Beitun	9673	9563	9383	4

3-6 年末金融机构存贷款余额
Deposits and Loans of National Banking System at Year-end

单位：万元 (10 000 yuan)

城市	City	年末金融机构各项存款余额 Deposits of National Banking System at Year-end	城乡居民储蓄存款余额 household saving deposits	年末金融机构各项贷款余额 Loans of National Banking System at Year-end
河北省	**Hebei**			
辛集市	Xinji	2389770	1993059	740265
藁城市	Gaocheng	2029148	1492950	834503
晋州市	Jinzhou	1607327	1305811	558213
新乐市	Xinle	947355	798884	359065
鹿泉市	Luquan	1894522	1288824	1047934
遵化市	Zunhua	3042082	2506184	1275964
迁安市	Qian'an	5736605	3747301	3469210
武安市	Wu'an	3815379	2658089	1822041
南宫市	Nangong	948506	804873	427803
沙河市	Shahe	1722103	1314597	1317268
涿州市	Zhuozhou	2758927	1996317	1111054
定州市	Dingzhou	2549631	2062764	863198
安国市	Anguo	1046578	904472	322247
高碑店市	Gaobeidian	2583704	1821998	1388828
泊头市	Botou	1678911	1387069	509994
任丘市	Renqiu	4281184	2932914	923149
黄骅市	Huanghua	2030993	1354722	1282277
河间市	Hejian	2095143	1823264	394186
霸州市	Bazhou	3082160	2045981	2348127
三河市	Sanhe	4830835	2731629	5156722
冀州市	Jizhou	1322645	1039387	488830
深州市	Shenzhou	1193479	944620	513706
山西省	**Shanxi**			
古交市	Gujiao	1379651	1055182	461854
潞城市	Lucheng	695080	498126	340176
高平市	Gaoping	2677957	1468808	974898
介休市	Jiexiu	2065724	1512566	1343511
永济市	Yongji	848356	658025	593204
河津市	Hejin	1505684	1059843	810289
原平市	Yuanping	1619503	1289385	813774
侯马市	Houma	1312684	965348	505901
霍州市	Huozhou	1032444	810021	656860
孝义市	Xiaoyi	3202521	2319688	1312792
汾阳市	Fenyang	1645128	1041511	425119
内蒙古自治区	**Inner Mongolia**			
霍林郭勒市	Huolinguole	520368	306427	876713
满洲里市	Manzhouli	1518451	1017184	666222
牙克石市	Yakeshi	1363012	886831	365223
扎兰屯市	Zhalantun	701436	545786	355300
额尔古纳市	Eerguna	290009	212526	96440
根河市	Genhe	607996	393166	103473
丰镇市	Fengzhen	522900	418600	375400
乌兰浩特市	Wulanhaote	1667824	874669	870853
阿尔山市	Aershan	230571	95125	100607
二连浩特市	Erlianhaote	511911	306967	438363
锡林浩特市	Xilinhaote	1849459	958380	2014136
辽宁省	**Liaoning**			
新民市	Xinmin	1310962	1086437	618367
瓦房店市	Wafangdian	5150365	3515824	3256375

3-6 续表 1 continued

单位：万元 (10 000 yuan)

城 市	City	年末金融机构各项存款余额 Deposits of National Banking System at Year-end	城乡居民储蓄存款余额 household saving deposits	年末金融机构各项贷款余额 Loans of National Banking System at Year-end
普兰店市	Pulandian	3581177	2538136	2391080
庄河市	Zhuanghe	3412419	2579513	2101324
海城市	Haicheng	4163196	3605000	1579305
东港市	Donggang	2458938	1959955	1321178
凤城市	Fengcheng	1722932	1460291	830034
凌海市	Linghai	1151339	970007	862875
北镇市	Beizhen	1210127	972045	697649
盖州市	Gaizhou	1511481	1155898	739906
大石桥市	Dashiqiao	2545752	1894741	1584115
灯塔市	Dengta	1616995	1191326	794592
调兵山市	Diaobingshan	1425221	967815	840176
开原市	Kaiyuan	1092864	968245	792312
北票市	Beipiao	1393298	989634	637826
凌源市	Lingyuan	1614236	1281321	937663
兴城市	Xingcheng	1443366	1192908	759393
吉林省	**Jilin**			
九台市	Jiutai	1969450	1304575	1189125
榆树市	Yushu	1387963	1091232	1098357
德惠市	Dehui	1662334	1339522	836566
蛟河市	Jiaohe	753657	518745	394645
桦甸市	Huadian	1060791	726318	418122
舒兰市	Shulan	1022590	732221	455593
磐石市	Panshi	983908	640549	759212
公主岭市	Gongzhuling	1614652	1243058	833552
双辽市	Shuangliao	519751	357522	522494
梅河口市	Meihekou	1550953	1203746	797453
集安市	Ji'an	742365	502792	268948
临江市	Linjiang	540440	386654	254978
洮南市	Taonan	592793	371326	408327
大安市	Daan	799626	521529	509831
延吉市	Yanji	4483787	3012988	1867683
图们市	Tumen	485691	372936	140630
敦化市	Dunhua	1819765	1165548	779925
珲春市	Hunchun	1106515	734779	577873
龙井市	Longjing	603414	443782	227050
和龙市	Helong	551800	372700	283600
黑龙江省	**Heilongjiang**			
双城市	Shuangcheng	1143780	864906	711284
尚志市	Shangzhi	1189930	905169	688166
五常市	Wuchang	1338963	989926	541654
讷河市	Nehe	799672	548316	920470
虎林市	Hulin	1077791	806964	917762
密山市	Mishan	1316780	892799	453560
铁力市	Tieli	932325	716128	326989
同江市	Tongjiang	345425	182614	319149
富锦市	Fujin	692853	466010	614140
绥芬河市	Suifenhe	1194762	781272	554277
海林市	Hailin	923959	723311	417397
宁安市	Ning'an	909986	679477	408318
穆棱市	Muling	579635	447818	272865

3-6 续表 2 continued

单位：万元 (10 000 yuan)

城　市	City	年末金融机构各项存款余额 Deposits of National Banking System at Year-end	城乡居民储蓄存款余额 household saving deposits	年末金融机构各项贷款余额 Loans of National Banking System at Year-end
北安市	Bei'an	1176959	774437	546451
五大连池市	Wudalianchi	723580	510730	242415
安达市	Anda	882116	653488	315936
肇东市	Zhaodong	1156976	896518	726328
海伦市	Hailun	737304	565121	537638
江苏省	**Jiangsu**			
江阴市	Jiangyin	23475851	7924871	18116495
宜兴市	Yixing	14903545	6486394	11155718
新沂市	Xinyi	1800078	1240984	1571333
邳州市	Pizhou	2514837	1677574	1889226
溧阳市	Liyang	6451967	3325363	4366450
金坛市	Jintan	4009634	2295867	2868982
常熟市	Changshu	20311857	9071807	15097397
张家港市	Zhangjiagang	20646780	7467598	14907525
昆山市	Kunshan	23641195	7871314	16013914
太仓市	Taicang	10188800	3771664	8634100
启东市	Qidong	6913311	4817066	4027257
如皋市	Rugao	6702021	4360984	3545302
海门市	Haimen	7195662	4818357	4213989
东台市	Dongtai	4427295	3242038	2311738
大丰市	Dafeng	3217597	1980996	2034787
仪征市	Yizheng	3331066	1942330	1835797
高邮市	Gaoyou	2962521	2034064	1677902
丹阳市	Danyang	7255009	3723500	5881108
扬中市	Yangzhong	3508555	1985973	2390287
句容市	Jurong	3187757	1761669	2160984
兴化市	Xinghua	4124745	2754756	2642562
靖江市	Jingjiang	6541760	3146481	4088648
泰兴市	Taixing	4661280	2945372	2721908
姜堰市	Jiangyan	4249581	2542255	3057948
浙江省	**Zhejiang**			
建德市	Jiande	2436651	1482534	2124851
富阳市	Fuyang	6784807	2907916	6741614
临安市	Lin'an	3636283	1799811	3153111
余姚市	Yuyao	10963397	5072632	10620800
慈溪市	Cixi	15861879	7527775	14420557
奉化市	Fenghua	3605784	1989054	4063530
瑞安市	Rui'an	9752010	5472136	9276726
乐清市	Yueqing	10263097	5043816	9797217
海宁市	Haining	8903698	4278027	6820401
平湖市	Pinghu	6082918	2725591	4508941
桐乡市	Tongxiang	7214365	4018713	5487800
诸暨市	Zhuji	9957518	4789547	8681870
上虞市	Shangyu	8014456	3793616	6828365
嵊州市	Shengzhou	4011445	2329153	3001973
兰溪市	Lanxi	2780107	1484347	2419866
义乌市	Yiwu	19859055	10531390	15143102
东阳市	Dongyang	6006852	3167673	4462322
永康市	Yongkang	7756532	3675799	7149263

3-6 续表 3 continued

单位：万元 (10 000 yuan)

城市	City	年末金融机构各项存款余额 Deposits of National Banking System at Year-end	城乡居民储蓄存款余额 household saving deposits	年末金融机构各项贷款余额 Loans of National Banking System at Year-end
江山市	Jiangshan	2519424	1371286	2377556
温岭市	Wenling	8843005	5366521	7022442
临海市	Linhai	5146919	2859216	4019882
龙泉市	Longquan	971132	592632	825840
安徽省	**Anhui**			
巢湖市	Chaohu	2647117	1684895	1627377
桐城市	Tongcheng	2257995	1563367	1277061
天长市	Tianchang	1531982	945276	1167092
明光市	Mingguang	916377	623230	531001
界首市	Jieshou	1128952	878786	447191
宁国市	Ningguo	1207359	718946	1261186
福建省	**Fujian**			
福清市	Fuqing	6255675	4487666	3943207
长乐市	Changle	4784368	2306090	4321378
永安市	Yong'an	1563029	778709	1194797
石狮市	Shishi	5333141	3166489	4065471
晋江市	Jinjiang	10295162	5771294	7582147
南安市	Nan'an	5953597	3897815	4989554
龙海市	Longhai	2759202	1626136	1950056
邵武市	Shaowu	1084441	677009	834616
武夷山市	Wuyishan	953633	589609	832538
建瓯市	Jian'ou	1150869	630428	869648
建阳市	Jianyang	1089524	576428	783171
漳平市	Zhangping	707037	422449	674308
福安市	Fu'an	1896587	890087	2311238
福鼎市	Fuding	1383301	772192	2640661
江西省	**Jiangxi**			
乐平市	Leping	155400	1162600	617800
瑞昌市	Ruichang	956057	589853	586643
共青城市	Gongqingcheng	432203	175699	289820
贵溪市	Guixi	1675295	846335	1313722
瑞金市	Ruijin	1091064	756550	658943
南康市	Nankang	1769550	1281110	1049257
井冈山市	Jinggangshan	541492	315316	285520
丰城市	Fengcheng	2693224	1905189	1495353
樟树市	Zhangshu	1942852	1198368	1068416
高安市	Gaoan	2258995	1350847	1079292
德兴市	Dexing	904916	617473	467258
山东省	**Shandong**			
章丘市	Zhangqiu	3680144	2481007	2312649
胶州市	Jiaozhou	4142144	2494076	3248607
即墨市	Jimo	5120186	3231706	3963469
平度市	Pingdu	3669567	2794887	1745243
莱西市	Laixi	2242454	1701672	1346307
滕州市	Tengzhou	3917216	2621274	4080974
龙口市	Longkou	6226313	3388770	4462401
莱阳市	Laiyang	2563509	1923829	1480722
莱州市	Laizhou	4798382	3419753	2158458
蓬莱市	Penglai	2939593	1846973	2125321

3-6 续表 4 continued

单位：万元 (10 000 yuan)

城 市	City	年末金融机构各项存款余额 Deposits of National Banking System at Year-end	城乡居民储蓄存款余额 household saving deposits	年末金融机构各项贷款余额 Loans of National Banking System at Year-end
招远市	Zhaoyuan	3739545	2188854	2366807
栖霞市	Qixia	1652352	1330385	939947
海阳市	Haiyang	2386469	1645491	1767090
青州市	Qingzhou	4494399	3020240	3313840
诸城市	Zhucheng	3990012	2510966	3462261
寿光市	Shouguang	5670530	3259638	5201247
安丘市	Anqiu	2309583	1742806	1671510
高密市	Gaomi	2429293	1734381	2140278
昌邑市	Changyi	2698182	1971337	1766911
曲阜市	Qufu	1925068	1189100	904259
兖州市	Yanzhou	2785900	1873010	2016200
邹城市	Zoucheng	5349200	2526615	3662100
新泰市	Xintai	3848484	2558498	2494585
肥城市	Feicheng	3144968	2023820	2120184
文登市	Wendeng	3184331	2448277	1980804
荣成市	Rongcheng	4754665	3074906	3198049
乳山市	Rushan	2417327	1780426	1754126
乐陵市	Laoling	1184850	882372	847709
禹城市	Yucheng	1194862	757926	1127926
临清市	Linqing	1842325	1399150	1420394
河南省	**Henan**			
巩义市	Gongyi	2689462	1693508	1477284
荥阳市	Xingyang	1688986	1217438	1001470
新密市	Xinmi	2541143	2003311	1062859
新郑市	Xinzheng	2137543	1280660	1213472
登封市	Dengfeng	2159572	1534519	900162
偃师市	Yanshi	1674136	1345933	701345
舞钢市	Wugang	968129	654883	644278
汝州市	Ruzhou	1549814	1083208	908278
林州市	Linzhou	2586340	2117890	909567
卫辉市	Weihui	1638465	1170401	1012288
辉县市	Huixian	1987751	1479233	1206851
沁阳市	Qinyang	969720	785016	475951
孟州市	Mengzhou	805552	561901	458611
禹州市	Yuzhou	1841337	1460260	1001327
长葛市	Changge	1474539	1080915	1156804
义马市	Yima	1268757	483379	711012
灵宝市	Lingbao	1975359	1433429	1358620
邓州市	Dengzhou	1830879	1375398	781432
永城市	Yongcheng	2408577	1737528	1638178
项城市	Xiangcheng	1549226	1277816	362091
济源市	Jiyuan	2226295	1345811	1752584
湖北省	**Hubei**			
大冶市	Daye	2392057	1311991	1335879
丹江口市	Danjiangkou	1850788	1027390	1036571
宜都市	Yidu	1193525	817969	1093026
当阳市	Dangyang	1439817	1105453	819423
枝江市	Zhijiang	1496910	1034883	604368
老河口市	Laohekou	1064219	800188	629027

3-6 续表 5 continued

单位：万元 (10 000 yuan)

城市	City	年末金融机构各项存款余额 Deposits of National Banking System at Year-end	城乡居民储蓄存款余额 household saving deposits	年末金融机构各项贷款余额 Loans of National Banking System at Year-end
枣阳市	Zaoyang	2099500	1517777	841697
宜城市	Yicheng	1170000	834000	600300
钟祥市	Zhongxiang	2581252	1917614	802249
应城市	Yingcheng	1488494	1087327	680615
安陆市	Anlu	1279331	996012	568007
汉川市	Hanchuan	1885216	1268680	1241848
石首市	Shishou	1332843	953378	397532
洪湖市	Honghu	1383596	952953	663597
松滋市	Songzi	1770753	1313473	475436
麻城市	Macheng	1833784	1274991	1130139
武穴市	Wuxue	1423612	1056275	592286
赤壁市	Chibi	1138501	759796	546859
广水市	Guangshui	1808213	1386627	477513
恩施市	Enshi	2562868	1115671	1915243
利川市	Lichuan	1048305	746342	442727
仙桃市	Xiantao	3252496	2314307	1185999
潜江市	Qianjiang	3238657	2205323	1013519
天门市	Tianmen	2943484	2355085	973554
湖南省	**Hunan**			
浏阳市	Liuyang	3130287	2141509	2340773
醴陵市	Liling	1709140	1286539	939807
湘乡市	Xiangxiang	1674003	1329829	790030
韶山市	Shaoshan	373432	262636	164901
耒阳市	Leiyang	2012528	1539335	740923
常宁市	Changning	1291217	1086035	424285
武冈市	Wugang	1109400	861800	385200
汨罗市	Miluo	636980	474928	333062
临湘市	Linxiang	751444	585049	378822
津市市	Jinshi	574386	458174	224195
沅江市	Yuanjiang	1004828	776335	646418
资兴市	Zixing	1161014	787317	501467
洪江市	Hongjiang	793318	596602	327216
冷水江市	Lengshuijiang	1129632	680530	893657
涟源市	Lianyuan	1283284	805973	724318
吉首市	Jishou	1852538	958617	828289
广东省	**Guangdong**			
增城市	Zengcheng	8359980	4985528	5721953
从化市	Conghua	2671935	1624146	1603941
乐昌市	Lechang	999700	768300	339500
南雄市	Nanxiong	754315	599343	230776
台山市	Taishan	3834227	3029720	1684713
开平市	Kaiping	3814864	2950681	1242681
鹤山市	Heshan	2607401	1784018	1572040
恩平市	Enping	1455456	1230078	152412
廉江市	Lianjiang	1937273	1629117	744964
雷州市	Leizhou	1569034	1260824	659817
吴川市	Wuchuan	1491628	1232148	406328
高州市	Gaozhou	2610829	2174022	909648
化州市	Huazhou	1805837	1514658	656052

3-6 续表 6 continued

单位：万元 (10 000 yuan)

城 市	City	年末金融机构各项存款余额 Deposits of National Banking System at Year-end	城乡居民储蓄存款余额 household saving deposits	年末金融机构各项贷款余额 Loans of National Banking System at Year-end
信宜市	Xinyi	1829221	1494262	700836
高要市	Gaoyao	1984426	1496271	1041735
四会市	Sihui	2491258	1651638	2560032
兴宁市	Xingning	1734873	1401693	646157
陆丰市	Lufeng	1008637	845301	286768
阳春市	Yangchun	1870061	1434807	874741
英德市	Yingde	2052644	1522660	1045767
连州市	Lianzhou	1029424	744412	433702
普宁市	Puning	4416007	3305185	1523833
罗定市	Luoding	1527645	1268947	602004
广西壮族自治区	**Guangxi**			
岑溪市	Cenxi	1116137	876677	719304
东兴市	Dongxi	961541	716182	509271
桂平市	Guiping	2075718	1610951	953329
北流市	Beiliu	1714311	1465919	916543
宜州市	Yizhou	981600	722908	577315
合山市	Heshan	319240	177602	132272
凭祥市	Pingxiang	593232	422718	233926
海南省	**Hainan**			
五指山市	Wuzhishan	472454	223975	161378
琼海市	Qionghai	2101500	1228841	722735
儋州市	Danzhou	1789129	1040153	676580
文昌市	Wenchang	1953097	1268600	692322
万宁市	Wanning	1518031	838109	381451
东方市	Dongfang	962684	448923	223784
四川省	**Sichuan**			
都江堰市	Dujiangyan	3890590	2422185	2529777
彭州市	Pengzhou	3182685	2129377	1566822
邛崃市	Qionglai	2189189	1393398	1157844
崇州市	Chongzhou	2688875	1888835	1277331
广汉市	Guanghan	2756800	1946000	1370200
什邡市	Shifang	1834749	1154222	1152204
绵竹市	Mianzhu	2279058	1120306	1073535
江油市	Jiangyou	2831609	1858137	1179391
峨眉山市	Emeishan	1752426	1284498	1204396
阆中市	Langzhong	1813656	1340721	786793
华蓥市	Huaying	1039778	730745	394253
万源市	Wanyuan	870803	574789	378163
简阳市	Jianyang	2757349	2200088	1144747
西昌市	Xichang	3320871	1484099	2280010
贵州省	**Guizhou**			
清镇市	Qingzhen	877358	550418	538224
赤水市	Chishui	687733	480356	413693
仁怀市	Renhuai	2776480	960878	80228
兴义市	Xingyi	2699874	1222912	1932437
凯里市	Kaili	2337214	1253430	1758575
都匀市	Duyun	1974275	988033	1144880
福泉市	Fuquan	567897	343154	586094

3-6 续表 7 continued

单位: 万元 (10 000 yuan)

城市	City	年末金融机构各项存款余额 Deposits of National Banking System at Year-end	城乡居民储蓄存款余额 household saving deposits	年末金融机构各项贷款余额 Loans of National Banking System at Year-end
云南省	**Yunnan**			
安宁市	Anning	2234300	1182700	2061900
宣威市	Xuanwei	1900800	1164000	1082700
楚雄市	Chuxiong	2469800	1159400	1711900
个旧市	Gejiu	1914700	1257400	1266600
开远市	Kaiyuan	1412900	730200	845200
蒙自市	Mengzi	2815400	878600	1794000
文山市	Wenshan	2201817	1096521	1743171
景洪市	Jinghong	2366200	1316300	1425800
大理市	Dali	4330541	1990100	3058588
瑞丽市	Ruili	1470600	1073300	882900
芒市	Mangshi	1318700	671300	858000
西藏自治区	**Tibet**			
日喀则市	Xigaze	71827	48460	19958
陕西省	**Shaanxi**			
兴平市	Xingping	1294871	979507	508882
韩城市	Hancheng	1800955	1241053	1300294
华阴市	Huayin	719443	488887	423761
甘肃省	**Gansu**			
玉门市	Yumen	787666	432882	522492
敦煌市	Dunhuang	1491564	1020292	418901
临夏市	Linxia	665882	48969	201864
合作市	Hezuo	537300	235200	484100
青海省	**Qinghai**			
格尔木市	Golmud	1710660	861842	2262711
德令哈市	Delingha	975719	275409	759938
宁夏回族自治区	**Ningxia**			
灵武市	Lingwu	1346610	753549	1660082
青铜峡市	Qingtongxia	1043000	644000	1253000
新疆维吾尔自治区	**Xinjiang**			
吐鲁番市	Turpan	760790	447194	388627
哈密市	Hami	3360234	1800296	1799688
昌吉市	Changji	3411999	1553857	2407390
阜康市	Fukang	874801	495778	571888
博乐市	Bole	1198029	544270	637671
库尔勒市	Korla	4724860	2522416	2704879
阿克苏市	Akesu	3251490	1560648	1880219
阿图什市	Atus	652448	287552	208836
喀什市	Kashi	3239035	1219653	1284598
和田市	Hetian	1676904	657917	181765
伊宁市	Yining	3254122	1472897	1686846
奎屯市	Kuitun	1977474	834664	943156
塔城市	Tacheng	869300	376500	427200
乌苏市	Wusu	973635	591887	654684
阿勒泰市	Aletai	1067719	432695	450095
石河子市	Shihezi	4136473	2756447	2492061
阿拉尔市	Alar	928498	489850	229248
图木舒克市	Tumushuke	339314	129366	42344
五家渠市	Wujiaqu	830200	411500	772500
北屯市	Beitun	599900		253300

3-7 规模以上工业总产值

Gross Industrial Output Value above Designated Size

单位：万元　　(10 000 yuan)

城市	City	规模以上工业总产值(现价) Gross Industrial Output Value above Designated Size (At Current Price)	内资企业 Domestic Funded Enterprises	港、澳、台商投资企业 Enterprises with Funds from Hong Kong, Macao and Taiwan	外商投资企业 Enterprises with Foreign Investment
河北省	**Hebei**				
辛集市	Xinji	7211452	6828041	234190	149222
藁城市	Gaocheng	14038083	13647268	46575	344241
晋州市	Jinzhou	4004454	3970953		33500
新乐市	Xinle	3150819	3143232		7587
鹿泉市	Luquan	5761780	5568028	5411	188342
遵化市	Zunhua	6230747	4754687	1395567	80493
迁安市	Qian'an	15896323	15465364	102899	328060
武安市	Wu'an	12419689	7930428	2676783	1812478
南宫市	Nangong	1134843	1065350	32057	37436
沙河市	Shahe	3132823	3103474	20410	8939
涿州市	Zhuozhou	2190852	1806486	237571	146795
定州市	Dingzhou	3372497	1918465	1410457	43575
安国市	Anguo	1612353	1610009	2344	
高碑店市	Gaobeidian	1496820	1383645		113175
泊头市	Botou	2366308	2333232	24503	8573
任丘市	Renqiu	8735559	8385529	175191	174839
黄骅市	Huanghua	2579172	2287126	171360	120686
河间市	Hejian	2510494	2466118	3945	40431
霸州市	Bazhou	9044515	8670217	108096	266202
三河市	Sanhe	6972897	6324023	180306	468568
冀州市	Jizhou	1087111	1081122	5989	
深州市	Shenzhou	1349982	1301561		48421
山西省	**Shanxi**				
古交市	Gujiao	367442	367442		
潞城市	Lucheng	2052064	1517096	7959	527009
高平市	Gaoping	2150548	2150548		
介休市	Jiexiu	3818886	3534289	159418	125179
永济市	Yongji	2050583	2034334		16249
河津市	Hejin	3382138	3382138		
原平市	Yuanping	1453136	1453136		
侯马市	Houma	1252773	1231220	10321	11233
霍州市	Huozhou	1471523	1193416	278107	
孝义市	Xiaoyi	4957117	4087978	812401	56738
汾阳市	Fenyang	1425802	1286904		138898
内蒙古自治区	**Inner Mongolia**				
霍林郭勒市	Huolinguole	5183378	4384633	9796	788949
满洲里市	Manzhouli	1120590	972999	23792	123799
牙克石市	Yakeshi	1997962	1944762	37800	15400
扎兰屯市	Zhalantun	1745163	1674478	26088	44597
额尔古纳市	Eerguna	206089	152687		53402
根河市	Genhe	163947	163947		
丰镇市	Fengzhen	1949343	1747223		202120
乌兰浩特市	Wulanhaote	1158474	965819	17083	175572
阿尔山市	Aershan	3457	3457		
二连浩特市	Erlianhaote	436179	434056	2123	
锡林浩特市	Xilinhaote	1886280	1853474	23197	9609
辽宁省	**Liaoning**				
新民市	Xinmin	10913353	10350044	39956	523353
瓦房店市	Wafangdian	17325717	15641583	380810	1303324

3-7 续表 1 continued

单位：万元 (10 000 yuan)

城市	City	规模以上工业总产值(现价) Gross Industrial Output Value above Designated Size (At Current Price)	内资企业 Domestic Funded Enterprises	港、澳、台商投资企业 Enterprises with Funds from Hong Kong, Macao and Taiwan	外商投资企业 Enterprises with Foreign Investment
普兰店市	Pulandian	11416060	8172288	422209	2821563
庄河市	Zhuanghe	15242000	12884000	1518000	840000
海城市	Haicheng	11011965	10437047	230252	344666
东港市	Donggang	4701628	3887246	179055	635327
凤城市	Fengcheng	2605330	2473013	13833	118483
凌海市	Linghai	6623191	6362350	66668	194173
北镇市	Beizhen	2409071	2281409	20613	107049
盖州市	Gaizhou	2875775	2648590	70000	157185
大石桥市	Dashiqiao	7430709	5933699	309330	1187680
灯塔市	Dengta	6093561	5818076	159865	115620
调兵山市	Diaobingshan	2748759	2593063		155695
开原市	Kaiyuan	10522734	10430433	7823	84478
北票市	Beipiao	2482334	2447270	35063	
凌源市	Lingyuan	2163929	2153453		10476
兴城市	Xingcheng	1341228	1276219		65009
吉林省	**Jilin**				
九台市	Jiutai	849455	526227		323228
榆树市	Yushu	1280497	1280497		
德惠市	Dehui	2898731	2048008	712666	138057
蛟河市	Jiaohe	2033829	2014503	19326	
桦甸市	Huadian	2930405	2906425		23980
舒兰市	Shulan	1518729	1427825	35723	55181
磐石市	Panshi	3112792	2702537	47599	362656
公主岭市	Gongzhuling	3546740	3085433	223350	237957
双辽市	Shuangliao	2577023	2577023		
梅河口市	Meihekou	3693238	2844950	187572	660716
集安市	Ji'an	495225	488695	6530	
临江市	Linjiang	1550198	1493227		56971
洮南市	Taonan	1055981	1014983		40998
大安市	Daan	1051763	941666	63347	46750
延吉市	Yanji	2309928	1718001		591927
图们市	Tumen	578101	491503		86598
敦化市	Dunhua	1898042	1761801	41268	94973
珲春市	Hunchun	2206033	1673244	3715	529074
龙井市	Longjing	411476	374336		37140
和龙市	Helong	832731	776464		56267
黑龙江省	**Heilongjiang**				
双城市	Shuangcheng	1361047	558352		802695
尚志市	Shangzhi	1341287	1057778		283509
五常市	Wuchang	1552695	1515927		36768
讷河市	Nehe	503747	458946		44801
虎林市	Hulin	443902	443902		
密山市	Mishan	412213	387615		24598
铁力市	Tieli	340853	298856	23493	18504
同江市	Tongjiang	226593	226593		
富锦市	Fujin	729202	701586		27616
绥芬河市	Suifenhe	302374	302374		
海林市	Hailin	1528559	1443657	23383	61519
宁安市	Ning'an	1103753	1072411	11120	20222
穆棱市	Muling	1869971	1727607	104838	37526

3-7 续表 2 continued

单位：万元 (10 000 yuan)

城市	City	规模以上工业总产值(现价) Gross Industrial Output Value above Designated Size (At Current Price)	内资企业 Domestic Funded Enterprises	港、澳、台商投资企业 Enterprises with Funds from Hong Kong, Macao and Taiwan	外商投资企业 Enterprises with Foreign Investment
北安市	Bei'an	247434	231604		15830
五大连池市	Wudalianchi	65190	62973		2217
安达市	Anda	1508032	1508032		
肇东市	Zhaodong	1782742	1427938	2316	352488
海伦市	Hailun	510104	460031		50073
江苏省	**Jiangsu**				
江阴市	Jiangyin	59152276	44361189	9134695	5656392
宜兴市	Yixing	26948048	22402941	1523232	3021875
新沂市	Xinyi	8784119	8387507	143788	252824
邳州市	Pizhou	15028625	13834627	674819	519179
溧阳市	Liyang	13556800	9028016	147171	4381613
金坛市	Jintan	5713673	4302437	752569	658667
常熟市	Changshu	33692100	19307838	7430677	6953586
张家港市	Zhangjiagang	47005617	35260488	2704495	9040634
昆山市	Kunshan	76868173	7216034	13208599	56443540
太仓市	Taicang	18318822	9133650	2635513	6549659
启东市	Qidong	11568960	8003898	1184799	2380263
如皋市	Rugao	13608849	10217224	2297447	1094178
海门市	Haimen	14250255	9135128	2234971	2880157
东台市	Dongtai	7484500	6243000	540800	700700
大丰市	Dafeng	5641700	4427400	565500	648800
仪征市	Yizheng	10498639	6698242	2632191	1168206
高邮市	Gaoyou	7268432	6119757	895112	253563
丹阳市	Danyang	19317855	13796664	3411697	2109494
扬中市	Yangzhong	8775320	7713448	614505	447367
句容市	Jurong	8964786	5667191	2520118	777477
兴化市	Xinghua	9570773	8518155	209779	842839
靖江市	Jingjiang	17266307	9755414	2627405	4883488
泰兴市	Taixing	14297113	11373170	1036177	1887766
姜堰市	Jiangyan	8004066	6357035	674638	972393
浙江省	**Zhejiang**				
建德市	Jiande	4046260	3757759	87019	201482
富阳市	Fuyang	11754018	9875576	965218	913224
临安市	Lin'an	6182718	5498562	322759	361397
余姚市	Yuyao	11275024	7262327	2563336	1449361
慈溪市	Cixi	16089841	11660003	2642892	1786946
奉化市	Fenghua	3536980	2128222	975936	432822
瑞安市	Rui'an	7038873	6469328	60268	509277
乐清市	Yueqing	10612459	9809014	195211	608234
海宁市	Haining	11563226	8018738	1561892	1982596
平湖市	Pinghu	10169404	5271452	1211665	3686287
桐乡市	Tongxiang	11329638	9158324	1345929	825385
诸暨市	Zhuji	19323472	17300100	1318884	704489
上虞市	Shangyu	13240163	10498103	1721616	1020444
嵊州市	Shengzhou	3957492	2784780	707481	465231
兰溪市	Lanxi	6029961	5622880	142689	264392
义乌市	Yiwu	6896597	5938651	620979	336967
东阳市	Dongyang	3763354	3498767	99903	164685
永康市	Yongkang	7296072	6958009	48170	289893

3-7 续表 3 continued

单位：万元 (10 000 yuan)

城市	City	规模以上工业总产值(现价) Gross Industrial Output Value above Designated Size (At Current Price)	内资企业 Domestic Funded Enterprises	港、澳、台商投资企业 Enterprises with Funds from Hong Kong, Macao and Taiwan	外商投资企业 Enterprises with Foreign Investment
江山市	Jiangshan	2987451	2804908	44638	137906
温岭市	Wenling	6598850	5765792	425394	407664
临海市	Linhai	5523197	4954901	255769	312528
龙泉市	Longquan	1340862	1305384	3854	31624
安徽省	**Anhui**				
巢湖市	Chaohu	3252459	2686896	246052	319511
桐城市	Tongcheng	3928825	3822164	87085	19576
天长市	Tianchang	5446593	5405639	7408	33546
明光市	Mingguang	760533	700478	6244	53812
界首市	Jieshou	2318529	2287837	26146	4546
宁国市	Ningguo	3826674	3513593	43260	269821
福建省	**Fujian**				
福清市	Fuqing	11300117	3400657	6364470	1534990
长乐市	Changle	13883800	9649800	2690300	1543700
永安市	Yong'an	4907639	4694373	131590	81676
石狮市	Shishi	6922380	3215806	2673838	1032736
晋江市	Jinjiang	25760536	10058245	10995291	4707000
南安市	Nan'an	10899558	8790516	1683305	425737
龙海市	Longhai	8304299	4218459	2829899	1255942
邵武市	Shaowu	2246356	1961594	92485	192277
武夷山市	Wuyishan	529287	419346	79632	30309
建瓯市	Jian'ou	1391706	1374067	2431	15208
建阳市	Jianyang	1657993	1486325		171668
漳平市	Zhangping	825109	657092	132026	35991
福安市	Fu'an	6480487	6156898	159344	164246
福鼎市	Fuding	4696768	4607847	65805	23116
江西省	**Jiangxi**				
乐平市	Leping	2971188	2744827	226361	
瑞昌市	Ruichang	2554506	1721263	364853	468390
共青城市	Gongqingcheng	1822346	1613154	160520	48672
贵溪市	Guixi	11270618	11053948	30841	185828
瑞金市	Ruijin	587603	328152	113703	145748
南康市	Nankang	1963344	1649444	149447	164453
井冈山市	Jinggangshan	300554	283597	16957	
丰城市	Fengcheng	4364346	3973956	112041	278348
樟树市	Zhangshu	3109500	2985100	122100	2300
高安市	Gaoan	2902728	2795698	94385	12645
德兴市	Dexing	778400	778400		
山东省	**Shandong**				
章丘市	Zhangqiu	11633255	10067504	212208	1353543
胶州市	Jiaozhou	17979950	13588662	770118	3621170
即墨市	Jimo	19228022	12232748	1401771	5593503
平度市	Pingdu	13735908	9865655	765768	3104485
莱西市	Laixi	9220437	6566922	447420	2206095
滕州市	Tengzhou	12559494	11939594	247000	372900
龙口市	Longkou	25170314	21673012	1148290	2349012
莱阳市	Laiyang	6472966	5147522	501695	823749
莱州市	Laizhou	13232649	11158861	505845	1567943
蓬莱市	Penglai	11841079	8960480	719181	2161418

3-7 续表 4 continued

单位：万元 (10 000 yuan)

城市	City	规模以上工业总产值(现价) Gross Industrial Output Value above Designated Size (At Current Price)	内资企业 Domestic Funded Enterprises	港、澳、台商投资企业 Enterprises with Funds from Hong Kong, Macao and Taiwan	外商投资企业 Enterprises with Foreign Investment
招远市	Zhaoyuan	14945813	13373201	390904	1181708
栖霞市	Qixia	2225768	1734204	165716	325848
海阳市	Haiyang	3229316	2661019	158309	409988
青州市	Qingzhou	13329814	12208117	128491	993206
诸城市	Zhucheng	19309781	15042300	959539	3307942
寿光市	Shouguang	15189620	12958056	671595	1559969
安丘市	Anqiu	3476355	2890920	196897	388538
高密市	Gaomi	14192449	13228981	200669	762799
昌邑市	Changyi	8621505	8204463	165201	251841
曲阜市	Qufu	1963438	1894370	2387	66681
兖州市	Yanzhou	11248824	10759724	251300	237800
邹城市	Zoucheng	8625287	8041997	38140	545150
新泰市	Xintai	16152674	14191902	806452	1154320
肥城市	Feicheng	13936845	9512657	2748741	1675447
文登市	Wendeng	12018316	7803552	30916	4183848
荣成市	Rongcheng	21487891	13560293	275412	7652186
乳山市	Rushan	6332215	4815472	236980	1279763
乐陵市	Laoling	5219997	5210397	9600	
禹城市	Yucheng	6697600	5898800	686600	112200
临清市	Linqing	12458100	12132300	43900	281900
河南省	**Henan**				
巩义市	Gongyi	14941714	13341717	467133	1132863
荥阳市	Xingyang	11229695	10917805	126331	185560
新密市	Xinmi	10509592	10452950	45520	11122
新郑市	Xinzheng	10110253	9730391	201927	177935
登封市	Dengfeng	9931727	9590390	277467	63870
偃师市	Yanshi	8943268	8648590	59103	235575
舞钢市	Wugang	1817173	1560668	20139	236366
汝州市	Ruzhou	2559765	2533462	26304	
林州市	Linzhou	8979516	8962883		16633
卫辉市	Weihui	1550358	1550358		
辉县市	Huixian	6306049	6058083	18241	229725
沁阳市	Qinyang	6891291	6891291		
孟州市	Mengzhou	5958224	5095891	117515	744818
禹州市	Yuzhou	8250798	8122685	81186	46927
长葛市	Changge	12169544	12169544		
义马市	Yima	4363698	4312382	51316	
灵宝市	Lingbao	14208244	14020934	19583	167727
邓州市	Dengzhou	2726491	2611344	64162	50984
永城市	Yongcheng	6026241	6026241		
项城市	Xiangcheng	3118937	3077353	22037	19547
济源市	Jiyuan	14344602	12930178	447467	966957
湖北省	**Hubei**				
大冶市	Daye	6806000	6708000	35700	62300
丹江口市	Danjiangkou	1913350	1907909		5441
宜都市	Yidu	6347281	5229294	1102727	15260
当阳市	Dangyang	4595080	4455472	111788	27820
枝江市	Zhijiang	4862700	4506900	255800	100000
老河口市	Laohekou	4071897	3637657	333009	101231

3-7 续表 5 continued

单位：万元 (10 000 yuan)

城市	City	规模以上工业总产值(现价) Gross Industrial Output Value above Designated Size (At Current Price)	内资企业 Domestic Funded Enterprises	港、澳、台商投资企业 Enterprises with Funds from Hong Kong, Macao and Taiwan	外商投资企业 Enterprises with Foreign Investment
枣阳市	Zaoyang	5498895	5469245	29650	
宜城市	Yicheng	3796900	3607200	149300	40400
钟祥市	Zhongxiang	5855294	5131356	84671	639267
应城市	Yingcheng	3964107	3779776	23362	160969
安陆市	Anlu	1556629	1512170	36864	7595
汉川市	Hanchuan	6296302	5547582	420309	328411
石首市	Shishou	1405464	1283092	107662	14710
洪湖市	Honghu	1579909	1545430	34479	
松滋市	Songzi	1727435	1673680		53755
麻城市	Macheng	1927270	1585492	288671	53107
武穴市	Wuxue	1924506	1781649	63682	79175
赤壁市	Chibi	3764173	3358472	405701	
广水市	Guangshui	2942735	2669497	186322	86916
恩施市	Enshi	809749	809749		
利川市	Lichuan	373366	346100	27266	
仙桃市	Xiantao	8202053	6604759	1026623	570671
潜江市	Qianjiang	8436052	7368105	63026	1004921
天门市	Tianmen	5492500	5012700	363100	116700
湖南省	**Hunan**				
浏阳市	Liuyang	9925419	9421697	308260	195463
醴陵市	Liling	5714620	5256550	230955	227115
湘乡市	Xiangxiang	3963032	3942978	8393	11661
韶山市	Shaoshan	971755	971755		
耒阳市	Leiyang	4270652	4157628	101652	11371
常宁市	Changning	3739236	3723089	16147	
武冈市	Wugang	534601	534601		
汨罗市	Miluo	6634196	6508356		125841
临湘市	Linxiang	2998751	2998751		
津市市	Jinshi	1093526	1093526		
沅江市	Yuanjiang	2108164	2064910	16315	26939
资兴市	Zixing	5192065	4734808	440450	16807
洪江市	Hongjiang	1375017	1300063	40912	34042
冷水江市	Lengshuijiang	3692553	3686341		6212
涟源市	Lianyuan	2051469	1807366	175974	68130
吉首市	Jishou	634570	542610	91960	
广东省	**Guangdong**				
增城市	Zengcheng	14924673	7665584	2624868	4634221
从化市	Conghua	4684992	2091493	1587756	1005743
乐昌市	Lechang	605678	595847	9831	
南雄市	Nanxiong	678364	650473	27891	
台山市	Taishan	3690752	1654194	1458525	578033
开平市	Kaiping	2911411	1131654	832009	947749
鹤山市	Heshan	3469067	1587077	1462749	419241
恩平市	Enping	970995	706110	254499	10386
廉江市	Lianjiang	2163928	1925541	199962	38425
雷州市	Leizhou	652705	482932	124767	45006
吴川市	Wuchuan	1016401	978940	26108	11353
高州市	Gaozhou	1089676	747192	321375	21109
化州市	Huazhou	787180	755693	28882	2605

3-7 续表 6 continued

单位：万元 (10 000 yuan)

城市	City	规模以上工业总产值(现价) Gross Industrial Output Value above Designated Size (At Current Price)	内资企业 Domestic Funded Enterprises	港、澳、台商投资企业 Enterprises with Funds from Hong Kong, Macao and Taiwan	外商投资企业 Enterprises with Foreign Investment
信宜市	Xinyi	914665	831078	56253	27334
高要市	Gaoyao	7342315	5395201	1234245	712869
四会市	Sihui	10653318	5950836	2343860	2358622
兴宁市	Xingning	362138	235356	116508	10274
陆丰市	Lufeng	1776500	1548700	150500	77300
阳春市	Yangchun	3354165	2261645	574279	518241
英德市	Yingde	1372192	479428	772202	120562
连州市	Lianzhou	461521	84450	367074	9997
普宁市	Puning	9039307	6781530	1643032	614745
罗定市	Luoding	649045	388215	246786	14044
广西壮族自治区	**Guangxi**				
岑溪市	Cenxi	3036169	2486131	466307	83731
东兴市	Dongxi	747101	745749		1352
桂平市	Guiping	2311256	2194060	27334	89861
北流市	Beiliu	2278053	1628124	616704	33225
宜州市	Yizhou	416669	277957	38640	100072
合山市	Heshan	403261	314346	88916	
凭祥市	Pingxiang	153678	153678		
海南省	**Hainan**				
五指山市	Wuzhishan	27040	27040		
琼海市	Qionghai	108469	99236		9233
儋州市	Danzhou	494897	384075	2690	108132
文昌市	Wenchang	434944	406338	10721	17885
万宁市	Wanning	79901	63971	4235	11695
东方市	Dongfang	1004897	858499		146398
四川省	**Sichuan**				
都江堰市	Dujiangyan	1170457	972157	198300	
彭州市	Pengzhou	2122255	1833610	244036	44609
邛崃市	Qionglai	1502528	1459652		42876
崇州市	Chongzhou	1506123	1494852		11271
广汉市	Guanghan	5227223	4116339	636571	474313
什邡市	Shifang	3281309	3009967	97961	173381
绵竹市	Mianzhu	3120312	3089335	16975	14002
江油市	Jiangyou	3183435	3140689	28397	14349
峨眉山市	Emeishan	2238623	2127234	103915	7474
阆中市	Langzhong	805915	805915		
华蓥市	Huaying	1800190	1741397	58793	
万源市	Wanyuan	611037	611037		
简阳市	Jianyang	5621170	5565552	24260	31358
西昌市	Xichang	3247700			
贵州省	**Guizhou**				
清镇市	Qingzhen	1396616	1261702	107931	26983
赤水市	Chishui	494986	494986		
仁怀市	Renhuai	3167630	3167630		
兴义市	Xingyi	2780268	2766400	13868	
凯里市	Kaili	827260	790586	15897	20777
都匀市	Duyun	364355	364355		
福泉市	Fuquan	1317684	1299733	17951	

3-7 续表 7 continued

单位：万元 (10 000 yuan)

城市	City	规模以上工业总产值(现价) Gross Industrial Output Value above Designated Size (At Current Price)	内资企业 Domestic Funded Enterprises	港、澳、台商投资企业 Enterprises with Funds from Hong Kong, Macao and Taiwan	外商投资企业 Enterprises with Foreign Investment
云南省	**Yunnan**				
安宁市	Anning	5391352	4952879	60984	377489
宣威市	Xuanwei	1257844	1257844		
楚雄市	Chuxiong	2078443	1017747	94735	
个旧市	Gejiu	3316441	3316441		
开远市	Kaiyuan	1297766	1234182		63584
蒙自市	Mengzi	1851849	1851849		
文山市	Wenshan	1173924	1173924		
景洪市	Jinghong	362792	362792		
大理市	Dali	2364774	2114715	196557	53502
瑞丽市	Ruili	74453	50535	23918	
芒市	Mangshi	409718	360006	35697	14015
西藏自治区	**Tibet**				
日喀则市	Xigaze	5415	5415		
陕西省	**Shaanxi**				
兴平市	Xingping	2292732	2005820	41078	245834
韩城市	Hancheng	5537572	5460403	30854	46315
华阴市	Huayin	766480	753520	12960	
甘肃省	**Gansu**				
玉门市	Yumen	2629975	2600423	15510	14042
敦煌市	Dunhuang	350326	348321	2005	
临夏市	Linxia	79616	79616		
合作市	Hezuo	118808	118808		
青海省	**Qinghai**				
格尔木市	Golmud	2008148	1978461	29687	
德令哈市	Delingha	370989	370989		
宁夏回族自治区	**Ningxia**				
灵武市	Lingwu	3085870	3085870		
青铜峡市	Qingtongxia	2928372	2928372		
新疆维吾尔自治区	**Xinjiang**				
吐鲁番市	Turpan	437841	417525	20316	
哈密市	Hami	1303479	1249631	10637	43211
昌吉市	Changji	2511013	2149129	16849	345035
阜康市	Fukang	1059009	1049059		9950
博乐市	Bole	158275	147984	10291	
库尔勒市	Korla	5879998	5871187		8811
阿克苏市	Akesu	727400	662200	17700	47500
阿图什市	Atus	124096	124096		
喀什市	Kashi	437666	428088		9578
和田市	Hetian	78313	78313		
伊宁市	Yining	409649	397869		11780
奎屯市	Kuitun	823450	806370		17080
塔城市	Tacheng	112969	112969		
乌苏市	Wusu	857830	823314		34516
阿勒泰市	Aletai	106591	106591		
石河子市	Shihezi	3870663	3672165		198498
阿拉尔市	Alar	208595	196015	12580	
图木舒克市	Tumushuke	100291	100291		
五家渠市	Wujiaqu	1709876	1709876		
北屯市		61610	61610		

3-8 电话及互联网宽带接入用户数

Number of Subscribers of Telephone and Internet Services

单位：户 (household)

城市	City	固定电话用户 Subscribers of Fixed Telephones	农村电话用户 Rural Subscribers of Fixed Telephones	移动电话用户 Number of Mobile Telephone Subscribers at Year-end	互联网宽带接入用户 Broad Band Subscribers of Internet
河北省	**Hebei**				
辛集市	Xinji	83326	31948	291366	49680
藁城市	Gaocheng	83669	52810	460150	66331
晋州市	Jinzhou	60593	45151	337895	55621
新乐市	Xinle	40303	28000	338139	54100
鹿泉市	Luquan	57466	26650	340021	70623
遵化市	Zunhua	140000	77000	672000	82000
迁安市	Qian'an	134616	65715	738456	94860
武安市	Wu'an	135005	98000	613200	85000
南宫市	Nangong	51098	43250	132816	27234
沙河市	Shahe	128807	82750	426286	51015
涿州市	Zhuozhou	123815	49193	540913	92359
定州市	Dingzhou	626650	125050	813140	103397
安国市	Anguo	63350	22498	263762	42764
高碑店市	Gaobeidian	82479	25270	448175	76854
泊头市	Botou	80439	28210	444700	51871
任丘市	Renqiu	217057	69279	728000	149447
黄骅市	Huanghua	119138	74758	595664	62287
河间市	Hejian	101284	84896	510585	59256
霸州市	Bazhou	132529	76637	674556	100862
三河市	Sanhe	156523	87228	659349	134198
冀州市	Jizhou	73991	53521	251951	36269
深州市	Shenzhou	65877	53772	341949	40435
山西省	**Shanxi**				
古交市	Gujiao	43821	12126	220383	31719
潞城市	Lucheng	39933	13242	168407	29204
高平市	Gaoping	79324	88150	283219	41580
介休市	Jiexiu	95294	29774	224627	63024
永济市	Yongji	78285		236906	56795
河津市	Hejin	56700	46450	360500	57000
原平市	Yuanping	64947	13068	347012	46629
侯马市	Houma	67817	16052	230733	30837
霍州市	Huozhou	51241	10211	259344	40634
孝义市	Xiaoyi	91123	32124	456417	75030
汾阳市	Fenyang	74496	46494	287731	48848
内蒙古自治区	**Inner Mongolia**				
霍林郭勒市	Huolinguole	6756	1846	106009	9786
满洲里市	Manzhouli	44485		333328	40076
牙克石市	Yakeshi	48000	1894	260000	33668
扎兰屯市	Zhalantun	32107	10556	361224	24694
额尔古纳市	Erguna	18190	7454	88180	12403
根河市	Genhe	17354		114102	16433
丰镇市	Fengzhen	14200	2500	123050	8870
乌兰浩特市	Wulanhaote	49856	5614	491149	46145
阿尔山市	Aershan	4624	1250	47643	7433
二连浩特市	Erlianhaote	13510		96200	13331
锡林浩特市	Xilinhaote	51353	1760	249800	45932
辽宁省	**Liaoning**				
新民市	Xinmin	152500	104433	505161	60154
瓦房店市	Wafangdian	460000	280000	860000	175000

3-8 续表 1 continued

单位：户 (household)

城市	City	固定电话用户 Subscribers of Fixed Telephones	农村电话用户 Rural Subscribers of Fixed Telephones	移动电话用户 Number of Mobile Telephone Subscribers at Year-end	互联网宽带接入用户 Broad Band Subscribers of Internet
普兰店市	Pulandian	225008	168088	110024	48558
庄河市	Zhuanghe	230928	171176	491012	57373
海城市	Haicheng	291783	184200	937535	116000
东港市	Donggang	173027	146900	222145	42219
凤城市	Fengcheng	150000	95480	382000	251000
凌海市	Linghai	98600	76300	379230	41970
北镇市	Beizhen	110258	80103	130025	45129
盖州市	Gaizhou				
大石桥市	Dashiqiao	207007	99510	510213	76746
灯塔市	Dengta	189036	142817	74576	20889
调兵山市	Diaobingshan	27628	8915	130726	32015
开原市	Kaiyuan	127002	69565	402900	77194
北票市	Beipiao	112000	80161	268352	40000
凌源市	Lingyuan	140185	89126	315000	88153
兴城市	Xingcheng	113748	88426	245697	6587
吉林省	**Jilin**				
九台市	Jiutai	188144	89120	540460	47500
榆树市	Yushu	114365	65777	457169	48718
德惠市	Dehui	131564	75206	486400	38862
蛟河市	Jiaohe	143452	91324	147848	8209
桦甸市	Huadian	74459	35016	373733	41548
舒兰市	Shulan	86053	52146	327185	12739
磐石市	Panshi	117006	58617	351260	38590
公主岭市	Gongzhuling	235628	26290	499920	48100
双辽市	Shuangliao	48620	29512	301265	25386
梅河口市	Meihekou	92520	50000	440656	61822
集安市	Ji'an	45632	19484	162627	23003
临江市	Linjiang	28000	9008	138000	15026
洮南市	Taonan	30432	26943	329480	31085
大安市	Daan	62800	32640	89890	15320
延吉市	Yanji	235819	2818	939800	226000
图们市	Tumen	27072	5795	124650	19374
敦化市	Dunhua	106431	37460	412000	46742
珲春市	Hunchun	81004	14959	147324	38942
龙井市	Longjing	45316	16258	111575	20537
和龙市	Helong	28614	10873	89000	16379
黑龙江省	**Heilongjiang**				
双城市	Shuangcheng	96177	51000	340200	52666
尚志市	Shangzhi	82450	42500	345000	52300
五常市	Wuchang	134800	127588	554630	57610
讷河市	Nehe	61040	45410	317900	26790
虎林市	Hulin	46000	30000	244000	27000
密山市	Mishan	58834	26539	328207	34158
铁力市	Tieli	70890	37055	113419	29572
同江市	Tongjiang	19725	6000	113928	14635
富锦市	Fujin	68300	27529	278340	28450
绥芬河市	Suifenhe	31796	2830	127257	28044
海林市	Hailin	99583	33597	216069	23958
宁安市	Ning'an	69529	52415	251767	40767
穆棱市	Muling	71502	30089	140316	25008

3-8 续表 2 continued

单位：户 (household)

城市	City	固定电话用户 Subscribers of Fixed Telephones	农村电话用户 Rural Subscribers of Fixed Telephones	移动电话用户 Number of Mobile Telephone Subscribers at Year-end	互联网宽带接入用户 Broad Band Subscribers of Internet
北安市	Bei'an	45109	21881	211964	31955
五大连池市	Wudalianchi	30267	3801	164810	21500
安达市	Anda	47601	19268	341997	34431
肇东市	Zhaodong	130972	67075	682609	69220
海伦市	Hailun	131980	73913	269017	12976
江苏省	**Jiangsu**				
江阴市	Jiangyin	502334	148470	2118742	391530
宜兴市	Yixing	374993	110103	1420652	322117
新沂市	Xinyi	132020	89773	658131	100634
邳州市	Pizhou	154129	114381	927576	114492
溧阳市	Liyang	235000	141000	710900	140196
金坛市	Jintan	200600	100800	532300	112045
常熟市	Changshu	427553	206795	1920783	360031
张家港市	Zhangjiagang	367859	138036	1622977	336955
昆山市	Kunshan	527229	225406	2797504	482671
太仓市	Taicang	205801	112961	795734	183251
启东市	Qidong	365231	246611	945011	197800
如皋市	Rugao	371430	244801	1286613	226500
海门市	Haimen	344077	223407	943317	194000
东台市	Dongtai	253198	194583	632647	106613
大丰市	Dafeng	184759	125283	557464	89620
仪征市	Yizheng	156702	133773	611809	98286
高邮市	Gaoyou	184283	176171	656002	107037
丹阳市	Danyang	286718	178231	911799	186985
扬中市	Yangzhong	131752	54132	374317	83374
句容市	Jurong	169646	102631	529440	106420
兴化市	Xinghua	249936	172611	894308	105869
靖江市	Jingjiang	191115	129700	685674	101364
泰兴市	Taixing	263581	181003	880564	106243
姜堰市	Jiangyan	173241	119194	661389	78690
浙江省	**Zhejiang**				
建德市	Jiande	116636		454883	81703
富阳市	Fuyang	185946		836267	149220
临安市	Lin'an	168646		687639	103538
余姚市	Yuyao	389700		1534100	270357
慈溪市	Cixi	509000		2237100	354163
奉化市	Fenghua	206000		624600	122600
瑞安市	Rui'an	408348	173234	1653870	293986
乐清市	Yueqing	400325	233902	1595496	291774
海宁市	Haining	301096		918152	192233
平湖市	Pinghu	206848		717581	136646
桐乡市	Tongxiang	261279		1049234	212673
诸暨市	Zhuji	434101	218538	1422092	241725
上虞市	Shangyu	304673	180864	921706	177466
嵊州市	Shengzhou	249212	110117	769820	132343
兰溪市	Lanxi	141215	54600	607692	94174
义乌市	Yiwu	477448	144700	3031177	416422
东阳市	Dongyang	234609	102800	1238781	159788
永康市	Yongkang	210672	72200	1299184	169256

3-8 续表 3 continued

单位：户 (household)

城市	City	固定电话用户 Subscribers of Fixed Telephones	农村电话用户 Rural Subscribers of Fixed Telephones	移动电话用户 Number of Mobile Telephone Subscribers at Year-end	互联网宽带接入用户 Broad Band Subscribers of Internet
江山市	Jiangshan	105200		399200	70200
温岭市	Wenling	343060	160100	1812156	285514
临海市	Linhai	227364	337000	1141374	171247
龙泉市	Longquan	43406	15078	296644	37458
安徽省	**Anhui**				
巢湖市	Chaohu	224316	148620	491602	106548
桐城市	Tongcheng	151203	76109	416256	34326
天长市	Tianchang	107561	60150	451408	60624
明光市	Mingguang	89355	46488	311176	29911
界首市	Jieshou	43000	23000	405027	37008
宁国市	Ningguo	106528	56000	358498	57500
福建省	**Fujian**				
福清市	Fuqing	356425		960033	140764
长乐市	Changle	149983	101553	757330	118726
永安市	Yong'an	79009	16405	389451	80620
石狮市	Shishi	247315	56823	1004480	188026
晋江市	Jinjiang	580397	328923	2172704	363190
南安市	Nan'an	348068	280176	1338276	202856
龙海市	Longhai	186228	169306	852600	113110
邵武市	Shaowu	64038	20148	117287	20538
武夷山市	Wuyishan	56921	32535	273747	60885
建瓯市	Jian'ou	63300	31011	295000	39564
建阳市	Jianyang	69114	26317	209000	32145
漳平市	Zhangping	41023	21973	230000	37751
福安市	Fu'an	106900	53485	490100	103500
福鼎市	Fuding	129557	49105	543451	100090
江西省	**Jiangxi**				
乐平市	Leping	76726	42199	82765	40916
瑞昌市	Ruichang	39525	33650	280495	91732
共青城市	Gongqingcheng	15000	4000	70000	13000
贵溪市	Guixi	74943	29020	150030	20520
瑞金市	Ruijin	59674	29132	316444	41639
南康市	Nankang	90336	58100	566607	62430
井冈山市	Jinggangshan	46570	31069	135351	23783
丰城市	Fengcheng	101425	68912	353280	42666
樟树市	Zhangshu	74418	33411	301117	45585
高安市	Gaoan	90934	77990	401293	14534
德兴市	Dexing	48417	31000	226000	38200
山东省	**Shandong**				
章丘市	Zhangqiu	208100	180892	430998	124544
胶州市	Jiaozhou	126000	103350	1007226	153309
即墨市	Jimo	214209	148707	1228462	191049
平度市	Pingdu	235491	175532	1121451	144029
莱西市	Laixi	110100	90000	665800	94604
滕州市	Tengzhou	216200	108776	1377500	167000
龙口市	Longkou	165000	100000	872000	167000
莱阳市	Laiyang	129824	74758	674839	103105
莱州市	Laizhou	230811	95780	953812	168431
蓬莱市	Penglai	145806	78305	450927	105390

3-8 续表 4 continued

单位：户 (household)

城市	City	固定电话用户 Subscribers of Fixed Telephones	农村电话用户 Rural Subscribers of Fixed Telephones	移动电话用户 Number of Mobile Telephone Subscribers at Year-end	互联网宽带接入用户 Broad Band Subscribers of Internet
招远市	Zhaoyuan	118149	64619	616347	91252
栖霞市	Qixia	98829	90200	420919	56953
海阳市	Haiyang	112232	70940	606364	61725
青州市	Qingzhou	162202	80639	1152453	150260
诸城市	Zhucheng	196646	83590	1062000	105982
寿光市	Shouguang	175000	105900	1191700	203645
安丘市	Anqiu	102612	62756	774284	75676
高密市	Gaomi	145916	71496	830893	121297
昌邑市	Changyi	125222	85658	680408	81075
曲阜市	Qufu	56541	31604	490133	51632
兖州市	Yanzhou	39500	34500	388000	112600
邹城市	Zoucheng	178200	72100	684000	118600
新泰市	Xintai	165447	123006	1306654	165922
肥城市	Feicheng	266024	190541	796540	159123
文登市	Wendeng	400296	196061	521717	89106
荣成市	Rongcheng	200163	164180	815929	100000
乳山市	Rushan	153000	135500	497400	78700
乐陵市	Laoling	41280	40010	302820	23000
禹城市	Yucheng	92000	79500	403290	26550
临清市	Linqing	143531	68250	416700	75717
河南省	**Henan**				
巩义市	Gongyi	142895	71206	657100	107449
荥阳市	Xingyang	110111	68540	363210	71425
新密市	Xinmi	173251	93454	705356	144715
新郑市	Xinzheng	111251	67844	731973	96598
登封市	Dengfeng	69215	36207	562523	60375
偃师市	Yanshi	72786	44931	401878	63204
舞钢市	Wugang	59509	17215	186259	29832
汝州市	Ruzhou	63158	26348	467161	49497
林州市	Linzhou	108234	78626	766905	91500
卫辉市	Weihui	96616	41360	492247	53860
辉县市	Huixian	185259	103943	898584	98247
沁阳市	Qinyang	77412	47606	306000	49900
孟州市	Mengzhou	56850	35817	229900	48230
禹州市	Yuzhou	102068	37050	845000	88633
长葛市	Changge	78617	38200	546670	60388
义马市	Yima	22881	548	135686	19981
灵宝市	Lingbao	77073	41309	596469	68564
邓州市	Dengzhou	161536	115220	179950	28525
永城市	Yongcheng	99760	63258	751207	99158
项城市	Xiangcheng	121020	50000	410023	18480
济源市	Jiyuan	120064	61807	657368	104644
湖北省	**Hubei**				
大冶市	Daye	139922	81417	680406	27521
丹江口市	Danjiangkou	71750	37850	275200	42336
宜都市	Yidu	39445	14544	228796	43392
当阳市	Dangyang	61905	40983	332102	44683
枝江市	Zhijiang	70341	43553	339296	57944
老河口市	Laohekou	31812	10036	224776	25838

3-8 续表 5 continued

单位：户 (household)

城市	City	固定电话用户 Subscribers of Fixed Telephones	农村电话用户 Rural Subscribers of Fixed Telephones	移动电话用户 Number of Mobile Telephone Subscribers at Year-end	互联网宽带接入用户 Broad Band Subscribers of Internet
枣阳市	Zaoyang	97115	44658	605258	56950
宜城市	Yicheng	49000	43685	307900	49600
钟祥市	Zhongxiang	86970	54204	501400	43312
应城市	Yingcheng	62595	34747	209601	75500
安陆市	Anlu	82000	39360	302000	42011
汉川市	Hanchuan	102691	67838	415889	69783
石首市	Shishou	42484	21208	294057	38586
洪湖市	Honghu	93704	62822	400749	24015
松滋市	Songzi	91848	69918	412287	52360
麻城市	Macheng	105521	83821	410298	40706
武穴市	Wuxue	94824	53807	295000	50300
赤壁市	Chibi	60412	24739	320232	37003
广水市	Guangshui	104297	74490	355779	52575
恩施市	Enshi	64046	15056	762870	91098
利川市	Lichuan	28632	16150	424022	19800
仙桃市	Xiantao	179137	95121	653773	108000
潜江市	Qianjiang	119500	58500	569000	82600
天门市	Tianmen	144700	101000	534700	89400
湖南省	**Hunan**				
浏阳市	Liuyang	151600	139700	1140300	78300
醴陵市	Liling	175248	70099	652178	80972
湘乡市	Xiangxiang	80210	30910	125800	34800
韶山市	Shaoshan	28436	9921	64133	13754
耒阳市	Leiyang	120502	63636	400680	22296
常宁市	Changning	108926	74880	356384	89218
武冈市	Wugang	56600	42560	290800	25400
汨罗市	Miluo	88850	82600	226780	32770
临湘市	Linxiang	47750	22873	273561	31156
津市市	Jinshi	24790	13400	156000	21028
沅江市	Yuanjiang	49548	21835	387600	47342
资兴市	Zixing	53810	30450	264883	27386
洪江市	Hongjiang	53085		231489	21892
冷水江市	Lengshuijiang	48116	25132	86159	8502
涟源市	Lianyuan	88350	30230	455582	47224
吉首市	Jishou	77400	5530	337023	75347
广东省	**Guangdong**				
增城市	Zengcheng	316838	213618	1900005	172743
从化市	Conghua	120000	68000	800000	80000
乐昌市	Lechang	59600	19608	326900	43000
南雄市	Nanxiong	50720	31889	245100	25100
台山市	Taishan	230415	142869	645000	123101
开平市	Kaiping	184778	70727	793091	127861
鹤山市	Heshan	150000	34200	578400	81800
恩平市	Enping	130337	52351	274608	19823
廉江市	Lianjiang	121574	77147	1007177	77783
雷州市	Leizhou	89554	57569	493877	25674
吴川市	Wuchuan	134916	95198	431678	35918
高州市	Gaozhou	186326	118285	868526	51792
化州市	Huazhou	106255	81519	573603	60150

3-8 续表 6 continued

单位：户 (household)

城市	City	固定电话用户 Subscribers of Fixed Telephones	农村电话用户 Rural Subscribers of Fixed Telephones	移动电话用户 Number of Mobile Telephone Subscribers at Year-end	互联网宽带接入用户 Broad Band Subscribers of Internet
信宜市	Xinyi	137800	86842	663000	48800
高要市	Gaoyao	104118	87614	670092	81510
四会市	Sihui	109825	25939	480056	76120
兴宁市	Xingning	153984	78783	615957	76418
陆丰市	Lufeng	206898	147569	2233	600
阳春市	Yangchun	157003	85932	556004	62145
英德市	Yingde	96216	70231	494854	42788
连州市	Lianzhou	53689	16246	204230	38942
普宁市	Puning	321051	158116	1550261	170780
罗定市	Luoding	185901	133726	426872	56716
广西壮族自治区	**Guangxi**				
岑溪市	Cenxi	83015	52121	323356	54120
东兴市	Dongxi	51654	11005	251137	45303
桂平市	Guiping	132970	93649	786017	83060
北流市	Beiliu	144000	90659	395746	59087
宜州市	Yizhou	60204	32136	288672	69442
合山市	Heshan	15265	9759	46266	12158
凭祥市	Pingxiang	15544	2765	109254	24197
海南省	**Hainan**				
五指山市	Wuzhishan	17689	8012	35636	2486
琼海市	Qionghai	105982	69152	324451	22216
儋州市	Danzhou	95340	30460	510000	50907
文昌市	Wenchang	128978	70564	287622	30109
万宁市	Wanning	72112	53604	53448	24768
东方市	Dongfang	43021	22653	78954	16542
四川省	**Sichuan**				
都江堰市	Dujiangyan	108777		522843	106732
彭州市	Pengzhou	81200	42010	650000	100961
邛崃市	Qionglai	50500	27700	402169	26000
崇州市	Chongzhou	95000	66708	120000	67000
广汉市	Guanghan	109922	52839	99418	73141
什邡市	Shifang	63643	27794	407424	49023
绵竹市	Mianzhu	58547	35374	423373	50341
江油市	Jiangyou	130832	43886	722097	90108
峨眉山市	Emeishan	117511	48997	409152	62127
阆中市	Langzhong	105434		385547	47459
华蓥市	Huaying	42158	19030	256047	27093
万源市	Wanyuan	52068	22771	291413	26225
简阳市	Jianyang	123741		708798	62258
西昌市	Xichang				
贵州省	**Guizhou**				
清镇市	Qingzhen	24100	14107	74786	29100
赤水市	Chishui	40713	18490	236500	21062
仁怀市	Renhuai	58360	38960	484852	20193
兴义市	Xingyi	68680	29034	684725	69982
凯里市	Kaili	82490	10121	453055	72864
都匀市	Duyun	82291	14904	431161	73080
福泉市	Fuquan	29000	14521	188700	79000

3-8 续表 7 continued

单位：户 (household)

城市	City	固定电话用户 Subscribers of Fixed Telephones	农村电话用户 Rural Subscribers of Fixed Telephones	移动电话用户 Number of Mobile Telephone Subscribers at Year-end	互联网宽带接入用户 Broad Band Subscribers of Internet
云南省	**Yunnan**				
安宁市	Anning	48126	35882	244518	68457
宣威市	Xuanwei	41368	17100	662000	38945
楚雄市	Chuxiong	95306	13463	401840	105204
个旧市	Gejiu				
开远市	Kaiyuan	48000	17075	252000	27000
蒙自市	Mengzi	47078	9500	343698	59823
文山市	Wenshan	56000	7992	82120	45636
景洪市	Jinghong	92400	32781	418300	86400
大理市	Dali	154066	49935	613170	149328
瑞丽市	Ruili	62368	28359	404758	35787
芒市	Mangshi	49781	7997	402790	39144
西藏自治区	**Tibet**				
日喀则市	Xigaze	24000	3581	25135	7800
陕西省	**Shaanxi**				
兴平市	Xingping	60147	25013	362032	5516
韩城市	Hancheng	85573	37100	336702	62117
华阴市	Huayin	39889	33461	74617	15289
甘肃省	**Gansu**				
玉门市	Yumen	18027	17200	109000	10128
敦煌市	Dunhuang	40237	21921	107102	17745
临夏市	Linxia	45635	13650	156834	14200
合作市	Hezuo	21230	1895	29800	3300
青海省	**Qinghai**				
格尔木市	Golmud	63100	5000	296100	35700
德令哈市	Delingha	19807	1842	75000	11284
宁夏回族自治区	**Ningxia**				
灵武市	Lingwu	68420	50100	69700	12340
青铜峡市	Qingtongxia	45000	40076	700	
新疆维吾尔自治区	**Xinjiang**				
吐鲁番市	Turpan	75384	28440	230184	25451
哈密市	Hami	152208	28771	585300	79081
昌吉市	Changji	225355	18817	362520	67740
阜康市	Fukang	40000	17000	196341	20000
博乐市	Bole				
库尔勒市	Korla	181782	23965	277536	51046
阿克苏市	Akesu	140259	18306	423043	77045
阿图什市	Atus	57173	21000	217800	22241
喀什市	Kashi	158000	10200	494100	63200
和田市	Hetian	71608	10892	153754	33912
伊宁市	Yining	94382	11325	209105	67445
奎屯市	Kuitun	66398	309	297408	40488
塔城市	Tacheng	43000	20514	137000	23613
乌苏市	Wusu	39330	35050	131122	15704
阿勒泰市	Aletai	89612		246200	44972
石河子市	Shihezi	231400	5349	985100	116300
阿拉尔市	Alar	63815	451	76831	10230
图木舒克市	Tumushuke	14783	1735	100580	6727
五家渠市	Wujiaqu	32128		66000	16500
北屯市	Beitun	15400		35000	15100

3-9 社会消费品零售总额及批发零售贸易业情况
Total Retail Sales of Consumer Goods and Bastc Conditions of Wholesale and Retail Trades

单位：万元 (10 000 yuan)

城市	City	社会消费品零售总额 Total Value of Retail Sales	限额以上批发和零售业商品销售总额 Total Sales of Enterprises above Designated Size of Wholesale and Retail Trades
河北省	**Hebei**		
辛集市	Xinji	1830306	77291
藁城市	Gaocheng	1225186	27761
晋州市	Jinzhou	799025	27288
新乐市	Xinle	732695	19760
鹿泉市	Luquan	859022	72359
遵化市	Zunhua	1382229	173282
迁安市	Qian'an	1600000	3013129
武安市	Wu'an	1073870	461388
南宫市	Nangong	358175	26472
沙河市	Shahe	504190	422471
涿州市	Zhuozhou	953240	276429
定州市	Dingzhou	1018557	287914
安国市	Anguo	504590	103829
高碑店市	Gaobeidian	404436	136427
泊头市	Botou	649207	131762
任丘市	Renqiu	1273996	261416
黄骅市	Huanghua	681295	1420876
河间市	Hejian	1089487	218034
霸州市	Bazhou	848077	316264
三河市	Sanhe	1020757	104073
冀州市	Jizhou	331491	156991
深州市	Shenzhou	481685	246610
山西省	**Shanxi**		
古交市	Gujiao	332603	456365
潞城市	Lucheng	100764	228415
高平市	Gaoping	406930	720637
介休市	Jiexiu	603525	319386
永济市	Yongji	386293	197046
河津市	Hejin	612096	196269
原平市	Yuanping	398249	293845
侯马市	Houma	600160	1541089
霍州市	Huozhou	226136	137608
孝义市	Xiaoyi	933801	1963835
汾阳市	Fenyang	420363	146351
内蒙古自治区	**Inner Mongolia**		
霍林郭勒市	Huolinguole	268881	334098
满洲里市	Manzhouli	976487	113912
牙克石市	Yakeshi	438000	102404
扎兰屯市	Zhalantun	454300	65327
额尔古纳市	Eerguna	102845	2478
根河市	Genhe	144200	13243
丰镇市	Fengzhen	261607	35899
乌兰浩特市	Wulanhaote	780084	332134
阿尔山市	Aershan	49927	
二连浩特市	Erlianhaote	226605	455220
锡林浩特市	Xilinhaote	415811	233840
辽宁省	**Liaoning**		
新民市	Xinmin	930148	616146
瓦房店市	Wafangdian	1485180	2013606
普兰店市	Pulandian	1401220	294282
庄河市	Zhuanghe	1375517	1313626
海城市	Haicheng	2001396	1301997
东港市	Donggang	917068	121899
凤城市	Fengcheng	639524	92230
凌海市	Linghai	585105	146242
北镇市	Beizhen	453964	415143
盖州市	Gaizhou	531160	171395
大石桥市	Dashiqiao	917144	309574
灯塔市	Dengta	752400	329261
调兵山市	Diaobingshan	353927	974007
开原市	Kaiyuan	619183	148288
北票市	Beipiao	477831	163029
凌源市	Lingyuan	531325	169293
兴城市	Xingcheng	561696	513313
吉林省	**Jilin**		
九台市	Jiutai	899838	12752
榆树市	Yushu	937801	92460
德惠市	Dehui	946683	153787
蛟河市	Jiaohe	573273	145000
桦甸市	Huadian	665753	286484
舒兰市	Shulan	587617	468852
磐石市	Panshi	668800	209316
公主岭市	Gongzhuling	1259633	712994
双辽市	Shuangliao	440756	108672
梅河口市	Meihekou	1051746	337837
集安市	Ji'an	333407	73308
临江市	Linjiang	259601	77960
洮南市	Taonan	269130	85198
大安市	Daan	238607	23924
延吉市	Yanji	1724056	1185508
图们市	Tumen	130377	326119
敦化市	Dunhua	741427	98873
珲春市	Hunchun	380904	166074
龙井市	Longjing	103015	2200
和龙市	Helong	132474	34387
黑龙江省	**Heilongjiang**		
双城市	Shuangcheng	771330	9154
尚志市	Shangzhi	771050	342533
五常市	Wuchang	784567	458653
讷河市	Nehe	426158	1996
虎林市	Hulin	185751	22407
密山市	Mishan	251856	110121
铁力市	Tieli	160843	61061
同江市	Tongjiang	131959	42171
富锦市	Fujin	439260	162947
绥芬河市	Suifenhe	171853	1983239
海林市	Hailin	346465	34740
宁安市	Ning'an	373830	435216
穆棱市	Muling	335814	63425

3-9 续表 1 continued

单位：万元 (10 000 yuan)

城市	City	社会消费品零售总额 Total Value of Retail Sales	限额以上批发和零售业商品销售总额 Total Sales of Enterprises above Designated Size of Wholesale and Retail Trades
北安市	Bei'an	233218	74488
五大连池市	Wudalianchi	123041	11308
安达市	Anda	800158	255324
肇东市	Zhaodong	922413	198079
海伦市	Hailun	323377	32111
江苏省	**Jiangsu**		
江阴市	Jiangyin	5154764	26823794
宜兴市	Yixing	3712806	3205015
新沂市	Xinyi	830580	1131532
邳州市	Pizhou	1140613	637385
溧阳市	Liyang	1982562	504485
金坛市	Jintan	1567287	595248
常熟市	Changshu	4995373	8315107
张家港市	Zhangjiagang	3707280	41247509
昆山市	Kunshan	4936190	8285751
太仓市	Taicang	1950659	5913701
启东市	Qidong	2287279	461645
如皋市	Rugao	2298544	1632107
海门市	Haimen	2371222	582010
东台市	Dongtai	1580932	770636
大丰市	Dafeng	1087970	428092
仪征市	Yizheng	1147472	711936
高邮市	Gaoyou	1105726	220124
丹阳市	Danyang	2023823	1001756
扬中市	Yangzhong	903167	721199
句容市	Jurong	933115	324633
兴化市	Xinghua	1126903	559603
靖江市	Jingjiang	1232517	2563695
泰兴市	Taixing	1429524	594181
姜堰市	Jiangyan	1221518	698074
浙江省	**Zhejiang**		
建德市	Jiande	673339	486545
富阳市	Fuyang	1217640	2274842
临安市	Lin'an	1026896	864876
余姚市	Yuyao	3051602	4289299
慈溪市	Cixi	3919838	4764448
奉化市	Fenghua	1098347	846290
瑞安市	Rui'an	2363835	2680180
乐清市	Yueqing	2107550	1815766
海宁市	Haining	2428008	3160479
平湖市	Pinghu	1215702	2587339
桐乡市	Tongxiang	2160803	1563528
诸暨市	Zhuji	2312207	3324368
上虞市	Shangyu	1803388	1740893
嵊州市	Shengzhou	1538668	449126
兰溪市	Lanxi	943263	578098
义乌市	Yiwu	3987389	2553796
东阳市	Dongyang	1742580	938740
永康市	Yongkang	1271671	1631760
江山市	Jiangshan	753527	314456
温岭市	Wenling	3266826	1838775
临海市	Linhai	1475823	783680
龙泉市	Longquan	315063	199426
安徽省	**Anhui**		
巢湖市	Chaohu	649334	361413
桐城市	Tongcheng	525088	129593
天长市	Tianchang	467267	263304
明光市	Mingguang	387310	175722
界首市	Jieshou	327182	107796
宁国市	Ningguo	488682	307727
福建省	**Fujian**		
福清市	Fuqing	2106093	527625
长乐市	Changle	1061685	445180
永安市	Yong'an	559796	157812
石狮市	Shishi	2687012	1795814
晋江市	Jinjiang	3308864	4891681
南安市	Nan'an	2420149	1062668
龙海市	Longhai	1093176	507678
邵武市	Shaowu	644691	239452
武夷山市	Wuyishan	336651	101533
建瓯市	Jian'ou	480330	353250
建阳市	Jianyang	338700	129606
漳平市	Zhangping	379004	203366
福安市	Fu'an	633700	306678
福鼎市	Fuding	581848	129205
江西省	**Jiangxi**		
乐平市	Leping	493642	26872
瑞昌市	Ruichang	275548	77878
共青城市	Gongqingcheng	69920	16906
贵溪市	Guixi	407085	73621
瑞金市	Ruijin	228722	28193
南康市	Nankang	247159	47869
井冈山市	Jinggangshan	144786	7714
丰城市	Fengcheng	622915	47663
樟树市	Zhangshu	439757	1532333
高安市	Gaoan	450818	105124
德兴市	Dexing	341686	7717
山东省	**Shandong**		
章丘市	Zhangqiu	2409052	839168
胶州市	Jiaozhou	2233073	897127
即墨市	Jimo	2643357	1333422
平度市	Pingdu	2425510	2524381
莱西市	Laixi	1822022	752539
滕州市	Tengzhou	2489087	2634776
龙口市	Longkou	2429182	3409128
莱阳市	Laiyang	2025862	1101396
莱州市	Laizhou	2270381	1031989
蓬莱市	Penglai	1021448	1877978

3-9 续表 2 continued

单位：万元 (10 000 yuan)

城 市	City	社会消费品零售总额 Total Value of Retail Sales	限额以上批发和零售业商品销售总额 Total Sales of Enterprises above Designated Size of Wholesale and Retail Trades	城 市	City	社会消费品零售总额 Total Value of Retail Sales	限额以上批发和零售业商品销售总额 Total Sales of Enterprises above Designated Size of Wholesale and Retail Trades
招远市	Zhaoyuan	1245396	1288914	枣阳市	Zaoyang	1163840	878990
栖霞市	Qixia	943986	485145	宜城市	Yicheng	652800	454300
海阳市	Haiyang	1151547	674541	钟祥市	Zhongxiang	991184	117049
青州市	Qingzhou	1527501	1715510	应城市	Yingcheng	850753	327000
诸城市	Zhucheng	1794128	2056010	安陆市	Anlu	677931	285541
寿光市	Shouguang	1889676	3903040	汉川市	Hanchuan	1286019	478004
安丘市	Anqiu	1138144	548073	石首市	Shishou	670848	257583
高密市	Gaomi	1400900	1128744	洪湖市	Honghu	715238	177958
昌邑市	Changyi	1114423	386096	松滋市	Songzi	795515	236654
曲阜市	Qufu	1223459	391252	麻城市	Macheng	772599	267869
兖州市	Yanzhou	1480110	995310	武穴市	Wuxue	721000	220662
邹城市	Zoucheng	1831912	3633758	赤壁市	Chibi	835800	835800
新泰市	Xintai	2070575	4518930	广水市	Guangshui	720600	247446
肥城市	Feicheng	1843871	1796912	恩施市	Enshi	588400	1250000
文登市	Wendeng	2429080	1136225	利川市	Lichuan	273940	76636
荣成市	Rongcheng	2293939	1777650	仙桃市	Xiantao	1769005	619152
乳山市	Rushan	1510376	586576	潜江市	Qianjiang	1154411	726845
乐陵市	Laoling	767080	393060	天门市	Tianmen	1769390	1022753
禹城市	Yucheng	758034	371825	**湖南省**	**Hunan**		
临清市	Linqing	1115099	1707672	浏阳市	Liuyang	1580794	1387736
河南省	**Henan**			醴陵市	Liling	1121292	995100
巩义市	Gongyi	1684318	212351	湘乡市	Xiangxiang	589200	500800
荥阳市	Xingyang	1373092	488212	韶山市	Shaoshan	120100	70100
新密市	Xinmi	1542785	1280955	耒阳市	Leiyang	726810	616354
新郑市	Xinzheng	1448080	1509934	常宁市	Changning	522044	464536
登封市	Dengfeng	1197707	533777	武冈市	Wugang	347500	317400
偃师市	Yanshi	1379185	109665	汨罗市	Miluo	583300	453960
舞钢市	Wugang	304350	167728	临湘市	Linxiang	460000	358800
汝州市	Ruzhou	804280	319116	津市市	Jinshi	368300	319000
林州市	Linzhou	756843	408058	沅江市	Yuanjiang	512500	430800
卫辉市	Weihui	409934	136832	资兴市	Zixing	483582	376507
辉县市	Huixian	751115	356022	洪江市	Hongjiang	174416	148506
沁阳市	Qinyang	612868	191392	冷水江市	Lengshuijiang	575000	496000
孟州市	Mengzhou	509022	213013	涟源市	Lianyuan	688900	622400
禹州市	Yuzhou	1272843	154800	吉首市	Jishou	565100	505700
长葛市	Changge	933641	578962	**广东省**	**Guangdong**		
义马市	Yima	244851	16287	增城市	Zengcheng	2351003	2517073
灵宝市	Lingbao	996117	231344	从化市	Conghua	901756	1561572
邓州市	Dengzhou	958568	132605	乐昌市	Lechang	391404	10945
永城市	Yongcheng	991279	2813136	南雄市	Nanxiong	309127	169461
项城市	Xiangcheng	831748	151107	台山市	Taishan	1470689	177080
济源市	Jiyuan	940110	846736	开平市	Kaiping	1312567	267762
湖北省	**Hubei**			鹤山市	Heshan	1183605	143178
大冶市	Daye	1362100	413700	恩平市	Enping	648879	47723
丹江口市	Danjiangkou	494000	283878	廉江市	Lianjiang	1037155	150496
宜都市	Yidu	656837	250070	雷州市	Leizhou	885536	99952
当阳市	Dangyang	797511	379450	吴川市	Wuchuan	693071	146001
枝江市	Zhijiang	797533	397667	高州市	Gaozhou	1332318	256679
老河口市	Laohekou	730006	712424	化州市	Huazhou	1301265	271841

3-9 续表 3 continued

单位：万元 (10 000 yuan)

城市	City	社会消费品零售总额 Total Value of Retail Sales	限额以上批发和零售业商品销售总额 Total Sales of Enterprises above Designated Size of Wholesale and Retail Trades
信宜市	Xinyi	1363839	141515
高要市	Gaoyao	676278	230118
四会市	Sihui	850443	1751098
兴宁市	Xingning	603944	14478
陆丰市	Lufeng	1385843	145787
阳春市	Yangchun	1636695	86553
英德市	Yingde	1046688	145414
连州市	Lianzhou	457658	35817
普宁市	Puning	1638613	2493912
罗定市	Luoding	496261	207595
广西壮族自治区	**Guangxi**		
岑溪市	Cenxi	469898	200108
东兴市	Dongxi	156846	2942459
桂平市	Guiping	837907	727343
北流市	Beiliu	629558	948200
宜州市	Yizhou	322612	880878
合山市	Heshan	74491	318130
凭祥市	Pingxiang	148182	1684232
海南省	**Hainan**		
五指山市	Wuzhishan	51982	
琼海市	Qionghai	443452	1756085
儋州市	Danzhou	452822	219930
文昌市	Wenchang	421494	32974
万宁市	Wanning	401744	1403
东方市	Dongfang	183102	11469
四川省	**Sichuan**		
都江堰市	Dujiangyan	806188	546945
彭州市	Pengzhou	536187	160533
邛崃市	Qionglai	491771	129851
崇州市	Chongzhou	525821	87520
广汉市	Guanghan	907300	249100
什邡市	Shifang	479121	401477
绵竹市	Mianzhu	513372	173277
江油市	Jiangyou	1032474	781303
峨眉山市	Emeishan	614604	173716
阆中市	Langzhong	523731	126142
华蓥市	Huaying	201485	104065
万源市	Wanyuan	312080	114293
简阳市	Jianyang	860883	533880
西昌市	Xichang	1489322	2568902
贵州省	**Guizhou**		
清镇市	Qingzhen	255878	5358
赤水市	Chishui	153111	36163
仁怀市	Renhuai	465020	435511
兴义市	Xingyi	845653	1586363
凯里市	Kaili	674222	869359
都匀市	Duyun	436554	195197
福泉市	Fuquan	143361	40317
云南省	**Yunnan**		
安宁市	Anning	586289	3185102
宣威市	Xuanwei	870097	512609
楚雄市	Chuxiong	784765	1508982
个旧市	Gejiu	436403	128363
开远市	Kaiyuan	281759	291728
蒙自市	Mengzi	289974	710026
文山市	Wenshan	650269	675648
景洪市	Jinghong	445100	2174786
大理市	Dali	854365	2004794
瑞丽市	Ruili	220844	788162
芒市	Mangshi	264745	551197
西藏自治区	**Tibet**		
日喀则市	Xigaze	115835	5239
陕西省	**Shaanxi**		
兴平市	Xingping	372149	165142
韩城市	Hancheng	279554	107634
华阴市	Huayin	165297	77633
甘肃省	**Gansu**		
玉门市	Yumen	188500	1345256
敦煌市	Dunhuang	274972	238472
临夏市	Linxia	24307	116888
合作市	Hezuo	88300	36220
青海省	**Qinghai**		
格尔木市	Golmud	405000	947504
德令哈市	Delingha	66584	102992
宁夏回族自治区	**Ningxia**		
灵武市	Lingwu	106543	645068
青铜峡市	Qingtongxia	141747	125665
新疆维吾尔自治区	**Xinjiang**		
吐鲁番市	Turpan	164052	99437
哈密市	Hami	551532	1684501
昌吉市	Changji	647122	184606
阜康市	Fukang	214813	28487
博乐市	Bole	183506	157816
库尔勒市	Korla	597767	1555862
阿克苏市	Akesu	481360	374671
阿图什市	Atus	74137	27602
喀什市	Kashi	515000	1001807
和田市	Hetian	124646	220231
伊宁市	Yining	512532	489418
奎屯市	Kuitun	186019	197753
塔城市	Tacheng	116600	162000
乌苏市	Wusu	104592	46470
阿勒泰市	Aletai	182065	285255
石河子市	Shihezi	779510	1405839
阿拉尔市	Alar	182693	36024
图木舒克市	Tumushuke	96481	7600
五家渠市	Wujiaqu	204147	337918
北屯市	Beitun	79754	34148

3-10 固定资产投资情况
Basic Conditions of Investment in Fixed Assets

单位：万元 (10 000 yuan)

城 市	City	固定资产投资额(不含农户) Investment in Fixed Assets (Excluding Rural households)	新增固定资产 Newly Increased Fixed Assets	房地产开发投资完成额 Investment Actually Completed for Real Estate Development	住宅 Residential Buildings
河北省	**Hebei**				
辛集市	Xinji	1690483	1076890	96713	71188
藁城市	Gaocheng	2182417	1610274	394	314
晋州市	Jinzhou	1501439	1107433	67221	54488
新乐市	Xinle	1307589	1174788	111107	111107
鹿泉市	Luquan	2086598	1708004	221586	182150
遵化市	Zunhua	1793928	1351029	57500	40099
迁安市	Qian'an	3758336	2008111	284285	216339
武安市	Wu'an	2129451	1703304	38932	29016
南宫市	Nangong	689217	633878	12282	11114
沙河市	Shahe	1360375	202464	37570	30197
涿州市	Zhuozhou	1523373	1306019	312081	256168
定州市	Dingzhou	1494706	575969	331195	305069
安国市	Anguo	878777	632440	98687	94778
高碑店市	Gaobeidian	668984	301923	91821	90310
泊头市	Botou	1120552	763927	46852	45797
任丘市	Renqiu	1247993	1008596	80732	67682
黄骅市	Huanghua	1452861	661866	80040	65261
河间市	Hejian	1138652	1053595	34898	24401
霸州市	Bazhou	1629585	1258953	225180	147037
三河市	Sanhe	2836515	2656229	572163	432665
冀州市	Jizhou	605351	458266	39440	33657
深州市	Shenzhou	774781	626334	31953	22593
山西省	**Shanxi**				
古交市	Gujiao	543044	230281	3700	3226
潞城市	Lucheng	810581	666188	8582	6088
高平市	Gaoping	1047032	755405	57496	51821
介休市	Jiexiu	758290	558309	76073	49593
永济市	Yongji	632651	317451	26560	18347
河津市	Hejin	976512	976512	7493	5105
原平市	Yuanping	1146229	698132	15669	12275
侯马市	Houma	404073	339816	77857	55411
霍州市	Huozhou	891003	1102024	39160	38128
孝义市	Xiaoyi	2212497	1215332	117765	99523
汾阳市	Fenyang	457550	142181	25497	24914
内蒙古自治区	**Inner Mongolia**				
霍林郭勒市	Huolinguole	1506215	782436	74641	46276
满洲里市	Manzhouli	1101585	700680	101100	59908
牙克石市	Yakeshi	160111	160111	127014	102128
扎兰屯市	Zhalantun	1268920	691276	38358	20820
额尔古纳市	Eerguna	204518	74276	9960	4778
根河市	Genhe	150805	130326		
丰镇市	Fengzhen	465987	225900	38679	32098
乌兰浩特市	Wulanhaote	918608	798075	237584	214112
阿尔山市	Aershan	337628	244300	28939	22190
二连浩特市	Erlianhaote	390398	272096	70552	13157
锡林浩特市	Xilinhaote	1213150	975364	235266	122301
辽宁省	**Liaoning**				
新民市	Xinmin	3437841	2770534	682845	489193
瓦房店市	Wafangdian	6202060	4454287	647849	489886

3-10 续表 1 continued

单位：万元 (10 000 yuan)

城市	City	固定资产投资额(不含农户) Investment in Fixed Assets (Excluding Rural households)	新增固定资产 Newly Increased Fixed Assets	房地产开发投资完成额 Investment Actually Completed for Real Estate Development	住宅 Residential Buildings
普兰店市	Pulandian	4729438	3508355	543151	454476
庄河市	Zhuanghe	2642503	4167575	408028	306772
海城市	Haicheng	5103524	2900786	582566	417033
东港市	Donggang	1474342	362393	421149	309662
凤城市	Fengcheng	1379634	94382	154062	10106
凌海市	Linghai	931317	932203	85844	63500
北镇市	Beizhen	842646	451506	186295	126295
盖州市	Gaizhou	1634032	1634909	242639	187989
大石桥市	Dashiqiao	1610776	1076620	140108	129047
灯塔市	Dengta	1162339	694451	167512	143594
调兵山市	Diaobingshan	907851	582698	411140	378321
开原市	Kaiyuan	2407054	1682218	426172	312051
北票市	Beipiao	1411111	933137	104289	93652
凌源市	Lingyuan	792652	227860	127251	105041
兴城市	Xingcheng	1018185	369224	109109	86562
吉林省	**Jilin**				
九台市	Jiutai	1680827	1602439	80236	80236
榆树市	Yushu	1588256	1878074	57744	39282
德惠市	Dehui	1688590	2020546	130529	113435
蛟河市	Jiaohe	1104611	1451913	81706	62436
桦甸市	Huadian	1206848	1207902	362775	262347
舒兰市	Shulan	1075222	1334323	52300	50200
磐石市	Panshi	1206828	1593641	129316	101938
公主岭市	Gongzhuling	1305715	586648	104482	85182
双辽市	Shuangliao	676331	838525	105545	71400
梅河口市	Meihekou	1490173	1224746	370189	306301
集安市	Ji'an	1040744	503622	24530	20567
临江市	Linjiang	552628	856269	64466	48574
洮南市	Taonan	906037	747062	16362	12599
大安市	Daan	779598	309716	22513	19313
延吉市	Yanji	1648126	1635497	173725	128632
图们市	Tumen	180685	218708	48668	46150
敦化市	Dunhua	1074248	572999	80933	70029
珲春市	Hunchun	1011848	733751	187812	156924
龙井市	Longjing	323384	156881	27647	25200
和龙市	Helong	397693	152443	14636	11636
黑龙江省	**Heilongjiang**				
双城市	Shuangcheng	1564663	1168452	25884	20611
尚志市	Shangzhi	1270666	1270666	59610	44544
五常市	Wuchang	1000865	633638	40177	29947
讷河市	Nehe	394310	312762	78781	54236
虎林市	Hulin	281652	210662	24551	21379
密山市	Mishan	388318	289644	37692	21949
铁力市	Tieli	578040	578040	23667	20162
同江市	Tongjiang	456963	304272	62249	51579
富锦市	Fujin	668096	569273	95180	74440
绥芬河市	Suifenhe	853294	713934	130643	90318
海林市	Hailin	1281480	987936	71051	50600
宁安市	Ning'an	1150851	859606	96764	68719
穆棱市	Muling	1040372	399109	141294	94371

3-10 续表 2 continued

单位：万元 (10 000 yuan)

城　市	City	固定资产投资额(不含农户) Investment in Fixed Assets (Excluding Rural households)	新增固定资产 Newly Increased Fixed Assets	房地产开发投资完成额 Investment Actually Completed for Real Estate Development	住宅 Residential Buildings
北安市	Bei'an	440814	301501	30962	18646
五大连池市	Wudalianchi	290347	40227	33762	26786
安达市	Anda	1300545	1123417	251363	71455
肇东市	Zhaodong	1358972	756007	207932	155215
海伦市	Hailun	235320	385120	148280	109040
江苏省	**Jiangsu**				
江阴市	Jiangyin	8342829	6608886	1813866	1152707
宜兴市	Yixing	4805602	3767482	1075101	755517
新沂市	Xinyi	2706367	1439425	323830	271925
邳州市	Pizhou	3938766	3199517	282598	266793
溧阳市	Liyang	3732437	2571362	376235	282356
金坛市	Jintan	2199295	1410538	276425	204353
常熟市	Changshu	6021202	5573572	864089	575216
张家港市	Zhangjiagang	6910683	5497682	837645	536195
昆山市	Kunshan	7676225	5937295	2450221	1626874
太仓市	Taicang	4599342	3825854	694708	374802
启东市	Qidong	3595336	4097892	321976	291711
如皋市	Rugao	3298620	2229073	274167	188399
海门市	Haimen	3708633	2415413	364342	287261
东台市	Dongtai	2784149	1853188	302632	242641
大丰市	Dafeng	2165584	1300240	194989	131437
仪征市	Yizheng	2474524	2715620	146058	144702
高邮市	Gaoyou	2342916	1210861	202518	166851
丹阳市	Danyang	2805264	1183050	336110	263563
扬中市	Yangzhong	1470328	1051586	140570	75562
句容市	Jurong	1743864	887492	433238	359492
兴化市	Xinghua	1893020	2033035	161028	108455
靖江市	Jingjiang	2833805	2767661	434284	196053
泰兴市	Taixing	2610963	2240188	332043	267124
姜堰市	Jiangyan	2156160	1852742	328162	236571
浙江省	**Zhejiang**				
建德市	Jiande	961590	369574	206391	117021
富阳市	Fuyang	2343812	1022226	710610	473376
临安市	Lin'an	1379851	903345	455121	381840
余姚市	Yuyao	3615419	2011687	1354376	813968
慈溪市	Cixi	4432783	1294521	1274158	925043
奉化市	Fenghua	1281439	577783	340949	217610
瑞安市	Rui'an	3164109	1323182	970002	652517
乐清市	Yueqing	3620007	978870	1219839	823495
海宁市	Haining	3036723	1412289	651847	492811
平湖市	Pinghu	2289107	1454260	457359	324151
桐乡市	Tongxiang	2552250	1393784	623991	327973
诸暨市	Zhuji	4110993	2129669	794272	440562
上虞市	Shangyu	2965372	1706248	602967	530480
嵊州市	Shengzhou	1391712	579487	247470	173880
兰溪市	Lanxi	1062804	356253	166156	102873
义乌市	Yiwu	2935885	2148460	1064233	688149
东阳市	Dongyang	1548984	872341	335479	248275
永康市	Yongkang	1391081	1087779	271023	226050

3-10 续表 3 continued

单位：万元 (10 000 yuan)

城　市	City	固定资产投资额(不含农户) Investment in Fixed Assets (Excluding Rural households)	新增固定资产 Newly Increased Fixed Assets	房地产开发投资完成额 Investment Actually Completed for Real Estate Development	住宅 Residential Buildings
江山市	Jiangshan	1074381	663378	125570	87932
温岭市	Wenling	2359129	1330754	710811	499556
临海市	Linhai	1733894	1314274	298800	227368
龙泉市	Longquan	530520	351370	94451	65118
安徽省	**Anhui**				
巢湖市	Chaohu	991120	1259384	333620	52268
桐城市	Tongcheng	1458609	1381868	92926	74108
天长市	Tianchang	1730245	1461222	179233	130114
明光市	Mingguang	638629	406143	101855	72892
界首市	Jieshou	329492	191959	37518	27702
宁国市	Ningguo	1457639	1120365	188640	117692
福建省	**Fujian**				
福清市	Fuqing	4607638	1045537	629238	397206
长乐市	Changle	2141650	1387263	534380	386387
永安市	Yong'an	1523161	369716	303958	147712
石狮市	Shishi	2284850	1329404	270543	198811
晋江市	Jinjiang	5048463	2298343	1188687	688895
南安市	Nan'an	2759554	1241243	578339	353419
龙海市	Longhai	2980298	1917886	420703	269414
邵武市	Shaowu	1251552	730000	77504	55899
武夷山市	Wuyishan	1422855	934054	72113	41527
建瓯市	Jian'ou	1053248	359099	114966	70103
建阳市	Jianyang	954010	676938	183672	151761
漳平市	Zhangping	1017804	939119	55112	37200
福安市	Fu'an	1003998	505436	163607	98966
福鼎市	Fuding	1062036	619341	220283	121046
江西省	**Jiangxi**				
乐平市	Leping	2748499		121181	61887
瑞昌市	Ruichang	1251346	1436335	64929	56773
共青城市	Gongqingcheng	900987	894631	33008	27685
贵溪市	Guixi	2293426	2183850	69809	45013
瑞金市	Ruijin	372818	286512	60900	47011
南康市	Nankang	804125	557220	196465	121601
井冈山市	Jinggangshan	345164	100641	22309	11004
丰城市	Fengcheng	1867625	1343672	116014	83069
樟树市	Zhangshu	1668010	870562	63756	57290
高安市	Gaoan	1196191	1120369	81960	66461
德兴市	Dexing	700432	510561	34659	17496
山东省	**Shandong**				
章丘市	Zhangqiu	2581651	2033366	505858	447606
胶州市	Jiaozhou	3371086	3567075	613928	436580
即墨市	Jimo	3793265	2185096	417818	324380
平度市	Pingdu	4279357	3575520	230156	150678
莱西市	Laixi	3719868	1057200	75773	64821
滕州市	Tengzhou	3196786	2455658	607111	464680
龙口市	Longkou	4031112	2537473	159606	153508
莱阳市	Laiyang	1046919	843517	113342	89714
莱州市	Laizhou	2488683	1725809	169412	130550
蓬莱市	Penglai	2585067	992240	121292	106431

3-10 续表 4 continued

单位：万元 (10 000 yuan)

城市	City	固定资产投资额（不含农户） Investment in Fixed Assets (Excluding Rural households)	新增固定资产 Newly Increased Fixed Assets	房地产开发投资完成额 Investment Actually Completed for Real Estate Development	住宅 Residential Buildings
招远市	Zhaoyuan	1771696	2112229	227499	167628
栖霞市	Qixia	869087	664003	38874	35460
海阳市	Haiyang	2681256	2230400	419825	301181
青州市	Qingzhou	3126269	2182628	324251	247172
诸城市	Zhucheng	3566417	2516382	411394	296627
寿光市	Shouguang	1592937	617845	767139	510379
安丘市	Anqiu	602429	543800	184000	102000
高密市	Gaomi	2981344	2245656	244131	183000
昌邑市	Changyi	2135387	528395	145474	100217
曲阜市	Qufu	1430538	947988	134197	119796
兖州市	Yanzhou	1780532	392727	111411	70901
邹城市	Zoucheng	2557445	877699	306366	207446
新泰市	Xintai	4087265	1901447	93967	80692
肥城市	Feicheng	3427040	2654860	140962	103090
文登市	Wendeng	3497725	1707797	715508	607014
荣成市	Rongcheng	2920268	2928063	543980	498869
乳山市	Rushan	1250346	1278036	652902	611535
乐陵市	Laoling	1209300	729945	99845	71856
禹城市	Yucheng	1263800	555825	144328	86003
临清市	Linqing	1750687	1307289	94030	66761
河南省	**Henan**				
巩义市	Gongyi	3047400	1941906	372200	257700
荥阳市	Xingyang	3046900	2085630	340038	283867
新密市	Xinmi	3069700	573268	134686	91961
新郑市	Xinzheng	2702900	1775340	419718	364492
登封市	Dengfeng	2576200	971680	82099	58871
偃师市	Yanshi	2508095	2108115	72746	53974
舞钢市	Wugang	1112300	836718	131872	113166
汝州市	Ruzhou	1612100	633805	79131	69726
林州市	Linzhou	3024439	2515296	153219	97652
卫辉市	Weihui	685142	1020133	37490	33532
辉县市	Huixian	2063264	1406384	202850	142375
沁阳市	Qinyang	2202897	1774308	64446	41479
孟州市	Mengzhou	1718128	1193242	31509	29314
禹州市	Yuzhou	2972400	589356	53600	42426
长葛市	Changge	2024900	1034785	56424	37159
义马市	Yima	1281500	1040849	72041	42938
灵宝市	Lingbao	2127800	1425048	91766	51129
邓州市	Dengzhou	1697700	1277359	113355	79900
永城市	Yongcheng	1688912	526300	215900	127751
项城市	Xiangcheng	846100	506926	62442	37531
济源市	Jiyuan	2812900	20220986	271820	258370
湖北省	**Hubei**				
大冶市	Daye	2913400	2044273	114294	79958
丹江口市	Danjiangkou	970683	548506	73110	49667
宜都市	Yidu	1787510	1787510	83577	56885
当阳市	Dangyang	2065937	1187389	98256	78707
枝江市	Zhijiang	1909205	1659700	85460	62417
老河口市	Laohekou	1169870	982458	193513	173004

3-10 续表 5 continued

单位：万元 (10 000 yuan)

城　市	City	固定资产投资额(不含农户) Investment in Fixed Assets (Excluding Rural households)	新增固定资产 Newly Increased Fixed Assets	房地产开发投资完成额 Investment Actually Completed for Real Estate Development	住宅 Residential Buildings
枣阳市	Zaoyang	1910667	1430865	224427	210627
宜城市	Yicheng	1263800	1023840	190400	94989
钟祥市	Zhongxiang	1706760	157760	111278	76821
应城市	Yingcheng	1323758	997343	35185	32142
安陆市	Anlu	867304	1034493	115453	78235
汉川市	Hanchuan	1758402	1717315	57318	18956
石首市	Shishou	912627	440892	16734	15324
洪湖市	Honghu	815179	405601	75298	48884
松滋市	Songzi	1277500	1262419	53586	29237
麻城市	Macheng	1677900	408767	103090	102650
武穴市	Wuxue	1304114	1247050	91718	62981
赤壁市	Chibi	1796605	1441743	201853	146344
广水市	Guangshui	1598885	1474670	31555	20542
恩施市	Enshi	635567	506784	180531	101807
利川市	Lichuan	487688	158336	74878	48636
仙桃市	Xiantao	2166789	2166789	156595	133439
潜江市	Qianjiang	2345370	2090793	91479	47979
天门市	Tianmen	2001865	1390853	149338	120477
湖南省	**Hunan**				
浏阳市	Liuyang	4359867	2101376	357587	248530
醴陵市	Liling	1912485	1856355	232689	141436
湘乡市	Xiangxiang	981900	767005	117088	73700
韶山市	Shaoshan	450000	444963	11260	11060
耒阳市	Leiyang	1868712	1872310	67712	54336
常宁市	Changning	791998	711751	43115	32274
武冈市	Wugang	737330	243826	12799	12437
汨罗市	Miluo	1582838	1352638	44425	36563
临湘市	Linxiang	1085215	915784	26680	25172
津市市	Jinshi	477700	403408	30338	26596
沅江市	Yuanjiang	1048604	916695	277586	235859
资兴市	Zixing	1489097	1212964	53406	42675
洪江市	Hongjiang	651554	416682	48384	39703
冷水江市	Lengshuijiang	974676	760006	122386	85455
涟源市	Lianyuan	925531	1023056	49649	39105
吉首市	Jishou	523500	280657	202075	153279
广东省	**Guangdong**				
增城市	Zengcheng	2289628	1123322	1400122	1071082
从化市	Conghua	473791	371696	529595	449098
乐昌市	Lechang	656399	296065	104722	73854
南雄市	Nanxiong	658795	460390	51443	47753
台山市	Taishan	1650055	451497	136707	111006
开平市	Kaiping	1178024	931616	155439	101798
鹤山市	Heshan	972637	786047	229248	207200
恩平市	Enping	617252	317833	77731	70511
廉江市	Lianjiang	772437	712013	92707	77250
雷州市	Leizhou	241332	177671	51704	40123
吴川市	Wuchuan	501723	501723	78983	61266
高州市	Gaozhou	645291	299137	81735	70065
化州市	Huazhou	608756	373566	141579	110589

3-10 续表 6 continued

单位：万元 (10 000 yuan)

城市	City	固定资产投资额(不含农户) Investment in Fixed Assets (Excluding Rural households)	新增固定资产 Newly Increased Fixed Assets	房地产开发投资完成额 Investment Actually Completed for Real Estate Development	住宅 Residential Buildings
信宜市	Xinyi	267532	477022	87796	72825
高要市	Gaoyao	1550368	1172979	169655	142107
四会市	Sihui	2487223	1725964	302001	236147
兴宁市	Xingning	208447	111076	70129	65765
陆丰市	Lufeng	997529	995829	510	
阳春市	Yangchun	853836	652334	80954	80954
英德市	Yingde	1036711	840132	208561	150351
连州市	Lianzhou	175431	26668	29016	20702
普宁市	Puning	802622	1422106	45953	43553
罗定市	Luoding	768299	383560	72331	57936
广西壮族自治区	**Guangxi**				
岑溪市	Cenxi	1789801	1278272	150065	124066
东兴市	Dongxi	947728	345718	337104	260002
桂平市	Guiping	1281004	810075	105118	93538
北流市	Beiliu	1580418	1412899	171980	156197
宜州市	Yizhou	405527	283740	36869	30305
合山市	Heshan	350322	56476	15042	12697
凭祥市	Pingxiang	668054	428651	102358	62912
海南省	**Hainan**				
五指山市	Wuzhishan	127762	50870	88078	74069
琼海市	Qionghai	157003	828754	868224	772055
儋州市	Danzhou	750396	349724	236140	167626
文昌市	Wenchang	1421116	302917	573755	483813
万宁市	Wanning	896752	129102	637333	500509
东方市	Dongfang	603067	133492	155663	126010
四川省	**Sichuan**				
都江堰市	Dujiangyan	1780403	1010776	498060	383500
彭州市	Pengzhou	1958063	566159	88088	65939
邛崃市	Qionglai	1779554	1322327	181783	130017
崇州市	Chongzhou	1534964	1053267	175072	131646
广汉市	Guanghan	1185092	965639	117898	67336
什邡市	Shifang	867277	600759	55101	31233
绵竹市	Mianzhu	1145188	971975	56984	47295
江油市	Jiangyou	1250236	1144079	183550	104376
峨眉山市	Emeishan	734494	365804	205233	120646
阆中市	Langzhong	1283850	1429379	154497	117799
华蓥市	Huaying	783556	406951	40261	30028
万源市	Wanyuan	737981	511991	13925	9780
简阳市	Jianyang	1830332		311703	244616
西昌市	Xichang	2600731		203752	
贵州省	**Guizhou**				
清镇市	Qingzhen	2388735	1519882	92040	57584
赤水市	Chishui	697023	520126	60243	41868
仁怀市	Renhuai	1097642	733588	93208	46624
兴义市	Xingyi	1709920	1016637	233056	140665
凯里市	Kaili	1722260	928287	378789	288993
都匀市	Duyun	740249	317199	183543	128180
福泉市	Fuquan	671691	137121	12514	8945

3-10 续表 7 continued

单位：万元 (10 000 yuan)

城 市	City	固定资产投资额(不含农户) Investment in Fixed Assets (Excluding Rural households)	新增固定资产 Newly Increased Fixed Assets	房地产开发投资完成额 Investment Actually Completed for Real Estate Development	住宅 Residential Buildings
云南省	**Yunnan**				
安宁市	Anning	1450400	8143	621350	403775
宣威市	Xuanwei	1459979	663385	315639	186986
楚雄市	Chuxiong	1188806	592612	361420	267950
个旧市	Gejiu	720360	54558	132514	97879
开远市	Kaiyuan	722050	511137	125469	90058
蒙自市	Mengzi	722110	499505	220560	147150
文山市	Wenshan	689558	773090	271082	103258
景洪市	Jinghong	1150493	219673	428894	330131
大理市	Dali	1659139	1012850	601876	341020
瑞丽市	Ruili	444436	128196	223883	88437
芒市	Mangshi	590078	394832	156932	135054
西藏自治区	**Tibet**				
日喀则市	Xigaze	7250	7250		
陕西省	**Shaanxi**				
兴平市	Xingping	1251912	436483	3790	3790
韩城市	Hancheng	1436492	1231830	95650	83692
华阴市	Huayin	676336	887067	58785	36785
甘肃省	**Gansu**				
玉门市	Yumen	1712542	723020	35204	29136
敦煌市	Dunhuang	929919	663483	70312	67815
临夏市	Linxia	390232	157509	169391	165786
合作市	Hezuo	346860	346860		
青海省	**Qinghai**				
格尔木市	Golmud	1780624	1050722	21358	14723
德令哈市	Delingha	662026	676655	19584	10000
宁夏回族自治区	**Ningxia**				
灵武市	Lingwu	3186717	683428	121863	70758
青铜峡市	Qingtongxia	792822	526166	91566	61645
新疆维吾尔自治区	**Xinjiang**				
吐鲁番市	Turpan	325683	168622	3880	2880
哈密市	Hami	1717919	576432	128655	90472
昌吉市	Changji	1024302	732885	194123	158919
阜康市	Fukang	1021500	1021500	90917	75752
博乐市	Bole	594408	300868	56397	32709
库尔勒市	Korla	2903793	1447325	372819	264665
阿克苏市	Akesu	953166	470449	157333	123422
阿图什市	Atus	190742	156798	27385	22150
喀什市	Kashi	926807	757010	200360	73696
和田市	Hetian	396796	259581	4075	3790
伊宁市	Yining	1583255	640824	501192	358283
奎屯市	Kuitun	786109	353543	59835	40907
塔城市	Tacheng	149708	255480	30254	25455
乌苏市	Wusu	509366	509366	75081	75081
阿勒泰市	Aletai	322358	208857	20719	13355
石河子市	Shihezi	2416970	1589414	226135	161589
阿拉尔市	Alar	656175	432336	46572	37432
图木舒克市	Tumushuke	295920	121241	23694	10586
五家渠市	Wujiaqu	1360714	888003	279935	157469
北屯市	Beitun	189135	145717	16201	9827

3-11 普通中学及小学数

Number of Regular Secondary Schools and Primary Schools

单位：所 (unit)

城市	City	普通中学数 Regular Secondary Schools	小学数 Primary Schools	城市	City	普通中学数 Regular Secondary Schools	小学数 Primary Schools
河北省	**Hebei**			普兰店市	Pulandian	45	126
辛集市	Xinji	33	98	庄河市	Zhuanghe	34	150
藁城市	Gaocheng	30	107	海城市	Haicheng	39	269
晋州市	Jinzhou	22	159	东港市	Donggang	30	124
新乐市	Xinle	29	81	凤城市	Fengcheng	29	121
鹿泉市	Luquan	14	61	凌海市	Linghai	30	46
遵化市	Zunhua	36	108	北镇市	Beizhen	23	88
迁安市	Qian'an	37	129	盖州市	Gaizhou	31	89
武安市	Wu'an	34	124	大石桥市	Dashiqiao	26	65
南宫市	Nangong	14	81	灯塔市	Dengta	17	69
沙河市	Shahe	28	105	调兵山市	Diaobingshan	9	14
涿州市	Zhuozhou	22	86	开原市	Kaiyuan	25	73
定州市	Dingzhou	39	254	北票市	Beipiao	27	105
安国市	Anguo	10	92	凌源市	Lingyuan	30	163
高碑店市	Gaobeidian	20	96	兴城市	Xingcheng	31	139
泊头市	Botou	17	74	**吉林省**	**Jilin**		
任丘市	Renqiu	56	155	九台市	Jiutai	35	200
黄骅市	Huanghua	28	95	榆树市	Yushu	55	342
河间市	Hejian	32	163	德惠市	Dehui	43	228
霸州市	Bazhou	23	131	蛟河市	Jiaohe	27	115
三河市	Sanhe	17	64	桦甸市	Huadian	24	100
冀州市	Jizhou	15	36	舒兰市	Shulan	30	155
深州市	Shenzhou	34	190	磐石市	Panshi	24	118
山西省	**Shanxi**			公主岭市	Gongzhuling	52	267
古交市	Gujiao	20	55	双辽市	Shuangliao	28	159
潞城市	Lucheng	14	61	梅河口市	Meihekou	30	81
高平市	Gaoping	30	118	集安市	Ji'an	16	34
介休市	Jiexiu	23	63	临江市	Linjiang	16	63
永济市	Yongji	20	88	洮南市	Taonan	21	145
河津市	Hejin	39	120	大安市	Daan	29	105
原平市	Yuanping	45	297	延吉市	Yanji	27	25
侯马市	Houma	14	44	图们市	Tumen	7	10
霍州市	Huozhou	27	77	敦化市	Dunhua	28	54
孝义市	Xiaoyi	37	81	珲春市	Hunchun	14	16
汾阳市	Fenyang	29	143	龙井市	Longjing	14	11
内蒙古自治区	**Inner Mongolia**			和龙市	Helong	19	19
霍林郭勒市	Huolinguole	5	7	**黑龙江省**	**Heilongjiang**		
满洲里市	Manzhouli	13	13	双城市	Shuangcheng	45	107
牙克石市	Yakeshi	28	13	尚志市	Shangzhi	31	45
扎兰屯市	Zhalantun	19	26	五常市	Wuchang	36	115
额尔古纳市	Eerguna	6	10	讷河市	Nehe	24	166
根河市	Genhe	8	7	虎林市	Hulin	11	16
丰镇市	Fengzhen	12	19	密山市	Mishan	27	18
乌兰浩特市	Wulanhaote	17	26	铁力市	Tieli	15	22
阿尔山市	Aershan	3	5	同江市	Tongjiang	2	30
二连浩特市	Erlianhaote	3	4	富锦市	Fujin	14	33
锡林浩特市	Xilinhaote	9	12	绥芬河市	Suifenhe	4	9
辽宁省	**Liaoning**			海林市	Hailin	24	45
新民市	Xinmin	31	8	宁安市	Ning'an	26	61
瓦房店市	Wafangdian	40	113	穆棱市	Muling	17	52

3-11 续表 1 continued

单位：所 (unit)

城　市	City	普通中学数 Regular Secondary Schools	小学数 Primary Schools	城　市	City	普通中学数 Regular Secondary Schools	小学数 Primary Schools
北安市	Bei'an	12	25	江山市	Jiangshan	19	45
五大连池市	Wudalianchi	15	47	温岭市	Wenling	47	98
安达市	Anda	26	73	临海市	Linhai	47	115
肇东市	Zhaodong	41	122	龙泉市	Longquan	9	35
海伦市	Hailun	34	124	**安徽省**	**Anhui**		
江苏省	**Jiangsu**			巢湖市	Chaohu	49	153
江阴市	Jiangyin	39	39	桐城市	Tongcheng	54	200
宜兴市	Yixing	40	62	天长市	Tianchang	40	42
新沂市	Xinyi	34	97	明光市	Mingguang	36	71
邳州市	Pizhou	56	161	界首市	Jieshou	43	138
溧阳市	Liyang	37	40	宁国市	Ningguo	21	31
金坛市	Jintan	25	30	**福建省**	**Fujian**		
常熟市	Changshu	41	49	福清市	Fuqing	72	311
张家港市	Zhangjiagang	37	31	长乐市	Changle	36	102
昆山市	Kunshan	32	38	永安市	Yong'an	20	57
太仓市	Taicang	18	29	石狮市	Shishi	15	65
启东市	Qidong	31	50	晋江市	Jinjiang	54	290
如皋市	Rugao	31	52	南安市	Nan'an	69	287
海门市	Haimen	38	45	龙海市	Longhai	32	207
东台市	Dongtai	41	25	邵武市	Shaowu	22	26
大丰市	Dafeng	30	34	武夷山市	Wuyishan	11	69
仪征市	Yizheng	25	36	建瓯市	Jian'ou	21	82
高邮市	Gaoyou	31	43	建阳市	Jianyang	17	28
丹阳市	Danyang	40	31	漳平市	Zhangping	21	59
扬中市	Yangzhong	10	12	福安市	Fu'an	29	62
句容市	Jurong	17	32	福鼎市	Fuding	22	33
兴化市	Xinghua	62	17	**江西省**	**Jiangxi**		
靖江市	Jingjiang	26	30	乐平市	Leping	42	287
泰兴市	Taixing	50	42	瑞昌市	Ruichang	27	33
姜堰市	Jiangyan	30	26	共青城市	Gongqingcheng	4	18
浙江省	**Zhejiang**			贵溪市	Guixi	35	229
建德市	Jiande	28	28	瑞金市	Ruijin	31	169
富阳市	Fuyang	26	47	南康市	Nankang	41	178
临安市	Lin'an	25	39	井冈山市	Jinggangshan	12	28
余姚市	Yuyao	53	82	丰城市	Fengcheng	50	396
慈溪市	Cixi	49	88	樟树市	Zhangshu	28	117
奉化市	Fenghua	22	29	高安市	Gaoan	29	309
瑞安市	Rui'an	70	99	德兴市	Dexing	18	53
乐清市	Yueqing	82	88	**山东省**	**Shandong**		
海宁市	Haining	28	41	章丘市	Zhangqiu	34	154
平湖市	Pinghu	17	27	胶州市	Jiaozhou	27	87
桐乡市	Tongxiang	32	36	即墨市	Jimo	36	172
诸暨市	Zhuji	46	110	平度市	Pingdu	51	170
上虞市	Shangyu	33	55	莱西市	Laixi	36	98
嵊州市	Shengzhou	36	61	滕州市	Tengzhou	48	222
兰溪市	Lanxi	32	50	龙口市	Longkou	27	29
义乌市	Yiwu	31	81	莱阳市	Laiyang	35	56
东阳市	Dongyang	46	89	莱州市	Laizhou	41	49
永康市	Yongkang	28	60	蓬莱市	Penglai	14	28

3-11 续表 2 continued

单位：所 (unit)

城 市	City	普通中学数 Regular Secondary Schools	小学数 Primary Schools
招远市	Zhaoyuan	28	38
栖霞市	Qixia	22	22
海阳市	Haiyang	24	36
青州市	Qingzhou	39	101
诸城市	Zhucheng	36	124
寿光市	Shouguang	40	117
安丘市	Anqiu	34	67
高密市	Gaomi	39	90
昌邑市	Changyi	28	62
曲阜市	Qufu	20	93
兖州市	Yanzhou	23	79
邹城市	Zoucheng	13	103
新泰市	Xintai	34	162
肥城市	Feicheng	32	108
文登市	Wendeng	24	26
荣成市	Rongcheng	34	35
乳山市	Rushan	26	7
乐陵市	Laoling	31	117
禹城市	Yucheng	20	102
临清市	Linqing	25	108
河南省	**Henan**		
巩义市	Gongyi	37	80
荥阳市	Xingyang	23	58
新密市	Xinmi	39	118
新郑市	Xinzheng	37	127
登封市	Dengfeng	38	123
偃师市	Yanshi	61	233
舞钢市	Wugang	16	110
汝州市	Ruzhou	64	377
林州市	Linzhou	54	285
卫辉市	Weihui	32	146
辉县市	Huixian	45	166
沁阳市	Qinyang	28	86
孟州市	Mengzhou	26	45
禹州市	Yuzhou	75	329
长葛市	Changge	39	165
义马市	Yima	6	15
灵宝市	Lingbao	33	127
邓州市	Dengzhou	65	536
永城市	Yongcheng	63	392
项城市	Xiangcheng	66	330
济源市	Jiyuan	38	106
湖北省	**Hubei**		
大冶市	Daye	55	180
丹江口市	Danjiangkou	26	68
宜都市	Yidu	16	23
当阳市	Dangyang	23	32
枝江市	Zhijiang	21	30
老河口市	Laohekou	17	41
枣阳市	Zaoyang	41	105
宜城市	Yicheng	26	98
钟祥市	Zhongxiang	45	101
应城市	Yingcheng	24	43
安陆市	Anlu	24	57
汉川市	Hanchuan	49	125
石首市	Shishou	21	56
洪湖市	Honghu	46	58
松滋市	Songzi	29	51
麻城市	Macheng	49	230
武穴市	Wuxue	33	126
赤壁市	Chibi	22	57
广水市	Guangshui	41	69
恩施市	Enshi	30	135
利川市	Lichuan	33	309
仙桃市	Xiantao	45	110
潜江市	Qianjiang	44	90
天门市	Tianmen	47	131
湖南省	**Hunan**		
浏阳市	Liuyang	63	222
醴陵市	Liling	49	166
湘乡市	Xiangxiang	62	166
韶山市	Shaoshan	10	14
耒阳市	Leiyang	60	343
常宁市	Changning	50	134
武冈市	Wugang	47	107
汨罗市	Miluo	50	118
临湘市	Linxiang	29	83
津市市	Jinshi	12	19
沅江市	Yuanjiang	44	57
资兴市	Zixing	26	27
洪江市	Hongjiang	33	32
冷水江市	Lengshuijiang	29	55
涟源市	Lianyuan	60	246
吉首市	Jishou	19	24
广东省	**Guangdong**		
增城市	Zengcheng	48	99
从化市	Conghua	26	64
乐昌市	Lechang	27	81
南雄市	Nanxiong	20	29
台山市	Taishan	36	56
开平市	Kaiping	33	57
鹤山市	Heshan	15	39
恩平市	Enping	25	40
廉江市	Lianjiang	70	356
雷州市	Leizhou	44	472
吴川市	Wuchuan	54	293
高州市	Gaozhou	66	295
化州市	Huazhou	69	403

3-11 续表 3 continued

单位：所 (unit)

城市	City	普通中学数 Regular Secondary Schools	小学数 Primary Schools
信宜市	Xinyi	51	381
高要市	Gaoyao	22	36
四会市	Sihui	28	31
兴宁市	Xingning	45	270
陆丰市	Lufeng	89	370
阳春市	Yangchun	24	56
英德市	Yingde	40	216
连州市	Lianzhou	18	87
普宁市	Puning	93	479
罗定市	Luoding	38	253
广西壮族自治区	**Guangxi**		
岑溪市	Cenxi	35	282
东兴市	Dongxi	8	35
桂平市	Guiping	72	430
北流市	Beiliu	50	297
宜州市	Yizhou	27	169
合山市	Heshan	3	6
凭祥市	Pingxiang	3	38
海南省	**Hainan**		
五指山市	Wuzhishan	6	61
琼海市	Qionghai	27	85
儋州市	Danzhou	40	314
文昌市	Wenchang	28	201
万宁市	Wanning	27	141
东方市	Dongfang	19	156
四川省	**Sichuan**		
都江堰市	Dujiangyan	27	24
彭州市	Pengzhou	31	22
邛崃市	Qionglai	32	28
崇州市	Chongzhou	18	31
广汉市	Guanghan	27	20
什邡市	Shifang	16	29
绵竹市	Mianzhu	13	24
江油市	Jiangyou	30	73
峨眉山市	Emeishan	20	31
阆中市	Langzhong	77	18
华蓥市	Huaying	21	12
万源市	Wanyuan	34	250
简阳市	Jianyang	104	30
西昌市	Xichang	34	159
贵州省	**Guizhou**		
清镇市	Qingzhen	22	108
赤水市	Chishui	16	102
仁怀市	Renhuai	37	195
兴义市	Xingyi	79	276
凯里市	Kaili	37	71
都匀市	Duyun	41	166
福泉市	Fuquan	19	94
云南省	**Yunnan**		
安宁市	Anning	14	34
宣威市	Xuanwei	49	685
楚雄市	Chuxiong	26	140
个旧市	Gejiu	22	76
开远市	Kaiyuan	17	65
蒙自市	Mengzi	18	78
文山市	Wenshan	25	142
景洪市	Jinghong	20	62
大理市	Dali	38	134
瑞丽市	Ruili	8	26
芒市	Mangshi	18	69
西藏自治区	**Tibet**		
日喀则市	Xigaze	3	18
陕西省	**Shaanxi**		
兴平市	Xingping	29	177
韩城市	Hancheng	37	65
华阴市	Huayin	21	68
甘肃省	**Gansu**		
玉门市	Yumen	11	21
敦煌市	Dunhuang	15	34
临夏市	Linxia	9	44
合作市	Hezuo	4	20
青海省	**Qinghai**		
格尔木市	Golmud	20	10
德令哈市	Delingha	8	12
宁夏回族自治区	**Ningxia**		
灵武市	Lingwu	10	30
青铜峡市	Qingtongxia	9	59
新疆维吾尔自治区	**Xinjiang**		
吐鲁番市	Turpan	18	26
哈密市	Hami	41	40
昌吉市	Changji	15	23
阜康市	Fukang	5	9
博乐市	Bole	13	8
库尔勒市	Korla	31	20
阿克苏市	Akesu	38	48
阿图什市	Atus	21	71
喀什市	Kashi	28	71
和田市	Hetian	19	80
伊宁市	**Yining**	**30**	**52**
奎屯市	Kuitun	13	14
塔城市	Tacheng	5	22
乌苏市	Wusu	26	15
阿勒泰市	Aletai	21	13
石河子市	Shihezi	44	22
阿拉尔市	Alar	13	21
图木舒克市	Tumushuke	14	3
五家渠市	Wujiaqu	6	5
北屯市	Beitun	5	4

3-12 专任教师数
Number of Full-time Teachers

单位：人 (person)

城市	City	普通中学专任教师数 Full-time Teachers of Regular Secondary Schools	小学专任教师数 Full-time Teachers of Regular Secondary Schools
河北省	**Hebei**		
辛集市	Xinji	2673	2816
藁城市	Gaocheng	3046	3669
晋州市	Jinzhou	1873	1887
新乐市	Xinle	1765	1667
鹿泉市	Luquan	1767	1631
遵化市	Zunhua	3052	3028
迁安市	Qian'an	3293	3045
武安市	Wu'an	3338	4169
南宫市	Nangong	1753	2062
沙河市	Shahe	2395	2654
涿州市	Zhuozhou	2238	1747
定州市	Dingzhou	3911	4307
安国市	Anguo	1340	1912
高碑店市	Gaobeidian	1540	1580
泊头市	Botou	1888	3098
任丘市	Renqiu	3807	3493
黄骅市	Huanghua	1766	3090
河间市	Hejian	2227	3702
霸州市	Bazhou	2335	3329
三河市	Sanhe	2250	2298
冀州市	Jizhou	2232	1257
深州市	Shenzhou	1597	2188
山西省	**Shanxi**		
古交市	Gujiao	1196	1693
潞城市	Lucheng	912	1287
高平市	Gaoping	2202	1881
介休市	Jiexiu	2021	1770
永济市	Yongji	1348	2232
河津市	Hejin	2855	2573
原平市	Yuanping	2310	2887
侯马市	Houma	1142	1205
霍州市	Huozhou	1464	1709
孝义市	Xiaoyi	3257	2536
汾阳市	Fenyang	2039	2374
内蒙古自治区	**Inner Mongolia**		
霍林郭勒市	Huolinguole	542	368
满洲里市	Manzhouli	1146	791
牙克石市	Yakeshi	1752	1396
扎兰屯市	Zhalantun	1101	1739
额尔古纳市	Eerguna	405	532
根河市	Genhe	678	726
丰镇市	Fengzhen	741	1580
乌兰浩特市	Wulanhaote	1808	1410
阿尔山市	Aershan	156	204
二连浩特市	Erlianhaote	326	291
锡林浩特市	Xilinhaote	1493	1083
辽宁省	**Liaoning**		
新民市	Xinmin	1983	2266
瓦房店市	Wafangdian	2463	2841
普兰店市	Pulandian	3257	2698
庄河市	Zhuanghe	2767	2523
海城市	Haicheng	2952	5164
东港市	Donggang	1647	1810
凤城市	Fengcheng	1725	2206
凌海市	Linghai	1561	1674
北镇市	Beizhen	1768	1721
盖州市	Gaizhou	2894	2566
大石桥市	Dashiqiao	2497	2321
灯塔市	Dengta	1315	1623
调兵山市	Diaobingshan	576	751
开原市	Kaiyuan	1383	1946
北票市	Beipiao	2386	2222
凌源市	Lingyuan	2982	3427
兴城市	Xingcheng	1458	2240
吉林省	**Jilin**		
九台市	Jiutai	2641	4385
榆树市	Yushu	3624	5992
德惠市	Dehui	3214	5270
蛟河市	Jiaohe	1801	2665
桦甸市	Huadian	1675	2298
舒兰市	Shulan	2091	3248
磐石市	Panshi	1791	2954
公主岭市	Gongzhuling	4493	3630
双辽市	Shuangliao	1317	1988
梅河口市	Meihekou	2322	2233
集安市	Ji'an	822	1060
临江市	Linjiang	768	668
洮南市	Taonan	1687	2617
大安市	Daan	1809	3041
延吉市	Yanji	2346	1648
图们市	Tumen	301	378
敦化市	Dunhua	1544	3017
珲春市	Hunchun	1101	1191
龙井市	Longjing	663	473
和龙市	Helong	829	910
黑龙江省	**Heilongjiang**		
双城市	Shuangcheng	2578	2632
尚志市	Shangzhi	2684	3012
五常市	Wuchang	2300	3643
讷河市	Nehe	1934	1879
虎林市	Hulin	658	622
密山市	Mishan	1835	1035
铁力市	Tieli	1394	1496
同江市	Tongjiang	524	1007
富锦市	Fujin	1010	1696
绥芬河市	Suifenhe	490	415
海林市	Hailin	965	900
宁安市	Ning'an	1618	1406
穆棱市	Muling	1235	1470

3-12 续表 1 continued

单位：人 (person)

城　市	City	普通中学专任教师数 Full-time Teachers of Regular Secondary Schools	小学专任教师数 Full-time Teachers of Regular Secondary Schools
北安市	Bei'an	1385	1734
五大连池市	Wudalianchi	855	1095
安达市	Anda	1705	1844
肇东市	Zhaodong	3288	3237
海伦市	Hailun	2351	2675
江苏省	**Jiangsu**		
江阴市	Jiangyin	5747	4691
宜兴市	Yixing	3941	3543
新沂市	Xinyi	4051	3476
邳州市	Pizhou	6694	7346
溧阳市	Liyang	2880	2328
金坛市	Jintan	2308	1810
常熟市	Changshu	3736	4017
张家港市	Zhangjiagang	3396	3144
昆山市	Kunshan	2998	3338
太仓市	Taicang	1728	1829
启东市	Qidong	3465	2575
如皋市	Rugao	4589	3459
海门市	Haimen	3836	2717
东台市	Dongtai	3966	2482
大丰市	Dafeng	2654	2216
仪征市	Yizheng	1968	1649
高邮市	Gaoyou	2804	1999
丹阳市	Danyang	3378	3100
扬中市	Yangzhong	1218	994
句容市	Jurong	1819	1366
兴化市	Xinghua	4623	4533
靖江市	Jingjiang	2931	2044
泰兴市	Taixing	5387	3272
姜堰市	Jiangyan	2934	2080
浙江省	**Zhejiang**		
建德市	Jiande	1844	1378
富阳市	Fuyang	2666	2501
临安市	Lin'an	1854	1683
余姚市	Yuyao	4047	3897
慈溪市	Cixi	4624	4686
奉化市	Fenghua	1789	1608
瑞安市	Rui'an	4517	4787
乐清市	Yueqing	5220	5523
海宁市	Haining	2521	2081
平湖市	Pinghu	1926	1651
桐乡市	Tongxiang	2653	1974
诸暨市	Zhuji	5389	3902
上虞市	Shangyu	2966	2487
嵊州市	Shengzhou	2680	2063
兰溪市	Lanxi	2386	1806
义乌市	Yiwu	3376	3471
东阳市	Dongyang	3039	2860
永康市	Yongkang	2272	2285
江山市	Jiangshan	1968	1832
温岭市	Wenling	3985	3931
临海市	Linhai	3986	3922
龙泉市	Longquan	949	1419
安徽省	**Anhui**		
巢湖市	Chaohu	3694	2824
桐城市	Tongcheng	3407	2817
天长市	Tianchang	2524	2289
明光市	Mingguang	2042	2133
界首市	Jieshou	2291	2896
宁国市	Ningguo	1665	1219
福建省	**Fujian**		
福清市	Fuqing	5468	5176
长乐市	Changle	2280	2303
永安市	Yong'an	1535	1651
石狮市	Shishi	1705	1951
晋江市	Jinjiang	5177	5743
南安市	Nan'an	6173	5162
龙海市	Longhai	3457	3103
邵武市	Shaowu	1242	1423
武夷山市	Wuyishan	879	1174
建瓯市	Jian'ou	1823	2175
建阳市	Jianyang	1315	1539
漳平市	Zhangping	1257	1290
福安市	Fu'an	2776	2602
福鼎市	Fuding	2094	2266
江西省	**Jiangxi**		
乐平市	Leping	3100	3515
瑞昌市	Ruichang	2175	1953
共青城市	Gongqingcheng	237	337
贵溪市	Guixi	2437	2209
瑞金市	Ruijin	2231	2900
南康市	Nankang	2846	3816
井冈山市	Jinggangshan	654	704
丰城市	Fengcheng	4255	6146
樟树市	Zhangshu	2510	2162
高安市	Gaoan	2922	3391
德兴市	Dexing	1128	1509
山东省	**Shandong**		
章丘市	Zhangqiu	4268	4101
胶州市	Jiaozhou	3349	3833
即墨市	Jimo	3386	4846
平度市	Pingdu	5822	5186
莱西市	Laixi	3626	2680
滕州市	Tengzhou	6312	6987
龙口市	Longkou	3459	1821
莱阳市	Laiyang	4296	2334
莱州市	Laizhou	4034	2088
蓬莱市	Penglai	2182	1144

3-12 续表 2 continued

单位：人 (person)

城市	City	普通中学专任教师数 Full-time Teachers of Regular Secondary Schools	小学专任教师数 Full-time Teachers of Regular Secondary Schools	城市	City	普通中学专任教师数 Full-time Teachers of Regular Secondary Schools	小学专任教师数 Full-time Teachers of Regular Secondary Schools
招远市	Zhaoyuan	3475	1566	枣阳市	Zaoyang	3441	2941
栖霞市	Qixia	3119	1988	宜城市	Yicheng	1950	1855
海阳市	Haiyang	2841	1865	钟祥市	Zhongxiang	2759	3350
青州市	Qingzhou	4288	3988	应城市	Yingcheng	2457	2103
诸城市	Zhucheng	4511	4198	安陆市	Anlu	3118	2561
寿光市	Shouguang	4921	4340	汉川市	Hanchuan	3818	3324
安丘市	Anqiu	4428	4032	石首市	Shishou	2530	1654
高密市	Gaomi	3934	3469	洪湖市	Honghu	3674	2217
昌邑市	Changyi	2615	2070	松滋市	Songzi	2847	1796
曲阜市	Qufu	1608	2291	麻城市	Macheng	4446	3663
兖州市	Yanzhou	2764	2894	武穴市	Wuxue	2757	2696
邹城市	Zoucheng	5032	5276	赤壁市	Chibi	1370	1791
新泰市	Xintai	4424	5616	广水市	Guangshui	3213	2597
肥城市	Feicheng	5314	5041	恩施市	Enshi	2890	2566
文登市	Wendeng	3067	1604	利川市	Lichuan	2267	3221
荣成市	Rongcheng	3458	1642	仙桃市	Xiantao	6050	4126
乳山市	Rushan	2626	1338	潜江市	Qianjiang	4100	3237
乐陵市	Laoling	2744	3284	天门市	Tianmen	4864	2906
禹城市	Yucheng	2014	2402	**湖南省**	**Hunan**		
临清市	Linqing	2445	2764	浏阳市	Liuyang	4385	4049
河南省	**Henan**			醴陵市	Liling	2687	2858
巩义市	Gongyi	3342	4523	湘乡市	Xiangxiang	3047	3024
荥阳市	Xingyang	2268	2291	韶山市	Shaoshan	358	381
新密市	Xinmi	3457	3816	耒阳市	Leiyang	3726	5257
新郑市	Xinzheng	3186	2726	常宁市	Changning	2923	3771
登封市	Dengfeng	2975	3406	武冈市	Wugang	2426	2793
偃师市	Yanshi	3604	3717	汨罗市	Miluo	2822	2297
舞钢市	Wugang	1162	1469	临湘市	Linxiang	1944	1650
汝州市	Ruzhou	3315	4597	津市市	Jinshi	841	684
林州市	Linzhou	3402	4230	沅江市	Yuanjiang	3622	3033
卫辉市	Weihui	1903	2302	资兴市	Zixing	1330	1636
辉县市	Huixian	3435	2713	洪江市	Hongjiang	1837	1924
沁阳市	Qinyang	2180	1777	冷水江市	Lengshuijiang	2011	1848
孟州市	Mengzhou	1459	1257	涟源市	Lianyuan	3770	3888
禹州市	Yuzhou	4540	5134	吉首市	Jishou	1429	1433
长葛市	Changge	2867	3967	**广东省**	**Guangdong**		
义马市	Yima	625	760	增城市	Zengcheng	4808	4287
灵宝市	Lingbao	3734	3591	从化市	Conghua	2664	2771
邓州市	Dengzhou	4762	6986	乐昌市	Lechang	2047	1924
永城市	Yongcheng	5001	8097	南雄市	Nanxiong	2182	1840
项城市	Xiangcheng	4755	5416	台山市	Taishan	3431	2833
济源市	Jiyuan	2953	2679	开平市	Kaiping	3741	2822
湖北省	**Hubei**			鹤山市	Heshan	1522	1447
大冶市	Daye	4026	3464	恩平市	Enping	926	2103
丹江口市	Danjiangkou	1594	1514	廉江市	Lianjiang	6319	7497
宜都市	Yidu	1536	859	雷州市	Leizhou	6696	7920
当阳市	Dangyang	1480	1196	吴川市	Wuchuan	4832	5075
枝江市	Zhijiang	1980	1354	高州市	Gaozhou	9530	6526
老河口市	Laohekou	1539	1659	化州市	Huazhou	6893	7889

3-12 续表 3 continued

单位：人 (person)

城　市	City	普通中学专任教师数 Full-time Teachers of Regular Secondary Schools	小学专任教师数 Full-time Teachers of Regular Secondary Schools
信宜市	Xinyi	7560	5969
高要市	Gaoyao	3622	2489
四会市	Sihui	2404	2101
兴宁市	Xingning	5227	3841
陆丰市	Lufeng	6237	7527
阳春市	Yangchun	3623	4299
英德市	Yingde	4606	3846
连州市	Lianzhou	1785	1791
普宁市	Puning	11836	10964
罗定市	Luoding	4824	5283
广西壮族自治区	**Guangxi**		
岑溪市	Cenxi	3194	3716
东兴市	Dongxi	489	763
桂平市	Guiping	5654	7062
北流市	Beiliu	4783	5858
宜州市	Yizhou	1712	2171
合山市	Heshan	354	550
凭祥市	Pingxiang	344	632
海南省	**Hainan**		
五指山市	Wuzhishan	715	793
琼海市	Qionghai	2316	2360
儋州市	Danzhou	3649	5466
文昌市	Wenchang	2223	2809
万宁市	Wanning	1894	3337
东方市	Dongfang	1611	2768
四川省	**Sichuan**		
都江堰市	Dujiangyan	2427	1974
彭州市	Pengzhou	2688	2017
邛崃市	Qionglai	2062	1690
崇州市	Chongzhou	2439	1660
广汉市	Guanghan	1934	1649
什邡市	Shifang	1404	1454
绵竹市	Mianzhu	1256	1389
江油市	Jiangyou	2472	2639
峨眉山市	Emeishan	1322	1203
阆中市	Langzhong	4749	1108
华蓥市	Huaying	1672	940
万源市	Wanyuan	1694	2021
简阳市	Jianyang	4227	2230
西昌市	Xichang	2976	3152
贵州省	**Guizhou**		
清镇市	Qingzhen	2019	1930
赤水市	Chishui	669	1372
仁怀市	Renhuai	2786	3167
兴义市	Xingyi	4279	4138
凯里市	Kaili	2331	2068
都匀市	Duyun	1710	1993
福泉市	Fuquan	1235	1426
云南省	**Yunnan**		
安宁市	Anning	818	1430
宣威市	Xuanwei	5345	6609
楚雄市	Chuxiong	2384	2322
个旧市	Gejiu	1415	1921
开远市	Kaiyuan	1625	759
蒙自市	Mengzi	1290	1820
文山市	Wenshan	2109	2543
景洪市	Jinghong	1698	2325
大理市	Dali	2502	2143
瑞丽市	Ruili	530	850
芒市	Mangshi	1508	2112
西藏自治区	**Tibet**		
日喀则市	Xigaze	327	466
陕西省	**Shaanxi**		
兴平市	Xingping	2644	3149
韩城市	Hancheng	2379	1446
华阴市	Huayin	968	1186
甘肃省	**Gansu**		
玉门市	Yumen	641	648
敦煌市	Dunhuang	734	679
临夏市	Linxia	1341	1126
合作市	Hezuo	518	764
青海省	**Qinghai**		
格尔木市	Golmud	502	748
德令哈市	Delingha	208	354
宁夏回族自治区	**Ningxia**		
灵武市	Lingwu	995	1103
青铜峡市	Qingtongxia	1102	1654
新疆维吾尔自治区	**Xinjiang**		
吐鲁番市	Turpan	2363	1062
哈密市	Hami	2633	2597
昌吉市	Changji	2221	1632
阜康市	Fukang	760	822
博乐市	Bole	1008	1530
库尔勒市	Korla	2211	3079
阿克苏市	Akesu	2346	1971
阿图什市	Atus	2161	2410
喀什市	Kashi	2224	2990
和田市	Hetian	1776	1795
伊宁市	Yining	3351	3473
奎屯市	Kuitun	1358	795
塔城市	Tacheng	930	1070
乌苏市	Wusu	1588	1553
阿勒泰市	Aletai	877	1540
石河子市	Shihezi	3074	2349
阿拉尔市	Alar	772	675
图木舒克市	Tumushuke	822	1047
五家渠市	Wujiaqu	587	431
北屯市	Beitun	449	361

3-13 在校学生数
Number of Strdents Enrollment

单位:人 (person)

城市	City	普通中学在校学生数 Total Enrollment of Regular Secondary Schools	女生 Girls	小学在校学生数 Total Enrollment of Primary Schools	女生 Girls
河北省	**Hebei**				
辛集市	Xinji	34035	17135	39514	18614
藁城市	Gaocheng	31271	17053	46643	21844
晋州市	Jinzhou	20456	10566	31671	16001
新乐市	Xinle	27248	13692	40327	19221
鹿泉市	Luquan	18512	9397	27255	13502
遵化市	Zunhua	27480	17998	59969	29385
迁安市	Qian'an	35618	17930	49369	23108
武安市	Wu'an	46803	23912	74815	33824
南宫市	Nangong	20862	9987	31857	15008
沙河市	Shahe	30807	15856	42215	19753
涿州市	Zhuozhou	22633	11428	36350	17067
定州市	Dingzhou	60940	30515	103564	48895
安国市	Anguo	16431	8357	28360	13387
高碑店市	Gaobeidian	20162	9638	33224	15715
泊头市	Botou	22424	11004	45403	21037
任丘市	Renqiu	30353	14785	66929	30290
黄骅市	Huanghua	23285	10607	35193	14703
河间市	Hejian	24181	11977	62234	27898
霸州市	Bazhou	32078	15868	57025	26685
三河市	Sanhe	32405	16386	43331	20093
冀州市	Jizhou	23865	11676	22837	10151
深州市	Shenzhou	18891	9193	31070	14665
山西省	**Shanxi**				
古交市	Gujiao	15083	7551	20460	9728
潞城市	Lucheng	12941	6701	16538	7954
高平市	Gaoping	35696	20446	30758	16101
介休市	Jiexiu	21453	10318	32845	15442
永济市	Yongji	15813	7944	26573	13178
河津市	Hejin	33554	15527	33218	14549
原平市	Yuanping	25706	12907	31901	15828
侯马市	Houma	11952	6133	15175	7310
霍州市	Huozhou	18049	8819	23853	11084
孝义市	Xiaoyi	41691	19716	40482	18831
汾阳市	Fenyang	31038	15591	39055	17829
内蒙古自治区	**Inner Mongolia**				
霍林郭勒市	Huolinguole	6323	3492	7271	3194
满洲里市	Manzhouli	11552	5659	8856	4074
牙克石市	Yakeshi	14987	7754	9489	4483
扎兰屯市	Zhalantun	13522	6274	17208	8069
额尔古纳市	Eerguna	3538	1755	3762	1850
根河市	Genhe	4536	2268	3464	1709
丰镇市	Fengzhen	8680	4274	11358	5594
乌兰浩特市	Wulanhaote	25344	12731	19562	9318
阿尔山市	Aershan	995	482	1499	717
二连浩特市	Erlianhaote	3492	1167	5577	2708
锡林浩特市	Xilinhaote	20514	10636	16947	8301
辽宁省	**Liaoning**				
新民市	Xinmin	20351	10079	36668	17378
瓦房店市	Wafangdian	34354	16937	35814	17201

3-13 续表 1 continued

单位:人 (person)

城市	City	普通中学在校学生数 Total Enrollment of Regular Secondary Schools	女生 Girls	小学在校学生数 Total Enrollment of Primary Schools	女生 Girls
普兰店市	Pulandian	34443	17289	35150	16932
庄河市	Zhuanghe	33923	16965	33647	16149
海城市	Haicheng	50213	14653	72133	33024
东港市	Donggang	19684	9560	33129	15746
凤城市	Fengcheng	25184	12126	30176	14867
凌海市	Linghai	23123	11588	32752	14584
北镇市	Beizhen	22693	12948	27234	12796
盖州市	Gaizhou	21921	11592	39464	18219
大石桥市	Dashiqiao	31381	15253	39345	18035
灯塔市	Dengta	15640	7164	23385	11395
调兵山市	Diaobingshan	5556	2668	9960	4880
开原市	Kaiyuan	14856	7177	28148	13243
北票市	Beipiao	26864	13625	27517	13047
凌源市	Lingyuan	36705	19535	47098	20761
兴城市	Xingcheng	16880	7882	33110	15196
吉林省	**Jilin**				
九台市	Jiutai	31722	15316	40370	19161
榆树市	Yushu	55857	26541	75633	34618
德惠市	Dehui	43505	19154	60711	29486
蛟河市	Jiaohe	20711	10899	22484	10877
桦甸市	Huadian	28899	14330	34048	16511
舒兰市	Shulan	24478	11896	34984	16584
磐石市	Panshi	25998	13121	27757	13008
公主岭市	Gongzhuling	42219	21120	61687	29735
双辽市	Shuangliao	15417	9125	25104	12305
梅河口市	Meihekou	33737	16369	41018	19647
集安市	Ji'an	10827	5225	13370	6208
临江市	Linjiang	7098	3599	6930	3406
洮南市	Taonan	15473	7758	22644	11038
大安市	Daan	14486	7328	18138	8894
延吉市	Yanji	24341	13679	26897	12933
图们市	Tumen	1489	720	2847	1352
敦化市	Dunhua	17157	9528	21759	12050
珲春市	Hunchun	11479	4784	10094	5007
龙井市	Longjing	3494	1803	4404	2120
和龙市	Helong	4705	2251	5409	2491
黑龙江省	**Heilongjiang**				
双城市	Shuangcheng	29911	15295	44625	21069
尚志市	Shangzhi	29566	14354	29926	14899
五常市	Wuchang	22380	10687	45379	21315
讷河市	Nehe	24381	11955	31426	15184
虎林市	Hulin	10289	5071	7766	3820
密山市	Mishan	20515	10036	19753	9543
铁力市	Tieli	16612	8393	17461	8576
同江市	Tongjiang	5593	2791	11178	5941
富锦市	Fujin	21318	10717	36756	17757
绥芬河市	Suifenhe	6405	3207	7290	3496
海林市	Hailin	10307	5177	11732	5633
宁安市	Ning'an	20997	10775	22033	10482
穆棱市	Muling	10811	5535	15074	7277

3-13 续表 2 continued

单位:人 (person)

城市	City	普通中学在校学生数 Total Enrollment of Regular Secondary Schools	女生 Girls	小学在校学生数 Total Enrollment of Primary Schools	女生 Girls
北安市	Bei'an	14598	7275	20616	10165
五大连池市	Wudalianchi	11047	5476	15619	7568
安达市	Anda	18540	9178	23388	11133
肇东市	Zhaodong	41866	20437	38556	18620
海伦市	Hailun	43773	21720	39447	18882
江苏省	**Jiangsu**				
江阴市	Jiangyin	56911	26242	88877	39642
宜兴市	Yixing	45164	21988	61720	29159
新沂市	Xinyi	38487	17849	74390	32928
邳州市	Pizhou	79428	37276	141799	62933
溧阳市	Liyang	31971	14778	37429	17485
金坛市	Jintan	21585	10230	24731	11663
常熟市	Changshu	41172	20481	67606	31503
张家港市	Zhangjiagang	36140	17178	58908	26980
昆山市	Kunshan	33440	15626	63670	28734
太仓市	Taicang	19155	9454	30234	13839
启东市	Qidong	35531	18227	38157	18889
如皋市	Rugao	53179	25385	62308	29170
海门市	Haimen	39987	20257	44411	21222
东台市	Dongtai	40169	18700	37361	17433
大丰市	Dafeng	27797	13891	28496	13623
仪征市	Yizheng	22488	10767	24442	11642
高邮市	Gaoyou	34601	17336	31622	15257
丹阳市	Danyang	35894	17061	45756	21180
扬中市	Yangzhong	10375	5062	13745	6531
句容市	Jurong	19715	9909	22801	10958
兴化市	Xinghua	46185	19705	54103	23156
靖江市	Jingjiang	25929	12482	32374	15363
泰兴市	Taixing	54057	23522	54847	24691
姜堰市	Jiangyan	35335	16835	34989	16475
浙江省	**Zhejiang**				
建德市	Jiande	23800	11300	21400	10300
富阳市	Fuyang	35100	17000	43700	20400
临安市	Lin'an	22400	11200	28400	13500
余姚市	Yuyao	42431	20677	67648	30514
慈溪市	Cixi	53551	26968	90003	40799
奉化市	Fenghua	22012	10713	32884	15451
瑞安市	Rui'an	56228	26649	102119	45760
乐清市	Yueqing	61471	27214	100607	44031
海宁市	Haining	31826	16078	44207	21026
平湖市	Pinghu	24639	12662	28289	13612
桐乡市	Tongxiang	36232	18343	51101	24088
诸暨市	Zhuji	81086	36388	75331	34888
上虞市	Shangyu	39503	20153	46036	21797
嵊州市	Shengzhou	33183	16579	39076	18717
兰溪市	Lanxi	30660	14560	33981	15897
义乌市	Yiwu	46970	21450	84223	36701
东阳市	Dongyang	41082	19348	66714	30419
永康市	Yongkang	29498	13960	61596	27785

3-13 续表 3 continued

单位:人 (person)

城市	City	普通中学在校学生数 Total Enrollment of Regular Secondary Schools	女生 Girls	小学在校学生数 Total Enrollment of Primary Schools	女生 Girls
江山市	Jiangshan	28346	13968	36700	17935
温岭市	Wenling	52400	24800	98700	44000
临海市	Linhai	56954	27200	85900	37600
龙泉市	Longquan	11960	6117	17848	8665
安徽省	**Anhui**				
巢湖市	Chaohu	44529	19907	40725	18640
桐城市	Tongcheng	47360	21782	37766	18176
天长市	Tianchang	33237	15938	34738	16326
明光市	Mingguang	32131	15964	36144	17433
界首市	Jieshou	30289	13438	43424	19081
宁国市	Ningguo	17134	8660	17268	8341
福建省	**Fujian**				
福清市	Fuqing	72017	32460	100800	45895
长乐市	Changle	26083	10813	44852	20414
永安市	Yong'an	17522	9085	20343	9818
石狮市	Shishi	22358	10379	48567	20928
晋江市	Jinjiang	75141	33891	164002	71832
南安市	Nan'an	64030	29027	97372	43915
龙海市	Longhai	47108	23201	54586	25963
邵武市	Shaowu	15411	7361	16900	7956
武夷山市	Wuyishan	10823	4904	14735	7123
建瓯市	Jian'ou	22440	11454	30919	14701
建阳市	Jianyang	16913	7752	20336	9913
漳平市	Zhangping	11088	5376	15484	7248
福安市	Fu'an	31291	14680	41758	18685
福鼎市	Fuding	26769	13277	30650	14466
江西省	**Jiangxi**				
乐平市	Leping	48440	20729	83757	34796
瑞昌市	Ruichang	22013	10063	35015	14883
共青城市	Gongqingcheng	4734	2288	8294	3501
贵溪市	Guixi	28582	12167	49372	21805
瑞金市	Ruijin	41946	18018	63081	28959
南康市	Nankang	52357	23098	86265	37521
井冈山市	Jinggangshan	8249	3996	12754	5979
丰城市	Fengcheng	65279	28116	127618	56988
樟树市	Zhangshu	27243	8453	43218	18862
高安市	Gaoan	48441	20173	61931	24351
德兴市	Dexing	15176	6592	30219	13798
山东省	**Shandong**				
章丘市	Zhangqiu	57706	26938	64820	30962
胶州市	Jiaozhou	42531	21198	59213	28140
即墨市	Jimo	35323	16817	77420	36422
平度市	Pingdu	66862	33535	78847	38059
莱西市	Laixi	39352	19586	35843	17249
滕州市	Tengzhou	88027	33629	89642	37580
龙口市	Longkou	37092	12594	28923	13576
莱阳市	Laiyang	44500	21020	33500	16328
莱州市	Laizhou	43621	20030	34460	16051
蓬莱市	Penglai	23206	11692	16739	8049

3-13 续表 4 continued

单位:人 (person)

城市	City	普通中学在校学生数 Total Enrollment of Regular Secondary Schools	女生 Girls	小学在校学生数 Total Enrollment of Primary Schools	女生 Girls
招远市	Zhaoyuan	32056	15712	22710	10854
栖霞市	Qixia	26713	13251	18779	9086
海阳市	Haiyang	31542	15823	22635	10896
青州市	Qingzhou	52061	25477	52997	25747
诸城市	Zhucheng	60545	29337	76771	36714
寿光市	Shouguang	66619	32486	66722	31469
安丘市	Anqiu	45436	20977	54490	25704
高密市	Gaomi	48371	22734	60684	29128
昌邑市	Changyi	34147	17037	33182	16057
曲阜市	Qufu	11977	10300	30213	17403
兖州市	Yanzhou	27830	14378	40225	17587
邹城市	Zoucheng	54990	24232	67963	31465
新泰市	Xintai	91636	44372	64116	30412
肥城市	Feicheng	54142	30387	67678	33568
文登市	Wendeng	27450	13701	19664	9282
荣成市	Rongcheng	34701	17415	25707	11960
乳山市	Rushan	21377	10966	13506	6579
乐陵市	Laoling	30738	15062	54440	26006
禹城市	Yucheng	25750	12713	36858	17566
临清市	Linqing	28742	13931	59825	28484
河南省	**Henan**				
巩义市	Gongyi	39818	19782	50576	23681
荥阳市	Xingyang	30168	14721	39347	18552
新密市	Xinmi	45192	21514	69371	30982
新郑市	Xinzheng	40780	18172	51861	22692
登封市	Dengfeng	35153	17252	62124	29552
偃师市	Yanshi	47741	22953	64373	29384
舞钢市	Wugang	16253	7835	27697	12726
汝州市	Ruzhou	42386	20533	104502	46184
林州市	Linzhou	51648	24003	92434	42290
卫辉市	Weihui	28794	14633	93359	43510
辉县市	Huixian	42868	20491	81008	38756
沁阳市	Qinyang	31567	15388	39652	18229
孟州市	Mengzhou	18407	9430	23222	10711
禹州市	Yuzhou	64509	30030	115707	52188
长葛市	Changge	35229	16044	67728	29195
义马市	Yima	6696	3365	10700	5106
灵宝市	Lingbao	41855	20247	53711	24986
邓州市	Dengzhou	100220	48209	212290	101646
永城市	Yongcheng	92503	43476	178210	83758
项城市	Xiangcheng	96442	45510	137144	65333
济源市	Jiyuan	41615	19843	50792	23309
湖北省	**Hubei**				
大冶市	Daye	45607	21277	67015	31345
丹江口市	Danjiangkou	15290	7234	23565	11047
宜都市	Yidu	16363	8180	13020	6510
当阳市	Dangyang	16873	7785	18249	6780
枝江市	Zhijiang	17908	8235	15687	8063
老河口市	Laohekou	19473	9161	29639	14154

3-13 续表 5 continued

单位:人 (person)

城市	City	普通中学在校学生数 Total Enrollment of Regular Secondary Schools	女生 Girls	小学在校学生数 Total Enrollment of Primary Schools	女生 Girls
枣阳市	Zaoyang	43175	21663	59206	28035
宜城市	Yicheng	22315	11232	25045	12486
钟祥市	Zhongxiang	41506	11622	48692	23361
应城市	Yingcheng	24300	10371	28546	13154
安陆市	Anlu	24649	12138	28016	13796
汉川市	Hanchuan	33873	12932	42859	17008
石首市	Shishou	40554	13685	28671	19294
洪湖市	Honghu	34876	14618	39513	15782
松滋市	Songzi	32292	16023	30858	15251
麻城市	Macheng	50711	21141	53523	22505
武穴市	Wuxue	35330	14946	51661	20413
赤壁市	Chibi	15752	6615	36274	15235
广水市	Guangshui	35805	17310	46621	21999
恩施市	Enshi	43883	21878	46353	22302
利川市	Lichuan	41402	20640	59321	26921
仙桃市	Xiantao	66867	24507	67106	28448
潜江市	Qianjiang	47902	16526	51716	23838
天门市	Tianmen	61432	23115	68332	28175
湖南省	**Hunan**				
浏阳市	Liuyang	58819	29712	90978	43775
醴陵市	Liling	33705	17223	53992	26182
湘乡市	Xiangxiang	39612	17850	47743	22133
韶山市	Shaoshan	3201	1822	5910	2753
耒阳市	Leiyang	56350	25316	112202	50250
常宁市	Changning	44485	17031	81831	35166
武冈市	Wugang	43683	20549	70758	32713
汨罗市	Miluo	30662	18472	40221	19430
临湘市	Linxiang	23831	9944	36202	13567
津市市	Jinshi	7592	3703	8723	4191
沅江市	Yuanjiang	27932	14644	34220	16781
资兴市	Zixing	14760	7111	22316	10672
洪江市	Hongjiang	18837	13120	23614	11988
冷水江市	Lengshuijiang	20113	8438	29639	12793
涟源市	Lianyuan	53597	24354	71232	31523
吉首市	Jishou	21941	11133	25454	11925
广东省	**Guangdong**				
增城市	Zengcheng	65307	31176	70583	30852
从化市	Conghua	41047	20343	37410	16899
乐昌市	Lechang	24638	12195	32879	15033
南雄市	Nanxiong	26229	12442	28079	13013
台山市	Taishan	46198	23012	47822	22247
开平市	Kaiping	57960	27416	55002	25589
鹤山市	Heshan	24360	12117	30413	13480
恩平市	Enping	27863	12762	29694	13035
廉江市	Lianjiang	132675	60019	134939	56125
雷州市	Leizhou	153473	73361	140737	60396
吴川市	Wuchuan	97450	44174	90358	37241
高州市	Gaozhou	135252	56327	121323	50513
化州市	Huazhou	133803	61025	143792	61203

3-13 续表 6 continued

单位:人 (person)

城市	City	普通中学在校学生数 Total Enrollment of Regular Secondary Schools	女生 Girls	小学在校学生数 Total Enrollment of Primary Schools	女生 Girls
信宜市	Xinyi	128123	59092	110522	48146
高要市	Gaoyao	50876	23753	43624	17750
四会市	Sihui	34984	16115	39672	16959
兴宁市	Xingning	62306	26168	55543	23328
陆丰市	Lufeng	153484	70398	167596	79723
阳春市	Yangchun	62232	27220	63338	27982
英德市	Yingde	65312	32049	66022	30061
连州市	Lianzhou	18754	9295	24292	11853
普宁市	Puning	212944	100468	203069	96129
罗定市	Luoding	82351	36899	84754	37559
广西壮族自治区	**Guangxi**				
岑溪市	Cenxi	57676	27391	82152	36831
东兴市	Dongxi	8040	3398	17346	7657
桂平市	Guiping	125290	61471	176746	84772
北流市	Beiliu	86325	39938	136408	63261
宜州市	Yizhou	30908	15969	42662	20584
合山市	Heshan	4142	2171	7169	3566
凭祥市	Pingxiang	4162	2080	9059	4215
海南省	**Hainan**				
五指山市	Wuzhishan	8961	4476	8527	4047
琼海市	Qionghai	31925	14105	38138	16384
儋州市	Danzhou	70467	33910	80837	33101
文昌市	Wenchang	31523	13052	39672	13112
万宁市	Wanning	18127	8294	41884	20557
东方市	Dongfang	31782	14610	43678	18717
四川省	**Sichuan**				
都江堰市	Dujiangyan	30144	15421	26619	12897
彭州市	Pengzhou	33021	17003	30440	14654
邛崃市	Qionglai	31014	15998	22694	10990
崇州市	Chongzhou	24857	12723	25382	12136
广汉市	Guanghan	22556	11656	23531	11414
什邡市	Shifang	16963	8542	15090	7292
绵竹市	Mianzhu	17624	8905	17549	8616
江油市	Jiangyou	36311	18267	32754	15879
峨眉山市	Emeishan	19239	9814	17659	8466
阆中市	Langzhong	39982	19446	35207	16977
华蓥市	Huaying	20164	9643	22886	10718
万源市	Wanyuan	32561	16131	36884	17574
简阳市	Jianyang	66014	33130	79530	37825
西昌市	Xichang	55956	27436	68272	31294
贵州省	**Guizhou**				
清镇市	Qingzhen	24960	12339	33788	15951
赤水市	Chishui	10181	5007	18698	8902
仁怀市	Renhuai	43544	24542	58138	26904
兴义市	Xingyi	70840	31992	76871	35184
凯里市	Kaili	41663	19692	48914	21762
都匀市	Duyun	30318	14773	29467	13051
福泉市	Fuquan	19793	10038	19368	9162

3-13 续表 7 continued

单位:人 (person)

城市	City	普通中学在校学生数 Total Enrollment of Regular Secondary Schools	女生 Girls	小学在校学生数 Total Enrollment of Primary Schools	女生 Girls
云南省	**Yunnan**				
安宁市	Anning	11991	5891	26740	12760
宣威市	Xuanwei	108667	48757	138793	62359
楚雄市	Chuxiong	36184	18648	42689	20852
个旧市	Gejiu	13384	7257	34687	16537
开远市	Kaiyuan	12251	5712	26194	12303
蒙自市	Mengzi	21721	11199	33751	16220
文山市	Wenshan	32678	15787	46208	21776
景洪市	Jinghong	25782	13620	39596	18771
大理市	Dali	38759	20656	47142	23027
瑞丽市	Ruili	8628	4392	16233	7707
芒市	Mangshi	21750	10732	32182	15354
西藏自治区	**Tibet**				
日喀则市	Xigaze	3884	1854	6981	3435
陕西省	**Shaanxi**				
兴平市	Xingping	37687	16976	37131	16214
韩城市	Hancheng	23105	10605	22365	10187
华阴市	Huayin	5224	2455	12497	6096
甘肃省	**Gansu**				
玉门市	Yumen	8357	4119	10977	5020
敦煌市	Dunhuang	9903	4927	11681	5576
临夏市	Linxia	20853	5280	20373	9568
合作市	Hezuo	8885	4379	8751	4357
青海省	**Qinghai**				
格尔木市	Golmud	11291	3441	19261	9104
德令哈市	Delingha	3359	1675	6133	2880
宁夏回族自治区	**Ningxia**				
灵武市	Lingwu	14893	9689	19145	8719
青铜峡市	Qingtongxia	15904	5088	21507	1564
新疆维吾尔自治区	**Xinjiang**				
吐鲁番市	Turpan	14440	4818	21940	10685
哈密市	Hami	32597	16472	32058	15470
昌吉市	Changji	34538	17658	27888	13665
阜康市	Fukang	8189	4140	8129	3880
博乐市	Bole	10715	5458	13583	6506
库尔勒市	Korla	24653	12340	43141	20141
阿克苏市	Akesu	27322	13605	45680	22004
阿图什市	Atus	18590	9879	25087	12170
喀什市	Kashi	38987	20250	55551	26580
和田市	Hetian	18490	9137	29963	14640
伊宁市	Yining	36253	19027	47711	22933
奎屯市	Kuitun	18889	9994	12643	5918
塔城市	Tacheng	9928	3531	10087	5065
乌苏市	Wusu	15879	5756	15698	7692
阿勒泰市	Aletai	10813		11184	
石河子市	Shihezi	41215	21654	36973	17617
阿拉尔市	Alar	10419	5375	11291	5587
图木舒克市	Tumushuke	7985	4092	16699	8238
五家渠市	Wujiaqu	8162	3909	6770	3135
北屯市	Beitun	6397	3383	5168	2501

3-14 医院、卫生院个数

Number of Hospitals and Health Centers

单位：所 (unit)

城　市	City	医院、卫生院数 Number of Hospitals and Health Centers
河北省	**Hebei**	
辛集市	Xinji	29
藁城市	Gaocheng	17
晋州市	Jinzhou	15
新乐市	Xinle	15
鹿泉市	Luquan	21
遵化市	Zunhua	40
迁安市	Qian'an	27
武安市	Wu'an	40
南宫市	Nangong	17
沙河市	Shahe	21
涿州市	Zhuozhou	22
定州市	Dingzhou	29
安国市	Anguo	13
高碑店市	Gaobeidian	26
泊头市	Botou	20
任丘市	Renqiu	48
黄骅市	Huanghua	25
河间市	Hejian	30
霸州市	Bazhou	19
三河市	Sanhe	45
冀州市	Jizhou	14
深州市	Shenzhou	22
山西省	**Shanxi**	
古交市	Gujiao	20
潞城市	Lucheng	15
高平市	Gaoping	26
介休市	Jiexiu	28
永济市	Yongji	35
河津市	Hejin	39
原平市	Yuanping	23
侯马市	Houma	22
霍州市	Huozhou	30
孝义市	Xiaoyi	36
汾阳市	Fenyang	20
内蒙古自治区	**Inner Mongolia**	
霍林郭勒市	Huolinguole	4
满洲里市	Manzhouli	9
牙克石市	Yakeshi	35
扎兰屯市	Zhalantun	30
额尔古纳市	Eerguna	10
根河市	Genhe	8
丰镇市	Fengzhen	19
乌兰浩特市	Wulanhaote	19
阿尔山市	Aershan	6
二连浩特市	Erlianhaote	3
锡林浩特市	Xilinhaote	14
辽宁省	**Liaoning**	
新民市	Xinmin	37
瓦房店市	Wafangdian	38
普兰店市	Pulandian	34
庄河市	Zhuanghe	39
海城市	Haicheng	49
东港市	Donggang	26
凤城市	Fengcheng	29
凌海市	Linghai	24
北镇市	Beizhen	32
盖州市	Gaizhou	35
大石桥市	Dashiqiao	30
灯塔市	Dengta	16
调兵山市	Diaobingshan	3
开原市	Kaiyuan	31
北票市	Beipiao	38
凌源市	Lingyuan	34
兴城市	Xingcheng	33
吉林省	**Jilin**	
九台市	Jiutai	38
榆树市	Yushu	40
德惠市	Dehui	30
蛟河市	Jiaohe	27
桦甸市	Huadian	25
舒兰市	Shulan	31
磐石市	Panshi	33
公主岭市	Gongzhuling	43
双辽市	Shuangliao	17
梅河口市	Meihekou	28
集安市	Ji'an	23
临江市	Linjiang	18
洮南市	Taonan	25
大安市	Daan	31
延吉市	Yanji	35
图们市	Tumen	6
敦化市	Dunhua	28
珲春市	Hunchun	18
龙井市	Longjing	12
和龙市	Helong	15
黑龙江省	**Heilongjiang**	
双城市	Shuangcheng	29
尚志市	Shangzhi	30
五常市	Wuchang	37
讷河市	Nehe	24
虎林市	Hulin	25
密山市	Mishan	23
铁力市	Tieli	18
同江市	Tongjiang	22
富锦市	Fujin	24
绥芬河市	Suifenhe	5
海林市	Hailin	20
宁安市	Ning'an	20
穆棱市	Muling	13

3-14 续表 1 continued

单位：所 (unit)

城市	City	医院、卫生院数 Number of Hospitals and Health Centers	城市	City	医院、卫生院数 Number of Hospitals and Health Centers
北安市	Bei'an	24	江山市	Jiangshan	11
五大连池市	Wudalianchi	29	温岭市	Wenling	50
安达市	Anda	30	临海市	Linhai	27
肇东市	Zhaodong	30	龙泉市	Longquan	40
海伦市	Hailun	39	**安徽省**	**Anhui**	
江苏省	**Jiangsu**		巢湖市	Chaohu	34
江阴市	Jiangyin	39	桐城市	Tongcheng	18
宜兴市	Yixing	33	天长市	Tianchang	20
新沂市	Xinyi	28	明光市	Mingguang	18
邳州市	Pizhou	45	界首市	Jieshou	20
溧阳市	Liyang	29	宁国市	Ningguo	28
金坛市	Jintan	17	**福建省**	**Fujian**	
常熟市	Changshu	49	福清市	Fuqing	37
张家港市	Zhangjiagang	44	长乐市	Changle	28
昆山市	Kunshan	30	永安市	Yong'an	17
太仓市	Taicang	24	石狮市	Shishi	18
启东市	Qidong	42	晋江市	Jinjiang	69
如皋市	Rugao	62	南安市	Nan'an	30
海门市	Haimen	32	龙海市	Longhai	21
东台市	Dongtai	39	邵武市	Shaowu	27
大丰市	Dafeng	33	武夷山市	Wuyishan	15
仪征市	Yizheng	17	建瓯市	Jian'ou	17
高邮市	Gaoyou	32	建阳市	Jianyang	18
丹阳市	Danyang	29	漳平市	Zhangping	16
扬中市	Yangzhong	7	福安市	Fu'an	26
句容市	Jurong	20	福鼎市	Fuding	22
兴化市	Xinghua	52	**江西省**	**Jiangxi**	
靖江市	Jingjiang	30	乐平市	Leping	28
泰兴市	Taixing	34	瑞昌市	Ruichang	35
姜堰市	Jiangyan	30	共青城市	Gongqingcheng	8
浙江省	**Zhejiang**		贵溪市	Guixi	28
建德市	Jiande	30	瑞金市	Ruijin	20
富阳市	Fuyang	25	南康市	Nankang	25
临安市	Lin'an	50	井冈山市	Jinggangshan	21
余姚市	Yuyao	22	丰城市	Fengcheng	44
慈溪市	Cixi	16	樟树市	Zhangshu	22
奉化市	Fenghua	30	高安市	Gaoan	31
瑞安市	Rui'an	31	德兴市	Dexing	26
乐清市	Yueqing	54	**山东省**	**Shandong**	
海宁市	Haining	21	章丘市	Zhangqiu	39
平湖市	Pinghu	14	胶州市	Jiaozhou	28
桐乡市	Tongxiang	23	即墨市	Jimo	38
诸暨市	Zhuji	32	平度市	Pingdu	46
上虞市	Shangyu	26	莱西市	Laixi	33
嵊州市	Shengzhou	25	滕州市	Tengzhou	43
兰溪市	Lanxi	30	龙口市	Longkou	33
义乌市	Yiwu	23	莱阳市	Laiyang	44
东阳市	Dongyang	26	莱州市	Laizhou	40
永康市	Yongkang	21	蓬莱市	Penglai	25

3-14 续表 2 continued

单位：所 (unit)

城市	City	医院、卫生院数 Number of Hospitals and Health Centers
招远市	Zhaoyuan	19
栖霞市	Qixia	22
海阳市	Haiyang	21
青州市	Qingzhou	31
诸城市	Zhucheng	42
寿光市	Shouguang	30
安丘市	Anqiu	29
高密市	Gaomi	15
昌邑市	Changyi	12
曲阜市	Qufu	11
兖州市	Yanzhou	24
邹城市	Zoucheng	50
新泰市	Xintai	67
肥城市	Feicheng	52
文登市	Wendeng	27
荣成市	Rongcheng	31
乳山市	Rushan	18
乐陵市	Laoling	25
禹城市	Yucheng	19
临清市	Linqing	27
河南省	**Henan**	
巩义市	Gongyi	32
荥阳市	Xingyang	17
新密市	Xinmi	33
新郑市	Xinzheng	19
登封市	Dengfeng	25
偃师市	Yanshi	24
舞钢市	Wugang	15
汝州市	Ruzhou	28
林州市	Linzhou	27
卫辉市	Weihui	24
辉县市	Huixian	27
沁阳市	Qinyang	17
孟州市	Mengzhou	13
禹州市	Yuzhou	47
长葛市	Changge	22
义马市	Yima	16
灵宝市	Lingbao	27
邓州市	Dengzhou	39
永城市	Yongcheng	40
项城市	Xiangcheng	28
济源市	Jiyuan	29
湖北省	**Hubei**	
大冶市	Daye	17
丹江口市	Danjiangkou	27
宜都市	Yidu	20
当阳市	Dangyang	13
枝江市	Zhijiang	20
老河口市	Laohekou	16
枣阳市	Zaoyang	32
宜城市	Yicheng	24
钟祥市	Zhongxiang	34
应城市	Yingcheng	23
安陆市	Anlu	24
汉川市	Hanchuan	49
石首市	Shishou	18
洪湖市	Honghu	27
松滋市	Songzi	21
麻城市	Macheng	27
武穴市	Wuxue	20
赤壁市	Chibi	28
广水市	Guangshui	21
恩施市	Enshi	21
利川市	Lichuan	15
仙桃市	Xiantao	28
潜江市	Qianjiang	29
天门市	Tianmen	27
湖南省	**Hunan**	
浏阳市	Liuyang	42
醴陵市	Liling	44
湘乡市	Xiangxiang	31
韶山市	Shaoshan	8
耒阳市	Leiyang	57
常宁市	Changning	34
武冈市	Wugang	50
汨罗市	Miluo	36
临湘市	Linxiang	34
津市市	Jinshi	17
沅江市	Yuanjiang	32
资兴市	Zixing	35
洪江市	Hongjiang	43
冷水江市	Lengshuijiang	27
涟源市	Lianyuan	50
吉首市	Jishou	25
广东省	**Guangdong**	
增城市	Zengcheng	21
从化市	Conghua	14
乐昌市	Lechang	24
南雄市	Nanxiong	21
台山市	Taishan	23
开平市	Kaiping	25
鹤山市	Heshan	14
恩平市	Enping	18
廉江市	Lianjiang	38
雷州市	Leizhou	34
吴川市	Wuchuan	26
高州市	Gaozhou	44
化州市	Huazhou	30

3-14 续表 3 continued

单位：所 (unit)

城 市	City	医院、卫生院数 Number of Hospitals and Health Centers
信宜市	Xinyi	34
高要市	Gaoyao	27
四会市	Sihui	19
兴宁市	Xingning	33
陆丰市	Lufeng	32
阳春市	Yangchun	24
英德市	Yingde	32
连州市	Lianzhou	27
普宁市	Puning	31
罗定市	Luoding	27
广西壮族自治区	**Guangxi**	
岑溪市	Cenxi	20
东兴市	Dongxi	4
桂平市	Guiping	34
北流市	Beiliu	31
宜州市	Yizhou	25
合山市	Heshan	5
凭祥市	Pingxiang	6
海南省	**Hainan**	
五指山市	Wuzhishan	21
琼海市	Qionghai	31
儋州市	Danzhou	41
文昌市	Wenchang	33
万宁市	Wanning	30
东方市	Dongfang	32
四川省	**Sichuan**	
都江堰市	Dujiangyan	50
彭州市	Pengzhou	48
邛崃市	Qionglai	39
崇州市	Chongzhou	48
广汉市	Guanghan	32
什邡市	Shifang	26
绵竹市	Mianzhu	35
江油市	Jiangyou	76
峨眉山市	Emeishan	35
阆中市	Langzhong	58
华蓥市	Huaying	20
万源市	Wanyuan	58
简阳市	Jianyang	69
西昌市	Xichang	60
贵州省	**Guizhou**	
清镇市	Qingzhen	23
赤水市	Chishui	24
仁怀市	Renhuai	23
兴义市	Xingyi	48
凯里市	Kaili	17
都匀市	Duyun	37
福泉市	Fuquan	25
云南省	**Yunnan**	
安宁市	Anning	22
宣威市	Xuanwei	47
楚雄市	Chuxiong	41
个旧市	Gejiu	26
开远市	Kaiyuan	92
蒙自市	Mengzi	29
文山市	Wenshan	29
景洪市	Jinghong	33
大理市	Dali	45
瑞丽市	Ruili	16
芒市	Mangshi	23
西藏自治区	**Tibet**	
日喀则市	Xigaze	14
陕西省	**Shaanxi**	
兴平市	Xingping	27
韩城市	Hancheng	27
华阴市	Huayin	24
甘肃省	**Gansu**	
玉门市	Yumen	15
敦煌市	Dunhuang	13
临夏市	Linxia	20
合作市	Hezuo	18
青海省	**Qinghai**	
格尔木市	Golmud	15
德令哈市	Delingha	9
宁夏回族自治区	**Ningxia**	
灵武市	Lingwu	21
青铜峡市	Qingtongxia	18
新疆维吾尔自治区	**Xinjiang**	
吐鲁番市	Turpan	19
哈密市	Hami	40
昌吉市	Changji	33
阜康市	Fukang	12
博乐市	Bole	18
库尔勒市	Korla	54
阿克苏市	Akesu	33
阿图什市	Atus	14
喀什市	Kashi	50
和田市	Hetian	37
伊宁市	Yining	33
奎屯市	Kuitun	15
塔城市	Tacheng	17
乌苏市	Wusu	25
阿勒泰市	Aletai	19
石河子市	Shihezi	30
阿拉尔市	Alar	12
图木舒克市	Tumushuke	10
五家渠市	Wujiaqu	7
北屯市	Beitun	6

3-15 医院、卫生院床位数及医护人员数

Number of Beds, Doctors and nurses of Hospitals and Health Centers

城市	City	医院、卫生院床位数 (床) Number of Beds of Hospitals and Health Centers (bed)	医院、卫生院卫生技术人员数 (人) Number of Medical Technical Personnel of Hospitals and Health Centers (person)	执业(助理)医师 (人) Licensed (Assistant) Doctors (person)	卫生防疫人员数 (人) Number of Epidemic Prevention Workers (person)
河北省	**Hebei**				
辛集市	Xinji	1599	1528	699	22
藁城市	Gaocheng	1903	1563	494	25
晋州市	Jinzhou	972	1015	452	28
新乐市	Xinle	1692	1485	519	25
鹿泉市	Luquan	1256	1137	432	27
遵化市	Zunhua	2300	2554	846	85
迁安市	Qian'an	3294	3223	946	66
武安市	Wu'an	2465	2165	622	43
南宫市	Nangong	884	789	347	21
沙河市	Shahe	1115	1110	476	36
涿州市	Zhuozhou	2275	2284	919	48
定州市	Dingzhou	2115	2267	798	77
安国市	Anguo	832	882	385	29
高碑店市	Gaobeidian	1300	1614	548	26
泊头市	Botou	984	1508	652	68
任丘市	Renqiu	3189	3697	1526	135
黄骅市	Huanghua	2561	2444	953	57
河间市	Hejian	1569	1487	551	40
霸州市	Bazhou	1834	2060	655	83
三河市	Sanhe	3801	3663	1308	77
冀州市	Jizhou	965	732	345	13
深州市	Shenzhou	1186	1125	457	16
山西省	**Shanxi**				
古交市	Gujiao	1344	1499	446	26
潞城市	Lucheng	618	694	426	65
高平市	Gaoping	1067	1270	632	70
介休市	Jiexiu	1520	2010	941	306
永济市	Yongji	1875	2488	1608	30
河津市	Hejin	1890	2388	1752	242
原平市	Yuanping	986	1620	432	118
侯马市	Houma	1402	1561	670	74
霍州市	Huozhou	1258	1443	578	37
孝义市	Xiaoyi	2092	3458	1334	501
汾阳市	Fenyang	1210	1619	607	457
内蒙古自治区	**Inner Mongolia**				
霍林郭勒市	Huolinguole	768	432	289	42
满洲里市	Manzhouli	760	1698	425	73
牙克石市	Yakeshi	3019	3164	2565	170
扎兰屯市	Zhalantun	1705	2108	622	145
额尔古纳市	Eerguna	471	679	78	59
根河市	Genhe	553	1036	370	147
丰镇市	Fengzhen	478	729	354	142
乌兰浩特市	Wulanhaote	2291	3091	774	102
阿尔山市	Aershan	255	329	93	14
二连浩特市	Erlianhaote	315	377	108	47
锡林浩特市	Xilinhaote	1027	2093	453	165
辽宁省	**Liaoning**				
新民市	Xinmin	1760	2130	830	142
瓦房店市	Wafangdian	5103	4787	2669	772

3-15 续表 1 continued

城　市	City	医院、卫生院床位数 (床) Number of Beds of Hospitals and Health Centers (bed)	医院、卫生院卫生技术人员数 (人) Number of Medical Technical Personnel of Hospitals and Health Centers (person)	执业(助理)医师 (人) Licensed (Assistant) Doctors (person)	卫生防疫人员数 (人) Number of Epidemic Prevention Workers (person)
普兰店市	Pulandian	3300	2318	892	173
庄河市	Zhuanghe	2745	3317	1578	633
海城市	Haicheng	3283	3133	2440	263
东港市	Donggang	2423	2029	855	180
凤城市	Fengcheng	1938	2025	1472	195
凌海市	Linghai	1210	1430	825	216
北镇市	Beizhen	1391	1083	1037	156
盖州市	Gaizhou	1709	1349	752	7
大石桥市	Dashiqiao	3293	3430	1896	618
灯塔市	Dengta	831	542	523	60
调兵山市	Diaobingshan	983	1148	480	81
开原市	Kaiyuan	1282	1177	616	232
北票市	Beipiao	2871	2057	780	81
凌源市	Lingyuan	3416	3247	2644	105
兴城市	Xingcheng	1455	1270	484	217
吉林省	**Jilin**				
九台市	Jiutai	3007	2899	1021	218
榆树市	Yushu	1761	2200	1319	335
德惠市	Dehui	1234	2216	984	124
蛟河市	Jiaohe	1425	2199	1274	112
桦甸市	Huadian	2598	2499	948	209
舒兰市	Shulan	2039	1865	893	76
磐石市	Panshi	1932	2129	1804	313
公主岭市	Gongzhuling	2982	3119	1377	283
双辽市	Shuangliao	1271	1317	603	
梅河口市	Meihekou	2132	2722	1253	161
集安市	Ji'an	840	849	406	23
临江市	Linjiang	1004	1235	548	53
洮南市	Taonan	1878	1770	718	72
大安市	Daan	1500	1661	1020	94
延吉市	Yanji	3556	3541	2019	554
图们市	Tumen	456	406	223	49
敦化市	Dunhua	2247	3072	1291	105
珲春市	Hunchun	508	1454	528	231
龙井市	Longjing	535	589	256	54
和龙市	Helong	795	598	191	70
黑龙江省	**Heilongjiang**				
双城市	Shuangcheng	1460	1680	594	475
尚志市	Shangzhi	2050	2185	908	260
五常市	Wuchang	1858	4191	1111	280
讷河市	Nehe	803	1203	402	282
虎林市	Hulin	1029	963	372	31
密山市	Mishan	1030	963	761	153
铁力市	Tieli	1335	1684	529	213
同江市	Tongjiang	445	483	221	57
富锦市	Fujin	877	1302	499	120
绥芬河市	Suifenhe	625	590	189	27
海林市	Hailin	1375	1471	487	51
宁安市	Ning'an	1040	2367	459	77
穆棱市	Muling	778	1638	404	53

3-15 续表 2 continued

城市	City	医院、卫生院床位数 (床) Number of Beds of Hospitals and Health Centers (bed)	医院、卫生院卫生技术人员数 (人) Number of Medical Technical Personnel of Hospitals and Health Centers (person)	执业(助理)医师 (人) Licensed (Assistant) Doctors (person)	卫生防疫人员数 (人) Number of Epidemic Prevention Workers (person)
北安市	Bei'an	2153	2481	799	30
五大连池市	Wudalianchi	1457	1465	479	100
安达市	Anda	1380	2156	505	323
肇东市	Zhaodong	1798	1568	791	158
海伦市	Hailun	1246	1484	765	212
江苏省	**Jiangsu**				
江阴市	Jiangyin	6616	5658	2047	109
宜兴市	Yixing	3852	4832	1720	80
新沂市	Xinyi	2339	2861	930	50
邳州市	Pizhou	3873	4560	1266	68
溧阳市	Liyang	2404	2873	1269	49
金坛市	Jintan	1862	1964	800	52
常熟市	Changshu	6205	6164	2557	96
张家港市	Zhangjiagang	6013	6704	2605	104
昆山市	Kunshan	4762	6539	2580	109
太仓市	Taicang	3035	3004	1146	69
启东市	Qidong	3301	3150	1375	41
如皋市	Rugao	4586	3733	1632	49
海门市	Haimen	3173	2918	1232	36
东台市	Dongtai	3967	3185	1387	99
大丰市	Dafeng	2360	2060	818	45
仪征市	Yizheng	1713	1948	689	89
高邮市	Gaoyou	1903	1888	854	150
丹阳市	Danyang	2511	2799	1216	60
扬中市	Yangzhong	820	1152	500	58
句容市	Jurong	1465	1635	661	37
兴化市	Xinghua	3896	3482	1561	54
靖江市	Jingjiang	3079	2921	1361	54
泰兴市	Taixing	3196	3475	1487	97
姜堰市	Jiangyan	2590	2537	1082	57
浙江省	**Zhejiang**				
建德市	Jiande	1721	2077	1014	49
富阳市	Fuyang	1530	2329	1589	81
临安市	Lin'an	1837	2068	1168	63
余姚市	Yuyao	2508	4945	1923	48
慈溪市	Cixi	2483	7390	2872	50
奉化市	Fenghua	2106	2722	1166	48
瑞安市	Rui'an	3215	4499	3061	60
乐清市	Yueqing	2861	3900	3049	50
海宁市	Haining	2866	3979	1514	102
平湖市	Pinghu	1689	2558	1092	52
桐乡市	Tongxiang	2861	3585	1374	58
诸暨市	Zhuji	3935	5683	2363	47
上虞市	Shangyu	2468	3180	1445	51
嵊州市	Shengzhou	2106	2578	1391	46
兰溪市	Lanxi	1359	2351	1056	73
义乌市	Yiwu	3145	4569	1925	105
东阳市	Dongyang	3072	3758	1604	53
永康市	Yongkang	2020	2993	1226	60

3-15 续表 3 continued

城 市	City	医院、卫生院床位数 (床) Number of Beds of Hospitals and Health Centers (bed)	医院、卫生院卫生技术人员数 (人) Number of Medical Technical Personnel of Hospitals and Health Centers (person)	执业(助理)医师 (人) Licensed (Assistant) Doctors (person)	卫生防疫人员数 (人) Number of Epidemic Prevention Workers (person)
江山市	Jiangshan	1383	962	1124	41
温岭市	Wenling	4135	5569	2783	143
临海市	Linhai	3449	4416	2400	78
龙泉市	Longquan	785	924	503	22
安徽省	**Anhui**				
巢湖市	Chaohu	3440	3398	1327	229
桐城市	Tongcheng	1778	1649	668	119
天长市	Tianchang	2562	2118	648	28
明光市	Mingguang	1138	1429	444	22
界首市	Jieshou	1873	1750	928	251
宁国市	Ningguo	1613	2337	939	137
福建省	**Fujian**				
福清市	Fuqing	3015	3028	1152	167
长乐市	Changle	1742	2054	587	69
永安市	Yong'an	1576	1257	520	63
石狮市	Shishi	1466	2107	785	184
晋江市	Jinjiang	3958	4487	2162	174
南安市	Nan'an	4660	3448	1763	250
龙海市	Longhai	1779	1743	575	123
邵武市	Shaowu	1336	1672	580	54
武夷山市	Wuyishan	707	787	299	32
建瓯市	Jian'ou	1644	1531	618	75
建阳市	Jianyang	1490	1449	463	76
漳平市	Zhangping	875	540	313	45
福安市	Fu'an	1678	2013	802	36
福鼎市	Fuding	1504	1729	760	67
江西省	**Jiangxi**				
乐平市	Leping	1879	1678	604	120
瑞昌市	Ruichang	1805	1638	942	89
共青城市	Gongqingcheng	342	283	103	18
贵溪市	Guixi	1338	1280	438	37
瑞金市	Ruijin	1452	1395	411	30
南康市	Nankang	2338	2436	937	65
井冈山市	Jinggangshan	485	522	253	61
丰城市	Fengcheng	3537	5134	1468	125
樟树市	Zhangshu	1963	2166	785	48
高安市	Gaoan	2293	2692	953	198
德兴市	Dexing	870	1663	539	63
山东省	**Shandong**				
章丘市	Zhangqiu	4687	5216	2766	290
胶州市	Jiaozhou	3248	3215	1293	226
即墨市	Jimo	4532	6051	1752	215
平度市	Pingdu	4101	3944	1635	299
莱西市	Laixi	3495	4253	2633	167
滕州市	Tengzhou	5076	5278	2145	113
龙口市	Longkou	5559	4540	1427	135
莱阳市	Laiyang	4757	4773	1654	201
莱州市	Laizhou	6779	5292	1686	172
蓬莱市	Penglai	3735	2652	1688	155

3-15 续表 4 continued

城市	City	医院、卫生院床位数 (床) Number of Beds of Hospitals and Health Centers (bed)	医院、卫生院卫生技术人员数 (人) Number of Medical Technical Personnel of Hospitals and Health Centers (person)	执业(助理)医师 (人) Licensed (Assistant) Doctors (person)	卫生防疫人员数 (人) Number of Epidemic Prevention Workers (person)
招远市	Zhaoyuan	3846	4873	2331	216
栖霞市	Qixia	1625	2328	643	169
海阳市	Haiyang	4117	3156	932	156
青州市	Qingzhou	6593	8437	2277	284
诸城市	Zhucheng	6355	10315	2751	271
寿光市	Shouguang	6905	9022	3688	127
安丘市	Anqiu	3988	3252	1710	242
高密市	Gaomi	4400	5791	2238	274
昌邑市	Changyi	2215	2682	903	86
曲阜市	Qufu	1799	1816	509	80
兖州市	Yanzhou	3385	3478	1462	110
邹城市	Zoucheng	5326	6445	2072	208
新泰市	Xintai	5935	7212	2744	176
肥城市	Feicheng	4346	4421	2458	241
文登市	Wendeng	4260	4048	1588	90
荣成市	Rongcheng	5356	3691	1052	267
乳山市	Rushan	2462	1940	774	137
乐陵市	Laoling	2023	2037	791	239
禹城市	Yucheng	1600	1631	525	89
临清市	Linqing	2641	3018	1020	76
河南省	**Henan**				
巩义市	Gongyi	2508	3958	1473	245
荥阳市	Xingyang	1671	1989	650	119
新密市	Xinmi	3441	3413	1345	232
新郑市	Xinzheng	2024	2037	833	93
登封市	Dengfeng	2524	2347	774	52
偃师市	Yanshi	1993	1601	1147	103
舞钢市	Wugang	1315	1294	511	31
汝州市	Ruzhou	3860	2811	856	26
林州市	Linzhou	3411	2188	1070	462
卫辉市	Weihui	3565	2809	872	38
辉县市	Huixian	2234	2196	880	51
沁阳市	Qinyang	1123	1493	1052	70
孟州市	Mengzhou	875	824	595	60
禹州市	Yuzhou	3052	4207	2013	435
长葛市	Changge	2020	3650	1662	368
义马市	Yima	1393	1572	530	14
灵宝市	Lingbao	2029	1884	750	55
邓州市	Dengzhou	4940	3945	887	368
永城市	Yongcheng	4696	4613	1682	110
项城市	Xiangcheng	2689	1821	550	131
济源市	Jiyuan	3002	3118	1156	101
湖北省	**Hubei**				
大冶市	Daye	2446	2466	788	100
丹江口市	Danjiangkou	2488	2240	871	232
宜都市	Yidu	1647	2326	581	100
当阳市	Dangyang	1410	1523	588	203
枝江市	Zhijiang	1981	2088	609	107
老河口市	Laohekou	1995	1421	1132	92

3-15 续表 5 continued

城 市	City	医院、卫生院床位数 (床) Number of Beds of Hospitals and Health Centers (bed)	医院、卫生院卫生技术人员数 (人) Number of Medical Technical Personnel of Hospitals and Health Centers (person)	执业(助理)医师 (人) Licensed (Assistant) Doctors (person)	卫生防疫人员数 (人) Number of Epidemic Prevention Workers (person)
枣阳市	Zaoyang	3011	2731	1680	350
宜城市	Yicheng	1375	2873	923	104
钟祥市	Zhongxiang	3024	2815	1072	846
应城市	Yingcheng	1895	2901	898	291
安陆市	Anlu	1382	2167	785	201
汉川市	Hanchuan	2206	2862	2840	392
石首市	Shishou	1517	1913	728	60
洪湖市	Honghu	1931	2150	747	179
松滋市	Songzi	1878	2641	1013	113
麻城市	Macheng	3286	3247	2460	217
武穴市	Wuxue	1957	2323	869	259
赤壁市	Chibi	1703	2262	1014	307
广水市	Guangshui	2378	2988	1598	134
恩施市	Enshi	4407	4121	1391	315
利川市	Lichuan	2855	2275	866	230
仙桃市	Xiantao	3236	3347	1102	389
潜江市	Qianjiang	3301	5095	1965	60
天门市	Tianmen	4361	3017	1642	364
湖南省	**Hunan**				
浏阳市	Liuyang	6225	6206	2658	344
醴陵市	Liling	2797	3064	1818	103
湘乡市	Xiangxiang	2451	2418	1081	240
韶山市	Shaoshan	488	497	164	28
耒阳市	Leiyang	2531	2421	735	215
常宁市	Changning	3605	5298	1498	161
武冈市	Wugang	2250	2423	960	756
汨罗市	Miluo	965	1595	436	350
临湘市	Linxiang	1289	1424	378	150
津市市	Jinshi	848	335	309	138
沅江市	Yuanjiang	1856	3128	823	155
资兴市	Zixing	1159	1098	451	42
洪江市	Hongjiang	1161	823	694	85
冷水江市	Lengshuijiang	1413	1457	431	101
涟源市	Lianyuan	2260	2426	1259	234
吉首市	Jishou	3790	3675	364	240
广东省	**Guangdong**				
增城市	Zengcheng	3001	4687	1665	246
从化市	Conghua	2270	3580	1229	112
乐昌市	Lechang	2223	2727	797	111
南雄市	Nanxiong	1122	1034	374	75
台山市	Taishan	2570	3298	1167	336
开平市	Kaiping	1860	1883	1375	152
鹤山市	Heshan	935	1403	526	12
恩平市	Enping	898	1351	590	118
廉江市	Lianjiang	3653	3264	1244	203
雷州市	Leizhou	4584	3806	1734	66
吴川市	Wuchuan	1804	1997	1047	185
高州市	Gaozhou	5128	4917	2031	168
化州市	Huazhou	2654	3793	1789	153

3-15 续表 6 continued

城市	City	医院、卫生院床位数 (床) Number of Beds of Hospitals and Health Centers (bed)	医院、卫生院卫生技术人员数 (人) Number of Medical Technical Personnel of Hospitals and Health Centers (person)	执业(助理)医师 (人) Licensed (Assistant) Doctors (person)	卫生防疫人员数 (人) Number of Epidemic Prevention Workers (person)
信宜市	Xinyi	2750	2761	1204	69
高要市	Gaoyao	1533	2344	744	79
四会市	Sihui	1230	1756	366	59
兴宁市	Xingning	2033	2243	953	649
陆丰市	Lufeng	2548	1798	1217	178
阳春市	Yangchun	2790	3014	1114	130
英德市	Yingde	2493	3098	1163	99
连州市	Lianzhou	1443	1601	612	70
普宁市	Puning	3090	5073	2731	553
罗定市	Luoding	2694	3127	768	161
广西壮族自治区	**Guangxi**				
岑溪市	Cenxi	1743	1679	573	86
东兴市	Dongxi	348	466	171	22
桂平市	Guiping	3073	3580	998	110
北流市	Beiliu	2718	2456	873	99
宜州市	Yizhou	2445	2349	734	101
合山市	Heshan	522	485	143	26
凭祥市	Pingxiang	236	349	116	41
海南省	**Hainan**				
五指山市	Wuzhishan	860	730	163	95
琼海市	Qionghai	1422	1883	712	240
儋州市	Danzhou	2462	3266	1018	248
文昌市	Wenchang	953	2010	508	206
万宁市	Wanning	1314	1922	644	290
东方市	Dongfang	1118	1410	847	112
四川省	**Sichuan**				
都江堰市	Dujiangyan	4990	4179	1600	217
彭州市	Pengzhou	4139	3457	1277	423
邛崃市	Qionglai	2692	2138	840	294
崇州市	Chongzhou	3804	3042	1055	230
广汉市	Guanghan	2429	2716	1214	80
什邡市	Shifang	2472	2425	1094	59
绵竹市	Mianzhu	2898	2180	965	96
江油市	Jiangyou	5837	4847	2055	46
峨眉山市	Emeishan	1927	1796	689	40
阆中市	Langzhong	2804	1990	785	24
华蓥市	Huaying	1164	1082	479	30
万源市	Wanyuan	1508	1266	430	52
简阳市	Jianyang	4980	3713	1487	51
西昌市	Xichang	4520	4249	1480	236
贵州省	**Guizhou**				
清镇市	Qingzhen	1429	1397	549	87
赤水市	Chishui	904	845	462	102
仁怀市	Renhuai	1273	873	625	80
兴义市	Xingyi	4602	4792	1608	920
凯里市	Kaili	3326	2765	1316	129
都匀市	Duyun	2445	2356	965	134
福泉市	Fuquan	1086	759	21	59

3-15 续表 7 continued

城　市	City	医院、卫生院床位数 (床) Number of Beds of Hospitals and Health Centers (bed)	医院、卫生院卫生技术人员数 (人) Number of Medical Technical Personnel of Hospitals and Health Centers (person)	执业(助理)医师 (人) Licensed (Assistant) Doctors (person)	卫生防疫人员数 (人) Number of Epidemic Prevention Workers (person)
云南省	**Yunnan**				
安宁市	Anning	2683	1969	659	171
宣威市	Xuanwei	4852	2521	2111	66
楚雄市	Chuxiong	4557	3688	1064	151
个旧市	Gejiu	3085	2580	791	142
开远市	Kaiyuan	4519	2583	1011	315
蒙自市	Mengzi	2012	1973	698	66
文山市	Wenshan	2235	1936	1807	283
景洪市	Jinghong	3423	3639	1296	95
大理市	Dali	5941	3472	1465	189
瑞丽市	Ruili	879	747	203	84
芒市	Mangshi	1865	1780	587	143
西藏自治区	**Tibet**				
日喀则市	Xigaze	87	202		23
陕西省	**Shaanxi**				
兴平市	Xingping	1518	2934	555	59
韩城市	Hancheng	1558	2780	1075	133
华阴市	Huayin	1143	1214	676	65
甘肃省	**Gansu**				
玉门市	Yumen	893	712	295	43
敦煌市	Dunhuang	625	907	262	55
临夏市	Linxia	1849	1691	1101	450
合作市	Hezuo	645	285	147	37
青海省	**Qinghai**				
格尔木市	Golmud	1040	1181	409	62
德令哈市	Delingha	399	322	139	77
宁夏回族自治区	**Ningxia**				
灵武市	Lingwu	661	1107	512	45
青铜峡市	Qingtongxia	960	942	280	84
新疆维吾尔自治区	**Xinjiang**				
吐鲁番市	Turpan	1012	1312	500	61
哈密市	Hami	3024	4105	1574	161
昌吉市	Changji	4500	3431	1071	162
阜康市	Fukang	550	664	258	72
博乐市	Bole	1108	1062	344	171
库尔勒市	Korla	3344	3798	1768	171
阿克苏市	Akesu	3455	3125	1233	162
阿图什市	Atus	1764	1570	501	182
喀什市	Kashi	4801	4726	1642	248
和田市	Hetian	3697	2863	869	116
伊宁市	Yining	3445	3864	1301	180
奎屯市	Kuitun	2465	2098	695	115
塔城市	Tacheng	949	1038	507	158
乌苏市	Wusu	1261	1607	835	87
阿勒泰市	Aletai	1464	1072	921	130
石河子市	Shihezi	3830	5362	2515	181
阿拉尔市	Alar	740	792	334	77
图木舒克市	Tumushuke	594	530	140	393
五家渠市	Wujiaqu	795	843	334	48
北屯市	Beitun	505	565	186	46

3-16 在岗职工年平均人数及工资总额
Annual Average Number and Total Wages of Urban Staff and Workers

城市	City	城镇在岗职工年平均人数（人） Annual Average Number of Urban Staff and Workers (person)	城镇在岗职工工资总额（万元） Total Wages of Urban Staff and Workers (10 000 yuan)
河北省	**Hebei**		
辛集市	Xinji	26997	79336
藁城市	Gaocheng	35083	132359
晋州市	Jinzhou	19645	57305
新乐市	Xinle	17286	52653
鹿泉市	Luquan	34246	135662
遵化市	Zunhua	36972	139531
迁安市	Qian'an	79824	370692
武安市	Wu'an	41311	181006
南宫市	Nangong	18475	56965
沙河市	Shahe	26904	93826
涿州市	Zhuozhou	69150	336104
定州市	Dingzhou	75357	242825
安国市	Anguo	18950	51877
高碑店市	Gaobeidian	44805	164884
泊头市	Botou	24963	80144
任丘市	Renqiu	91548	493073
黄骅市	Huanghua	32735	120263
河间市	Hejian	25628	79230
霸州市	Bazhou	35152	154188
三河市	Sanhe	73545	320001
冀州市	Jizhou	20789	59633
深州市	Shenzhou	26967	78859
山西省	**Shanxi**		
古交市	Gujiao	16169	29694
潞城市	Lucheng	25811	80559
高平市	Gaoping	40083	220487
介休市	Jiexiu	54161	250161
永济市	Yongji	28898	93930
河津市	Hejin	36148	121773
原平市	Yuanping	37775	143773
侯马市	Houma	29655	87829
霍州市	Huozhou	41265	144373
孝义市	Xiaoyi	60868	308343
汾阳市	Fenyang	34276	153637
内蒙古自治区	**Inner Mongolia**		
霍林郭勒市	Huolinguole	18637	101018
满洲里市	Manzhouli	30841	155556
牙克石市	Yakeshi	30671	145299
扎兰屯市	Zhalantun	28822	110821
额尔古纳市	Eerguna	16107	63518
根河市	Genhe	12892	53968
丰镇市	Fengzhen	13873	70571
乌兰浩特市	Wulanhaote	40477	174828
阿尔山市	Aershan	6656	24364
二连浩特市	Erlianhaote	6567	38327
锡林浩特市	Xilinhaote	54416	272806
辽宁省	**Liaoning**		
新民市	Xinmin	23267	76895
瓦房店市	Wafangdian	59256	274410
普兰店市	Pulandian	61028	244474
庄河市	Zhuanghe	43775	164443
海城市	Haicheng	67079	203631
东港市	Donggang	43339	131651
凤城市	Fengcheng	30526	91263
凌海市	Linghai	30634	76817
北镇市	Beizhen	13781	37279
盖州市	Gaizhou	21147	60482
大石桥市	Dashiqiao	46267	151345
灯塔市	Dengta	25041	80888
调兵山市	Diaobingshan	61946	298247
开原市	Kaiyuan	23753	69265
北票市	Beipiao	29051	102014
凌源市	Lingyuan	64515	203417
兴城市	Xingcheng	25825	69839
吉林省	**Jilin**		
九台市	Jiutai	43273	134812
榆树市	Yushu	36080	114237
德惠市	Dehui	36551	103439
蛟河市	Jiaohe	25069	74519
桦甸市	Huadian	36501	127752
舒兰市	Shulan	31511	102306
磐石市	Panshi	31788	101485
公主岭市	Gongzhuling	37536	116347
双辽市	Shuangliao	21208	65560
梅河口市	Meihekou	45014	144615
集安市	Ji'an	26409	75413
临江市	Linjiang	18919	54649
洮南市	Taonan	24963	60680
大安市	Daan	21403	55033
延吉市	Yanji	78805	296519
图们市	Tumen	11455	32708
敦化市	Dunhua	55620	166684
珲春市	Hunchun	33012	117708
龙井市	Longjing	11444	31836
和龙市	Helong	18159	51069
黑龙江省	**Heilongjiang**		
双城市	Shuangcheng	25961	79883
尚志市	Shangzhi	35258	92902
五常市	Wuchang	38614	101935
讷河市	Nehe	20503	52393
虎林市	Hulin	19890	55557
密山市	Mishan	16468	49005
铁力市	Tieli	36866	60237
同江市	Tongjiang	8249	25094
富锦市	Fujin	25268	69701
绥芬河市	Suifenhe	10717	43256
海林市	Hailin	34193	87769
宁安市	Ning'an	31057	84889
穆棱市	Muling	21611	80187

3-16 续表 1 continued

城 市	City	城镇在岗职工年平均人数（人） Annual Average Number of Urban Staff and Workers (person)	城镇在岗职工工资总额（万元） Total Wages of Urban Staff and Workers (10 000 yuan)
北安市	Bei'an	23623	60918
五大连池市	Wudalianchi	27979	68135
安达市	Anda	21707	65338
肇东市	Zhaodong	39302	128169
海伦市	Hailun	29776	73116
江苏省	**Jiangsu**		
江阴市	Jiangyin	167060	984038
宜兴市	Yixing	111045	570335
新沂市	Xinyi	57245	202286
邳州市	Pizhou	64437	228975
溧阳市	Liyang	63341	301357
金坛市	Jintan	59079	255512
常熟市	Changshu	128849	695556
张家港市	Zhangjiagang	152001	860183
昆山市	Kunshan	206038	1101498
太仓市	Taicang	121628	693728
启东市	Qidong	72398	330167
如皋市	Rugao	63415	296057
海门市	Haimen	65732	319310
东台市	Dongtai	64859	262357
大丰市	Dafeng	60431	242056
仪征市	Yizheng	59023	246791
高邮市	Gaoyou	52245	225389
丹阳市	Danyang	86233	395327
扬中市	Yangzhong	44428	215782
句容市	Jurong	67881	290960
兴化市	Xinghua	55514	201325
靖江市	Jingjiang	64486	277761
泰兴市	Taixing	69065	281113
姜堰市	Jiangyan	52912	196763
浙江省	**Zhejiang**		
建德市	Jiande	43712	229225
富阳市	Fuyang	114843	536182
临安市	Lin'an	91481	433035
余姚市	Yuyao	142641	700326
慈溪市	Cixi	151628	751677
奉化市	Fenghua	53874	287003
瑞安市	Rui'an	98300	485791
乐清市	Yueqing	210500	861512
海宁市	Haining	118658	565427
平湖市	Pinghu	126064	552768
桐乡市	Tongxiang	104805	481928
诸暨市	Zhuji	308859	1364693
上虞市	Shangyu	133799	650475
嵊州市	Shengzhou	53790	246518
兰溪市	Lanxi	52192	196757
义乌市	Yiwu	108916	570262
东阳市	Dongyang	99466	457217
永康市	Yongkang	45015	226142
江山市	Jiangshan	25996	134918
温岭市	Wenling	98767	529908
临海市	Linhai	150675	723476
龙泉市	Longquan	15700	75811
安徽省	**Anhui**		
巢湖市	Chaohu	40774	179347
桐城市	Tongcheng	20758	89174
天长市	Tianchang	18540	84974
明光市	Mingguang	19671	61990
界首市	Jieshou	25071	84065
宁国市	Ningguo	24141	118152
福建省	**Fujian**		
福清市	Fuqing	215237	951788
长乐市	Changle	82208	448373
永安市	Yong'an	34326	145410
石狮市	Shishi	141634	554655
晋江市	Jinjiang	563585	2143521
南安市	Nan'an	106111	520317
龙海市	Longhai	73078	362026
邵武市	Shaowu	30016	119187
武夷山市	Wuyishan	20083	75708
建瓯市	Jian'ou	22314	91142
建阳市	Jianyang	18844	80787
漳平市	Zhangping	31900	119620
福安市	Fu'an	26966	130215
福鼎市	Fuding	22947	106503
江西省	**Jiangxi**		
乐平市	Leping	46044	144432
瑞昌市	Ruichang	33636	92022
共青城市	Gongqingcheng	16803	54610
贵溪市	Guixi	39601	124129
瑞金市	Ruijin	21588	65183
南康市	Nankang	27422	88783
井冈山市	Jinggangshan	18570	44702
丰城市	Fengcheng	56644	206235
樟树市	Zhangshu	38855	104912
高安市	Gaoan	49690	152027
德兴市	Dexing	19248	78524
山东省	**Shandong**		
章丘市	Zhangqiu	138463	550382
胶州市	Jiaozhou	159476	641922
即墨市	Jimo	167831	597263
平度市	Pingdu	69224	287898
莱西市	Laixi	110218	390637
滕州市	Tengzhou	129851	454697
龙口市	Longkou	94769	400629
莱阳市	Laiyang	81320	243617
莱州市	Laizhou	73476	356028
蓬莱市	Penglai	52268	199957

3-16 续表 2 continued

城市	City	城镇在岗职工年平均人数（人）Annual Average Number of Urban Staff and Workers (person)	城镇在岗职工工资总额（万元）Total Wages of Urban Staff and Workers (10 000 yuan)	城市	City	城镇在岗职工年平均人数（人）Annual Average Number of Urban Staff and Workers (person)	城镇在岗职工工资总额（万元）Total Wages of Urban Staff and Workers (10 000 yuan)
招远市	Zhaoyuan	82351	323623	枣阳市	Zaoyang	53564	149988
栖霞市	Qixia	40074	114823	宜城市	Yicheng	29510	79984
海阳市	Haiyang	36556	126065	钟祥市	Zhongxiang	60785	163013
青州市	Qingzhou	54858	220956	应城市	Yingcheng	77410	217967
诸城市	Zhucheng	71586	324445	安陆市	Anlu	34646	94291
寿光市	Shouguang	92208	402094	汉川市	Hanchuan	162174	462991
安丘市	Anqiu	62081	222575	石首市	Shishou	25692	76428
高密市	Gaomi	64386	253197	洪湖市	Honghu	35394	90829
昌邑市	Changyi	39392	152482	松滋市	Songzi	45713	124284
曲阜市	Qufu	58412	197952	麻城市	Macheng	60118	129770
兖州市	Yanzhou	57666	243855	武穴市	Wuxue	44803	156363
邹城市	Zoucheng	160627	898278	赤壁市	Chibi	36446	104248
新泰市	Xintai	186550	799654	广水市	Guangshui	44313	117620
肥城市	Feicheng	137969	552736	恩施市	Enshi	52166	215590
文登市	Wendeng	102872	427929	利川市	Lichuan	14729	47169
荣成市	Rongcheng	141166	563296	仙桃市	Xiantao	75062	221534
乳山市	Rushan	56580	164235	潜江市	Qianjiang	122993	462595
乐陵市	Laoling	26014	83449	天门市	Tianmen	92309	324471
禹城市	Yucheng	36838	121182	**湖南省**	**Hunan**		
临清市	Linqing	39176	112035	浏阳市	Liuyang	141448	572096
河南省	**Henan**			醴陵市	Liling	66930	287101
巩义市	Gongyi	61435	204372	湘乡市	Xiangxiang	50754	167691
荥阳市	Xingyang	64575	194705	韶山市	Shaoshan	5840	19455
新密市	Xinmi	66179	203527	耒阳市	Leiyang	58132	190752
新郑市	Xinzheng	73406	252232	常宁市	Changning	45244	129026
登封市	Dengfeng	77677	222197	武冈市	Wugang	25108	76763
偃师市	Yanshi	32555	107118	汨罗市	Miluo	50942	183968
舞钢市	Wugang	36119	138369	临湘市	Linxiang	20884	66137
汝州市	Ruzhou	54852	218970	津市市	Jinshi	23022	66055
林州市	Linzhou	102910	327419	沅江市	Yuanjiang	31272	104143
卫辉市	Weihui	34063	93387	资兴市	Zixing	43203	147593
辉县市	Huixian	49594	158751	洪江市	Hongjiang	27065	90903
沁阳市	Qinyang	25780	80566	冷水江市	Lengshuijiang	62124	221453
孟州市	Mengzhou	39770	127876	涟源市	Lianyuan	38060	115399
禹州市	Yuzhou	63549	203514	吉首市	Jishou	44805	178396
长葛市	Changge	47592	158989	**广东省**	**Guangdong**		
义马市	Yima	75784	362119	增城市	Zengcheng	155892	716676
灵宝市	Lingbao	42305	142937	从化市	Conghua	80013	333281
邓州市	Dengzhou	58034	160353	乐昌市	Lechang	26993	100934
永城市	Yongcheng	80191	346978	南雄市	Nanxiong	29293	97071
项城市	Xiangcheng	43469	109581	台山市	Taishan	51287	146136
济源市	Jiyuan	125290	390817	开平市	Kaiping	88830	306831
湖北省	**Hubei**			鹤山市	Heshan	39552	118532
大冶市	Daye	81608	222714	恩平市	Enping	30174	91593
丹江口市	Danjiangkou	56703	177406	廉江市	Lianjiang	60919	169918
宜都市	Yidu	39698	144954	雷州市	Leizhou	57069	113619
当阳市	Dangyang	80265	231895	吴川市	Wuchuan	49770	112054
枝江市	Zhijiang	69000	295742	高州市	Gaozhou	72501	244162
老河口市	Laohekou	42059	109300	化州市	Huazhou	60358	171739

3-16 续表 3 continued

城市	City	城镇在岗职工年平均人数(人) Annual Average Number of Urban Staff and Workers (person)	城镇在岗职工工资总额(万元) Total Wages of Urban Staff and Workers (10 000 yuan)
信宜市	Xinyi	40616	103983
高要市	Gaoyao	22978	117036
四会市	Sihui	78716	194437
兴宁市	Xingning	40942	95426
陆丰市	Lufeng	45094	118211
阳春市	Yangchun	53645	173658
英德市	Yingde	47658	214901
连州市	Lianzhou	17836	74880
普宁市	Puning	58015	164996
罗定市	Luoding	53295	156171
广西壮族自治区	**Guangxi**		
岑溪市	Cenxi	20235	64694
东兴市	Dongxi	8506	30180
桂平市	Guiping	23773	123397
北流市	Beiliu	54688	172244
宜州市	Yizhou	26505	83427
合山市	Heshan	13164	39019
凭祥市	Pingxiang	9353	30152
海南省	**Hainan**		
五指山市	Wuzhishan	9128	36884
琼海市	Qionghai	31438	131599
儋州市	Danzhou	37737	139711
文昌市	Wenchang	26104	95996
万宁市	Wanning	24127	79045
东方市	Dongfang	25288	97143
四川省	**Sichuan**		
都江堰市	Dujiangyan	92026	343003
彭州市	Pengzhou	52441	216740
邛崃市	Qionglai	33929	128229
崇州市	Chongzhou	29370	116381
广汉市	Guanghan	24297	106997
什邡市	Shifang	38864	151466
绵竹市	Mianzhu	35639	156800
江油市	Jiangyou	38852	151583
峨眉山市	Emeishan	41495	158311
阆中市	Langzhong	23234	75882
华蓥市	Huaying	15905	76717
万源市	Wanyuan	14681	48617
简阳市	Jianyang	46058	154637
西昌市	Xichang	76203	414395
贵州省	**Guizhou**		
清镇市	Qingzhen	35457	156237
赤水市	Chishui	24091	81711
仁怀市	Renhuai	31524	172040
兴义市	Xingyi	69035	273068
凯里市	Kaili	61144	234288
都匀市	Duyun	43998	175994
福泉市	Fuquan	19031	96008
云南省	**Yunnan**		
安宁市	Anning	80913	358064
宣威市	Xuanwei	69908	245548
楚雄市	Chuxiong	57065	241079
个旧市	Gejiu	64326	230738
开远市	Kaiyuan	36211	138261
蒙自市	Mengzi	51270	189849
文山市	Wenshan	46254	170778
景洪市	Jinghong	44300	162107
大理市	Dali	97380	378663
瑞丽市	Ruili	23103	72068
芒市	Mangshi	41340	145993
西藏自治区	**Tibet**		
日喀则市	Xigaze	4052	14829
陕西省	**Shaanxi**		
兴平市	Xingping	34319	129388
韩城市	Hancheng	46643	211075
华阴市	Huayin	20953	72655
甘肃省	**Gansu**		
玉门市	Yumen	24954	141094
敦煌市	Dunhuang	13205	42918
临夏市	Linxia	28511	104175
合作市	Hezuo	14716	75657
青海省	**Qinghai**		
格尔木市	Golmud	31302	165107
德令哈市	Delingha	16379	66648
宁夏回族自治区	**Ningxia**		
灵武市	Lingwu	19471	99266
青铜峡市	Qingtongxia	27838	139213
新疆维吾尔自治区	**Xinjiang**		
吐鲁番市	Turpan	28261	124321
哈密市	Hami	82642	329096
昌吉市	Changji	60172	278518
阜康市	Fukang	19613	95235
博乐市	Bole	14165	38122
库尔勒市	Korla	107251	522513
阿克苏市	Akesu	46201	166911
阿图什市	Atus	19574	77748
喀什市	Kashi	68285	266480
和田市	Hetian	17815	91082
伊宁市	Yining	70363	266239
奎屯市	Kuitun	17379	71143
塔城市	Tacheng	22918	103319
乌苏市	Wusu	29890	90861
阿勒泰市	Aletai	33381	110553
石河子市	Shihezi	171023	769583
阿拉尔市	Alar	37578	138652
图木舒克市	Tumushuke	21737	84783
五家渠市	Wujiaqu	26400	120944
北屯市	Beitun	13837	43000

3-17 全社会用电情况

Electricity Consumption

单位：万千瓦时 (10 000 kwh)

城市	City	全社会用电量 Annual Electricity Consumption	工业用电量 Industry Electricity Consumption	居民生活用电量 Household Electricity Consumption
河北省	**Hebei**			
辛集市	Xinji	315564	263529	34982
藁城市	Gaocheng	298640	222314	43562
晋州市	Jinzhou	232457	182226	38001
新乐市	Xinle	138541	97876	24280
鹿泉市	Luquan	289282	235806	28970
遵化市	Zunhua	466158	409370	30284
迁安市	Qian'an	1037469	965149	31912
武安市	Wu'an	919927	812938	62316
南宫市	Nangong	66544	37922	17585
沙河市	Shahe	165495	118094	27707
涿州市	Zhuozhou	140816	79317	40024
定州市	Dingzhou	130199	61136	48936
安国市	Anguo	50989	19235	17831
高碑店市	Gaobeidian	117634	58583	34544
泊头市	Botou	77228	43304	21635
任丘市	Renqiu	373054	284750	52097
黄骅市	Huanghua	97231	61439	18132
河间市	Hejian	126922	81455	28036
霸州市	Bazhou	518628	423490	49305
三河市	Sanhe	229397	134635	57480
冀州市	Jizhou	93918	67715	16118
深州市	Shenzhou	139468	102547	20851
山西省	**Shanxi**			
古交市	Gujiao	26335	15630	2992
潞城市	Lucheng	175552	162648	7070
高平市	Gaoping	281312	251685	13765
介休市	Jiexiu	263391	223263	19435
永济市	Yongji	419119	375953	14261
河津市	Hejin	755349	705023	21432
原平市	Yuanping	249591	171070	12443
侯马市	Houma	106587	72782	14576
霍州市	Huozhou	188530	157580	10543
孝义市	Xiaoyi	127059	89773	19389
汾阳市	Fenyang	64410	34711	16455
内蒙古自治区	**Inner Mongolia**			
霍林郭勒市	Huolinguole	835764	810096	6984
满洲里市	Manzhouli	73861	41880	14258
牙克石市	Yakeshi	106008	72769	10350
扎兰屯市	Zhalantun			
额尔古纳市	Eerguna	10316	4843	1609
根河市	Genhe	27090	12079	8363
丰镇市	Fengzhen	509438	372369	6627
乌兰浩特市	Wulanhaote	86102	63296	3377
阿尔山市	Aershan	5757	1983	1414
二连浩特市	Erlianhaote	27530	13319	7881
锡林浩特市	Xilinhaote	137830	103428	13896
辽宁省	**Liaoning**			
新民市	Xinmin	114795	64794	24638
瓦房店市	Wafangdian	238942	154535	39011

3-17 续表 1 continued

单位：万千瓦时 (10 000 kwh)

城市	City	全社会用电量 Annual Electricity Consumption	工业用电量 Industry Electricity Consumption	居民生活用电量 Household Electricity Consumption
普兰店市	Pulandian	214953	153237	38685
庄河市	Zhuanghe	99789	46464	28060
海城市	Haicheng	582090	508958	47285
东港市	Donggang	95002	49570	23683
凤城市	Fengcheng	213650	181501	22149
凌海市	Linghai	114488	91619	20758
北镇市	Beizhen	62990	33025	17381
盖州市	Gaizhou	136400	93564	22418
大石桥市	Dashiqiao	522273	452030	27329
灯塔市	Dengta	132900	94500	18100
调兵山市	Diaobingshan	21570	10799	5953
开原市	Kaiyuan	60219	31815	14930
北票市	Beipiao	159670	135124	15273
凌源市	Lingyuan	229400	201164	15900
兴城市	Xingcheng	67849	18422	20761
吉林省	**Jilin**			
九台市	Jiutai	88513	49804	28780
榆树市	Yushu	61631	21717	36956
德惠市	Dehui	118854	95479	21428
蛟河市	Jiaohe	50993	28972	8785
桦甸市	Huadian	69254	46397	14856
舒兰市	Shulan	49533	18928	5844
磐石市	Panshi	143295	122822	15973
公主岭市	Gongzhuling	99216	85360	9920
双辽市	Shuangliao	128735	106915	11820
梅河口市	Meihekou	48627	14326	19045
集安市	Ji'an	20407	6625	8808
临江市	Linjiang	55688	31150	13800
洮南市	Taonan	47389	36722	5929
大安市	Daan	33219	25400	2120
延吉市	Yanji	127761	57419	34069
图们市	Tumen	20877	9810	5135
敦化市	Dunhua	27333	6073	8921
珲春市	Hunchun	99174	77356	8562
龙井市	Longjing	19059	5400	7500
和龙市	Helong	27165	16486	5811
黑龙江省	**Heilongjiang**			
双城市	Shuangcheng	69067	24165	26676
尚志市	Shangzhi	51882	14607	26565
五常市	Wuchang	56800	27015	28425
讷河市	Nehe	31392	7632	18468
虎林市	Hulin	21784	8236	8133
密山市	Mishan	39230	12154	8721
铁力市	Tieli	27032	11610	11766
同江市	Tongjiang	14164	3030	9089
富锦市	Fujin	38824	7349	20617
绥芬河市	Suifenhe	34553	18061	6279
海林市	Hailin	44802	27645	9068
宁安市	Ning'an	56145	41186	9435
穆棱市	Muling	48165	34633	8057

3-17 续表 2 continued

单位：万千瓦时 (10 000 kwh)

城市	City	全社会用电量 Annual Electricity Consumption	工业用电量 Industry Electricity Consumption	居民生活用电量 Household Electricity Consumption
北安市	Bei'an	32719	15870	14584
五大连池市	Wudalianchi	26671		9047
安达市	Anda	46381	25389	13197
肇东市	Zhaodong	66443	18118	35567
海伦市	Hailun	32773	18129	14401
江苏省	**Jiangsu**			
江阴市	Jiangyin	2295436	2058844	114492
宜兴市	Yixing	880022	706597	86996
新沂市	Xinyi	340424	280334	33992
邳州市	Pizhou	268830	183065	51483
溧阳市	Liyang	595701	505405	44436
金坛市	Jintan	377991	311707	33908
常熟市	Changshu	1473379	1236513	115681
张家港市	Zhangjiagang	2655946	2467475	90787
昆山市	Kunshan	1819148	1464730	153281
太仓市	Taicang	810017	687935	48963
启东市	Qidong	242015	159618	47677
如皋市	Rugao	427687	310200	64854
海门市	Haimen	313868	223602	46591
东台市	Dongtai	350375	270348	44637
大丰市	Dafeng	352018	280168	35264
仪征市	Yizheng	287985	237944	29132
高邮市	Gaoyou	186638	120656	36814
丹阳市	Danyang	582261	466959	57988
扬中市	Yangzhong	136687	99860	20957
句容市	Jurong	201109	138025	30609
兴化市	Xinghua	555071	460765	54179
靖江市	Jingjiang	356131	271506	45575
泰兴市	Taixing	480852	391558	56251
姜堰市	Jiangyan	263020	201712	35103
浙江省	**Zhejiang**			
建德市	Jiande	249322	207571	23043
富阳市	Fuyang	671608	577150	52915
临安市	Lin'an	294283	222350	39483
余姚市	Yuyao	653552	516986	70513
慈溪市	Cixi	836957	798724	115876
奉化市	Fenghua	247141	179424	36946
瑞安市	Rui'an	599896	426820	122263
乐清市	Yueqing	456378	273951	121921
海宁市	Haining	625500	510455	45985
平湖市	Pinghu	471001	398437	34333
桐乡市	Tongxiang	696641	586778	52384
诸暨市	Zhuji	689912	564656	73416
上虞市	Shangyu	381631	297084	40929
嵊州市	Shengzhou	190070	128703	38746
兰溪市	Lanxi	543443	498158	27197
义乌市	Yiwu	677308	436574	87238
东阳市	Dongyang	318719	224365	53554
永康市	Yongkang	333413	254373	46934

3-17 续表 3 continued

单位：万千瓦时 (10 000 kwh)

城市	City	全社会用电量 Annual Electricity Consumption	工业用电量 Industry Electricity Consumption	居民生活用电量 Household Electricity Consumption
江山市	Jiangshan	195948	151098	22670
温岭市	Wenling	486731	324382	105956
临海市	Linhai	303593	209980	57683
龙泉市	Longquan	44681	24493	11542
安徽省	**Anhui**			
巢湖市	Chaohu	230449	171963	35000
桐城市	Tongcheng	91714	57007	24217
天长市	Tianchang	124686	76358	31473
明光市	Mingguang	51133	26366	17691
界首市	Jieshou	87373	58770	22299
宁国市	Ningguo	189460	150988	18349
福建省	**Fujian**			
福清市	Fuqing	328190	183020	88436
长乐市	Changle	735518	621779	54876
永安市	Yong'an	249324	207489	24715
石狮市	Shishi	364798	243498	75448
晋江市	Jinjiang	1177547	952595	128297
南安市	Nan'an	613642	426930	156712
龙海市	Longhai	315068	212219	57103
邵武市	Shaowu	129141	99132	16687
武夷山市	Wuyishan	58716	12484	16554
建瓯市	Jian'ou	74591	35480	25251
建阳市	Jianyang	66454	26344	8751
漳平市	Zhangping	107686	74155	9517
福安市	Fu'an	305704	253122	52082
福鼎市	Fuding	126539	79898	31487
江西省	**Jiangxi**			
乐平市	Leping	43455	14845	16817
瑞昌市	Ruichang	126314	108415	12497
共青城市	Gongqingcheng	16658	10297	6301
贵溪市	Guixi	254359	223177	19365
瑞金市	Ruijin	75670	47565	18930
南康市	Nankang	103694	68152	23700
井冈山市	Jinggangshan	23221	12580	5253
丰城市	Fengcheng	243144	208896	24093
樟树市	Zhangshu	119150	93177	16627
高安市	Gaoan	291429	255202	21745
德兴市	Dexing	194825	178669	9345
山东省	**Shandong**			
章丘市	Zhangqiu	541602	419154	122448
胶州市	Jiaozhou	258439	192560	65879
即墨市	Jimo	333847	225914	58999
平度市	Pingdu	275445	167276	68244
莱西市	Laixi	169605	115645	33515
滕州市	Tengzhou	538599	416060	55850
龙口市	Longkou	1180736	1096955	51701
莱阳市	Laiyang	185873	132117	30309
莱州市	Laizhou	379417	280735	39747
蓬莱市	Penglai	198304	145026	21793

3-17 续表 4 continued

单位：万千瓦时 (10 000 kwh)

城市	City	全社会用电量 Annual Electricity Consumption	工业用电量 Industry Electricity Consumption	居民生活用电量 Household Electricity Consumption
招远市	Zhaoyuan	259756	209993	26940
栖霞市	Qixia	116525	75908	18414
海阳市	Haiyang	92438	48058	22737
青州市	Qingzhou	252114	166414	37613
诸城市	Zhucheng	251207	178555	42656
寿光市	Shouguang	711201	599377	47929
安丘市	Anqiu	173867	122330	31879
高密市	Gaomi	299440	207745	62000
昌邑市	Changyi	346039	278945	28649
曲阜市	Qufu	141186	73588	25665
兖州市	Yanzhou	377771	329049	18491
邹城市	Zoucheng	688569	625543	37391
新泰市	Xintai	253904	196583	45624
肥城市	Feicheng	382353	330198	32004
文登市	Wendeng	152785	105797	24273
荣成市	Rongcheng	234015	161690	29755
乳山市	Rushan	102667	57675	23293
乐陵市	Laoling	68421	39227	29194
禹城市	Yucheng	127627	96527	13039
临清市	Linqing	223634	157271	39754
河南省	**Henan**			
巩义市	Gongyi	377116	312935	54790
荥阳市	Xingyang	197093	156422	18806
新密市	Xinmi	225367	142214	58011
新郑市	Xinzheng	291360	189696	37439
登封市	Dengfeng	162662	118170	30959
偃师市	Yanshi	187027	125934	45025
舞钢市	Wugang	8935	6976	981
汝州市	Ruzhou	121444	65510	38617
林州市	Linzhou	514962	471111	33194
卫辉市	Weihui	83260	50114	20500
辉县市	Huixian	735680	504830	222750
沁阳市	Qinyang	117786	76366	23972
孟州市	Mengzhou	100011	62115	18908
禹州市	Yuzhou	193283	144453	38493
长葛市	Changge	216477	165939	40172
义马市	Yima	239572	184938	8804
灵宝市	Lingbao	227286	179651	28391
邓州市	Dengzhou	108140	57584	39634
永城市	Yongcheng	868143	83527	41456
项城市	Xiangcheng	73081	27971	34349
济源市	Jiyuan	751017	673091	29469
湖北省	**Hubei**			
大冶市	Daye	283402	231035	32745
丹江口市	Danjiangkou	323223	290778	20385
宜都市	Yidu	336989	305139	14330
当阳市	Dangyang	189266	162671	17593
枝江市	Zhijiang	239317	207995	17700
老河口市	Laohekou	72431	52640	13261

3-17 续表 5 continued

单位：万千瓦时 (10 000 kwh)

城市	City	全社会用电量 Annual Electricity Consumption	工业用电量 Industry Electricity Consumption	居民生活用电量 Household Electricity Consumption
枣阳市	Zaoyang	154836	112529	29423
宜城市	Yicheng	103332	81880	16207
钟祥市	Zhongxiang	198559	150903	30641
应城市	Yingcheng	247167	218100	19162
安陆市	Anlu	68295	38910	17040
汉川市	Hanchuan	219201	156569	34114
石首市	Shishou	58779	31508	17627
洪湖市	Honghu	61062	18263	26359
松滋市	Songzi	66639	28589	23844
麻城市	Macheng	90290	52652	26672
武穴市	Wuxue	136811	105207	20756
赤壁市	Chibi	126442	79636	18936
广水市	Guangshui	62043	25423	22945
恩施市	Enshi	82152	30701	31085
利川市	Lichuan	36221	12525	15340
仙桃市	Xiantao	168039	94272	43841
潜江市	Qianjiang	348665	294720	31601
天门市	Tianmen	103068	53097	35872
湖南省	**Hunan**			
浏阳市	Liuyang	260331	152449	78666
醴陵市	Liling	118277	35603	38762
湘乡市	Xiangxiang	148754	124919	23835
韶山市	Shaoshan	16348	9701	5805
耒阳市	Leiyang	134162	62750	33974
常宁市	Changning	117648	84790	31843
武冈市	Wugang	45079	32150	10635
汨罗市	Miluo	138260	117640	20620
临湘市	Linxiang	76000	50900	17800
津市市	Jinshi	42305	24317	8970
沅江市	Yuanjiang	66557	22078	19119
资兴市	Zixing	158203	126642	7561
洪江市	Hongjiang	98752	73854	23598
冷水江市	Lengshuijiang	143256	115637	27619
涟源市	Lianyuan	119800	78830	40970
吉首市	Jishou	109788	88200	21588
广东省	**Guangdong**			
增城市	Zengcheng	501098	327228	97426
从化市	Conghua	169188	100494	34524
乐昌市	Lechang	72639	44529	17216
南雄市	Nanxiong	34297	16322	5891
台山市	Taishan	227577	123221	39877
开平市	Kaiping	258567	185062	35162
鹤山市	Heshan	256530	199153	24926
恩平市	Enping	253659	191913	48678
廉江市	Lianjiang	113749	58906	31271
雷州市	Leizhou	93464	22748	27169
吴川市	Wuchuan	89710	41515	27736
高州市	Gaozhou	95902	42097	28185
化州市	Huazhou	80359	36780	29591

3-17 续表 6 continued

单位：万千瓦时 (10 000 kwh)

城市	City	全社会用电量 Annual Electricity Consumption	工业用电量 Industry Electricity Consumption	居民生活用电量 Household Electricity Consumption
信宜市	Xinyi	52523	17525	23807
高要市	Gaoyao	409439	349783	20774
四会市	Sihui	320151	248747	29882
兴宁市	Xingning	73510	27833	33924
陆丰市	Lufeng	87699	24826	53457
阳春市	Yangchun	138877	92503	26404
英德市	Yingde	270215	205582	30878
连州市	Lianzhou	76325	48222	14281
普宁市	Puning	321249	225341	83144
罗定市	Luoding	73591	37468	21316
广西壮族自治区	**Guangxi**			
岑溪市	Cenxi	74752	33382	21288
东兴市	Dongxi	38156	8110	15744
桂平市	Guiping	144592	88350	36036
北流市	Beiliu	106970	62115	32961
宜州市	Yizhou	88244	51437	23840
合山市	Heshan	14982	8316	4715
凭祥市	Pingxiang	18468	5982	6212
海南省	**Hainan**			
五指山市	Wuzhishan	9518	2210	2382
琼海市	Qionghai	70265	16164	24372
儋州市	Danzhou	97796	51373	27810
文昌市	Wenchang	103114	41016	20625
万宁市	Wanning	60548	21031	18289
东方市	Dongfang	44823	19862	11348
四川省	**Sichuan**			
都江堰市	Dujiangyan	330101	204312	31031
彭州市	Pengzhou	291530	193034	77496
邛崃市	Qionglai	89260	43382	19101
崇州市	Chongzhou	147000	98800	30200
广汉市	Guanghan	166994	121218	2576
什邡市	Shifang	171296	136137	20500
绵竹市	Mianzhu	154842	121821	17172
江油市	Jiangyou	239923	173469	19098
峨眉山市	Emeishan	804458	777504	17893
阆中市	Langzhong	40922	10351	5132
华蓥市	Huaying	69391	61348	3845
万源市	Wanyuan	63159	27047	6160
简阳市	Jianyang	112078	64694	
西昌市	Xichang	134782		8526
贵州省	**Guizhou**			
清镇市	Qingzhen	245762	210634	31867
赤水市	Chishui	61643	44432	12339
仁怀市	Renhuai	52850	27700	8850
兴义市	Xingyi	381062	334373	12855
凯里市	Kaili	271520	169159	46338
都匀市	Duyun	119142	87904	6449
福泉市	Fuquan	67815	50883	

3-17 续表 7 continued

单位：万千瓦时 (10 000 kwh)

城市	City	全社会用电量 Annual Electricity Consumption	工业用电量 Industry Electricity Consumption	居民生活用电量 Household Electricity Consumption
云南省	**Yunnan**			
安宁市	Anning	76274	52298	9160
宣威市	Xuanwei	349579	203476	23131
楚雄市	Chuxiong	78385	48812	14188
个旧市	Gejiu	456429	359907	44619
开远市	Kaiyuan	245611	224531	13375
蒙自市	Mengzi	161788	128411	16657
文山市	Wenshan	138731	103641	17810
景洪市	Jinghong	84244	33438	24502
大理市	Dali	118388	56899	29081
瑞丽市	Ruili	41623	23325	5320
芒市	Mangshi	123642	103574	8850
西藏自治区	**Tibet**			
日喀则市	Xigaze	25095	2778	4430
陕西省	**Shaanxi**			
兴平市	Xingping	41900	14717	13743
韩城市	Hancheng	386744	370000	16743
华阴市	Huayin	23928	10651	10945
甘肃省	**Gansu**			
玉门市	Yumen	73367	59604	4186
敦煌市	Dunhuang	25293	8956	5720
临夏市	Linxia	31896	5453	14028
合作市	Hezuo	11182	5011	2235
青海省	**Qinghai**			
格尔木市	Golmud	237500	208880	6659
德令哈市	Delingha	51164	37015	3222
宁夏回族自治区	**Ningxia**			
灵武市	Lingwu	65060	49091	2985
青铜峡市	Qingtongxia	669221	651355	3496
新疆维吾尔自治区	**Xinjiang**			
吐鲁番市	Turpan	100246	65897	7960
哈密市	Hami	248378	166158	16960
昌吉市	Changji	137702	72345	12867
阜康市	Fukang	286805	242321	4634
博乐市	Bole	70991	20511	5431
库尔勒市	Korla	414958	269372	21988
阿克苏市	Akesu	157801	39103	6152
阿图什市	Atus	37938	26435	4924
喀什市	Kashi	92129	61447	14294
和田市	Hetian	37402	26575	8004
伊宁市	Yining	87216	42048	18672
奎屯市	Kuitun	133499	96222	9538
塔城市	Tacheng	32849	7624	3102
乌苏市	Wusu	80261	50702	4738
阿勒泰市	Aletai	17424	7009	3912
石河子市	Shihezi	1903703	1807576	11582
阿拉尔市	Alar	49771	24442	7373
图木舒克市	Tumushuke	31195	14062	3576
五家渠市	Wujiaqu	1055964	1036862	5706
北屯市	Beitun	9042	4260	2532

3-18 体育场馆，剧场、影剧院数及公共图书馆图书藏量

Number of Stadiums and Gymnasiums, Theaters and Music Halls,Cinemas and Total Collections of Public Libraries

城市	City	体育场馆数 (个) Number of Stadiums and Gymnasiums (unit)	剧场、影剧院数 (个) Number of Theaters and Music Halls, Cinemas (unit)	公共图书馆图书总藏量 (千册) Total Collections of Public Libraries (1000 copies)
河北省	**Hebei**			
辛集市	Xinji	1	1	130
藁城市	Gaocheng	3	6	80
晋州市	Jinzhou	1	2	98
新乐市	Xinle	1	2	76
鹿泉市	Luquan	6	5	80
遵化市	Zunhua	1	2	175
迁安市	Qian'an	2	7	875
武安市	Wu'an	4	2	154
南宫市	Nangong		1	102
沙河市	Shahe	2	2	110
涿州市	Zhuozhou	1	1	58
定州市	Dingzhou	3	3	70
安国市	Anguo	1	1	140
高碑店市	Gaobeidian	5	2	60
泊头市	Botou	1	2	98
任丘市	Renqiu	1	1	59
黄骅市	Huanghua	2	2	80
河间市	Hejian	11	5	30
霸州市	Bazhou	3	1	452
三河市	Sanhe	5	3	74
冀州市	Jizhou		2	55
深州市	Shenzhou		2	8
山西省	**Shanxi**			
古交市	Gujiao	1	1	39
潞城市	Lucheng	1	1	48
高平市	Gaoping	1	1	40
介休市	Jiexiu	4	5	63
永济市	Yongji			35
河津市	Hejin	2	3	62
原平市	Yuanping			51
侯马市	Houma	5	1	36
霍州市	Huozhou	3	1	59
孝义市	Xiaoyi	11	2	
汾阳市	Fenyang	3		130
内蒙古自治区	**Inner Mongolia**			
霍林郭勒市	Huolinguole	3	1	30
满洲里市	Manzhouli	25	9	33
牙克石市	Yakeshi	3	1	76
扎兰屯市	Zhalantun	1	1	55
额尔古纳市	Eerguna		4	112
根河市	Genhe	2		78
丰镇市	Fengzhen	1	1	3
乌兰浩特市	Wulanhaote	5	2	140
阿尔山市	Aershan	1		
二连浩特市	Erlianhaote	1	1	26
锡林浩特市	Xilinhaote	1	3	224
辽宁省	**Liaoning**			
新民市	Xinmin	10	2	130
瓦房店市	Wafangdian	10	7	1410

3-18 续表 1 continued

城市	City	体育场馆数 (个) Number of Stadiums and Gymnasiums (unit)	剧场、影剧院数 (个) Number of Theaters and Music Halls, Cinemas (unit)	公共图书馆图书总藏量 (千册) Total Collections of Public Libraries (1000 copies)
普兰店市	Pulandian	1	1	1020
庄河市	Zhuanghe	2	22	1135
海城市	Haicheng	1	11	170
东港市	Donggang	2	11	170
凤城市	Fengcheng	4	3	98
凌海市	Linghai	1	1	107
北镇市	Beizhen	2	1	115
盖州市	Gaizhou	1	1	114
大石桥市	Dashiqiao	2	6	1515
灯塔市	Dengta		1	30
调兵山市	Diaobingshan	2	3	17
开原市	Kaiyuan	2	4	100
北票市	Beipiao	1	2	96
凌源市	Lingyuan	3	2	70
兴城市	Xingcheng	1		72
吉林省	**Jilin**			
九台市	Jiutai	1	1	101
榆树市	Yushu	1	3	110
德惠市	Dehui	1	2	112
蛟河市	Jiaohe	2		52
桦甸市	Huadian	2	4	261
舒兰市	Shulan	1	2	33
磐石市	Panshi	4	5	154
公主岭市	Gongzhuling	2	2	98
双辽市	Shuangliao	2	2	25
梅河口市	Meihekou	2	3	90
集安市	Ji'an	1	2	56
临江市	Linjiang	1	1	12
洮南市	Taonan	2	1	65
大安市	Daan	1	1	27
延吉市	Yanji	2	3	803
图们市	Tumen	2	2	208
敦化市	Dunhua	2	1	289
珲春市	Hunchun	1	1	113
龙井市	Longjing	3	1	100
和龙市	Helong	1	1	151
黑龙江省	**Heilongjiang**			
双城市	Shuangcheng	5	2	90
尚志市	Shangzhi	2	10	25
五常市	Wuchang	1	1	230
讷河市	Nehe	1	1	131
虎林市	Hulin	2	1	56
密山市	Mishan	1	1	105
铁力市	Tieli	2	1	56
同江市	Tongjiang	1		67
富锦市	Fujin	3	4	106
绥芬河市	Suifenhe	1	1	71
海林市	Hailin	2		60
宁安市	Ning'an	1	1	74
穆棱市	Muling	3	1	68

3-18 续表 2 continued

城市	City	体育场馆数 (个) Number of Stadiums and Gymnasiums (unit)	剧场、影剧院数 (个) Number of Theaters and Music Halls, Cinemas (unit)	公共图书馆图书总藏量 (千册) Total Collections of Public Libraries (1000 copies)
北安市	Bei'an	1	2	59
五大连池市	Wudalianchi	1	1	23
安达市	Anda	2	1	159
肇东市	Zhaodong	10	2	98
海伦市	Hailun	5	2	312
江苏省	**Jiangsu**			
江阴市	Jiangyin	45	12	1343
宜兴市	Yixing	17	20	455
新沂市	Xinyi	3	1	124
邳州市	Pizhou	2	1	210
溧阳市	Liyang	2	9	333
金坛市	Jintan	4	7	251
常熟市	Changshu	9	5	1669
张家港市	Zhangjiagang	11	6	1411
昆山市	Kunshan	6	4	1756
太仓市	Taicang	6	2	807
启东市	Qidong	3	11	463
如皋市	Rugao	3	4	929
海门市	Haimen	2	4	881
东台市	Dongtai	4	2	260
大丰市	Dafeng	4	2	321
仪征市	Yizheng	11	1	313
高邮市	Gaoyou	9	1	179
丹阳市	Danyang	27	26	356
扬中市	Yangzhong	31	6	277
句容市	Jurong	42	3	162
兴化市	Xinghua	4		224
靖江市	Jingjiang			421
泰兴市	Taixing	3	3	296
姜堰市	Jiangyan	2		209
浙江省	**Zhejiang**			
建德市	Jiande	3	1	449
富阳市	Fuyang	16	2	304
临安市	Lin'an	13	3	429
余姚市	Yuyao	2	10	455
慈溪市	Cixi	12	4	542
奉化市	Fenghua	4	2	195
瑞安市	Rui'an	7	1	432
乐清市	Yueqing	3	1	756
海宁市	Haining	9	9	887
平湖市	Pinghu	7	7	570
桐乡市	Tongxiang	7	10	1077
诸暨市	Zhuji	9	7	283
上虞市	Shangyu	7	4	376
嵊州市	Shengzhou	6	3	501
兰溪市	Lanxi	6	1	135
义乌市	Yiwu	22	5	608
东阳市	Dongyang	11	2	300
永康市	Yongkang	12	3	279

3-18 续表 3 continued

城市	City	体育场馆数 (个) Number of Stadiums and Gymnasiums (unit)	剧场、影剧院数 (个) Number of Theaters and Music Halls, Cinemas (unit)	公共图书馆图书总藏量 (千册) Total Collections of Public Libraries (1000 copies)
江山市	Jiangshan	3	2	182
温岭市	Wenling	8	13	428
临海市	Linhai	10	4	480
龙泉市	Longquan	2	4	153
安徽省	**Anhui**			
巢湖市	Chaohu	1		184
桐城市	Tongcheng	4	1	264
天长市	Tianchang	1	1	158
明光市	Mingguang	1	1	500
界首市	Jieshou	1	1	500
宁国市	Ningguo	1	3	145
福建省	**Fujian**			
福清市	Fuqing	3	3	186
长乐市	Changle	5	10	510
永安市	Yong'an	1	6	185
石狮市	Shishi	3	3	475
晋江市	Jinjiang	3	5	778
南安市	Nan'an	17	27	369
龙海市	Longhai	3	3	137
邵武市	Shaowu	3	3	320
武夷山市	Wuyishan	1	1	80
建瓯市	Jian'ou	2	10	230
建阳市	Jianyang	2	2	153
漳平市	Zhangping	3	8	89
福安市	Fu'an	1	6	163
福鼎市	Fuding	1	3	83
江西省	**Jiangxi**			
乐平市	Leping	2	2	60
瑞昌市	Ruichang		2	260
共青城市	Gongqingcheng	1	1	1
贵溪市	Guixi		6	230
瑞金市	Ruijin	2		147
南康市	Nankang		1	154
井冈山市	Jinggangshan	1		11
丰城市	Fengcheng	2	24	147
樟树市	Zhangshu	2	2	46
高安市	Gaoan	1	4	145
德兴市	Dexing			82
山东省	**Shandong**			
章丘市	Zhangqiu	5	10	461
胶州市	Jiaozhou	4	1	964
即墨市	Jimo	12	3	525
平度市	Pingdu	1	21	348
莱西市	Laixi	7	11	730
滕州市	Tengzhou	2	14	232
龙口市	Longkou	25	29	1752
莱阳市	Laiyang	1	3	211
莱州市	Laizhou	1	8	1062
蓬莱市	Penglai	5	14	902

3-18 续表 4 continued

城市	City	体育场馆数 (个) Number of Stadiums and Gymnasiums (unit)	剧场、影剧院数 (个) Number of Theaters and Music Halls, Cinemas (unit)	公共图书馆图书总藏量 (千册) Total Collections of Public Libraries (1000 copies)
招远市	Zhaoyuan	25	19	608
栖霞市	Qixia	1	1	86
海阳市	Haiyang	1	2	189
青州市	Qingzhou	1	4	1015
诸城市	Zhucheng	3	11	6696
寿光市	Shouguang	1	4	850
安丘市	Anqiu	2	15	174
高密市	Gaomi	4	4	200
昌邑市	Changyi	2	1	160
曲阜市	Qufu	1	2	126
兖州市	Yanzhou	2	7	230
邹城市	Zoucheng	3	16	277
新泰市	Xintai	18	24	603
肥城市	Feicheng	13	20	595
文登市	Wendeng	2	2	420
荣成市	Rongcheng	5	2	490
乳山市	Rushan	2	1	309
乐陵市	Laoling	1	2	112
禹城市	Yucheng	2	1	150
临清市	Linqing	1	4	150
河南省	**Henan**			
巩义市	Gongyi	3	10	451
荥阳市	Xingyang	1	1	111
新密市	Xinmi	9	1	211
新郑市	Xinzheng	5	1	427
登封市	Dengfeng	1		70
偃师市	Yanshi	1	2	237
舞钢市	Wugang	1	1	57
汝州市	Ruzhou	1	1	99
林州市	Linzhou	2	1	44
卫辉市	Weihui	1	1	38
辉县市	Huixian	2	1	88
沁阳市	Qinyang		1	70
孟州市	Mengzhou			113
禹州市	Yuzhou	1	1	215
长葛市	Changge	2	2	131
义马市	Yima		1	90
灵宝市	Lingbao	1	1	77
邓州市	Dengzhou	1	3	80
永城市	Yongcheng	2	2	112
项城市	Xiangcheng	1	1	166
济源市	Jiyuan	6	1	705
湖北省	**Hubei**			
大冶市	Daye	1	11	158
丹江口市	Danjiangkou	2	2	122
宜都市	Yidu	1	3	121
当阳市	Dangyang	3	1	138
枝江市	Zhijiang	1	11	90
老河口市	Laohekou	5	1	128

3-18 续表 5 continued

城市	City	体育场馆数 (个) Number of Stadiums and Gymnasiums (unit)	剧场、影剧院数 (个) Number of Theaters and Music Halls, Cinemas (unit)	公共图书馆图书总藏量 (千册) Total Collections of Public Libraries (1000 copies)
枣阳市	Zaoyang	13	6	119
宜城市	Yicheng	3	3	125
钟祥市	Zhongxiang	2	18	130
应城市	Yingcheng	1	2	90
安陆市	Anlu		2	101
汉川市	Hanchuan	2	2	94
石首市	Shishou	1	5	50
洪湖市	Honghu	2	2	60
松滋市	Songzi	1	1	18
麻城市	Macheng	4	5	140
武穴市	Wuxue	4	2	146
赤壁市	Chibi	1	2	118
广水市	Guangshui	1	4	40
恩施市	Enshi	5	3	772
利川市	Lichuan	30	2	92
仙桃市	Xiantao	1	10	153
潜江市	Qianjiang	1	3	122
天门市	Tianmen	3	2	200
湖南省	**Hunan**			
浏阳市	Liuyang	2	10	179
醴陵市	Liling	1	2	200
湘乡市	Xiangxiang	3	4	126
韶山市	Shaoshan	1	2	92
耒阳市	Leiyang	3	4	81
常宁市	Changning	2	2	14
武冈市	Wugang		2	142
汨罗市	Miluo	1	2	146
临湘市	Linxiang	1	1	139
津市市	Jinshi	2	2	158
沅江市	Yuanjiang	1	2	212
资兴市	Zixing	4	3	82
洪江市	Hongjiang	1	4	113
冷水江市	Lengshuijiang	10	2	53
涟源市	Lianyuan	1	3	198
吉首市	Jishou	2	2	75
广东省	**Guangdong**			
增城市	Zengcheng	4	6	300
从化市	Conghua	2	2	340
乐昌市	Lechang	1	1	41
南雄市	Nanxiong	12	2	82
台山市	Taishan	6	4	212
开平市	Kaiping	1	7	350
鹤山市	Heshan	1	3	207
恩平市	Enping	4	1	80
廉江市	Lianjiang	6	4	125
雷州市	Leizhou	1	9	263
吴川市	Wuchuan	1	5	42
高州市	Gaozhou	1	1	181
化州市	Huazhou	1	36	110

3-18 续表 6 continued

城市	City	体育场馆数(个) Number of Stadiums and Gymnasiums (unit)	剧场、影剧院数(个) Number of Theaters and Music Halls, Cinemas (unit)	公共图书馆图书总藏量(千册) Total Collections of Public Libraries (1000 copies)
信宜市	Xinyi	5	1	100
高要市	Gaoyao	12	1	115
四会市	Sihui	5	6	205
兴宁市	Xingning	17	1	136
陆丰市	Lufeng	5	9	20
阳春市	Yangchun	2	10	100
英德市	Yingde	3	2	110
连州市	Lianzhou	2	1	120
普宁市	Puning	2	3	495
罗定市	Luoding	2	2	217
广西壮族自治区	**Guangxi**			
岑溪市	Cenxi		1	122
东兴市	Dongxi	1		30
桂平市	Guiping		1	342
北流市	Beiliu	5		315
宜州市	Yizhou	2		124
合山市	Heshan	1		68
凭祥市	Pingxiang			62
海南省	**Hainan**			
五指山市	Wuzhishan	1	1	130
琼海市	Qionghai	3	1	235
儋州市	Danzhou	2	1	97
文昌市	Wenchang	12	8	130
万宁市	Wanning	2	3	67
东方市	Dongfang	1	1	70
四川省	**Sichuan**			
都江堰市	Dujiangyan	2	2	210
彭州市	Pengzhou	1	2	200
邛崃市	Qionglai	1		275
崇州市	Chongzhou	1	1	120
广汉市	Guanghan	2	1	78
什邡市	Shifang	3	1	180
绵竹市	Mianzhu	4	1	131
江油市	Jiangyou	2	1	169
峨眉山市	Emeishan			79
阆中市	Langzhong	7		179
华蓥市	Huaying	2		67
万源市	Wanyuan	1	1	125
简阳市	Jianyang		1	265
西昌市	Xichang		2	309
贵州省	**Guizhou**			
清镇市	Qingzhen		1	56
赤水市	Chishui	1	1	130
仁怀市	Renhuai	1	1	6
兴义市	Xingyi	3	2	236
凯里市	Kaili	6	4	126
都匀市	Duyun	2	1	135
福泉市	Fuquan	2	1	

3-18 续表 7 continued

城市	City	体育场馆数 (个) Number of Stadiums and Gymnasiums (unit)	剧场、影剧院数 (个) Number of Theaters and Music Halls, Cinemas (unit)	公共图书馆图书总藏量 (千册) Total Collections of Public Libraries (1000 copies)
云南省	**Yunnan**			
安宁市	Anning	6	6	156
宣威市	Xuanwei	5	10	97
楚雄市	Chuxiong	3	1	502
个旧市	Gejiu	3	1	310
开远市	Kaiyuan	3	3	147
蒙自市	Mengzi	3	1	111
文山市	Wenshan	4		420
景洪市	Jinghong	3	2	131
大理市	Dali	3	3	392
瑞丽市	Ruili	1	2	92
芒市	Mangshi	1	2	173
西藏自治区	**Tibet**			
日喀则市	Xigaze	1	1	
陕西省	**Shaanxi**			
兴平市	Xingping	4	2	39
韩城市	Hancheng	1	3	113
华阴市	Huayin	1	1	4
甘肃省	**Gansu**			
玉门市	Yumen	2	2	72
敦煌市	Dunhuang	1	2	160
临夏市	Linxia	1	1	20
合作市	Hezuo	1	1	37
青海省	**Qinghai**			
格尔木市	Golmud	1	5	110
德令哈市	Delingha	2	2	150
宁夏回族自治区	**Ningxia**			
灵武市	Lingwu	1		110
青铜峡市	Qingtongxia	5	5	218
新疆维吾尔自治区	**Xinjiang**			
吐鲁番市	Turpan	1	1	210
哈密市	Hami	5	1	209
昌吉市	Changji	2	3	590
阜康市	Fukang	1		65
博乐市	Bole	2	1	115
库尔勒市	Korla	3	3	
阿克苏市	Akesu	1	3	207
阿图什市	Atus	1	1	149
喀什市	Kashi	2	12	187
和田市	Hetian	1		140
伊宁市	Yining	2	2	215
奎屯市	Kuitun	1	2	70
塔城市	Tacheng	2	2	263
乌苏市	Wusu			120
阿勒泰市	Aletai	1	1	184
石河子市	Shihezi	19	2	185
阿拉尔市	Alar	1	1	702
图木舒克市	Tumushuke			
五家渠市	Wujiaqu		1	
北屯市	Beitun		2	

3-19 二氧化硫、氮氧化物及烟(粉)尘排放量和污水处理情况

Industry Sulphur Dioxide, Nitrogen Oxide and Industrial Soot(dust) Discharged and Ratio of Waste Water treated

城 市	City	环境污染治理本年完成投资总额(万元) Investment Completed in the Treatment of Industrial Pollution this Year (10 000 yuan)	工业二氧化硫排放量(吨) Volume of Sulphur Dioxide Emission (ton)	氮氧化物排放量(吨) Volume of Nitrogen Oxide Emission (ton)	烟(粉)尘排放量(吨) Volume of Industrial Soot(dust) Emission (ton)	城镇生活污水处理率(%) Treatment Rate of Town's Domestic Sewage (%)
河北省	**Hebei**					
辛集市	Xinji	34500	5951	3476	4507	100
藁城市	Gaocheng	2025	15308	8481		100
晋州市	Jinzhou	21811	4139	1191	1722	100
新乐市	Xinle	10753	4971	3804	3929	91
鹿泉市	Luquan					95
遵化市	Zunhua	13129	13766	7997	26467	90
迁安市	Qian'an	84100	54849	32786	104237	100
武安市	Wu'an	69000	28080	26513	163696	96
南宫市	Nangong	3441	5928	2351	3340	90
沙河市	Shahe	4355	22125	23320	11422	92
涿州市	Zhuozhou	2120	2768	1161	1076	97
定州市	Dingzhou	23600	9241	38883	2892	100
安国市	Anguo	1457	721	100	145	95
高碑店市	Gaobeidian	400	911	140	3483	100
泊头市	Botou	131	146	405	13445	100
任丘市	Renqiu	1446	2908	755	727	91
黄骅市	Huanghua	16680	1556	440	426	100
河间市	Hejian	410	965	283	1193	100
霸州市	Bazhou	13086	16673	4950	12870	100
三河市	Sanhe	4966	7122	23323	1849	100
冀州市	Jizhou	2426	2192	1174	595	99
深州市	Shenzhou	5450	2969	482	844	90
山西省	**Shanxi**					
古交市	Gujiao	9097	15621	20231	11820	
潞城市	Lucheng	11020	10733	21810	63159	95
高平市	Gaoping	12045	10000	6777	10162	80
介休市	Jiexiu	376	22342	15667	11023	98
永济市	Yongji	1600	14704	1160	3919	86
河津市	Hejin	3067	65475	35483	43772	90
原平市	Yuanping	18896	25283	21074	24450	93
侯马市	Houma	12332	4016	3099	2339	94
霍州市	Huozhou	28521	23326	29507	7972	85
孝义市	Xiaoyi	123156	30409	18021	32317	84
汾阳市	Fenyang		6540	3822	5919	37
内蒙古自治区	**Inner Mongolia**					
霍林郭勒市	Huolinguole	5123	11946			100
满洲里市	Manzhouli					
牙克石市	Yakeshi	2400	10105	7204	2368	45
扎兰屯市	Zhalantun	13150	5626	8438		
额尔古纳市	Eerguna	950	1192	651	241	86
根河市	Genhe	2696	4117	4328	898	86
丰镇市	Fengzhen	5766	21538	14612	5775	99
乌兰浩特市	Wulanhaote	1009	12098	7560	6485	84
阿尔山市	Aershan	3900	1274	437		34
二连浩特市	Erlianhaote	510	1935	1617	712	95
锡林浩特市	Xilinhaote	15585	21535	22170	18138	72
辽宁省	**Liaoning**					
新民市	Xinmin	16500	2792	712	1813	100
瓦房店市	Wafangdian	12000	5738	3073	3343	90

3-19 续表 1 continued

城　市	City	环境污染治理本年完成投资总额(万元) Investment Completed in the Treatment of Industrial Pollution this Year (10 000 yuan)	工业二氧化硫排放量(吨) Volume of Sulphur Dioxide Emission (ton)	氮氧化物排放量(吨) Volume of Nitrogen Oxide Emission (ton)	烟(粉)尘排放量(吨) Volume of Industrial Soot(dust) Emission (ton)	城镇生活污水处理率(%) Treatment Rate of Town's Domestic Sewage (%)
普兰店市	Pulandian		13518	12177	6996	89
庄河市	Zhuanghe	116000	11861	13449	4003	75
海城市	Haicheng	26000	8420	7426	13335	92
东港市	Donggang	16000	3338	488	2257	82
凤城市	Fengcheng	16162	7155	2024	90	100
凌海市	Linghai	716	2618	1306	1294	100
北镇市	Beizhen	15800	1876	1140	1428	100
盖州市	Gaizhou	4239	1145	407	20206	89
大石桥市	Dashiqiao	25300	8572	3519	9565	80
灯塔市	Dengta	10000	11717	7453	5023	90
调兵山市	Diaobingshan	12520	10244	5876	3540	97
开原市	Kaiyuan	8358	3097	3262	5007	100
北票市	Beipiao	200	3825	635	6009	84
凌源市	Lingyuan	350	1842	210	2095	100
兴城市	Xingcheng	13200	910	412	1252	90
吉林省	**Jilin**					
九台市	Jiutai	69600	4528	98	100	100
榆树市	Yushu	6263	2239	100	100	100
德惠市	Dehui	30612	994	85	98	49
蛟河市	Jiaohe	41	244	84	15	87
桦甸市	Huadian	18314	6892	100	98	91
舒兰市	Shulan	5568	255	100	100	78
磐石市	Panshi	58000	7986	99	97	80
公主岭市	Gongzhuling	220	10652	90	100	80
双辽市	Shuangliao	7052	13348	85	100	100
梅河口市	Meihekou	28000	15691	86	99	100
集安市	Ji'an	3914	1348	100	100	
临江市	Linjiang	2518	2164	100	100	100
洮南市	Taonan	1000	3529	95	90	99
大安市	Daan	29139	60	100	100	94
延吉市	Yanji	49200	5363	100	100	100
图们市	Tumen	7525	1495	100	100	23
敦化市	Dunhua	8846	3164	90	100	97
珲春市	Hunchun	2641	3686	100	100	94
龙井市	Longjing	200	2000	100	96	100
和龙市	Helong	540	636	96	75	100
黑龙江省	**Heilongjiang**					
双城市	Shuangcheng	600	1765	806	1123	100
尚志市	Shangzhi	5613	245	560	1121	75
五常市	Wuchang	42595	1404	512	791	30
讷河市	Nehe	15601	1058			
虎林市	Hulin	6300	758	1130	2210	98
密山市	Mishan	2950	718	399	1713	100
铁力市	Tieli	16438	1461	95	99	100
同江市	Tongjiang		585	100	100	100
富锦市	Fujin	26079	1401	740	120	100
绥芬河市	Suifenhe	3300	2333	1365	3431	100
海林市	Hailin	4000	585	632	6252	100
宁安市	Ning'an	9000	1986	2173	1158	100
穆棱市	Muling	3977	1005	819	6909	95

3-19 续表 2 continued

城　市	City	环境污染治理本年完成投资总额(万元) Investment Completed in the Treatment of Industrial Pollution this Year (10 000 yuan)	工业二氧化硫排放量(吨) Volume of Sulphur Dioxide Emission (ton)	氮氧化物排放量(吨) Volume of Nitrogen Oxide Emission (ton)	烟(粉)尘排放量(吨) Volume of Industrial Soot(dust) Emission (ton)	城镇生活污水处理率(%) Treatment Rate of Town's Domestic Sewage (%)
北安市	Bei'an	5413	2011	369	246	35
五大连池市	Wudalianchi	330	430	446	843	100
安达市	Anda	51699	418	567	524	100
肇东市	Zhaodong	6564	2915	1280	107	100
海伦市	Hailun	360	680	467	740	
江苏省	**Jiangsu**					
江阴市	Jiangyin	86000	44786	90751	21873	94
宜兴市	Yixing	35374	20209	27838	12602	88
新沂市	Xinyi		3738	2171	1998	75
邳州市	Pizhou		14663	16816	890	63
溧阳市	Liyang	32741	9147	27229	6963	92
金坛市	Jintan	19280	2467	6833	3797	91
常熟市	Changshu	360212	37609	56537	10169	90
张家港市	Zhangjiagang	498345	51152	37085	21131	92
昆山市	Kunshan	452355	13830	16140	2114	94
太仓市	Taicang	173182	27382	36274	5361	91
启东市	Qidong	7700	12517	29662	4695	80
如皋市	Rugao	14366	6156	3190	7872	85
海门市	Haimen	8749	5172	2407	3276	85
东台市	Dongtai	15600	7797	3303	2295	81
大丰市	Dafeng	12947	4173	2776	3747	72
仪征市	Yizheng	8401	11596	12633	2915	89
高邮市	Gaoyou	4200	1229	491	1509	84
丹阳市	Danyang	273600	4973	3599	4126	85
扬中市	Yangzhong	129900	1242	414	890	88
句容市	Jurong	107800	1841	5667	2441	86
兴化市	Xinghua	2830	6453	2387	3522	70
靖江市	Jingjiang	2946	12016	2875	4122	82
泰兴市	Taixing	7348	8636	3657	3287	82
姜堰市	Jiangyan	15885	2613	1750	4374	88
浙江省	**Zhejiang**					
建德市	Jiande		6636	11644	8199	87
富阳市	Fuyang		18320	15139	3117	87
临安市	Lin'an		4588	2819	2531	89
余姚市	Yuyao		4951	5542	3942	82
慈溪市	Cixi		9179	3492	3900	84
奉化市	Fenghua		2389	576	806	78
瑞安市	Rui'an		3484	535	1718	81
乐清市	Yueqing		14129	36025	8995	41
海宁市	Haining		10630	3710	3561	86
平湖市	Pinghu		27950	31593	5594	86
桐乡市	Tongxiang		6595	3652	1909	86
诸暨市	Zhuji		7356	11800	4253	85
上虞市	Shangyu		6726	4087	1353	82
嵊州市	Shengzhou		1784	2291	299	75
兰溪市	Lanxi		16856	30197	6760	80
义乌市	Yiwu		5410	5983	1525	87
东阳市	Dongyang		2815	2611	4694	77
永康市	Yongkang		2157	3374	3186	76

3-19 续表 3 continued

城 市	City	环境污染治理本年完成投资总额（万元）Investment Completed in the Treatment of Industrial Pollution this Year (10 000 yuan)	工业二氧化硫排放量（吨）Volume of Sulphur Dioxide Emission (ton)	氮氧化物排放量（吨）Volume of Nitrogen Oxide Emission (ton)	烟(粉)尘排放量（吨）Volume of Industrial Soot(dust) Emission (ton)	城镇生活污水处理率（%）Treatment Rate of Town's Domestic Sewage (%)
江山市	Jiangshan		607	11808	4496	85
温岭市	Wenling		2175	4087	2098	85
临海市	Linhai		2232	2894	3110	87
龙泉市	Longquan		1276	259	1914	74
安徽省	**Anhui**					
巢湖市	Chaohu	9685	7503	100	100	85
桐城市	Tongcheng	5118	652	100	100	100
天长市	Tianchang	990	1060	100	100	99
明光市	Mingguang	2300	1075	100	100	94
界首市	Jieshou	4590	1719	100	100	90
宁国市	Ningguo	31567	4389	100	100	92
福建省	**Fujian**					
福清市	Fuqing	29623	8932	19813	1448	91
长乐市	Changle		25476	20956	13715	81
永安市	Yong'an	1595	20035	97	94	68
石狮市	Shishi	134428	11537	6275	2987	95
晋江市	Jinjiang	265400	32160	3619	26568	84
南安市	Nan'an	116917	18116	15525	10976	87
龙海市	Longhai	2918	7425	30744	2370	38
邵武市	Shaowu		16034	100	100	87
武夷山市	Wuyishan	2735	55	30	90	90
建瓯市	Jian'ou	770	757	311	2429	76
建阳市	Jianyang	8000	2424	631	1354	43
漳平市	Zhangping	6478	5238	7459	4600	82
福安市	Fu'an	39618	9133	23498	18944	79
福鼎市	Fuding	483	5082	873	840	92
江西省	**Jiangxi**					
乐平市	Leping	202	9324	5328	5117	
瑞昌市	Ruichang	356	3170	1882	3450	85
共青城市	Gongqingcheng	1731	961	42	225	80
贵溪市	Guixi	27390	18572	15441	1953	75
瑞金市	Ruijin	2310	4279	4881	2148	68
南康市	Nankang	130	3726	433	34398	61
井冈山市	Jinggangshan	116	905	199	204	89
丰城市	Fengcheng	114	45940		14514	85
樟树市	Zhangshu		7127	2537	4779	85
高安市	Gaoan		12259	14135	8566	8
德兴市	Dexing	800	3255	380	502	90
山东省	**Shandong**					
章丘市	Zhangqiu	17373	22383	19475	12480	59
胶州市	Jiaozhou	161490	3285	1350	1146	88
即墨市	Jimo	145672	2627	1926	712	93
平度市	Pingdu	106216	4749	3518	1090	97
莱西市	Laixi	88180	3583	2317	628	95
滕州市	Tengzhou	28556	25233	21586	5425	89
龙口市	Longkou	32557	35297	34309	6821	100
莱阳市	Laiyang	3501	3709	1132	1725	100
莱州市	Laizhou	95880	8048	2625	3689	100
蓬莱市	Penglai	81730	7723	14097	3860	96

3-19 续表 4 continued

城 市	City	环境污染治理本年完成投资总额(万元) Investment Completed in the Treatment of Industrial Pollution this Year (10 000 yuan)	工业二氧化硫排放量(吨) Volume of Sulphur Dioxide Emission (ton)	氮氧化物排放量(吨) Volume of Nitrogen Oxide Emission (ton)	烟(粉)尘排放量(吨) Volume of Industrial Soot(dust) Emission (ton)	城镇生活污水处理率(%) Treatment Rate of Town's Domestic Sewage (%)
招远市	Zhaoyuan	50015	2574	1581	279	100
栖霞市	Qixia	6026	3674	473	628	60
海阳市	Haiyang	65300	1546	532	724	99
青州市	Qingzhou	53220	14779	5683	2404	97
诸城市	Zhucheng	122100	7560	5200	2017	100
寿光市	Shouguang	163800	19536	11524	2584	91
安丘市	Anqiu	9847	4457	5376	1287	79
高密市	Gaomi	49567	8227	4206	1198	83
昌邑市	Changyi	26162	11883	4119	2098	97
曲阜市	Qufu	4270	4125	9178	1397	95
兖州市	Yanzhou	3200	14868	12450	2764	100
邹城市	Zoucheng	6160	50206	65398	12222	96
新泰市	Xintai	7006	15597	8257	3513	90
肥城市	Feicheng	39587	36216	39732	8974	94
文登市	Wendeng	29876	3380	3350	1180	100
荣成市	Rongcheng					97
乳山市	Rushan					
乐陵市	Laoling	5308	1776	352	1043	96
禹城市	Yucheng	12875	6367	779	1785	87
临清市	Linqing	12816	7223	2438	637	98
河南省	**Henan**					
巩义市	Gongyi	109736	31190	33189	20279	61
荥阳市	Xingyang	12565	23033	24314	7505	90
新密市	Xinmi		19512	25521	4467	100
新郑市	Xinzheng		8791	2519	4099	86
登封市	Dengfeng	6277	21423	49956	4152	93
偃师市	Yanshi	18600	22212	26810	5886	95
舞钢市	Wugang	319	11561	3150	7294	85
汝州市	Ruzhou	3491	15171	10616	13058	37
林州市	Linzhou	8065	18844	7005	11032	98
卫辉市	Weihui		5823	7486	2323	
辉县市	Huixian	3539	20670	33147	5448	
沁阳市	Qinyang		4471	2827	5543	
孟州市	Mengzhou		2689	1634	3836	
禹州市	Yuzhou	26340	26820	44488	6921	89
长葛市	Changge	75400	3397	341	772	100
义马市	Yima					
灵宝市	Lingbao					
邓州市	Dengzhou	2980	3030	2218	866	50
永城市	Yongcheng	25000	11912	15452	11796	100
项城市	Xiangcheng	2143	3768	1794	723	52
济源市	Jiyuan	51779	40176	61760	12327	93
湖北省	**Hubei**					
大冶市	Daye	118141	24845	99	99	73
丹江口市	Danjiangkou	25380	3020	2495	1155	91
宜都市	Yidu	144900	16994	100	100	80
当阳市	Dangyang	3027	5026	5500	2289	85
枝江市	Zhijiang	79047	10328	99	100	91
老河口市	Laohekou	4232	2060	99	100	85

3-19 续表 5 continued

城　市	City	环境污染治理本年完成投资总额(万元) Investment Completed in the Treatment of Industrial Pollution this Year (10 000 yuan)	工业二氧化硫排放量(吨) Volume of Sulphur Dioxide Emission (ton)	氮氧化物排放量(吨) Volume of Nitrogen Oxide Emission (ton)	烟(粉)尘排放量(吨) Volume of Industrial Soot(dust) Emission (ton)	城镇生活污水处理率(%) Treatment Rate of Town's Domestic Sewage (%)
枣阳市	Zaoyang	1389	697	100	99	90
宜城市	Yicheng	9100	2120	98	100	90
钟祥市	Zhongxiang	28144	5622	4003	7230	80
应城市	Yingcheng	3570	13910	97	97	80
安陆市	Anlu	4000	1628	1588	3298	83
汉川市	Hanchuan	43955	11526	16435	7217	95
石首市	Shishou	7890	4474	803	988	80
洪湖市	Honghu	25630	1070	272	547	96
松滋市	Songzi	17997	13511	2185	2495	80
麻城市	Macheng	7533	3117	20630	1974	91
武穴市	Wuxue	34000	2921	7322	1479	77
赤壁市	Chibi	58680		100	100	80
广水市	Guangshui	21600	1155	95	137	71
恩施市	Enshi		1975	3328	2771	92
利川市	Lichuan	20708	284	225	129	30
仙桃市	Xiantao	88900	6460	3973	2894	80
潜江市	Qianjiang	96308	13200	5929	5000	81
天门市	Tianmen	2057	2566	80	2311	84
湖南省	**Hunan**					
浏阳市	Liuyang	183270	4770	2369	2135	75
醴陵市	Liling	146276	144	684	409	100
湘乡市	Xiangxiang	5598	1862	3452	4410	85
韶山市	Shaoshan	755				82
耒阳市	Leiyang	37525	8922	26	18	100
常宁市	Changning	9352	41889	1443	2032	66
武冈市	Wugang	1380	1280	89	90	97
汨罗市	Miluo	11068	1350			82
临湘市	Linxiang	2900	3850	5044	1804	80
津市市	Jinshi					78
沅江市	Yuanjiang	1428	14468	4288	1054	62
资兴市	Zixing	4784	11850	24231	7523	69
洪江市	Hongjiang	5470	7506	1151		95
冷水江市	Lengshuijiang	28600	17517	13758	10112	22
涟源市	Lianyuan	1500	6501	100	100	79
吉首市	Jishou	8200	2147	99	99	93
广东省	**Guangdong**					
增城市	Zengcheng	55922	4551	100	100	65
从化市	Conghua	23756	358	100	100	80
乐昌市	Lechang	17256	2753	3735	412	75
南雄市	Nanxiong	530	90	77	222	91
台山市	Taishan	10661	5087	14216	1512	76
开平市	Kaiping	2133				69
鹤山市	Heshan	40294	981	438	69	84
恩平市	Enping	2160	7272	93	100	8
廉江市	Lianjiang	6120	2006	525	1921	87
雷州市	Leizhou	13750	880	430	1383	50
吴川市	Wuchuan	500	233	89	4500	86
高州市	Gaozhou	2130	2787	151	1059	81
化州市	Huazhou	1250	1652	1007		76

3-19 续表 6 continued

城　市	City	环境污染治理本年完成投资总额(万元) Investment Completed in the Treatment of Industrial Pollution this Year (10 000 yuan)	工业二氧化硫排放量(吨) Volume of Sulphur Dioxide Emission (ton)	氮氧化物排放量(吨) Volume of Nitrogen Oxide Emission (ton)	烟(粉)尘排放量(吨) Volume of Industrial Soot(dust) Emission (ton)	城镇生活污水处理率(%) Treatment Rate of Town's Domestic Sewage (%)
信宜市	Xinyi	294	276	156	653	97
高要市	Gaoyao	18759	8069	9928	8896	100
四会市	Sihui	50863				83
兴宁市	Xingning	3281	4443	5959	713	78
陆丰市	Lufeng		2377	16	25	64
阳春市	Yangchun	7473	10834	2437	16811	86
英德市	Yingde		5508	30295	6142	
连州市	Lianzhou	3518	1077	9259	567	86
普宁市	Puning	1427	6076	1132	1096	75
罗定市	Luoding	6619	7228	8354	1103	72
广西壮族自治区	**Guangxi**					
岑溪市	Cenxi	113	1786	756	1864	80
东兴市	Dongxi		970	91	119	71
桂平市	Guiping		2766	574	494	90
北流市	Beiliu		2691	6242	847	98
宜州市	Yizhou		2918	831	1654	70
合山市	Heshan		42296	17377	1297	75
凭祥市	Pingxiang		159	406	531	72
海南省	**Hainan**					
五指山市	Wuzhishan	2429	80	636	133	60
琼海市	Qionghai	11847	49	95	89	80
儋州市	Danzhou	1162	536	3636	454	62
文昌市	Wenchang	13240	90	80	95	80
万宁市	Wanning	2148	157	845	150	71
东方市	Dongfang	1135	6439	10896	1394	61
四川省	**Sichuan**					
都江堰市	Dujiangyan	108592		4643		89
彭州市	Pengzhou	3801	5207	9797	3443	81
邛崃市	Qionglai	7763	542	321	334	76
崇州市	Chongzhou	59165	2240	1101	189	85
广汉市	Guanghan	1056	3631	3649	3728	70
什邡市	Shifang	726	4532	5269	3530	83
绵竹市	Mianzhu	1547	2742	4096	1486	88
江油市	Jiangyou	7723	19309	23900	3950	81
峨眉山市	Emeishan	1178	3483	20045	4265	90
阆中市	Langzhong	1175	835	308	971	76
华蓥市	Huaying		4628	5118	2042	88
万源市	Wanyuan	648	1901	2063	880	
简阳市	Jianyang	2126	1780	22	1431	45
西昌市	Xichang			4419		80
贵州省	**Guizhou**					
清镇市	Qingzhen					
赤水市	Chishui	11324	4816	107	90	93
仁怀市	Renhuai	500	3754	358	2794	90
兴义市	Xingyi	8374	85774	23628	72226	70
凯里市	Kaili	27906	29290	1280	8433	85
都匀市	Duyun	230	2100	98	93	81
福泉市	Fuquan	1402				87

3-19 续表 7 continued

城市	City	环境污染治理本年完成投资总额(万元) Investment Completed in the Treatment of Industrial Pollution this Year (10 000 yuan)	工业二氧化硫排放量(吨) Volume of Sulphur Dioxide Emission (ton)	氮氧化物排放量(吨) Volume of Nitrogen Oxide Emission (ton)	烟(粉)尘排放量(吨) Volume of Industrial Soot(dust) Emission (ton)	城镇生活污水处理率(%) Treatment Rate of Town' s Domestic Sewage (%)
云南省	**Yunnan**					
安宁市	Anning	74630	41158	100	100	92
宣威市	Xuanwei	10020	9243	100	100	92
楚雄市	Chuxiong	3218	5810	1674024	1116	89
个旧市	Gejiu	14803	21011	3061	4369	90
开远市	Kaiyuan	65	40199	26246	4452	99
蒙自市	Mengzi	40909	16871	4583	4520	80
文山市	Wenshan	6127	1930	2351	1323	68
景洪市	Jinghong	5837	1155	1095	16	72
大理市	Dali	3210	2527	2516	2404	94
瑞丽市	Ruili	220	229	126	209	
芒市	Mangshi	33	1502	1869	2638	
西藏自治区	**Tibet**					
日喀则市	Xigaze					
陕西省	**Shaanxi**					
兴平市	Xingping	29542	4077	100	86	65
韩城市	Hancheng	26427	129508	98	100	71
华阴市	Huayin	190	20198	100	100	75
甘肃省	**Gansu**					
玉门市	Yumen		9734	5434	4311	95
敦煌市	Dunhuang		1131	1163	6941	99
临夏市	Linxia		4050	430	365	75
合作市	Hezuo		117	175	150	90
青海省	**Qinghai**					
格尔木市	Golmud					
德令哈市	Delingha	6635				70
宁夏回族自治区	**Ningxia**					
灵武市	Lingwu					
青铜峡市	Qingtongxia	7379	49173	90	92	83
新疆维吾尔自治区	**Xinjiang**					
吐鲁番市	Turpan	1265	6142	4220	5418	60
哈密市	Hami		37230	36	62	95
昌吉市	Changji	28843	10920			
阜康市	Fukang	18000	27598			
博乐市	Bole	4530	4991	1450	2252	100
库尔勒市	Korla	6314	29213	18993	15770	96
阿克苏市	Akesu	20644	1168	2284	96	95
阿图什市	Atus	425	1864			
喀什市	Kashi	17800	2245	44	69	95
和田市	Hetian		238		213	97
伊宁市	Yining	202	6209	2407	2563	75
奎屯市	Kuitun	3855	1600	645	4000	
塔城市	Tacheng	600	1211			
乌苏市	Wusu	6569	11531	88	99	71
阿勒泰市	Aletai	1184	1184	1	40	90
石河子市	Shihezi		64254	68925	19857	59
阿拉尔市	Alar		2898		1	92
图木舒克市	Tumushuke		109		614	91
五家渠市	Wujiaqu	182200	16252	77	97	
北屯市	Beitun	648	2202	325	3045	72

四、附　录

Appendix

主要统计指标解释

一、行政区划、人口、劳动力及土地资源

所辖行政区、县（旗）、县级市数　指报告期内经民政部门批准，本市所管辖的行政区域内所有的区、县（旗）、县级市。

年末总人口　是指本市本年12月31日24时的人口总数，为公安部门的户籍人口数。

年平均人口　指一年内各个时点的人口的平均数。年平均人口数是综合反映年内的人口规模的主要指标，也是计算出生率、死亡率、自然增长率、人均国内生产总值等经济指标的必要指标。其计算方法可利用一年中12个月的月末人口相加除以12求得，在实际工作中，经常根据年初人口数加年末人口数除以2计算求得。

年末单位从业人员数　是指在各级国家机关、政党机关、社会团体及企业、事业单位中工作，并取得劳动报酬的全部人员。包括在岗职工、再就业的离退休人员、民办教师以及在各单位中工作的外方工作人员，港、澳、台人员，兼职人员，借用的外单位人员和第二职业者。不包括离开本单位仍保留劳动关系的职工。

年末城镇登记失业人员数　是指有非农业户口，在一定的劳动年龄内（16周岁至退休年龄），有劳动能力，无业而要求就业，并在当地就业服务机构进行求职登记的人员。

行政区域土地面积　是指在该行政区划内的全部土地面积（包括水面面积）。计算土地面积以行政区划为准。

建成区面积　指市政区范围内经过征用的土地和实际建设发展起来的非农业生产建设地段，包括市区集中连片的部分以及分散在近郊区与城市有着密切联系，具有基本完善的市政公用设施的城市建设用地（如机场、污水处理厂、通讯电台）。

居住用地面积　指在城市中包括住宅及相当于居住小区及以下的公共服务设施、道路和绿地等设施的建设用地。

二、综合经济

地区生产总值(GRP)　指按市场价格计算的一个地区所有常住单位在一定时期内生产活动的最终成果。

地方财政一般预算内收入　包括：（1）税收收入；（2）社会保险基金收入；（3）非税收入；（4）贷款转回收本金收入（5）转移性收入。

地方财政一般预算内支出　包括：(1)一般公共服务；(2)外交；(3)国防；(4)公共安全；(5)教育；（6）科学技术；(7)文化体育与传媒；(8)社会保障和就业；(9)社会保险基金支出；(10)医疗卫生；(11)环境保护；（12）城乡社区事务；(13)农林水事务；(14)交通运输；（15）工业商业金融等事务；(16)其他支出；(17)转移性支出。

科学技术支出　反映用于科学技术方面的支出。

教育支出　反映政府教育事务支出。有关具体教育事务包括教育行政管理、学前教育、小学教育、初中教育、普通高中教育、普通高等教育、初等职业教育、中专教育、技校教育、职业高中教育、高等职业教育、广播电视教育、留学生教育、特殊教育、干部继续教育、教育机关服务等。

年末金融机构各项存款余额 是指金融机构按一定的利率和期限向企业等单位吸收货币资金的信用活动。

城乡居民储蓄年末余额 指报告期末城乡居民存入银行及农村信用社的储蓄余额，包括城镇居民储蓄存款和农民个人储蓄两部分的年末余额，不包括居民的手存现金和工矿企业、部队、机关、团体等单位存款，也不包括外币存款。取自金融机构人民币信贷资金平衡表。

年末金融机构各项贷款余额 是指金融机构按一定的利率和期限向企业等单位提供货币资金的信用活动，不包括外币贷款。

保险指标数据收集渠道可由各省（区）统计局或调查总队向中国保险监督管理委员会在各省会城市的派出机构收集。如没有保监会分支机构，可直接向驻地各保险公司搜集。

三、工业

工业企业数 包括独立核算法人工业企业和附营工业生产单位。独立核算法人工业企业是指从事生产经营活动的单位，它同时具备以下条件：①依法成立，有自己的名称、组织机构和场所，能够独立承担民事责任；②独立拥有和使用资产，承担负债，有权与其他单位签订合同；③会计上独立核算，能够编制资产负债表。

工业总产值 是指货币表现的工业企业在报告期内生产的工业产品总量，它反映工业生产的总规模和总成果。包括范围：(1)生产成品价值；(2)对外加工费收入；(3)自制半成品、在产品期末期初差额价值。

从业人员年平均人数 指报告期内每天拥有的从业人员人数。其计算公式为：年平均人数=年内各月平均人数之和/12；月平均人数=报告期内每天实有人数之和/报告月日历日数。(工业企业经济效益指标)指实际上报《工业企业主要经济指标》(国家统计局B202表)企业的从业人员平均人数之总和。

流动资产 指企业可以在一年内或者超过一年的一个生产周期内变现或者耗用的资产，包括现金及各种存款、短期投资，应收及预付款项、存货等。根据会计“资产负债表”中“流动资产合计”项的期末数填列。

固定资产 指企业使用期限超过一年的房屋、建筑物、机器、机械、运输工具以及其他与生产、经营有关的设备、器具、工具等。不属于生产经营主要设备的物品，单位价值在 2000 元以上，并且使用年限超过 2 年的，也应当作为固定资产。“固定资产合计”根据会计“资产负债表”中“固定资产合计”项的期末数填列。

主营业务税金及附加 指企业因从事生产经营活动按税法规定缴纳的应从经营收入中抵扣的税金和附加，包括营业税、消费税、城市维护建设税、教育附加等。根据会计“利润表”中对应指标年末数填列。未执行 2001 年《企业会计制度》的企业，用“产品销售税金及附加” 的年末数代替。

利润总额 指企业在生产经营过程中各种收入扣除各种耗费后的盈余，反映企业在报告期内实现的亏盈总额，包括营业利润、补贴收入、投资净收益和营业外收支净额。根据会计“利润表”中的对应指标的本期累计数填列。

四、交通运输、邮电通信、能源电力

客运量 指分别按各类运输方式实际运送的旅客人数。

铁路旅客运量 指在一定时期内使用铁路客车运送的旅客人数。铁路旅客运量的计算方法：不论票价多少或行程长短，均按单程计算为一人次；不足购票年龄免购客票的儿童，不记运量；月、季票按往返 25 人计算。因地方铁路管理体制改变，各地可以辖区内的铁路火车站为基本统计单位进行客货发送量统计。

公路客（货）运量 统计范围为在公路运输管理部门注册登记从事公路运输的营业性载客汽车和营业性货运车辆一定时期内实际运送的旅客（货物）数量。

水运客运量 指水运企业及其他单位在一定时期内实际运送的旅客人数。

民用航空客运量 指由空运企业从各航空港运送的购票乘机人数及由国外班机接运的人数。

货运量 指年内以重量单位(吨)计算的由各种运输工具实际完成运输过程的货物数量，包括铁路货运量、公路货运量、水运货运量(其中包括内河、沿海、远洋货运量)、民航货邮运量和管道运输量。本制度按铁路、公路、水运和民航分列。

民用航空货邮运量 指航空站在一年内从航站发运的行李、邮件、货物的重量总和，包括始发运量和联运量。发运量是根据进出港舱单、载重表等原始记录计算的。

年末邮政局(所)数 是指有固定的局所地址，领有上级发给的日戳或戳记；对外营业，直接为用户办理邮政业务的服务机构，不包括代办点。

邮政、电信业务收入 指邮电、通信企业通过生产经营活动所取得的全部业务收入，包括邮政、长途电信、本地电话等各项主营业务收入和地方国有通信收入。统计范围改为全社会所有从事电信运营的企业（即中国电信、中国移动、中国联通三家基础电信企业)，邮政企业和年业务收入200万元以上的快递企业。

固定电话用户 指在电信运营企业营业网点办理开户登记手续并已接入固定电话网上的全部电话用户。包括普通电话用户、公用电话用户、窄带综合业务数字网（N—ISDN）用户、智 能网专用接入终端用户等。

移动电话用户 指通过移动电话交换机进入移动电话网、占用移动电话号码的电话用户。用户数量以报告期末在移动电话营业部门实际办理登记手续进入移动电话网的户数进行计算，一部移动电话统计为一户。

互联网宽带接入用户 指报告期末在电信企业登记注册，通过 xDSL、FTTX+LAN、WLAN 等方式接入中国互联网的用户，主要包括 xDSL 用户、LAN 专线用户、LAN 终端用户及无线接入用户。计量单位: 户。

xDSL 用户是指报告期末在电信企业登记注册，通过 xDSL 方式接入中国互联网的用户，包括 xDSL 虚拟拨号用户和 xDSL 专线用户。

五、贸易、外经、旅游

限额以上批发零售贸易业商品销售总额 指对本单位以外的单位和个人出售的商品金额（包括售给本单位消费用的商品，含增值税)，本指标反映批发和零售业在国内市场上销售商品以及出口商品的总量。

商品销售包括:（1）售给城乡居民和社会集团消费用的商品;（2）售给农业、工业、建筑业、运输邮电业、服务业、公用事业等国民经济各行业用于生产、经营用的商品，包括售予批发和零售业作为转卖或加工后转卖的商品;（3）对国（境）外直接出口的商品。

商品销售不包括:（1）未通过买卖行为付出的商品，如随机构变动移交给其他企业单位的商品、借出的商品、归还受其他单位委托代保管的商品、付出的加工原料和赠送给其他单位的样品等;（2）经本单位介绍，由买卖双方直接结算，本单位只收取手续费的业务;（3）购货退回的商品;（4）商品损耗和损失;（5）出售本单位自用的废旧物资。

商品销售是指商品已经售出、商品所有权已经转移给买方后，以收到货款或取得收取货款的证据时作为商品销售。(1）采取直接收款方式的，在实际收到货款或取得收款的凭证时作为商品销售；采取托收承付和委托银行收款结算方式的，在发出商品并办妥托收手续时作为商品销售；采用分期收款方式的，按合同约定的收款日期作为商品销售；采用预收货款方式的，在商品发出时作为商品销售；（2）委托其他单位代销商品，以收到代销单位的销售清单时作为商品销售。在交款提货的情况下，如货款已经收到，只要账单和提货单已经交给买方，不论商品是否发出，都应作为商品销售；（3）出口商品销售，陆路以取得承运货物收据或铁路联运运单、海运以取得出口装船提单、空运以取得运单并在银行办理了交单作业作为商品销售。预收货款不通过银行交单的，取得以上提单、运单后作为商品销售。出口商品一律以离岸价（FOB）计算商品销售，如按到岸价（CIF）对外成交的，应扣除商品离境后发生的由我方负担的国外运费、保险费、佣金（不包括不易按商品认定的累计佣金）、银行财务费和对外理赔款等作为商品销售；（4）自营进口商品销售，企业与境内用户签订合同实行货到结算的，在商品到达我国境内港口取得船舶到港通知，企业向订货单位开出结算凭证时作为商品销售；合同规定对境内实行单向结算的，企业凭境外账单向订货单位开出结算凭证时作为商品销售；已先期到达并存放在相应的仓储企业单位库存的进口商品，企业凭出库单向用户开出结算凭证后作为商品销售。

社会消费品零售总额 指批发和零售业、住宿和餐饮业以及其他行业直接售给城乡居民和社会集团的消费品零售额。其中，对居民的消费品零售额，是指售予城乡居民用于生活消费的商品金额；对社会集团的消费品零售额，是指售给机关、社会团体、部队、学校、企事业单位、居委会或村委会等，公款购买的用作非生产、非经营使用与公共消费的商品金额。社会消费品零售总额包括：售给城乡居民作为生活消费用的商品和修建房屋用的建筑材料的金额，以及售给来华的外国人、华侨、港澳台同胞的消费品金额；售给社会集团用作非生产、非经营使用与公共消费的商品金额。

限额以上批发零售企业数 批发和零售业法人企业按法人经营地原则统计，即按法人企业主要经营活动所在地进行统计，其所属全部产业活动单位（含异地）由法人企业统一组织填报；非批发和零售业法人单位附营的批发和零售业产业活动单位、非住宿和餐饮业法人单位附营的住宿和餐饮业产业活动单位按产业经营地的原则统计。全面统计范围扩大到统计上达到规模标准的个体经营户，其规模标准参照《批发和零售业、住宿和餐饮业统计限额标准》执行。

当年实际使用外资金额 是指批准的合同外资金额的实际执行数，外国投资者根据批准外商投资企业的合同（章程）的规定实际缴付的出资额和企业投资总额内外国投资者以自己的境外自有资金实际直接向企业提供的贷款。

六、固定资产投资

固定资产投资（不含农户） 包含原口径的城镇固定资产投资加上农村企事业组织项目投资，该口径自2011年起开始使用。

①城镇固定资产投资：指城镇各种登记注册类型的企业、事业、行政单位及个体户进行的计划总投资50万元及50万元以上的建设项目投资。县城及以上区域内发生的投资，县及县以上各级政府及主管部门直接领导、管理的建设项目和企事业单位的投资均为城镇固定资产投资。

②农村企事业组织项目投资：指发生在农村区域范围内的非农户固定资产投资项目完成的投资。不包括县及县以上各级政府及主管部门直接领导、管理的建设项目和企事业单位的投资。

房地产开发投资完成额 指各种登记注册类型的房地产开发公司、商品房建设公司及其他房地产开发法人单位和附属于其他法人单位实际从事房地产开发或经营活动的单位统一开发的包括统代建、拆迁还建的住宅、厂房、仓库、饭店、宾馆、度假村、写字楼、办公楼等房屋建筑物和配套的服务设施，土地开发工程（如道路、给水、排水、供电、供热、通讯、平整土地等基础设施工程）的投资；不包括单纯的土地交易活动。

住宅 指专供居住的房屋，包括别墅、公寓、职工家属宿舍和集体宿舍（包括职工单身宿舍和学生宿舍）等，但不包括住宅楼中作为人防用、不住人的地下室等。住宅按照性质可以划分为普通住房、经济适用住房和别墅、高档公寓。

七、教育、科技、文化、卫生

普通高等学校 是指按国家规定的标准和审批程序批准建立的，通过全国普通高等教育统一招生考试、招收高级中等学校毕业生为主要培养对象，实施高等学历教育的全日制大学、独立设置的学院和高等专科学校、高等职业学校和其他机构。

中等职业教育学校 是指按国家规定的设置标准和审批程序批准建立的，招收初中(或部分高中)毕业生或同等学历者，实施中等职业技术教育，培养中等职业技术人才的学校。招收初中毕业生的，修业年限一般为三至四年；招收高中毕业生的，修业年限一般为二年至三年。包括中等专业学校、技工学校、职业中学（高中）等。统计中等职业学校时应注意，已承担培养学生任务的中等职业技术学校和独立设置的高等学校中专部或中专学校计算校数。正在筹建、尚未招生的中等职业学校和高等学校附设的中专班不计校数。

普通中学 指按国家规定的审批程序批准设立的，招收小学、初中(或部分高中)毕业生或同等学历者，实施普通中学教育的学校。

小学 指经过县及县以上教育部门批准，以招收适龄儿童为主，实施小学教学计划的学校。

专任教师 指主要从事教学工作的人员。包括临时(一年以内)调去帮助做其他工作的教学人员。高等学校函授部、夜大学的专任教师和承担科研任务，未担任教学工作仍属教师编制的人员，应计入专任教师中。不包括调离教学岗位，担任行政领导工作或其他工作的原教学人员。

高中阶段在校学生数 指在普通高中、成人高中、普通中专、成人中专、职业高中和技工学校接受教育的学生数。技工学校数据取自劳动保障部门，其他取自教育部门教育事业统计年报。

成人高等学校在校学生数 成人高等学校是指按照国务院有关规定，经省、自治区、直辖市人民政府、国务院有关部、委批准举办，招收高中毕业或同等学历者，利用脱产、半脱产、业余或函授多种形式对成人实施高等教育，培养相当普通高等学校专科毕业水平的专业人才，修业年限、课程设置和总学时相当二年以上的学校。包括广播电视大学、职工高等学校、管理干部学校、教育(教师进修)学校、独立设置的函授学院和高等学校举办的函授部、夜大学等。在校学生数：是指具有学籍的注册学生总数。

剧场、影剧院数 是指独立核算的专用剧场和属文化部门主管的能演出戏剧的影剧院、兼映电影的剧场，以及附属在剧院、团公开营业的非独立核算的剧场、排演场。

公共图书馆图书总藏量 指图书馆已编目的古籍、图书、期刊和报纸的合订本、小册子、手稿以及缩微制品、录像带、录音带、光盘等听视文献资料数量总和。

医院、卫生院数 是指卫生部门、工业及其他部门(如农业、铁道、邮电、公安、文教、民政、社团、等)、集体所有制单位、私人、各种合作方式(全民与集体或个体合办、集体与个体合办、中外合资)等举办的医院和卫生院数(包括县及县以上医院数、城市街道卫生院、农村卫生院及其他医院数)。

医院、卫生院床位数 指各级各类医院本年 10 月底的固定实有床位(非编制床位)。包括正规床、简易床、监护床和正在消毒、修理的床位及因扩建或大修理而停用的床位(按扩建或大修理前的床位计算)，但不包括产科的新生儿床、库存床、临时增设的床位、病人家属的陪床、接产室的待产床等。

八、人民生活、社会保障

在岗职工平均人数 是指在国有经济、城镇集体经济和其他各种经济类型单位及附属机构生产或工作，并由单位支付工资的在岗人员人数(包括在乡镇一级管理机构中工作、由国家支付工资的干部)，不包括已退休的职工、在农村乡镇企、事业单位中参加劳动并取得收入的劳动者和城乡个体劳动者。职工平均人数等于 12 个月月末人数之和除以 12 或 4 个季度的季末人数之和除以 4 求得。

在岗职工工资总额 指各单位在一定时期内直接支付给本单位在岗职工的劳动报酬总额。包括：计时工资、计件工资、奖金、津贴和补贴、加班加点工资和其他工资。

城镇职工基本养老保险参保人数 指报告期末按照法律、法规和有关政策规定参加城镇基本养老保险并在社保经办机构已建立缴费记录档案的职工人数(包括中断缴费但未终止养老保险关系的职工人数，不包括只登记未建立缴费记录档案的人数)和离休、退休和退职人员的人数。取自人力资源和社会保障部统计年报。

城镇基本医疗保险参保人数 指报告期末按有关规定参加城镇职工基本医疗保险和城镇居民基本医疗保险的人数。取自人力资源和社会保障部统计年报。

失业保险参保人数 指报告期末按照法律、法规和有关政策规定参加了失业保险的城镇企业、事业单位的职工及地方政府规定参加失业保险的其他人员的人数。取自人力资源和社会保障部统计年报。

九、市政公用事业

城市维护建设资金支出 指用于城市维护和建设的资金支出。包括基本建设支出、更新改造支出和维护支出。

年末实有城市道路面积 是指路面经过铺筑的路面宽度在3.5米以上(含3.5米)的道路。包括高级、次高级道路和普通道路，不包括街道内部路面宽度不足3.5米的胡同、里弄。道路面积只包括路面面积和与道路相通的广场、桥梁、停车场面积，不包括街心花坛、侧石、人行道和路肩的面积。

排水管道长度 排水道是指汇集和排放污水、废水和雨水的管渠及其附属设施所组成的系统。包括干管、支管以及通往处理厂的管道，无论修建在街道上或其他任何地方，只要是起排水作用的管道，都应作排水管道统计。排水管道按其排水性质分为污水管、雨水管、合流管三种。

供水总量 是指自来水厂供出厂外的全部水量，包括有效供水量及损失水量。

居民生活用水量 指城市范围内所有居民家庭的日常生活用水。包括城市居民、农民家庭、公共供水站用水。

全社会用电量 指各行业用电量和城乡居民生活用电量合计。

供气总量（人工、天然气） 是指城市煤气企业向城市生产用户、家庭用户和其他用户供应的全部煤气量，包括外购及损失量。

用气人口 指报告期末家庭用户的用气人口。

年末实有公共汽(电)车运营车辆数 是指城市公共交通企业可参加营运的全部车辆数。包括技术完好的、在修的、待修的、长期停驶的，以及拟报废尚未经上级主管部门批准报废的运营车辆数。不包括公交企业的油罐车、货车和其他专用车等非运营车，也不包括借入、租入的客运车辆。

全年公共汽(电)车客运总量 指运送乘客的总人数。包括普通票乘客人次，月票乘客人次和包车乘客人次。普通票乘客人次按上车付现金购票，一张票计算一个人次；月票日乘车次按5个人次计算；团体包车，一个乘客按一个人次计算，往返按二个人次计算。

年末实有出租汽车数 指经有关部门批准的专门从事出租业务的一切营业车辆。包括轿车、面包车、大客车。

绿地面积 指用作绿化的各种绿地面积。包括公园绿地、单位附属绿地、居住区绿地、生产绿地、防护绿地和风景林地的总面积。

人均园林绿地面积＝(公共绿地＋单位附属绿地＋居住区绿地＋生产防护绿地＋风景林地)
÷城市非农业人口

公园绿地面积 指开放的各级各类公园绿地。

建成区绿化覆盖面积 指城市建成区内各单位管理的一切用于绿化的乔灌木和多年生草本植物的垂直投影面积。包括园林绿地以外的道路绿化覆盖面积(即道路的隔离带、中心绿岛和林荫道及行道树的覆盖面积)和单株树木的覆盖面积。行道和单株树覆盖面积，可按各种树的平均垂直投影面积乘以各种树木的总株数求得。乔木树冠下重叠的灌木和草本植物不再重复计算。

十、环境保护

工业废水排放量 是指经过工业企业厂区所有排放口排放到企业外部的全部废水总量。包括外排的生产废水和厂区生活污水，也包括外排的直接冷却水和矿区的超过排放标准的有毒有害的矿井地下水；不包括外排的间接冷却水。有些企业间接冷却水和直接冷却水混合排放分不开的，可以合并统计在内。

工业二氧化硫排放量　指工业企业在厂区内的生产工艺过程和燃料燃烧过程中排入大气的二氧化硫总量。

工业烟(粉)尘去除量　指报告期内企业利用各种废气治理设施去除的烟（粉）尘量。

工业烟(粉)尘排放量　烟（粉）尘排放量指报告期内企业在燃料燃烧和生产工艺过程中排入大气的烟尘及工业粉尘的总质量之和。

一般工业固体废物综合利用率　指一般工业固体废物综合利用量占一般固体废物产生量与综合利用往年贮存量之和的百分率。

污水处理厂集中处理率　指报告期内通过污水处理厂处理的污水量与污水排放总量的比率。

生活垃圾无害化处理率　指报告期生活垃圾无害化处理量与生活垃圾产生量的比率。